DIE ORIENTALISCHEN RELIGIONEN
IM RÖMERREICH

(OrRR)

ÉTUDES PRÉLIMINAIRES
AUX RELIGIONS ORIENTALES
DANS L'EMPIRE ROMAIN

PUBLIÉES PAR

M. J. VERMASEREN

TOME QUATRE-VINGT-TREIZIÈME

DIE ORIENTALISCHEN RELIGIONEN
IM RÖMERREICH

(OrRR)

LEIDEN
E. J. BRILL
1981

DIE ORIENTALISCHEN RELIGIONEN IM RÖMERREICH

(OrRR)

HERAUSGEGEBEN VON

MAARTEN J. VERMASEREN

LEIDEN
E. J. BRILL
1981

ISBN 90 04 06356 0

Copyright 1981 by E. J. Brill, Leiden, The Netherlands

All rights reserved. No part of this book may be reproduced or translated in any form, by print, photoprint, microfilm, microfiche or any other means without written permission from the publisher

PRINTED IN THE NETHERLANDS

INHALTSVERZEICHNIS

Vorwort	VII
Abkürzungsverzeichnis	VIII
I. Carsten Colpe, Einführung in die Geschichte und neue Perspektiven	1
II. H. S. Versnel, Römische Religion und Religiöser Umbruch	41
III. Friedrich Karl Dörner, Kleinasien. Herkunftsland orientalischer Gottheiten	73
IV. Maarten J. Vermaseren, Mithras in der Römerzeit	96
V. Ladislav Vidman, Isis und Sarapis	121
VI. Günther Hölbl, Andere Ägyptische Gottheiten	157
VII. Elmar Schwertheim, Iupiter Dolichenus	193
VIII. Youssef Hajjar, Jupiter Heliopolitanus	213
IX. Han J. W. Drijvers, Die Dea Syria und andere Syrische Gottheiten im Imperium Romanum	241
X. Gabriel Sanders, Kybele und Attis	264
XI. Robert Fleischer, Artemis Ephesia und Aphrodite von Aphrodisias	298
XII. Rudolf Fellmann, Der Sabazios-Kult	316
XIII. Heinrich Dörrie, Mysterien (in Kult und Religion) und Philosophie	341
XIV. Roelof Van den Broek, Frühchristliche Religion	363
XV. Bernhard Kötting, Auseinandersetzung des Christentums mit der Umwelt	388
XVI. Gilles Quispel, Gnosis	413
XVII. Alexander Böhlig, Der Manichäismus	436
XVIII. Hannelore Künzl, Das Judentum	459
XIX. Jacques Schwartz, Papyri Magicae Graecae und Magische Gemmen	485
XX. Manfred Oppermann, Thrakische und Danubische Reitergötter	510
Index	539
Verzeichnis der im Text genannten geographischen Namen (Karten I und II)	572
Geographische Karten I und II	

VORWORT

Schon 1972, als ich in Karlsruhe Vorlesungen über den Mithraskult halten durfte, hat Dr. Bernhard Cämmerer, Oberkonservator des Badischen Landesmuseums, den Plan zu einer allgemeinen Ausstellung über die orientalischen Religionen im Römerreich gefaßt. Von Anfang an wurde er dabei tatkräftig vom Direktor des Museums, Herrn Prof. Dr. Ernst Petrasch, unterstützt. Viele Jahre sind mit ständigen Gesprächen über die Organisation und Verwirklichung dieses bislang einzigartigen Unternehmens vorbeigegangen, bis durch eine großzügige Unterstützung des Badischen Kulturamtes die Möglichkeit zur Realisierung geschaffen wurde.

Unter den Vorbereitungen dieses wichtigen kulturellen Unternehmens kamen einer Einführung in die Ausstellung, die nachher gleichzeitig als Handbuch für die europäischen Studenten gelten soll, wie auch einem Katalog besonderes Gewicht zu. Beide Arbeiten wurden mit Unterstützung der Mitarbeiter der Reihe *Etudes préliminaires aux religions orientales dans l'Empire romain* (abgekürzt EPRO) geleistet. Während der Stab des Landesmuseums Karlsruhe an dieser Einführung nur an der Auswahl der Abbildungen mitgearbeitet hat, hat EPRO im Katalogband dem Karlsruher Stab dort, wo es möglich war, bei der Auswahl der Denkmäler zur Ausstellung tatkräftige Hilfe geleistet. Jede der beiden Parteien trägt aber selbstverständlich ihre eigene Verantwortung.

Für englisch sprechende und lesende *Studiosi* wird einmal eine Sonderausgabe der Einführung und des Katalogs in Erwägung gezogen. Im Katalog werden alle diejenigen persönlich mit Namen genannt, die sich in irgendeiner Weise bei der Realisierung der Ausstellung Verdienste erworben haben. Im Hinblick auf die vorliegende Arbeit sei nur den Autoren und Freunden des Museums wie auch den Übersetzern herzlichst für ihre beispielhafte und altruistische Zusammenarbeit gedankt, durch die es möglich geworden ist diese Ausstellung über die orientalischen Religionen einem breiteren Publikum bekannt zu machen. Bei der Vorbereitung dieses Buches haben sich auch Fräulein Margreet B. de Boer und Frau M. E. C. Vermaseren-van Haaren sehr verdienstlich gemacht. Damit hat jeder Mitarbeiter einen wichtigen Beitrag geliefert zum Verständnis dafür, in welcher Umgebung und unter welchen Umständen damals die junge christliche Religion die europäische Welt erobert hat.

M. J. Vermaseren

ABKÜRZUNGSVERZEICHNIS

CIG	Corpus Inscriptionum Graecarum.
CIL	Corpus Inscriptionum Latinarum.
EPRO	Études préliminaires aux religions orientales dans l'Empire romain.
IG	Inscriptiones Graecae.
OGIS	W. Dittenberger, *Orientis graeci inscriptiones selectae* I-III, Leipzig 1903-1905 = Hildesheim 1960.
RGVV	Religionsgeschichtliche Versuche und Vorarbeiten.
SEG	Supplementum Epigraphicum Graecum.
SVF	J. von Arnim, *Stoicorum veterum fragmenta* I-IV, Leipzig 1903-1924 (Nachdruck 1964).

I
EINFÜHRUNG IN DIE GESCHICHTE UND NEUE PERSPEKTIVEN

CARSTEN COLPE
(Berlin, West)

Der Besucher einer Ausstellung wird schon nach einer kurzen Zeit des Verweilens und Betrachtens andere Erwartungen erfüllt oder weitergebildet finden, als er beim Betreten der Säle gehegt haben mag. Was immer das Thema der Ausstellung ist — es wird in jedem Falle die anfänglichen Spannungen, welche oft genug durch ein Element von Hoffnung so schweifend werden, mindestens einengen, wenn nicht inhaltlich verändern. Vollends eine Ausstellung über orientalische Religionen im Römischen Reich enthält, wenn darin auch eine Menschheitsepoche von weltgeschichtlicher Bedeutung dokumentiert wird, einen begrenzteren Ausschnitt aus der Wirklichkeit, als man in anderen Ausstellungen sonst wohl erfährt. Der Ausschnitt reicht nicht von dem stolpernden Zwerg und dem rumpelnden Ochsenkarren über tanzende Küchlein in ihren Eierschalen und streitende Frauen auf dem Markt bis zu den Katakomben der Toten und dem großen Tor, durch das ein festlicher Zug wallt, um in einer alten Stadt den Zar zu krönen — ,,Bilder einer Ausstellung'', wie sie Modest Mussorgsky beim betrachtenden Vorbeigehen in sich zu Klang werden ließ. Der Ausschnitt versucht hier nur, Räume wiederzugeben oder zu symbolisieren, in welche sich im ersten halben Jahrtausend unserer Zeitrechnung die Menschen, und nicht einmal alle, von Zeit zu Zeit und nicht einmal ständig hineinbegaben, um etwas zu tun, was sie nicht dauernd taten: außeralltägliche Mächte zu verehren, Riten auszuführen, Feste zu feiern und andere Dinge darzubringen, als Handelswaren es sind. Und so wird der Besucher, zumal dies alles längst vergangen und ihm ganz fremd ist, hier kaum etwas in sich zu Klang werden lassen. Eher wird, vielleicht, seine Erwartung zu einem Gedanken umgebildet werden wie dem, der Marcel Proust überkam, als er beim Anblick von Automobilen die eleganten Equipagen von einst vermißte: ,,Doch wenn ein Glaube versinkt, so überlebt ihn — und sogar stärker, um besser zu vertuschen, daß wir die Macht, auch den neuen Dingen Wirklichkeit zu verleihen, eben verloren haben — eine fetischistische Anhänglichkeit an jene alten Dinge, die er zu beseelen vermocht, als habe in ihnen und nicht in uns das Göttliche gewohnt und als habe unsere gegenwärtige Unglaubwürdigkeit einen von außen gegebenen Grund: den Untergang der Götter" (*Auf den Spuren der verlorenen Zeit* I/3, Suhrkamp-Ausgabe 1967, S. 561). Und so wird der Besucher, der die alten Götter nunmehr im Museum antrifft, überlegen, warum er eigentlich dorthin geht, und er wird sorgfältig prüfen, ob sie nicht doch einmal wirklich etwas bedeutet haben. War es schon damals oder ist es erst heute nur die Gegebenheit menschlicher Beseelungskraft und nicht auch die Existenz von Göttern, welche ein Kriterium unserer einstigen wie künftigen Glaubwürdigkeit darstellt?

Der Untergang der Götter ist mit dem Untergang des Römischen Reiches einhergegangen, so wie das Aufkommen und die Machtausdehnung der Götter ein Teil der Entstehung des Römischen Reiches war. Es hängt von Geschichtsauffassungen ab, die hier nicht diskutiert zu werden brauchen, wann man diesen gewaltigen Prozeß beginnen sieht. Das Römische Volk, das bis zum 2. Jahrhundert vor Christus als die am mächtigsten von dreißig kulturverwandten latinischen Gemeinden gewordene ständisch gegliederte Körperschaft sein Genügen gefunden hatte, läßt von da an einen Geltungsanspruch seiner *Maiestas,* seiner Größe, seiner Erhabenheit, seiner Ehrwürdigkeit erkennen, der die ganze bewohnte Welt umfassen sollte und sich auf göttliche Berufung gründete. Der universale Herrschaftsgedanke, der darin zum Ausdruck kommt, war ideologisch in der Welt, seit um 2350 vor Chr. der sumererfeindliche semitische Usurpator Sargon von Akkad durch gewaltige Feldzüge, von denen er einen als „in das Land des Sonnenuntergangs bis an sein Ende" gehend bezeichnen konnte, den Grund geschaffen hatte, sich „König der vier Weltgegenden" zu nennen. Mehrere altorientalische Herrscher nach ihm haben die Weltreichsidee von Fall zu Fall wieder lebendig gemacht, bis ihre Nachfolger, die iranischen Achämenidenkönige (6.-4. Jahrh. v. Chr.), sie in eine Realität umsetzten, welche an Ausmaß — vom Nil bis an den Indus, vom Steppenvölkergürtel nördlich der Pamirketten bis an den südlichen Ozean — alle voraufgehenden Größen übertraf. Alexander des Großen Übernahme von Idee und Reich, welche nun auch ein Spannungsverhältnis zwischen Orient und Okzident in beides einführte, war über den hellenistischen Universalhistoriker Polybios, über kosmopolitische Philosophen stoischer Provenienz und über den Staatsmann Caesar den Römern bekannt. Es war der Realismus des Kaisers Augustus, welcher zu einer bewußten Begrenzung auf die Gebiete führte, welche zum Mittelmeer hin orientiert waren. Im geographischen Rahmen zwischen Euphrat, arabischer und afrikanischer Wüste, Atlantischem Ozean, Rhein, Donau und südlicher Schwarzmeerküste ist die Römische Geschichte der nächsten Jahrhunderte zu verfolgen.

Die wirtschaftlichen Notwendigkeiten und Rückwirkungen, die gesellschaftlichen Umschichtungen, die beispiellose Organisation der Provinzen und Gemeinden, technische Neuerungen in Straßenbau und Schiffahrt, die planvollen militärischen Aktionen — dies alles bildet das vielschichtig funktionierende politische Gefüge, in welchem gesehen werden muß, was auch mit den Religionen geschah. Sie gehören, vom römischen Standpunkt aus betrachtet, zwei Gruppen zu, einer sehr kleinen derjenigen, die auf der italischen Halbinsel ihre Heimat hatten, und einer sehr großen derjenigen, die außerhalb davon, innerhalb jenes weiten geographischen Rahmens, angesiedelt waren. Nach und nach stellte sich für jede einzelne von ihnen die Frage, ob sie ausschließlich dort zu Hause bleiben sollte. Mission gab es nicht, bevor Juden- und Christentum aus ganz besonderen Gründen damit begannen. Aber Verpflanzung und Wanderung fand mit den Menschen statt, die Mitglieder der einzelnen Kulte waren, ob sie sich nun als Einzelne, in kleineren oder in größeren Gruppen, ob sie sich wegen des Handels, durch Deportation oder Kriegszug, kraft administrativer Versetzung, als verkaufte Sklaven, als Freigelassene oder auf Reisen von einem Ort an einen andern begaben. Der religiöse Aspekt ihrer Existenz — es ist eher unsere Theorie als das damalige Selbstverständnis, welche ihn aus dem allgemeinen Zivilverhalten als etwas Besonderes heraushebt — blieb immer gegeben, wo er wirklich gewesen war; er konnte sich durch Ortswechsel wohl verändern, aber er verschwand dann nicht. So dürfen wir heute nach dem Geschick ,,der Religionen'' in jenen vielfältigen Prozessen fragen, die sich in der Zusammenschau als ,,Aufstieg und Niedergang der Römischen Welt'' darstellen.

Die Expansion verlangte von Rom immer wieder zweierlei, das schwer miteinander zu vereinbaren war: ständig neuen Erfordernissen durch

Neuerungen gerecht zu werden, und die eigene Überlieferung durch Bewahrung des Alten rein zu erhalten. Die Regulierungen, die man zur Vereinbarung dieser Erfordernisse entwickelt hatte, lassen sich im Verhältnis zu den Religionen besonders gut beobachten. Sie wurden schon praktiziert, als sich die Auseinandersetzungen noch auf der italischen Halbinsel abspielten. Die wichtigste alte Regelung ist die *evocatio*: die feindliche Gottheit einer belagerten Stadt wurde aus dieser ,,herausgerufen", sie wurde aufgefordert, von dort auszuwandern und nach Rom überzusiedeln. Zum äußeren Erweis der Wirksamkeit der rituell gesprochenen Evokationsformel, die ursprünglich wohl rein magisch verstanden worden war, stellte man wohl auch die Statue des Gottes, den man nunmehr für sich gewonnen hatte, in Rom auf, häufig auf dem Kapitol. Etwas jünger ist eine andere Regelung: man beließ den Kult zwar an seinem ursprünglichen Ort, unterstellte ihn aber der Kontrolle des obersten römischen Priesters, des *Pontifex Maximus,* und führte ihn gleichzeitig in Rom ein, wobei man ihm aber gewisse lokale Eigentümlichkeiten nahm, die an seine Herkunft hätten erinnern können. Aus beiden Regelungen entwickelte sich das Verhalten zu den Religionen außerhalb der italischen Halbinsel, wenn sich da auch vieles änderte: man kam mit ihnen nicht nur durch Eroberung in Berührung, sie wanderten auch einfach ein; der andere Ort, an dem man einen neuen Kult einführte, mußte nicht immer die zentrale Hauptstadt, es konnte auch eine Provinzhauptstadt oder einer oder auch mehrere ganz andere Plätze sein; ein Kult konnte an seinem ursprünglichen Ort verschwinden oder zu völliger Bedeutungslosigkeit herabsinken. Dabei verblaßte oft der rituelle Charakter der Einverleibung, welcher streng nur bei Begrenztheit und Einlinigkeit des Vorganges durchzuhalten war, und entsprechend konnte an die Stelle der Aufstellung einer Statue auch die administrative Zulassung einer Kultgemeinschaft mit oder ohne Tempel treten. Eines aber blieb immer grundsätzlich wichtig: der neue Kult, der neue Gott mußte sich in das System des Imperiums fügen und seine Stabilität mitgarantieren, seine Würde mitlegitimieren. Tat ein Kult das nicht, wurde mit äußerster Schärfe gegen ihn vorgegangen. Als im Jahre 186 v. Chr. beim Prätor, der in Gerichtsangelegenheiten die Konsuln zu entlasten hatte, geheime religiöse Vereine denunziert wurden, die aus dem griechischen Unteritalien nach Rom gekommen waren und angeblich Ekstasen, Ausschweifungen, Verbrechen im Dienste des Gottes Dionysos oder Bacchus Raum gaben, wurden diese Riten, die *Bacchanalia,* in ganz Italien verboten, ihre Stätten zerstört, 7000 Eingeweihte nachträglich bestraft, die meisten mit dem Tode. Und einige Generationen später mußte man ein besonderes Gespür für einen Gott entwickeln, der sich einfach nicht evozieren ließ, so loyal sich seine Anhänger als römische Bürger auch verhalten konnten: Jahwe aus Jerusalem. Die Römer reagierten in jeder der drei Eroberungen, die seine Stadt über sich ergehen lassen mußte (63 v. Chr. unter Pompejus, 70 und 135 n. Chr. unter den Kaisern Vespasian und Hadrian), heftiger auf die Tatsache, daß mit ihm kein Reichsgott zu gewinnen, aus seinen Anhängern keine Nachbargemeinde des *Iuppiter Latiaris* zu konstituieren war.

Der erste beispielhafte Akt, in welchem die Integration eines außeritalischen Kultes im römischen Sinne positiv gelang, ereignete sich i. J. 205 v. Chr., unmittelbar vor dem Ende des Zweiten Punischen Krieges. Er steht im Zusammenhang mit der Einbürgerung griechischer Riten, welche die regierenden Kreise damals auch sonst zum Bestandteil ihrer Religionspolitik machten. Viele Kultformen, Festspiele, Wertbegriffe und Auffassungen von Göttern haben damals ihren Charakter geändert. Dies geschah meist auf Empfehlung von Sibyllensprüchen. Das auf lange Zeit letzte solcher Orakel gab nun die Weisung, den Kult der Großen Mutter von Pessinūs in der kleinasiatischen Landschaft Phrygien nach Rom zu übertragen. Sie wurde ganz archaisch als schwarzer Meteorstein gesehen — nicht etwa als diesen beseelend oder ihn bewohnend gedacht —, der dort in grauer Vorzeit niedergefallen war. Er war nicht groß, man konnte ihn ohne Schwierigkeiten in einer Hand tragen. Die Ecken, die an ihm hervortraten, hatte man ihm belassen. Die alte Verehrung dieses aus dem Himmel herabgefallenen, damit stets seine Übernatürlichkeit gleichsam sichtbar behaltenden Rests einer zerplatzten Sternschnuppe gehört in den komplizierten Bereich der Phänomenologie heiliger Steine. Seine Interpretation als Gottheit ist der Vorstellung ganz anders zustandegekommener Gottheiten in der Nachbarschaft verpflichtet, rechnet hier aber noch selbstverständlich mit ihrer Doppelgeschlechtigkeit. Die Benennungen dieser Gottheit mit mehreren altkleinasiatischen Namen, von denen für die Griechen einer zur weiblichen Kybele und ein anderer zum männlichen Attis wurde, setzt außerdem noch zweierlei voraus: einen Epochenwechsel in der ökonomischen Subsistenz — weg von Ausbeutung und Kraftgewinnung aus dem Steinerz, hin zur Nutzung der Vegetation —, und die magisch-analogischen Verknüpfungen zwischen Erdfruchtbarkeit und Mutterschaft, zwischen Säen und Zeugen, zwischen gefährlichem Absterben der Vegetation und dem beweinten Tod eines Gottes. Dies alles war bereits mit dem Stein verbunden, als er sich im Tempel von Pergamon befand, wohin er aus uns unbekannten Gründen zu einer nicht mehr datierbaren Zeit aus Pessinūs gebracht worden war. König Attalos von Pergamon händigte den Stein i. J. 205 einer römischen Gesandtschaft aus, die ihn erbat, und diese brachte ihn zu Schiff nach Rom. Dort holte ihn ein vom Senat beauftragter hoher Adliger, Scipio Nasica, an der Spitze einer Prozession feierlich ein. Vierzehn Jahre lang wurde er nun im Heiligtum der Victoria untergebracht, dann — also 191 v. Chr. — erhielt er einen eigenen Tempel auf dem Palatin. Dort mochte man endlich auf Menschengestaltigkeit nicht mehr verzichten: der Stein kam an die Stelle des Gesichts einer weiblichen Statue (Arnobius, *Adv. nat.* 7,49). (Später scheint man ihn an die Stelle des Halses oder Hinterkopfes gesetzt zu haben, denn wir hören aus der Kaiserzeit, man habe einen silbernen Frauenkopf auf oder vor dem Stein befestigt). Neben dem Kult auf dem Palatin bestanden inoffizielle Riten, in deren Verlauf die priesterlichen Diener der Götter, nach einem Fluß in Kleinasien ,,*Galli*'' genannt, die alte Doppelgeschlechtigkeit der Gottheit auf sich zu übertragen suchten, indem sie — mehr konnten sie nicht tun — ihr männliches Geschlecht beseitigten; die Kasteiung, als welche das natürlich auch empfunden wurde, äußerte sich außerdem in Geißelungen, welche die Gallen an sich selbst vollzogen. Die Trance, ohne die man zu dergleichen gar nicht imstande gewesen wäre, wurde durch wilde Musik mit Tamburinschlagen und Um-den-Kopf-Schleudern des langen Haares erzeugt, alles auf Umzügen, denen man das Götterbild, mit fremdartigem Schmuck behängt und dem schwarzen kantigen Stein an Stelle des Gesichts, voran trug.

Was können die Gründe für die Römer gewesen sein, einen Kult, den sie genau wie die Griechen als barbarisch empfanden — römische Bürger durften ihm erst als Priester dienen, als die Kastration beseitigt war —, bei sich zuzulassen? Zunächst: der Kult war in der östlichen Welt bereits verbreitet, wenn er auch nicht dominierte, und um das Recht zu dokumentieren, sich irgendwann auch in die kleinasiatischen Verhältnisse einzumischen, mußte man ihn ebenso in Rom haben. Sodann: die religiös-politische Zukunftserkundung war in eine Krise geraten, und die Verfasser der Sibyllensprüche mußten sich an neue Daten halten; man erwartete vom Neuen gleichwohl das Alte, den römischen Sieg, wie zunächst die Unterbringung des Steins im Victoria-Heiligtum zeigt. Vor allem aber: die ärmeren Schichten fühlten sich vom düsteren Charakter des Kultes, seiner enthemmenden Ekstatik, seiner ins Negative gewendeten Geschlechtlichkeit mächtig angezogen. Er mochte ihnen als Medium einer Selbstidentifikation dienen, die nur als Alternative zur bestehenden Ordnung der *Civitas* zu vollziehen war. Diesen Schichten könnte man, damit sie vor dem sich abzeichnenden Sieg gegen die Karthager die hannibalische Gefahr nicht doch wieder von innen verstärkten, eine Konzession gemacht haben.

Die Einführung des Kybele-Attis-Kultes, den man in Rom den Kult der *Mater Magna* nannte, eröffnet noch eine weitere Einsicht: oben wurde festgestellt, daß die Einführung auch im Zusammenhang mit der Einbürgerung griechischer Riten stand, und jetzt ist festzuhalten, daß die Hymnen und technischen Ausdrücke des Kultes nach den uns erhaltenen Zeugnissen offenbar dauernd griechisch geblieben sind. Ein griechischer Kult also und kein ,,orientalischer''? Ja und Nein. Wir erhalten eine erste Aufforderung, am Schluß des Überblicks darüber nachzudenken, was es bedeutete, daß der ,,Orient'' bereits hellenisiert war, als die Römer über ihn kamen, und welche Berechtigung vom griechischen, römischen und modern-europäischen Standpunkt aus überhaupt besteht, einen Orient-Begriff anzuwenden. Dieser Überblick muß jetzt rascher voraneilen, nachdem ein sehr aussageträchtiger und zugleich der älteste Fall gezeigt hat, welche Möglichkeiten zur Interpretation eines alten Kultes und zur Erklärung seiner römischen Rezeption grundsätzlich bestehen. Die gelegentliche Konzentration auf die Hauptstadt Rom oder die regierenden Kaiser geschieht, weil die historischen Triebkräfte doch wesentlich von dort aus gesteuert wurden. Aber das soll den Blick von der Eigengeschichte der Religionen in den Provinzen nicht ablenken. Sie sind sich auch dort vielfältig begegnet. Der Hellenismus wurde in Auseinandersetzung orientalischer Kulte mit der intakt gebliebenen griechischen Polis-Religion gleichsam immer wieder erneuert. Was sich in Rom zutrug, spielte sich in verkleinertem Maßstab zuweilen in den östlichen Gemeinden ab, denn offizielle römische Kulte kamen auch dorthin. Die orientalischen Kulte entliehen sich gegenseitig (z.B. Sarapis und Mithras) Einzelheiten, um ihre Vereinbarkeit zu zeigen oder sich zu unterlaufen. Die gnostische Erlösungsbewegung will das Erbe vieler von ihnen wie auch von Juden- und Christentum antreten, und das spielt sich nur zum kleinsten Teil in Rom ab. In Kleinasien kann eine alte Ekstatik den Christen die Montanisten, eine alte Hochgottverehrung den Juden die Hypsistarier abspenstig machen. Magie und Orakelwesen sind oft das volkstümliche Vehikel, das Auseinandersetzungen, Angleichungen, Trennungen, Verschmelzungen fördert. Für all dieses muß auf die Einzelkapitel verwiesen werden.

Das Verbot der Bacchanalien erfolgte nur zwanzig Jahre später als die Zulassung des Mater-Magna-Kultes. Beides waren Vorbereitungen der beiden Pole, zwischen denen sich der Umgang mit nichtrömischen Religionen die republikanische Zeit hindurch abspielen sollte (seit der Mitte des 2. Jh.s v. Chr. werden griechischer Religion und Kunst die Tore weit geöffnet; aber 139 v. Chr. werden die „Chaldäer" — ursprünglich die Priesterschaft im neubabylonischen Reich, jetzt nur noch ein Name für orientalische Wahrsager — und Anhänger des phrygisch-thrakischen Sabazios aus Rom ausgewiesen). Dieselben Grundsätze befolgte man auch in der Kaiserzeit. Bis dahin hatten Kriege eine Fülle gesellschaftlicher Umwälzungen gezeitigt. Soweit sie das Verhältnis zum „Orient" betrafen, sind es vor allem der Dritte Punische Krieg 149-146 v. Chr. (Einrichtung der Provinzen Makedonien und Africa), der Jugurthinische Krieg 111-105 (Sieg über die Numider), die drei Mithridatischen Kriege 88-84, 83-81 und 74-64 (Entstehung neuer Verhältnisse in Kleinasien, durch welche auch andere Mysterien des phrygisch-thrakischen Kulturkreises sowie die dort neu ausgebildeten Mysterien des indigenen Sabazios, des iranischen Mithra und des semitischen Baal von Doliche Wege nach außen finden); schließlich die Konsulate und Triumvirate der Caesar, Pompejus und Crassus, der Antonius, Octavian und Lepidus mit ihren Folgen in Bürgerkrieg, Alexandrinischem Krieg, Ptolemäischem Krieg. Dies waren Auseinandersetzungen, die sich mehr und mehr, obwohl auf beiden Seiten immer auch unter römischen Feldherren und Prätendenten ausgefochten, zu Kriegen zwischen „Orient" und „Okzident" entwickeln. Dabei traten schließlich die Kulte Ägyptens (Isis und Osiris vor allem), der Juden — nicht nur in Palästina, auch in Alexandria und Kyrene —, des Zweistromlandes — hier auch die nicht kultgebundene, aber von Priestern betriebene Astrologie — und Syriens in die Auseinandersetzungen ein.

Es kam damit aber nicht nur quantitativ eine größere Vielfalt zustande, durch zwei Faktoren wurde sie auch qualitativ verändert. Der eine bestand darin, daß ein Gott auftrat, den es bis dahin mit einem solch realen Universalitätsanspruch nirgends gegeben hatte, das war der Kaiser. Der andere bestand darin, daß eine Religion, von der eine Sonderform nach und nach als eine zweite erkennbar wurde, sich als eine solche erwies, der man nicht gleichzeitig mit einer oder mehreren andern angehören durfte, die also die bis dahin unbekannte Forderung nach Bekehrung in die Alte Welt hineinbrachten: das waren Judentum und Christentum. Wenn man ignoriert, daß diese beiden Faktoren zugleich Sonderformen eines ,,Orientalismus'' darstellen, wird die Betrachtung der Principatszeit einseitig bleiben.

Als die Römer den hellenisierten Orient eroberten, stießen sie dort auf zwei Kulttypen, die vom 3. Jahrhundert an nebeneinander existiert hatten, wenn auch der Empfänger gelegentlich ein- und derselbe König sein konnte. Es waren einmal Kulte, die ein politisches Gottmenschentum, das man in bestimmten Statthaltern und Feldherren verkörpert sah, in die Titel ,,Wohltäter'' (*Euergetēs*) und ,,Retter'' (*Sōtēr*) faßten. Sie gingen auf freien Beschluß einzelner Städte zurück, die den Betreffenden aus Dank für besondere Leistungen, die zumeist in der Befreiung der Stadt von der Herrschaft eines tyrannischen Gegners bestanden, göttliche Ehren angetragen hatten. Eine wirkliche Herrschaftsbeziehung war damit weder vorausgesetzt noch hergestellt, und auch eine Apotheose war damit nicht eigentlich bewirkt. Es handelte sich zum andern um institutionalisierte Königskulte, die durch Verfügung des Herrschers eingerichtet worden waren; sie setzten für die Diadochen, die Nachfolgedynastien Alexanders des Großen, göttliche Abkunft und Qualität voraus. Mit ihnen war Göttlichkeit zum Charakteristikum der absoluten Monarchie geworden. Es ist diese Institution, die man als Vorläuferin des römischen Kaiserkultes bezeichnen darf; sie reicht ihrerseits in altorientalische Traditionen zurück, denn in gewisser Weise nahmen damit die Ptolemäer die Herrscherideologie der Pharaonen, die Seleukiden die der Akkad-Zeit (beginnend mit Sargons Enkel Naram-Sin), der Dritten Dynastie von Ur (beide ca. 2270-1940 v. Chr.) und der Ersten Dynastie von Babylon (1. Hälfte des 2. Jahrt. v. Chr.) wieder auf. Für die Ägypter war der Pharao der Gott auf Erden, die Inkarnation des Falkengottes Horus und der Sohn des Sonnengottes Re gewesen, dem man sich nur in tiefster Verehrung hatte nähern dürfen. Für die Sumerer hatte der ,,Große Mensch'' — *Lugal*, zugleich das Wort für ,,König'' — die oberste Staatsgottheit vertreten, welcher alles Land mit Stadt, Mensch, Tier und Pflanze eigentlich gehörte. Sein theokratischer Charakter kommt in der Vereinigung von Priester-, Krieger- und Richteramt in seiner Person zum Ausdruck. Besonders die Ideen der kultischen Verantwortlichkeit des Königs und der göttlichen Delegierung der Macht an ihn hatten sich in seiner Vergöttlichung zu Lebzeiten verdichtet: ,,Gott von Akkad'', ,,Gott seiner Stadt'', ,,Gott des Landes Sumer'' konnte er heißen.

Alexander dem Großen kommt für die Wiederbelebung eines Teils dieser Ideen und ihrer Weiterbildung eine große persönliche Bedeutung zu. Es ist ungeklärt, ob und inwieweit er oder die Seleukiden auch noch ein altes iranisches Herrschercharisma auf sich gezogen haben wollten. Aber sein Besuch im Ammonsorakel in der Oase Siwa, wo ihn der Oberpriester ägyptischer Sitte gemäß als ,,Sohn des Gottes'', d. i. des Zeus-Ammon, begrüßte, die Euergetes-Kulte für ihn in griechischen Städten Kleinasiens und des Mutterlandes, sowie die göttliche Verehrung, die ihm kurz vor seinem Tode in Babylon angetragen wurde, sagen genug, soviel im einzelnen auch undeutlich bleibt. Nach Alexanders Tod (311) stiftete Ptolemaios I. in Alexandrien einen Reichskult des Gottes Alexander; der Stifter selbst wurde nach seinem Tode ebenfalls divinisiert von seinem Sohn Ptolemaios II., und dieser machte darüberhinaus sich selbst und seine Schwester Arsinoe, die er wie weiland ein Pharao zur Kumulierung von Herrschercharisma auch geheiratet hatte, zu Göttern bei Lebzeiten. Daran schloß sich der spätere Königskult der Ptolemäer an. Infolge Nachahmung der Ptolemäer, Verschwägerung mit ihnen, Leben in einer theokratiebereiten Atmosphäre tritt die Vorstellung vom Gottkönig seit Antiochus IV. Epiphanes (175-163) dann auch bei den Seleukiden, später sogar bei hellenistischen Kleinkönigen hervor.

Die römischen Imperatoren und Machthaber der ausgehenden Republik, namentlich Pompeius, Antonius, Caesar und Octavian, wurden mit späthellenistischen Gottkönigsvorstellungen wiederholt konfrontiert. Diese Vorstellungen trafen in der Hauptstadt bei jenem großen Teil der Bevölkerung, der im Laufe des 1. Jahrhunderts durch starke und anhaltende Zuwanderung aus der östlichen Reichshälfte entstanden war, auf eine gewisse Vertrautheit. Es war Gajus Julius Caesar, der in einer Folge sich ständig steigernder Ehrungen, an deren Ende eindeutige Vergottungsbeschlüsse des Senates stehen, dermaßen in diesem Sinne ausgezeichnet wurde, wie es bis dahin für römische Verhältnisse unerhört war; vielleicht hat sogar er selber als *pontifex maximus* einem solchen Status zugearbeitet, indem er den Stadtgründer Romulus mit dem Gotte Quirinus gleichstellen ließ, um auf römischem Boden ein ehrwürdiges Gegenstück zunächst zur postmortalen hellenistischen Herrscherverehrung zu schaffen. Außerdem sah er sich sicher in der Rolle Alexanders. Nach seinem Tode wurde Caesar, um 42 v. Chr., zum Divus Iulius konsekriert; 29 v. Chr. erhielt er einen Tempel auf dem Forum. Sein Erbe, der junge Caesar Octavian, förderte den Glauben der Menge an die Apotheose seines ermordeten Adoptivvaters nach Kräften, suchte sich selbst in Verbindung zu einzelnen Göttern zu bringen und nannte sich *Divi filius*. Nach seinem Sieg über Antonius und Kleopatra konnten ihm wie einem Gotte Opfer dargebracht werden. Der Titel *Augustus* (sinngemäß: ,,der Anbetungswürdige''), der ihm im Jahre 27 verliehen wurde, war ein sakraler und rückte ihn in die Nähe der Götter. Neben den *Genius Augusti*, der zunächst als Kultempfänger im Vordergrund stand, trat später das *Numen*, die spezifische Eigentümlichkeit einer römischen Gottheit. Die Verehrung des *Numens* einer menschlichen Person schien bis dahin in der römischen Staatsreligion ausgeschlossen. Danach hat es bis zu Konstantin wohl keinen römischen Kaiser gegeben, dem wenigstens auf provinzialer oder munizipaler Ebene nicht bereits zu Lebzeiten göttliche Verehrung in kultischer Form zuteil geworden ist; die meisten von ihnen — Domitian ist die wichtigste Ausnahme — wurden überdies nach ihrem Tode durch einen sakralrechtlich gültigen Senatsbeschluß zum römischen Staatsgott erklärt. Alle Arten von Gottesehrung für den Kaiser — einschließlich seiner Prädizierung als *Theos* (Gott) — wurden in den Städten des Ostens, wo man dergleichen seit Jahrhunderten gewohnt war, stets rascher eingeführt und intensiver geübt als in den Munizipien Italiens, wo man lieber einen Kult wie den stadtrömischen des *Genius Augusti* nachahmte.

Als Octavian den Sakralnamen Augustus, griechisch: *Sebastos*, erhielt, wurde ihm auch in der palästinischen Stadt Samaria, die gleichzeitig in Sebaste umbenannt wurde, ein Tempel errichtet. Das tat der dortige König, ein gewisser Herodes; er verhielt sich damit, wie er es außenpolitisch immer tat, als hellenistischer Herrscher und brachte sich doch innenpolitisch gleichzeitig in Gegensatz zur größten Bevölkerungsgruppe in seinem kleinen Reich, den Juden. Für sie war ihr Gott der Weltherrscher, kein König ein Gott oder auch nur dessen Stellvertreter; das Amt des letzteren hatte ihr Hoherpriester inne. Als Kaiser Caligula (37-41) den Kaiserkult durch Selbstvergottung größenwahnsinnig übertrieb und seine Statue im Jerusalemer Tempel aufstellen lassen wollte, hätten sich die Juden von den drei Legionen, die es durchsetzen sollten, lieber hinschlachten lassen, als dies hinzunehmen; sie brachten dadurch den Statthalter Petronius von der Ausführung des Befehles ab. Auch die Juden Alexandriens leisteten Widerstand gegen entsprechende Maßnahmen in ihren Synagogen. Diese Vorgänge beleuchten wie ein Schlaglicht den Charakter des Judentums als einer orientalischen Religion besonderer Art im Römischen Reich. Juden hatten zwar den Status einer *religio licita* und brachten sogar für das Wohl des Kaisers und des römischen Volkes Opfer dar, aber *dem* Kaiser und *der* Roma opferten sie nicht. Durch kriegerische Vertreibung und Emigration aus ihrer Heimat, durch Sklaverei und Handel waren sie in der Alten Welt überall hin gekommen und machten im Imperium Romanum schließlich 6-7% der Gesamtbevölkerung aus; denn sie verzichteten auf Geburtenkontrolle, welche sonst im Kaiserreich mehr und mehr in Übung kam, und ihre Gemeinschaft vergrößerte sich durch ,,Hinzukommende'', *Proselyten*, die sich von der Eindeutigkeit ihres Monotheismus und von der Klarheit ihrer Alltagsethik angezogen fühlten. Doch den meisten fielen andere Besonderheiten auf: Speisegesetze, welche die Harmonie von Symposien störten, Nichtverehrung des Kaisers, Distanz zu Bildschmuck allenthalben, dauerndes Nachsuchen um Dispens von Mitarbeit in Stadtverwaltungen und Kurien, Enthaltung von Arbeit an jedem siebtem Tage, widernatürliche Operationen am männlichen Geschlechtsteil. Darauf reagierte man mit dem, was man Antijudaismus nennen sollte, das aber in Fehlleitung eines Bestandteils einer falschen Rassentheorie meist noch Antisemitismus genannt wird. Der Antisemitismus zeitigte seinerseits eine Reihe abstruser Legenden über die Juden und verstärkte damit sich selbst. Er konnte zu gewaltsamen Ausschreitungen führen, zu deren Herbeiführung oft geringe Anlässe genügten.

Als Kaiser Claudius (41-54) die Juden aus Rom vertrieb, weil sie, von einem gewissen Chrestus aufgehetzt, fortwährend Unruhe stifteten (Sueton, *Claudius* 25), begann die römische Welt einer nochmaligen Sondergruppierung gewahr zu werden, mit welcher sich die Juden in ihrer eigenen Mitte und unter den ,,Gottesfürchtigen'', die sich zu ihren Synagogen hielten, ohne sich durch Proselytentaufe und Beschneidung voll aufnehmen zu lassen, schon früher auseinanderzusetzen hatten. Die Entstehung des Christentums aus dem Judentum ist ein Vorgang ganz eigener Art, aus welchem in diesem Zusammenhang vor allem der Aspekt in Erinnerung zu halten ist, daß auch das Christentum anfänglich eine orientalische Religion war und da, wo es ein römisches Epochen- und Regionenbewußtsein gab, stets als solche empfunden wurde. Wenn die Christen auch nicht so viele rituelle Eigenarten beibehielten wie die Juden und deshalb eine dem Antisemitismus vergleichbare Abneigung nicht direkt auf sich zogen, so kamen sie doch durch Ablehnung des Kaiserkultes in dieselbe Lage wie die Juden. Da sie sich außerdem um den Status einer *religio licita* nicht bemühten, konnten sie unter Umständen noch leichter als diese der Gehorsamsverweigerung, des Majestätsverbrechens und des Sakrilegs bezichtigt werden.

Die bis zu gegenseitiger Feindschaft gehende Auseinanderentwicklung von Christentum und Judentum ist eng in mannigfache Konstellationen der Geschichte der römischen Kaiserzeit hineinverwoben. Die Heraushebung einer eigenen Disziplin ,,Kirchengeschichte'' aus dem Gesamtgeschehen hat manche dieser Verflechtungen undeutlich gemacht. Doch müssen diese gerade, wo es um die orientalischen Religionen im römischen Reich insgesamt geht, erst recht im Blick behalten werden. Nimmt sich doch z.B. die von einem Bischof oder Kirchenvater geführte Auseinandersetzung des Christentums nicht nur mit dem Judentum, sondern auch mit einer anderen Religion, die man von nun an um der Verdeutlichung willen, also ganz wertneutral, auch eine heidnische nennen darf, anders aus, wenn man sie für sich betrachtet, als wenn man mitberücksichtigt, daß dieselbe Religion aus religionspolitischen Gründen von einem heidnischen Kaiser gleichzeitig gefördert, von einem christlichen Kaiser gleichzeitig geduldet werden konnte. Vor allem aber: das ganze Heidentum mit den ,,orientalischen'' Religionen in seiner Mitte bekam durch Auseinandersetzung mit dem Christentum seinerseits oft eine andere Gestalt. Viele Dokumente, die wir heute als seine originalen Quellen nehmen, sind von dieser Tatsache geprägt, wie es z.B. die postmortale leibliche Kaiserentrückung neben der Himmelfahrt Christi zeigt. So muß die immer gewichtiger werdende historische Tatsache ,,Christentum'' von nun an mitberücksichtigt werden. Der

Widerstreit oder die Spannung zwischen christlichem Messianismus und römischem Sendungsbewußtsein eröffnet auch politisch-historisch wichtige Einsichten.

Als Heutige sind wir in den Stand gesetzt, auf eine Geschichte zurückzublicken, in welcher die Entwicklung des Christentums zur Staatsreligion und die Restauration von heidnischen Kulten sich als eine lange Folge von Aktionen, Reaktionen und Gegenreaktionen darstellt, deren Resultat wir kennen. In jenen Jahrhunderten selbst hingegen konnten zeitgenössische Christen mehr als einmal die Überzeugung gewinnen, ihr Heiland und seine Kirche habe nun endgültig gesiegt, konnten ebensooft heidnische Zeitgenossen sich erleichtert darauf verlassen, daß die Gefahr des fremden Glaubens gebannt, der Rückhalt im Eigenen für immer gefunden und wiedergefunden sei. Die Ereignisse bildeten so vielfache Konstellationen, daß sich Menschen manchmal schon innerhalb einer einzigen Generation gleichsam von einem Wechselbad ins andere getaucht empfanden; sie nahmen dadurch Epochengefühle in sich auf, die einander gänzlich widerstritten. Geht man von dieser emotionalen Ebene auf die der rationalen Deutung über, so zeigt sich alles gleich schwierig: die Ereignisfülle machte die Dinge immer wieder mehrfach kategorisierbar, und jedes Vierteljahrhundert reizte zur Konstruktion einer neuen Teleologie, die eigens auf ein besonderes Ereignis zugespitzt werden mußte, das darin enthalten war.

Der letzte Kaiser, dessen Übergang vom Herrschertum von Gottes Gnaden zum Gottkönigtum allen Göttern zugute kam, die in sein eigenes Bild nur irgend integrierbar waren, ist wohl Commodus (189-192) gewesen. Er nahm den Beinamen des *Jupiter Exsuperantissimus* und des *Sol Invictus* an, Hercules wurde sein besonderer Schutzgott, er nahm an den Kulten von Isis, Bellona und Mithras teil. Er ließ die Verehrung der Mater Magna, des Sarapis, des Jupiter Dolichenus zu, und unter seinem Principat wurden in den Provinzen zahlreiche lokale Gottheiten in die Heiligtümer der dort stationierten Legionen eingeführt. Dabei erfreute sich auch das Christentum einer großmütigen Duldung. Aber als Septimius Severus im Jahre 193 n. Chr. Stadtpräfekt von Rom wurde, kündigte sich der Ausbau der Militärherrschaft an, welche dem knappen Jahrhundert bis 284 n. Chr. den Namen einer Zeit der Soldatenkaiser geben sollte. Die Schriften des Kirchenvaters Tertullian aus Karthago *,,Gegen die Heiden''* (verfaßt 197) und sein *,,Apologeticum''* (verfaßt

198) lassen erkennen, daß den römischen Unterwerfungen syrischer Kleinstaaten und parthischer Vasallenfürstentümer in Mesopotamien eine nationalrömische Restauration im Innern entsprach. In der Tat: ein Edikt anläßlich der Zehnjahresfeier der Regierung des Severus in Rom (202), ein Jahr nach seiner Besteigung des Kaiserthrons, verbot den Übertritt zu Juden- und Christentum ,,bei strenger Strafe" (Hist. Aug., *Sev.* 17, 1), und damit schien die bisherige Praxis der vereinzelten Prozesse gegen Christen, und das bedeutete: die Auseinandersetzung mit dem Christentum überhaupt, beendet zu sein. Kein Römer hätte geahnt, daß schon weniger als ein halbes Jahrhundert später mit den Edikten des Decius (249 n. Chr.) Christenverfolgungen im Sinne einer von Anlaß zu Anlaß automatisch eintretenden, darum ständigen polizeilichen und richterlichen Aktion legitimiert werden sollten. Im Jahre 195 muß eine Maßnahme getroffen worden sein, auf die ein christlich-jüdischer Sibyllist nicht mehr mit Hoffnung auf irdisch-zeitliche Durchsetzung des Glaubens, sondern nur noch mit einer Endzeitprophetie reagieren konnte:

Wenn dann wieder der Zeitpunkt naht, wo der Phönix erscheinet,
Kommt, der vernichtet der Völker Geschlecht und zahllose Stämme,
Auch das Hebräervolk. Dann plündert Ares den Ares,
Und der Römer hochmütige Drohung vereitelt er selber.
Denn Roms Herrschaft, die einst so blühende, ist nun vernichtet,
Einst Beherrscherin ringsumliegender Nachbarstädte.
Nicht mehr wird siegen das Land der üppig blühenden Roma,
Wenn er von Asien her mit Ares siegreich heranrückt.
Wenn er das alles vollbracht, wird er plötzlich kommen zur Hauptstadt.
Dreimal dreihundert und achtundvierzig Jahre erfüllst du,
Wenn das aufgezwung'ne und unglücksel'ge Verhängnis
Über dich kommt, das deinen Namen wird endlich erfüllen.
Wehe mir dreimal Unsel'gen, wann werde ich schauen den Zorntag,
Bitter für dich, o Rom, doch am bittersten für die Latiner?
Feiere dann, wenn du willst, den, der gar heimlich mit Truppen
Vom asiatischen Land den troischen Wagen besteiget
Mit gar feurigem Mut. Wenn er dann den Isthmus durchschneidet,
Spähenden Blickes, gen alle gewandt, die Meere durchmessend,
Dann kommt über das riesige Tier ein dunkler Blutstrom,
Aber den Leun, der die Hirten zerfleischt, verfolget ein Hund nur.
Stürzen werden sie ihn von dem Throne; er steigt in den Hades.
                                                                                                (*Oracula Sibyllina* 8, 139-159)

Aber die Geschichte ging doch weiter: schon Kaiser Alexander Severus (220-235) begünstigte unter dem Einfluß seiner Mutter Julia Mammaea das Christentum wieder. Die Einführung der Sonnenverehrung von Emesa (dem heutigen Homs in Syrien) durch seinen Vorgänger Elagabal, die wie ein endgültiger Reichskult ausgesehen hatte, war Episode geblieben. Der Sonnenkult dieser Stadt sollte nur im Reich eines syrischen Oberbefehlshabers, Odeinathus, noch herrschen, der Mesopotamien von den Persern zurückerobert und damit zwischen ihnen und den Römern einen den letzteren höchst nützlichen Pufferstaat geschaffen hatte (262-266 n. Chr.). Die Titel, die Rom diesem Nachfolger der syrischen Priesterkönige verlieh, sagen alles: zunächst *„corrector totius Orientis"*, später sogar *„Augustus"*. Aber im Westen mußten die Korrekturen anders aussehen. Die Arvalakten konnten nicht mehr weitergeführt werden — was muß die Bruderschaft in Rom empfunden haben, als sie es aufgab (241 n. Chr.)? —, die Christenverfolgungen unter Decius 249-251 hatten die ersehnte allgemeine supplicatio der Bevölkerung an die römischen Götter nicht herbeigeführt, die Setzung von Kultinschriften im Heiligtum von Olympia ging ihrem Ende zu (die letzte i. J. 265). So mußte Kaiser Gallienus (260-268) ein Toleranzedikt erlassen; die Christengemeinden erhielten ihr Eigentum zurück (260).

Die Gültigkeit des syrischen Sonnenkultes im kleinen Reich des Odeinathus wurde relativiert, und nach dessen Ermordung faßte seine Witwe, die als bedeutende Königin für ihren Sohn weiterregierende Zenobia, gar den Plan eines östlichen Großreiches mit Palmyra als Hauptstadt, in welchem Toleranz für die Anhänger von Judentum, Christentum, römischer Religion und orientalischen Kulten herrschen sollte. Aber Pluralismus war damals ebensowenig wie heute als Endzustand zu begreifen, der Drang nach etwas Einheitlichem war stärker. Kaiser Aurelian (270-275), Visionär des syrischen Sonnengottes und sein Propagator nun wieder für das ganze Imperium, macht auch in dessen Namen dem Palmyrenischen Reich ein Ende und läßt Zenobia gefangennehmen (272). Daß dies nicht eine reine Machtangelegenheit blieb, sondern ideologisch erweitert wurde, zeigen zwei Maßnahmen, die damit zusammenhingen: der neuplatonische Philosoph Cassius Longinus (213-272) wurde hingerichtet, weil er der Zenobia als Ratgeber gedient hatte; erst ein Jahrhundert später sollte sich zeigen, daß er nur begonnen hatte, was die Ratgeber des Kaisers Julian fortsetzten. Ferner wurde ein innerchristlicher Streit um die interessant gewordene Gotteslehre des Bischofs Paul von Samosata durch kaiserliche Anerkennung eines Synodalbeschlusses gegen diesen mitentschieden. Aurelian kann nicht verstanden haben, um was es in diesem Streit ging, und es konnte dem Verehrer des Sol invictus einerlei sein, auf welche Christologie sich die Theologen einer Religion einigten, die im Imperium ohnehin nicht zur Herrschaft kommen sollte. Aber Paul von Samosata war durch Zenobia begünstigt worden, die ihrerseits in dem dynamistischen Monarchianismus, den Paul in der Christologie vertrat, ein monotheistisches Interesse gewahrt sah, das als politischer Faktor zur Rechtfertigung monarchischer Herrschaftsform zu gebrauchen war; die okzidentalen Formulierungen der Trinität hingegen begannen dem zu widerstreiten.

Welches Geschichtsziel schien sich nun aus diesen Ereignissen zu ergeben, vor allem für den Zeitgenossen, welcher die Macht hatte, es herbeizuführen? Die Einführung des Sonnenkultes unter Elagabal sollte doch nicht Episode, es mußte ein Vorgriff auf das Endgültige gewesen sein, und es war vielmehr Gallienus' Duldung des Christentums gewesen, die als Episode erwiesen werden konnte: es wurde nicht nur der Sonnenkult, genau im Anschluß an den von Emesa, von Aurelian im ganzen Reich als Staatsreligion eingeführt, sie wurde auch mit dem Kaiserkult verbunden und erhielt eigene Staatspriester, die *Pontifices maiores*. Aber damit war es nicht mehr der Baal von Emesa, der da herrschte, sondern die unbesiegte Sonne der ganzen Welt. Sie — lateinisch: er! — erhielt zwar am 25. Dezember 274 auf dem Marsfeld in Rom ihren — seinen! — Tempel, aber die Interpretation, daß es sich hier um die Erscheinungsform desselben einzigen Gottes handelte, von dem auch die Christen sprachen, blieb möglich. Keine 60 Jahre später, als Konstantin des Großen jüngster Sohn Constans zum Caesar erhoben wurde — es war der 25. Dezember 333 —, wurde diesem Geburtstag des Sonnengottes der Christi gleichgesetzt. Fortan konnten und können die einen sagen, daß Christus damit das Herrscheramt des Sonnengottes übernommen habe, und die anderen, daß damit der Sonnengott seine Herrschaft ungebrochen fortsetze.

Also ein Endzustand, der doch wieder nicht zur Einheitlichkeit drängte, sondern erkennbar zweideutig zu bleiben drohte? Es war wohl so, denn die Christenverfolgung (303), zu der Diokletian (284-305) sich veranlaßt sah, setzt eine so massive Eigengewichtung auf der anderen, vom römischen Standpunkt aus subversiven Seite voraus, daß nur mit Entzug von Kirchen, heiligen Büchern und Bürgerrechten, mit Einkerkerung von Klerikern und mit Zwang zum kultischen Opfer für den Kaiser reagiert werden konnte. Aber das geschah, unter anderem, auch für die altrömische Religion, dergegenüber das Christentum wie ein orientalischer Fremdkult unter anderen gewertet werden mußte. Zugleich wird deutlich, daß es nicht die Grenzen des *Imperium Romanum* waren, innerhalb derer sich entschied, was als Endzustand der Welt zu gelten hatte. Ging die Wagschale hier, politisch gesprochen, nach unten, so ging sie außerhalb davon nach oben: ein Gebiet, das wir heute als Sowjetrepublik wie als türkische Provinz gleichermaßen falsch beurteilen, nämlich Armenien, wird der erste christliche Staat der Geschichte, indem sein König Tiridates es der Mission Gregorius des Erleuchters öffnet (305). Armenien ist christlich bis heute.

Die Entscheidungen für Balance, Pluralismus, Toleranz auf der einen Seite, Vereindeutigung, Vereinheitlichung, Vereinseitigung auf der anderen folgen sich nun immer schneller, wobei die letztere Entscheidung inhaltlich gegensätzlich ausfällt: zugunsten des Christentums oder des Heidentums, und wo beim letzteren nochmals zu unterscheiden ist zwischen römischer Religion und orientalischen Kulten. Am 30. April 311 lassen Galerius und Licinius, die Repräsentanten der nachdiokletianischen vierten Tetrarchie im Westen, das Christentum in einem Toleranzedikt wieder zu, der östliche Tetrarch Maximinus hingegen ,,betrieb die Verfolgung gegen uns (= die Christen) noch mit mehr Gewalt und Nachdruck als die Herrscher vor ihm. In jeder Stadt ließ er Tempel errichten ... Auch bestellte er Götzenpriester an allen Orten ... und setzte über sie in jeder Provinz ... einen Oberpriester, dem er eine Abteilung Soldaten als Ehrenwache beigab'' (Euseb, *Kirchengeschichte* 8, 14, 9). Das hängt mit alten, politisch und ökonomisch tief begründeten Gegensätzen zwischen der westlichen und der östlichen Reichshälfte zusammen. Diese spielen auch in die Religionspolitik hinein, die ein neuer Tetrarch im Westen, Konstantin, zu machen gedenkt: wie immer man seinen persönlichen Glauben und dessen Entwicklung beurteilt, er erläßt mit Licinius i. J. 313 ein neues Toleranzedikt in Mailand, das dem Christentum völlige Gleichberechtigung neben anderen Religionen sichert und damit auch den römischen Staatskult als solchen abschafft. Nach dem Tode des Maximinus, noch im gleichen Jahr, wird es auf den

Osten ausgedehnt. Zu einem neuen Staatskult hätte es nun eigentlich nicht mehr kommen dürfen.

Aber wenn auch dies vielleicht im Verhältnis zu römischen und orientalischen Kulten unterblieben wäre, es stellte sich nun innerhalb des Christentums noch deutlicher, weil mit gewichtigeren politischen Implikationen als gegenüber den gnostischen Systemen des zweiten und dritten Jahrhunderts, das Problem, was künftig als Orthodoxie und was als Häresie gelten würde. Bei der Lösung dieses Problems war Machtpolitik, ihrem immer auf Totalität drängenden Eigengewicht zufolge, nicht zu suspendieren. Um 310 gab es in Karthago zwei Bischöfe, welche aus anderen als den gewohnten christologischen Gründen gegeneinander standen. Der eine, Maiorinus, repräsentierte Berg- und Wüstenbewohner, welche libysche, Vorformen der heutigen berberischen Dialekte sprachen; der andere, Caecilianus, repräsentierte die Bewohner von Städten, fruchtbarem Flachland und der Küste — punisch und lateinisch Sprechende gleichermaßen. Die einen, die „Numidier", lieferten den anderen, den „Römern", die Sklaven und die wirtschaftliche Subsistenz, vor allem als Naturalien und als Steuern. Als diese Verhältnisse zur Ausbeutung wurden, kam es zu Sklavenfluchten, Infragestellung des Privateigentums und Aufständen — aber nicht allein, sondern durchdrungen von einem religiösen Elitarismus, in welchem ein neuer Heiliger von einem Kämpfer gegen den römischen Staat mit dessen Form von christlicher Religion nicht mehr zu unterscheiden war.

Nach dem Nachfolger des Maiorinus, dem Bischof Donatus, wird die Bewegung später benannt; sie war mehr als ein innerkirchliches Schisma. Dem Klassenkampf, zu dem es sich im 4. Jahrhundert steigerte, entsprach ein Geltendmachen religiöser Traditionen gegeneinander, die nur noch schwer zu entwirren sind. Die *cellae* (*rusticanae*), die (bäuerlichen) „Hütten" oder „Kammern", um welche herum (*circum*) die Donatisten sich zu versammeln pflegten — daher im 4. Jahrh. „Circumcellionen" —, waren mit Verpflegungsmagazinen versehene Märtyrerschreine in ländlichen Kirchen Numidiens, in welchen die Verehrung lokaler Heroen fortlebte. Der erbitterte und jederzeit martyriumsbereite Kampf, der von hier aus gegen die christlichen Römer geführt wurde, war durchsetzt von Reminiszenzen an die Makkabäer, die dasselbe gegen die Griechen, und an die Zeloten, die dasselbe gegen die heidnischen Römer getan hatten. Wie konnte sich deshalb Konstantins Kampf gegen Donatisten und Circumcellionen, allgemein religionspolitisch betrachtet, nur auswirken?

Offiziell ging es ihm natürlich darum, die Cäcilianer zu stärken. Diese verzichteten auf Wiederholung von Taufe und Bischofsweihe zur Erlangung neuer ,,Heiligkeit'', auf Anempfehlung des Martyriums zu ihrer Besiegelung nicht nur aus pastoraler Weisheit und Lebensklugheit, sondern auch, weil die ,,Schwachen'', denen dies zugute kam, etwas zu verlieren hatten: sie waren an Handelsgeschäfte und Liegenschaften gebunden und standen den romanisierten Grundherren und Städtern nahe, die Konstantins Herrschaft stützten. De facto war es deshalb gar nicht nötig, Gewalt und Todesstrafe, denen die Donatisten von 314 bis 320 unterworfen wurden, durch ein Religionsgesetz zu legitimieren: die Anklage wegen Aufruhr und Majestätsbeleidigung bot alle rechtlichen Mittel — wie auch schon in einschlägigen Schreiben Konstantins Aufruhr mit Gottlosigkeit gleichgesetzt wurde. Damit aber wird sichtbar, was hier an allgemein religionspolitischen Weiterungen angelegt ist: der Kampf gegen das, was als christliche ,,Häresie'' zu bestimmen am opportunsten und machtdienlichsten war, zog auch das Verhalten zu heidnischen Religionen in seinen Sog.

Das ist wichtig für das Verständnis des weiteren Geschickes der orientalischen Kulte im römischen Reich. Der Kampf gegen die *cellae rusticanae* hatte auch schon die numidische Volksreligion und mit ihr versetzte jüdische Traditionen mitgetroffen. Im Jahre 318 werden dann heidnische Götterbilder von der Münzprägung allgemein ausgeschlossen, und der Kampf gegen die Circumcellionen läuft mit dem gegen das nordafrikanische eindeutige Heidentum schließlich so weit gleich, daß unter Kaiser Honorius von 399-401 von einer regelrechten Verfolgung der nichtchristlichen Religionen gesprochen werden kann. Es ist derselbe Vorgang, der es dem Kirchenvater Augustinus (354-430) erlauben wird, christliche Rigoristen und Heiden juristisch unter dem Begriff der ,,Falschen Religion'' einander gleichzustellen und für dieses Kapitaldelikt die reguläre Todesstrafe für selbstverständlich zu halten. Im gleichen Geiste schreibt schon der sizilianische Rhetor Iulius Firmicus Maternus, der noch i. J. 336 acht Bücher ,,Mathesis'' mit allen Implikationen heidnischer Astrologie verfaßt hatte, zwischen 346 und 350 seine Schrift *Über den Irrtum der heidnischen Religionen*.

Wo keine Machtinteressen im Spiele waren, konnte man die einschlägigen Gesetze entweder rasch vergessen, oder sie brauchten erst gar nicht exekutiert zu werden. Das erstere belegt die Überlieferung über die Weihung Konstantinopels, der Hauptstadt eines Kaisers, der zwar die Taufe auf dem Totenbett (22. Mai 337) noch vor sich, aber das Präsidium über das Konzil von Nicäa (325) mit Verurteilung des Arianismus schon hinter sich hatte: obwohl diese Weihung an einem christlichen Märtyrertag, dem 11. Mai 330, stattfand, konnte sich die historische Legende bilden, ein heidnischer Neuplatoniker, Sopatros aus Apameia, habe die Weihe ausgeführt. Die Nichtanwendung der Gesetze belegen mehrere Tatsachen: der Stadtgöttin Tyche wurden Opfer dargebracht wie auch dem Christengott (!), außer der Eirene-Kirche wurden auch der Tyche und sogar der Mater Magna Tempel errichtet; die Statue des Kaisers als ,,Unbesiegter Sonnengott'' ist allenfalls noch christlich interpretierbar, aber sie steht neben der Alexanders des Großen. Der tote Konstantin wird nicht nur in der Apostelkirche in Konstantinopel christlich beigesetzt, sondern durch den Senat in Rom auch heidnisch konsekriert. Die Konstantinssöhne Constantius II. (337-361) und Constans (337-350), eindeutig christliche Kaiser, wurden am eindrücklichsten vom heidnischen Rhetor Libanios aus Antiochien gefeiert (Königsrede von 348). Der also gefeierte Constantius erklärt i. J. 356 das Christentum, jetzt übrigens wieder in arianischer Form, zur Staatsreligion, läßt die heidnischen Tempel schließen und verhängt über Kultausübung in ihnen die Todesstrafe, läßt aber ein Jahr später im Circus maximus in Rom einen Obelisken aufstellen, dessen Bedeutung als Symbol des ägyptischen Sonnengottes — oder war dieser jetzt auch schon der christliche? — noch bekannt war.

Schwer ist hier zu trennen, was bewußte Synthese in einem neuen Kaisertum war, dessen durchs byzantinische Goldgewand symbolisierte Heiligkeit in ihrer Funktion von der kultischen Verehrung der heidnischen Kaiser und der schon halb absolutistischen Verklärung Diokletians von außen kaum zu unterscheiden ist, und was als pragmatisches Inrechnungstellen des weiterlebenden Heidentums zu gelten hat. Dauerten doch heidnische Kulte bei der Landbevölkerung allenthalben fort, und konnten doch heidnische Aristokraten in der Stadt Rom die ganze zweite Hälfte des vierten Jahrhunderts hindurch Contorniaten prägen lassen und sich zum Neujahrsgeschenk machen — münzähnliche

Bronze- oder Messingmedaillien, die vorn die markantesten heidnischen Kaiser oder Literaten, auf der Rückseite Szenen aus der Alexandersage oder der Römischen Religion darstellen und so propagierten.

Auf Vieles dergleichen, nicht nur auf die eigene Konversion zu Neuplatonismus und Sonnenreligion zehn Jahre vor seiner Thronbesteigung, muß sich jedenfalls der Kaiser Julianus (361-363) haben stützen können, den die Heiden dann ,,den Großen" und die Christen ,,den Abtrünnigen" (*Apostata*) nennen. Seine Reform des Heidentums hebt dieses grundsätzlich auf eine neue Stufe, weil es sich nun durchgängig gegen das Christentum definiert. Die Stellen der heidnischen Priester werden hierarchisch gestaffelt wie die der Kleriker, die christliche Armenpflege wird nachgeahmt und überboten. Die christlichen Kleriker selbst gehen ihrer Steuerfreiheit verlustig. Ein Toleranzedikt gilt, der früher gleichmäßigen Unterdrückung entsprechend, heidnischen Kulten wie Donatisten, Juden wie anderen Häretikern. Den Juden soll sogar ihr Tempel in Jerusalem wiederaufgebaut werden. Das Christentum wird nicht unterdrückt, aber die für seine Ausbreitung so wichtige Arbeit des Katechetenstandes wird untersagt. Es wird sogar die christliche Richtung, die in Nicäa obsiegt hatte, nach der zwischenzeitigen Bevorzugung des Arianismus wieder bevorzugt, indem Athanasius abermals in Alexandrien als Bischof eingesetzt wird. War den Konstantinssöhnen die arianische Unterordnung des Gottessohnes unter den Vater im dogmatischen Bereich angenehmer, weil sie sich mit der Unterordnung der Kirche unter staatliche Bedürfnisse besser vereinbaren ließ, so war jetzt die Homoousie von Vater und Sohn, mit welcher Athanasius auch jener Unterordnung immer widerstanden hatte, gerade akzeptabel; denn es sollte überhaupt kein Relationsverhältnis zwischen Kirche und Staat mehr zur Debatte stehen.

Nachdem auf der Synode von Alexandria 362 die nicänische Glaubensformel in Richtung auf Homoiousie gemäßigt worden war, wurde indessen die athanasianische Trinitätslehre und Christologie in Form der sog. jungnicänischen Orthodoxie auch unter christlichen Kaisern wieder möglich. Das heidnische Gegenstück zu dieser schon unter Julian zu Ende gekommenen, folgenreichen christlichen Selbstdefinition war die Schrift eines Neuplatonikers Salustios, die zwischen 364 und 394 verfaßt wurde. Man hat ihr den Titel *Über die Götter und den Kosmos* gegeben. Franz Cumont nannte sie den ,,offiziellen Katechismus des heidnischen Imperiums". Ihre politische Funktion würde noch deutlicher, wenn die Identität des Autors klar wäre; denkt man außerdem noch an Serenos Salustios Sekundos, an den Julian freundschaftlich seine achte Rede richtete, und an Flavius Sallustius, der unter Julian zuletzt Präfekt von Gallien und dann Konsul war, so kann es sich um eine, zwei oder drei Personen handeln. Bei Identität des Autors mit dem Präfekten hätte die Hinrichtung des letzteren i. J. 370, als unter Kaiser Valens die Wasser abermals zurückrollten, noch eine besondere Bedeutung.

Es ist damit schon über die zweieinhalb einschneidenden Jahre Julians hinausgeblickt. Er und seine philosophischen und priesterlichen Freunde hätten ihr neues theologisches System nicht ohne die Strukturprinzipien errichten können, welche der antike Synkretismus bereithielt. Insbesondere die Möglichkeit, griechische, römische und orientalische Götter in Theokrasien zu vereinigen, kam den Kulten der letzteren zugute — wie denn auch Julian selbst, der sich schon 355 in Athen in die eleusinischen Mysterien hatte einweihen lassen, später noch Kybele-Attis-Myste wurde und sich dem Mithraismus mindestens geistig weit öffnete. Wenn auch heidnische Ausschreitungen gegen Christen i. J. 362 den Eindruck erwecken konnten, als werde dies alles sich wirklich durchsetzen, so war die alt-neue Religion im tiefsten doch eher konstruiert als lebendig. Nach dem frühen Tode Julians im Perserfeldzug (363) war es für den vom Heere ausgerufenen Kaiser Jovianus (363/4) kein Problem, Julians Edikte gegen das Christentum wieder aufzuheben, die christlichen Katechetenschulen wieder zuzulassen und die heidnischen Tempelvermögen einzuziehen. Erneut war offen, welchen Glauben die römische Welt endgültig haben sollte. Die beiden Kaiserbrüder Valentinian (364-375, im Westen) und Valens (364-378, im Osten) wollten es wohl bei dieser Offenheit lassen, indem sie gleich i. J. 364 Christen wie Heiden Religionsfreiheit zusicherten, Valens jetzt wieder mit Begünstigung der Arianer (er verbannte den Athanasius abermals). Aber schon Valens selbst hielt dies nicht durch: bereits 370 erließ er ein Edikt gegen die Wahrsager, und einer Heidenverfolgung, die bald darauf einsetzte, fiel außer dem schon genannten Flavius Sallustius noch ein höchst bedeutender weiterer Repräsentant der alten Religion zum Opfer: Maximus von Ephesus, der Lehrer des Kaisers Julian, dessen philosophischer Unterricht der Entscheidung des Julian maßgebend vorgearbeitet hatte.

Die näheren Umstände sind interessant für die Bedeutung, die man einer bis zum magisch ausgeübten Zwang auf Götter emporzusteigernden Wissenschaft vom göttlichen Wirken, der Theurgie, damals beimaß. In ihrer spirituellen Form, welche durch eine Art Trance der Seele zum Aufstieg zum geistigen Feuer verhelfen sollte, hat man sie ein Asyl der verzweifelten Intelligenz genannt; doch auch die vulgärere Form wurde einem Mann wie dem Maximus zugeschrieben, soll er doch ein Kultbild der Göttin Hekate sich haben beleben lassen. Die Anklage, durch Zauberei eine langandauernde Krankheit der Kaiser Valentinian und Valens verursacht zu haben, wurde dem Maximus zum Verhängnis; die Folter brachte ihn dem Tode nahe. Der Prozeß scheint aber abgebrochen worden zu sein, denn wir hören von einem zweiten, in welchem ihm vorgeworfen wurde, dem Valens den Tod ohne die Ehren der Bestattung prophezeit zu haben. Dies führte 372 zur Hinrichtung. Selbst die Lebensbeschreibung des Maximus, die auf uns gekommen ist, kann sich in ihrem Gegensatz gegen das Christentum der Topik nicht entziehen, welche längst die Christen für Brüder und Schwestern ausgebildet hatten, die in Verfolgungen umgekommen waren: der heidnische Philosoph erscheint mit priesterlichen Zügen und als Märtyrer der Theurgie.

Die große Familie der verzweifelnden Intelligenz brachte in Rom den bedeutenderen geistigen Vetter des Maximus hervor, den Stadtpräfekten Q. Aurelius Symmachus (um 345-405). Wüßten wir von den Zeitumständen nichts, wir würden einem Heidentum, das in ihm den größten Redner seiner Zeit zu solcher Panegyrik inspirierte, seine Bestimmung zum baldigen Sterben nicht anmerken. In der dritten seiner 49 amtlichen Relationen, welche Symmachus i. J. 384/85 an den in Mailand residierenden Kaiser Valentinian II. (375-392) richtete, kommen Romidee und antike Humanität, Bedeutung des Götterglaubens für das philosophische Denken wie für die traditionelle Religion, kommt auch die Loyalität dem christlichen als wie einem heidnischen Kaiser gegenüber zum Schwur: der Kaiser soll den Victoria-Altar wiedererrichten, dieses Symbol der Siegeskraft des römischen Volkes, mit dem auch die Existenz des gesamten heidnischen Kultwesens auf dem Spiele stand. Der Bitte wurde nicht stattgegeben, und zwar unter dem Eindruck dreier Briefe, in denen ein noch gewaltigerer Mann, Bischof Ambrosius von Mailand (339-397), den jungen Kaiser an seine Christenpflicht mahnte. Der Nachweis, der Kaiser als Diener des wahren Gottes könne gegen die

Feinde der wahren Religion nicht tolerant sein, die Mahnung an ihn und seinen Nachfolger Theodosius (Kaiser 379-395), die Häresien und den alten Aberglauben zu vernichten, lassen an Deutlichkeit nichts zu wünschen übrig und hätten der wirklichen Vernichtung zur Begründung dienen können, die zwölf Jahre zuvor dem Maximus v. Ephesus widerfahren war.

Ambrosius war es auch, welcher als christliche Rechtgläubigkeit den jungnicänischen Athanasianismus durchsetzte, den man von jetzt an den westlichen oder lateinischen Katholizismus nennen darf, auch wenn die Schlußdefinition der mit dazugehörigen christologischen Zweinaturenlehre im Konzil von Chalcedon (451) noch bevorstand. Es war nur konsequent, daß Theodosius zwei Jahre nach seinem Regierungsantritt dem Papst in Rom seinen inzwischen erreichten Vorrang bestätigte, indem er den altrömischen Priestertitel *Pontifex Maximus*, den er auch als christlicher Kaiser wie alle seine Vorgänger weitergeführt hatte, für sich und seine Nachfolger ablegte (i. J. 383 tat es sein Mitkaiser Gratian ihm nach). An dem nun erreichten Ziel der Geschichte, das in den vergangenen Jahrhunderten so oft gewechselt hatte, sollte bis zum Beginn der Neuzeit nicht mehr mit Erfolg gerüttelt werden — Toleranzedikte wie das, welches Valentinian II. i. J. 386 für die Arianer in Italien, oder das, welches Kaiser Eugenius i. J. 392 für Häretiker erließ, änderten daran grundsätzlich nichts mehr. I. J. 378 erlangt Papst Damasus von Gratian die Zusage, die Staatsgewalt werde bei der Durchführung der bischöflichen Disziplinargerichtsbarkeit mitwirken. Hier ist in der Anlage der theokratische Gottesstaat schon da, über den dann Augustin von 413-426 (Abfassung von „*De civitate Dei*") das Grundsätzliche sagen wird.

Was dies alles religionspolitisch bedeutete, läßt sich in seiner Mehrdimensionalität am besten von der Stellung zum Manichäismus aus verstehen. Diese große synkretistisch-gnostische Religion war früher, z.B. unter Diokletian i. J. 296, verfolgt worden, weil sie als persisch galt — unerachtet der Unterdrückung, welche die Manichäer in Persien selbst nach der Hinrichtung ihres Stifters Mani (276) nicht zuletzt wegen Unterlaufung der nationaliranischen Königsideologie und dualistischer Zersetzung des Herrschaftsbereiches des zum Nationalgott gewordenen Ahura Mazdā im Sassanidenstaat auszustehen hatten. Jetzt, z.B. 382 durch Gratian und 389 durch Theodosius und Valentinian II., wurden die Manichäer als falsche Christen verfolgt. Die proteushafte Wechselgestalt des manichäischen Systems wird hinter diesen so unterschiedlichen Konfliktgründen ganz richtig sichtbar. Es wiederholt sich damit eine Eigenart, welche den Gnostizismus, dessen mythologisch vollkommenste Ausgestaltung der Manichäismus vom 3. Jahrhundert an darstellt, schon bei seinem Aufkommen in der Mitte des 2. Jahrhunderts charakterisiert hatte: jeden Glauben, jede *fides* einschließlich der christlichen, durch erlösende Erkenntnis, durch Gnosis vertiefen und damit zur höheren Vollendung führen zu wollen. Die Kirche hatte darauf immer mit Ablehnung reagiert, ja wichtige Prinzipien ihrer Konstitution, die apostolische Sukzession, den Kanon und anderes, erst im Verlauf dieser Auseinandersetzung entwickelt; dem heidnischen Staat hingegen war, bis auf die spezielle antimanichäische Konstellation unter Diokletian, die gnostische Bewegung noch mehr oder weniger gleichgültig gewesen. Jetzt, in der zweiten Hälfte des vierten Jahrhunderts, fielen dem Manichäismus gegenüber staatliche und kirchliche Interessen zusammen; zugleich zeigt sich, wie schwer es auf der einen Seite der eingetretenen Polarisierung geworden war, zwischen Heidentum und christlichen Häresien zu differenzieren, ja wie wenig Wert die Handelnden selbst hier noch auf Unterscheidung legten. Die Donatisten, nunmehr christliche Häretiker, unterstützten 372 den Aufstand eines heidnischen Fürsten Firmus in Mauretanien. Der Rhetor Marius Victorinus, vom Neuplatonismus zum Christentum übergetreten, schrieb 355 gegen Manichäer und Arianer zugleich. Gratian erließ 376 ein Edikt gegen die Häretiker einschließlich der Arianer und 379 eines gegen die heidnischen Kulte. In ein- und demselben Jahre 385 wird die Ausübung der heidnischen Wahrsagekunst, der Mantik, bei Todesstrafe verboten, und wird der christliche Begründer einer Asketenbewegung, der hispanische Bischof Priscillianus, unter der Anklage erst auf Manichäismus, dann auf Magie, in Trier hingerichtet (es war das erste Bluturteil im christlich gewordenen Staat, das immerhin den Protest gewichtiger orthodoxer Bischöfe hervorrief).

Beschränken wir unseren Blick auf die heidnischen, insbesondere die ,,orientalischen" Kulte, so zeigt sich von Jahrzehnt zu Jahrzehnt deutlicher, daß ihr Aufhören kein heroischer Untergang mehr war, sondern immer mehr einer stillschweigend-resignierten Anerkennung des christlichen Geschichtstelos gleichkam. Im Jahre 319 hatte die Bautätigkeit im Heiligtum von Delphi aufgehört, 355 wird der letzte Altar für den Heilgott Asklepios in Athen geweiht, eben dort auch 386 oder 387 der letzte Altar für die kathartische Bluttaufe aus ritueller Stiertötung, das Taurobolium. Daneben wird die Überzeugung, das Ziel der Geschichte sei erreicht, mehr oder weniger gewaltsam, lokal oder in mehreren Regionen gleichzeitig, durchgesetzt. 359 wird im palästinischen Skythopolis (südlich des Sees Genezareth) Personen, die sich auf Orakel verlassen hatten, der Prozeß gemacht, und Besucher des Orakels des ägyptischen Gottes Bes in Abydos werden gefoltert. 387 werden die Heiligtümer der syrischen Städte Edessa und Apamea zerstört, 391 der Sarapistempel und die Reste der Bibliothek in Alexandrien. 394 wird der Vesta-Tempel in Rom geschlossen und werden die Olympischen Spiele, 393 zum letzten Mal gefeiert, auch formell verboten. Vier Verbote aller heidnischen Kulte durch Theodosius (386, 389, 391, 392), die Gratians Verbot von 379 erneuern, besiegeln nur das Faktische, wenn auch aus pragmatischen Gründen, z.B. aus Konzession gegen Bischof Ambrosius, Heiden und Juden zeitweise toleriert werden konnten.

Die letzte politisch nennenswerte Reaktion, in der das heidnische Rom sich vor den erstaunten Christen noch einmal gebärden konnte, als ob die alten, die heidnischen Kulte noch immer die alleinherrschenden seien, verdankte sich einer Konstellation, in der sich ein Epochenübergang ankündigt: die Trennung beider Reichsteile (395, nach Theodosius' Tod, ging der Osten an Arcadius und der Westen an Honorius; Tetrarchien und Mitkaisertümer gab es hinfort nicht mehr) in das byzantinische und das weströmische Reich, und die Einflußnahme germanischer Heermeister auf die inneren Verhältnisse. Zwei Franken, Richomeres und Arbogast, hatten sich eines eindrucksvollen Rhetoriklehrers und Zivilbeamten namens Eugenius bedient, um gegen Theodosius einen Umsturz einzuleiten. Eugenius sollte die Stelle von Theodosius' westlichem Mitkaiser Valentinian II. einnehmen, der durch Freitod aus dem Leben geschieden war. Eugenius, ein Namenschrist mit heidnischen Sympathien, sollte zugleich zur unverändert altgläubig gesonnenen aristokratischen Senatsopposition in Rom vermitteln, ohne daß damit eine Restauration nach Art Julians beabsichtigt war. Im Jahre 392 wurde Eugenius zum Kaiser des Westens ausgerufen. Doch in dem Maße, wie Theodosius' Religionspolitik rigider wurde — sogar ganz private Ausübung aller Kulte hatte er mit schärfsten Strafen bedroht —, versuchte das Heidentum den Kurs des Eugenius, der wohl auf Toleranz gerichtet war, mit fast fanatischem Eifer ganz für sich zu nutzen: wie früher wurden die Feste aller alten Götter wieder in öffentlichen Aufzügen gefeiert, der griechisch-römischen — Hekate, Demeter, Flora — und besonders der orientalischen: Mithras, Kybele und Attis, Isis und Osiris, Anubis, Sarapis. Die etruskische Blitzdeutung und Leberschau, die Haruspizin, wurde wieder geübt; die Deutung der Stimme und des Fluges von Vögeln, das *Augurium*, wurde wieder lebendig; die Herumführung von Opfertieren um das Stadtgebiet, das *Amburbium*, entsühnte wieder, was darin gefehlt worden war. Soweit die Kulte Mysterienform hatten (Demeter, Mithras, Kybele, Isis), ließen sich die Senatoren und ihre Anhänger in sie einweihen. Manch ein Christ machte seine Bekehrung rückgängig. Theodosius machte all dem in einer Schlacht an der heutigen Wippach (dem alten Frigidus), einem Nebenfluß des Isonzo, am 5. Sept. 394 ein gewaltsames Ende. Beide Heere waren unter dem Vorzeichen eines Gottesurteils in die Schlacht gezogen. Auf dem zur Entscheidung vorgesehenen Gelände hatte man Jupiterstatuen aufgestellt, und den Christen wurde natürlich das *Labarum* mit dem Symbol Christi vorangetragen. Dagegengesetzten Symbolwert sollte das Haupt des hingerichteten Eugenius haben, das auf einer Stange in ganz Italien vorgezeigt wurde.

Ginge es um das Weiterleben des Heidentums und die Auseinandersetzung des Christentums mit ihm im allgemeinen, so wäre über die Verhältnisse in Rom und den italischen Städten, in den Provinzstädten und überall auf dem Lande im 5. Jahrhundert und danach noch viel zu sagen. Ein östlicher Baal, von Westsemiten *adon* „Herr" und von den Griechen Adonis genannt, wurde weiterhin betrauert, wenn die Vegetation welkte, und die Tatsache, daß es doch immer wieder Fruchtbarkeit gab, die dann auch seine Lebendigkeit symbolisierte, rückte seine Riten — keinen richtigen Kult — in ländlicher Hausfrömmigkeit nahe an Ostern heran; Adonisgärten blühen und welken in Sardinien bis heute und hielten schon damals das Nachdenken lebendig, was Aufkeimen und was Auferstehen bedeutet. Auch die literarisch-ideologische Auseinandersetzung, welche teils die Diskussion der voraufgehenden Jahrhunderte fortsetzt, teils die Ereignisse dieser Zeit von verschiedenen Standpunkten aus deutet — bis hin zu ganz unterschiedlichen Darstellungen derselben Vorgänge durch heidnische und christliche Historiker —, teils ganz neue Topoi einführt, geht noch lange weiter. Aber die faktische

Geschichte der „orientalischen" unter den heidnischen Religionen ist mit Kaiser Eugenius zu Ende. Nimmt man die Einführung des Mater-Magna-Kultes in Rom i. J. 204 v. Chr. als den Anfang, dann hat diese Geschichte sechshundert Jahre gedauert. Das ist eine Epoche, die man nicht nur aus chronologischen, sondern auch aus inhaltlichen Gründen eine weltgeschichtliche nennen darf. Sie hat denn auch immer wieder die historische Basis oder das geschichtsphilosophische Bezugsfeld für Betrachtungen abgegeben, die über die Ermittlung dessen hinaus, wie es wirklich gewesen ist, zu Theorien über den Untergang des Römischen Reiches, zu geschichtlichen Gesetzen allgemeiner Art, zu Sinnaussagen für den antiken wie für den modernen Menschen gelangen wollten. Und gerade hier sind die Perspektiven gegenwärtig in durchgreifender Veränderung begriffen.

Die Philologie mit ihrem Bildungsbegriff des Klassischen hat den ganzen Vorgang oft als Zersetzung oder Verfall der römischen Religion interpretiert. Damit war sowohl die Begrenzung der ursprünglich umfassenden volksgebundenen Einheit der römischen Religion auf eine religiöse Epochenkomponente neben immer mehr anderen gemeint, als auch das Phänomen der Religionsmischung insgesamt, welches man Synkretismus nennt. Der Synkretismus rangierte in einer historischen Wertung, welcher das Alte, Reine und Ungemischte als das historisch Gesollte und Normative galt, nicht eben hoch. Seine negative Bewertung hatte ihr Gegenstück in der Diagnose der Rassenmischung als einer Ursache für den Niedergang des Römischen Reiches: der größte Teil der Sklaven sei aus dem Orient, zumeist aus Syrien und den kleinasiatischen Provinzen gekommen, sie hätten mehr Gelegenheit gehabt, sich zu vermehren als die wegen ihrer größeren Widerstandskraft in Minen und Industrie eingesetzten europäischen Kriegsgefangenen, und da gleichzeitig die Römer selbst in den Kriegen dahinstarben, habe sich eine enorme „orientalische Einfärbung" der neu entstandenen Bevölkerung ergeben. Ganz Italien und die romanisierten Teile Galliens und Spaniens seien so während der Kaiserzeit „blutsmäßig durch den Osten beherrscht" worden. Darin liege die Erklärung für die Entwicklung von der republikanischen Staats- zu der den Orientalen viel gemäßeren absoluten Herrschaftsverfassung, für den Verfall von Kunst, Technik und lateinischer Literatur und eben auch für die Ausbreitung der orientalischen Religionen.

Eine andere Sicht der Dinge hat die latent christentumsfeindliche oder mindestens christentumskritische Sicht des europäischen Humanismus zur Voraussetzung. Für diese Sicht gehören „Orient" hier, Griechen- und Römertum dort insofern zusammen, als es sich überall um autonomes Menschsein gehandelt habe, wenn auch im Okzident in vollkommeneren und individualistischeren Graden als im Osten. Das Sich-Abhängig-Wissen von höheren Mächten gehörte zu dieser Art des Menschsein durchaus mit hinzu, und von daher konnte die deutlichere Devotionalität, die tiefere Mystik des östlichen neben der Rationalität und Nüchternheit des westlichen Menschen sogar als gleichrangig angesehen werden. Eine Gemeinsamkeit lag ferner in der Toleranz, welche im Prinzip alle Religionen gegeneinander übten. Ihnen gegenüber trat das Christentum als eine Religion in die Welt, welche mit Heteronomie und Intoleranz ganz antihumanistische Werte setzte. Der Untergang des griechisch-römischen, auch das orientalische Erbe in sich bewahrenden Heidentums stellt sich damit als ein Geschehen von allerletzter, im Ausmaß nicht wieder erreichter und an Gründlichkeit nicht zu überbietender Tragik dar.

Dem steht die Hochwertung gerade des christlichen Sieges gegenüber. Diese Sicht ist beileibe nicht nur die kirchliche, sie ist auch die des christlichen Humanismus, und sie konnte sich sogar mit ganz konfessionsfreien Kulturtheorien vertragen. Man brauchte sich nicht nur auf den Sieg des wahren Glaubens über Abgötterei und Superstition zu berufen, man konnte auch darauf hinweisen, daß es gerade die Christianisierung der Antike ist, durch welche uns die antike Kultur überhaupt noch nahesteht, während sie uns sonst genau so fern wäre wie der Alte Orient. Für das Heranrücken des Alten Orients an die antike Kultur kommt dann der Hellenisierung des Orients eine entsprechende Bedeutung zu. Von ihr ist die Christianisierung außerdem noch betroffen, da ohne die Hellenisierung auch das Christentum eine orientalische Religion geblieben wäre.

Eine Ablösung aller drei Deutungstypen durch eine uns heute gemäßere Sicht ergibt sich ganz von selbst aus detaillierteren Studien aller Art sowie aus einer fundamentalen Problematisierung des Orient-Begriffes. Detailstudien fangen schon mit der ganz simplen Erinnerung an, daß man nur einen halben Tatbestand im Auge hat, wenn man vom „Untergang des Römischen Reiches" spricht — um zunächst noch die

Frage offenzulassen, was denn eigentlich ein Untergang ist. Nur der weströmische Reichsteil erlag der Völkerwanderung, der oströmische bestand ein halbes Jahrtausend länger und widerstand danach noch einmal beinahe so lange den Türken (erste Niederlage der Byzantiner gegen die Seldschuken 1071 am ostanatolischen Wan-See, Eroberung Konstantinopels 1453 durch die Osmanen). Dasselbe Völker- und Religionsgemisch, das im Westen für den Niedergang des Reiches verantwortlich gewesen sein soll, hätte es demnach im Osten noch ein Jahrtausend lang aufrechterhalten — man braucht gar nicht auf biologische und anthropologische Einsichten zurückzugreifen, welche gegen Rasse als Grundlage einer Kultur, Rassendynamik als Basis von Geschichte geltend gemacht werden müssen. Detailstudien haben sodann auf immer komplexere Erscheinungen hingewiesen: auf den Übergang von einer auf Sklaverei basierenden Wirtschaftstruktur zu einem feudalen Wirtschaftssystem; auf die Rolle nichtgermanischer Nomadenstämme, von denen die Sarmaten, Hunnen und Slaven periphere, die Araber aber ganz zentrale Veränderungen in Lebensweise und Staatensystem der Mittelmeerwelt herbeiführten; auf Verlagerung des sozialen Gleichgewichts, zum Nachteil der alten Einrichtungen des Reiches, zum Vorteil von Klöstern und kirchlichen Stiftungen; und vieles andere mehr. Die letztere These, die das Christentum für das Aufhören der kaiserlichen Administration verantwortlich macht, problematisiert außerdem bereits die Vorstellung des ,,Untergangs'', und das ist in anderem Zusammenhang noch umfassender geschehen. Nimmt man als erwiesen an, daß der Sturz einer Herrscherschicht für niemanden ein Untergang ist als für diese selbst, dann ist im Westen die Kontinuität auch nach den Germaneneinfällen erstaunlich: es gab wohl beachtliche Neuverteilungen des Landes, aber die Rechtsform des Besitzes blieb bestehen, und sie blieb im wesentlichen römisch; man kehrte nicht zur Naturalwirtschaft zurück, die großen Handelsrouten und die Übermittlung von Kulturgütern wurden nicht unterbrochen.

So wären noch viele Thesen über den politischen Untergang, das ökonomische und kulturelle Fortbestehen des Weströmischen Reiches zu referieren, denen entsprechende Thesen über den Übergang des byzantinischen Imperiums in islamisches Kalifat und Sultanat an die Seite gestellt werden könnten. Für eine Bewertung der Rolle der orientalischen Religionen im Römischen Reich, die man dann als den wichtigsten Aspekt eines allgemeinen Komplexes ,,Orientalismus'' oder ,,Orientalisierung'' auffassen muß, läßt sich daraus nur eine Summe ziehen: dieses Phänomen spielt eine umso geringere Rolle, je mehr Details in die Untersuchungen einbezogen werden. Bedeutet dies, daß man den Wald vor lauter Bäumen nicht mehr sieht und einen wesentlichen Erklärungsfaktor preisgibt?

Nein, es liegt eher eine grundsätzliche Berechtigung darin. Denn im Orient-Begriff hatte mehr gelegen als nur die Tatsache, daß eine Region östlich von einer anderen liegt. Es war ein Kulturbegriff, dem gegenüber der Okzident, der Westen, das vergilische Sendungsbewußtsein Roms enthielt, das sich im Sendungsbewußtsein des christlichen Abendlandes direkt fortsetzte. In oft unbewußt gebliebener Verbindung damit führt der Orient-Begriff der heutigen Wissenschaft vom Altertum auch den antiken Begriff weiter, der seinerseits romzentrisch gedacht war. Die Einzelforschung hat die Zentrierung der Sicht auf Rom zurechtgerückt und damit auch gute ideologiekritische Dienste geleistet. Der ,,Orient'' stellt sich nunmehr als ein Gefüge politischer Teilsysteme dar. Das übergeordnete Gesamtsystem ist, je nach der Zeit, in der man sich befindet, und nach der Perspektive, die man wählt, das Nebeneinander der Diadochenreiche, die hellenistische Kultur allgemein, oder eben das Imperium Romanum, das ja auch die hellenistische Kultur in sich aufnimmt. Gibt sich innerhalb dessen eine politische oder soziale Bewegung prononcierter zu erkennen, als einer idealen Immanenz innerhalb eines Subsystems angemessen ist, so liegt Widerstand gegen das Griechentum, später gegen Rom vor.

Es würde den Rahmen dieser Einführung sprengen, sollten die zahlreichen Zeugnisse politischen und geistigen Widerstandes gegen das Griechentum und gegen Rom, die man erst in den letzten Jahrzehnten zu identifizieren gelernt hat, auch nur stichwortweise genannt werden. Die Revitalisierung der östlichen Religionen gehört, vor allem in ihren Anfangsstadien, jedenfalls tendenziell, wenn auch nicht so explizit wie politische Bewegungen oder literarische Polemik, eindeutig in diesen Zusammenhang. Man kann sie weiterhin ,,orientalisch'' nennen, muß sich dann aber über zweierlei im Klaren sein: der Ausdruck ,,orientalisch'' ist nur neutral-geographisch zu verstehen (auch da bis zur Widersinnigkeit: das ,,Land des Westens'', der Maghrib, fällt noch heute unter die Zuständigkeit der ,,Orientalistik''), und er bezeichnet Autochthones nirgends mehr rein, sondern nur in griechischer Mediatisierung. Es ist das Resultat dieser Mediatisierung des „Orientalischen", das man Hellenismus nennen sollte. Das griechische Element darin enthüllt zugleich ein Paradox: nicht nur die Assimilationen, auch die Widerstände gegen das Griechentum artikulieren sich griechisch, später gegen Rom zuweilen sogar lateinisch, obwohl die hamitischen, semitischen iranischen und altkleinasiatischen Sprachen zur Verfügung standen. Es drückt sich darin ebenso die Internalisierung des abgelehnten Fremden aus, die man nicht mehr rückgängig machen kann, wie auch das Bestreben, verstanden zu werden. Die östlichen Religionen machen davon keine Ausnahme. Dieser Tatbestand hat früher zu der fruchtlosen Alternative geführt, ob sie denn nun hellenistisch oder orientalisch sind.

Stellt man die Frage, inwiefern die „orientalischen" Religionen im Römischen Reich für uns heutige Menschen interessant sind, so wird man eher bei dem eben entwickelten Aspekt ansetzen als, wie man es früher gern tat, beim Wiedererkennen seelischer Krisen, individueller Bekehrungen, den Einwirkungen von Passionstrauer, Ekstase, Rausch und Askese auf Sinne und Gefühl. Gewiß haben die orientalischen Religionen, die mysterienhaften zumal, dies alles vorausgesetzt beziehungsweise vermittelt. Aber es gehört in einen größeren Zusammenhang, den wir erst seit dem Zweiten Weltkrieg deutlicher erkennen. Es besteht nämlich eine recht genaue Analogie zwischen dem Verhältnis östlicher Kulte und Widerstandsbewegungen zu den römischen Institutionen damals, und dem Verhältnis von Religionen und Befreiungsbewegungen außerhalb Europas und Nordamerikas zur westlichen Zivilisation und ihren immer noch kolonialen Manifestationen heute. Indem man einen großen Teil der heutigen Bewegungen gemäß ihrer Herkunft aus dem Nahen, dem Mittleren, dem Fernen Osten charakterisierte, hatte man einfach die romzentrische Verwendung des Orientbegriffes durch einen Eurozentrismus abgelöst (den man unverständlicherweise, auch wo man selbstkritisch sein möchte, Ethnozentrismus nennt). Das kommt heute langsam außer Gebrauch, doch ist die Nummerierung der südlichen Erdhemisphäre als Dritte Welt hinter die kapitalistische und die sozialistische immer noch eine Anmaßung. Gleichviel: die politische, religiöse, soziale Selbstidentifikation von Gruppen außerhalb Europas und Nordamerikas, ja selbst von Regionalbewegungen eben dort — nenne man einen Teil davon nun „Dritte-Welt-Ideologie" oder anders —, deren

Widerstand gegen wirtschaftlichen und sozialen Imperialismus manchen früheren Kampf gegen militärische und politische Unterwerfung fortsetzt, entspricht strukturell Zug um Zug dem, was wir im Verhältnis außeritalischer Bewegungen zum römischen Imperium beobachten. Das kann damals wie heute so weit gehen, daß aus solchen Bewegungen, die man dann am besten nativistische Reaktionen nennt, Völker oder gar Staaten erst ganz neu entstehen.

Wer also heute ein Interesse an den ,,orientalischen'' Religionen im Römischen Reich nimmt, der wird sich, leider, nicht mit Mozarts ,,Zauberflöte'' begnügen können, deren Scenario und Einweihungshandlung der kenntnisreiche Freimaurer Emanuel Schikaneder den Isis-Mysterien nachgestaltet hat, übrigens gut synkretistisch mit Sarastro = Zarathustra als oberstem Mystagogen. Der Interessierte wird sich erst recht nicht, wie es Millionen von ahnungslosen Südamerikanern widerfährt, von den Schreibern der Umbanda- und Macumba-Liturgien überlisten lassen, die mit Raffinesse Götter der Griechen, Römer und ,,Orientalen'' mit solchen der Yoruba und der Indianer sowie mit katholischen Heiligen gleichsetzen und manche Kulte wie graeco-orientalische Mysterien stilisieren. Der Interessierte wird seine Aufmerksamkeit vielmehr den Sozialisationen zuwenden, welche die ,,Orientalen'' damals, die ,,Dritte-Welt-Angehörigen'' heute erfuhren, und er wird sich, Nachfahre des Römers der er ist, die Frage stellen müssen, was aus seiner notwendigen Einordnung in die damit gegebenen Verhältnisse für seine eigene soziale Orientierung folgt.

Wie konstitutiv für jenen Teil der Sozialisation, der in Identitätsfindung besteht, die Religion ist, lehrt der antike Befund genau so, wie es heute kollektiv der Islam, individuell der religiöse entrepreneur tut. Im letzteren — ob wir an San Myung Mun, Maharishi Mahesh Yogi, Bhaktivedanta Swami Prabhupada, Śri Maharaj Ji, Bhagwan Śri Rajneesh, Baba Śri Anandamurtiji oder die vielen anderen denken — finden wir einen Typus wieder, der uns auch aus dem Altertum, gerade in der hier überblickten Zeit, wohlbekannt ist. Die Kulte konnten sich überhaupt nur mittels solcher entrepreneurs — ,,Unternehmer'' sagt für uns etwas anderes, und ,,Missionar'' unterstellt, daß sie bewußt auf Bekehrung aus waren — ausbreiten; manch einer wird als Gestalt, wenn auch meist anonym, hinter den Übertragungen und Neugründungen sichtbar, und einige kennen wir sogar mit Namen. Daran ist zwar auch abzulesen, damals: ,,wie der Orient in Rom eindringt'', heute: ,,wie Asien im Abendland missioniert''. Aber wichtiger ist, daß immer dann, wenn der Mensch nicht mehr in eine heimatliche oder sinngebende oder göttlich garantierte Ordnung — die drei fallen beileibe nicht immer zusammen — hineingeboren wird, er nach irgendeiner Art von Wiedergeburt sucht. Neue Heilsbringer haben sie ihm damals wie heute versprochen. Es gehört zur sozialen Orientierung des an den orientalischen Religionen im römischen Reich Interessierten, sich auch dazu zu verhalten, sei dies für ihn nun ein Problem seiner eigenen Existenz, ein Problem seiner kommunalen Umgebung mit Gastarbeitern und einer der industriellen Leistungsgesellschaft abgekehrten Alternativkultur, oder ein Problem für seine Einschätzung spiritueller und politischer Befreiungsbewegungen in der ,,Dritten Welt''.

Wie immer aber sich der Interessierte dazu verhält, ein Handlungsmuster gewinnt er damit unmittelbar noch nicht. Die Geschichte, auch die Religionsgeschichte, läßt sich nicht pragmatisch befragen. Aber eine moralische Entscheidung, auch wenn sie von ganz woanders her zustandekommt, muß doch ein gewisses Maß an Kenntnissen, an historischer und gesellschaftlicher Analyse der Verhältnisse voraussetzen, denen zum Besseren verholfen werden soll.

Kehren wir abschließend noch einmal zu dem Gedanken zurück, daß keiner der vielen Umbrüche zu der Zeit, als er geschah, so eindeutig war, daß die jeweiligen Zeitgenossen ihn als solchen empfanden. Emmanuel Mounier hat in seinen *Gedanken für eine apokalyptische Zeit* (in *Esprit* 1947, deutsch: *Lancelot* 8, 1947, 3-24) gesagt: ,,Die im Jahre 395 lebenden römischen Bürger wären höchlich erstaunt gewesen, wenn man sie am 31. Dezember dieses Jahres davon in Kenntnis gesetzt hätte, daß das Reich der Cäsaren aufgehört hätte zu bestehen. Die unter Theodosius erfolgte Teilung ist ihnen wahrscheinlich nur als ein einzelner Vorgang der seit vielen Jahren stürmisch bewegten Geschichte erschienen. Das Reich teilte sich, es brach nicht zusammen. Rom und Konstantinopel, jedes für sich, erhoben Anspruch auf seine Führung. Als im Jahre 410 Alarich in Rom eindrang, entstand für einen Augenblick eine Panik. Diesmal glaubte man, den alten Bau in seinen Grundfesten wanken zu sehen. Bald jedoch stellte ein Kompromiß den Eroberer in den Dienst des Reiches. Schritt für Schritt, während sich auf dem Reichsgebiet die barbarischen Völkerschaften mit der lateinischen Bevölkerung vermischten, verschmolz die Gewalt der Barbaren mit der alten Macht. Der Kaiser nannte sich noch Romulus oder Orestes, als die tatsächliche Gewalt bereits den Barbarenführern gehörte. Seit dem Jahre 476 besitzt das weströmische Reich einen Kaiser nur noch dem Namen nach, und er hat seinen Wohnsitz im Osten. Aber der Schein bleibt gewahrt. Tausend Jahre noch setzt das byzantinische Reich sein Bestehen fort, ja befestigt es sogar und bewahrt, unangetastet und starr, die Struktur, die Diokletian und Konstantin ihm gegeben hatten. Das römische Reich, dieser gewaltige Tote, hinterläßt nirgends einen Leichnam. Karl der Große, später die deutschen Kaiser glauben, ihm nach einer Zeit des Schlafes neue Kraft zu verleihen; sie haben keineswegs die Absicht, eine geschichtliche Wiederherstellung vorzunehmen. Jedenfalls ist der Titel eines römischen Kaisers erst im Jahre 1916 mit Franz Joseph endgültig erloschen. Bei der Lektüre der Briefe und Schriften jener Männer aus der Übergangszeit, jener letzten römischen Gelehrten von Bedeutung, die sich bereits, von Boethius bis zu Augustin, als die ersten großen christlichen Schriftsteller ankündigten, sehen wir nicht, daß sie das Bewußtsein gehabt hätten, in eine besonders schwere Katastrophenepoche einzutreten. Gewiß, ihre Zeit erschien ihnen reich an Bitternis und Wirren, jedoch in keiner Weise apokalyptisch. Das Reich ist gestorben, ohne sich dessen bewußt zu sein, so wie wir in Schlaf fallen" (S. 4f).

Auch unsere Epoche, wenn sie denn eine sterbende ist, wird keinen Leichnam hinterlassen — vorausgesetzt freilich, daß die Atomkraft dies, mit oder ohne Umweg über die Bombe, nicht schließlich doch besorgt. Die in unserer Macht stehende Bemühung, diese absolute Katastrophe zu verhindern, hat aber nur die augenfälligste Gefahr im Blick und darf nicht blind machen gegenüber anderen, weniger apokalyptischen Möglichkeiten kollektiven Sterbens. Hier gibt es nichts zu fingieren: keine barbarischen Germanen drängen von außen an unsere Welt heran, auch nicht in Gestalt von Ungeheuern und Techniken, welche ,,Science" Fiction statt dessen erfindet — nichts dergleichen steht zur Verfügung, gegen das man sich wehren könnte, um dabei eine sinnstiftende Mitte und eine neue Einheit zu finden. Auch innerhalb unserer Welt sind Antagonismen relativeren Ausmaßes sinnlos. Es können sich wohl die Erste und die Zweite Welt, und es können sich diese beiden und die Dritte Welt gegeneinander profilieren — keine dieser Welten allein wird dabei Werte schaffen, die uns in die Zukunft hineinretten. Und:

Keine neue Welt dämmert herauf, welche eine noch spätere mittelalterlich nennen dürfte, der wir uns geistig vererben können. Wir müssen aus uns selbst die Kräfte zur Weiterentwicklung heraussetzen, ohne sie jetzt schon wie Werte katalogisieren zu können, die wir unseren Nachkommen einfach anzubieten hätten. Nur soviel lehrt der ,,Untergang der Götter'' wohl definitiv: die Kräfte und Werte, die verhindern können, daß wir uns kommenden Äonen kulturell oder geistig oder moralisch tot hinterlassen, dürfen für uns keine Götter mehr sein.

LITERATURVERZEICHNIS

Allgemeine Darstellungen:

Alföldi, A., *Die Kontorniaten,* Budapest 1943.
——, *A Conflict of Ideas in the late Roman Empire,* Oxford 1952.
Altheim, F., *Die Krise der Alten Welt im 3. Jahrhundert,* 3 Bände, Berlin 1943.
——, *Niedergang der Alten Welt,* 2 Bände, Frankfurt 1952.
Bidez, J., *Julian der Abtrünnige,* München 1940.
Blaschke, J. (Hsg.), *Handbuch der westeuropäischen Regionalbewegungen,* Frankfurt/Main 1980.
den Boer, W., u.a. (Hsg.), *Romanitas et Christianitas. Festschrift J. H. Waszink,* Amsterdam-London 1973.
Christ, K. (Hsg.), *Der Untergang des Römischen Reiches* (Wege der Forschung 269), Darmstadt 1970 (Ansichten seit E. Gibbon, oben S. 29f kurz zu drei Deutungstypen zusammengefaßt).
Cumont, F., *Die orientalischen Religionen im römischen Heidentum,* Darmstadt 1959⁴ (Klassiker).
——, *The Frontier Provinces of the East* in *The Cambridge Ancient History,* vol. 11, 1954, 606-648.
Eddy, S. K., *The King is Dead. Studies in the Near Eastern Resistance to Hellenism 334-31 B.C.,* Lincoln/Nebraska 1961.
Faber, R., *Die Verkündigung Vergils,* Hildesheim-New York 1975.
Fischer, U., *Zur Liturgie des Umbanda-Kultes* (Zeitschr. f. Relig.-u. Geistesgesch. Beiheft 13), Leiden 1970.
Fuchs, H., *Der geistige Widerstand gegen Rom in der antiken Welt,* Berlin 1938.
Geffcken, J., *Der Ausgang des griechisch-römischen Heidentums,* Heidelberg 1929.
Gibbon, E., *The Decline and Fall of the Roman Empire* I-III, New York o.J.
Goetz, H.-W., *Die Geschichtstheologie des Orosius* (Impulse der Forschung 32), Darmstadt 1980.
Grant, R. M., *Augustus to Constantine. The Thrust of the Christian Movement into the Roman World,* New York/Evanston/London 1970.
Hartke, W., *Römische Kinderkaiser,* Berlin 1951.

Holl, K., *Das Fortleben der Volkssprachen in Kleinasien in nachchristlicher Zeit* in Gesammelte Aufsätze zur Kirchengeschichte Bd. 2, Tübingen 1928, 238-248.
Klein, R., *Symmachus. Eine tragische Gestalt des ausgehenden Heidentums* (Impulse der Forschung Bd. 2), Darmstadt 1971.
——, *Constantius II. und die christliche Kirche* (Impulse der Forschung Bd. 26), Darmstadt 1977.
Latte, K., *Römische Religionsgeschichte* (Handbuch der Altertumswissenschaft Abt. V, Teil 4), München 1967², S. 264-372.
Lauffer, S., *Abriß der antiken Geschichte*, München 1956 und 1964 (reiches Faktengerüst, auch zur Religionsgeschichte).
Mazzarino, S., *Das Ende der antiken Welt* (Sammlung Piper), München 1961.
Momigliano, A., (Hsg.), *The Conflict between Paganism and Christianity in the fourth century,* Oxford 1963.
Moreau, J., *Die Christenverfolgungen im Römischen Reich,* Berlin 1961.
Nilsson, M. P., *Geschichte der griechischen Religion* II. *Die hellenistische und römische Zeit* (Handbuch der Altertumswissenschaft Abt. V, Teil 2), München 1961².
Nock, A. D., *Essays on Religion and the Ancient World* I-II, hsg. von Z. Stewart, Oxford 1972.
——, *Religious Developments from the Close of the Republic to the Death of Nero* in The Cambridge Ancient History, vol. 10, 1952, 465-511.
——, *The Development of Paganism in the Roman Empire* in The Cambridge Ancient History, vol. 12, 1939, 409-449.
Prümm, K., *Religionsgeschichtliches Handbuch für den Raum der altchristlichen Umwelt,* Rom 1954.
Reller, H., (Hsg.), *Handbuch Religiöse Gemeinschaften. Freikirchen, Sondergemeinschaften, Sekten, Weltanschauungsgemeinschaften, Neureligionen,* Gütersloh 1978.
Schaeder, H. H., *Der Mensch in Orient und Okzident* (Sammlung Piper), München 1960.
Seeck, O., *Geschichte des Untergangs der antiken Welt* I-VI, Stuttgart 1920-1923 (Nachdruck Darmstadt 1966).
Straub, J., *Regeneratio Imperii,* Darmstadt 1972.
Stroheker, K. F., *Germanentum und Spätantike,* Zürich u. Stuttgart 1965.
Vogt, J., *Der Niedergang Roms. Metamorphose der antiken Kultur von 200 bis 500* (Kindlers Kulturgeschichte), Zürich 1965.
Vryonis Jr., Sp., *The Decline of Medieval Hellenism in Asia Minor and the Process of Islamization from the Eleventh through the Fifteenth Century,* Berkeley/Los Angeles/London 1971.
Wlosok, A., (Hsg.), *Römischer Kaiserkult* (Wege der Forschung 372), Darmstadt 1978.

Artikel zur Religionspolitik der römischen Kaiser im *Reallexikon für Antike und Christentum,* hsg. von Th. Klauser (chronol. Reihenfolge):
A. Heuß, *Caesar*: Bd. 2, 822-826.
F. Muller-K. Groß, *Augustus*: Bd. 1, 993-1004.
J. Straub, *Caligula*: Bd. 2, 827-837.
W. den Boer, *Claudius*: Bd. 3, 179-181.
K. Groß, *Domitianus*: Bd. 4, 91-109.
H. E. Stier, *Antoninus Pius*: Bd. 1, 477-480.
J. Straub, *Commodus*: Bd. 3, 252-266.
J. Straub, *Caracalla*: Bd. 2, 893-901.
K. Groß, *Elagabal*: Bd. 4, 987-1000.
K. Groß-E. Liesering, *Decius*: Bd. 3, 611-629.
E. Manni, *Gallienus*: Bd. 8, 962-984.
K. Groß, *Aurelianus*: Bd. 1, 1004-1010.
W. Seston, *Diocletianus*: Bd. 3, 1036-1053.
H. D. Altendorf, *Galerius*: Bd. 8, 786-796.
J. Vogt, *Constantinus der Große*: Bd. 3, 306-379.
J. Moreau, *Constantius I, Constantinus II, Constantius II, Constans,* in: *Jahrbuch für Antike und Christentum*, Bd. 2, 1959, 158-184.
J. Straub, *Eugenius*: Bd. 6, 860-877.
H.-G. Beck, *Eudokia (Kaiserin)*: Bd. 6, 844-847.

ÜBERSETZUNGEN WICHTIGER TEXTE

(in der Reihenfolge ihrer Erwähnung)

Polybios, *Geschichte*. Gesamtausgabe in zwei Bänden. Eingeleitet und übertragen von H. Drexler (Bibliothek der Alten Welt), Zürich und Stuttgart 1961 und 1963.
Arnobius, *The Seven Books against the Heathen*. Übersetzt von H. Bryce und H. Campbell, in *The Anti-Nicene Fathers*, vol. VI, Grand Rapids/Michigan 1975, 405-543.
Sueton, *Cäsarenleben*. Herausgegeben und erläutert von M. Heinemann (Kröners Taschenausgabe Bd. 130), Stuttgart 1951[4].
Tertullian, *Apologeticum. Verteidigung des Christentums*. Lateinisch und Deutsch. Herausgegeben, übersetzt und erläutert von C. Becker, München 1952.
Historia Augusta. Römische Herrschergestalten. Bd. 1: *Von Hadrianus bis Alexander Severus*. Eingeleitet und übersetzt von E. Hohl, bearbeitet und erläutert von E. Merten und A. Rösger (Bibliothek der Alten Welt), Zürich und München 1976.
Sibyllinische Weissagungen. Urtext und Übersetzung ed. A. Kurfess (Tusculum-Bücherei), München 1951 (daraus das oben S. 15 zitierte Stück).

A. v. Harnack, *Die Reden Pauls von Samosata an Sabinus (Zenobia?) und seine Christologie* in *Sitzungsberichte der Preußischen Akademie der Wissenschaften* 1924, 129-151.

Agathange(los), *Histoire du règne de Tiridate et de la prédication de Saint Grégoire l'Illuminateur* in V. Langlois, *Collection des historiens anciens et modernes de l'Arménie*, Bd. 1, Paris 1868, 99ff bzw. 105ff.

Des Eusebius Pamphili, Bischofs von Cäsarea, *Kirchengeschichte*, übersetzt von Dr. phil. Haeuser (Bibliothek der Kirchenväter II 1), München 1932.

Julius Firmicus Maternus, *De errore profanarum religionum*, herausgegeben und übersetzt von K. Ziegler, 2 Hefte, München 1953.

Libanios, *Briefe*. Griechisch-deutsch in Auswahl herausgegeben, übersetzt und erläutert von G. Fatouros und T. Krischer (Tusculum-Bücherei), München 1980.

——, *Autobiographische Schriften*. Eingeleitet, übersetzt und erläutert von P. Wolf (Bibliothek der Alten Welt), Zürich und Stuttgart 1967 (beide Ausgaben enthalten die Königsrede nicht).

The Works of the Emperor Julian I-III, with an English translation by W. C. Wright (Loeb Classical Library), Cambridge/Mass. 1913 (= 1954) — 1923 (= 1953).

Julian, *Briefe*. Griechisch-deutsch ed. B. K. Weis (Tusculum-Bücherei), München 1973.

Kaiser Julian der Abtrünnige, *Die Briefe*. Eingeleitet, übersetzt und erläutert von L. Goessler (Bibliothek der Alten Welt), Zürich und Stuttgart 1971.

Sallustius, *Concerning the Gods and the Universe*. Edited with Prolegomena and Translation by A. D. Nock, Cambridge 1926 (Nachdruck Hildesheim 1966).

Jamblichus, *Über die Geheimlehren. Die Mysterien der Aegypter, Chaldäer und Assyrer*. Übersetzt von Th. Hopfner, Leipzig 1922 (Nachdruck Schwarzenburg 1978; hier genannt an Stelle der nicht übersetzten Schriften von und über Maximus von Ephesus, der in Jamblichus' Nachfolge steht).

R. Klein (Hsg.), *Der Streit um den Victoria-Altar* (Texte zur Forschung 7), Darmstadt 1972 (3. Relatio des Symmachus und Briefe 17, 18 und 57 des Ambrosius).

Augustinus, *Vom Gottesstaat*. Eingeleitet und übertragen von W. Thimme, 2 Bände (Bibliothek der Alten Welt), Zürich 1955.

Marius Victorinus, *Christlicher Platonismus*. Die theologischen Schriften. Übersetzt von P. Hadot und U. Brenke (Bibliothek der Alten Welt), Zürich und Stuttgart 1967.

II
RÖMISCHE RELIGION UND RELIGIÖSER UMBRUCH

H. S. VERSNEL
(Leiden)

Vorbemerkung

Wer auf etwa zwanzig Seiten die römische Religion darstellen will, wie sie ursprünglich war, wie sie sich unter dem Einfluß der eindringenden orientalischen Kulte veränderte und wie sie im ausgehenden Altertum unterging, macht sich der Hybris schuldig. Und Hybris wird bestraft. Darum wollen wir uns auf einen Abschnitt dieser jahrhundertelangen Geschichte beschränken, die Zeit der römischen Republik, der in sich immer noch viel zu groß ist und zu reiche Schattierungen aufweist, um sich auf so wenigen Seiten einfangen zu lassen. Die behandelten Facetten sind nur Segmente eines großen Ganzen, doch hoffentlich charakteristische. Andere Beiträge in diesem Buch werden nicht nur die Geschichte fremder Kulte im römischen Reich beschreiben, sondern auch auf ihre Vorgeschichte im Herkunftsland verweisen; darum schien es gerechtfertigt, wenigstens einen Beitrag der religiösen Vorgeschichte dieses Reiches zu widmen, das in den ersten Jahrhunderten unserer Zeitrechnung *oikoumenè* und somit Nährboden für die neuen religiösen Strömungen wurde.

Die ersten Infiltrationen orientalischer Religionen sind aber viel früher, nämlich vom späten 3. Jahrhundert v.Chr. an, zu verzeichnen; und gerade um das Jahr 200 v.Chr. muß man den religiösen Umbruch, jedenfalls dessen Beginn ansetzen. Dieser Beitrag ist deshalb wie folgt gegliedert: Zuerst wird die religiöse Mentalität im älteren Rom kurz charakterisiert. Sodann wird die Zeit des Umbruchs skizziert, wobei zwei bezeichnende Ereignisse um 200 v.Chr. genauer in Augenschein genommen werden, die Ankunft der *Mater Magna* und die Bacchanalien-Affäre. Zum Schluß werden die Konsequenzen des Aufblühens der orientalischen Kulte in der römischen Republik umrissen, mit einem Ausblick auf den Durchbruch in der Kaiserzeit. Auf die wichtigste aller

Fragen, nämlich die nach den Ursachen der Blüte dieser neuen Religionen in Rom, wird schließlich, vor allem aufgrund der vorher gesammelten Einzelheiten, versucht, eine globale Antwort zu finden.

1. *Wesenszüge der römischen Religion*

Zur Zeit des Kaisers Augustus und noch lange nach seinem Tode sangen die ,,Salier'', ein Priesterkollegium, das den Gott Mars in rituellen Tänzen verehrte, eine Art von *carmina,* deren Wortschatz altertümlich und durch jahrhundertelange Überlieferung dermaßen entstellt war, daß sogar sie selbst kaum etwas von ihren Gesängen verstehen konnten. Dennoch wurden den Namen der Gottheiten, die in diesen Liedern ehrfürchtig genannt wurden, regelmäßig neue hinzugefügt, darunter selbst der des regierenden Kaisers. Der letzte inschriftlich überlieferte Ritualtext des Kollegiums der *Fratres Arvales* stammt aus dem dritten Jahrhundert n.Chr. Sie skandierten im Tanzschritt ein Lied, das Mommsen mit folgendem Ehrentitel geschmückt hat: ,,das einzige zusammenhängende Stück, das wir besitzen im ältesten Latein''. Die ,,Ackerbrüder'' haben von diesem uralten *carmen arvale* sicher nicht viel mehr, wahrscheinlich sogar weniger begriffen als wir heute — und das ist nicht gerade viel. Doch war in der über Jahrhunderte tradierten Liturgie immerhin Platz für neue Gottheiten, also die Möglichkeit einer Anpassung an veränderte Gegebenheiten. Als der Censor Scipio Aemilianus im Jahre 142 v.Chr. beim Lustrum die offizielle Opferformel nachsprechen mußte, in der die Bitte enthalten war, die Götter möchten den römischen Staat bereichern und vergrößern (*ut populi Romani res meliores amplioresque facerent*), sagte er: ,,Um den Staat ist es gut bestellt und er ist groß genug; ich bitte lieber darum, daß die Götter ihn allzeit unversehrt erhalten mögen'' (*ut eas perpetuo incolumes servent*). Und er ordnete an, diese neue Formel sofort in die Liturgiebücher aufzunehmen. Indessen hören wir, daß ein Priester mit einem Sprachfehler monatelang üben mußte, um eine offizielle Formel ohne Stottern wiedergeben zu können; wobei zugegeben werden muß, daß er die für ihn wohl besonders schwierige Aufgabe hatte, den Tempel der Ops Opifera zu dedizieren (Plinius, *N. H.* XI, 174). Jedes Abweichen vom genauen Wortlaut, jede Störung während einer in tiefer Stille vollzogenen Opferhandlung — und sei es das Piepen einer Maus — konnte die Wiederholung der ganzen Feierlichkeit notwendig machen. Wenn so etwas bei mehrtägigen *ludi* vorkam war das aus finanziellen Gründen, aber nicht allein deswegen, äußerst unerwünscht.

Diese willkürlich gewählten Beispiele illustrieren exemplarisch einige grundlegende Merkmale der religiösen Mentalität des Römers, wie sie sich besonders in der Frühzeit deutlich manifestierte, die aber bis in die Spätzeit des römischen Heidentums Roms religiöse Initiativen prägte.

Da ist zuallererst ein Konservatismus, eine Tendenz zum Bewahren, die dazu führte, daß uralte, primitive Gottheiten, Gebete, Rituale und Priesterschaften erhalten blieben und eine Funktion im Vollzug der Kulthandlungen behielten. Zwar bemerkt Varro, der große Polyhistor des 1. Jhdts. v.Chr., ,,er fürchte, daß einige Götter zugrunde gingen, einfach, weil sie vernachlässigt würden''. Und das ist nicht verwunderlich, wenn man weiß, daß es einen Gott namens Sterculinus = ,,Mistgott'' gab, einen Limentinus = ,,Gott der Türschwelle'', eine Cardea = ,,Göttin der Türangeln'' und noch viele andere solcher Sondergötter. Dennoch: die Mitteilung desselben Varro (*L.L.* VI, 19), daß der Name der Göttin Furrina nur noch wenigen Menschen bekannt war, wurde nicht als Widerspruch zu der Tatsache verstanden, daß diese obskure Göttin über einen eigenen *flamen* (= Priester), und ein Jahresfest verfügen durfte. So sehr hielt Rom an seinen altüberlieferten Göttern und Kulten fest, selbst wenn deren Bedeutung völlig verblaßt war.

Dieser letzte Vorgang hängt sicher mit der Eigenart der meisten der ältesten Götter zusammen. Obwohl es durchaus große persönliche Göttergestalten gab, wie etwa Jupiter, den rein italischen Mars oder eine Anzahl in späterer Zeit zu höherem Rang emporgestiegenen profilierten Gottheiten wie Juno und Minerva, so besitzt doch die überwiegende Mehrheit der echt altrömischen Götter eine Wesensart, die eher in spezifischen Funktionen und Aktionen als in Persönlichkeit und Gestalt zum Ausdruck kommt. Das zeigt sich unter anderem in ihren Namen, die in durchsichtiger Weise über ihre spezielle Wirksamkeit Auskunft geben und gilt selbst für diejenigen unter ihnen, die es in historischer Zeit zu einem bevorzugten Platz in der allgemeinen Rangordnung gebracht haben, häufig durch Gleichsetzung mit Vertretern des griechischen Pantheons: Ceres, ,,Wachstumskraft'', identifiziert mit Demeter; Venus, ,,Liebreiz'', ,,Gunst'' = Aphrodite; Mercurius, ,,Schirmherr der Handelsware'', *merces* = Hermes; schließlich Juno selbst, ursprünglich ein weiblicher *genius,* persönlicher Schutzgeist von Mädchen und Frau =

Hera. Weit mehr Götter haben jedoch immer ihren rein funktionalen Charakter behalten, wurden alle Jahre wieder dazu aufgerufen, einmal ihre Pflicht zu erfüllen, um dann wieder aus dem religiösen Bewußtsein der Menschen zu verschwinden. Derartige Gottheiten sind zum Beispiel Robigus, der Gott des Getreidebrandes, Consus, der Gott des gespeicherten Korns, Portunus, der Hafengott und lange Reihen weiterer ,,Spezialisten'', die von Antiquaren wie Varro und Verrius Flaccus überliefert werden.

Daß solche göttlichen Wesen gerade wegen ihres durchsichtigen Funktionscharakters wenig Persönlichkeit entwickeln konnten, mag mit eine Erklärung dafür sein, daß sich in Rom anders als in Griechenland erst sehr spät ein anthropomorphes Gottesbild entwickelt hat. Varro (bei Aug., *Civ.Dei* 4, 31) berichtet, daß die Römer bis zum Ende der Königszeit (6. Jhdt. v. Chr.) keine Götterbilder kannten und noch viel später, als die Einführung der griechischen Sitte der *lectisternia* (siehe unten) die bildliche Darstellung von Göttern unvermeidlich machte, behalf man sich bei den altrömischen Gottheiten i.a. mit primitiven, aus Strohhalmen geflochtenen ,,Mannequins''. Es gibt also keine ,,Gestalten'' im körperlichen Sinne, auch kaum in der psychologischen Bedeutung des Wortes: anders als die griechischen Götter kannten die römischen selten oder nie mythologische oder genealogische Beziehungen: sie wurden weder geboren noch heirateten sie, sie kannten weder Seitensprünge noch Liebeleien, weder Leidenschaften noch Gefühle. Prägnant gesagt: die griechischen Götter *leben*, die römischen Götter *wirken*. Und wer die leidende Göttin Demeter mit der blutleeren Ceres vergleicht oder die ,,neutrale'' Venus mit der alles andere als neutralen Aphrodite, versteht, was damit gemeint ist. Das bedeutet zugleich auch, daß die Beziehung des römischen Menschen zu seinen Göttern, obgleich sie nicht aller persönlichen Züge entbehrte — wer zu einem Gott betet, betet zu einer Person —, doch recht arm war an Gefühlsmomenten, Innigkeit und Wärme. Der Kontakt mit den Göttern war so wenig persönlich, daß es möglich war, sich dabei ohne weiteres, von einer anderen, geschickteren Person vertreten zu lassen. Damit haben wir eine zweite Eigentümlichkeit der römischen Religion entdeckt, die direkt zusammenhängt mit der Eigenart der römischen Gesellschaft.

Die religiöse Praxis ist gekennzeichnet durch starke Autonomie der Formel, die ihrerseits einen kühlen, sachlichen, ja nahezu juridischen

Charakter trägt. Nicht zufällig wird ein solch sachlicher Aspekt, den man in sehr vielen Religionen findet, in modernen Untersuchungen durch die *römische* Wendung *do ut des* umschrieben: der Mensch macht dem Gott ein Geschenk; aber er erwartet eine Gegengabe dafür. Bei den Römern im besonderen bezweckte diese Gabe primär, die Götter zum Handeln zu zwingen. Und dieser eigentümlich vertragsartige Aspekt kommt noch viel deutlicher zum Ausdruck in der ,,Verhandlung'' zwischen Mensch und Gott: des nirgends so wie in Rom ausgebildeten Praxis des religiösen Belübdes (*votum*). Hier geben zahllose Formeln auf unmißverständliche Weise kund, daß der Mensch bereit ist zu ,,bezahlen'', ,,seine Schuld einzulösen'' (*votum solvere*), wenn immer der Gott einen deutlich umschriebenen Wunsch erhört hat. Man erfaßt diese Denkstruktur besonders eindeutig in einem durch Livius X, 19, 17 dem Appius Claudius in den Mund gelegten votum: *Bellona, si hodie nobis victoriam duis, ast ego tibi templum voveo* (,,Bellona, ich gelobe Dir einen Tempel, wenn Du uns heute den Sieg schenkst''). Dieser *commercium*-Charakter des Gesprächs zwischen Mensch und Gott erklärt zum Teil seine stark formalistische Eigenart: alle nur denkbaren Bedingungen und Möglichkeiten werden in der Formel festgelegt. Jedoch gibt es da noch einen weiteren Gesichtspunkt.

Wir haben Indizien dafür, daß manche Äußerung, die uns in einer Gebets- oder Votivformel überliefert ist, ursprünglich mehr fordernden als bittenden Charakter hatte, eher eine Pression als ein Anliegen zum Ausdruck brachte. So etwas wird beispielsweise in der Formel der *devotio* sichtbar, mit der man eine feindliche Stadt den Göttern der Unterwelt zu weihen pflegte. Das gleiche muß gegolten haben in allen Fällen wo ein von Formeln begleitetes Ritual eine selbständige, autonome Wirkung besaß. Die *lustratio* beispielsweise reinigte Haus und Hof, Flur und Stadt von Unheil und Krankheit, indem man Tiere feierlich im Kreis um das zu reinigende Objekt herumführte, um sie schließlich — dem ,,Sündenbock'' des alten Testaments vergleichbar — zu töten und ihre Überreste restlos zu beseitigen. Je weniger man sich in den zugehörigen Formeln auf die persönliche Hilfe der Götter beruft (ein Stadium, dem wir nur selten noch in den Quellen begegnen) desto mehr neigen diese Formeln dazu, autonom, d.h. losgelöst von Absicht und Person des Sprechers, ihr Werk zu verrichten. Dies setzt eine sehr genaue, fehlerfreie Wiedergabe voraus und rückt diese Sprüche damit dicht in die Nähe magischer Formeln.

Es ist sinnlos und irreführend, von einer magischen Phase römischer Religiosität zu sprechen. Götter hat es zu allen Zeiten gegeben. Das bezeugt mit Sicherheit die Gestalt des indo-europäischen Jupiter. Aber nächst der *religiösen* ,,Besetzung'' dieser Götter hat in der römischen Welt die *magische* im Sinne selbständig wirkender Sprüche oder Handlungen immer einen wichtigen Platz eingenommen. Auch hier ist es aber nicht gut möglich, eine scharfe Trennungslinie zwischen Magie und Religion zu ziehen.

Wo Rituale und Formeln eine solch eigenständige Rolle spielten und so buchstabengetreu ausgeführt werden mußten, ist es begreiflich, daß das gute Verhältnis zu den Göttern, die sogenannte *pax deorum,* vor allem dann gestört war, wenn in diesem Bereich Unstimmigkeiten auftraten. Der Zorn der Götter (*ira deorum*), Beweis für die Verletzung des Friedens, offenbarte sich in *prodigia* (Vorzeichen), die sich in Abweichungen von der natürlichen Ordnung äußern konnten: Kälber mit fünf Füßen, Hermaphroditen, Blutregen (*prodigium* bedeutet außer 'Zeichen' auch 'Ungeheuer'), aber auch Mißernte, Epidemie, Krieg. Erste Aufgabe war es, die Ursache des gestörten Gleichgewichts zu suchen, und dafür brauchte man einen Fachmann. Rom war reich an spezialisierten Priestern, unter denen die *pontifices* die bedeutendsten waren. Denn sie hatten die Aufsicht über den korrekten Vollzug sämtlicher sakralen Maßnahmen. Sie kannten die richtigen Vorschriften für so gut wie alle Situationen, die Formeln, die Liturgien, die Opferriten und waren deshalb imstande, bei Störungen in der *pax deorum* die richtige Ursache zu ergründen und ebenso die richtigen Mittel zur Wiederherstellung des alten Zustandes anzugeben. Neben ihnen gab es noch stärker spezialisierte Kollegien wie die *augures,* Kenner der Vorzeichen; die schon früh in schwierigen Situationen aus Etrurien herbeigerufenen *haruspices,* die imstande waren, aus der Lage der Eingeweide des Opfertiers den Willen der Götter abzulesen; schließlich die *decemviri,* später *quindecimviri sacris faciundis,* die vor allem in Notsituationen den Auftrag erhielten, eine griechische Orakelsammlung, Teil der ,,Sibyllinischen Bücher'', zu befragen, um ein Mittel zur Bewältigung des Notstands zu benennen. Häufig zeigt sich, daß ein formaler Fehler beim Opfer, Gelübde oder Gebet, beim Ritual oder im Kult den

,,Götterzorn" hervorruft. Stets sucht man die Korrektur zu allererst in formalen Akten: Wiederholung eines Opfers; Einrichtung von Spielen; Absetzung eines Magistrats, dem ein schwerer Fehler unterlaufen ist; Bestrafung einer Vestalin, der Hüterin des heiligen Herdfeuers, die ihr Keuschheitsgelübde gebrochen hat. Moral-ethische Gesichtspunkte lassen sich in dieser ganzen Abfolge von Aktion und Reaktion zunächst aber noch nirgendwo erkennen. Inzwischen ist wohl deutlich geworden, daß Rom, wo ihm das von Vorteil schien, keineswegs davor zurückschreckte, sein Heil auch außerhalb der Grenzen seines eigenen Territoriums zu suchen. Damit wird ein drittes Merkmal der altrömischen Religion ins Blickfeld gerückt, das schon in den Beispielen, von denen wir ausgingen, zu erkennen war: die dem Konservatismus scheinbar widersprechende Neigung, fremde Götter und deren Kult zu assimilieren.

Aufschlußreich ist die Tatsache, daß wir, soweit wir auch zurückgehen — z.B. auf den ältesten Festkalender, der in die Königszeit hinaufreicht —, nie ein Stadium genuin latinisch-römischer Religion finden. Götter wie Saturnus und Volturnus, Bräuche wie der Triumph, die *pompa funebris,* das Anfertigen von Götterbildern, viele Elemente der Opfersphäre sind bereits zur Zeit der Könige aus Etrurien übernommen. Bezeichnend ist in dieser Hinsicht die Feierlichkeit der *evocatio.* Aus einer feindlichen Stadt wird die zentrale Schutzgottheit mittels einer festen Formel nach Rom gelockt, wo ihr ein größerer Tempel versprochen wird: das Verfahren des römischen Imperialismus, übertragen auf den religiösen Bereich. Aber es gab auch friedliche Mittel, das Pantheon zu erweitern und den religiösen Radius zu vergrößern. In den ersten Jahrhunderten der Republik machen sich griechische Einflüsse geltend. In dem 493 v. Chr. gestifteten Kult und Tempel der Trias Ceres, Liber und Libera stecken deutlich griechische Elemente, Ceres wird mit Demeter, Liber mit Dionysos identifiziert. In derselben Zeit kommen die griechischen Dioskuren, Castor und Pollux, nach Rom; Apollon erhält als Heilgott 433 einen Tempel. Der Altar des Hercules, d.h. des griechischen Heros Herakles, gilt in Rom als uralt, der Kult ist aber rein griechisch. Im Jahr 293 muß Asklepios nach Rom kommen, um während einer Epidemie Hilfe zu bringen, da sein Vater Apollo eindeutig versagte.

Diese Offenheit gegenüber fremden Einflüssen erscheint vielleicht paradox, wenn man sie neben die schon erwähnte konservative Grundhaltung der Römer stellt. Doch das muß nicht unbedingt so sein. Rom trennte sich selten oder nie von bestehenden Vorstellungen und Formen, doch war das kein Hindernis dafür, neue zu assimilieren. Entscheidend ist dabei, daß dies nie ohne ausdrückliche Billigung der höchsten priesterlichen und politischen Kollegien stattfand: *pontifices* und *senatus*. Obendrein bewegte sich das, was übernommen wurde, auf der Ebene der Staatsreligion und wurde unmittelbar in die offizielle religiöse Praxis aufgenommen. (Der Herculeskult mit seinen stärker volkstümlichen Aspekten macht hier eine deutliche Ausnahme.) Die neuen Götter waren vielleicht sichtbarer und greifbarer, sei es durch ihr Bild oder sonstwie (Asklepios kam in Gestalt einer Schlange nach Rom!), doch ergab sich dadurch nicht unbedingt eine persönlichere und innigere Verbindung zwischen Mensch und Gott. Auch die Mythologisierung, welche die römischen Götter nach griechischem Vorbild Paare oder Familien bilden ließ, hatte kaum mehr als literarische Bedeutung.

Bis ins 3. Jahrhundert hat der Römer, soweit wir sehen können, die persönliche Verbindung mit seinen Göttern nicht besonders gesucht oder vermißt. Wohl breitete Rom seine Macht über die italische Halbinsel stetig weiter aus, blieb aber trotz Kontakten mit der griechisch sprechenden Welt eine agrarisch orientierte, kulturell begrenzte, 'geschlossene' Stadt mit einem 'geschlossenen' Weltbild. Dieses Weltbild und die dazugehörenden Kautelen wurden durch die überwiegend militärischen Unternehmungen zerstört, welche die Römer in der zweiten Hälfte des 3. und im ganzen 2. Jahrhundert in andere Teile der Welt brachten. Die altrömischen Götter, die Formeln, Gebete, *vota,* die strengen Kultvorschriften, dies alles behielt seinen Platz und seine Funktion in der Staatsreligion und in den konservativen Traditionen des Bauern. Aber die wachsende Bevölkerung einer aus den Nähten platzenden Stadt Rom wurde durch dieses starre Pantheon nicht mehr zufriedengestellt. Sie suchte und fand neue Antworten auf neue Fragen und Befriedigung neuer Bedürfnisse, und diese Antworten kamen nicht mehr aus der eigenen alten Religion, auch nicht in ihrer bereits stark gräzisierten Form. Wenn Livius (25, 1, 7) zu dieser Periode bemerkt, daß ,,man den Eindruck bekam, daß entweder die Menschen oder die Götter plötzlich verändert waren'', geht er noch nicht weit genug: beide — Menschen und Götter — hatten in gegenseitiger Abhängigkeit gleichermaßen Anteil an der Veränderung.

2. Umbruch

Im Lauf des 3. Jahrhunderts nehmen wir in Rom Spuren von Unsicherheit bezüglich der alten religiösen Orientierung wahr. Tiefgreifende Veränderungen trafen das kulturelle, gesellschaftliche und politische Leben. Hellenisierung aller Bereiche der Kultur, intensive Bekanntschaft mit fremden Zivilisationen, aufreibende und oft prekäre Kriege, das schnelle Wachstum von der Stadt zum Weltreich mußten Gefühle der Unsicherheit hinsichtlich der eigenen Identität zur Folge haben. Diese offenbaren sich unter anderem im Suchen nach einer neuen Religiosität in Verbindung mit einem intensiveren persönlichen Erleben des Glaubens, andererseits auch in Entwicklungen, die auf Magie und Aberglauben hinliefen. In intellektuellen Kreisen bemerkt man die Neigung zu Skepsis und Rationalismus, sodann die Entwicklung eines philosophischen Gottesbilds. Die Ambiguität der Situation macht das Rom um 200 v. Chr. mit dem Athen um 400 v. Chr. vergleichbar. In beiden Fällen läuft das Aufbrechen des bis dahin geschlossenen Zusammenlebens und Weltbilds parallel mit einer katastrophalen Kriegs- und Seuchenperiode. In beiden Fällen mündet die psychische Unbeständigkeit und Unsicherheit in ein Suchen nach neuen Sicherheiten, die, sofern sie in der Religion gesucht werden, sich vor allem in Gestalt fremder Einflüsse anbieten. Und in beiden Situationen folgt diesem oft bis zur Überspanntheit aufgepeitschten Enthusiasmus ein hartes, zurechtweisendes Auftreten der Behörden.

Schon im 4. Jahrhundert waren zur Abwehr negativer *prodigia lectisternia* abgehalten worden, Göttermahlzeiten nach griechischem Vorbild, bei denen die Götter ihre Tempel verließen und den Menschen begegneten, sich also greifbar und sichtbar darstellten. Hier wurde ein erster Schritt gemacht auf dem Weg hin zu einem direkteren Kontakt zwischen Mensch und Gott. Aber auch der Mensch ging auf seine Götter zu: Vor allem im 3. Jahrhundert v. Chr. entwickelte sich ein stark extrovertierter, aber gleichzeitig intensiv emotionaler Ritus, bei dem große Gruppen von Männern und Frauen, erstere mit Lorbeerzweigen in der Hand, letztere mit gelösten Haaren, an allen Tempeln entlanggehen und sich dort vor der Gottheit zu Boden werfen oder niederknieen (*supplicare*), um sie flehentlich zu bitten, die große Not zu lindern. Dieser Ritus, die *supplicatio,* weicht stark ab von dem, was die frühere, eher zurückhaltende Gebetspraxis erkennen ließ, und ist als solcher bezeichnend für ein Jahrhundert, dessen Entwicklungen starke religiöse Emotionen hervorriefen.

Das 3. Jahrhundert wurde von Furcht und Unheil überschattet, wobei die *pax deorum* mindestens so oft gestört schien wie die *pax hominum*. Ausführliche Listen jährlicher *prodigia* und ihrer 'Beschwörung' zeigen ein zunehmend neurotisches Reagieren auf die in der Tat oft mißlichen Umstände. Namentlich die Zeit des 2. Punischen Kriegs (218-201 v. Chr.) bietet eine Häufung alter und neuer ritueller Vorkehrungen: Ein *lectisternium* in neuer Form; das Gelübde, alles, was in einem Frühjahr geboren wird, Jupiter zu weihen (das sehr alte 'heilige Frühjahr', *ver sacrum*); die Erneuerung eines uralten Saturnusfestes, bei dem für einen Tag die sozialen Schranken fallen, zweifelsohne um die Zusammengehörigkeit zu fördern; neue Spiele zu Ehren von Apollo. Grausame Bestrafung einer unkeuschen Vestalin und noch befremdendere Barbarismen wie das Begraben zweier Gallier und zweier Griechen bei lebendigem Leib weisen auf einen Verlust an Gleichgewicht hin: der Orientierungslosigkeit und Panik der Massen mußte manchmal mit absonderlicher Grausamkeit gesteuert werden.

Der Senat trat in all diesen Fällen kontrollierend und korrigierend auf und versuchte, einen Kompromiß zustande zu bringen zwischen den Forderungen des traditionellen Staatskults und dem Anspruch wachsender Mengen nach persönlicher Beteiligung am Kult und einem stärkeren emotionalen Impuls durch den Kult. Es gibt Beispiele dafür, daß man fremde Einflüsse stillschweigend tolerierte oder sogar aktiv förderte, doch gibt es mehr Beispiele für Abweisung und Unterdrückung. Bereits 213 v. Chr. verbot ein Prätor durch einen Erlaß fremde Opfer- und Gebetspraktiken, die sich im Volk ausbreiteten, und forderte die Ablieferung aller Schriften, welche diesbezügliche Formeln, Gebete und Prophezeiungen enthielten. Propheten, Weissager, Wanderprediger werden in dieser Zeit häufig erwähnt, in offiziellen Berichten immer negativ. Im Jahr 181 v. Chr. wurden 'zufällig' wiedergefundene Orakelbücher, die angeblich von König Numa stammten und in Wirklichkeit wohl pythagoreisierende Theorien enthielten, offiziell verbrannt. In den Jahren um 200 v. Chr. nun traten zwei Ereignisse ein, die als Beispiele gelten sollen für die Gefühle und Ansprüche, die in breiten Schichten rumorten, für das Ungestüm, mit dem sie sich Bahn brachen, für die Form, die sie wählten, und für die heftige Reaktion, die sie hervorriefen. Sie zeigen den Staat in Realisierung der traditionellen Ideologie, die vorschrieb, das Alte zu bewahren und das Neue nicht abzuweisen — vorausgesetzt, das Neue ließ sich in bestehende Strukturen und Lebensanschauung einfügen —, allen desintegrierenden und entwurzelnden religiösen Neuerungen aber mit Argwohn und Repression zu begegnen.

Im ersten Fall, der Ankunft der *Mater Magna*/Kybele in Rom, spielte der Staat eine bewußt organisierende Rolle und sah auch eine Chance, den oben skizzierten Kompromiß zu erreichen; im zweiten Fall, der Bacchanalien-Affäre, lag die Initiative nicht beim Staat. Hier offenbarte sich nun, zum ersten Mal in der römischen Geschichte, ein desintegrierendes Prinzip: eine sehr große Gruppe gab sich einer geheimen ekstatischen Religion hin, die keine Staatsreligion war und auch keine werden konnte. Es drohte ein Staat im Staat zu entstehen: *alterum iam prope populum esse*, ,,es war beinahe ein zweites Volk'' (Livius 39, 13). Diese Initiative und die unbarmherzige Reaktion darauf ist eigentlich die Bruchstelle in der Geschichte der römischen Religion, der Umbruch, den dieses Kapitel behandelt. Wir wollen daher diese beiden Ereignisse etwas genauer betrachten.

Im Jahr 205 v. Chr. befahl ein Spruch der Sibyllinischen Bücher, die *Mater deorum* (oder *Mater Magna*) aus Pessinus (in Galatien) nach Rom zu bringen, da allein so der Krieg gegen Karthago siegreich beendet werden könne. Eine Gesandtschaft zum Orakel von Delphi kam mit der Bestätigung dieses Auftrags zurück. König Attalos von Pergamon erklärte sich bereit, einen schwarzen Stein, der die Göttin verkörperte, abzutreten, und so wurde die Göttin übers Meer nach Rom gebracht, wo ihr — unter aktiver Beteiligung des höchsten Adels — ein triumphaler Empfang bereitet wurde. Der jugendliche, tugendhafte Scipio Nasica, Neffe des großen Africanus, empfing die Göttin in Rom; andere Berichte erzählen, daß auch die hochadlige Claudia an ihrem Empfang teilnahm. Man baute der exotischen Göttin einen Tempel auf dem Palatin, dem Herzen Roms, wo sie Nachbarin des Stadtgründers Romulus wurde. Bis zur Fertigstellung ihres Kultsitzes blieb sie im Tempel der Victoria.

Der Kult der *Mater Magna*, Kybele, hatte einen ausgesprochen ekstatischen Charakter. Ihre Priester, die Galli, kastrierten sich in Rausch und Verzückung; an ihrem Fest zogen sie in exotischer Tracht und zu den Tönen aufpeitschender Musik wild tanzend durch die Straßen, wobei sie sich geißelten und für den Unterhalt ihres Gottesdienstes bettelten. Angesichts dieser Umstände war es undenkbar, daß Römern erlaubt wurde, an diesen Riten aktiv, geschweige denn als Priester, teilzunehmen. Dies wurde denn auch i.a. durch das spätere Verbot der Selbstkastrierung unmöglich gemacht, und die Geringschätzung der ,,Halb-Männer'' (*semiviri, semimares*) klingt allenthalben in der Literatur an. Die wilde Göttin wurde gezähmt und eingesperrt: ihr Kult mußte sich ganz und gar innerhalb der Mauern des Tempelkomplexes abspielen. Andererseits zogen die zu Ehren der Göttin gestifteten Spiele, die *ludi Megalenses,* mit ihren Theateraufführungen alsbald große Massen von Römern an, und wir wissen, daß an diesen Festtagen die vornehmen Römer zusammen zu speisen pflegten (es gab sogar eigens ein Verb dafür: *mutitare*); an diesen Mahlzeiten nahm nach eigenen Angaben auch der überaus konservative Censor Cato d.Ä. trotz seiner Xenophobie teil. Hier liegt nun überdeutlich das Paradox auf der Hand: Die erste exotische Religion in Rom wurde domestiziert, bevor sie dem Volk zur Verfügung gestellt wurde, und dadurch war sie für alle Schichten annehmbar geworden. Aber das Neue, Fremde und dadurch doch wohl gerade Attraktive wurde den Römern vorenthalten.

Dies alles wirft die Frage auf, was den Senat dazu bewogen haben mag, diese unruhestiftende Göttin auf eigene Initiative hin nach Rom zu holen; denn daß bei den Orakeln Manipulation mit im Spiel war, darf wohl als sicher gelten. An der Gesandtschaft nach Delphi nahmen verschiedene Angehörige von *gentes* teil, die mit den Scipionen in engem Kontakt standen, und es gibt Anzeichen dafür, daß Scipio selbst Initiator des ganzen Unternehmens gewesen ist: es war *sein* Sieg, den die Göttin ermöglichen sollte. In diesem Zusammenhang wird gern darauf verwiesen, daß gerade damals die trojanische Abkunft des Ur-Römers Aeneas sehr betont wurde: Vielleicht wurde die Göttin, die auf Sizilien schon lang verehrt wurde, als Schirmherrin von Troja, der Mutterstadt Roms, nach Italien gerufen. Dies alles ist möglich (in solchen Fragen gibt es nicht eine ein für allemal gültige Wahrheit), doch kann man diese Initiative auch nicht isoliert betrachten von der emotionalen Stimmung der Massen, deren Hysterie und Panik einen immer stärkeren religiösen Prickel verursachten. Auch und vielleicht vor allem in diesem Zusammenhang muß die Einführung der fremden Göttin mit Zustimmung des Senats eine Funktion gehabt haben.

So haben wir es hier mit einer typisch römischen, der *evocatio* vergleichbaren Aktion zu tun. Ihre für Staat und Volk gefährlichen Züge mußte die Göttin ablegen, um für *nobilis* und *plebs* annehmbar zu werden. Aber die Annehmbarkeit implizierte gerade den Verlust dessen, was ihre Attraktivität hätte ausmachen können: von persönlicher Anbetung oder Mysterienkult ist keine Rede. Doch waren gerade dies Aspekte von Religiosität, nach denen man sich jetzt intensiv sehnte. Das zeigte sich im Jahr 186 v. Chr.

In diesem Jahr wurde bei den Behörden Anzeige erstattet, daß in Rom geheime religiöse Zusammenkünfte in großem Umfang stattfänden, bei denen unter dem Deckmantel dionysischer Mysterien Übeltaten verschiedenster Art begangen würden. Der Skandal, der bei Livius (39, 8ff.) ausführlich berichtet wird, wurde angeblich dadurch aufgedeckt, daß ein junger Mann aus dem Ritterstand von seinen Pflegeeltern zur Einweihung in diese Mysterien gezwungen worden sein soll. Gewarnt von einer Dirne, die tatsächlich eingeweiht war und daher die Gefahren kannte, informierte er einen Konsul. Die darauf folgende Untersuchung, die auf ganz Italien ausgeweitet wurde, wo sie noch bis 181 v. Chr. fortdauerte, brachte viele Dinge ans Licht. Ein griechischer *sacrificulus* und *vates* soll die nächtlichen Riten nach Etrurien eingeführt haben, und eine Priesterin aus Campanien soll entscheidende Änderungen vorgenommen haben, insbesondere die Aufnahme von Männern in das ursprünglich den Frauen allein vorbehaltene Ritual. Livius nennt viele Einzelheiten: Es herrscht Schweigepflicht, die Feiern finden nachts statt, es ist die Rede von Wein, Mahlzeiten, Unzucht und Sittenverderbnis, Mord und Vergiftung. In sinnloser Ekstase, die von lautem Geschrei und dem Klang von Musikinstrumenten begleitet ist, vergreift man sich an jungen Männern. Hinsichtlich des Ritus ist von Bedeutung, daß der Initiation eine Periode der Enthaltsamkeit und Reinigung vorausgeht, daß Frauen in Bacchantentracht Fackeln ins Wasser stecken, die brennend wieder auftauchen, daß die *initiandi* in eine Grotte geschleppt werden (*rapti a diis*) — möglicherweise eine *katabasis* in die Unterwelt.

Für den Senat war ausschlaggebend, daß die Bewegung so gewaltige Ausmaße angenommen hatte, daß man fast von einem 'zweiten Volk' innerhalb der römischen Nation sprechen konnte. Angeblich zählte man allein in Rom mehr als 7000 Eingeweihte. Die Reaktion war hart und bestimmt. Wir wissen davon nicht nur durch Livius, sondern auch durch eine umfangreiche Inschrift aus Süditalien, das berühmte *senatusconsultum de Bacchanalibus* (CIL I², 581). Die Bewegung wurde zur staatsgefährdenden *coniuratio* (Verschwörung) erklärt; die Anstifter und ein großer Teil der Mysten wurden verurteilt und hingerichtet; es entstand eine regelrechte Hexenjagd, die eine ungeheure Panik und Fluchtbewegung zur Folge hatte. Obwohl in ganz Italien gründlich mit diesem Bacchus-Rausch abgerechnet wurde, verzichtete man darauf, den Dionysoskult, sogar in Gestalt eines *thiasos*, generell zu verbieten. Man mußte dafür allerdings eine ausdrückliche Erlaubnis einholen, und die Gruppen durften die Zahl von 5 Personen nicht überschreiten.

Viel von dem, was wir bei Livius lesen, darf man wohl der überspannten Phantasie eines wohlanständigen Bürgertums zuschreiben. Verdächtigungen dieser Art haben geheime Gesellschaften zu allen Zeiten getroffen; aber ganz erfunden sind sie nicht. Wir wissen aus vielen Zeugnissen, daß bacchische *orgia* in der hellenistischen Welt sehr populär waren. So verlangte um 200 v. Chr. ein Ptolemäer, bei ihm alle heiligen Bücher von geheimen Dionysos-Kultvereinen, die es in seinem Reich gab, abzuliefern. In Campanien existierten schon im 6. Jahrhundert v. Chr. besondere Begräbnisstätten für *Bacchoi*, die vermutlich aus ihrer Mysterienweihe eine Verheißung für das Jenseits bezogen. Ob solche Erwartungen auch in den Bacchanalien des Jahres 186 v. Chr. eine Rolle spielten, wissen wir nicht sicher; es ist allerdings recht wahrscheinlich. Jedenfalls charakterisieren die von Livius mitgeteilten Details den Kult als einen rein dionysischen Mysteriendienst orgiastischer Prägung, wie wir ihn allenthalben in der hellenistischen Welt antreffen, der sich nun in Rom selbst innerhalb kurzer Zeit explosionsartig entwickelte und dann auch kompromißlos durch die Behörden in den Griff genommen wurde.

Wir haben dem ersten Auftreten fremder, ekstatischer Religionen in Rom ziemlich große Aufmerksamkeit geschenkt, weil diese beiden einschneidenden Ereignisse den Umbruch im religiösen Empfinden der Römer ideal veranschaulichen, bald dieselben, bald unterschiedliche Aspekte dieses Umbruchs aufzeigen. Sowohl beim Auftreten des Kybelekults als auch im Fall der Bacchanalien, zieht das Fremde, das Unbekannte und somit Wirkungsvolle, die Aufmerksamkeit auf sich. In beiden Fällen handelt es sich um Gottheiten, denen in Mythos und Ritual Erlebnisse widerfahren, die mit Leiden, Schmerz und Unterdrückung verbunden sind, Gottheiten, die damit die olympische Unnahbarkeit der griechischen ebenso wie die nüchterne Sachlichkeit der römischen Götter durchbrechen. Freilich hat der *parhedros* der Kybele, der sterbende und von seiner Partnerin betrauerte Attis, in Rom anfangs bestimmt keine bedeutende Rolle gespielt, doch muß gerade der schicksalhafte Bund von Göttin und menschlichem Gefolgsmann in den Wechselfällen des Daseins große religiöse Kraft ausgestrahlt haben. Der Missionierungszug des Dionysos über die Erde, bedroht und erniedrigt durch feindliche Potentaten, und sein schließlicher Sieg waren seit Euripides' *Bakchen* jedermann bekannt. Man kann sogar sagen, daß der Senat von Rom die Rolle des Pentheus spielte und dies mit demselben Ergebnis. Denn das in beiden Fällen restriktive Verhalten der Behörden hatte zwar eine kurzfristige Wirkung, schien aber doch auf lange Sicht zum Scheitern verurteilt. Viel später sollten sich die Attismysterien großer Popularität erfreuen; die dionysischen *thiasoi* werden sich, wenn auch in reichlich domestizierter Form, in der Kaiserzeit über ganz Italien verbreiten, wie verschiedene archäologische Funde und vor allem die große Inschrift von Torre Nova zeigen, auf der ein genaues Verzeichnis der Mitglieder in einem lokalen dionysischen *thiasos* samt ihren Rangbezeichnungen gegeben wird.

Schließlich ist beiden beschriebenen Ereignissen gemeinsam, daß sie nicht, wie man bisweilen behauptet, rein volkstümliche Züge tragen und nicht ausschließlich von den Massen der unteren Volksschichten getragen wurden. An der Einführung des Kults der *Mater Magna* war die Nobilität deutlich beteiligt, in die Bacchanalien waren auch *nobiles* eingeweiht, wie Livius mitteilt, was zu den Nachrichten über den bisweilen elitären Charakter der hellenistischen *orgia* paßt. Gleichwohl werden, wie auch aus späteren Entwicklungen abzuleiten ist, neue orientalische Religionen außer von Nichtrömern in erster Linie doch von Angehörigen der untersten Bevölkerungsschichten freudig begrüßt. An diesem Punkt weicht die dionysische Bewegung vielleicht vom Üblichen ab, jedenfalls in ihrer späteren Erscheinungsform, die man einmal geradezu mit ,,dem Ausflug eines Damenkegelklubs'' (Merkelbach) verglichen hat. Unsere Beispiele veranschaulichen gerade in ihrer Unterschiedlichkeit den Umstand, daß sich die religiösen Bedürfnisse in dieser Periode nicht mehr durch einen neuen Kult befriedigen ließen, der sich erst an die Regeln und Konventionen der althergebrachten römischen Religion anpassen mußte, ehe er offiziell anerkannt wurde; vielmehr suchte man gerade außerhalb dieser erstarrten Strukturen neue Möglichkeiten religiösen Erlebens. Der durch diese Konfrontation heraufbeschworene Konflikt dauerte während der Republik und der frühen Kaiserzeit fort; freilich mußten immer mehr Zugeständnisse gemacht werden.

Wir werden im folgenden diese Entwicklung aus der Vogelperspektive betrachten und von unserer republikanischen Warte aus den Blick auf die späteren Entwicklungen des 2. und 3. Jahrhunderts n. Chr. richten. Dabei werden wir die Einführung des Kults der *Mater Magna* noch einmal als die Bruchstelle erkennen, die Cumont treffend beschrieb: ,,In die rissige Festung der alten römischen Grundsätze war eine Bresche gelegt, durch welche schließlich der ganze Orient in sie eindringen sollte'' (*Die orientalischen Religionen im römischen Heidentum*, S. 50). Abschließend werden wir uns die Frage stellen, was denn diese neuen Kultformen im Vergleich mit der eigenen altrömischen Religion *mehr* zu bieten hatten, eine Frage, die sich in Zusammenhang mit den beschriebenen Ereignissen geradezu aufdrängt.

3. *Durchbruch*

Das 2. Jahrhundert ist die Periode des großen Fremdenstroms, der Italien überschwemmt. Als Sklaven bevölkern die Ausländer die Ländereien Siziliens und Italiens, als Kaufleute lassen sie sich in Hafenstädten wie Puteoli und Ostia nieder, als Lehrer, Philosophen, Ärzte und Künstler trifft man sie in angesehenen Familien, und Rom zieht alle Typen an. Mit der eigenen Sprache, der Kultur und dem Brauchtum bringen sie auch ihren Glauben mit. Es kommt hinzu, daß Römer und Italiker, die lange Zeit im Ausland gelebt hatten, sei es als Kaufleute — etwa im internationalen Zentrum auf Delos — sei es als Soldaten in den Legionen, die sich vor allem im 1. Jahrhundert oft jahrelang im Osten des Reichs aufhielten, nicht unbeeinflußt von ihrem Auslandsaufenthalt zurückkehrten. Diese akkulturativen, durch Wanderung begünstigten Erscheinungen traten gerade jetzt im 2. und 1. Jahrhundert v. Chr. hervor, den Jahrhunderten, die im östlichen Mittelmeerraum durch eine schnelle und gewaltige Expansion verschiedener orientalischer Religionen geprägt waren.

Am auffallendsten ist die schnelle Ausbreitung des Isiskults, der, oft zusammen mit dem Serapiskult, von einer aktiven missionarischen

Priesterschaft durch ein gelungenes Propagandasystem verbreitet wurde: Die großen Isishymnen und Aretalogien, von denen uns mehrere erhalten sind, sind in griechischer Sprache abgefaßt und beschreiben die großen Wundertaten der einzigartigen und allmächtigen Göttin. Überall faßte ihre Verehrung Fuß. Aber auch die kleinasiatischen Muttergöttinnen und die syrischen Gottheiten erweiterten ihren Einfluß, wenn auch zunächst auf beschränkterem Raum im Osten. Wie dicht jedoch Osten und Westen beieinanderliegen, zeigt der Sklavenaufstand auf Sizilien im Jahr 135 v. Chr., der getragen und geführt wurde von syrischen Sklaven unter ihrem Anführer Eunous, welcher sich von der syrischen Göttin inspirieren ließ. Zur selben Zeit stellen wir ein schnelles Zunehmen magischer und vor allem astrologischer Praktiken fest, insbesondere in Ägypten; überall stößt man freilich auf die Chaldäer, deren Name untrennbar mit Astrologie und Wahrsagerei verbunden ist.

Die Anziehungskraft solch neuer Bewegungen aus dem Orient war in Italien offenbar groß; entsprechend waren die Repressalien durch den Staat. Im Jahr 139 v. Chr. wurden alle Chaldäer aus Italien ausgewiesen; ihr Los teilten die Juden als ,,Verehrer des Jupiter Sabazios''. Am Ende des 2. Jahrhunderts, während des überaus heiklen Kriegs gegen Kimbern und Teutonen, verbot ein Volkstribun das Auftreten eines Priesters der Magna Mater, der eigens aus Pessinus gekommen war, um in der römischen Volksversammlung eine günstige Prophezeiung der Göttin zu verkünden (Plut., *Mar.* 17, 5); doch gleichzeitig ließ sich der General und Konsul Marius überall von einer syrischen Seherin begleiten (Plut., *Mar.* 17, 1; Val. Max. 1, 3, 4), und sein großer Gegenspieler, der Optimat Sulla, holte oft den Rat von Astrologen und Chaldäern ein (Plut., *Sulla* 37, 1; 5, 5). Ihm erschien auch die kappadokische Göttin Ma im Traum (Plut., *Sulla* 9), deren Priester wir seit Sullas Aufenthalt in diesem Teil Kleinasiens — und wohl nicht ohne sein Einverständnis — in Italien antreffen. Diese *servi fanatici*, ,,Sklaven'' der in Rom Bellona genannten Göttin, versetzten sich — in schwarze Kleider gehüllt — durch schnelles Herumwirbeln in Trance und gaben dann Prophezeiungen von sich. Durch ihr ekstatisches Auftreten lösten sie ebenso den Widerwillen der Behörden aus wie ehedem die Galli: Im Jahr 48 v. Chr. wurde ein Bellonaheiligtum vernichtet, und bei dieser Aktion sollen Töpfe mit Menschenfleisch gefunden worden sein (Cass. Dio 42, 26, 2)

— einer der ewigen Vorwürfe gegen geheime und/oder ausgefallene Religionen.

Dieses Heiligtum wurde 'zufällig' verwüstet, da es in die systematische Zerstörung von Isiskapellen in dieser Periode einbezogen wurde. Der Isiskult in seiner Ausbreitung und Unterdrückung darf als repräsentativ für die religiöse Entwicklung in den letzten Jahrhunderten der Republik gelten. Bereits 105 v. Chr. wird ein Serapeum in Puteoli erwähnt (CIL X, 1781); das Iseum in Pompeji stammt aus derselben Zeit. Noch früher nahmen die Italiker auf Delos am Kult der ägyptischen Gottheiten teil, und in das stark hellenisierte Sizilien wurde der Isiskult schon im 3. Jahrhundert eingeführt. Für Rom hat man eine frühe Verehrung der Göttin durch Römer nie gelten lassen wollen, doch hat kürzlich Coarelli wahrscheinlich gemacht, daß das sog. Iseum Metellinum auf dem Caelius nicht erst in der Kaiserzeit entstanden, sondern der Privatinitiative der hocharistokratischen Caecilii Metelli aus den Jahren 70-60 v. Chr. zu verdanken ist. Dies würde jedenfalls mit einem Bericht des Apuleius (*Met.* XI 30) übereinstimmen, welcher besagt, daß das offizielle Kollegium der *Pastophori*, einer Isispriesterschaft, unter Sulla in Rom begründet wurde. Die Ereignisse um den im 1. Jahrhundert auf dem Kapitol errichteten Isisaltar lassen jedoch in voller Schärfe die Ambiguität erkennen, die diesem Kult noch immer anhaftete. Im Jahr 59 v. Chr. befahl der Senat die Zerstörung des Altars, doch mußte dieser Befehl in den Jahren 58, 53 und 50 erneuert werden, da der Altar stets wiederaufgebaut wurde. Beim letzten Mal mußte der Konsul selbst den entscheidenden ersten Hieb mit der Axt ausführen, da die Arbeiter aus religiöser Furcht davor zurückschreckten (Val. Max. 1, 3, 4). Und dann wird doch im Jahr 48 ein erneuter Abbruch nötig. Die Popularität, welche sich diese Religion inzwischen bei den Volksmassen erworben hatte, äußerte sich in dem Beschluß der Triumvirn des Jahres 43 v. Chr., der Isis einen staatlichen Tempel zu bauen. Der Bau kam infolge der politischen Entwicklung nicht zur Ausführung; er konnte namentlich durch Augustus, dessen Politik ein Propagieren der ägyptischen Göttin ausschloß, auch nicht vollendet werden. Der Isiskult wurde unter seiner Regierung und dann noch einmal unter Tiberius scharf verfolgt, war aber letzten Endes nicht mehr zu unterdrücken. Caligula schenkte Isis ihre endgültige offizielle Anerkennung in Rom. Sicher ist es erlaubt, hier noch einmal eine treffende Formulierung von Franz Cumont zu zitieren: ,,Die ägyptischen Mysterien liefern uns in Rom das erste Beispiel einer in der Hauptsache populären religiösen Bewegung, welche über den Widerstand der Obrigkeit und der offiziellen Priesterschaft triumphiert" (*Die orientalischen Religionen*, S. 75).

Aktion und Reaktion, Entfaltung und Unterdrückung, 'Bekehrung' und Repression, aber letzten Endes doch der Triumph der neuen Religion formen auch das Bild des ersten orientalischen Kults in Rom, des Kybelekults. Im Jahr 154 v. Chr. ergriff einer der Zensoren, C. Cassius Longus, die Initiative zum Bau eines Theaters vor dem Kybeletempel auf dem Palatin. Allem Anschein nach wurde hier der Versuch unternommen, die Isolation der Göttin zu durchbrechen und den Kult durch Spiele, die in direktem Zusammenhang mit dem Tempel veranstaltet wurden, den Massen der städtischen Bevölkerung zugänglich zu machen. Doch der Konsul des Jahres 162 v. Chr., P. Scipio Nasica Corculum — Sohn des Scipio Nasica, der einst die Göttin in Rom empfing, ließ das Theater noch vor seiner Vollendung dem Erdboden gleichmachen. Solche Interaktionen erleben wir auch später. Wie schon oben erwähnt, wurde zur Zeit des Marius ein Kybelepriester von einem Volkstribun mit Geringschätzung behandelt, aber die Göttin ließ nicht mit sich spotten: drei Tage später war der Volkstribun tot, gestorben an einem Fieber (Diod. 36, 13). Etwa 60 v. Chr. propagierte der Demagoge Clodius den Kult der Göttin, doch wirklich anerkannt wurde der Kult erst, als der Tempel in den Palast des Kaisers Augustus einbezogen wurde und damit der Göttin eine Rolle bei der Vergöttlichung des Kaisers zufiel. Die Neuerungen des Claudius (s. dazu Kapitel X) räumten auch dieser orientalischen Religion ihren endgültigen Platz im römischen Reich ein.

Von dieser Zeit an öffnete sich das *caput mundi* mehr und mehr für fremde Kulte. Zwar wurden sie vorzugsweise romanisiert (wie der Kybelekult), andernfalls vor allem von Ausländern getragen (wie der Kult der syrischen Götter), aber allmählich wendeten sich doch größere Gruppen von Römern, deren Abkunft je länger desto weniger genuin römisch war, den neuen Religionen zu. Aber diese Entwicklung, die im 3. Jahrhundert n. Chr. einen Höhepunkt erreichte, gehört nicht mehr zu unserem Thema (s. dazu Kapitel XV).

4. Der Reiz des Neuen

Wir wollen uns zum Schluß die Frage stellen, welche Faktoren zur Entfaltung dieser orientalischen Religionen in Rom beigetragen haben —, eine ganz wesentliche Frage, die oft gestellt wurde und auf die es keine endgültige und erschöpfende Antwort gibt. Ein paar Überlegungen möchten wir immerhin anstellen und dabei ausgehen von den Entwicklungen seit etwa 200 v. Chr., die wir zu diesem Zweck einigermaßen ausführlich beschrieben haben. Dabei vergleichen wir immer das, was die altrömische Religion zu bieten hatte, mit dem, was die neuen Religionen darüber hinaus boten.

In seinen Ratschlägen für den *vilicus*, Hausmeister und Gutsverwalter eines Großgrundbesitzers, befaßt sich Cato (*De Agr.* 143) auch mit den Pflichten der *vilica*, der Hausmeisterin und Haushälterin: ,,sie soll Nachbarinnen nicht zu oft besuchen oder bei sich empfangen. (...) Sie soll keine kultische Handlung ausführen (weder in eigener Person noch durch andere in ihrem Auftrag) ohne ausdrücklichen Befehl ihres Herrn oder ihrer Herrin. Sie soll sich darüber im klaren sein, daß ihr Herr für den ganzen Haushalt (*familia* = die eigene Familie, aber auch die Bediensteten und Sklaven und alle lebende Habe) die religiösen Pflichten erfüllt'' (*scito dominum pro tota familia rem divinam facere*).

Dieser Text ist von unschätzbarem Wert; denn er kennzeichnet haargenau das eigentliche Wesen der altrömischen Religion, die es ja als selbstverständlich ansieht, daß die streng formalen religiösen Handlungen durch andere ausgeführt werden. Gleichzeitig verrät der Text aber — was wir als bezeichnend für diese Periode kennengelernt haben —, daß es Römer und vor allem römische Frauen gab, die sich durch diese Art Götterverehrung in ihren religiösen Bedürfnissen nicht mehr befriedigt fühlten; denn diese Warnung vor Damentreffen muß doch wohl in Zusammenhang gesehen werden mit dem nur kurze Zeit vorher losgebrochenen Bacchanalientaumel oder mit einer vermutlich ebenfalls um 200 zu datierenden pythagoreischen Schrift, in der Frauen wohl zugestanden wird, den wichtigsten staatlichen Göttern zu opfern, die Teilnahme an geheimen Gottesdiensten und Kybele-Orgien im Haus ihnen aber untersagt wird, weil es Frauen gesetzlich verboten ist, diesen Ritualen beizuwohnen, da diese zu Trunkenheit und Ekstase verleiten (H. Thesleff, *The Pythagorean Texts of the Hellenistic Period*, Åbo 1965, S. 152).

Damit sind indirekt zwei Anziehungspunkte der neuen Religionen bezeichnet, ein psychologischer und ein mehr sozial bestimmter. Für das Empfinden des Einzelnen bieten die neuen Kulte im Gegensatz zur römischen Religion die Möglichkeit eines stärkeren persönlichen Beteiligtseins am Ritus durch aktiven Vollzug. Hier setzt sich fort, was sich in den öffentlichen *supplicationes* angebahnt hat. Dieses Beteiligtsein erschließt obendrein die Möglichkeit zur Entladung von Emotionen, die namentlich in Kriegszeiten ein Ventil suchten. Dabei sei aber darauf verwiesen, daß nicht alle neuen Kulte wie der von Kybele und Bellona und die Bacchanalien durch Ekstase gekennzeichnet sind. Der Isiskult war in seinem Ritual mehr nach innen gekehrt; die Botschaft wurde dort in tiefer Stille ausgesprochen, doch verminderte dies nicht die seelische Beteiligung: die Gemeinde nahm aktiv am Gottesdienst teil.

Botschaft und *Gemeinde* —, darf man solche Begriffe in diesem Zusammenhang verwenden? Wenn man sie nicht zu eng und zu sehr aus christlicher Sicht definiert, sind sie sicher erlaubt. Mit dem Begriff *Gemeinde* oder — weniger förmlich — *Gemeinschaft* wird der andere, mehr sozial-psychologische Faktor angesprochen. Die altrömische Religion hatte sich zu einer Staatsreligion entwickelt und verlor dadurch nahezu alles, was sie als 'Gemeinde'-Religion besessen hatte. Der Römer verehrte seine Götter aufgrund seiner Geburt, d.h. weil er Römer war und nicht weil er sie sich ausgesucht hatte. Die ,,Glaubensgemeinschaft'' wurde gebildet durch das Volk von Rom, aber Rom wuchs und wurde 'Welt'. In den hellenistischen Städten hatte sich bereits, inmitten kosmopolitischer Tendenzen und expandierender Weltreiche, ein starkes Bedürfnis nach einem ,,sense of belonging'' entwickelt. Jede Stadt hatte ihre zahlreichen *hetairiai, thiasoi, speirai*, Vereinigungen dionysischer *technitai*, und in Rom entwickelte sich schon gleichermaßen eine reiche Palette von *collegia, sodalitates, sodalicia*. Eine Religion, die auf dieses Verlangen nach Gemeinschaft einging, konnte mit Popularität rechnen, und dies galt für alle östlichen Kulte.

Wir haben bisher den Begriff ,,Mysterien'' möglichst vermieden, weil sehr unsicher ist, inwieweit die orientalischen Kulte, wie die von Kybele und Isis, in der republikanischen Zeit neben ihren mehr offiziellen Erscheinungsformen auch schon Mysterien entwickelt hatten. Das Problem ist nicht zu lösen, da Zeugnisse fehlen. Aber auch wenn man alle Implikationen, die mit der Qualifikation ,,Mysterien'' verbunden sind, ausklammert, darf man wohl behaupten, daß die neuen Religionen *communio* boten: Gemeinsam mit anderen diente man einer Gottheit in einem Kult, der, selbst wenn er öffentlich war, die Teilnehmer zu einem gemeinsamen Bekennen verband. Das Gefühl von Zusammengehörigkeit wurde, wie die Geschichte des Christentums lehrt, verstärkt, je rücksichtsloser man gegen die Glaubensgemeinschaften vorging. Allerdings kannten die heidnisch-orientalischen Religionen nicht so viele Märtyrer, und die Neigung zum Märtyrertum war geringer ausgeprägt.

Communio als Gemeinschaft von Menschen in der Verehrung eines Gottes, für den sie sich bewußt entschieden haben, *communio* auch zwischen Mensch und Gott: ein weiterer zentraler Punkt, der in engem Zusammenhang mit dem vorherigen steht. Wir haben festgestellt, daß sich altrömische Götter nicht zu persönlichen Beziehungen mit ihren Gläubigen herbeiliessen: es gab überhaupt keine Gläubige im prägnanten Sinne des Wortes, denn der Kult war durch eine Art ,,Automatismus'' gekennzeichnet. Die Verehrer von Kybele, Isis, der Dea Syria, später des Mithras und auch des Dionysos in seiner 'bacchischen' Ausprägung, hatten sich jedoch leiten lassen durch einen persönlichen Entschluß, ein sich Gewinnenlassen, für das der Begriff ,,Bekehrung'' vielleicht zu stark wäre (denn man verweigerte sich den übrigen Göttern ja nicht), das aber Elemente von Bekenntnis und Zeugnis deutlich einschließt. Alle genannten Götter sind Götter *in vicissitudine*, sie haben mit den Menschen und der Menschheit gemein, daß sie deren Leiden und Schicksale am eigenen göttlichen Leib erfahren haben. Dieses Element, das auch da vorhanden ist, wo sich noch keine Mysterien ausgebildet haben, bot dem Menschen die Möglichkeit zur Identifikation und *communio* mit seinem Gott. Seine 'Menschlichkeit' und mithin auch seine Nahbarkeit machten den Gott paradoxerweise gleichzeitig größer und majestätischer als die alten Götter, und die Verbindung zwischen dem Menschen und seinem Gott manifestierte sich denn auch in erster Linie in Unterwerfung und Hingabe. Aufgrund dieses Verhältnisses verlor das Opfer seinen ehemaligen sachlichen Charakter von Geschäft und Verhandlung, um einem ganz neuen Gefühl Platz zu machen: es entstand ein Ideal von Selbstaufopferung in dem Sinn, daß man dem Gott ein Stück von sich selbst anbot, um die demütige Abhängigkeit zu unterstreichen. Das konnte zu den grauenhaften Selbstverstümmelungen verleiten, die wir oben erwähnten; doch konnte man auch sein Leben in den

Dienst des Gottes stellen oder sich durch Keuschheit, Entsagung, reinen Lebenswandel dem Schutz des Gottes anbefehlen, mit dessen rettenden Wundertaten man dann auch rechnen durfte.

Denn mit ihrer größeren Autorität und Macht waren diese Götter auch echte Wundertäter, in viel stärkerem Maß als römische Gottheiten. Viele ihrer Wunder — wie Heilungen, Errettungen aus Gefahr, Bestrafungen von Spöttern — kennen wir aus Inschriften. Der Glaube an ihre Qualitäten als Wundertäter wurde ohne Zweifel durch zwei Faktoren genährt, die auch ihre Popularität positiv beeinflußten: ihre jahrhundertealte Tradition, die vor allem an den ägyptischen Göttern geschätzt wurde und die sich doch wohl in wunderbarer Weisheit äußern mußte, und das Fremde, Exotische und Neue, das beim Kult der Kybele und der ägyptischen Gottheiten starke Anziehungskraft ausübte und durch seine Heimlichkeit als wirksam betrachtet wurde. In beiden Fällen entwickelten sich ,,Allmachts''-Formeln. Verschiedene der bis jetzt mitgeteilten Faktoren sind in der frühesten Phase nach der Einführung der Kulte in Italien *in nuce* vorhanden, ohne daß wir sie ausdrücklich beschrieben finden. Die Entwicklung von Mysterien war dafür nicht nötig. Für die folgenden zwei Aspekte muß besonders betont werden, daß sie meist spezifisch für die Mysterien waren und nicht vor der Kaiserzeit zu beobachten sind.

Beim ersten handelt es sich um die Zunahme und Ausbildung einer persönlichen ethischen Verantwortlichkeit in Zusammenhang mit der kultischen Verehrung der Gottheit. Die Isismysterien zum Beispiel kennen ein mit der Initiation verbundenes Schuldbekenntnis, aber dabei bleibt es nicht. Mysten, die ihre Gelübde brechen, die ihre Verpflichtung zu einem reinen Lebenswandel vergessen, werden durch die Gottheit streng bestraft, und diese *ira dei* kann nicht länger durch ein formales *piaculum* versöhnt werden. Persönliche Buße durch ein öffentliches Schuldbekenntnis ist die Minimalanforderung. Namentlich im Zusammenhang der syrischen Kulte kennen wir viele Schilderungen von öffentlichen Büßern in Sack und Asche, die sich kasteien und die Gottheit um Vergebung bitten.

Mit dem zweiten Aspekt kommen wir auf einen oben genannten Terminus zurück, der noch einige Bemerkungen verdient. Dieser Begriff faßt wohl richtig den zentralen Anziehungspunkt, allerdings für spätere Phasen der Entwicklung. Es handelt sich um des Wort *Botschaft*, man könnte auch sagen: *Verkündigung* oder *Evangelium*. Römische Götter befaßten sich im allgemeinen mit dem Leben, nicht mit dem Tod. Solche, die es doch taten, mußten sorgfältig aus dem normalen religiösen Verkehr herausgehalten werden: waren sie aktiv, so schloß man die Tempel der Götter der Lebenden. In der frührömischen Kultur waren Jenseitsvorstellungen äußerst vage, man erwartete von dem, was nach dem Tod kam, ohnehin nicht viel. Verschiedene orientalische Religionen trugen kraft des Mythos vom leidenden, aber letztlich siegreichen Gott von jeher den Keim für eine positive Jenseits-Verkündigung in sich. Diese wurde in einigen Fällen vielleicht schon zu hellenistischer Zeit, in den meisten Fällen aber während der Kaiserzeit in den Mysterien zu einer ausdrücklichen Zusage an den Eingeweihten ausgeformt. Wie diejenigen, die sich in die eleusinischen Mysterien einweihen ließen, erhielten nun auch die Mysten der neuen Mysterien die Zusicherung, daß für sie ein Sieg über den Tod erreichbar sei. Ihre Teilnahme an Mythos und Ritus der Gottheit, ihre Identifikation und *communio* mit deren Schicksal, und auch die Opfer, die sie während ihrer Initiation und in ihrem weiteren Leben brachten, gaben eine sichere Garantie für ein Wohlergehen nach diesem Leben. Der erst spät überlieferte Spruch aus den Attismysterien(?), ,,Verzagt nicht Mysten, denn der Gott ist gerettet. So gibt es auch für Euch Rettung aus Euren Nöten'', charakterisiert dieses Evangelium wohl am deutlichsten.

Nicht alle Mysterien legten den gleichen Nachdruck auf diese *soteria* im Jenseits: in den Mysterien des Mithras war sie sicher ursprünglich nicht zu Hause. Aber *soteria* ist ein Schlüsselbegriff in allen neuen Strömungen, mag sich die Rettung auch auf Situationen im Leben beziehen. Die neuen Götter bewiesen ihre (All-)Macht — wie wir gesehen haben — durch große Wundertaten. Rettung aus Gefahr in einer für den Sterblichen zu groß gewordenen Welt: das ist ihre Zusage an jeden, der bereit ist, sich ihnen zu unterwerfen; eine Zusage, die ihren Höhepunkt in der Verkündigung der Isis erreicht, das vorherbestimmte Schicksal überwinden zu können. In einer Zeit, da ein Vettius Valens, Astrologe des 2. Jahrhunderts n. Chr., behaupten konnte: ,,Es ist dem Menschen unmöglich, mittels Gebet und Opfer zu ändern, was ihm von Anfang an bestimmt ist'', in einer solchen Zeit rangiert eine Göttin, der selbst das Fatum gehorcht, endgültig vor anderen, namentlich altrömischen Gottheiten. Heil und Rettung (*salus, soteria*) suchte man im 3. Jahrhundert

v. Chr. durch *supplicationes* und durch die Einführung neuer Götter zu erreichen. Im Laufe einer jahrhundertelangen Entwicklung wurden natürlich diese Begriffe mitunter auch mit mehr geistlichen oder metaphysischen Vorstellungen gefüllt. Doch dies ändert nichts an der zentralen Bedeutung unserer Feststellung: Die neuen Götter waren *heilbringende Gottheiten*; das von ihnen vermittelte Heil konnte irdisch sein oder sich auf ein Jenseits beziehen: in beiden Fällen schenkten sie es kraft ihrer erhabenen Größe den Sterblichen, die in Gemeinschaft untereinander *communio* mit dem Gott suchten und dazu bereit waren, in einem persönlichen Akt der Unterwerfung persönliche Opfer zu bringen.

Glaube und Hoffnung — das sind also die zentralen Merkmale (πίστις und ἐλπίς sind charakteristische Begriffe hellenistischer und späterer Texte). *Acta* 14,9 lesen wir über einen Lahmen: ἔχει πίστιν τοῦ σωθῆναι, ,,er hat den Glauben, geheilt zu werden''; dieser Text faßt beide Elemente vorbildlich zusammen und gilt als kürzeste Formel hellenistischer Religiosität. Dies also unterscheidet die neuen Kulte von den altrömischen. Aber ,,der Liebe, dem Größten'' (1 Cor. 13, 13), begegnen wir in den dargestellten Religionen der Gottheit gegenüber nur selten, als Aufgabe für den Umgang der Menschen miteinander gar nicht; und darin liegt einer der zentralen Unterschiede zwischen heidnischen Kulten des Orients und dem Christentum.

LITERATURVERZEICHNIS

Altheim, F., *Römische Religionsgeschichte*, Berlin 1956².
Bayet, J., *Histoire politique et psychologique de la religion romaine*, Paris 1969².
Cumont, Fr., *Die orientalischen Religionen im römischen Heidentum*, Berlin 1931 (Nachdruck Darmstadt 1959).
Dumézil, G., *La religion romaine archaïque*, Paris 1966; in englischer Übersetzung: *Archaic Roman Religion* I-II, Chicago 1970.
Fowler, W. W., *The Roman Festivals of the Period of the Republic*, London 1899.
Fowler, W. W., *The Religious Experience of the Roman People*, London 1933³.
Grant, F. C., *Ancient Roman Religion*, New York 1957.
Latte, K., *Römische Religionsgeschichte*, München 1960.
Le Gall, J., *La religion romaine de l'époque de Caton l'ancien au règne de l'empereur Commode*, Paris 1975.
Le Glay, M., *La religion romaine*, Paris 1971.
Ogilvie, R. M., *The Romans and their Gods*, London 1969.

Radke, G., *Die Götter Altitaliens,* Münster 1965.
Rose, H. J., *Ancient Roman Religion,* London 1949.
Schilling, R., *The Roman Religion* in *Historia Religionum,* Leiden 1969.
Scott Ryberg, I., *Rites of the State Religion in Roman Art* (Memoirs of the American Academy in Rome XXII), 1955.
Wagenvoort, H., *Pietas. Selected Studies in Roman Religion,* Leiden 1980, S. 223-256: *Characteristic Traits of Ancient Roman Religion.*
Wissowa, G., *Religion und Kultus der Römer,* München 1912².

ABBILDUNGSVERZEICHNIS

Tafel I. *Flamines.* Detail der Ara Pacis Augustae, Rom. Photo nach G. Moretti, *Die Ara Pacis Augustae,* Rome 1957, S. 39.

Tafel II. *Suovetaurilia* — Opfer. Relief aus Rom. Paris, Louvre. 1. Jh. n. Chr. Photo Alinari, 22685.

Tafel III. Leberschau. Relief aus Rom, 1. Jh. n. Chr. Paris, Louvre. Photo nach Inez Scott Ryberg, *Rites of the State Religion in Roman Art* (MAAR XXII), Rome 1955, Tafel XLV, Abb. 69a.

Tafel IV. Mosaik mit Darstellung der *Salii.* Rom, Galleria Borghese. Photo nach N. Turchi, *La Religione di Roma Antica,* Bologna 1939, Tafel IV, 2.

Tafel V. Sarkophag aus Rom (± 215-220 n. Chr.) mit dem indischen Triumph des Dionysos (= Bacchus). Vatikanische Museen (Museo Paolino). Photo Anderson, 24196.

Tafel VI. Einweihung eines Bacchus-Mysten. Stuckrelief aus der Villa Farnesina am Tiber in Rom. Aufbewahrt im Nationalmuseum, Rom. Augusteische Zeit. Photo nach Th. Kraus, *Das römische Weltreich,* Berlin 1967, Tafel 159.

Tafel I

Tafel II

RÖMISCHE RELIGION UND RELIGIÖSER UMBRUCH

Tafel III

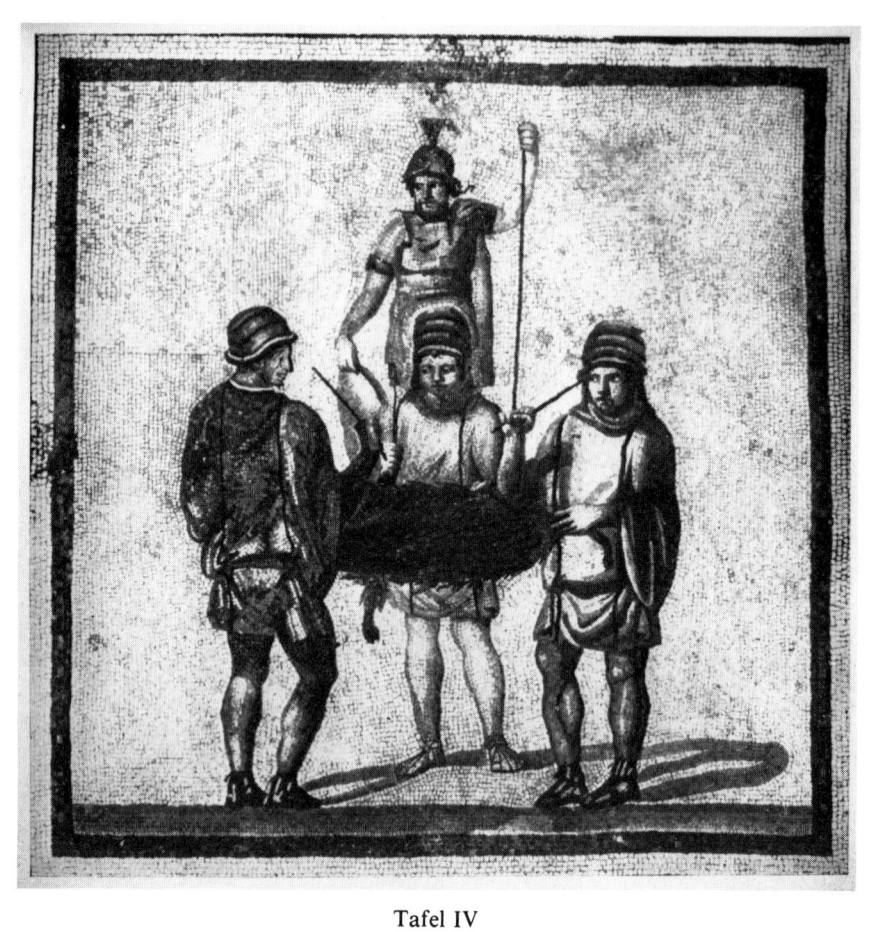

Tafel IV

Tafel V

Tafel VI

III

KLEINASIEN
HERKUNFTSLAND ORIENTALISCHER GOTTHEITEN

FRIEDRICH KARL DÖRNER
(Münster i. W.)

Wenn wir heute von Kleinasien sprechen, wenn man diesen Raum als ,,Brücke zwischen Orient und Okzident'' oder als ,,Drehscheibe der Kulturen'' bezeichnet, so muß man sich dabei doch stets auch vergegenwärtigen, daß es sich hierbei um eine relativ späte Namensgebung handelt. Der Begriff Asia Minor begegnet uns erst am Ausgang der Antike zum ersten Mal — so wie ich sehe — bei Orosius; dieser stellte seiner im Auftrage des Augustinus geschriebenen Weltgeschichte: ,,Gegen die Heiden'' eine kurze Charakterisierung seiner damaligen Sicht der Oikumene, der bewohnten Welt, voran, die von ihm 414 verfaßt wurde. Dabei charakterisiert er Kleinasien (Asia Minor) als den Raum, der im Norden von dem Schwarzen Meer (Pontus Euxinus) und im Süden von ,,unserem Meer'' (*mare nostrum*) begrenzt werde (I 2,26).

Dieses von Orosius mit *mare nostrum* bezeichnete ägäische Meer ist für unsere bis heute gültig gebliebene geographische Vorstellung von grundlegender Bedeutung. Wenn wir heute von Orient und Okzident, von Abendland und Morgenland sprechen, so haben wir uns damit einen Sprachgebrauch zu eigen gemacht, der auf den Erfahrungen der das ägäische Meer befahrenden Seeleute beruht. Hier liegen östliche und westliche Küsten in dem von ihnen überschaubaren Erfahrungsbereich; hier erzwingen geradezu die sich im Meer in steter Folge aneinander und hintereinander reihenden kleineren und größeren Inseln die Namengebung von Osten und Westen. Bereits bei Homer findet sich die Unterscheidung zwischen den Ländern im Aufgang und im Untergang der Sonne. Dem ,,Aufgang der Sonne'' liegt auch die Namensform Anatolien zu Grunde, die in der jetzigen türkischen Namensform Anadolu für Kleinasien noch weiterlebt.

Namengebung von Europa und Asien

Die Unterscheidung dieser Weltteile und ihre Namensgebung geht schon auf die Antike zurück, in der sie als Europa und Asia bezeichnet wurden. Seit man begonnen hat, den Ursprung und die Bedeutung dieser Bezeichnungen zu ergründen, sind viele Theorien entwickelt und wieder verworfen worden. Man suchte die frühesten Formen für ihre Namengebung in assyrischen Begriffen, die auch im kleinasiatischen Bereich in Gebrauch gewesen seien, man bemühte Lyder ebenso wie Karer, fand auch Möglichkeiten einer Ableitung aus der griechischen Sprache, aber bisher hat keine der vielen Erklärungen allgemeine Zustimmung gefunden.

Von solchen etymologischen Zweifeln fühlte sich der große Dichter Hesiod frei, als er um 700 v. Chr. sein großes Epos über die Entstehungsgeschichte der Welt, seine Theogonie, verfaßte. Hesiod hatte seine Berufung zum Dichter, seine Weihe, von den auf dem Berge Helikon wohnenden Musen empfangen, als er auf den Hängen seine Schafherde weidete, wie er uns beim Beginn seines Werkes wissen läßt. So verstehen wir, daß Hesiod den beiden Erdteilen ihre Namen nach den Nymphen Asië und Europe verliehen hat.

Entsprechend den Erfahrungen und Vorstellungen, die im Laufe der Jahrzehnte nach Hesiod von Reisenden und vor allem den jonischen Geographen gemacht worden sind, zeigte die Erdkarte des Hekataios von Milet bereits die beiden Kontinente Europa und Asien. Mit diesem Dokument reiste wahrscheinlich Aristagoras durch Griechenland, als er Bundesgenossen für den Kampf der griechischen Städte im kleinasiatischen Jonien gegen die Perser zu gewinnen suchte. Eine solche Weltkarte war das beste Mittel, um den führenden Männern in Griechenland die damalige Kenntnis der Oikumene, von Europa und Asien vor Augen zu führen.

In der damaligen Zeit, d.h. um die Wende des 6. und 5. Jahrhunderts v. Chr. wurde unter Europa nur das griechische Festland, die Balkanhalbinsel, im Gegensatz zu der Peloponnes und der Inselwelt verstanden. Unter den Einwirkungen der Perserkriege ist dann durch die jonischen Geographen die Reichweite dieses Namens erweitert worden.

Unter Asia verstanden also die frühen Griechen den Komplex, den wir heute mit Kleinasien bezeichnen. In diesem Zusammenhang ist die dichterische Aussage bemerkenswert, die Aischylos in seiner „*Die Perser*" betitelten Tragödie gemacht hat, in der es heißt (Zeile 181 ff.):

> Zwei Frauen, also schien mir's, wohl gekleidet,
> Die eine rechts geziert in persischem Gewand,
> Die andre dorisch, zeigten sich vor meinem Blick,
> In Wuchs um vieles herrlicher, als wir sie sehn,
> Untadelig an Schönheit, Schwestern gleichen Bluts.
> Die Heimat, da sie wohnten, hatten sie durchs Los,
> Hellas die eine, die andre das Barbarenland.
>   (Nach Übersetzung von Ludwig Wolde)

Der Begriff Asien wurde, als man durch die Entdeckungsreisen eine Vorstellung der sich nach Osten anschließenden Ländermassen gewann, entsprechend erweitert. Daher bezeichnet Herodot unser heutiges Kleinasien als den Teil von Asien, der in den Meeren ausläuft (ἡ 'Ασίας ἀκτή).

Die römische Provinz Asia

Nachdem so der Begriff Asia eine Bedeutungserweiterung in Richtung Osten erfahren hatte, tritt im 2. Jahrhundert v. Chr. wiederum eine Verengung ein. Denn als dem römischen Volke durch das Testament des letzten regierenden Königs von Pergamon, durch Attalos III., im Jahre 133 v. Chr. das bisherige Herrschaftsgebiet vermacht wurde, fand man nach Beendigung der ausgebrochenen Machtkämpfe keine andere Möglichkeit, als eine „Provincia" einzurichten. Diese erhielt den Namen Asia, ein Vorgang von großer historischer Bedeutung für die geschichtliche und kulturelle Entwicklung in den folgenden Jahrhunderten. Die Verwaltung der neuen Provinz Asia unterstand zunächst einem jährlich wechselnden Statthalter. Nach der Neuordnung der Provinzen durch Augustus im Jahre 27 v.Chr. wurde die Leitung regelmäßig einem der beiden in Rom amtierenden Konsuln übertragen, wenn nach Jahresfrist ihr Konsulat abgelaufen war; dieser Beamte wurde jeweils vom Senat in Rom gewählt und trug den Titel: Prokonsul. Ein relativ kleiner Mitarbeiterstab stand ihm zur Seite. Für die Dauer seiner Amtstätigkeit, im allgemeinen ein Jahr, das bei Notwendigkeit verlängert werden konnte, wurde diesem Prokonsul das „Imperium" verliehen, d.h. eine unbeschränkte Amtsgewalt in allen Bereichen, selbst über Leben und Tod. Dieses Imperium symbolisierten die den Inhabern des Imperium bei besonderen Anlässen voranschreitenden Liktoren mit ihren Fasces, d.h. einem Rutenbündel, aus denen ein Beil hervorragte.

Bevor wir näher auf die sich daraus für unser Thema ergebenden Folgerungen eingehen, müssen wir noch kurz die geologischen und geographischen ebenso wie die historischen und politischen Gegebenheiten von Kleinasien behandeln. Es ist von heutiger Sicht verwunderlich, daß in der Frühzeit für diese Landbrücke zwischen Asien und Europa kein spezieller Eigenname entstanden ist. Der Grund hierfür liegt einmal in der Tatsache, daß Kleinasien allein schon durch die Vielfalt seiner geologischen Formationen kein einheitliches Landschaftsgebilde darstellt. ,,Anatolien hat mit der Vielfalt seiner Formen, der Gegensätzlichkeit seiner Klimazonen und der Dramatik seiner Geschichte von Herodot über Xenophon und den Türken Çelebi bis zu den europäischen Reisenden der Neuzeit die besten Federn zu geographischer oder historischer Darstellung gereizt; aber es hat bisher noch nicht den Künstler gefunden, dessen schildernde Kraft der Gewalt seiner Landschaft gewachsen wäre. Es ist auch keine Schönheit, die sich rasch Bewunderer erobert; sein Antlitz gleicht vielmehr den Zügen eines sibyllinischen Weibes, in das Jahrhunderte ihre Furchen gegraben haben'', so charakterisiert Friedrich von Rummel die kleinasiatische Landschaft.

Das System der nördlichen und südlichen Randgebirge

Zwei ausgedehnte Randgebirge verursachen eine horizontale Gliederung des Landes. Beide entwickeln sich aus dem gebirgigen Hochland im Osten von Kleinasien, die aus einer Reihe von wenig gegliederten Gebirgsrümpfen bestehen. Parallel zur Küste des Schwarzen Meeres verläuft die auch heute noch waldreiche pontische Gebirgskette; sie steigt vom Binnenlande meist langsam bis zu einer Höhe von 400-500 m an und fällt dann steiler zur Küste wieder ab. In den alluvialen Ebenen, die sich an einer Reihe von Flußmündungen gebildet haben, liegen die reichen, durch ihren Obst- und Weinbau berühmten Gebiete der pontischen Küstenlandschaft. Hier reihten sich wie die ,,Perlen einer Kette'' die von Milet gegründeten Handelsniederlassungen, an ihrer Spitze Sinope (heute Sinop), von wo aus wieder neue Faktoreien ins Leben gerufen wurden, wie z.B. Amisos (heute Samsun), Kerasus — die Kirschenstadt, wo Lucullus, der Besieger des Mithradates VI., diese köstliche Frucht kennen lernte, für deren Anbau er in Italien Sorge getragen hat, (heute wahrscheinlich Giresun) und Trapezus (heute Trabzon). Im Iris-Tal (Yeşilirmak) liegen Amaseia (Amasya), die Hauptstadt von Pontos, und Komana, Sitz eines Priesterstaates, von dessen Ausstrahlungen später noch die Rede sein wird.

Kleinere Ebene sind ein Charakteristikum für den westlichen Teil des Binnenlandes, dessen Fruchtbarkeit durch reichliche Niederschläge vom Meere her gewährleistet wird. Riesige Haselnußplantagen sind heute eine der Quellen für die Wohlhabenheit dieser Landschaft, während im Ostteil bei Rize der Anbau von Teekulturen sich zu einem gewinnbringenden Erwerbszweig entwickelt hat.

Einen anderen Charakter hat die südliche Gebirgskette, der Tauros oder die Iraniden; sie erstrecken sich vom iranischen Hochland aus in weitem Bogen nach Westen, verlaufen parallel mit der Küste des Mittelländischen Meeres, das die Türken Ak Deniz (Weißes Meer) nennen, bis zur Westküste, wo im ägäischen Meer noch die Inseln Rhodos und Kreta als sichtbare Ausläufer in Erscheinung treten. Anders als das pontische Gebirge bilden sie eine Barriere, deren Gipfel eine Höhe bis 3700 m erreichen und stellen eine Völkerscheide dar, der — wie öfter betont worden ist — eine ähnliche Bedeutung zukommt wie den Alpen im europäischen Raum.

Zwischen diesen beiden Gebirgsketten liegt das kleinasiatische Hochland eingebettet. Es flacht indessen langsam nach Westen ab und bietet so den Flüssen Hermos und Mäander ohne schroffe Abtreppungen einen Zugang zum ägäischen Meer. Diese geologische Formation erlaubt auch eine beschränkte Schiffahrt für kleinere Schiffstypen in ihrem Unterlauf, während die Flüsse, denen es gelungen ist, das pontische Gebirge und den Tauros in Engschluchten zu durchbrechen, der Schiffahrt nur geringe Verkehrsmöglichkeiten bieten. Im Gegensatz dazu stehen die Flußsysteme von Euphrat und Tigris, die nach ihrem Durchbruch durch das Taurosgebirge für Syrien und Mesopotamien Garanten der Fruchtbarkeit werden. Wie der Nil in Ägypten, so ist auch in diesem Zweistromland das Entstehen der Hochkulturen ohne diese Lebensadern nicht denkbar.

Vom Bosporus zur Westküste Kleinasiens

An den bereits charakterisierten Bereich der pontischen Landschaft schließt sich Bithynien an. Keimzelle des späteren Königreichs war die kleine bithynische Landbrücke, die sich wie ein Verbindungsarm dem thrakisch-europäischen Raum entgegenstreckt. Bithynien kommt, allein schon infolge der Lage im Nordwesten von Kleinasien, im Wechselspiel der kulturellen und politischen Beziehungen eine besondere Bedeutung zu; denn von Europa ist Bithynien nur durch die ,,Ochsenfurt'' (griechisch Bosporos) getrennt. Der Furtcharakter war allerdings schon in der zweiten Würmvereisung beendet. Hier entwickelte sich als Ausgang vom Schwarzen zum Weißen Meer eine reißende Strömung, die jedoch dem Hin- und Herüberwandern der Völker in vorgeschichtlicher und historischer Zeit keine besonderen Schwierigkeiten bereitet hat. Ein stolzer Brückenbau über den Bosporos, lange geplant und immer wieder verschoben, verbindet heute das asiatische mit dem europäischen Ufer.

Auf der asiatischen Seite gründeten die Griechen Kalchedon, ein Brückenkopf zum kleinasiatischen Hinterland, der bis heute seine Bedeutung erhalten hat. Kalchedon behielt auch im bithynischen Königreich seine Selbständigkeit. Dieses ging aus den Wirren der Diadochenkämpfe hervor, in denen Zipoites durch strategisches und politisches Geschick Bithynien als neue Macht formte. Nach zeitgemäßen Vorbildern legte er sich selbst im Jahre 297 v. Chr. den Königstitel zu und sein Nachfolger Nikomedes I. schuf in der nach sich selbst benannten Hauptstadt Nikomedeia (heute Izmit) ein Machtzentrum, von dem dann fast 500 Jahre später der Kaiser Diokletian das römische Weltreich regierte.

Dieses bithynische Königreich war bereits im Jahre 74 v. Chr. von dem letzten regierenden Herrscher, Nikomedes IV., ebenfalls testamentarisch Rom vermacht worden. Unter Einbeziehung von Teilen der pontischen Landschaft konstituierte hier Pompejus bei seiner Neuordnung des östlichen Mittelmeergebietes die Provincia Pontus-Bithynia.

Damit war praktisch der gesamte Bereich der Nord- und ebenso der Westküste in das Imperium Romanum eingegliedert. So wurde auch Troja-Ilion Teil des römischen Staatsverbandes, für Rom und seine Kulte ein bedeutungsvoller Vorgang. Denn der heldenhafte Aeneas hatte sich — seinen Vater auf dem Rücken — aus dem brennenden Troja retten können. Nach langen Irrfahrten gründete er Lavinium und sein Sohn Ascanius oder Julus den Ort Alba Longa (heute Castelgandolfo), die Mutterstadt von Rom. Aeneas aber, Sohn der Göttin Aphrodite (Venus) wurde zum Gott erhoben und als Jupiter Indiges verehrt.

Es kennzeichnet die von den Römern geübte Vereinfachung der Verwaltung, daß mit den griechischen Stadtstaaten gesonderte Verträge abgeschlossen wurden, durch die sie zum großen Teil ihren autonomen Status behielten, den sie sich im Auf und Ab der politischen Entwicklung seit ihrer Gründung immer wieder errungen hatten. Jetzt waren also — um nur einige bedeutende Namen hervorzuheben — Smyrna, Ephesos und Milet Teile des Imperium Romanum; hier bestanden noch immer Zentren geistigen und kulturellen Lebens. In diese Städte reichen die Wurzeln unserer eigenen Kultur zurück, und es gehört zu den Besonderheiten der europäischen Welt, daß Europa zum großen Teil außerhalb Europas durch Übernahme und Weiterentwicklung von Ideen entstanden ist, die von den Schöpfern der jonischen Naturphilosophie der abendländischen Welt als ihr unvergängliches Erbe hinterlassen worden sind.

Durch tiefe Meeresbuchten und eine reiche, dem Festland vorgelagerte Inselwelt ist Karien die Landschaft von Kleinasien, in der sich der allmähliche Übergang zur Südküste vollzieht. Nach längerem Eigenleben, wofür die Zeit der Herrschaft von König Maussollos im 4. Jahrhundert v. Chr. im Gedenken der Nachwelt lebendig geblieben ist, weil das für ihn errichtete Mausoleum unter die sieben Weltwunder eingereiht wurde, bildete eine kurze Zeit enger politischer und kultureller Verbindung mit Rhodos den Übergang bis zur Angliederung an die Provinz Asia im Jahre 129 v. Chr.

Die Südküste

Eine sehr ähnliche Küstengliederung wie Karien weist der anschließende Bereich auf, die Landschaft Lykien. Stete Einwanderungen seit der Frühzeit haben die Entwicklung von Lykien immer weiter beeinflußt, von der uns Ausgrabungen, vor allem in Xanthos eine gute Vorstellung gegeben haben. Diese Landschaft erfreute sich römischer Gunst, erhielt nach dem dritten makedonischen Krieg im Jahre 168 v. Chr. ihre Selbständigkeit zurück und wurde, wie Livius berichtet (45,25) von Rom für frei erklärt, bis es mit dem anschließenden Küstenbereich Pamphylia 43 n. Chr. als Provinz mit dem römischen Imperium vereinigt wurde.

Die Küste selbst schwingt in weitem Bogen nach Norden zurück. Die dadurch entstandene Bucht wurde im Altertum als das *Mare Pamphylium* bezeichnet, dessen östliches Ufer schon in der berühmten Landschaft Kilikien liegt. Der Charakter des Landes ist sehr verschieden; im westlichen Teil reichen die Vorgebirge des Tauros öfter unmittelbar an die Meeresküste, während sich in der östlichen Hälfte eine zuweilen bis 70 km tiefe, dem Gebirge vorgelagerte Ebene ausgebildet hat. Sehr reiche Niederschläge, dazu die seit dem Altertum entwickelte künstliche Bewässerung machen diesen Teil von Kilikien zu einem subtropischen Fruchtland, das sich von dem ,,rauhen Kilikien" im Westen deutlich scheidet. Die natürliche Begrenzung findet Kilikien im Osten durch das Amanosgebirge, auf dessen östlicher Flanke die Kulturlandschaft Kommagene beginnt, die sich in den nordsyrischen Raum und nach Mesopotamien fortsetzt.

Inneranatolien

Einem Kaleidoskop vergleichbar, bietet das Innere Kleinasiens eine Fülle verschiedener Landschaftsbilder. Wenn diese kleinasiatische oder anatolische Hochebene meist als ,,Steppenlandschaft" charakterisiert wurde, so ist das eine zu pauschale Beurteilung. Diese gilt nur für das relativ kleine Gebiet, das die Region der ,,Salzsteppe" bildet, die südlich von Ankara um den Salzsee (Tuz gölü) ein eindrucksvolles Naturschauspiel bietet. Die Simplifizierung hat vielfach ihren Grund in vielen geographischen Kartendarstellungen, die das Innere Kleinasiens als ungegliederte Steppenzone zeigen.

In Wirklichkeit bietet sich die inneranatolische Hochebene als eine lebendige, bunte Folge von kleineren und größeren in sich abgeschlossenen und durch kleinere Höhenzüge voneinander getrennten Ebenen dar. Die abschlußlose salzige Wüstensteppe beschränkt sich auf eine relativ kleine Fläche. Diese hat seit vorgeschichtlicher Zeit einer kontinuierlichen Verkehrsverbindung niemals hindernd im Weg gestanden. Andererseits war die geographische Gliederung aber auch ausreichend, um Eigenbildungen zu fördern, für die auf Mysien, Lydien, Phrygien, Lykaonien, Galatien, Paphlagonien, Kappadokien, Armenien und Kommagene verwiesen sei.

Das Problem der kleinasiatischen Urbevölkerung

Nach dieser Übersicht ist einleuchtend, daß allein schon von seiner geologisch-geographischen Beschaffenheit her die Voraussetzungen für eine ethnische oder politische Einheit völlig fehlten. In der Frühzeit wurden immer wieder nur Teile politisch zusammengeschlossen, und weil eine Einheit des ganzen Raumes nie erreicht wurde, so kam es in dieser Periode auch zu keiner allgemein gültigen Namenbildung. Erst als die Zugehörigkeit zum Imperium Romanum allumfassend geworden war, d.h. nach der neuen Reichsgliederung durch den Kaiser Diokletian am Ende des 3. Jahrhunderts, konnte sich der Name Asia Minor herausbilden.

Stellen wir die Frage nach der Bevölkerung, so sehen wir, wie allein schon in geschichtlicher Zeit Welle auf Welle grundverschiedener Völker von allen Seiten her gegen die Halbinsel anbrandeten. Unklarheit herrscht noch weitgehend über die Urbevölkerung. Durch die ständig in zunehmendem Maße ausgeführten Ausgrabungen gewinnen wir allmählich eine Vorstellung von der Vielfalt der Zivilisationsstufen, die bis in das Paläolithikum, die Steinzeit, zurückreichen. Sie werden in Anlehnung an die für die europäische Prähistorie aufgestellte Abfolge benannt, da eine gewisse Gleichartigkeit in der Entwicklung augenscheinlich ist.

Die Unterschiede dieser Urbevölkerung lassen sich jedoch erst von dem Zeitpunkt an in ethnische Bereiche aufgliedern, seit Aussagen über sie durch das Bekanntwerden der sogenannten kleinasiatischen Sprachen gemacht werden können.

Für den zentralkleinasiatischen Raum gewähren uns die in Boğazköy bei den Ausgrabungen entdeckten Archive einen kleinen Einblick. Inzwischen hat sich herausgestellt, daß nicht die über den Kaukasus in das Land eingewanderten Indogermanen als ,,Hethiter'' zu bezeichnen sind. In Wirklichkeit kennen wir den Namen, der diesen Einwanderern zukommt, bis heute noch nicht. Der Name ,,Hethiter'' kommt vielmehr der ortsansässigen Bevölkerung zu, deren Gebiet die Eroberer in Besitz nahmen. Den Beweis dafür lieferten die Urkunden der Archive, die allmählich entziffert worden sind. Treten nämlich in den Texten Wörter oder Begriffe auf, die von der von den Eroberern gesprochenen, indogermanischen Sprache abweichen, so ist als Erklärung ,,auf hattisch'' (*hattili*) dazu vermerkt. Als man diese Entdeckung machte, war man in großer Verlegenheit. War es doch inzwischen allgemeiner Brauch geworden, die indogermanischen Eroberer als Hethiter zu bezeichnen, ein Name, der eigentlich der Urbevölkerung zukommt. So behilft man sich, vor allem auch in Ermangelung eines Namens für die Einwanderer, die Sprache der Urbevölkerung als ,,protohattisch'' zu bezeichnen; sie hebt sich von dem Indogermanischen deutlich ab, in das vieles vom Sprachgut übernommen worden ist.

Weitere anatolische Sprachen sind das Palaische, das dem Nordbereich zuzuordnen ist, und das Luwische, die Sprache des Landes Luwija, das den Südwesten von Kleinasien umfaßte, während schließlich die ebenfalls aus den Texten von Boğazköy bekannt gewordene hurritische Sprache ihren Schwerpunkt im Nordosten von Kleinasien hatte.

Die indogermanischen Einwanderer

Diese Einwanderungswelle der Indogermanen leitete den Mischungsprozeß im zentralasiatischen Hochland ein, der auch für den religiösen Bereich von nachhaltigen Auswirkungen war. Ein weiterer Zustrom ging von den Akkadern aus, in deren Nachfolge die Assyrer noch vermehrt aus den Weiten Mesopotamiens gegen den Bereich des Mittelmeeres vorstießen.

Die Hethiter hatten sich im wesentlichen auf Zentralanatolien beschränkt. Ihre politische Aktivität erstreckte sich — so weit man sieht — in erster Linie nach Osten. Nach der militärischen Kraftprobe mit Ägypten kam es nach der Schlacht von Kadesch (1296 v. Chr.) zu einem Arrangement. Denn die Hethiter wurden immer stärker von den Kaschkäern bedroht, die an der Nordgrenze des Reiches eine stete Gefahr bildeten und sogar die Hauptstadt Hattuscha bedrohten.

Die ägäische Wanderung und ihre Folgen

Viel weniger aktiv waren die Hethiter nach Westen, und doch kam von hier die große Gefahr, die um 1200 für weite Teile Kleinasiens zu einer Katastrophe wurde. Den Weg, den die von Norden her eindringenden ,,Seevölker'' nahmen, kennzeichneten in Schutt und Asche liegende Städte. Troja ging ebenso in Flammen auf, wie die hethitische Hauptstadt Boğazköy - Hattuscha. Vor Ägypten kam ihr Einbruch zum Stehen. Durch die ägyptischen Inschriften lernen wir zwar einige Namen dieser ,,Seevölker'' genannten Horden kennen, die aber bis auf die ,,Philister'' noch keine einheitliche Identifizierung ergeben haben.

Die Folgen dieser sogenannten ägäischen Wanderung wirkten sich für Kleinasien verheerend aus, ebenso wie sie für Italien und Griechenland tiefgreifende Änderungen mit sich brachten.

Fraglich ist, wieweit sich mit diesem Wechsel auch die weiteren kleinasiatischen Sprachen in Zusammenhang bringen lassen. Ein Teil gehört — wie die Forschungen der Sprachwissenschaft in den vergangenen Jahren ergeben haben — dem indogermanischen Bereich an, wie z.B. die phrygische, thrakische und mysische Sprache, während die in lykischer, lydischer Sprache erhalten gebliebenen Sprachdenkmäler der hethitisch-luwischen Sprachengruppe zuzuordnen sind.

In der Folgezeit haben es weder die lydischen Könige noch ihre persischen Gegner vermocht, alle Bereiche von Kleinasien zu einem dauerhaften politischen Gebilde zu vereinen. Eine kurze Periode hat zwar die von den persischen Königen vorgenommene Einteilung in Satrapien gewährt, ohne daß es jedoch zu sichtbaren Auswirkungen gekommen wäre.

Durch die militärische Niederringung des persischen Großkönigtums kam formell auch Kleinasien unter die Oberhoheit von Alexander dem Großen. Aber seine Idee der Errichtung einer Herrschaft über die gesamte, damals bekannte Welt, in harmonischer Partnerschaft durch Griechen und Perser regiert und verwaltet, war schon seinen eigenen Waffengefährten unfaßbar. Als Alexander starb, kam der kleinasiatische Raum nach mancherlei Kämpfen unter den Diadochen an die Seleukiden, ohne daß es ihnen gelungen wäre, Kleinasien politisch zu einen und der Zersplitterung wirklich Herr zu werden. Die Ursache dafür liegt in den ständigen Rivalitäten der Dynastien untereinander und im Versagen der hellenistischen Staatenwelt, ein Gleichgewicht untereinander herzustellen, ein Versagen, das schließlich das Eingreifen von Rom zur Folge hatte.

Es muß noch auf eine wichtige Veränderung hingewiesen werden, die sich in hellenistischer Zeit in Kleinasien vollzogen hat, nämlich die Zwangsansiedlung der Gallier bzw. Kelten. Zunächst von Nikomedes 278 v. Chr. als Söldner verpflichtet, dann durch ihre Raubzüge der Schrecken des Landes und schließlich durch Antiochos I. besiegt, wurde der Stamm der Tektosagen im Gebiet von Ankara, der gegenwärtigen Hauptstadt der Türkei, angesiedelt, die Trokmer um Tavium und die Tolistoagier um Gordion und Pessinus, deren Herkunft in dem Namen der Landschaft Galatien im Herzen von Kleinasien erhalten geblieben ist.

Die Bitte von Rom um kultische Hilfe

Für das hohe religiöse Selbstbewußtsein der Römer wird oft Cicero zitiert, der über die Einstellung der Römer folgendes Urteil abgibt: ,,Wir überragten weder an Bevölkerungszahl die Spanier noch an Stärke die Kelten, weder an Schlauheit die Punier noch an Kunstfertigkeit die Griechen —. Wohl aber waren wir an Frömmigkeit und Religiosität und in Hinsicht auf das EINE Wissen, daß durch das Walten der Götter alles bestimmt und geleitet wird, allen Völkern und Nationen überlegen'' (*De Haruspicum Responso* 19, nach Übersetzung von Robert Muth). Wenn Cicero so denkt und so formuliert, wird für uns das Verhalten der römischen Führung in einer ausgesprochenen Krisensituation besser verständlich. Im Jahre 205 v. Chr. war die Schicht der führenden Männer in Rom in zwei Parteien gespalten, die völlig entgegengesetzte Ansichten vertraten. Es ging um die Frage, wie man sich Karthago gegenüber verhalten solle. Mit Philipp V. hatten sich die Römer arrangiert. Der im Jahre 205 geschlossene Friede von Phoinike beendete den ersten makedonischen Krieg. Also hatte man den Rücken frei. Aber wie stand es mit Hannibal, dem einstigen Bundesgenossen von König Philipp?

In Rom war der Schrecken noch lebendig, der die Bevölkerung im Jahre 211 erfaßte, als es hieß: *Hannibal ad portas* (Hannibal vor den Toren)! Trotz inzwischen erlittener schwerer Verluste operierte Hannibal noch immer in Italien. Wie sollte man sich entscheiden: Fortführung des Kleinkrieges auf der Apenninhalbinsel oder Verlagerung des Kampfes gegen Karthago in das nordafrikanische Mutterland? War es überhaupt möglich, den Kampf gegen Karthago siegreich zu beenden, so fragte man sich in Rom. In dieser Notlage wurde ein Senatsbeschluß gefaßt, die in den unterirdischen Gewölben des Tempels des Jupiter Capitolinus aufbewahrten sibyllinischen Bücher zu befragen. Eine solche Befragung war nur in für Rom besonders gefährlichen Situationen erlaubt und bedurfte eines Senatsbeschlusses. Auf die Antwort, den Kult der ,,Großen Göttermutter'' (*mater deorum magna*) in Rom einzuführen, entschloß man sich in Rom, zur Sicherheit auch noch das Orakel des Apollon in Delphi zu befragen.

Als diese Antwort positiv ausfiel, wurde eine Gesandtschaft damit beauftragt, die Gottheit nach Rom einzuladen. Unter den vielen Kultstätten für die Göttermutter, die es damals in der antiken Welt gab, war keine berühmter als das Heiligtum in Pessinus im phrygisch-galatischen

Grenzgebiet am Oberlauf des Sangarios (Ruinen bei der heutigen Ortschaft Balâhisar). Hier verkörperte ,,ein schwarzer Stein'', anscheinend ein Meteor, die Göttermutter. Ein großer Priesterstab trug Sorge für ihren Kult und ihre Verehrung.

Tatsächlich war die Gesandtschaft erfolgreich, wenn auch auf Grund der überlieferten Quellen nicht mit Sicherheit zu entscheiden ist, ob der Fetischstein direkt von Pessinus kam oder sich zu diesem Zeitpunkt in Pergamon befand. Wie dem auch sei, auf jeden Fall bedurfte es der Hilfe und Unterstützung des mit Rom befreundeten Königs Attalos I. von Pergamon. Er soll sogar eigens ein Schiff für die Meerfahrt der Großen Mutter zur Verfügung gestellt haben, ein ,,Schiff des Heils'' (*Navis Salvia*), das nach Ausweis der Inschriften in Verbindung mit der Göttermutter sogar noch in der Kaiserzeit Weihungen erhalten hat.

In Rom wurde die Göttin bei ihrer Ankunft im Jahre 204 feierlich empfangen. Scipio Nasica, einer der angesehensten Männer in Rom, wurde durch Senatsbeschluß beauftragt, für einen geziemenden Empfang der Göttin Sorge zu tragen. Der Schrecken, den die Bevölkerung bekam, als das ,,Schiff des Heils'' im Tiber auf einer Sandbank auflief, läßt sich vorstellen. Der Vestalin Claudia Quinta war es zu verdanken, daß es schnell wieder flottgemacht werden konnte, so daß die Göttermutter ihren feierlichen Einzug in den Tempel der Viktoria, den Tempel der Siegesgöttin auf dem Palatin, halten konnte.

Das Gelöbnis, der Göttermutter einen eigenen Tempel zu errichten, wurde erst 191 mit der Einweihung eines Neubaues erfüllt. Die Göttermutter hat den Glauben und das Vertrauen der Römer nicht enttäuscht. In Publius Cornelius Scipio erstand Rom der großartige Stratege, der die Verantwortung auf sich nahm, in Afrika selbst die Entscheidung zu erzwingen, die Rom das siegreiche Ende des zweiten punischen Krieges brachte.

So hatte die Große Göttermutter in Rom ehrenvolle Aufnahme in das Pantheon gefunden. Über die Auswirkungen, die diese von Rom offiziell erbetene Hilfe gehabt hat, handelt Kapitel X.

Die Träger der Verbreitung von kleinasiatischen Kulten

Daß Pessinus nur eine der vielen Verehrunsstätten für die unter vielerlei Namen und Formen verehrte Große Göttin gewesen ist, darauf habe ich schon hingewiesen. Großes Ansehen genoß auch die in Komana

(Kappadokien) verehrte Ma-Enyo, deren Kult im Zusammenhang mit den militärischen Operationen zur Zeit von Sulla in Rom Aufnahme fand, und zwar in der Angleichung an die römische Bellona, die Gottheit des Krieges, mit der sie gleichgesetzt wurde. In Pontus bestand ein weiteres Heiligtum für Ma in einer Kultstätte gleichen Namens.

Roms Sieg über Karthago gab der römischen Außenpolitik einen neuen Rahmen. Zunächst hieß es jetzt, die Beziehungen zu Griechenland zu regeln. Mit der Balkanhalbinsel rückten auch die hellenistischen Staaten in das Blickfeld römischer Politik, und es war die Frage, wie man sich im Konflikt zwischen Philipp V. von Makedonien und Antiochos III. zu verhalten habe. Hatte doch inzwischen dieser Herrscher über das Seleukidenreich großes Interesse an Griechenland gezeigt, und es war den Ätolern gelungen, den König für einen Kampf gegen Rom als Bundesgenossen zu gewinnen. Antiochos III. wurde jedoch mit den Ätolern von einem römischen Heer unter Marcus Porcius Cato bei den Thermopylen so vernichtend geschlagen, daß nur wenigen im Mai 191 die Flucht nach Kleinasien gelungen sein soll.

In konsequenter Weise setzten die Römer die Auseinandersetzung in Kleinasien fort. Ein siegreiches Gefecht der mit der pergamenischen Flotte vereinigten römischen Kontingente über die seleukidische Seemacht war ein erster Erfolg. Für unser Thema ist es von großer Bedeutung, daß jetzt eine größere römische Einheit, nämlich die Flottenmannschaften auf kleinasiatischem Boden 191/190 v. Chr. überwinterten. Ein großes römisches Landheer unter dem Kommando des Konsuls Lucius Cornelius Scipio folgte nach.

Gleichzeitig mobilisierte Antiochos III. seine Truppen. Als sich die Heere Ende Dezember 190 / Anfang Januar 189 v. Chr. auf dem Kyrosfelde bei Magnesia am Berge Sipylos gegenüberstanden, war Antiochos an Zahl der Soldaten überlegen, aber diese den römischen Legionen unterlegen an Disziplin, Ausbildung und Kampfmoral. So fiel die Entscheidung schnell, als gleichzeitig der wuchtige Angriff der Legionäre von einem überraschend geführten Stoß der pergamenischen Kavallerie unter dem mit Rom verbündeten König Eumenes II. auf seleukidischer Seite eine völlige Verwirrung auslöste, die in allgemeine Flucht ausartete.

Antiochos III. verzichtete auf eine Fortsetzung des Krieges und ersuchte um Frieden, der im Jahre 188 in dem phrygischen Apameia formell abgeschlossen wurde. An Pergamon fiel der seleukidische Besitz im mittleren und südlichen Anatolien, und Rom begnügte sich mit einer hohen finanziellen Entschädigung. Dazu kam die große Kriegsbeute, die Rom ein im Jahre 189 durchgeführtes Unternehmen in das Innere Anatoliens gegen die Galater einbrachte.

Es wird berichtet, daß allein von dem Stamm der Tektosagen 40000 Mann in römische Gefangenschaft geraten sein sollen. Wieviel von ihnen den Weg nach Italien antreten mußten, wissen wir nicht. Aber von diesem Zeitpunkt beginnt eine stetig weiter wirkende Beeinflussung religiöser Glaubensvorstellungen aus Kleinasien, die wir nur erahnen können. Wir wissen allerdings, daß im Kult der Großen Göttermutter die offiziellen Funktionen von römischen Bürgern zunächst nicht wahrgenommen werden durften und sich zahlreiche Komplikationen für Rom daraus ergeben haben.

So war man in Rom in eine Art Zwickmühle geraten. Man versuchte sogar eine gewisse Abwehr gegen fremde Kulte; aber dieser mußte auf die Dauer ein Erfolg versagt bleiben. Die Berührung mit Kleinasien verstärkte sich im Laufe der kommenden Jahrzehnte. Die römischen Legionen hatten nach dem Frieden von Apameia wieder Kleinasien verlassen, aber die pergamenische Erbschaft bedingte erneut ihre Anwesenheit, und bald kämpften römische Legionen in Kleinasien gegeneinander um die Machtstellung ihrer Führer in Rom. Römische Legionen sind schließlich im ganzen Gebiet des Imperium Romanum zu Hause. Die Situation änderte sich grundlegend, als der Dienst in den römischen Legionen allmählich über den Kreis der römischen Bürger erweitert wurde. Das Ende dieser Entwicklung stellen dann Infanterie- und Reitereinheiten dar, die in Kleinasien und im Gesamtbereich des römischen Weltreiches ausgehoben worden sind. Wie stark ihre Ausstrahlungskraft gewesen ist, werden die anschließenden Kapitel zeigen.

Man kann einwenden, daß die Einflußnahme durch das Militär auf die Allgemeinheit gering geblieben sei, weil ihr Leben sich doch auf Garnisonen beschränkte. Dem steht entgegen, daß die Verleihung des römischen Bürgerrechts immer häufiger ein Verbleiben im Westen des römischen Reiches nach sich zog, wie viele Beispiele zeigen.

Die seit dem 2. Jahrhundert v. Chr. stetig zunehmende Vermehrung der römischen Provinzen bedeutet auch einen ständig größer werdenden Beamtenstab, der in Kleinasien tätig war. Viele von ihnen mögen nach ihrer Rückkehr neue religiöse Vorstellungen mitgebracht haben oder zu Mitgliedern bereits bestehender Kultvereinigungen geworden sein.

Zu diesen offiziellen Vertretern kommt die große Schar der im Handel und im Gewerbe tätigen Personen. Kleinasien wird für alle Bereiche des Lebens ein immer wichtigeres Exportland für den Westen und darüber hinaus ein Umschlagplatz für den Fernhandel. Andererseits finden Kaufleute aus Kleinasien eine lohnende Tätigkeit im Westen, von dem uns Inschriftenfunde aller Art ein weites Spektrum bieten, wie Weihungen an heimatliche Götter, Bitten um ihre Hilfe oder Dank für gewährte Hilfe.

Eine große Bedeutung kommt schließlich auch den Sklaven zu, die der Westen als Arbeitskräfte immer mehr benötigt. Vielen von ihnen oder ihren Nachkommen gelingt der Weg in das bürgerliche Leben, in dem sie als ,,Freigelassene'' eine beachtliche Rolle gespielt haben, deren Stand in letzter Zeit Gegenstand vermehrter wissenschaftlicher Forschung gewesen ist.

Diese in allgemeinen Zeugnissen aufgezeigten Faktoren hätten nicht wirksam sein können, wenn sich nicht das innere Gefüge des römischen Staates grundlegend geändert hätte. Die Kenntnis der neuen Kulte veränderte langsam, aber stetig den inneren Gehalt der römischen Kulte, die allmählich für die römischen Bürger nicht mehr als die alleinige Form der Verehrung der Götter Geltung hatten. Mysterienkulte erhielten eine immer größere Anziehungskraft, und das Gewerbe der Astrologen bekam seit dem 2. Jahrhundert v. Chr. immer größeren Zulauf. Noch einmal gab es den Versuch einer großen Restauration des kultischen Lebens in Rom unter Augustus. Die Rückkehr zu dem Leben der Vorfahren sollte die Rettung bringen. Dieser Versuch war natürlich eine Utopie, aber die Neuordnung des Staatswesens durch Augustus leitete eine Periode der Ruhe und Sicherheit ein, für die Kleinasien ein gutes Beispiel liefert. Die *Pax Romana* brachte auch den in Kleinasien beheimateten Kulten ihre große Blütezeit außerhalb ihres Ursprunglandes, von denen in den folgenden Kapiteln über Mithras, Jupiter Dolichenus und Heliopolitanus sowie die Großen Muttergöttinnen und Sabazios die Rede sein wird.

LITERATURVERZEICHNIS

Bengtson, H., *Grundriß der römischen Geschichte mit Quellenkunde* I. *Republik und Kaiserzeit bis 284 n. Chr.* (Handbuch der Altertumswissenschaft 5, 1), München 1970².

Cramer, J. A., *A Geographical and Historical Description of Asia Minor,* Oxford 1832 (Nachdruck Amsterdam 1971).

Götze, A., *Kulturgeschichte des Alten Orients: Kleinasien* (Handbuch der Altertumswissenschaft 3, 1), München 1957².

Hassinger, H., *Geographische Grundlagen der Geschichte,* Freiburg 1953².

Hauschild, R., *Die indogermanischen Völker und Sprachen Kleinasiens = Sitzungsberichte der Sächsischen Akademie der Wissenschaften, Phil.-hist. Klasse,* Band 109, Heft 1, Berlin 1964.

Kiepert, H., *Lehrbuch der Geographie,* Berlin 1878.

Magie, D., *Roman Rule in Asia Minor to the End of the Third Century after Christ,* Princeton 1950 (Nachdruck).

Muth, R., *Vom Wesen römischer 'religio'* in Hildegard Temporini und Wolfgang Haase (Hrg.), *Aufstieg und Niedergang der Römischen Welt* II 16, 1, S. 290 ff.

Ramsay, W. M., *The Historical Geography of Asia Minor,* London 1890 (Nachdruck Amsterdam 1964).

ABBILDUNGSVERZEICHNIS

Tafel I. Blick auf Prusias ad Hypium, in der fruchtbaren bithynischen Ebene gelegen. Im Hintergrund die Pontischen Berge. Photo F. K. Dörner.

Tafel II. Der Mäanderfluß in der Nähe von Milet. Photo F. K. Dörner.

Tafel III. Halikarnassos, heute Bodrum, an der Westküste, mit seiner Johanniterfestung aus den Steinen des antiken Mausoleums erbaut. Photo F. K. Dörner.

Tafel IV. Der Euphrat nach seinem Durchbruch aus dem Taurosgebirge. Photo F. K. Dörner.

Tafel V. Das Dorf Eski Kâhta, Stätte des antiken Arsameia, im Felsengebirge des Antitauros. Photo F. K. Dörner.

Tafel VI. Die Ostterrasse mit dem Grabhügel für Antiochos I. von Kommagene. Luftbildaufnahme. Photo F. K. Dörner.

Tafel I

Tafel II

Tafel III

Tafel IV

Tafel V

Tafel VI

IV

MITHRAS IN DER RÖMERZEIT

MAARTEN J. VERMASEREN
(Utrecht)

Daß ein Gott Mitra eine ganz wichtige Rolle in der iranischen Religion und Mythologie gespielt hat und ihm dort ein besonderer Hymnus oder Yašht gewidmet war, daß er auch in den religiösen Schriften (Veden) in Indien schon früh angerufen wurde, ist wohl allgemein bekannt. Auch die Wissenschaftler, die sich täglich mit diesen orientalischen Religionen und der oft sehr schwierigen Literatur beschäftigen, haben immer wieder versucht, die charakteristischen Züge dieser Gottheit herauszuarbeiten. Das hat gerade deswegen Bedeutung, weil derselbe Mitra später als Mithras den gesamten Westen mit den Römern erobert hat. Man kann sogar sagen: Wo Römer waren (und wo war das nicht seit dem 1. Jahrhundert!), dahin kam auch Mithras. An den vielen Inschriften und Denkmälern läßt sich ganz leicht erkennen, wie bekannt er war und daß er bis an die äußersten Grenzen des römischen Imperiums gelangte! Es waren ja Soldaten, Bürger und Kaufleute, öfters auch Beamte, welche ihn verehrten, sich in seine Mysterien einweihen und sich in seine geheimen Kultgenossenschaften aufnehmen ließen.

Was uns aber leider trotz der vielen Studien auch in den letzten Dezennien nicht klar geworden ist, das ist die Frage, wie die Verehrung des Mitra zu den Mysterien des Mithras umgebildet wurde. Persönlich glaube ich immer noch, daß dieser Kult, den wir derzeit fast nur aus den Denkmälern kennen, nur wenige Züge aus Persien und Indien bewahrt hat und in Rom ungefähr gleichzeitig mit dem Christentum entstanden ist. Abgesehen davon, daß gerade diese zwei Religionen einander in auffälliger Weise bekämpft haben und von den Apologeten die ,,teuflischen'' Gleichnisse vorgebracht wurden, soll man auch nicht vergessen, daß bei den vielen Ausgrabungen in Vorderasien, Syrien, Ägypten und Griechenland nur Mithras-Funde aus römischer Zeit bekannt wurden. Wollte man einer Religion, alt oder neu, eine ,,Chance'' geben, dann mußte man jedenfalls mit der Metropole Rom zusammen arbeiten. Dafür gibt es in der antiken Religionswissenschaft genügend Beispiele. Weshalb sollte es dem Mithras anders vergangen sein? Sein ausführlicher Mythus, den wir vor allem aus den großen Reliefs in Deutschland kennen, ist aus keinem vorderasiatischen Land bekannt. Dort kann man zwar Vergleichsstücke finden, aber nicht die gesamte Erzählung als solche und nicht das sog. mithrische Evangelium. War es ein Stifter, eine einzelne Person oder war es eine Gruppe, welche den Mithraismus gegründet hat? Die Religion wurde später verfolgt, vielleicht deshalb kann man keine Antwort geben, weil die religiösen Schriften vernichtet sind. Und doch hat man versucht einige Antworten zu geben: Mithras sei auch im Westen iranisch geblieben (Franz Cumont unter Einfluß der Iranisten vom vorigen Jahrhundert); Mithras sei iranisch-neoplatonistisch umgedeutet worden (LeRoy Campbell); Mithras wäre über die Donau-Länder gekommen (Stig Wikander) oder Germanien hätte eine sehr wichtige Rolle gespielt (Ed. Will und teilweise Elmar Schwertheim); oder man sucht Syrien und besonders Kommagene für die Vermittlung (König Antiochos und das Heiligtum in Nemrud-Dagh) verantwortlich zu machen (Friedrich-Karl Dörner). Zeit und regionale Verhältnisse haben sicher in den verschiedenen Provinzen dem Mithraismus langsam besondere charakteristische Züge verliehen, jedoch müssen wir auch betonen, wie sehr sich überall eine gewisse Einheit erkennen läßt, und diese kann wohl nicht anders als aus *einer* Grundanlage, aus dem Ursprung erklärt werden.

Die meisten Zeugnisse des Mithras sind aus Rom bekannt. Im allgemeinen handelt es sich um Heiligtümer mit Funden, die zunächst Schatzgräber und später Archaeologen ausgegraben haben aber auch dann nicht immer genau beschrieben wurden. Die antike Literatur hat uns fast nichts überliefert, abgesehen von Nachrichten bei den christlichen Schriftstellern, die nicht immer unparteiisch sind (Colpe). Dies heißt freilich nicht, daß diese Verteidiger des christlichen Glaubens von vornherein die Wahrheit über Mithras verfälschten. Unsere Aufgabe ist es, deren berichte mit den Aussagen des archäologischen Fundmateriales in Einklang zu bringen. Weiters gibt es Schriftsteller, die Mithras und seinen Kult aus ihrer eigenen Philosophie erklären, wie die Neoplatoniker seit Porphyrius oder astronomische Schriftsteller (vgl. diese Tendenz bei S. Insler, R. Beck und M. Speidel). Wir müssen also versuchen mit unseren spärlichen Quellen die Rätsel um Mithras zu lösen, solange nicht (wie schon teilweise auf dem Aventin, Sta Prisca-Heiligtum), die heilige Schrift (die *scripta sacra*) der Mithraisten gefunden ist! Leider — und das ist von Bedeutung — hat uns Pompeii (zerstört 79 n. Chr.) kein Heiligtum dieses geheimen Gottes geliefert. Das heißt, daß diese Religion gerade in den Jahren davor begann sich zu formieren und zu verbreiten, denn kurz nachher treffen wir in Rom eine sehr originelle Statue (jetzt in London, British Museum, wo der Gott einen Stier tötet in Gegenwart zweier Personen, welche hinter dem Tier stehen. In der Widmung wird Ti. Claudius Livianus genannt, der in 101 n. Chr. *praefectus praetorio* wurde. Eben zur selben Zeit (etwa 80 n. Chr.) erzählt der Dichter Statius in seiner Thebais, daß er eine solche Darstellung des Stiertöters in Rom gesehen hat. Nicht weniger originell ist eine besonders schöne Statue aus der Hafenstadt Ostia, wo ein griechischer Künstler Kritoon (so sagt die Inschrift) den Mithras mit lockigen Haaren, wie Apollo und als Sieger mit erhobener rechter Hand auf dem Stier knien läßt. Auffallend ist, daß der Gott noch nicht, wie sonst überall, als Orientale mit einer ohrenbedeckenden Spitzmütze (sog. phrygische Mütze) versehen ist. Man bekommt den Eindruck, die Künstler suchen noch nach einer stereotypen Darstellung des Gottes. Schließlich hat man das Beispiel in der nächsten Umgebung gefunden: in Rom wurde ja die Siegesgöttin Victoria auf dem Palatin verehrt und als Stiertöterin dargestellt wie ihre griechische Vorläuferin die Nike auf dem Fries ihres Tempels auf der Akropolis (Saxl; Borbein).

Bald finden wir nicht nur in Rom zahlreiche identische Darstellungen des Mithras in Relief, Malerei oder Rundplastik in stets gleichartigen Heiligtümern. An deren Form können wir einen Mithras-Tempel leicht erkennen. Wo möglich wird ein Mithräum in einer natürlichen Grotte angelegt, sonst wird eine solche vom Erbauer nachgeahmt. Dieses *spelaeum* (oder *spelunca*) liegt deshalb öfters unter der Erde (in Ostia war dies aber durch das mit dem Tiber in Verbindung stehende Grundwasser unmöglich) oder auch in den unteren Räumen eines Gebäudes (Wohnung, Kaserne, Bad). Obgleich Mithras als *sol invictus,* unbesiegter und unbesiegbarer Sonnengott angerufen wird, ist sein Heiligtum dunkel, von Tertullian (*de corona,* 15) sogar *castra tenebrarum,* Kaserne der Finsternis genannt. Das heißt also, daß diese Heiligtümer mit Lampen beleuchtet wurden; die Decke des Gewölbes (S. Maria Capua Vetere;

S. Clemente in Rom) wurde mit Sternen geschmückt, um den Himmel anzudeuten; im Mithräum auf der Insel Ponza sieht man den Zodiak und die beiden Bären-Sternzeichen an der Decke. So bedeutet ein Mithräum selbst die Ausweitung der Grotte in der Mithras den Stier tötet — die immer wiederkehrende Handlung des Gottes in seinen Darstellungen. Das Töten des Stieres ist also ein kosmisches Ereignis, ein Geschehen, das sich auf Himmel und Erde, Götter und Menschen, Ewigkeit und Zeit bezieht. Das ganze Heiligtum ist auf die Stiertötung als Mittelpunkt der Mithras-Legende gerichtet und ist meistens auch wie eine frühchristliche Kirche orientiert. Es ist kein Zufall, wenn man besonders in Rom in einigen Fällen das Mithräum unter einer heutigen Kirche findet. In Vergleich aber mit diesen Kirchen sind die Mithrasheiligtümer durchwegs nur eine Kapelle. Sie sind klein und für eine ganz bestimmte Anzahl Eingeweihter (*consacranei*) bestimmt. Wenn eine solche beschränkte Gemeinde sich ausbreitete, wurde einfach in der Nähe ein neues Mithräum errichtet; deswegen findet man allein in Ostia mindestens sechzehn, und in Rom fast hundert Heiligtümer dieses Gottes (diese Anzahl kann man aus den Darstellungen des stiertötenden Mithras berechnen). Diese Tempelchen, welche in oder in der unmittelbaren Umgebung öffentlicher Gebäude liegen, haben einen gleichformigen Grundriß: nach einer Vorhalle kommt das eigentliche Heiligtum, das aus drei Teilen besteht. In der Mitte ist ein breiter Gang, der zu einer erhöhten Nische führt, in der die Tauroktonie dargestellt ist. An jeder Seite des Ganges läuft ein erhöhtes Podium, das als Liegebank dient. Man hat also eine Art *triclinium* gebildet, das in jedem stattlichen Hause vorhanden ist, d.h. ein Zimmer mit drei erhöhten Bänken, von denen hier die kleinste im Osten mit einer grottenartigen Nische ausgestattet ist. Wo keine natürliche Quelle sprudelte, hat man zur Reinigung Wasser eingeleitet. Vor allem in Rom und in der Umgebung dieses internationalen Zentrums haben Künstler diese Krypten öfters mit schönen Malereien und anderen Denkmälern versehen. In Nord-Italien, in Frankreich (Gallien) und in Deutschland (Germanien) trifft man sehr grosse Reliefs, auf denen die wichtigsten Wundertaten unsres Heldes während seines irdischen Lebens berichtet werden, bevor er wieder mit dem Sonnenwagen zum Himmel steigt. Man könnte ihn daher mit Herakles vergleichen, also mit einem Wohltäter, der sich um die leidende Menschheit persönlich kümmert. So erhält auch ein stadtrömisches Mithras-Heiligtum eine orientalische Atmosphäre, denn man wird sagen, daß gerade diejenigen Gottheiten, die in persönlicher Weise mit dem leidenden Menschen in Beziehung treten (Isis, Mithras, Sarapis, Cybele) wesentlich orientalischer Herkunft sind, obgleich sie sofort mit den griechischen, römischen und lokalen Gottheiten enge Verbindungen eingegangen sind. Zusätzlich lassen sich unter den orientalischen Göttern (deshalb vielfach auch von Orientalen besonders geliebt) Beziehungen erkennen. In den Mithräen findet man öfters Darstellungen der Isis und des Sarapis, man findet die Heiligtümer des ,,persischen" Gottes auch in der Nähe eines Metroons (Heiligtum der Kybele) oder eines Dolichenums. Das große Mithräum unter der Kirche der Sta Prisca auf dem Aventin in Rom hat neben dem eigentlichen Kultraum, der mit Malereien und Stuckarbeiten ausgestattet war, noch drei Nebenräume, welche wahrscheinlich für besondere Einweihungen durch die *elementa* wie im Isiskult bestimmt waren. Die Syrer dieses Heiligtums unterhielten Beziehungen zu dem naheliegenden Dolichenum, in dem wieder ein Mithras-Relief und zwar aus einer donauländischen Werkstatt gefunden wurde. Viele andere Heiligtümer haben so mehr oder weniger wichtige Charakterzüge, deren Behandlung hier zu weit führen würde. Wie so oft geht es uns auch hier: jeder Neufund eines Mithräums oder eines mithrischen Denkmals bringt die Lösung eines besonderen Problems, wirft aber gleichzeitig wieder neue Probleme auf. Das beruht auf der Tatsache, daß sehr viele Probleme wie z.B. die Datierung der Denkmäler, die Probleme auf Grund der Absenz schriftlicher Urkunden, die richtige Deutung der Schlangenvasen u.s.w. noch nicht gelöst sind und nur mit Geduld gelöst werden können. So hat man sich mit der Frage beschäftigt ob — weil doch die Stiertötung sich durchwegs im Osten des Heiligtums befindet — auch sämtliche andere Denkmäler mit dieser Orientierung zu verbinden seien. Beim Eingang eines Mithräums findet man bereits die Darstellung zweier Fackelträger, welche wie Mithras selbst gekleidet sind. Wir wissen sogar, daß sie im Grunde Mithras selbst darstellen, und zwar jeder in einer bestimmten Weise. Der eine, der Cautes heißt, hält mit den Händen die Fackel nach oben und deutet Mithras = die Sonne bei ihrem Aufgang im Osten an; der andere heißt Cautopates und hält eine gesenkte Fackel, deutet also den Abend im Westen an; vielleicht symbolisieren sie auch Frühling und Herbst, Leben und Tod. Im Mithräum unter Sta Prisca waren die Statuen dieser symbolischen Gestalten, deren Namen schwierig zu deuten sind, in bemalten Nischen am Eingang aufgestellt: rechts (also im Süden) befindet sich Cautes in einer hellfarbigen Nische; links befand sich Cautopates (jetzt verloren; also im Norden) in einer dunkelblauen Nische. Ebenfalls in den bemalten Grotten in Sta Maria Capua Vetere und in Marino finden wir diese beiden Hypostasen des Mithras an derselben Stelle. Was aber auffällt, ist, daß in diesen beiden Heiligtümern auch neben der Stiertötung diese Fackelträger vorkommen (während sie dort in Sta Prisca überhaupt nicht dargestellt waren), und zwar in umgekehrter Richtung: rechts vor dem Stier steht Cautopates, links steht Cautes, also hinter dem Stier. Das besondere ist nun, daß in der Stiertötung, selbst am Osten, Cautes wieder im Osten steht unter der Darstellung des *Sol* (= die Sonne, der im Osten, vielfach auf dem Pferdegespann (= *quadriga*), aufsteigt, während Cautopates unter der Abbildung der Luna (= der Mond) steht, die mit dem Zweigespann (= *Biga*) mit Ochsen oder mit Pferden im Westen untergeht. Dazu kommt, daß Cautes sich dort befindet, wo der Schwanz des Stieres in Ähren endet (= neues Leben). Wir erkennen also deutlich die Gegensätze: Morgen-Abend, Osten-Westen und Leben-Tod. Merkwürdig ist nur daß diese selben Fackelträger auf anderen Denkmälern auch in anderer Position vorkommen d.h. Cautes wird auch unter Luna, Cautopates unter Sol wiedergegeben. Die Neuplatoniker, vor allem Porphyrius, haben sich mit dem Symbolismus des Mithraskultes befaßt. Eine auf alle Mithräen des sämtlichen Reiches zutreffende Deutung fehlt bis heute so wie schon seinerzeit bei den christlichen Apologeten. Man darf nicht vergessen, daß die antiken Religionen im Allgemeinen nicht so dogmatisch aufgebaut sind wie das spätere Christentum auf Grund der Konzilien. Man hat zwar bestimmte Richtlinien festgestellt, welche auch für nichtintellektuelle Kreise verständlich sein sollten. Aber wir erkennen daneben viele Varianten bei ein und demselben Thema. Da spielen die *patres,* die Väter der Gemeinde, eine wichtige Rolle; eine andere Rolle spielen die Künstler, die den Auftrag nicht immer nach den Vorstellungen des Paters erfüllen können oder wollen. Die soziale Stellung der Gemeinde ist wichtig. Es fällt auf, daß die ,,evangelischen'' oder Komposit-Reliefs, die mit den kaiserlichen Triumphbogen und den späteren christlichen Elfenbeinreliefs zu vergleichen sind, vor allem in den römischen Provinzen verbreitet sind. Dabei muß auch hier wieder unterschieden werden zwischen den viel größeren und künstlerisch wertvolleren

Reliefs in den Rhein-Provinzen (Germania Superior und Inferior) und denjenigen der Donauländer, wo die Kleinkunst eine wichtige Stelle einnimmt; bei diesen kompositen Reliefdarstellungen fällt sofort ins Auge, daß man einer ,,dogmatischen'' Reihenfolge der verschiedenen wichtigsten Taten des Heros genau so wenig gefolgt ist, wie auf den Sarkophagen u.a. das Leben Jesu eine feste Reihenfolge hat. Man nimmt also die wichtigsten Fakten für einen bestimmten Auftraggeber oder für eine Gemeinde heraus, wobei selbstverständlich Geburt und Aufstieg zum Himmel am Anfang bzw. am Ende stehen. Aber bei den übrigen Szenen wechselt die Reihenfolge, wenn auch die Szenen selbst eine fast kanonische Ausbildung von Seiten der Künstler erhalten. Was Mithras anlangt, können die Szenen auf beiden Seiten der Stiertötung angereiht werden (Rhein) oder oberhalb und unterhalb der Tauroktonie gesetzt werden (Donau). In Italien und am Rhein kann die Anordnung Glockweise gelesen werden oder von links oben nach unten und wieder von unten nach rechts oben. In den Provinzen und speziell in Germanien kommen einige Szenen vor, die sonst unbekannt sind. In Germanien hat man Reliefs geschaffen, die auf beiden Seiten eine Darstellung haben. In diesen Fällen mußte die Nische im Heiligtum daran angepaßt sein, weil das Relief drehbar ist. Je nachdem die Zeremonie der Eingeweihten (*mystae; sodales*) dies erforderte, wurde entweder die Stiertötung oder die Mahlzeit gezeigt. Auch finden wir am Rhein einige besondere Reliefs, die dort, wie im Elsaß (Königshoffen; Mackwiller), in einheimischen Künstlerwerkstätten geschaffen wurden. Dazu gehören etwa die Jagdreliefs aus Neuenheim, Heddernheim und Rückingen wo Mithras (wie uns übrigens auch eine Malerei aus Dura Europos am Euphrat zeigt) als Sonnengott und Jäger auftritt. Die Problematik um eine etwaige Identifizierung mit Wodan in Germanien (Behn) ist nach der seinerzeitigen Ablehnung durch Cumont aufs Neue behandelt worden (Davidson). In Germanien wird auch der Kampf des Mithras mit dem Stier sehr ausführlich erzählt, während sein *transitus*, d.h. das Tragen des lebenden Stieres oder des toten Stieres nach der Tötung auf den Schultern des Mithras, wieder mehr aus dem jugoslawischen Kunstkreis (Poetovio = Pettau; Aquileia) bekannt ist. Kreisrunde Mithrasreliefs wurden nur in Siscia (Jugoslawien), Caesarea (Palestina) und London gefunden. Soldaten und Händler haben viele Reisen gemacht; Offiziere und Beamte wurden oft von einer Provinz in die andere versetzt. Vor allem kleinere Kunstdenkmäler wandern auf diese Weise mit. All die verschiedenen Einflüsse treffen sich in der Metropole Rom, in den Hafenstädten oder in den Kasernen, in denen sich Soldaten aus allen Teilen des Reiches zusammenfanden, wie den *Castra peregrina* (S. Stefano Rotondo in Rom), d.i. die Kaserne der Geheimpolizei des Kaisers. Im Grunde bietet uns jede Provinz des Imperiums ihre eigenen Züge dieses doch so ,,internationalen'' Mithracismus; die lokale Entwicklung hat somit ihre Antwort gegeben.

Was sind nun die wichtigsten Taten des Mithras und wie sieht die Lehre aus zu der seine Nachfolger sich im Eide (*sacramentum*) verpflichtet haben? Wie konnte man ein Eingeweihter werden? Welche Rolle spielte die Astrologie? Welche Stellung nahm die Ewigkeit und Seele ein? Das sind alles Fragen zu deren Beantwortung uns fast ausschließlich die Darstellungen im ganzen Imperium und die schriftlichen Neufunde zur Verfügung stehen, die im Mithraeum auf dem Aventin (Sta Prisca) gemacht wurden.

Für die Entstehung des Weltalls hat der Mithraismus auf die griechisch-römische Mythologie zurückgegriffen. Am Anfang steht das Chaos, dargestellt auf dem Relief aus Osterburken als Blume. Es folgt der schlafende Saturn, auch als *Saeculum* oder Aion (Zeitgott) gedeutet, der öfters auch Charakterzüge des Ozeans erhält. Er ist der Anfang des goldenen Zeitalters, der Urhaber des Seins, der Herrscher über die Zeit, die Götter und Menschen. Seine Herrschaft wird später von Jupiter übernommen, der im Kampf die Schlangenfüßler oder Giganten besiegt. Dann wird Mithras geboren; ein neues Zeitalter bricht an. Als Sonnengott wird er jedes Jahr am 25. Dezember (*dies natalis invicti*) aus einem Felsen (*petra genetrix*) = die Grotte = der Himmel als Stellvertreter des alten Saturns zur Existenz gebracht. In seinen erhobenen Händen hält er bereits die Symbole (Dolch; Fackel; Kornähre), welche auf seine zukünftigen Wundertaten als Heros weisen. Der Globus (Trier) bezeichnet ihn als Herrscher des Kosmos, der Zodiak als Herrscher der Zeit, sowie auch Saturnus-Aion mit demselben Symbol ausgestattet ist (s. unten). Dann wird gezeigt, wie er mit Pfeilen und Bogen aus einem Felsen eine ewig fließende Quelle (*fons perennis*) hervorruft; die beiden Genossen Cautes und Cautopates trinken als Erste diesen Nektar. Es scheint, als tue er dieses Wunder im Auftrag des Saturn selbst, denn auf einem Denkmal (Virunum) sehen wir ihn in Ehrfurcht vor diesem bärtigen Gott stehen. Die Ereignisse mit dem Stier oder, wie man öfters annimmt

(Insler), die Tötung des Sternzeichens Stier durch Mithras = die Sonne, bilden vor allem in Germanien den wichtigsten Abschnitt des irdischen Lebens des Gottes. Mithras bereitet den Stier, dann trägt er ihn auf den Schultern; das Tier kämpft sich frei und wird wieder gefangen, in eine Grotte getragen, dort gebändigt und getötet. Ein Hund leckt das Blut aus der Wunde; eine Schlange kriecht empor, um ebenfalls das Blut zu trinken; ein Skorpion umklammert die Genitalien; Löwe und Krater befinden sich unter dem Bauch des Stieres; öfters ist auch ein Vogel (Rabe) dabei. All diese Tiere werden heute oft als astronomische Symbole gedeutet, z.B. der Hund als Begleiter des Mithras-Orion (Speidel); sogar die Ähren, die aus dem Blut oder dem Schwanz des Stieres hervorspriessen, werden in dieser Theorie als Symbol des Gestirns *spica* erklärt. Obwohl die Astrologie tatsächlich im Mithraskult eine wichtige Stelle einnimmt und sämtliche Tiere der Stiertötung auch als Sternzeichen am Himmel erscheinen, so liegt doch die Schwäche der astronomischen Deutung darin, daß diese Zeichen sich nicht am Himmel an derselben Stelle befinden wie in der Stiertötung: die Unterschiede zwischen der Himmelslage, wenn die Sonne das Zeichen des Taurus durchläuft, und der Stelle, welche diese Tiere während der Stiertötung einnehmen, ist doch zu verschieden, um ohne Weiteres gleichgesetzt zu werden oder um auch nur anzunehmen, daß sämtliche Anhänger des Kultes an diese Erklärung geglaubt haben. Man hat Rabe-Löwe-Schlange und Krater (Mischgefäß) auch als Symbole für Luft-Feuer-Erde und Wasser erklärt; der Rabe ist außerdem ein Bote des Sol-Apollon, der dem Mithras den Auftrag des Saturn zur Tiertötung mitteilt: Dieser kommt ja fast immer als Bote vor und fliegt auf Mithras zu oder sitzt auf dem Rande der Grotte; vom Kopf des Sol-Apollo, von Nimbus und Strahlenkranz umgeben, reicht ein langer Strahl bis zum Kopf des Mithras, der sich nach dem Boten (beachte das Wortspiel *corax* = Rabe: *kērux* = Herold) und nach der Sonne umsieht. Apollo als Sonne, Rabe als Gehilfe des Apollo, Mithras als Sonne, Hund als Gehilfe des Mithras (in der Jagdszene aus Neuenheim sogar auch Schlange und Löwe als Begleittiere) — sie stehen alle im Auftrag des Saturn. Mithras aber hat hier den schwierigsten Teil, die Stiertötung, zu verwirklichen (Saturn hatte ihm schon bei der Geburt die Dolche übergeben; Relief Poetovio); außerdem hat er den widerspenstigen Stier, aus dem durch den Tod neues Leben hervorgerufen werden soll, auf den Schultern zu tragen (*transitus* = Durchgang). Den einfachen Anhänger der Mithrasreligion wird dieses Gleichnis angesprochen und zutiefst gerührt haben; der mehr gebildete und sogar in Astronomie unterrichtete (*studiosus Babiloniae astrologiae* sagt sogar eine Inschrift) Bruder (*frater; socius*) mag diese Wundertat am Himmel wiedererkannt haben. Hier bleibt aber noch Vieles unsicher und ungeklärt. So auch das genaue Verhältnis zwischen Sol-Apollo und Sol-Mithras. Mithras hat in der Stiertötung dem Sol zu gehorchen, weil dieser hier auftritt als Gesandter des höchsten Gottes Saturn; aber in einer Reihe anderer Szenen zeigt sich große Verbundenheit zwischen diesen beiden solaren Göttern. Bei einem brennenden Altar geben die beiden Jünglinge sich die rechte Hand (*dexiosis; iunctio dextrarum*) und schließen einen Bund. Die Bruderschaft wird besiegelt durch Blut, durch einen Ritterschlag mit der phrygischen Mütze, oder mit einem Rindsschulter (wie ein magischer Papyrus, der s.g. Mithrasliturgie, sagt, durch den Wein und die Mahlzeit. Diese Mahlzeit zwischen den ,,Eidgenossen'' bildet das zweite wichtige Kapitel der Mithras-Geschichte. Am Ende ihres irdischen Daseins nehmen die beiden Götter, bevor sie auf dem Sonnenwagen fahren (oder auch nachher wie Kane annimmt), zusammen das Fleisch des getöteten Stieres und sein Blut zu sich. Im Kult werden diese Speise und der Trank durch Brot und Wein vertreten, ,,eine teuflische Nachahmung der Eucharistie'', wie Tertullian uns erklärt. Dieses Symposium zwischen den zwei Sonnengöttern bildet einen solchen Höhepunkt, daß er in einigen Mithräen unmittelbar mit der Stiertötung verbunden war. Man hat öfters ein und dasselbe Relief mit diesen beiden Szenen an Vor- und Rückseite versehen; sonst hat man auch auf den Wänden des Heiligtums gerne zusätzlich gerade diesen Mahlzeit wiedergegeben (Sta Prisca; Capua).

Eines steht fest: das Beispiel, daß der Gott während seines Daseins auf der Erde gegeben hat soll der Gläubige während seines kurzen Lebens versuchen nachzuahmen. Erst dann wird er ein richtiger Nachfolger seines Gottes sein und wieder zum Himmel steigen können, wenn er sich sozusagen mit Mithras identifiziert, wie dieser sich mit Saturnus und mit Sol fast gleichgesetzt hat, um seinen irdischen Auftrag zu erfüllen. Die Taten eines Herakles und eines Mithras rufen Männer auf; der Kult ist deswegen — vielleicht mit einigen Ausnahmen (jetzt die Cascelia-Inschrift im Mithräum unter S. Stefano Rotondo) — auf Männer beschränkt geblieben. Dieser Umstand ist bestimmt auch Ursache nicht nur für die vielen kleineren Gemeinden (vgl. ,,viele sind gerufen, wenige sind Bacchanten''), sondern auch für den hoffnungslosen Konkurrenzkampf mit dem Christentum. Das heißt aber nicht, daß diese ,,Männerbünde'' keinen sehr großen Einfluß auf die Staatsmänner ausgeübt haben. Aus dem beschränkten Kreis des Mithraskultes heraus konnte der Anstoß zu den Versuchen des Elagabal und Aurelian gegeben werden, um den syrischen Nationalkult der Sonne zum überregionalen Reichsgott zu erheben. Aus einer Inschrift aus Carnuntum bei Wien (CIL III, 4413) wissen wir, daß auch Diokletian einen allgemeinen Sonnenkult hat fördern wollen (er nennt hier Mithras den *fautor imperii sui*); Konstantin hat die Konsequenz gezogen und diesen Sol mit Christus identifiziert: dieser kann nun, wie uns ein Mosaik in dem Aureliergrab unter dem Vatikan zeigt, wie Helios auf dem Sonnenwagen dargestellt werden. So hat das junge Christentum durch die Sonne (Helios) über die Sonne (Mithras) triumphiert! Die Männer des Mithras sind mit ihrem geliebten Kult nicht in die Öffentlichkeit getreten, sondern in ihren geschlossenen Grotten geblieben. In diesen dunklen ,,Speläen'' wollten sie durch schwierige Exerzitien ihre Seele dem Licht zurückgeben. Dafür kannten sie eine Leiter von sieben aufeinander folgenden Graden, und jeder Grad wurde unter einer der sieben Planeten gestellt. Man kann aus einem Text bei Hieronymus aber vor allem aus den Neufunden von Sta Prisca (Aventin) und aus Ostia eine Liste dieser Gradträger mit ihren Symbolen feststellen.

Lateinischer Titel	Übersetzung	Schutzgottheit	Symbole
Corax	Rabe	Merkur	Caduceus, Rabe, Becher
Nymphus	Mystische Braut	Venus	Diadem und Lampe
Miles	Soldat	Mars	Sack, Lanze und Helm
Leo	Löwe	Jupiter	Feuerschaufel, Sistrum und Blitzbündel
Perses	Perser	Luna	Schwert, Sense und Halbmond
Heliodromus	Sonnenläufer	Sol	Strahlenkrone, Fackel, Peitsche
Pater	Vater	Saturn	Stab, phrygische Mütze, Sichel, Ring

Diese Übersicht bedarf noch einiger Erklärung. Man sieht, daß die Eingeweihten (*consacranei*), die sich auch *fratres* = Brüder nennen, unmittelbar mit der Stiertötung und dem Stiertöter in Verbindung stehen, denn den meisten Namen sind wir schon begegnet. Auch kommen die vier Elemente vor. Der niedrigste Weihegrad ist als Rabe = Luft und als Bote (*corax-kērux*) mit dem göttlichen Herold Merkur, der den Zauberstab (*caduceus*) als Abzeichen seiner Würde hält, in Verbindung gebracht. Die sieben Schutzgottheiten sind aber gleichzeitig eine Andeutung der sieben Planeten und Planetensphären, durch welche die Seele nach dem Tod wieder aufsteigen soll, um in das höchste, unbefleckte und immaterielle Licht wieder einzugehen (vgl. Ostia). Jeder Weihegrad soll schon während seines irdischen Lebens versuchen, diesen Aufstieg symbolisch nachzuvollziehen; jeder Weihegrad steht auch in seiner eigenen Art und Weise mit Mithras in höchst persönlicher Verbindung. Man hat drei niedere von vier höheren Gradträgern unterschieden (Porphyrius). Der *corax* ist Herold des Gottes; der *Nymphus* ist in Liebe als Braut mit ihm für immer verbunden; der *miles* ist Soldat in seinem Heere; der Löwe ist Symbol des Feuers; der *Perses* Symbol des Wachstums; *Heliodromus* und *Pater* kann man sofort mit Helios-Apollo und Sol-Mithras zusammenbringen. Aus den wenigen Texten und Funden kann man auch einzelne andere wertvolle Daten ablesen: die höheren Gradträger verrichten öfters Handlungen der niederen; aus der Epigraphik lernt man sämtliche soziale Schichten kennen; das *Sistrum* weist auf Verbindungen mit dem Isiskult (Kap. V), von dem auch sonst in mehreren Mithräen Darstellungen gefunden worden sind. Einige Fremdwörter wie *nama* = gegrüßt; *Nabarze* = invictus = unbesiegbar wie auch der Name *Perses* haben besondere magische Bedeutung und sollen dem Kult einen iranischen Hintergrund geben, den er auch tatsächlich im Ursprung hatte. Deutlich ist ebenfalls, daß jeder Weihegrad seine eigenen Einweihungszeremonien kannte. Wie die Malereien im Mithräum in Sta Maria Capua Vetere zeigen, gehören dazu schwere Proben, Reinigung (beim Löwen und Perser mit Honig, weil Wasser dem Feuer feindlich ist) und ein symbolischer Tod (*mors voluntaria*) vielleicht schon beim Miles, der nach diesen Prüfungen den Siegeskranz zu verweigern hat, weil ja Mithras selbst sein einziger Kranz sei (Tertullian). Es ist klar, daß der jugendliche Gott sich in der Gemeinde vom *Pater* = Vater vertreten läßt, wie er ja selbst auf Erden seinen Vater Saturn vertritt. In den Heiligtümern wiederholen die Mitglieder (*socii; syndexi*) der Gemeinde das göttliche Beispiel des Mithras. Der Soldat (*miles*) ahmt mit dem Gepäck auf den Schultern den *transitus* (= Mithras als Stierträger) nach; die Mysten genießen zusammen das heilige Mahl, während sie auf den Seitenbänken (*praesepia*) des Mithräums liegen; die Bruderschaft zwischen Mithras und Sol wird jetzt vom Pater und Heliodromus aufs Neue verwirklicht. Im Mithräum unter der Sta Prisca-Kirche befindet sich gerade vor der gemalten Darstellung der Mahlzeit dieser zwei Sonnengötter eine erhöhte Liegebank nur für zwei Personen, natürlich für den ,,Vater" und ,,Sonnenläufer". Statt eines Stieres werden durchwegs andere kleinere Tiere geschlachtet, z. B. Hühner, deren Knochen oft in oder bei den Heiligtümern gefunden werden. Im berühmten Mithraeum bei Sta Prisca trifft man aber auf einer Malerei sogar eine große Prozession, in der die *suovetaurilia* (*sus*= Schwein; *ovis*=Schaf; *taurus*=Stier) und dazu noch ein Hahn mitgeführt werden. Dieses offizielle Opfer ist aber eine Ausnahme; in diesem Falle handelt es sich offenbar um Nachahmung eines Staatsopfers bei Gelegenheit der Vergrößerung des Heiligtums etwa 220 n.Chr. Die erste Bauphase dieses Mithräum datiert, wie aus einer eingekratzten Inschrift (*graffito*) auf der Kultnische hervorgeht, in das Jahr 202 n.Chr. Das geht auch aus den zwei übereinanderliegenden Schichten der Malerei auf den Seitenwänden hervor. Während die Überbemalung aus 220 von einem oder mehreren sehr guten Künstlern, ausgeführt wurde, war die ursprüngliche Malerei viel einfacher und bei weitem nicht so schön, aber diese hatte am Oberrand — und das macht u.a. dieses Mithräum zu dem wichtigsten der Welt — gemalte Inschriften (*dipinti*). Auch die Themen sind in beiden Perioden etwas verschieden oder wenigstens anders eingeteilt. Eine Prozession mit Opfertieren (aber bis jetzt ohne Widder) war ursprünglich an der linken Wand zu sehen. Dargestellt sind, wie die Inschriften uns lehren, nur die Weihegrade der Leones. Später wurde diese Prozession ersetzt von einer anderen, ebenfalls nur von Leones, die aber andere Gaben (Brot; Mischgefäß für Wasser und Wein) und Kerzen tragen in Richtung auf eine Grotte, wo Sol und Mithras bei der Mahlzeit liegen. Die Mahlzeit wurde also hinzugefügt und befindet sich nahe der Grotte, wo in Stuckarbeit die Stiertötung vor sich geht oberhalb der liegenden Gestalt des Saturnus. Auf der rechten Seitenwand, die durch einen Thron in zwei Teile geteilt wird, waren in beiden Perioden die sieben Gradträger mit ihren Symbolen zu sehen; unter der späteren *suovetaurilia*-Prozession der *Leones* war — so weit man etwas darüber sagen darf — auf der älteren Schicht auch ursprünglich eine Prozession der ,,Löwen" dargestellt. Und was sagen die Dipinti aus 202 aus? Vergessen wir nicht, daß diese direkte Zeugnisse des Mithraskultes sind und daher einzigartige Dokumente. In einfachem Rhythmus hat ein sonst wenig begabter Dichter uns einige Verse überliefert vielleicht von Hymnen, die uns aber selbst nicht weiter bekannt sind. Diese lateinische Dichtung — und das soll nochmals betont werden — hat seine Inspiration keineswegs aus den iranischen religiösen Gesängen des Avesta geschöpft. Sie legen aber Zeugnis ab vom irdischen Leben des Mithras und seiner Nachfolger. Wir beschränken uns auf einige Beispiele:

Nubila per ritum ducatis tempora cuncti
,,Schwere (bewölkte) Zeiten muß man im Gottesdienst gemeinsam durchstehen''

Dulcia sunt ficata avium sed cura gubernat
,,Wohlschmeckend ist Geflügelleber, aber Kummer regiert''

Fecunda tellus cuncta qua generat Pales
,,Fruchtbar ist das Land, in dem Pales alles hervorbringt''

Man achte hier auf die Verbindung des Mithraskultes mit der altrömischen Religion. Denn Pales ist eine Göttin, an deren Festtag (21. April) man heute noch den Geburtstag Roms feiert.

Primus et hic aries restrictus ordine currit
,,Auch hier läuft der Leithammel streng in Reih und Glied''

Astronomische Anspielung auf den Zodiak (Tierkreis), in dem der Widder als erster die Reihe der zwölf Zeichen öffnet.

Accipe, thuricremos, pater, accipe, sancte, leones
,,Nimm sie an, heiliger Vater, nimm an die Weihrauch verbrennenden Löwen''

Per quos thuradamus per quos consumimur ipsi
,,Durch die wir den Weihrauch opfern, durch die wir selber verzehrt werden''

Stoischer Hinweis auf das Feuer, durch welches die Welt wieder vergehen wird und auf die Wiederkehr zum ewigen Licht. Hier ist auch nicht zu vergessen, daß auf einer Seite des wichtigen Mithrasdenkmals in Dieburg in Deutschland der Phaëton-Mythus in schöner Weise dargestellt ist; auch dieses Kunstwerk deutet auf den Glauben der Stoa an den Weltbrand und beweist, daß diese philosophische Lehre im Mithraismus Eingang gefunden hat.

Fons concluse petris qui geminos aluisti nectare fratres
,,Quelle in Felsen beschlossen, die du die Zwillinge mit Nektar genährt hast''

Hunc quem aur(eis) humeris portavit more iuvencum
,,Diesen jungen Stier, welchen er auf seinen goldenen Schultern in seiner Weise getragen hat''

Atque perlata humeris tuli maxima divum
,,Und auf meine Schultern lade ich, was die Götter mir auferlegen und trage es bis ans Ende''

Deutlich sind die Anspielungen auf die Szenen des Wasserwunders und des Mithras als Stierträger (*taurophorus*). Diese beiden Szenen, die vor allem in den Rhein- und Donau-Provinzen auf den Denkmälern dargestellt sind, werden hier im Sta Prisca-Mithraeum nur durch die Dichtung angedeutet. Noch zwei andere Autoren (der Dichter Commodian, *Instructiones* I, 13; Mitte des 3. Jhdts und der Apologet Firmicus Maternus; Mitte des 4. Jhdts) nennen diesen ,,Stierraub''. Firmicus verrät sogar eine Formel in griechischer Sprache: ,,Myste des Stierraubes, eingeweiht vom bewunderungswürdigen Vater''. Der besondere Nachdruck, der hier auf den *transitus* gelegt worden ist, muß vom Mythus des Hercules und Cacus beeinflusst sein, der sich beim Forum Boarium (Rindermarkt) in Rom abgespielt haben soll. Der Rinderdieb Cacus wurde hier vom griechischen Heros mit dem Tod bestraft; der unbesiegbare Mithras aber trägt den Stier zur Tötung in die Grotte hinein.

Et nos servasti eternali sanguine fuso
,,Auch uns hast Du gerettet, indem Du das Blut vergossen hast, das uns unsterblich macht''

Jeder sieht sofort in der Terminologie (vgl. CIL VI, 736: *arcanis perfusionibus in aeternum renatus*) Anhaltspunkte für einen Vergleich mit dem jungen Christentum. Man hat auch, m.E. zu Unrecht erst jüngst bei diesem Vers den Einfluß des Christentums erkennen wollen (M.

Simon). Außerdem hat man jetzt sogar, wo die Malereien in Sta Prisca seit der Entdeckung schon stark gelitten haben, die Lesung selbst angezweifelt, ohne jedoch etwas Besseres dafür vorschlagen zu können (S. Panciera). Wir wissen aus den Apologeten selbst (Tertullian und Justin), daß die Mahlzeit der Mithrasdiener als ,,teuflische Nachahmung der Eucharistie betrachtet wurde''; daß man damit die Auferstehung (*resurrectio*) in Szene setzt und daß einige Formeln dabei gesprochen wurden. Der Vers in Sta Prisca weist auf die Stiertötung; diese Tötung ist aber deswegen noch nicht ein Stieropfer, und ebensowenig kann man bis jetzt beweisen, daß Mithras selber der Stier sein soll und sich selbst für die Menschen opfert. Wohl ist klar, daß das Blut des Stieres wie auch das Wasser aus dem Felsen, das Nektar genannt wird, Ewigkeitsbedeutung bekommt, wenn man wie Mithras und Sol das Fleisch/Brot und das Blut/Wein/Wasser in der Mahlzeit zu sich nimmt. Vielleicht ist dieser Vers nun gerade eine solche Formel, die während dieser Zeremonie gesprochen wurde.

Wir haben vielfach die enge Beziehung zwischen Mithras und Saturnus gesehen. Was hat diese zu bedeuten? An erster Stelle ist Saturnus/Kronos der Urheber des Alls, der in schlafender Haltung die kosmische Weltordnung erträumt und der schließlich Mithras den Auftrag für dessen irdische Wundertaten gegeben hat. Außerdem ist er mit Caelum-Himmel und mit Oceanus-Wasser zu vergleichen. Im Mithraismus hatte Saturn noch eine andere wichtige Rolle, und zwar als Zeitgott (Aevum-*saeculum*-Aion); in dieser Funktion hat er eine ganz andere Gestalt angenommen; er wird stehend dargestellt, die Schulter mit Flügeln versehen, von einer Schlange umwunden. Sein Körper ist mit Zeichen des Tierkreises, mit einem Löwenkopf oder mit einem Auge geschmückt und — was ihn zu einem abschreckenden Wesen macht — mit einem drohenden Löwenkopf mit geöffnetem Maul ausgestattet, aus dem er sogar Feuer zwischen den Zähnen herausspeien kann. Die Schlange legt den Kopf auf dieses schreckliche, mit magischer Kraft geladene Ungeheuer (*portentosum simulacrum*). Die Schlange, welche sich in einem geschlossenen Kreis in den Schwanz beißt, deutet selbst den Kreislauf des Jahres an. Der Aion trägt vielfältige Macht in sich: über die Elemente, über die Gestirne und vor allem über die Zeit. Der Typus dieser Gestalt wurde daher auch von der Darstellung des mit magischen Kräften geladenen Pantheus abgeleitet, wie wir ihn etwa in Ägypten bei Bes kennen (Pettazzoni); sicher lassen sich auch Verbindungslinien ziehen zu ähnlichen Gestalten aus der syrischen und punischen Religion. Das Besondere davon ist, daß dieses *monstrum horrendum,* um mit Vergil zu sprechen, in der Kunst nicht immer so vorkommt; man kennt aus einigen Heiligtümern (Merida) auch eine sehr gemilderte Form. Zwar wird auch dieses Wesen von einer Schlange umgeben und hat einige Kennzeichen, die es leicht mit Aion identifizieren lassen, jedoch hat es einen schönen jugendlichen Körper und ein menschliches Gesicht. Es sieht danach aus, daß diese Gestalt mit Mithras gleichzusetzen und daß sie auch an Stelle des älteren Zeitgottes getreten ist. Sie erscheint jetzt selbst als *deus aeternus,* als ewiger und höchster Gott, der das Weltall und die Zeit beherrscht. Im Mithräum von York (*Eburacum*) hat man aber in einen Art Häresie den schrecklichen Aion als Prinzip des Bösen aufgefaßt und ihn — der iranischen Tradition folgend — den *deus Arimanius* genannt. Es gibt moderne Gelehrte, die nun all die löwenköpfigen Gestalten als Prinzip des Bösen betrachten und so einen Dualismus, der in der iranischen und mithräischen Religion bekannt war (Streit mit dem Giganten) betonen. Aber wie sollten wir dann den milden, jugendlichen Typus auffassen und wie den löwenköpfigen Gott auf dem Globus inmitten der zwölf Tierkreiszeichen auf dem Rande der Grotte in der gemalten Tiertötung im Mithräum beim Palazzo Barberini in Rom? Gerade die Inschrift mit dem Gebet der Caecilia Elegans, die neulich im Mithräum der *castra peregrinorum* unter S. Stefano Rotondo auf dem Coelius gefunden wurde, weist auf einen Anruf zu diesem ewigen Herrn (*dominus aeternus*), der wohl gleichzeitig als höchster Gott (*theos hypsistos; deus exsuperantissimus*) aufgefaßt wurde. Sogar eine so einfache Frau wie Caecilia hatte dies von einem Mithraist gehört und richtig verstanden!

LITERATURVERZEICHNIS

Beck, R., *Interpreting the Ponza Zodiac* in *Journal of Mithraic Studies* 1, 1976, 1-19.
Betz, H. D., *The Mithras Inscriptions of Santa Prisca and the New Testament* in *Novum Testamentum* 10, 1968, 62-80.
Bianchi, U. (*ed.*), *Mysteria Mithrae* (EPRO 80), Leiden 1979.
Bidez, J. — Fr. Cumont, *Les Mages hellénisés* I-II, Paris 1938.
Blawatsky, W. — G. Kochelenko, *Le culte de Mithra sur la côte septentrionale de la Mer noire* (EPRO 8), Leiden 1966.

Boer, M. B. de — T. A. Edridge (ed.), *Hommages à Maarten J. Vermaseren* I-III (EPRO 68), Leiden 1978.
Campbell, L. A., *Mithraic Iconography and Ideology* (EPRO 11), Leiden 1968.
Clemen, C., *Der Mithrasmythus* in *Bonner Jahrbücher* 142, 1937, 13-26.
Colpe, C., *Die „Himmelsreise der Seele" als Philosophie- und Religionsgeschichtliches Problem* in *Festschrift J. Klein*, 1967, 85-104.
Colpe, C., *Die Mithrasmysterien und die Kirchenväter* in *Romanitas et Christianitas. Studia J. H. Waszink oblata*, Amsterdam 1973, 30-43.
Cumont, Fr., *Die Mysterien des Mithra*, Leipzig 1923[3].
Cumont, Fr., *Les religions orientales dans le paganisme romain*, Paris 1929[4].
Cumont, Fr., *Textes et monuments figurés relatifs aux mystères de Mithra* I-II, Bruxelles 1896-1898.
Duchesne-Guillemin, J. (ed.), *Etudes mithriaques* (Acta Iranica 17), Leiden 1978.
Gordon, R. L., *Mithraism and Roman Society. Social Factors in the Explanation of Religious Change in the Roman Empire* in *Journal of Religion and Religions* 1973, 92-122.
Gordon, R. L., *The Sacred Geography of a Mithraeum: The Example of Sette Sfere* in *Journal of Mithraic Studies* 1, 1976, 119-165.
Hinnells, J. R., (ed.), *Mithraic Studies* I-II, Manchester 1975.
Hinnells, J. R., *Reflections on the Lion-headed Figure in Mithraism* in *Hommages et Opera Minora. Monumentum H. S. Nyberg* I, 1975, 333-369.
Hinnells, J. R., *The Iconography of Cautes and Cautopates* in *Journal of Mithraic Studies* 1, 1976, 36-67.
Lavagne, H., *Le Mithréum de Marino (Italie)* in *Comptes-Rendus de l'Académie des Inscriptions et Belles Lettres* 1974, 191-201.
Lavagne, H., *Les reliefs mithriaques à scènes multiples en Italie* in *Mélanges de philosophie, de littérature et d'histoire anciennes offerts à Pierre Boyancé*, Rome 1974, 481-504.
Merkelbach, R., *Die Kosmogonie der Mithrasmysterien* in *Eranos Jahrbuch* 34, 1965 [1967], 219-257.
Meslin, M., *Convivialité ou communion sacramentelle? Repas mithraïque et Eucharistie chrétienne* in *Paganisme, Judaïsme, Christianisme. Mélanges offerts à Marcel Simon*, Paris 1978, 295-305.
Moeller, W. O., *The Mithraic Origin of the Rotas-Sator Square* (EPRO 38), Leiden 1973.
Pettazzoni, R., *La figura mostruosa del tempo nella religione mitriaca* in *Antiquité Classique* 18, 1949, 265-277.
Ristow, G., *Mithras im römischen Köln* (EPRO 42), Leiden 1974.
Saxl, Fr., *Mithras, typengeschichtlichen Untersuchungen*, Berlin 1931.
Schwertheim, E., *Mithras, seine Denkmäler und sein Kult* in *Antike Welt* 10, 1979, 1-76.
Simon, M., *Sur une formule liturgique mithriaque* in *Revue d'Histoire et de Philosophie Religieuses* 1976, 277-288.

Speidel, M. P., *Mithras-Orion. Greek Hero and Roman Army God* (EPRO 81), Leiden 1980.
Tóth, I., *Das lokale System der mithraischen Personifikationen im Gebiet von Poetovio* in *Arheološki Vestnik. Acta Archaeologica* 28, 1977, 385-392.
Turcan, R., *Mithras Platonicus* (EPRO 47), Leiden 1975.
Vermaseren, M. J., *De Mithrasdienst in Rome,* Nijmegen 1951.
Vermaseren, M. J., *Corpus Inscriptionum et Monumentorum Religionis Mithriacae* I-II, Hagae Comitis 1956-1960 = *CIMRM.*
Vermaseren, M. J., *Mithras. Geschichte eines Kultes,* Stuttgart 1965.
Vermaseren, M. J., *Mithriaca* I. *The Mithraeum at S. Maria Capua Vetere* (EPRO 16), Leiden 1971.
Vermaseren, M. J., *Mithriaca* II. *The Mithraeum at Ponza* (EPRO 16), Leiden 1974.
Vermaseren, M. J., *Mithriaca* III. *The Mithraeum at Marino* (EPRO 16), Leiden 1981 (in Vorbereitung).
Vermaseren, M. J., *Mithriaca* IV. *Le monument d'Ottaviano Zeno et le culte de Mithra sur le Célius* (EPRO 16), Leiden 1978.
Vermaseren, M. J. — C. C. van Essen, *The Excavations in the Mithraeum of the Church of Santa Prisca in Rome,* Leiden 1965.
Vermaseren, M. J., *Der Kult des Mithras im römischen Germanien,* Stuttgart 1974.
Vidman, L., *Isis, Mithras und das Christentum* in *Das Korpus der griechischen-christlichen Schriftsteller,* Berlin 1977, 237-242.
Walters, V. J., *The Cult of Mithras in the Roman Provinces of Gaul* (EPRO 41), Leiden 1974.

ABBILDUNGSVERZEICHNIS

Tafel I.   Mithräum unter der Basilica S. Prisca am Aventin in Rom (200-ung. 400 n. Chr.).
Tafel II. Statue des Mithras als Stiertöter. Schöpfung des athenischen Künstlers Kritoon. Ostia, 2. Jh. n. Chr. (*CIMRM* I, Nr. 230).
Tafel III. Relief aus Rom. Mithras stehend auf dem Stier. Rom, Sammlung Marchesa G. de Villefranche. (*CIMRM* I, Nr. 334).
Tafel IV. Mithras auf der Jagd. Malerei aus dem Mithräum in Dura-Europos; 3. Jh. n. Chr. New Haven, Gallery of Fine Arts of Yale University. (*CIMRM* I, Nr. 52).
Tafel V.   Relief aus Fiano Romano (Italien) an zwei Seiten bearbeitet. Paris, Louvre. Wahrscheinlich 2. Jh. n. Chr. (*CIMRM* I, Nr. 641). Vorderseite (1): Mithras *tauroctonus* und Rückseite (2): Mithras und Sol an der Mahlzeit.
Tafel VI. Relief aus Neuenheim, 2. Jh. n. Chr. Karlsruhe, Badisches Landesmuseum. (CIMRM II, Nr. 1283).

Tafel I

Tafel II

Tafel III

Tafel IV

Tafel V, 1

Tafel V, 2

Tafel VI

V
ISIS UND SARAPIS

LADISLAV VIDMAN
(Prag)

In der Vielfalt der Gottheiten nimmt gegen Ende der Entwicklung der ägyptischen Religion eine besonders hervorragende Stellung die mächtige Schicksalsgöttin Isis ein. Schon für Herodot, der um die Mitte des V. Jh. v. Chr. das Land am Nil besucht hat, gelten als einzige Gottheiten, die alle Ägypter verehren, Isis und Osiris. Diese Isis — ursprünglich wohl Verkörperung des Herrscherthrones — war es auch, die im Gegensatz zu ihrem *Paredros* (Throngenossen) und Gemahl Osiris sehr früh hellenisiert oder mindestens für die Griechen annehmbar und attraktiv gemacht wurde, wobei zu ihrem neuen Gefährten der altneue Gott Sarapis wurde, der den alten Osiris in den Hintergrund stellte und in mehreren Funktionen ersetzte.

Es ist eine in der ägyptischen Theologie nicht ganz ungewöhnliche Erscheinung, daß sich ein Gott sozusagen verdoppelt und in zwei Personen spaltet. Sarapis übernahm, ebenso wie Osiris, die Funktion des Isisgatten und des Unterweltsgottes, wurde dann aber, im Unterschied zu jenem, auch zum solaren Himmelsgott. Osiris bleibt jedoch weiter bestehen, manchmal wird er sogar neben Sarapis genannt oder gar mit ihm identifiziert (in der Vaterschaft des Isiskindes Horus-Harpokrates). Nichtdestoweniger besitzt Osiris für die Griechen zu viele ägyptische Züge, erst die Römer beginnen von neuem in ihrer Begeisterung für alles Ägyptische seine alte Kraft zu betonen.

Sarapis

Der wahre ägyptische Gott für die Griechen war Sarapis. So ist es kein Wunder, daß man immer wieder tradiert, dieser ägyptisch-griechische Mischgott sei als neuer Reichsgott der Ptolemäer künstlich geschaffen worden, nachdem gegen Ende des IV. Jh. v. Chr. Ägypten von den Griechen bzw. von dem Makedonen Alexander dem Großen erobert worden war. Nach dieser bereits antiken Theorie, gegen die allerdings heute berechtigte Einwände vorzubringen sind, sollte Sarapis die einheimischen Ägypter mit der neuen Herrscherschicht verbinden und versöhnen, und so zur Verschmelzung beider Elemente auch in religiöser Hinsicht beitragen (Cumont). Es ist kaum vorstellbar, daß man einen neuen Gott aus einem Guße schaffen kann. Man kann eine alte einheimische Gottheit umgestalten und zu neuem Leben erwecken oder eine fremde übernehmen. Die antiken Berichte über den Ursprung des Sarapis sind späteren Datums und widersprechen einander, so daß die wissenschaftliche Diskussion darüber noch nicht abgeschlossen ist (Stambaugh). Jedenfalls scheint sicher zu sein, daß der babylonische Ursprung des Sarapis nicht haltbar ist und es sich um keine gänzlich neue Schöpfung handeln kann. Es muß ältere Erscheinungsformen gegeben haben, wobei dahingestellt bleiben mag, ob Sarapis schon zur Zeit Alexanders des Großen in seiner hellenistischen Gestalt bekannt war; daß schon Alexander den neuen Gott propagiert hätte, erscheint übertrieben.

Wenn Sarapis irgendeine Beziehung zum legendären Gott hatte, der im kleinasiatischen Sinope beheimatet war, so könnte dies höchstens für das Kultbild des Zeus-Hades gelten, das laut antiker Zeugnisse von dort auf Befehl des Ptolemaios II. nach Alexandrien gebracht wurde. Der Ursprung des Sarapis ist in Ägypten selbst zu suchen. Am überzeugendsten erscheint immer noch die vor mehr als fünfzig Jahren aufgestellte Theorie (Wilcken), wonach sein Name von Osiris-Apis abgeleitet ist, d.h. vom toten Stier Apis, der in Memphis mit dem Totengott Osiris identifiziert wurde. So konnten auch die Toten dem in der Unterwelt waltenden Osiris (und später auch dem Sarapis) gleichgesetzt werden. Die Formen Osorapis, Oserapis findet man schon im IV. Jh. v. Chr., sogar vor der Ankunft Alexanders in Ägypten im Jahre 332. Diesen Gott verehrten ebenso die Griechen, und zwar unter dem Namen Sarapis (Serapis ist eine um etwa zwei Jahrhunderte jüngere Nebenform, die sich dann sowohl bei den Griechen als auch bei den Römern neben der älteren behauptet).

Die ältesten griechischen Widmungen, die dem Gott in Ägypten gelten, finden wir in den ersten Jahrzehnten des III. Jh. v. Chr. in Alexandrien, wo auch das berühmte Kultbild des griechischen Bildhauers Bryaxis stand. Es gab zwei Kultzentren des Sarapis, ein älteres in Memphis, ein jüngeres in Alexandrien. Die Überreste des letzteren, die erst nach dem zweiten Weltkrieg bekannt geworden sind (Rowe), stammen aus der Zeit des dritten Ptolemaios, also kurz nach der Mitte des III. Jh. v.

Chr. Man kann voraussetzen, daß der Kult in Memphis neben griechischen auch mehrere ägyptische Züge aufwies, während die künstlerische Gestaltung des Kultbildes in Alexandrien ganz und gar griechisch war (über den eigentlichen Kult wissen wir allerdings nichts). Dieses Kultbild ist leider nicht erhalten, wir besitzen lediglich mehrere von einander abweichende Repliken dieses düsteren Unterweltsgottes, der als König auf dem Thron sitzend sich mit der erhobenen linken Hand auf ein Szepter stützt und die gesenkte Rechte dem dreiköpfigen Kerberos auflegt, der in Hundsgestalt den Eingang zur Unterwelt bewacht. In die Stirn des bärtigen Gottes fallen vier (oder ursprünglich fünf) Haarlocken. Dieser kanonische Typus des Sarapis-Pluton war vor allem in der römischen Kaiserzeit beliebt, im hellenistischen Zeitalter dagegen dominierte der Typus des himmlischen Zeus-Sarapis mit der hohen entblößten Stirn (Hornbostel), wie wir ihn im majestätisch wirkenden ,,Zeus von Otricoli'' vorfinden. Sarapis wird außerdem durch den auf dem Kopfe aufgesetzten runden *Modius* (griechisch *Kalathos*) charakterisiert, der als Hohlmaß diente und Sarapis als Fruchtbarkeitsgott kennzeichnete.

Der Charakter des neuen ägyptisch-griechischen Mischgottes ermöglichte seine rasche Verbreitung außerhalb Ägyptens, obwohl er im Lande selbst anfänglich nicht so sehr beliebt gewesen zu sein scheint. Man muß sich aber fragen, inwieweit diese Ausbreitung durch die Großmachtpolitik der Ptolemäer bedingt wurde, inwieweit sich der Sarapiskult nur auf die von ihnen beherrschten Territorien beschränkte und ob es sich dabei vor allem um die Loyalitätsbezeugungen ihrer Untertanen handelte. Die Theorie, die die Propagierung des Sarapiskultes hauptsächlich der Machtpolitik der ersten Ptolemäer zuschrieb, wurde von ihren Gegnern etwas spöttisch als ,,imperialistisch'' bezeichnet (Fraser). Es ist richtig, daß sich der Kult im III. Jh. v. Chr. auch in diejenigen Gebiete verbreitete, die von der Ptolemäerherrschaft nicht berührt wurden und daß er umgekehrt keine Spuren in den Landschaften hinterließ, die unter der ägyptischen Herrschaft standen.

Aber nicht einmal diese ,,antiimperialistische'' Theorie, obwohl sie in der letzten Zeit einen großen Beifall gefunden hat, ist allgemein anerkannt. Die Wahrheit liegt etwa in der Mitte: Die ptolemäische Herrschaft ermöglichte doch das Eindringen des Kultes in fremde Länder, auch wenn man von keinem direkten Eingriff aus der Position der Macht sprechen darf. Außerdem gab es nicht nur dynastiche und politische Beziehungen zu Ägypten, mit dabei wirkten auch wirtschaftliche Interessen und nicht zuletzt der große kulturelle und religiöse Einfluß, den Ägypten als Land einer uralten einheimischen und wieder von den Ptolemäern in Alexandrien neu gepflegten griechischen Kultur ausübte. Nicht vergessen darf man ebenso auf den hellenistischen Königskult, der den Griechen seit der Zeit Alexanders des Großen vertraut war, und auf die Psychologie der Menschen. In der Königsideologie der Ptolemäer, die auf die alten ägyptischen Vorstellungen anknüpfte, verkörperte der König den Sonnengott Horus und die Königin wurde zu einer neuen Isis. In der Verehrung dieser Gottheiten konnte also doch auch die Loyalität gegenüber der Dynastie zum Vorschein kommen, und die Leute wollten sie sehr oft gerne bezeugen, manchmal mehr als es nötig oder vorgeschrieben war.

Isis

Sarapis war schon von Anfang an weitgehend hellenisiert. Das entsprach auch der Mentalität der Griechen, von denen man mit ein wenig Übertreibung sagen darf, daß sie keinen fremden Gott übernahmen, ohne ihn vorher hellenisiert zu haben (Nock). Die Römer haben später praktisch die griechische Form des Gottes beibehalten. Aber zusammen mit Sarapis verbreitete sich in der hellenistischen Welt auch Isis. Beide Gottheiten sind nicht voneinander zu trennen, obwohl bei den Griechen mehr Sarapis und später in der römischen Welt mehr Isis in den Vordergrund hervortritt. Wurde Isis als eine ägyptische Göttin auch so weitgehend hellenisiert? Die Ansichten sind geteilt. Gegen die Hellenisierung scheint zu sprechen, daß Isis schon vor Sarapis in der griechischen Welt außerhalb Ägyptens bekannt war, wie in Athen bzw. Piräus (*SIRIS* 1) und Eretria auf Euboia (Bruneau), wo es sich natürlich um die noch nicht hellenisierte und von den Ägyptern eingeführte Göttin handelt, und daß sie immer mehr als Sarapis den ägyptischen Exklusivismus zu behaupten wußte, wie wir noch weiter sehen werden.

Aber Isis konnte zu den Griechen nicht eindringen, ohne hellenisiert zu sein. Bei der *interpretatio Graeca* der Isis betont man sowohl ihre Darstellung in der bildenden Kunst als auch den inneren Charakter der Göttin (Vandebeek): Griechisch ist die idealisierte Form einer menschlich schönen Göttin, bei der nur noch die stilisierte Krone aus Kuhhörnern (bzw. Mondsichel) mit der Sonnenscheibe in der Mitte (eventuell die Lotosblüte oder -knospen) an die theriomorphe (tiergestaltige) Vorstellung erinnert. Griechisch sind auch die ihr neu zugewiesenen Wirkungsbereiche; sie ist Schicksalsgöttin wie die griechische Tyche mit dem Füllhorn, als Demeter (mit der sie schon bei Herodot identifiziert wird) hat sie Beziehungen zu den Mysterien von Eleusis, als Isis Panthea wird sie zu einer Universalgottheit mit Attributen verschiedenster Gottheiten, als Beschützerin der Schiffahrt ist sie schon in Ägypten belegt, aber erst bei den Griechen bekommt sie als Attribut das Steuerruder. Die vollkommene Nacktheit der Isisfigur, die nicht so häufig vorkommt, kann man ebenso dem Einfluß der griechischen Aphrodite zuschreiben.

Sie bleibt jedoch immer mehr ägyptisch als Sarapis, da sie auch die Kraft anderer ägyptischer Göttinnen in sich aufgenommen hat, wie der kuhförmigen Hathor, der katzenköpfigen Bubastis, der schlangenförmigen Thermuthis. Sie kann auch auf dem Hunde Sothis reitend dargestellt werden. Dem scheint zu entsprechen, daß wir in der hellenistischen Zeit außerhalb Ägyptens fast nur Sarapispriester finden, Isispriester (und -priesterinnen) dagegen erst in der römischen Kaiserzeit (Vidman, Malaise). Ihre verschiedenen Beinamen und Attribute ziehen sich sonst von Ägypten bis in die römische Zeit her. Das ist z.B. in der bildlichen Darstellung der mit Fransen versehene und an der Brust zusammengeknüpfte Mantel (Isisknoten, *nodus Isiacus*). Als Attribut kann Isis in der gehobenen rechten Hand ein Klapperinstrument (*Sistrum*) und in der gesenkten linken einen kleinen Eimer (*situla*) halten. Aber das alles ist auch für die Isispriesterinnen typisch, so daß es manchmal schwierig ist, die Göttin von ihren Dienerinnen zu unterscheiden. Je nachdem, mit welcher Göttin Isis identifiziert wird, ist sie auch mit anderen Attributen versehen oder trägt verschiedene Beinamen, wie Pelagia und Euploia als Beschützerin der Schiffahrt, *regina* als Königin, *soteira* und *salutifera* als Heilbringerin, *myrionyma* als Gottheit von tausend Namen, alles in allem Bezeichnungen, die die allmähliche Erweiterung ihres Wirkungskreises und Übergang zu einer Universalgottheit bezeichnen. Darum ist sie auch ,,unbesiegbar'' (*invicta*).

Anubis

Isis gewährte ihren Bekennern Glück und Fruchtbarkeit schon in dieser Welt, blieb aber dabei immer, ebenso wie Sarapis, eine ausgesprochene Totengöttin. Vielleicht wegen dieses chthonischen Charakters wurde in griechischen Dedikationen als dritter in der heiligen Trias ihnen merkwürdigerweise Anubis, nicht Horus zugesellt (Vidman). Wenn außer Sarapis und Isis auf Inschriften der hellenistischen Epoche noch andere ägyptische Gottheiten genannt werden, so ist es meistens nur dieser treue Diener der Isis, die einzige Gottheit aus dem engeren Isiskreis, die in der ursprünglichen theriomorphen Gestalt dargestellt wurde, was den Griechen abstoßend erscheinen mußte. Die Griechen sahen in ihm, wie es scheint, vor allem den Hermes-Anubis, den Psychopompos, der die Seelen der Verstorbenen in das Totenreich begleitet, ohne daß sie sich ihn mit dem Hundskopf (oft zu Unrecht als Schakalskopf bezeichnet) vorstellten. Bei den Griechen heißt er darum auch mit einem Namen Hermanubis. Die Abbildungen des hundsköpfigen Anubis sind erst in der römischen Zeit sicher belegt, vor allem die Anubismaske, die die Priester trugen. So konnte im Gewand des Anubispriesters im J. 63 v. Chr. der proskribierte Marcus Volusius aus Rom fliehen und ebenso setzte sich der junge Domitian im J. 68 n. Chr. den Hundskopf auf, um sich aus dem belagerten Kapitol zu retten.

Aus der römischen Kaiserzeit kennen wir sogar einen Preisgesang auf Anubis aus dem bithynischen Kios (*SIRIS* 325), in dem Anubis als König aller himmlischen Götter angesprochen wird; außerdem wird er als Sohn des Osiris-Sarapis bezeichnet, der wieder mit Zeus und Ammon identifiziert wird. Anubis nimmt hier also die Stelle des Isissohnes Horus-Harpokrates ein. Eine seltsame Verwechslung, die aber der ägyptischen Theologie nicht so ganz fremd ist. Immer wieder stößt man in ihr auf Widersprüche und Unstimmigkeiten, die nur teilweise durch die historische Entwicklung der ägyptischen Religion erklärt werden können. Diese Theologie war vor allem in den Identifikationen verschiedenster Gottheiten sehr elastisch.

Horus-Harpokrates

Isissohn par excellence ist Horus, mit anderem Namen gräzisiert Harpokrates, d.h. Horus als Kind. Bei den Griechen heißt er manchmal Karpokrates; durch die Volksetymologie wollte man die Kraft des Harpokrates als Gott der Fruchtbarkeit unterstreichen (*karpos* ist Frucht). Sonst wurde er schon früh mit dem jugendlichen Apollo und Eros identifiziert. Auch wird er häufig als nackter Knabe abgebildet, meistens mit dem rechten Zeigefinger auf dem Mund, einer kindlichen Geste, die man schon in der Antike fälschlich als Zeichen des Schweigens deutete. In Ägypten selbst war er vor allem in der römischen Zeit als Fruchtbarkeitsgott sehr populär, was man auch durch den großen Phallos betonte (Dunand II). Diese seine Kraft kommt wohl auch darin zum Ausdruck, daß er manchmal auf einem Haustier reitet. Für die Griechen und Römer war er eher ein schöner Eros. In Ägypten trug Harpokrates (und nach ihm die Königssöhne) oft die sog. Horuslocke, eine Art Zopf auf der rechten Kopfseite, die dann außerhalb Ägyptens erst in der römischen Kaiserzeit als Abzeichen der jugendlichen Isismysten wiederkehrt (Gonzenbach). Der griechische Harpokrates war dagegen stärker hellenisiert.

Gründe der Beliebtheit

Wenn die Hauptgötter des Isiskreises — Isis, Sarapis, Anubis, Harpokrates — so hellenisiert waren, stand nichts mehr im Wege, daß sie von den Griechen aufgenommen werden konnten. Aber die *interpretatio Graeca,* die schon die in Ägypten ansässigen Griechen vorgenommen hatten — wobei natürlich auch ägyptische Züge erhalten blieben —, war nur eine Voraussetzung für die weitere Verbreitung des Kultes außerhalb des Ursprungslandes. Was war die Ursache für die Anziehungskraft der ägyptischen Götter auf die Griechen und später auf die Römer? Dem hellenistischen Menschen genügte nicht mehr die alte offizielle Religion, die unter der Obhut des Staates, d.h. des alten Stadtstaates, stand, der sich wie die alte Polisverfassung zerlegte. Der Staat sorgte selbst für die Religion, setzte Priester ein, veranstaltete Feste, aber war nicht mehr imstande, die innere Beziehung seiner Bürger zu den alten Gottheiten herzustellen und die Gefühle zu fesseln, auch konnte er in den unsicheren Zeiten kein besseres Leben nach dem Tode versprechen als nur eine schattenartige kümmerliche Existenz. Der hellenistische Mensch sehnte sich in seinem Universalismus in der Epoche der großen Diadochenstaaten nach einem Universalgott und in seinem Individualismus, nachdem der Kollektivismus der alten Stadtstaaten gelockert war, wieder nach einer Individualreligion, die ihm ein seliges Individualleben im Jenseits verheißen konnte.

Die ägyptische Religion bot ihm beides. Einerseits wurden ihre alten Götter allmählich zu Universalgottheiten; man kann dabei noch von keinem Monotheismus sprechen, lediglich vom Henotheismus, der z.B. in der Akklamationsformel *Heis Zeus Sarapis* (Einer ist Zeus Sarapis) oder über Isis *Una quae es omnia* (Eine, die du alles bist) zum Vorschein kommt. Andererseits galten sowohl Isis als auch Sarapis und Anubis damals hauptsächlich als Totengötter. Die Ägypter sorgten wie kein anderes Volk für ihre Toten und die ägyptischen eschatologischen Lehren sicherten den Isisgläubigen ein ewiges seliges Jenseitsleben. Ägypten galt außerdem als Land uralter Weisheit, aus der auch die griechischen Philosophen (selbst Platon) geschöpft haben sollen, und die Gefühle der Menge wurden durch das geheimnisvolle Ritual und den täglichen Gottesdienst zufriedengestellt.

Zeremonien und Feste

An die jeden Tag sich wiederholende Liturgie waren weder die Griechen noch die Römer gewöhnt. Die griechischen und römischen Tempel waren meist geschlossen und nur an Festen oder anläßlich außerordentlicher Gelegenheiten (wie bei den Bitt- und Dankfesten — *supplicationes* der Römer) waren sie offen und dem Publikum zugänglich.

Über den täglichen Kultus sind wir erst aus den Quellen der römischen Kaiserzeit unterrichtet, vor allem aus dem im II. Jh. lebenden Schriftsteller Apuleius und aus den pompejanischen bzw. herkulanensischen Fresken (Tran tam Tinh). Bei Tagesanbruch öffnet der Priester den Tempel, um die Gottheit zu wecken, indem er sie bei dem rechten Namen ruft und ihr auf diese Weise immer ein neues Leben einflößt. Am davorstehenden Altar wird geopfert und geräuchert. Das kultische Standbild wird (jeden Tag?) gewaschen, geschmückt, gesalbt, wobei die Stolisten (Bekleider) wirken, das heilige Nilwasser wird gesprengt — oder durch eine Fiktion kann es auch das am Wasserbecken im Areal des Tempels geschöpfte Wasser sein, wie auf Delos, wo das Inoposbach unter der Erde mit dem Nil verbunden vorgestellt wurde. Es gab aber auch Pilger, die die lange Reise nach Ägypten nicht scheuten, um das heilige Wasser, Emanation des Osiris, aus dem Nil zu holen. Unter dem Jubel der zuschauenden Menge der Gläubigen, die mit Sistren klapperten und auf Flöten spielten, zeigte der Priester mit verhüllten Händen das heilige Gefäß zur Anbetung. Unter den Gläubigen waren vielleicht vor allem die Pastophoren vertreten, zu denen auch Apuleius gehörte. In der Priesterhierarchie standen sie an der niedrigsten Stufe, es war vielmehr nur ein Laienkollegium, dessen Funktion nicht ganz klar ist. Früher dachte man, daß sie in den feierlichen Prozessionen die Götterstatuen trugen; jetzt ist man mehr dazu geneigt, in ihnen Gehilfen zu sehen, die bei dieser Öffnung des Tempels (*apertio*) halfen (Dunand I, Malaise).

Die zweite große Zeremonie fand gegen Abend vor der Schließung des Tempels statt, wobei das durch die Tür der *Cella* sichtbare Kultbild wieder adoriert werden konnte. Nach dem zweiten herkulanensischen Fresko zu urteilen wurde diese Zeremonie mit heiligen Tänzen begleitet. Es ist aber nicht ganz klar, ob der Tempel sofort nach der Morgenandacht verschlossen wurde oder ob er den ganzen Tag hindurch offen blieb. Wenn sich ein Apuleius lange Stunden auf die Adoration des Antlitzes seiner Lieblingsgöttin konzentrieren konnte, muß es auch am Tage dazu Gelegenheit gegeben haben. Oder war es nur ein Privileg der Eingeweihten?

Aus den Festen, die zu Ehren der Isis gefeiert wurden, sei vor allem das große Fest des *Navigium Isidis* (griechisch *Ploiaphesia*) erwähnt, das auch in den römischen Kalendern unter dem 5. März verzeichnet wird. Es ist die Eröffnung der Schiffahrt im Frühling, die durch ein der Isis geweihtes und feierlich geschmücktes kleines Schiff versinnbildlicht wird, das nach einer feierlichen Prozession auf das hohe Meer geschickt wird. Ganz anschaulich schildert das Fest Apuleius und auch inschriftlich kann man es samt den dazu gehörigen Kultvereinen der Nauarchen gut belegen.

Die Auffindung des Osiris (*Heuresis, Inventio*) feierte man im November, der im Monatszyklus aus diesem Grunde durch eine Isisbüste versinnbildlicht wurde. Drei Tage lang erklangen Wehklagen über den Gott, der vom bösen Seth getötet und zerstückelt worden war und den Isis auffinden und zum neuen Leben wecken sollte. Nachdem Isis dies gelungen war, endete das Fest in großer Freude.

Priester und Kultvereine

Auch diese beiden Feste kennen wir erst aus der römischen Zeit. Wie war es denn überhaupt in der hellenistischen Epoche? Schon damals gab es natürlich Priester und Tempel, aber die meisten Heiligtümer waren klein — man kann sie sich als kleine Kapellen vorstellen — und der Kult am Anfang nur privat, bevor er von den Behörden der einzelnen Städte öffentlich anerkannt wurde. Die ersten aus Ägypten kommenden Priester konnten sicherlich nicht alle Zeremonien ausüben, denn es fehlten ihnen die notwendigen Mittel dazu. So kam auf Delos der ägyptische Sarapispriester Apollonios schon am Anfang des III. Jh. v. Chr., aber erst sein Enkel desselben Namens konnte sich gegen Ende des III. Jh. rühmen, ein Serapeum gebaut zu haben (Engelmann). Bald danach gab es auf Delos zwei weitere Sarapisheiligtümer. Vom Serapeum B wissen wir nur sehr wenig, aber das dritte Serapeum (C) diente schon dem offiziellen Kult (Roussel). Das bedeutete bei den Griechen, daß es dort nacht der griechischen Sitte jährlich wechselnde Priester gab, während bei den Ägyptern (und später bei den Römern) diese Funktion lebenslänglich war.

Einen ägyptischen Priester aus den Anfängen des Kultes bei den Griechen kennen wir ebenso aus dem thessalischen Demetrias (*SIRIS* 100); er heißt im Unterschied zu Delos Isispriester, ist sogar auf der inschriftlichen Stele in seiner typischen Tracht abgebildet und kann möglicherweise als das einzige bisher bekannte Zeugnis der hellenistischen Zeit dienen. Auch er übte natürlich seine Priesterfunktion lebenslänglich aus. Ein anderer erblicher Priester ist im euboischen Eretria belegt (Bruneau); es ist aber gar nicht sicher, daß er Ägypter war, obwohl dafür die älteste von den Ägyptern vielleicht der noch nicht hellenisierten Isis dort gewidmete Statuenbase zeugen könnte. Für den ägyptischen Einfluß in Eretria spricht jedenfalls die Existenz der sog. *Hypostolen*, die außerdem nur eben in Demetrias auftauchen. Es ist ein Kollegium, das dem Namen nach mit den schon genannten Stolisten verwandt sein muß, die für die Morgentoilette der Gottheit zuständig waren. Sonst kennt man aus der hellenistischen Zeit keine Stolisten, selbst auf Delos nicht, wo es eine Menge verschiedener Gehilfen des Kultes und Kultvereine gab.

Die Kultvereine sind griechischen Ursprungs und auch in Ägypten selbst sind sie unter dem griechischen Einfluß entstanden. Es waren keine Priester, sondern Laien, die sich zum Feiern der festlichen Mahle vereinigten (*Kline* des Sarapis), ihre Spenden zur Erhaltung des Tempels und zur Durchführung der Opfer abgaben, für ihre regelmäßigen Versammlungen sorgten, die z.B. jeden 10. Tag im Monat stattfanden. Außerdem pflegten sie bei den feierlichen Prozessionen die Statuen der Gottheiten zu tragen. Das sind verschiedene Sarapiasten, Isiasten, Anubiasten, bei den Römern dann vor allem Isiaci.

Bei den meisten griechischen Heiligtümern gab es nur einen Priester, der selbst alles verrichten mußte und außerdem jährlich wechselte. Wir kennen ganze Reihen von solchen jährlichen Priestern auf Delos, Rhodos und in Athen, die mehr Beamten waren als daß sie den wirklichen ägyptischen Kultus fördern konnten. Dabei konnte ihnen zur Seite auch ein Ägypter stehen, der des Rituals kundig war, aber das Zeremoniel wird nirgends beschrieben und wir sind gar nicht sicher, ob es eine wirkliche tägliche Liturgie in all diesen kleinen Heiligtümern gab.

Auch die Gehilfen der Priester sorgten mehr um das Äußerliche des Tempels, wie die Neokoren (auch Zakoren genannt), die schon dem Namen nach (Tempelwächter) eine typisch griechische Institution darstellten. Auf Delos und in Athen werden sie erst am Ende der Inschriften angeführt, während die amtierenden Priester in den Datierungsformeln am Anfang stehen. Aus dem Zusammenhang geht hervor, daß auch sie jährlich wechselten. Neben ihnen finden wir in der römischen Kaiserzeit die Neokoren des großen Sarapis, die bei den großen Tempeln ihre vielmehr nur ehrenvolle Funktion ausübten. Manchmal kann man sie sogar zum alexandrinischen Serapeum beziehen, obwohl sie in der ganzen Mittelmeerwelt zerstreut waren.

Eine feste Hierarchie der Priester, wie wir sie aus Ägypten kennen, scheint in der hellenistischen Zeit außerhalb Ägyptens nicht existiert zu haben. Die griechischen Inschriften belehren uns über keine Propheten, Stolisten, Astrologen und Sänger, *Hierogrammateis* und *Pterophoroi*; das alles finden wir erst in der römischen Kaiserzeit, obwohl auch damals nicht in der rein ägyptischen Form. Die Isispriester in Rom sind durch ihr leinenes weißes Gewand und durch ihre Tonsur (bzw. kahlgeschorenen Kopf) gekennzeichnet, vor allem aber ist für sie typisch, daß sie im Unterschied zu den hellenistischen jährlichen Priestern-Beamten das Priesteramt auf Lebenszeit bekleideten. Sie widmeten sich ganz dem göttlichen Dienst, ohne einem anderen Beruf nebenher nachzugehen. Über die *Hypostolen,* die mit den Stolisten zusammenhängen, haben wir schon gesagt, daß sie nur in Eretria im III. Jh. v. Chr. und dann im thessalischen Demetrias im J. 117 v. Chr. zu finden sind. Dies deutet wohl darauf hin, daß den Kult dorthin Ägypter eingeführt haben. Später, schon in der Kaiserzeit, wird ein Stolistes in Athen sogar vor dem *epony-*

men Priester an erster Stelle genannt (*SIRIS* 25), was damit zusammenhängen kann, daß er den gesamten Tempelschatz verwaltete. Aber auf Delos, wo detaillierte Inventare der Tempelschätze geführt wurden, gibt es ziemlich wenige Kleidungsstücke und Schmucksachen, die für die tägliche festliche Toilette der ägyptischen Gottheiten bestimmt waren, während sie in den Inventaren der Kaiserzeit z.B. aus Nemus Dianae in Italien oder aus Acci (Guadix) in Hispanien überwiegen (*SIRIS* 524, 761). Wie prächtig muß das mit all diesen Gewändern und Schmucksachen geschmückte Kultbild ausgesehen haben!

Die heiligen Schreiber kennen wir bei den Römern aus Beschreibungen und bildlichen Darstellungen. Es sind *Hierogrammateis* und *Pterophoroi,* deren Funktionen nicht zu verschieden waren und die durch die Papyrusrolle und zwei Flügel auf dem geschorenen Haupt gekennzeichnet waren. Astrologen bzw. *Horoskopoi, Astrologoi* entsprechen den ,,Stundenbeobachtern" der ägyptischen Texte; sie hatten zur Aufgabe, die genaue Stunde zu bestimmen, wann ein Zeremoniel zu halten ist, und trugen Palmzweig als Symbol der Astronomie. Das wichtigste Zeugnis für diese Funktionen liefert der Freskenzyklus des Iseums in Pompeji.

Aber auf Delos beobachten wir doch in der zweiten Hälfte des II. Jh. v. Chr. mehrere ägyptische Züge, die es dort früher nicht gab und die die allgemeine Tendenz zur Orientalisierung bzw. speziell Ägyptisierung der fremden Kulte gegen Ende der hellenistischen Epoche bezeugen. Während früher das Zentrum der Isismission vor allem Memphis war, erscheinen seit der Mitte des II. Jh. mehrere Alexandriner als Dedikanten in den delischen Serapeen, in den Katalogen tauchen mehrere Votivgaben auf, die auf einen größeren ägyptischen Einfluß hinweisen, Horus-Harpokrates deckt sich nicht mehr unter dem griechischen Namen Apollon, Eros oder Herakles, sondern erscheint unter seinem ägyptischen Namen.

In der hellenistischen Zeit gab es immer zwei Tendenzen, die griechische und die ägyptische, wie es übrigens der allgemeinen Entwicklung im ptolemäischen Ägypten entsprach. Die *interpretatio Graeca* überwog vor allem im III. Jh., und deshalb konnten die Griechen die ägyptischen Götter so leicht übernehmen. Schon nach der Schlacht bei Raphia (217 v. Chr.), aber hauptsächlich im II. Jh. beobachten wir in Ägypten eine Reaktion gegen die weitgehende Hellenisierung, die sich dann allmählich auch außerhalb Ägyptens durchzusetzen begann. Neben der heiligen Trias Sarapis, Isis, Anubis erscheint wieder Horus, kahlgeschorene Priester verkünden die geheime Lehre der Isis und auch wieder des Osiris, der nicht mehr nur im Schatten von Sarapis steht.

Rom und Italien

So sah etwa die Situation aus, als sich der ägyptische Kult am Ende des Hellenismus im größeren Maße auch nach Westen zu verbreiten begann. Es handelte sich nicht mehr um die hellenisierten Götter, der direkte ägyptische Einfluß ließ sich bei den Römern weit mehr als bei den Griechen spüren. So kann man statt von der *interpretatio Romana* eher von einer weitgehenden Ägyptisierung des Kultes sprechen. Diese Seite konnten die römischen oder besser unteritalischen Kaufleute auf Delos in der Zeit seiner letzten Blüte vor der großen Katastrophe des J. 88 v. Chr. kennenlernen. In vielen Fällen waren es Freigelassene oder sogar Sklaven, die meistens orientalischer Herkunft waren und so vielleicht leichter zu den ägyptischen Gottheiten den Weg fanden. Auch wenn diese Anhänger des ägyptischen Kultes nicht alle nach Italien zurückkamen, vermittelten sie doch auch im Osten ihren Landsleuten die Kenntnis der neuen Religion, die auch sonst den Römern der ausgehenden Republik nicht unbekannt war. Schon nach den punischen Kriegen konnten sie sich mit ihr auf Sizilien vertraut machen, wo es ihre Zentren schon um die Wende vom III. zum II. Jh. gab, hauptsächlich in Syrakus. In Rom und Mittelitalien wußte man aus verschiedenen Anlässen über sie Bescheid, auch dank den direkten Verbindungen mit Alexandrien, nicht zuletzt unter dem Einfluß der ägyptischen Kaufleute, die vor allem nach dem Fall von Delos zusammen mit den Syrern das Mittelmeerhandel zu beherrschen begannen.

Und so ist ein Sarapistempel schon im J. 105 v. Chr. in der Hafenstadt Puteoli belegt (*SIRIS* 497), in Pompeji wurde der erste Isistempel schon vor der Gründung der Kolonie, d.h. vor 80 v. Chr., erbaut; daher trägt dieser vorrömische Tempelbau noch einen osko-etruskischen Charakter.

Sullas Zeit muß dem ägyptischen Kult sehr günstig gewesen sein, wenn wir Apuleius' Angabe Glauben schenken können, daß das ehrwürdige Kollegium der *Pastophoren* in Rom zu jener Zeit gegründet worden ist, und vor allem wenn wir die herrlichen Mosaiken mit Nillandschaft in Praeneste, dem heutigen Palestrina, in Betracht ziehen, die wahrscheinlich aus dieser Epoche stammen.

Charakteristisch dabei ist die Vorliebe für alles Ägyptische, die sich noch im Laufe der Zeit steigert, und die Bedeutung der glückverheißenden Religion für den Römer, der in den unsicheren Zeiten der Bürgerkriege und Umsturzbewegungen in ihr eine feste Stütze in seiner Not erblickt. Vor allem in Rom waren es meist die niedrigeren Bevölkerungsschichten, die am ägyptischen Kult interessiert waren, unter ihnen viele Frauen, die sich gerne den Keuschheitsvorschriften im Isiskult unterzogen (das beklagen die römischen Elegiker bei ihren Geliebten). Diese ersten Verehrer gehörten aber keineswegs nur einer frivolen Halbwelt (auch darf man dies von den Geliebten der Dichter nicht behaupten) und den niedrigsten Kreisen der Freigelassenen und Sklaven. Auch vornehme Römer schlossen sich vielleicht schon damals der neuen Religion an, wie man es der Abbildung der Isis Panthea auf den Münzprägungen der kurulischen Ädilen zwischen den Jahren 70-55 v. Chr. entnehmen kann. Auch bezeugt die Bevorzugung der Isis nicht ein alleiniges Monopol der Frauenwelt, sie bringt vielmehr ein sittliches Element mit in sich, das dem hellenistischen Zeitalter und Ägypten noch ziemlich fremd war. Das Heil im Jenseits wurde dort früher vor allem durch das richtige Formular, nicht durch das Mitwirken der Gläubigen bewirkt.

Aber in Rom stieß die ägyptische Religion auf zwei andere Hindernisse, und zwar auf die traditionelle Abneigung des Staats gegen jeden orientalischen Kult und später, seit Augustus, auf den politischen Haß gegen Ägypten. Die Intoleranz gegenüber fremden Kulten war vor allem für die eigentliche Stadt Rom seit jeher typisch, jede solche Religion wurde als verderblicher Aberglaube, *superstitio perniciosa,* nicht als eine wahre Religion angesehen. Die einzige Ausnahme machten die Römer mit der kleinasiatischen Kybele, die auf Grund des sibyllinischen Orakels im J. 204 nach Rom eingeführt, aber in ihrem Wirken eingeschränkt wurde. Obwohl schon in der augusteischen Zeit die traditionelle römische Religion beinahe tot war, wehrten sich die Römer noch unter Trajan gegen das Christentum dadurch, daß es nur eine *superstitio* ist, die zudem dadurch noch gefährlicher wird, weil sich ihre Anhänger in geheimen Vereinen versammeln.

Schon zu Sullas Zeiten muß auf dem Kapitol ein Isisheiligtum bestanden haben, es gab jedoch immer wieder neue Verbote seitens des Senats, und immer wieder wurden die zerstörten Altäre aufgebaut, bis endlich im J. 43 v. Chr. die Triumvirn den Bau eines Tempels für Isis und eines anderen für Sarapis gelobten. Aber in den Wirren des Bürgerkrieges wurde das Gelübde nicht erfüllt, und unter Augustus wurde die Situation noch ungünstiger, nachdem Antonius und mit ihm ganz Ägypten zum Erbfeind der Römer erklärt worden war. Nicht besser war es unter Tiberius, erst unter Caligula konnte sich der Kult freier entwickeln. Unter diesem Herrscher wurde der Isisgottesdienst in den Staatskult übernommen, das Fest der Isia (*Heuresis*) eingeführt und die sog. Aula Isiaca am Palatin erbaut und ausgeschmückt. Da die fremden Gottheiten im allgemeinen hinter die Stadtmauern ausgewiesen waren, finden wir den bedeutendsten ägyptischen Tempel Roms außerhalb der alten Stadtgrenze, des Pomeriums, auf dem Marsfeld. In diesem Iseum Campense verbrachten Vespasian mit Titus im J. 71 die letzte Nacht vor ihrem Triumph. Das zeugt zugleich von der engen Beziehung der ganzen flavischen Dynastie zum Isiskult. Vor allem Domitian betätigte sich sehr eifrig auf diesem Feld, in Benevent ließ er sich sogar in ägyptischer Tracht abbilden; vor dem von ihm errichteten Isistempel in Benevent standen zwei Obelisken mit hieroglyphischen Inschriften, in denen seine Taten gepriesen wurden (H. W. Müller). Im Einklang damit und im Unterschied zum ersten Isistempel in Pompeji ist das Iseum auf dem Marsfeld ganz ägyptisch sowohl in seiner Anlage als auch in seiner Ausstattung.

Von den späteren Kaisern sind als große Gönner der ägyptischen Religion im II. Jh. Hadrian und auf der Wende vom II. zum III. Jh. Commodus, Septimius Severus und Caracalla zu nennen. Der erstere unternahm eine große Reise nach Ägypten (sein im heiligen Nilwasser ertrunkene Liebling Antinous wurde von ihm zum Gott erhoben) und ließ sich in Tibur eine große Villa erbauen, in der neben anderen ägyptischen Merkwürdigkeiten vor allem der sog. Canopus am imposantesten ist (künstliches 119 Meter langes Bassin, das den ägyptischen Nilkanal versinnbildlichen sollte). Commodus ist dadurch berühmt, daß er bei öffentlichen Prozessionen als Offiziant des ägyptischen Kultes auftrat, Septimius Severus hat sich äußerlich dem Sarapis angeglichen, aber erst Caracalla scheint die ägyptischen Gottheiten in die Grenzen des Pomeriums eingelassen zu haben. Ihm verdankt seinen Ursprung vor allem das Serapeum auf dem Esquilin. Caracallas Zeit bedeutet auch sonst für Isis und hauptsächlich Sarapis den Gipfel ihres Ruhmes, der danach zugunsten des Mithras ein wenig verblaßt.

Westprovinzen

In die meisten westlichen Provinzen verbreitete sich der ägyptische Kult auf dem Wege von Italien, nicht aber nach Hispanien, wo er schon in der republikanischen Zeit belegt ist und von einem direkten Einfluß Ägyptens bzw. alexandrinischer Kaufleute zeugt. Vor allem ist es ein Altar aus Ton, der im Tempel der Marketender im Lager des Caecilius Metellus im heutigen Cáceres zum Vorschein gekommen ist (García y Bellido). Auf allen vier Seiten des mit Akanthosblättern verzierten ionischen Kapitells, von denen jetzt nur noch drei erhalten sind, befand sich ursprünglich der bärtige Sarapiskopf. Der Altar dürfte aus Alexandrien stammen und von den Kaufleuten dorthin gebracht worden sein. Auch noch in der Kaiserzeit bedurfte der ägyptische Kult auf der Iberischen Halbinsel keiner Förderung seitens der Vertreter der römischen Verwaltung oder des Militärs und verbreitete sich selbst ohne einen direkten Einfluß Roms.

Eine unmittelbare Wirkung Ägyptens kann man auch in dem früh romanisierten Südgallien voraussetzen, wo es in Nemausus (Nîmes) seit Augustus eine Kolonie der Griechen aus Ägypten gab. Eine Sonderstellung nehmen ebenso die afrikanischen Provinzen ein, wo der ägyptische Kult schon in der Ptolemäerzeit bekannt war oder wo die ägyptischen Gottheiten mit einigen einheimischen identifiziert wurden, sogar in dem Grade, daß man sie nicht gut voneinander trennen kann.

Sonst weisen selbst die ältesten Belege des ägyptischen Kultes in den lateinischen Provinzen darauf hin, daß die Kenntnis der Isis und des Sarapis erst mit dem Vordringen der römischen Vorstellungen dorthin kam, die sowohl die römischen Beamten und Soldaten als auch Kaufleute vermittelten. In diesem Sinne gab es also doch eine *interpretatio Romana,* die z.B. darin bestand, daß Isis sehr oft als *regina* bezeichnet wurde, vielleicht nach Vorbild der Iuno; schon in Ägypten besitzt Isis mehrere Königsattribute, aber in diesem Fall wird man es wohl eher den römischen Vorstellungen zuschreiben müssen. Sarapis war kein ausgesprochener Militärgott wie Mithras, aber doch stammen mehrere Widmungen von Soldaten der Limeszone, die dabei ebenso des regierenden Kaisers gedenken (besonders oft wird in ihnen Caracalla erwähnt). Sarapis heißt auch *conservator* als Beschützer des Reiches, wohl nach dem Reichsgott Iuppiter. Denselben Beinamen finden wir auch bei Iuppiter Dolichenus. Daß Isis oft Augusta heißt, braucht nicht betont zu werden.

Diese *interpretatio Romana*, die nicht einmal den Herrscherkult ganz außer Acht lassen konnte, hängt mit dem Grade der Romanisation zusammen. Je mehr romanisiert eine Provinz war, desto größer die Beliebtheit der ägyptischen Kulte, die die Römer mitbrachten. Die ersten Propagatoren der neuen Religion waren fremde Elemente, römische Beamten, Offiziere, subalterne Angestellte der römischen Verwaltung, wie Freigelassene und Sklaven im Dienst des illyrischen Zolles, Kaufleute und in einem nur geringen Maß Ägypter oder Griechen aus Ägypten. Wenn man z.B. die geborenen Syrer als Hauptträger ihrer einheimischen Kulte in Militärlagern erachten kann, trifft dies nicht für Ägypter zu. Es gibt überhaupt sehr wenige Ägypter in der Armee der Westprovinzen, und vielleicht darum kennen wir keinen Beleg, daß Ägypter im römischen Westen ihre ,,väterlichen Götter'' (*di patrii*) ausdrücklich nennen, wie es bei anderen orientalischen Kulten sehr oft der Fall ist. Erst später kommt die eigentliche einheimische Bevölkerung an die Reihe, die ja meistens ihre alten Götter im römischen Gewand verehrt (wie die Matronen in Germanien oder den Silvanus in Pannonien).

Ganz selten kommt es indessen vor, daß eine einheimische Gottheit mit Isis oder Sarapis identifiziert wird. Wenn wir, wie schon gesagt, von Hispanien und teilweise Afrika absehen, die hieher nicht gehören, und wenn auch die größere Beliebtheit der Isis in Norddalmatien nur vermutungsweise der Verbindung mit einer dalmatinischen Gottheit zugeschrieben werden kann, so bleibt uns als die einzige und zugleich wichtigste Gottheit, die beide Züge in sich vereinigt, die norische Isis-Noreia übrig. Aber auch hier kann man nur schwer unterscheiden, was noch Noreia und was schon Isis ist, wenn sie nicht ausdrücklich mit beiden Namen bezeichnet wird. Die mütterliche Schutzgottheit der alten Hauptstadt Noreia, die jetzt am wahrscheinlichsten mit der uralten Siedlung auf dem Magdalensberg gleichzusetzen ist, besaß als Göttin des Wassers und Herrin des Schicksals und wohl auch als Beschützerin der Toten ähnliche Eigenschaften wie Isis. Den Kult der Isis konnten die Noriker schon vor der Errichtung der Provinz durch Vermittlung der Kaufleute aus Aquileia kennenlernen, mit denen sie im regen Handelsverkehr standen.

Die ersten Spuren der Isis-Noreia sind vielleicht schon in den ersten Jahrzehnten des I. Jh. n. Chr. in dem Handelsemporium auf dem Magdalensberg zu suchen. Die erste Inschrift stammt aus der zweiten Hälfte dieses Jahrhunderts (*SIRIS* 650); der römische Prokurator Noricums anerkannte und propagierte in ihr die Gleichsetzung der Noreia mit Isis. Im Bäderbezirk von Virunum, der späteren Hauptstadt Noricums, ist eine schöne Statue der Isis-Noreia aus einheimischem Material zum Vorschein gekommen, Arbeit eines römischen Meisters aus etwa derselben Zeit, die in sich die charakteristischen Züge der römischen Isis-Fortuna und der norischen Noreia vereinigt. Zu Isis gehört das Füllhorn, die Fransen am Mantel und der Schlangenschmuck an der Brust, Noreia ist durch ihre Tracht gekennzeichnet, die dem Geschmack einer keltischen Dame entspricht.

Auch in die benachbarten Donauprovinzen verbreitete sich am Anfang vor allem Isis, erst im II. Jh. Sarapis und die mit ihm verbundenen Götter. Als Vermittler galt ebenso Aquileia. Von da aus gingen Handelsstraßen nach allen Richtungen, vor allem war es die bekannte Bernsteinstraße. Längs dieser Handelsarterien und aus Militärlagern verbreitete sich der Kult auch in anderen Provinzen, und zwar hauptsächlich im II. Jh., das eine neue ägyptisierende Welle mit sich brachte und als Zeit der Stabilisierung des Kultes im Westen angesehen werden kann. Erst in dieser Zeit drangen die ägyptischen Götter auch nach Germanien ein. Auch sonst sind die Belege aus dem I. Jh. ziemlich selten, die höchste Blüte gehört dann in den Anfang des III. Jh.

Aus dem II. und III. Jh. stammt auch eine Fülle ägyptischer und ägyptisierender Kleingegenstände, die verschiedenartig gedeutet werden können, aber mindestens von der Beliebtheit aller Aegyptiaca in den Westprovinzen ein beredtes Zeugnis ablegen, mögen sie als wirkliche Kultobjekte und Devotionalien gedient haben, oder nur als magische Amulette, oder aber als Kuriositäten, die damals nach dem Vorbild der Hauptstadt fleißig gesammelt wurden. Dies betrifft z.B. sog. Uschebtis, die in großer Menge überall gefunden werden. Es sind kleine Figuren in Osirisgestalt, die ursprünglich für den Toten im Jenseits die Fronarbeiten verrichten sollten, und daher ihm ins Grab mitgegeben wurden.

Es ist nicht leicht zu entscheiden, was wirklich zum Kult gehörte und was nur eine allgemeine Kulturerscheinung war, was also *cultuel* und was nur *culturel* war, um das französische Wortspiel zu benutzen. Die Zugehörigkeit zum Kult ist sicher, wenn die Fundumstände gut bekannt sind und wenn auch andere benachbarte Funde dem nicht widersprechen, z.B. wenn es sich um ein größeres Komplex handelt oder wenn auch sonst aus derselben Lokalität der Kult schon belegt ist. Leider sind uns nur wenige große Zentren in den lateinischen Provinzen bekannt, vor allem dort, wo ein Tempel stand und wo Priester bezeugt sind. So wenn man in Köln eine größere Gemeinde der Isisverehrer mit Priestern und vielleicht mehreren Tempeln voraussetzen kann, ist es statthaft, zu dieser Gemeinde einen dort nachgewiesenen Ägypter mitzuberechnen, der einen typisch ägyptischen Namen trägt (Grimm 21).

Sonst wenn jemand Isidorus oder Sarapio heißt, muß noch nicht unbedingt an einen Isis- bzw. Sarapisverehrer geschlossen werden, weil die *nomina theophora* vererbt und später auch von den Christen gebraucht werden. Die Namengebung ist in allen Zeiten vor allem Sache der Mode, ohne daß der wahre Sinn des Namens berücksichtigt wird. Nur beweisen viele Isidori die Beliebtheit solcher Namen. Von Bedeutung sind sie vor allem in der frühen Kaiserzeit in Rom, wo sie häufig sogar unter der Dienerschaft der ersten Kaiser auftauchen.

Wichtige Tempel gab es auf der britischen Insel in London, in den Donauprovinzen vor allem in Savaria, dem heutigen Szombathely in Ungarn. Vereinzelte Widmungen an die ägyptischen Götter und zerstreute Funde (wie Terrakotten) beweisen noch nicht, daß es dort auch Tempel gab. Sie bezeugen nur die Beliebtheit dieser Gottheiten. Sogar in Carnuntum, dem wichtigsten Militärlager an der mittleren Donau und zugleich Hauptstadt von Oberpannonien, müssen wir vielmehr nur einzelstehende Altäre ohne wesentliche Zeremonien voraussetzen.

Die richtigen Zeremonien mit dem täglichen Gottesdienst, Festen und feierlichen Prozessionen konnten nur dort stattfinden, wo es Tempel und Priester gab. Diese finden wir in größerer Menge jedoch hauptsächlich in Italien, vor allem in Rom, und daneben auch im östlichen Teil des Reiches, der teils die alten hellenistischen Traditionen fortsetzte, teils sich immer mehr und mehr den neuen ägyptisierenden Strömungen anpaßte. In mancher Hinsicht bildete das römische Kaiserreich eine wirkliche Einheit: Die Prozession im korinthischen Hafen Kenchreai, wie sie uns Apuleius vorführt, muß in Rom ähnlich ausgesehen haben; der Grieche Plutarch schreibt im II. Jh. n. Chr. über die mystische Religion der Isis und des Osiris nicht nur für seine Landsleute, sondern auch für die Römer; auch in Griechenland erscheinen wieder lebenslängliche Isispriesterinnen wie in Rom; überall findet man Exvotos, die von der Macht der ägyptischen Götter zeugen. Erst nachdem Ägypten endgültig die politische Selbständigkeit verloren hatte und zur Legende wurde, konnten seine Götter ihre nationale Begrenztheit teilweise loswerden und in das römische Pantheon eingegliedert werden, wobei sie immer doch etwas Exotisches und Magisches beibehielten. Und das war attraktiv.

Wundertaten-Preislieder

Ihre Zauberkraft äußerte sich auch darin, daß sie als Heilgötter galten, aber nie in einem so großen Maße wie Asklepios und Hygieia (Salus), mit denen sie identifiziert werden konnten. Isis war schon in Ägypten dadurch bekannt, daß sie verschiedene Augenkrankheiten zu heilen wußte, wovon mehrere Votivgaben in Form von Augen zeugen, und umgekehrt konnte sie ihre untreuen Diener blenden. Wenn wir aber als Exvoto Ohren finden, bedeutet es noch nicht unbedingt eine Wunderheilung dieses Körperteils, sondern meistens geht es darum, daß Isis die Bitten hört, da sie eine ,,erhörende'' Göttin ist; deshalb wird sie oft als *epekoos* angerufen. Manchmal finden wir als Exvotos in Tempeln der ägyptischen Gottheiten Abdrücke von Fußsohlen, die mit der wunderbaren Heilung überhaupt nichts zu tun haben. Sie sollen entweder die Pilgerfahrt des Gläubigen in den Tempel versinnbildlichen oder bedeuten die mystische Anwesenheit des Gottes, der im Stein seine Spuren hinterlassen hat. Einen ähnlichen Sinn muß der Sarapisfuß gehabt haben, den man sogar zu küssen pflegte und der die Erscheinung, *Epiphanie* des Gottes andeutete. Auf manchen Sarapisfüßen ist oben auch die Büste des Gottes abgebildet.

Die Heilungen ebenso wie sonstige Wundertaten — denn die ägyptischen Götter sollten ihren Bekennern auch in allen Schwierigkeiten und Gefahren des Lebens helfen — wurden natürlich in Tempeln verewigt, sehr oft auf den direkten Befehl der Gottheit, der meistens im Traum erteilt wurde (dies sind die Formeln wie *ex visu, ex imperio, ex praecepto*). Diesen Ursprungs sind die meisten Votivtafeln und Statuetten, die man sich gerne anschaute und las und die von den Priestern bereitwillig erklärt wurden. Aus Delos kennen wir sogar spezielle Traumdeuter (*Oneirokritai*) im Dienst der ägyptischen Gottheiten. Die Wundertaten gaben auch Anlaß dazu, daß die Macht der Gottheit, vor allem der Isis, in größeren Preisliedern, Aretalogien, besungen wurde. Die meisten der Isis gewidmeten Aretalogien sind angeblich aus einer alten in Memphis aufbewahrten Vorlage abgeschrieben, deren Inhalt, nicht aber Wortlaut, man ziemlich gut rekonstruieren kann (D. Müller, Bergman). Die auf uns gekommenen inschriftlichen Aretalogien aus den Inseln Andros und Ios, aus Thessalonike und aus dem kleinasiatischen Kyme sind nämlich einander sehr ähnlich (Peek). Alle sind griechisch geschrieben, stammen aber erst aus der Kaiserzeit. Nur die älteste von ihnen, die in Maroneia an der ägäischen Küste Thrakiens vor kurzer Zeit gefunden worden ist, ist etwas älter; man kann sie auf die Wende vom II. zum I. Jh. v. Chr. datieren (Grandjean). Den Anlaß zu ihrer Niederschrift gab eben eine Wunderheilung der Augen. Sie ist viel selbständiger in der Bearbeitung bzw. Umgestaltung der gemeinsamen Vorlage — sie ist auch mehr hellenisiert — und gibt uns Schlüssel zu vielen strittigen Fragen. Die memphitische Vorlage war so etwas wie ein heiliges Buch, das man aber in jedem Tempel auf verschiedene Weise erklären konnte, wobei die ägyptischen Priester behilflich waren. Es gab wohl keine einheitliche Vorschrift in dieser Hinsicht, ebensowenig wie für die Deutung des ganzen Isismythus, der einen weiten Spielraum für verschiedene Spekulationen offen ließ. Vieles in der ägyptischen Religion wurde nur angedeutet und mit einem mystischen Schleier zugedeckt. Nur die Allmacht der Gottheit wurde aufs äußerste gepriesen, vor allem zählte man alles auf, was Isis zum Wohl der Menschheit erfunden hatte.

Mysterien

Und so belehren uns nicht einmal diese Aretalogien über den eigentlichen Kult; auch werden in ihnen keine ägyptischen Mysterien erwähnt. Dies entspricht dem Sinn der memphitischen Vorlage und dem ganzen Milieu des hellenistischen Ägyptens, das noch keine persönliche Weihe kannte. Dem scheint zu entsprechen, daß die Isismysten ebenso wie die Knaben mit der Horuslocke, die wohl eine Vorweihe andeutet, erst aus der Kaiserzeit belegt sind. Woher kommen also diese Mysterien, die Ägypten fremd sind? Schon lange hat man auf den Einfluß der bedeutendsten griechischen Mysterien, derjenigen von Eleusis, gedacht. Nun wird auch in der neuen Aretalogie von Maroneia die Bedeutung von Eleusis hervorgehoben; die neue ägyptisierende Welle wird durch griechische Vorstellungen gefördert. Die ägyptischen Mysterien der römischen Kaiserzeit verdanken also ihren Ursprung wohl der griechischen

Demeter, obwohl zugleich auch der ägyptische Kern der Priesterweihe darin nicht zu verkennen ist (Junge).

Isis wurde seit jeher der Demeter gleichgesetzt, mit der sie auch ähnliche Schicksale in ihrem Leben, Suchen und Finden verknüpften. Isis war keine Heilgöttin par excellence, mehr als für die körperliche Gesundheit sorgte sie für das allgemeine Wohl ihrer Gläubigen, die sich ihrer Führung anvertrauten. Man glaubte, daß sie sie aus verschiedenen Gefahren und Stürmen des Lebens rettete, vor allem aber daß sie das Heil im Jenseits durch die Initiierung in ihre Mysterien gewährleistete. Den nicht eingeweihten Sündern drohte dagegen der wirkliche Tod des Leibes und der Seele zugleich.

Der Initiand mußte mehrere Prüfungen bestehen, durch alle Elemente bis an die Schwelle des Todes gelangen, die die Welt regierenden Gottheiten mit eigenen Augen erblicken und seinen eigenen Scheintod erleben, um danach zum neuen Leben aufzuerstehen und aus den unterirdischen Gemächern auf diese Welt gereinigt zurückzukommen. Der neue Myste zeigte sich dann im weißen Mystengewand der versammelten Menge, die die Macht der Gottheit wie in einer Aretalogie pries. Aber nicht jedermann durfte sich aus eigenem Antrieb der Mysterienweihe unterziehen. Er mußte dazu von der Gottheit aufgefordert werden, die ihm ihren Willen meistens wieder im Traum offenbarte. Dann kam erst die richtige Vorbereitung an die Reihe, die im Fasten und ritueller Reinigung bestand. Eine große Rolle spielte dabei wieder das heilige Nilwasser.

Dies wissen wir vor allem aus Apuleius, der natürlich über die eigentlichen Mysterien nur allgemein spricht; jeder Myste war ja zum ewigen Schweigen verpflichtet. Der Held des Apuleius mußte sich nach der Isisweihe in Kenchreai nochmals in die Osirismysterien in Rom einweihen lassen, was ihn fast sein ganzes Vermögen kostete. Neben den Isismysterien gab es also auch andere und vielleicht verschiedene Stufen der Weihe. Jedenfalls war es nicht überall dasselbe.

Ebenso wie im Eselsroman des Apuleius, der mit Erlösung seines Helden durch Isis endet, finden wir auch in anderen Romanen der Kaiserzeit mehrere Anspielungen an die Isismysterien (Merkelbach), auch wenn man nicht alles in diesen Liebeserzählungen auf die Isismotive zurückzuführen braucht. Es handelt sich um die Romane des Xenophon von Ephesos, des Achilleus Tatios und um die Erzählung über den

König Apollonios von Tyros (*Historia Apollonii regis Tyri*). Auf ihren abenteuerlichen Irrfahrten bestehen die Geliebten verschiedene Prüfungen, erleben mehrere Schiffsbrüche, oft wiederholt sich der scheinbare Tod und Auferstehung, der scheinbar Tote wird wie Osiris in einen Sarg gelegt und wieder herausgeholt, sehr oft wird auch Isis selbst genannt. Außerdem haben viele Geschichten enge Beziehungen zu Ephesos, die dortige Schutzgottheit Artemis-Diana ist oft die letzte Instanz.

Man kann also fragen, welche Beziehung Isis zu dieser alten Stadtgöttin von Ephesos hat. Isis wurde schon früher sehr häufig mit Artemis gleichgesetzt, aber nie ausdrücklich mit der Artemis von Ephesos, die auch unter den griechischen Artemisgestalten eine Sonderstellung einnimmt, da sie eigentlich keine griechische Gottheit ist. Und wir werden noch weiter sehen, daß Isis mit den orientalischen Gottheiten nicht zusammenfließt. Nicht einmal in den ,,ephesischen" Romanen geht es wohl um eine direkte Gleichsetzung, da auch Isis mit ihrem wahren Namen genannt wird und sich nicht unter dem Decknamen der Artemis versteckt (Hölbl). Beide Göttinnen waren nur sehr ähnlich. Es ist eine Parallelität, die wir auch sonst beobachten, wie wenn Isis zusammen mit Kybele verehrt wird, ohne daß sie mit ihr eins wird. Außerdem dürfen wir den Mysteriensinn dieser erotischen Romane nicht zu weit treiben; der in Anspielungen angedeutete mystische Hintergrund diente ihren Autoren zur besseren Untermalung der bewegten Schicksale ihrer Helden.

Manches davon ist vielen antiken Mysterien gemeinsam, wie Tod und Auferstehung, d.h. die Besiegung des Todes; indem man sich ihm freiwillig fügte, siegte man mit Hilfe der Gottheit über ihn und wurde zu einem neuen Menschen. Dieser neue Mensch wählte sich dann oft auch einen neuen sprechenden Namen. Meist war es kein eigentlicher Name, sondern ein zusätzlicher Spitzname, *Signum*, wie Heuresius (nach der Heuresis, Auffindung des Osiris) oder Memphius (in dieser Form auch bei Frauen belegt). Ähnlichen Ursprungs dürften auch die Decknamen der Geliebten der römischen Elegiker gewesen sein (Delia, Nemesis, Cynthia).

Auf welche Weise der Myste in einen ,,direkten" Kontakt mit der Gottheit gelangen konnte, wissen wir nicht. Es ist jedoch kaum glaubhaft, daß es zu einem geschlechtlichen Verkehr kam, wie in der mythischen Verbindung der Isis mit Osiris oder in den Dionysosmysterien, mit denen die Isismysterien nicht verwechselt werden dürfen. Es gab zwar eine skandalöse Geschichte in den Anfängen des ägyptischen Kultes in Rom, aber dahinter steckte der Geliebte der betreffenden Frau, der sich für Isispriester ausgab. In den Aretalogien und Romanen werden dagegen die jungfräuliche Keuschheit und eheliche Treue hervorgehoben. Damit steht im Einklang, daß auch Männer ihre Gemahlinnen in die Mysterien einweihten. Ganz anschaulich wird auf einem Relief des Mystensarkophags in Ravenna gezeigt, wie der Mann seine Frau zum mystischen Sehen befähigt (*SIRIS* 586). In den antiken Mysterien war alles symbolisch und anschaulich zugleich. Man brauchte dazu verschiedene Vorrichtungen, um den Mysten auch mit Hilfe von harmlosen Tricks den Einblick in die Geheimnisse des Weltalls zu gewähren. Dabei muß es nicht wenige Paradoxe gegeben haben, wie alte Zauberpraktiken und philosophische Spekulationen zusammen. Auch dies war vielen antiken Mysterienreligionen gemeinsam und es drohte die Gefahr, daß jede von diesen Religionen in einem allgemeinen vom solaren Kult beeinflußten Pantheismus aufgehen wird.

Synkretismus

Daß die ägyptische Religion diesen synkretistischen Tendenzen lange Widerstand leisten konnte, ist einerseits wohl ihrer Exklusivität, andererseits ihrer frühen Anpassung an klassische Götter zuzuschreiben. Die ägyptischen Götter wurden von Anfang an griechischen und römischen Göttern gleichgesetzt, die in der Kaiserzeit im Grunde genommen eins waren. Dies war aber noch kein eigentlicher Synkretismus, es handelte sich nur um die Bezeichnung fremder Gottheiten mit geläufigen Namen. So erscheint Isis z.B. als Demeter, Artemis-Diana-Luna, Tyche-Fortuna, Aphrodite-Venus, Nemesis, Hekate, aber nur ausnahmsweise als Iuno (nicht Hera), während Sarapis von Anfang an als Zeus-Iuppiter auftritt. Durch die griechische Vermittlung ist zu erklären, daß Isis auch mit der phönikischen Astarte identifiziert wurde, da diese schon vorher mit der griechischen Aphrodite zusammengeflossen war.

Anders war das Verhältnis zu anderen orientalischen Gottheiten, die die gefährlicheren Konkurrenten im Kampf um die Gunst der Anhänger darstellten. Am freundlichsten war das Verhältnis zu der phrygischen Kybele, die in Rom beheimatet war und unter dem Schutz der Staatsbehörden stand. So finden wir vor allem in den Anfängen des ägyptischen

Kultes in Italien beide Kulte unter demselben Dach in einem Tempel, ebenso konnte ein und derselbe Priester sowohl der Magna mater als auch Isis dienen. Andererseits war Isis bald so mächtig, daß die Priester anderer orientalischer Gottheiten sich ihren Einfluß zunutze machen wollten, indem sie nicht nur Isis, sondern auch ihren Gefährten Sarapis in einen anderen Götterkreis aufnahmen, um ihre bewährte Kraft sich dienstbar zu machen. Vor allem wurden Isis und Sarapis in den Dolichenuskreis einbezogen. Sehr gut können wir es an der dreieckigen Platte aus Heddernheim beobachten, wo Iuno Dolichena mit dem Kopfschmuck der Isis und mit dem *Sistrum* in der Hand dargestellt ist (Grimm 86), oder im Dolichenusheiligtum auf dem Aventin, auf dessen Reliefs das ägyptische Paar zusammen mit dem Iuppiter Dolichenus und Iuno Dolichena abgebildet und zusammen verehrt wird (*SIRIS* 391, 392). Ob es zu einer völligen Verschmelzung gekommen ist, ist nicht ganz klar. Es dürfte die Absicht der Dolichenusverehrer, nicht der Isisverehrer gewesen sein: Isis und Sarapis sollten dem göttlichen Paar von Kommagene, dessen Kult am Anfang des III. Jh. im Absterben begriffen war, zur größeren Beliebtheit verhelfen.

Der gefährlichste Gegner der ägyptischen Religion war der Mithraismus. Früher glaubte man, daß es wegen ihrer ,,Erbfeindschaft'' überhaupt keine Berührungspunkte zwischen diesen zwei Religionen geben konnte, nach den neueren Funden muß man diese Ansicht jedoch modifizieren. Auch der Konkurrenzkampf mußte einige Spuren hinterlassen. Es konnte ja nicht anders sein, wenn sowohl Sarapis als auch Mithras sich dem Zeus-Helios gleichsetzten und sich von dem solaren Allgott einige Beinamen aneigneten, wie ,,unbesiegbar'' (*aniketos, invictus*) und ,,Herrscher des Weltalls'' (*kosmokrator*). Da diese Bezeichnungen gleich waren, war es auch nicht schwierig, auf dem Altar in den Caracallathermen in Rom den Namen des Sarapis abzumeißeln und ihn durch Mithras zu ersetzen (*SIRIS* 389). Dies entspricht genau dem größten Aufschwung der Mithrasreligion in der ersten Hälfte des III. Jh., wodurch die ägyptischen Götter ein wenig in Schatten gestellt wurden.

Trotzdem ist es zu einer völligen Gleichsetzung des Sarapis mit Mithras wohl nie gekommen, nur wurden beide Gottheiten manchmal zusammen verehrt, wofür die in verschiedenen Mithräen gefundenen Sarapisstatuen und -büsten zeugen. Aber umgekehrt ist kein Mithras in einem Iseum oder Serapeum belegt, und wenn der Isispriester bei Apuleius Mithra (bzw. Mithres) heißt, bedeutet es noch nicht, daß der ägyptische Kult durch den Mithraismus beeinflußt wurde. Mithres ist ein geläufiger Name und hat bei seinen anderen Trägern mit dem Mithraismus wohl nichts zu tun. Auch wurde Isis im Unterschied zu Sarapis nie in den Mithraskreis einbezogen. Es ist auch möglich, daß einige Leute religiöse Eklektiker waren; als Beispiel könnte Apuleius dienen.

Erst im IV. Jh., als beide Religionen sich gemeinsam gegen den Druck des Christentums wehren mußten, wurden mehrere orientalische Gottheiten oft zusammen in Dedikationen erwähnt und die letzten heidnischen Aristokraten in Rom kumulierten priesterliche Funktionen mehrerer Gottheiten, unter ihnen diejenigen der Isis und des Mithras. Aber im allgemeinen wußten die ägyptischen Götter durch ihre Exklusivität ihren ausgeprägten Charakter besser zu bewahren als die anderen orientalischen Religionen. Sie behaupteten sich auch noch lange unter den alten römischen Gottheiten, denen sie als ebenbürtig damals zugesellt waren. Bis zum Schicksalsjahr des römischen Heidentums, 394, erscheint Isis als glückverheißendes Symbol auf Münzen bzw. Kontorniaten, die zum Neuen Jahr verteilt wurden. Und noch im J. 416 beschreibt uns der Dichter Rutilius Namatianus ein Isisfest in der Stadt Falerii.

Die jüdische Religion und das Christentum waren noch exklusiver als die ägyptische Religion, nur mit dem Unterschied, daß ihre Exklusivität nicht durch die nationale Begrenztheit bedingt war, vor allem seitdem die Juden nach der endgültigen Zerstörung Jerusalems nur noch in der Diaspora lebten und seitdem das Christentum die nationalen Vorurteile durchbrochen hatte. Einige Kontakte mit dem Judentum möchten wir vor allem in Alexandrien und in Rom erwarten, wo es große jüdische Gemeinden gab. Aber in der ägyptischen Religion ist kaum etwas zu finden, was auf eine direkte Entlehnung hinweisen könnte. Wenn wir von Jahves Namen absehen, der in der Form Iao auch in anderen magischen und gnostischen Amuletten vorkommt, bleibt nur der in einer spätantiken Inschrift aus Hispanien belegte Sarapisbeiname Hypsistos („der höchste") (*SIRIS* 758), der sonst für den jüdischen Jahve typisch ist.

Umgekehrt wurde sehr oft von einem weitgehenden Einfluß der Isisreligion auf das Christentum gesprochen. Wir haben schon gesehen, daß es in verschiedenen Mysterienreligionen mehrere gemeinsame Züge gibt, wie Tod und Auferstehung, weiter Buße für Sünden, rituelle Reinigung und eine Art Taufe mit Wasser, Erzählung eigener Irrfahrten, die als eine Art Beichte aufgefaßt werden kann, kultisches gemeinsames Mahl, regelmäßige Zeremonien und dgl. Das alles war früher der römischen nüchternen Welt ziemlich fremd und kam meistens erst mit den orientalischen Religionen in den Westen. Wenn wir es in einer ausgeprägten Form in der ägyptischen Religion vorfinden, bedeutet es noch nicht, daß es in den anderen nicht existierte und daß es von Isis und Sarapis herstammt. Auch in anderen Fällen, die eine frappante Ähnlichkeit zeigen, muß man immer sehr vorsichtig vorgehen und lieber auf eine parallele Entwicklung und gleichen Gedankengang schließen. Das betrifft wohl den vermeintlichen Einfluß der Isis, den sie als Artemis von Ephesos ausübte (Mutter und Jungfrau zugleich), da die Identifizierung beider Gottheiten unbeweisbar ist und zudem es sich um ein nicht so isoliertes Motiv handelt. Es möge hier genügen, auf zwei Beispiele hinzuweisen, die man als Belege für die Einwirkung der ägyptischen Religion auf das Christentum anzuführen pflegt, obwohl sie ebenso gut und sogar besser als eine Parallelerscheinung erklärt werden können.

Es ist die typische Figur der ,,*Isis lactans*'', d.h. der stillenden oder milchspendenen Isis, die mit dem Horuskind auf dem Schoß dargestellt wird. Die Ähnlichkeit mit der stillenden Madonna ist frappant, aber die Zeit stimmt nicht. Die stillende Mutter Gottes ist erst viel später belegt und es ist kaum vorstellbar, daß man sich nach dem so alten Muster richtete (Tran tam Tinh II). Auch dies ist ein ewiges Motiv.

Ebenso sehr verbreitet ist die typische Grabformel ,,Möge dir Osiris frisches Wasser geben''. Diese Labung im Jenseits pflegt man mit dem christlichen *refrigerium* zu verbinden, obwohl es sich vielmehr um eine Sehnsucht nach der Erfrischung handelt, die allen unter der brennenden Sonne lebenden Südländern gemeinsam ist. Übrigens kommt dieses Bild schon im Alten Testament vor.

Das Christentum dürfte etwas übernommen haben, möglicherweise das schwarze Mönchskleid von den *Melanephoren* (,,schwarze Kleider tragenden'') der Isis, aber im allgemeinen nur was die äußeren Formen betrifft. Einen weit größeren Einfluß übten die Zauberpraktiken und magische Formeln aus, die einen integrierenden Bestandteil der ägyptischen Religion ausmachten. Nach der christlichen Auffassung gehören sie aber nur in die abergläubische Sphäre, die mit der Religion und dem Glauben nichts zu tun hat.

Daneben führte Isis ihr legendäres Dasein weiter; nicht einmal im Mittelalter wurde sie vergessen, sondern galt immer für eine mächtige heidnische Göttin, deren ägyptischer Ursprung sie mit einem exotischen undurchdringlichen Zauber umgab. Leider bleibt auch heute für uns so vieles in ihrem Kult unerklärt.

LITERATURVERZEICHNIS

Bergman, J., *Ich bin Isis (Studien zum memphitischen Hintergrund der griechischen Isisaretalogien)*, Uppsala 1968.

Bruneau, Ph., *Le sanctuaire et le culte des divinités égyptiennes à Érétrie* (EPRO 45), Leiden 1975.

Cumont, Fr., *Die orientalischen Religionen im römischen Heidentum*, Berlin 1931 (Nachdruck Darmstadt 1959).

Dunand, Fr., *Le culte d'Isis dans le bassin oriental de la Méditerranée* I-III (EPRO 26), Leiden 1973 [Dunand I].

Dunand, Fr., *Religion populaire en Égypte romaine (Les terres cuites isiaques du Musée du Caire)* (EPRO 76), Leiden 1979 [Dunand II].

Engelmann, H., *Die delische Sarapisaretologie*, Meisenheim am Glan 1964.

Engelmann, H., *The Delian Aretalogy of Sarapis* (EPRO 44), Leiden 1975.

Erman, A., *Die Religion der Ägypter*, Berlin und Leipzig 1934 (Nachdruck Berlin 1968).

Fraser, P. M., *Two Studies on the Cult of Sarapis in the Hellenistic World* in *Opuscula Atheniensia* 3, Lund 1960, 1-54.

García y Bellido, A., *Les religions orientales dans l'Espagne romaine* (EPRO 5), Leiden 1967.

Gonzenbach, V. von, *Untersuchungen zu den Knabenweihen im Isiskult der römischen Kaiserzeit*, Bonn 1957.

Grandjean, Y., *Une nouvelle arétalogie d'Isis à Maronée* (EPRO 49), Leiden 1975.

Grimm, G., *Die Zeugnisse ägyptischer Religion und Kunstelemente im römischen Deutschland* (EPRO 12), Leiden 1969.

Hölbl, G., *Zeugnisse ägyptischer Religionsvorstellungen für Ephesus* (EPRO 73), Leiden 1978.

Hornbostel, W., *Sarapis (Studien zur Überlieferungsgeschichte, den Erscheinungsformen und Wandlungen der Gestalt eines Gottes)* (EPRO 32), Leiden 1973.

Junge, J., *Isis und die ägyptischen Mysterien* in *Aspekte der spätägyptischen Religion* (Göttinger Orientforschungen IV 9), Wiesbaden 1979, 93-115.

Kater-Sibbes, G. J. F., *Preliminary Catalogue of Sarapis Monuments* (EPRO 36), Leiden 1973.

Leclant, J., avec la collaboration de G. Clerc, *Inventaire bibliographique des Isiaca (IBIS) (Répertoire analytique des travaux relatifs à la diffusion des cultes isiaques 1940-1969)* I-II (EPRO 18), Leiden 1972-1974.

Malaise, M., *Inventaire préliminaire des documents égyptiens découverts en Italie* (EPRO 21), Leiden 1972.

Malaise, M., *Les conditions de pénétration et de diffusion des cultes égyptiens en Italie* (EPRO 22), Leiden 1972.

Merkelbach, R., *Roman und Mysterium in der Antike*, München und Berlin 1962.

Morenz, S., *Ägyptische Religion* (Die Religionen der Menschheit 8), Stuttgart 1960.

Müller, Dieter, *Ägypten und die griechischen Isisaretalogien* (Abh. Sächs. Ak. der Wiss., Phil.-hist. Klasse 53, Heft 1), Berlin 1961.

Müller, H. W., *Der Isiskult im antiken Benevent und Katalog der Skulpturen aus den ägyptischen Heiligtümern im Museo del Sannio zu Benevent* (Münchner ägyptologische Studien 16), Berlin 1969.

Nock, A. D., *Conversion (The Old and New in Religion from Alexander the Great to Augustine of Hippo)*, Oxford 1933 (Nachdruck 1961).

Peek, W., *Der Isishymnus von Andros und verwandte Texte*, Berlin 1930.

Roussel, P., *Les cultes égyptiens à Délos du IIIe au Ier siècle av. J.-C.*, Paris-Nancy 1916.

Rowe, A., *Discovery of the Famous Temple and Enclosure of Sarapis at Alexandria* (Annales du Service des Antiquités de l'Égypte, Supplément 2), Le Caire 1946.

SIRIS, siehe Vidman.

Stambaugh, J. E., *Sarapis under the Early Ptolemies* (EPRO 25), Leiden 1972.

Tran tam Tinh, V., *Essai sur le culte d'Isis à Pompéi*, Paris 1964 [Tran tam Tinh I].

Tran tam Tinh, V., avec la collaboration de Y. Labrecque, *Isis lactans (Corpus des monuments gréco-romains d'Isis allaitant Harpocrate)* (EPRO 37), Leiden 1973 [Tran tam Tinh II].

Vandebeek, G., *De interpretatio Graeca van de Isisfiguur*, Lovanii 1946.

Vidman, L., *Sylloge inscriptionum religionis Isiacae et Sarapiacae (SIRIS)* (RGVV 28), Berolini 1969.

Vidman, L., *Isis und Sarapis bei den Griechen und Römern (Epigraphische Untersuchungen zur Verbreitung und zu den Trägern des ägyptischen Kultes)* (RGVV 29), Berlin 1970.

Wessetzky, V., *Die ägyptischen Kulte zur Römerzeit in Ungarn* (EPRO 1), Leiden 1961.

Wilcken, U., *Urkunden der Ptolemäerzeit* I, Berlin 1927.

Wild, Robert A., *Water in the Cultic Worship of Isis and Sarapis* (EPRO 87), Leiden 1981.

ABBILDUNGSVERZEICHNIS

Tafel I, 1. Statue des Sarapis-Pluto. Neapel, Nationalmuseum, Inv. 975. Marmor; 2. Jh. n. Chr. Photo nach Hornbostel, *Sarapis*, Abb. 146.

Tafel I, 2. Sarapisbüste; Marmor; Antoninisch. Rom, Kapitolinisches Museum, Inv. 1002. Photo nach Hornbostel, *Sarapis*, Abb. 125.

Tafel II, 1. Statuette der Isis-Fortuna; Bronze aus Herculaneum. Neapel, Nationalmuseum, Inv. 5313. Photo nach Malaise, *Inventaire*, Tafel 39.

Tafel II, 2. Statuette des Harpokrates; Bronze aus Verona. Verona, Archäologisches Museum, Inv. A4-302. Photo nach Budischovsky, *Diffusion*, Tafel LIII, b.

Tafel III. Terrakotta-Statuette mit der Darstellung der Isis, des Harpokrates und des Anubis; gefunden in Abella (Italien). London, British Museum, Inv. D 285. Photo nach Tran tam Tinh, *Campania*, Tafel XXI, Abb. 26.

Tafel IV. Relief der Isis-Sothis und des Mars aus dem Iseum von Savaria. Photo nach Wessetzky, *Äg. Kulte Ungarn*, Tafel III.

Tafel V. Fresko aus Herculaneum mit Darstellung einer Prozession. Neapel, Nationalmuseum, Inv. 8924. Photo nach Malaise, *Inventaire*, Tafel 35.

Tafel VI. Fresko aus Herculaneum mit Darstellung eines Tanzes. Neapel, Nationalmuseum, Inv. 8919. Photo nach Malaise, *Inventaire*, Tafel 36.

ISIS UND SARAPIS

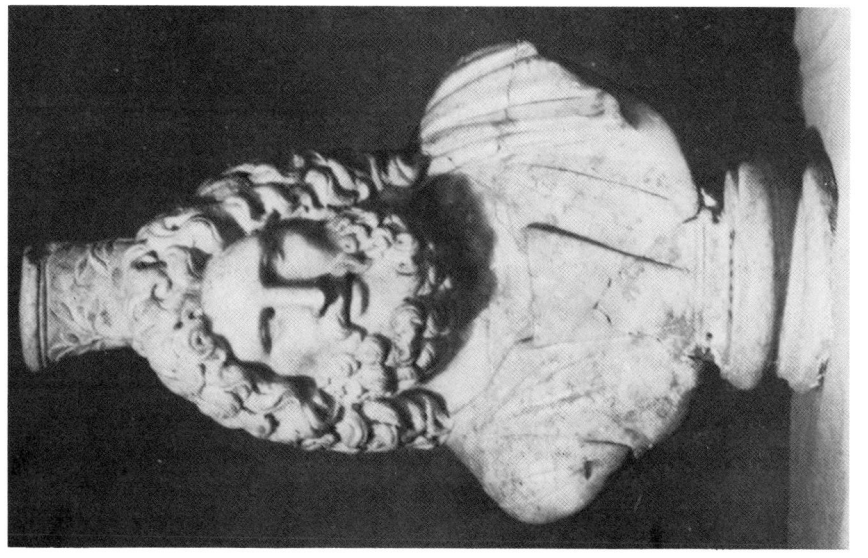

Tafel I, 1

Tafel I, 2

Tafel II, 1

Tafel II, 2

Tafel III

Tafel IV

Tafel V

Tafel VI

VI

ANDERE ÄGYPTISCHE GOTTHEITEN

Juppiter Ammon, Osiris, Osiris-Antinoos, Nil, Apis, Bubastis, Bes, Sphinx, Hermes-Thot, Neotera-Problem

GÜNTHER HÖLBL
(Wien)

I. Juppiter-Ammon

1. *Siwa und Kyrene*

Die Wurzeln des Ammon der Oase Siwa sind unklar: Der thebanische Amun könnte nach Siwa verpflanzt worden sein; es ist aber auch möglich, daß der semitische Baal Hammon, oder vielleicht sogar ein alter libyscher Wassergott als Gott der Oase durch Amun von Theben unter dem Einfluß der Namensähnlichkeit ägyptisiert wurde. Abgesehen davon, scheint der semitische Gott für die Aspiration im Namen ,,Hammon'' verantwortlich zu sein. Die aspirierte Form wird auch in Ägypten für Amun verwendet, z.B. in Philae unter Septimius Severus (I. O. M. Hammon-Chnubis: CIL III, 75).

Das Orakel des Ammon von Siwa wurde offenbar erst zur Zeit der 21. Dynastie eingerichtet (Fakhry). Ein älterer Tempel wurde unter Amasis durch einen Neubau ersetzt, zu dem die heute erhaltenen Reste gehören. Bauliche Veränderungen fallen in die Regierung Nektanebos' I. und in die hellenistische Zeit, als schließlich griechische Elemente dem Heiligtum einen Mischcharakter verleihen. Der Gott trägt wie Amun von Theben das Widdergehörn.

Besondere Bedeutung erlangte Ammon im nahen Kyrene, wo seine Statue im Apollontempel gefunden wurde. Offenbar haben die Kyrener Ammon an ihren eigenen Widdergott und κτίστης (,,Gründer'') Apollon Karneios angeglichen, und zwar bereits Ende 5. oder Anfang 4. Jh. v. Chr., da Aristoteles (bei Clemens Alex., *Protrep.* II, 28, 3) unter 5 Formen des Apollon auch ,,Apollon, den Libyer, Sohn des

Ammon" nennt. Diesen zeigen Münzen des 4. Jhs. v. Chr. von Kyrene mit einem jugendlichen Kopf mit Lorbeer und Widdergehörn (Fasciato-Leclant, 1).

2. *Ausbreitung des Kultes im griechischen Raum in vorrömischer Zeit*

Die frühesten eindeutigen Hinweise auf den libyschen Ammon in der griechischen Literatur finden wir bei Pindar (Fr. 24: Hymnus an den mit Zeus identifizierten Ammon). Pindar hat auch eine von Kalamis geschaffene Statue des Gottes im böotischen Theben geweiht (Pausanias IX, 16, 1). Abgesehen von einer durch die Kyrener geweihten Statue in Delphi ist die Verehrung des Ammon in Elis, Olympia sowie dem lakonischen Hafen Gythion nachgewiesen. Für Gythion bezeugt Pausanias (III, 21, 8) einen Tempel. Von dort gelangte der Kult nach Sparta. Durch Lysander kam er schließlich nach Aphytis (Chalkidike), wo die Reste des Tempels gefunden wurden. Vermittelt wurde der Ammonskult einerseits durch die Kyrener und andererseits durch das Orakel des Gottes von Siwa selbst, das die Griechen immer wieder konsultierten und dessen Ruf sich auch in der griechischen Literatur niederschlug (Hellanikos, Εἰς Ἄμμωνος ἀνάβασις).

In Athen kennen wir Weihinschriften seit 378/377 v. Chr. Ein Heiligtum für Ammon in Piräus in der Zeit 363/362 v. Chr. (Woodward) scheint nicht völlig gesichert. Auf jeden Fall kam der Kult von Übersee und wurde gerade in Häfen beliebt, so auch in Oropos (Attika). Die offizielle Einführung des Kultes nach Athen ist unklar, jedoch scheint dem Gott bereits vor 332 v. Chr. ein Tempel geweiht worden zu sein, der dann nochmals 262/261 v. Chr. bezeugt ist.

Die frühesten Münzen, die den bärtigen Kopf des mit Zeus geglichenen Ammon tragen, kennen wir aus Kyrene (6. Jh. v. Chr.) und von einigen Inseln, z.B. Melos und Zypern (frühes 5. Jh.); in der 2. Hälfte und dem Ende des 5. Jhs. erscheint das Bild auf Münzen einiger Handelszentren der kleinasiatischen Küste, z.B. Kyzikos und in Städten auf Lesbos sowie in Aphytis. Vom 4. Jh. v. Chr. an werden die Münzen mit dem Kopf des Zeus-Ammon immer häufiger und erscheinen auch in Süditalien (Metapont). In Makedonien hielt sich der Typus mit geringen Modifizierungen bis ins 3. Jh. n. Chr.; auf Münzen des Bosporianischen Reiches begegnet Zeus-Ammon in der Epoche um Christi Geburt. In einigen Städten (Mytilene, Tenos, Knossos, Aphytis, Metapont) finden wir daneben auch den erwähnten bartlosen, apollinischen Typus von Kyrene mit kurzen gepflegten Locken und den Widderhörnern (Fasciato-Leclant, 1). Der jugendliche Kopf mit den Ammonshörnern findet sich auch auf apulischer Keramik. Ein anderer jugendlicher Typus mit struppigen Haaren, der auch auf Münzen in Metapont und in Nuceria Alfaterna (Kampanien; hier ist kyrenische Vermittlung auszuschließen) begegnet, dürfte einen gehörnten Lokalheros wiedergeben.

Alexander d. Gr., der sich schon vor seinem Zug nach Ägypten als Sohn des Zeus betrachtete, besuchte in Siwa einen für ihn heimischen Gott (Aphytis!) und wurde dort als Sohn des Zeus-Ammon bestätigt. Da Alexander d. Gr. gleichzeitig als Inkarnation des Dionysos erscheint und die Diadochen diese Tradition fortsetzen, entsteht eine enge Beziehung zwischen Ammon und Dionysos, bzw. tritt Dionysos als Sohn des libyschen Ammon auf und erhält wie Alexander d. Gr. die Widderhörner seines Vaters (Fasciato-Leclant, 2). Diese Tradition ist vielleicht unter Ptolemaios IV. Philopator (220-205 v. Chr.) entstanden. In einem hellenistischen Kopf (jugendlich, ohne Bart, mit Widderhörnern, Tierohren und Efeu) aus dem Theater von Cherchel (Mauretania Caesariensis) kann man Philopator selbst vermuten und damit eine Synthese der Verehrung des Ammon und des Dionysos von Seiten dieses Königs annehmen.

3. *Römisches Reich*

Eine ungebrochene Kontinuität der Verehrung des Zeus- bzw. Juppiter-Ammon können wir im Gebiet von Aphytis feststellen: Zwischen 44 und 42 v. Chr. wurde Kassandreia auf Chalkidike als Colonia Cassandrensis vom Prokonsul Q. Hortensius, dem Sohn des bekannten Redners, unter den Schutz des Juppiter-Ammon gestellt (Kupfermünze mit Kopf des Juppiter-Ammon und der Beischrift HAMMON). Vermutlich wurde auch die Marmorbasis des 2./3. Jhs. n. Chr. mit einer lateinischen Weihung für Juppiter-Ammon aus Thessalonike (IG X, II, 1, Nr. *112) von einem Bürger der Colonia Cassandrensis gestiftet.

Die Problematik des Juppiter-Ammon in Nordwestafrika ist komplex, da dort die Verehrung des Baal Hammon mit der des libyschen und hellenistischen Ammon zusammentrifft. Münzen des Massinissa und seiner Nachfolger tragen einen bärtigen Kopf mit Widderhörnern, den auch die römischen Münzen zwischen Bocchus II. und Juba II. übernehmen. In einer Inschrift des Jahres 246 n. Chr. aus Auziae (Mauretania Caesariensis) ist der gehörnte Juppiter-Hammon der Begleiter der Dea Caelestis, somit als Baal Hammon aufzufassen (CIL VIII, 2, Nr. 9018). Desgleichen kann das Epitheton *barbarus* in einer karthagischen Inschrift (CIL VIII, 4, Nr. 24519) nur ein Hinweis dafür sein, daß es sich um eine Form des Juppiter-Ammon handelt, die vom griechischen Zeus-Ammon verschieden ist; wir können also auch hier nur an Baal denken. Zusätzlich ist in dem Gebiet durch archäologische Denkmäler auch der hellenistisch-römische Ammon präsent.

Im europäischen Westen tritt die durch Inschriften faßbare kultische Verehrung des Juppiter-Ammon erst im 2. und 3. Jh. n. Chr. deutlich hervor. Ein P. Stertinius Quartus, vielleicht jene Persönlichkeit, die unter Hadrian *proconsul Asiae* war, setzte dem Juppiter-Hammon und dem Silvan in Rom eine Weihinschrift (CIL VI, 378); ein *Cippus* aus Civita Castellana trägt die Inschrift HAMMO (CIL XI, 3077). Aus Valentia (Tarraconensis) kennen wir eine Weihung *I(ovi) o(ptimo) m(aximo) Am(moni)* (CIL II, 3729). Am Ende des 2. oder im frühen 3. Jh. errichtete in Aquincum ein Tribun der *legio IV. Flavia* für *Hammon Juppiter optimus maximus*, den *Lares militares* und ,,den übrigen Göttern'' einen Altarstein (CIL III, 3463), und eine Weihung für *Juppiter optimus maximus Ammon* in Carnuntum (CIL III, 11128) stammt aus dem Jahr 234 n. Chr.

In die zweite Hälfte des 2. Jhs. n. Chr. gehören zwei Inschriften aus Epamanduodurum (Mandeure) in der Germania superior: CIL XIII, 5410 mit Nennung des Juppiter-Ammon und CIL XIII, 5415 mit der Erwähnung eines *sacerdos* in Verbindung mit *Ammon*. Die beiden Inschriftfragmente stammen aus den Ruinen eines großen Juppiter-Tempels (Säulenhöhe etwa 13 m) aus der Zeit Marc Aurels. Obwohl die Inschriften derart verstümmelt sind, daß sie nicht mehr im gesamten gelesen werden können, ist die Nennung des Ammon sicher und nach dem Fundbericht (*Revue archéologique* 43, 1882, S. 267) auch der Bezug zu dem Heiligtum, in dem sie gefunden wurden. Daher ist m. E. gegen Moore und Grimm an der Bedeutung der Inschriften festzuhalten: Sie bieten meines Wissens das einzige Zeugnis im europäischen Westen für einen archäologisch nachgewiesenen Tempel, in dem Juppiter (zumindestens auch) als Juppiter-Ammon verehrt wurde und in dieser Form, wie es scheint, einen eigenen Priester hatte.

Die römische Kunst übernimmt das Bild des Zeus-Ammon fast ohne Veränderungen von der griechischen: Der bärtige Kopf des olympischen Zeus trägt die Hörner des ägyptischen Amun und die Ohren eines Widders. Statuen, die den Gott zur Gänze darstellen, sind selten. Die hellenistische Tradition des bartlosen Kopfes mit den Widderhörnern läßt sich auch in der Kaiserzeit (abgesehen von alexandrinischen Münzen: Fasciato-Leclant, 2) an wenigen Zeugnissen fassen, vielleicht aber in erster Linie durch Kopien hellenistischer Originale; ein solcher Kopf einer Herme fand sich im Zusammenhang mit Ruinen eines Heiligtums zwischen Bagnols und Saint-Esprit, nördlich von Avignon (Espérandieu, *Rec. gen.* I, Nr. 525). Der bartlose, gehörnte Kopf von deutlich einheimischem Kunstempfinden begegnet zur Kaiserzeit im norischen Raum in apotropäischer Funktion analog zum Medusenhaupt auf der Firstabdeckung eines Grabbaues (H. Ubl, *Die Skulpturen des Stadtgebietes von Aelium Cetium*, Wien 1979, Nr. 82): Vielleicht treffen wir hier auf eine bedeutungsmäßige und ikonographische Begegnung des Ammon mit einem Gott des donaualpin-norischen Pantheons.

Die Bedeutung des Bildes des Juppiter-Ammon seit dem 1. Jh. n. Chr. läßt sich an Hand der Denkmäler ziemlich klar erkennen:

a) Die Jenseitsbedeutung und Symbolik der Unsterblichkeit zeigen besonders deutlich die Grabaltäre mit Ammonsmasken, oft zusammen mit Sphingen (Fasciato-Leclant, 3). Diese Altäre datieren aus der Zeit des Caligula bis zum Ende des 1. Jhs. n. Chr. und sind zumeist stadtrömischer Herkunft. Ihr kultureller Hintergrund dürfte in Mauretanien am Hofe Jubas II. zu suchen sein in Anschluß an die alexandrinische Tradition, die Ammon und Dionysos zusammengebracht hatte; die dionysische Symbolik der Altäre ist augenscheinlich. Juppiter-Ammon ist aber auch sonst mit dionysischen Elementen verbunden (Kandelaberbasis in Venedig: Budischovsky 1977, V XIII, 6; Phalera von Lauersfort: Grimm, Nr. 12). Spezielle Jenseitsbedeutung hat die Darstellung des Gottes an Grabmälern: z.B. Altino (Venetien), Asseria (Dalmatien), Alba Julia (Dacien), Köln, Neumagen (Belgica).

b) Der Kopf des gehörnten Gottes ist ein Symbol des Sieges in der Dekoration des Tempels des Mars Ultor (Beaujeu). Vielleicht hat er ähnliche Bedeutung auf den spanischen Tempeln von Merida und Tarraco. Ein Symbol der römischen Staatsmacht ist er als Dekorationselement der Fora von Aquileia, Triest, Pula und Zadar (Budischovsky, 1973). Von Sieg und Triumph in Verbindung mit der Juppitertheologie kündet sein Bild auf dem Brustpanzer einiger Statuen Hadrians sowie auf römischen Münzen Trajans (Beaujeu).

c) Für die Beziehung des Juppiter-Ammon zum Wasser sind wieder die Fora der nordadriatischen Hafenstädte zu nennen, wo sein Bild in Verbindung mit Medusa (Meeresdämon und Geliebte des Poseidon) erscheint. Ammon von Siwa war aber auch selbst Schiffahrtsgott.

d) Von der allgemein apotropäischen Bedeutung des Gottes zeugt seine Beliebtheit in der Kleinkunst, bisweilen zusammen mit dem Sphinxbild und dem Gorgoneion: Terrakottalampen (sehr zahlreich), Bronzeattaschen und Bronzebeschläge, Phalerae, Schalengriffe, Laufgewichte, Kameen und Gemmen, Fingerringe u. a. Dazu kommt sein Bild auf Balkenköpfen und verschiedenen Reliefs. In engem Zusammenhang mit seiner apotropäischen Bedeutung steht die beliebte Darstellung des Gottes in Hermenform: Herculaneum (zwei ausgezeichnete Stücke); in Deutschland Lechenich, Xanten (?) und Köln; Doppelherme aus Saint-Laurent-du-Cros (Hautes-Alpes) (*IBIS* I, Taf. I). Einige Doppelhermen verbinden Juppiter-Ammon mit Dionysos; auf dieselbe Weise ist Ammon auch mit einer Satyr- oder einer Dioskurdarstellung vereinigt (Giumlia).

Für die Verbindung des Juppiter-Ammon mit anderen Gottheiten sind die Büsten auf den Eckpfeilern der Eingangsarkaden des Theaters von Capua (Mitte 2. Jh. n. Chr.) interessant: In engerem Zusammenhang stehen dort Isis, Ammon, Diana und Demeter. Juppiter-Ammon und Athena begegnen gemeinsam auf Brustpanzern. Innerhalb der Isisreligion hat Juppiter-Ammon keine Bedeutung. (Zwei Weihungen an Ammon aus den delischen Serapeen B und C, 2. Jh. v. Chr., sind Ausnahme.) Es ist aber eine Annäherung von Sarapis und Ammon erfolgt, vermutlich über Zeus (vgl. *SIRIS* 325). Die vermischte Ikonographie des Ammon mit dem *Kalathos* nahm wohl von Alexandria ihren Ausgang: Es handelt sich um Ringe (einer davon aus der Gegend von Royan; vgl. Labrousse), Gemmen, eine Statue in Neapel u. a. Eine alexandrinische Bronze in Athen vereinigt die Ikonographien des Ammon, des Sarapis und des schlangengestaltigen Agathos Daimon. Sarapis und Ammon sind auch in der Onomastik verbunden (Sarapammon, Serammon u.ä.).

Vielleicht gehört die römische Inschrift (IG XIV, add. 959a), die ὁ ἐν Κανώβῳ Ἄμμων nennt, ebenfalls in diesen Zusammenhang. Durch den Kalathos des Sarapis erhält Ammon den Aspekt eines Fruchtbarkeitsgottes. Es wirkt sich in gewisser Weise auf ihn die Tendenz zum Pantheismus aus, aber bei weitem nicht so stark wie bei Sarapis.

II. Osiris

1. *Der ägyptische Gott und seine Beziehungen zu Sarapis*

Osiris ist im alten Ägypten chthonischer Fruchtbarkeitsgott (als solcher u. a. mit dem Korn und dem Nilwasser identisch) und Herrschergott. Als Gott der Natur, d.h. des Werdens und Vergehens, ist er unvergänglich, also Gott der Unsterblichkeit und Auferstehung im Jenseits; der königliche Aspekt macht ihn zum Herrscher des Totenreiches. Am nachhaltigsten für den Kult des Osiris als Gott des Jenseits hat sich seine Verbindung mit dem abydenischen Totengott ausgewirkt; d.i. ,,der Erste der Westlichen" (Chontamenti). Der Kult für Isis und Osiris erlebt im spätzeitlichen Ägypten seinen Höhepunkt, und zwar sowohl auf der Ebene der Hochreligion (Philae) als auch im Volksglauben. Die Vorstellung von der Identität jedes Verstorbenen mit Osiris, die vom toten Pharao ihren Ausgang genommen hatte, bildet eine besonders wichtige Komponente des spätägyptischen Totenglaubens.

Das Verhältnis des Osiris zum hellenistischen Sarapis ist ambivalent. Besonders in frühptolemäischer Zeit können beide Namen dasselbe göttliche Wesen bezeichnen, bzw. wird von der Griechisch sprechenden Bevölkerung Ägyptens vielfach der ägyptische Osiris Sarapis genannt (Philae, Abydos). Osiris und Sarapis haben die chthonischen, dionysischen Elemente gemeinsam: Das zeigt u. a. die dionysische Ausstattung des Serapeums von Memphis sowie die Identifizierung von Osiris (seit den Pyramidentexten auch Gott des Weines) mit Dionysos. Innerhalb der Auffassung von Sarapis und Osiris als identische Gottheit herrscht im Gebrauch der Namen ein funktionaler Unterschied: Der Gott wird in mythologischem, liturgischem und funerärem Zusammenhang Osiris genannt; daher ist auch bei den Mysterien stets von Osiris die Rede. Als Sarapis erscheint der Gott in Träumen, erteilt Orakel, ist in vorrangiger Weise Königsgott und Schutzgottheit des lebenden Menschen. Je mehr der unterweltliche Charakter des Sarapis als Hades und Pluto zurücktritt und er immer deutlicher als Soter und Heilgott erscheint, umso mehr gewinnt die ägyptisch-osirianische Reaktion auf die Hellenisierung an Bedeutung; Osiris tritt auch im griechischen Milieu selbständig neben Sarapis auf und wird als eigene Gottheit empfunden (Taposiris: kurz nach 193 v. Chr., *OGIS* 97; Delos: 1. Jh. v. Chr., *SIRIS* 82).

2. *Der griechische Raum*

Die osirianische Strömung ist in hellenistischer Zeit außerhalb Ägyptens aber noch sehr schwach. Osiris tritt zwar in wenigen Zeugnissen neben Sarapis auf, unterscheidet sich aber nicht wesentlich von ihm, denn es fehlt Osiris der ausdrückliche Charakter eines Totengottes. Auf Delos finden wir die Trias Isis, Osiris, Anubis (CIG 6841); sie erinnert an den Anubishymnus von Kios (1. Jh. n. Chr.), in dem Osiris, der gleichzeitig Zeus, Ammon und Sarapis ist, auch als Vater des Anubis erscheint (*SIRIS* 325). Auch die Bezeichnung des Osiris als Herrscher (βασιλεύς) in einer delischen Inschrift des 2. Jhs. v. Chr. (IG XI, 4, 1248) ist im Vergleich mit Sarapis nicht als besonders osirianisch zu werten. Auf Delos übernimmt damals Osiris sogar bisweilen die für Sarapis typische Funktion, im Traum zu erscheinen und einen Befehl zu erteilen (IG XI, 4, 1233f).

Eine speziell ägyptische Tendenz zeigt jedoch der Osiriskult von Anfang an in Thessalonike. Hier erhält er in einer Weihung des 2. Jhs. v. Chr. (IG X, 2, 1, 107) analog dem Dionysos den Beinamen *Mystes*, was besonders interessant ist, da die Mysten in der Isisreligion erst kaiserzeitlich belegt sind. In einem Carmen (ebd. 108) des späten 2. Jhs. v. Chr. zu Ehren von Osiris und Isis wird eine Kultbarke zum Transport der Götterbilder erwähnt, womit ein direkter Bezug zu ägyptischen Ritualhandlungen gegeben scheint; dabei wird auch auf die Überquerung des Himmelsozeans angespielt. Im Jahre 39/38 v. Chr. wird in Thessalonike ein Ὀσιριῆον (vielleicht eine einfache Kapelle) mit Peristyl und Didymaphorion (Behälter für den Phallus des Osiris?) geweiht (ebd. 109). Im 2. Jh. n. Chr. wird für Osiris ein Dromos angelegt (ebd. 111), vielleicht in Verbindung mit dem Heiligtum des 1. Jhs. v. Chr. Weiters ist die Weihung eines Altares von Seiten einer Petronia im 2. Jh. n. Chr. belegt (ebd. 110). Trotz der örtlichen Nähe zu Sarapis wird Osiris in den Weihinschriften von Thessalonike nicht expressis verbis mit ihm zusammengebracht.

Was den übrigen griechischen Osten zur Kaiserzeit anlangt, so kennen wir einige Opfer an Osiris (Athen, Magnesia am Sipylos); ein Opfer an Weizen und Gerste für Osiris und Nephthys (*SIRIS* 14; Athen; hadrianisch) zeigt vielleicht ein Weiterleben der erwähnten Beziehung des Gottes zum Korn. Eine Weihung von Götterbildern aus Pergamon (*SIRIS* 313; 1. Jh. n. Chr.?) weist auf einen gemeinsamen Kult von Sarapis, Isis, Anubis, Harpokrates, Osiris, Apis, ,,Helios", Ares und die Dioskuren. Auch die Zusammenstellung in der Harpokratesaretalogie von Chalkis (*SIRIS* 88; 3./4. Jh. n. Chr.), Harpokrates, Sarapis, Isis, Osiris und Vesta ist auffällig.

3. Der Westen

Die ägyptische Religion erlebt zur Kaiserzeit eine starke Ägyptisierung, die der Eigenständigkeit des Osiris förderlich ist, obwohl die beherrschende Stellung des Sarapis dadurch nicht entscheidend berührt wird. Außerdem kommt diese Ägyptisierung bei den Römern viel deutlicher zum Durchbruch als im griechischen Osten. Die sog. ,,Osirianisierung" der ägyptischen Religion, die von der Forschung, abgesehen von Ägypten, nur für Italien allgemein akzeptiert wird, zeigt sich im besonderen am starken Übergewicht der kaiserzeitlichen Osiris-Inschriften über die hellenistischen und an der Bedeutung des Osiris in den kaiserzeitlichen, klassischen Quellen (Plutarch schreibt über Isis und Osiris und nicht über Sarapis). Analog finden wir in Ägypten ein spezifisches Interesse an den Frühformen seines Wesens; wiederholt erscheint der Gott in den Texten als mythischer König. Letzterem entspricht die Tatsache, daß auch außerhalb des Nillandes in verschiedenen Heiligtümern ägyptischer Gottheiten männliche Statuen und Statuetten in königlicher Haltung mit Schurz und Königskopftuch begegnen, in denen wir nur Osiris erkennen können (Parlasca).

Bemerkenswert dafür ist der Befund der Villa Hadriana in Tivoli: Die beiden nur als Osiris deutbaren Stützfiguren im Vatikan, sechs stehende, sog. ,,Pharaonen" in derselben Ikonographie, die ich hier anschließen möchte, und schließlich auch die Standbilder des Osiris-Antinoos scheinen mir den neu akzentuierten, pharaonischen Osirisglauben in Verbindung mit dem Herrscher zu reflektieren. Das sog. Serapeum von Tivoli kann wohl dem weltberühmten Sarapistempel von Kanopos entsprechen. Es ist aber auffällig, daß Sarapis in Tivoli nicht erscheint. In Kanopos stand ja auch der Osiristempel aus der Zeit des Euergetes. Wir werden daher annehmen dürfen, daß Hadrian bei seiner Vorliebe für die altägyptische Religion und in seiner Funktion als ägyptischer Pharao die beiden kanopischen Heiligtümer in *ein* Milieu zusammenfaßte und sich der Denkmälerkomplex in erster Linie auf die ägyptische Isis-Osiris-Religion bezog, einschließlich des kanopischen Nilkultes (Nilstatue, Kanopen, s. unten S. 168). Bei der tiefen Religiosität Hadrians wird man trotz des Fehlens von Inschriften die religiöse Bedeutung der Anlage nicht bezweifeln können. Bedingt durch die kaiserliche Initiative repräsentiert hier Osiris die ägyptische Hochreligion und nicht den Volksglauben. Dasselbe osirianische Milieu — aber vielleicht nur als Dekoration — bietet uns die Villa di Cassio in Tivoli (drei Osirisstatuen mit Atefkrone und drei mit bloßem Königskopftuch).

Die Stellung des Osiris in Rom wird durch die Existenz der Osirismysterien (s. oben bei Vidman, S. 142) verdeutlicht, die von der Isiseinweihung zu trennen sind. Bei der Osirisweihe, in der der Initiand symbolisch den Tod des Osiris erlitt und wahrscheinlich die Geheimnisse der Unsterblichkeit erfassen sollte, wurden offenbar in Rom sogar hieroglyphische Texte, vielleicht das Totenbuch, verwendet (Wessetzky, 1976). Der ewig lebende, junge Osiris begegnet uns in einem Wandgemälde in Pompeji (Le Corsu). Im neuerbauten Heiligtum des 4. Jhs. für die heliopolitanische Trias auf dem Ianiculum in Rom wurden in einem Raum Zeremonien für den synkretistischen Vegetationsgott Dionysos-Osiris-Adonis gefeiert, wie aus den dort gefundenen Statuen hervorgeht; es fand sich ein in Binden gewickelter und auf einem Altar verbrannter Adonis, ein Dionysos und ein Osiris in Königsikonographie. Unter den römischen Inschriften, die Osiris nennen, erweist uns *SIRIS* 400 ein kleines Heiligtum für Isis und Osiris, vielleicht außerhalb des Pomeriums, im 1./2. Jh. n. Chr. Eine Reihe von Grabinschriften des 1.-3. Jhs. n. Chr. enthält die Formel ,,Osiris gebe dir das frische (= kühle) Wasser'' (*SIRIS* 459-462; dazu 778 aus Karthago). Sie drückt den Wunsch nach Wiederbelebung durch Osiris aus, der selbst ,,göttliches Wasser'' ist. Vielleicht ist daraus der ägyptische Glaube an eine Identifizierung des Toten mit Osiris im römischen Milieu ableitbar (Leclant). Wörtlich belegt ist in Rom die ägyptische Vorstellung, daß der Tote im Jenseits bei Osiris lebt (*SIRIS* 463). Aus Rom ist auch der Sarkophag (2./3. Jh. n. Chr.) einer Priesterin des ägyptisch-thebanischen Bacchus (Ogygius), also des Osiris, bekannt (*SIRIS* 433). Die nachgewiesene Existenz einer Osirisstatue in Faesulae (Etrurien) mit lateinischer Weihinschrift (*SIRIS* 563; 2. Jh. n. Chr.) und den Resten des dazugehörigen Heiligtums sowie eine Inschrift für Isis und Osiris aus Veleia (Emilia) (*SIRIS* 595) ergänzen die römischen Zeugnisse.

Ein Problem bildet der Osirisglaube in den westlichen Provinzen. Hier fanden sich nur die (in Italien bisher auffällig wenig belegten) Statuetten der Kleinkunst, die den mumienförmigen Osiris mit Atefkrone wiedergeben. Die kultische Verwendung einzelner Osirisfigürchen darf nicht a priori verneint werden. Aus den zahlreichen Fundstücken aus Ungarn, denen nur zwei Sarapisstatuetten gegenüberzustellen sind, schließt Wessetzky (1967 und 1970) auf einen Glauben an Osiris als Totengott bzw. sterbender und auferstehender Gott. Ob die Mumienbegräbnisse von Carnuntum und Aquincum mit einer solchen Vorstellung in Zusammenhang stehen, ist umstritten. Die wenigen Osirisfigürchen aus Deutschland und Britannien lassen (zumindest derzeit) kein Urteil im Sinne Wessetzkys zu. Für Gallien hingegen konnte Leclant den funerären Charakter der Osirisstatuetten erweisen. Bedeutsam ist, daß hier mehrere Stücke keine ägyptischen Importe, sondern lokale Nachahmungen darstellen. Der amuletthafte Wert der Osirisikonographie für das Jenseits scheint unter den Anhängern der ägyptischen Religion in Gallien gesichert.

4. *Das Kultbild von Kanopos*

Weite Verbreitung fand durch sein eigentümliches Kultbild eine Sonderform des Osiris, nämlich die in Kanopos ursprünglich heimische Gottheit: der mit dem Nilwasser identische Osiris. Die literarischen und epigraphischen Quellen bezeugen uns eine Gottheit in Kanopos unter der Bezeichnung ἐν Κανώβῳ θεὸς μέγας oder μέγιστος, wobei aber nicht klar ist, ob damit Sarapis (dessen Name mit der Wendung auch tatsächlich verbunden wird) oder Osiris von Kanopos gemeint ist. Mit letzterem ist aber wohl der auf Delos belegte Gott *Hydreios* identisch.

Das üblicherweise als Kanope bezeichnete Kultbild erscheint mit Sicherheit seit 73 n. Chr. (vielleicht aber früher) auf alexandrinischen Münzen; die rundplastischen Darstellungen gehören in die 2. Hälfte des 1. Jhs. und in das 2. Jh. n. Chr. Der Gott hat die Form eines bauchigen, ungegliederten Gefäßes, das auf dem Rosenkranz der Isis steht; oben sitzt zumeist ein bartloser Menschenkopf mit Königskopftuch. Der Körper des Gefäßes ist mit Reliefs bedeckt, die bei den einzelnen Nachbildungen des Kultbildes von Kanopos variieren. Im Zentrum befindet sich ein Tempelchen in der Art eines Pektorale (darin kann u. a. der Apis erscheinen), flankiert von je einem Harpokrates, dahinter auf der einen Seite Isis, auf der anderen Nephthys; darunter befindet sich der Skarabäus mit ausgebreiteten Flügeln, über ihm die Sonnenscheibe. Die Reliefs stehen dem Totenschmuck später Mumien sehr nahe. In beiden Fällen handelt es sich wohl um Schutzmittel des zu erhaltenden Körpers. Daher ist eine Entwicklung des Typus aus den ägyptischen Eingeweidekrügen möglich, jedoch nicht sicher. Eine Kanope aus der Villa Hadriana in Tivoli, die von Priestern auf den Säulen des Iseum Campense getragenen Kanopen und alexandrinische Münzdarstellungen zeigen uns eine vereinfachte Variante mit bloßer Wellenriefelung auf dem Bauch. Die Form des Kultbildes bringt deutlich den Bezug der Gottheit zum fruchtbringenden und reinigenden Wasser zum Ausdruck.

Solche Kanopen, die mit den Zeremonien des Isiskultes in Zusammenhang stehen, fanden sich außerhalb Ägyptens vor allem in Italien: Einige Beispiele stammen aus der Villa Hadriana in Tivoli, ein Stück aus dem Iseum auf dem Esquilin in Rom, und eines fand sich in Cagliari; bei etlichen ist die genaue Herkunft unklar. Sie sind teils ägyptische, teils außerägyptische Erzeugnisse. Zwei Priesterstatuen aus dem Iseum von Benevent halten eine Kanope in Händen, desgleichen der Priester auf einem Fresko aus Herculaneum.

Bei dem spätantiken Kirchenschriftsteller Rufinus (XI, 26) wird die hier behandelte Sonderform des Osiris irrtümlich mit dem Stadtnamen ,,Canopus'' benannt. Im Anschluß daran taucht in der frühen Neuzeit der ,,Canopus deus'' in der Fachliteratur auf. Einen ägyptischen Gott ,,Canopus'' hat es jedoch nie gegeben.

III. Osiris-Antinoos

1. *Entstehung*

Antinoos stirbt im Herbst 130 n. Chr. bei der Ägyptenreise Hadrians durch Ertrinken im Nil. Nach ägyptischer Tradition und Theologie war die Vergöttlichung des Antinoos eine natürliche Folge aus dieser Todesart; d. h. die Vergöttlichung bedarf aus ägyptischer Sicht nicht erst des kaiserlichen Aktes. Die Identität mit Osiris tritt noch dadurch deutlicher hervor, daß der Leichnam wieder gefunden wurde und bestattet werden konnte. Wie oben (S. 163) dargelegt, wird jeder Verstorbene zu Osiris, eine Vorstellung, die gerade in der Kaiserzeit wieder verstärkt hervortritt. Die besonderen Todesumstände qualifizieren aber Antinoos zu einem Gott „hohen Ranges" mit dem Kultnamen Osiris-Antinoos ('Οσιραντίνοος).

Die Überlieferung bezüglich des Todes ist nicht einheitlich; angegeben wird zufälliges Ertrinken, Selbstaufopferung bzw. Opfer auf Befehl des Kaisers. Theoretisch ist natürlich ein zufälliger Tod und darauf der Entschluß des Kaisers zur Schaffung des Kultes und Gründung von Antinoupolis möglich. Die Intentionen, die mit der Stadtgründung verbunden waren, nämlich Vermischung und Vereinigung des griechischen und ägyptischen Volkstums, passen m. E. zu gut in die Regierungskonzeption Hadrians, als daß ein plötzlicher Einfall wahrscheinlich wäre, der durch einen traurigen Zufall hervorgerufen wurde. Vermutlich war die Anlage der Stadt gut geplant. Jedoch war nach ägyptischer Tradition für die neue Stadt, wie seinerzeit für Alexandria (Sarapis!), ein Stadtgott notwendig, der freilich auch ein Gott für das Gesamtreich sein mußte. Die Kenntnis Hadrians von der ägyptischen Religion sowie seine Anteilnahme für dieselbe und sein Mystizismus waren die Voraussetzung für eine solche Schaffung eines Gottes. Wir werden daher auch annehmen dürfen, daß Hadrian wirklich an die Göttlichkeit des Osiris-Antinoos (und wohl auch Antinoos selbst, wenn er es freiwillig tat) geglaubt hat.

Den Ausgangspunkt für die Vergöttlichung und den Kult des Antinoos bilden also rein ägyptische Vorstellungen (die sich allerdings in mancher Hinsicht mit griechisch-römischen trafen, nach denen auch Verstorbene göttlich waren bzw. es sein konnten).

2. *Kult*

Der Kult des „Osiris-Antinoos, des Seligen" war aus ägyptischer Sicht ein Totenkult, der dem Osiriskult nachgebildet war. Hauptquelle für den Kult sind die Inschriften des Antinoos-Obelisken in Rom: Die bedeutendste Kultstätte war der Tempel in Antinoupolis, der die Funktion eines Osiris-Grabes hatte. Offenbar befand sich darin das Bild des Osirantinoos in einer Barke wie es für ägyptische Heiligtümer typisch ist. (Nur so kann Epiphanius, *Ancor.* 109 interpretiert werden.) Die Tempelarchitektur vereinigte ägyptische und griechische Elemente, besonders in den Säulentypen. Von einem zusätzlichen Grab des Antinoos in der Stadt wissen wir nichts.

Demnach befand sich höchstwahrscheinlich das echte Grab in Rom *extra muros*, wie uns die Obeliskeninschrift anzugeben scheint. Dieser Obelisk muß vor dem Grabmal (vielleicht mit einem zweiten) gestanden sein; es gibt keinen Grund dafür, daß die Fundstelle des Obelisken nicht auch der Bereich des Grabtempels war (Nash).

Wesentliches Element des Kultes, zumindest des antinoitischen, waren die osirianischen Riten. Expressis verbis wissen wir von den Stundenwachen der Osirismysterien an der kultischen Leiche im Tempel von Antinoupolis. Eine der Wasserfahrt nach Abydos vergleichbare Kulthandlung wurde aber gräzisiert, indem man ein Wettrudern auf dem Nil veranstaltete. Die zu Ehren des Gottes eingeführten Spiele (*Antinoeia*) entsprechen dem griechischen Milieu. Allerdings ist dabei auch die Priesterschaft des Thot-Hermes von Hermupolis anwesend, der daher vielleicht auch bei den Spielen griechischer Sitte in Antinoupolis eine kultische Rolle zukam. Die Thotpriester hatten offenbar große Bedeutung in dem Kult, da der Gott auch ,,gepriesen wird seitens der Künstlerschaft des Thot nach der 'Weite' seiner Trefflichkeit'', worin wir vielleicht Hymnen der Thotpriester verstehen dürfen.

Die Mysterien des Antinoos und seine Orakel sind innerhalb und außerhalb Ägyptens bezeugt.

Die Priester in seinen ägyptischen Heiligtümern haben den Rang von Propheten und wᶜb-Priestern. (Ein *prophetes* für ihn ist ja mit großer Wahrscheinlichkeit auch in Rom belegt.)

Die Ausbildung des Kultes wird erst 134 n. Chr. nach Vollendung der baulichen Voraussetzungen abgeschlossen worden sein (Follet), seit Frühjahr 131 sind aber schon die Antinoeia belegt.

3. *Theologie*

Die Antinoos-Theologie ist die letzte ägyptische Theologie; sie beweist uns die geistig-schöpferische Kraft der altägyptischen Hochreligion sowie ihrer Priesterschaft noch im 2. Jh. n. Chr. Grundlegende Quelle sind wieder die Inschriften des Obelisken in Rom. Nach der offiziellen Version hat Hadrian als ägyptischer Pharao (und nur er war nach gut ägyptischer Tradition dafür überhaupt fähig; man denke an Echnatons ,,Lehre des Lebens'') ,,für alle Menschen die Lehre in den Tempeln gegründet''. Obwohl einige Züge der Lehre eine aktive Teilnahme Hadrians, zu der er nach seinem erwiesenen Interesse sicher die Voraussetzungen hatte, vermuten lassen, wird die eigentliche Ausarbeitung der Theologie ein Werk der hermupolitanischen Thotpriesterschaft sein. Darauf weist vor allem hin: 1. Hadrian hat sich zur Zeit des Todes des Antinoos in Hermupolis befunden (Antinoupolis liegt genau gegenüber auf dem anderen Nilufer); 2. im ursprünglichen, ägyptischen Konzept besteht eine gewisse Abhängigkeit des neuen Gottes von Thot, denn dieser gibt ihm ewige Jugend.

Die Theologie nimmt sich auch der Entstehung des Gottes an: Wie ein König war er bereits als Mensch Sohn eines Gottes; als Osiris-Antinoos ist er vom Tode erstanden und erkennt selbst seine wahre göttliche Natur. Den Kern macht die osirianische Lehre aus. In dieser Hinsicht ist er also zunächst Garant der Fruchtbarkeit für Vieh und Äcker. Seine Macht ist in der ,,Lehre'' aber genau definiert: Er bittet den höchsten Gott Harachte darum, daß es geschehe. Hier erkennen wir heliopolitanischen Einfluß; von Hadrian wissen wir ja, daß er die Lehre von Heliopolis kennenlernte (Beaujeu, 243). Direkt bewirkt die Fruchtbarkeit aber der Nil; Osirantinoos ist also Herbeibringer der Nilflut, wie der Pharao selbst, steht aber über diesem. Denn er ist auch Königsgott und bewirkt durch seine Bitte an Harachte die Macht des Pharao. Die göttliche Position des Osirantinoos ist also genau bestimmt zwischen den höchsten Göttern des ägyptischen Pantheons und dem auch mit göttlichen Kräften ausgestatteten Pharao. Der zweite Hauptaspekt seines Wesens ist der eines Gottes der Auferstehung und des Jenseits. Sein Verhältnis zu Osiris ist hier entsprechend ambivalent: Durch das Todesschicksal und seinen Kult ist er mit Osiris identisch, somit auch gleichzeitig mit dem Nilwasser, das er herbeibringen kann. Andererseits hält er sich bei Osiris unter den Seligen auf; Osiris und seine Genossen lassen seine Worte auf Erden dauern, wodurch die Antinoos-Orakel theologisch umschrieben sind. Seiner göttlichen Stellung entspricht es auch, daß Antinoos in den griechischen Quellen bald als θεός, bald als ἥρως erscheint.

In den Tempeln Ägyptens außerhalb von Antinoupolis ist er Heilgott und erscheint den Kranken im Schlaf; eine Eigenschaft, die er u. a. mit Sarapis gemeinsam hat.

Eine zentrale theologische Aussage ist auch die, daß ,,er jede Gestalt annimmt, die sein Herz begehrt''. Somit ist in der Antinoos-Lehre von vornherein festgehalten, daß er grundsätzlich als jede andere Gottheit erscheinen kann. Es handelt sich hier um ein uraltes, wesentliches Kennzeichen ägyptischer Theologien und ägyptischer Frömmigkeit, das darin besteht, daß sich der Ägypter vielfach in seiner theologischen Aussage und in seinem Gebet auf eine einzige Gottheit bezieht, die als die höchste erscheint und von der alle anderen Gottheiten unter den gegebenen Umständen nur Glieder und Aspekte sind. Hadrian hat aus dieser Konzeption die religionspolitischen Konsequenzen gezogen mit der uneingeschränkten Identifizierung des Antinoos mit anderen Gottheiten. Im besonderen sind zu nennen die Gleichsetzungen des Antinoos mit Zeus-Ammon, Hermes-Thot, Apollo-Horos, Asklepios, Dionysos, Sarapis, Poseidon, Iakchos, Pan, Silvanus, Vertumnus usw. Vorrangig sind aber drei Beziehungen:

a) Die zu Dionysos weil er Osiris-Dionysos ist. Außerhalb Ägyptens überwiegt der dionysische Charakter. Viele der ἀγάλματα, die Hadrian aufstellen ließ, variieren das Motiv (vgl. den Antinoos Braschi im Vatikan). Auf zahlreichen Münzen ist Antinoos νέος Διόνυσος. Hierher gehört auch die Tatsache, daß sein unterweltlicher Aspekt so stark hervortritt: In Lanuvium und Neapel ist er Patron von Begräbnisvereinen.

b) Augenfällig ist die Identifizierung mit Hermes, offenbar deswegen, weil die Theologie in Hermupolis ausgearbeitet wurde. Die Form des Antinoos als Hermes-Thot ist besonders für Alexandria durch Münzen belegt (Weber 1911).

c) Die dritte der hier zu nennenden Beziehungen ist diejenige zum Nil, die bereits charakterisiert wurde. Auf alexandrinischen Münzen erscheint zugleich mit Antinoos das Kultbild des Nil in einem Tempel. Außerdem ist auffällig, daß in den Jahren 134-138 der Nil zum ersten Mal bärtig und liegend in Rom auf Münzen des Kaisers und des Senates erscheint.

4. *Ausbreitung des Kultes*

Nach den Obeliskeninschriften verbreitete sich der Antinooskult über ganz Ägypten; das ’Αντινοεῖον von Hermupolis als nächstliegendes Heiligtum ist nachgewiesen. In Alexandria kann der Kult nicht geleugnet werden.

Daß der Kult an vielen Orten fast gleichzeitig entsteht, weist deutlich darauf hin, daß es sich um keine natürliche Ausbreitung handelt, sondern die kaiserliche Initiative dahinter steht.

Im Osten sind Tempel nachgewiesen in Bithynion-Claudiopolis, der Geburtsstadt des Antinoos (Münzen, Basis mit Inschrift), Mantineia in Arkadien, der ursprünglichen Heimat der Familie des Antinoos, Korinth, Tarsos und Athen. Die Spiele der Antinoeia kennen wir u. a. aus Bithynion, Mantineia, Argos, Olympia, vor allem aber aus Athen und Eleusis. Sicher ist die Einführung des Antinoos in den Kult der eleusinischen Demeter. Spezielle Mysterien des Antinoos gab es außer in Antinoupolis ebenfalls in Bithynion und Mantineia.

Im Westen stieß der Kult des neuen Gottes von Anfang an auf Ablehnung. In seinem engen Bereich konnte ihn der Kaiser jedoch durchsetzen. Aus der Tatsache, daß Standbilder des Antinoos als Osiris außer in Ägypten in der Mehrzahl aus Tivoli herkunftsmäßig gesichert sind, können wir die Übertragung der kultischen Verehrung des Antinoos von Ägypten nach Tivoli schließen.

Für Rom dürfen wir mit größter Wahrscheinlichkeit das Grabmal *extra muros* mit dem Obelisken nennen; wenn den Inschriften tatsächlich eine griechische Fassung entsprochen hat (Erman), müßte dort auch der allgemein verständliche Text zu lesen gewesen sein. Mit ziemlicher Wahrscheinlichkeit sorgte ein inschriftlich belegter Prophetes für den Gott Antinoos als σύνθρονος der ägyptischen Gottheiten im Iseum des Marsfeldes (*SIRIS* 383). Als solcher erscheint Antinoos auch in einer Weihinschrift eines *Cippus* aus der Via Portuensis (*SIRIS* 395). Bezeichnenderweise haben auf einer römischen Marmorbasis (IG XIV, add. 978a) Dionysiasten die Errichtung einer Statue für Antinoos als νέος θεός Ἑρμάων (= Ἑρμῆς) beschlossen. Aus Rom sind außerdem noch zwei Statuen des Antinoos als Osiris bekannt (Roullet, S. 158).

In Lanuvium ist für das Jahr 133 n. Chr. ein *templum Antinoi* inschriftlich bezeugt, in dem Diana und Antinoos gemeinsam verehrt wurden (CIL XIV, 2112). Das dortige Begräbniskollegium feierte am 27. November seinen Geburtstag mit einem Bankett. Der Tag (1. *Choiak* des alexandrinischen Kalenders) ist nach dem Kalender in Esna ein Fest zur Herbeiführung einer guten Nilflut, bei dem das ,,Medium'' (ein Papyrusstück) in den Nil geworfen wird; handelt es sich also um den (fiktiven?) Geburtstag des Antinoos als Gott?

Dazu kommen noch andere Zeugnisse aus der Gegend. Wir erkennen also in Italien eine intensive Verehrung des Antinoos auf ganz beschränktem Raum: Rom, Ostia, Tivoli, Lanuvium und Palestrina. Weiters ist eine Inschrift, offenbar des 3. Jhs. n. Chr., aus Neapel bekannt, in der ein Begräbnisverein den Antinoos neben Diana zum Patron erwählt.

Im Gegensatz zum griechischen Osten erkennen wir, daß Antinoos gerade in dem engen Bereich um Rom der ursprüngliche ägyptische Gott geblieben ist. Die in der Theologie besonders verankerten Aspekte des Unterweltsgottes (Osiris-Dionysos) und des Thot-Hermes treten auffällig hervor.

Alle Bildnisse des Antinoos, die wir kennen, heroisieren oder vergöttlichen ihn in der einen oder anderen der üblichen Formen, sie setzen also seinen Tod und die Apotheose voraus (Clairmont). Bei den Standbildern ägyptischer Art, die in der Villa Hadriana in Tivoli gefunden wurden, handelt es sich wohl teils um nach Italien verschickte Originale und teils um in Italien angefertigte Kopien. Die Statuen tragen entsprechend der üblichen kaiserzeitlichen Osirisikonographie (Parlasca) den ägyptischen Schurz und das Königskopftuch. Nur bei dem signifikanten Kopf im Louvre (Clairmont, Taf. 36) treten unter dem Kopftuch die sonst für Antinoos typischen Locken hervor.

5. *Das Ende*

Hadrian war es nicht gelungen, den neuen Gott in den politischreligiösen Organismus des Reiches zu integrieren. Im Osten reichen die Zeugnisse jedoch bis in die Mitte des 3. Jhs. Antinoupolis war natürlich das Zentrum des Antinoos-Kultes. Dort hat Osirantinoos wohl samt den Mysterien, die Clemens Alex., *Protrep.* IV, 49 erwähnt, am längsten überlebt und so wenigstens seine Funktion als Stadtgott erfüllt.

In Ägypten selbst lassen sich außerdem geringe Spuren eines Eindringens in den Volksglauben als Gott des Jenseits und der Auferstehung feststellen (u.a. SEG XXVI, Nr. 1717, 3.-4. Jh. n. Chr., aus Antinoupolis; er wird angerufen: νεκύδαιμον Ἀντίνοε).

Im Grunde war der Kult des Antinoos eine kurzlebige Episode. Seine Bedeutung liegt in dem religionspolitischen Konzept des Hadrian, das darin zutage tritt. Wie einst bei Sarapis sehen wir ein neues *numen* entstehen, das Griechen und Ägypter vereinigen sollte. Die Verankerung des Kultes im Gesamtreich mußte konsequenterweise versucht werden.

IV. NIL

In Ägypten lebten die religiösen Vorstellungen um die Göttlichkeit des Nil (Hapi) bis zum Ende der ägyptischen Religion weiter; selbst in christlicher und arabischer Zeit läßt sich eine gewisse Verehrung des fruchtbringenden Flusses zusammen mit altem Brauchtum erkennen.

Bereits in vorhellenistischer Zeit erscheint Nil als Gott in der griechischen Literatur und wird mit Zeus zusammengebracht: die Fruchtbarkeit des Flußgottes entspricht der des Regengottes Zeus. Während der Kult für die Nilflut im wesentlichen ägyptisch blieb — auch in einer Zeit, als der *Praefectus Aegypti* die pharaonischen Aufgaben in Hinblick auf die Nilflut übernommen hatte — gewann der alexandrinische Flußgott Nil, der in erster Linie von den Griechen Ägyptens verehrt wurde, seit dem Ende der Ptolemäerzeit langsam an Bedeutung.

Obwohl der *Praefectus Aegypti* offiziell dem Nil opferte, wurde der Gott in frühaugusteischer Zeit in Rom als Symbol des besiegten Ägypten erniedrigt; Oktavian hat ihn gefesselt in seinem Triumph des Jahres 29 v. Chr. mitgeführt. Wichtig wurde der Nil aber für Rom, weil er die Getreideversorgung der Stadt zusammen mit der ihm beigesellten Euthenia sicherte. Diese verkörperte den Überfluß und entsprach etwa der römischen Annona. Euthenia finden wir z.B. auf einer römischen Säulenbasis (3. Jh. n. Chr.) innerhalb eines Reliefzyklus, der vielleicht die festliche Ankunft der Nilflut zum Inhalt hat (Apis II, 282/II). Unabhängig davon hatte aber das Nilwasser in den Heiligtümern der Isis- und Sarapisreligion, sowie insbesondere bei den Isis- und Osiriseinweihungen größte Bedeutung.

Engste Beziehung zum Nil hatte Vespasian seit dem ersten Tag seines Principates (1. Juli 69 n. Chr.): Durch ungewöhnliches Ansteigen des Wasserspiegels wurde er sofort als Pharao und Bringer der Nilflut legitimiert (Dio 66, 8). Aus dieser Tatsache und aus der auch sonst bekannten Verehrung der ägyptischen Gottheiten von Seiten Vespasians dürfen wir schließen, daß die Nilstatue, die der Kaiser zwischen 75 und 79 n. Chr. im römischen Pax-Tempel aufstellen ließ und die uns Plinius (*N.H.* 36, 58) beschreibt, wirklich religiöse Bedeutung hatte.

Die Nilstatue Vespasians gehörte bereits dem Typus an, den uns der große Nil im Vatikan aus weißlichem Marmor (2. Hälfte 2. Jh. n. Chr.) vorführt, der zusammen mit einer Tiberstatue im römischen Iseum

Campense gefunden wurde. Der Aufstellungsort sowie die Vergesellschaftung mit dem Tiber beweisen m. E. die kultische Bedeutung. Der Nil ist als alter Mann halb liegend wiedergegeben und stützt seinen linken Ellenbogen auf eine bartlose Sphinx ägyptischen Stils; links bei den Füßen befindet sich ein Krokodil, ein Füllhorn bei der linken Schulter; in der rechten Hand hält er ein Ährenbüschel. Am wichtigsten sind die sechzehn Knaben, die die mächtige, bequem gelagerte Gestalt umspielen. Bereits Plinius teilt uns mit, daß diese die sechzehn Ellen der Nilhöhe bei idealer Flut ausdrücken. Dieser Typus des liegenden Nils ist die alexandrinische Ausbildung des klassischen Typus des Gottes Okeanos, der in Griechenland als Vater der Gewässer angesehen wurde. Die große Neuerung liegt in der symbolischen Wiedergabe der sechzehn Ellen. Ob der Typus am Beginn der Regierung des Vespasian geschaffen wurde (Bonneau) oder ob das Original eine hellenistisch-alexandrinische Schöpfung war nach einem Prototyp des 4. Jhs. v. Chr. (Adriani), ist nicht geklärt, wenngleich die hellenistischen Anknüpfungspunkte für die Kinder sicher sind. Der im Iseum Campense gefundene Tiber, scheint eine römische Version des alexandrinischen Nils darzustellen.

Zahlreiche andere Nilstatuen dieser Art sind bekannt, wobei die Anzahl der Kinder variiert, bzw. sie auch fehlen können: z.B. aus Capua (sieben Kinder) oder in Neapel, Pazetta del Nilo (drei erhaltene Kinder). Diese Statue hat besondere kulturhistorische Bedeutung, da sie die religiösen Gefühle der Alexandriner repräsentiert, die dort seit dem 2. Jh. v. Chr. nachgewiesen sind und im Südteil von Neapel ein eigenes Viertel bewohnten. Auch in der Galerie von Neapel gab es ein Gemälde, das diesen Niltypus wiedergab (Philostratus, *Imagines* I, 5).

Einen Aufschwung der Nilverehrung brachte die Zeit Hadrians mit sich in Zusammenhang mit dem Antinoos-Kult. In Alexandria wird dem Nil ein Tempel errichtet. Das Bild des halb liegenden, bärtigen Nils (ungefähr in der oben beschriebenen Art) erscheint auf römischen Münzen des Kaisers und des Senates in den Jahren 134-138 n. Chr. Zwei Nilstatuen und ein Tiber gehörten auch zur Ausstattung des Canopus der Villa Hadriana in Tivoli. In Rom wurde offenbar zu dieser Zeit in Anschluß an den ägyptischen Hapi ein stehender Nil mit hängenden Brüsten und Schurz geschaffen (Roullet, Nr. 140).

Inschriftlich ist der Gott Nil außerhalb Ägyptens meines Wissens nur einmal sicher, vielleicht aber zweimal, belegt, wobei hier seine göttliche

Stellung, d.h. seine Mittlerrolle zwischen den Menschen und den höheren Göttern deutlich zum Ausdruck kommt. Eine Inschrift aus Acci (Guadix, Spanien; *SIRIS* 761; Mitte 2. Jh. n. Chr.) bietet uns die Aufzählung von Votivgaben für Isis ,,auf Befehl eines Gottes'', bei dem es sich nach der fraglichen Ergänzung um Nil handeln kann, und in der ephesischen Inschrift *SIRIS* 303 wird eine Caracallastatue unter Opfern für Sarapis auf Veranlassung des Gottes Nil geweiht. Die zweite Inschrift weist außerdem auf die Beziehung zwischen Nil und Sarapis. Diese lassen auch noch Münzen des Kaisers Julian erkennen, die auf der einen Seite eine Nildarstellung tragen und die Legende *Deo sancto Nilo* und auf der anderen den Sarapis mit der Beischrift *Deo sancto Sarapidi*.

V. Apis

Die Verehrung des Apisstieres ist in Ägypten von Hor-Aha (1. Dynastie) bis Kaiser Julianus bezeugt: Der im Bereiche des Ptahtempels von Memphis lebende Apis galt seit dem frühen Neuen Reich als Mittler des Ptah und wurde gleichzeitig mit dem heliopolitanischen Atum identifiziert, worauf das Attribut der Sonnenscheibe zwischen den Hörnern des Stieres hinweist. In der Spätzeit wurde Apis mit Osiris verbunden: Beide sind Gottheiten für die Fruchtbarkeit der Felder und stehen in engster Beziehung zum Nil; außerdem wird der Apis nach seinem Tode wie jeder Mensch zu Osiris und erhält einen eigenen Kult als Osiris-Apis. Apisgräber kennen wir von Amenophis III. bis zum Ende der ptolemäischen Zeit. Die ursprüngliche Bedeutung des Apis hat man noch bei der Einsetzung des letzten Stieres im Jahre 362 n. Chr. gekannt: er wurde als gutes Omen für glückliche Zeiten und gute Ernten an Feldfrüchten betrachtet (Ammianus Marcellinus 22, 14, 6). In der Kaiserzeit ist auch das Orakel des memphitischen Apis bestens bezeugt. Nach Herodot (II, 153) erkannten die Griechen in Apis ihren Epaphos, den Sohn von Zeus und Io, die ihrerseits mit Isis-Hathor gleichgesetzt wurde. Das entspricht der ägyptischen Identifizierung der verstorbenen Mutterkuh des jeweiligen Apis mit Isis; ein Heiligtum für diese Form der Göttin samt der Begräbnisstätte der Kühe, die von 533-41 v. Chr. bekannt sind, fand sich in Saqqara-Nord.

Die in Ägypten ansässigen Griechen waren bereits in voralexandrinischer Zeit mit Apis vertraut (Bronzeapis aus dem Delta mit einer dorischen Inschrift des 5. Jhs. v. Chr.: Apis I, Nr. 132). Ein Apis mit einer Weihinschrift des 6. Jhs. v. Chr. für Hera Limenia ist aus Perachora (Peloponnes) bekannt (Apis III, add. 35). Trotz der Tatsache, daß die kultische Wurzel des Sarapis in der Verbindung Osiris-Apis bestand, behielt Apis während der ganzen Ptolemäer- und Römerzeit seine vollkommene Individualität. Inschriftlich kann er die hellenistische Trias, Sarapis, Isis und Anubis, ergänzen (*SIRIS* 84; Chalkis, 2. Jh. v. Chr.). Innerhalb des ägyptischen Kultes von Priene ,,opfert der Priester auch dem Apis zu bestimmten Zeiten'' (*SIRIS* 291; etwa 200 v. Chr.), worin sich eine gewisse Sonderstellung des Apis zeigt. Außer in Pergamon (*SIRIS* 313, 1. Jh. n. Chr.) ist der Gott noch in Brahlia (Syrien) im 1. und 2. Jh. n. Chr. inschriftlich bezeugt (Apis III, 3-4): Hier wurde er gemeinsam mit Zeus verehrt und stand vielleicht sogar in Verbindung mit dem Kult der Dea Roma und des Kaisers.

Der Westen des römischen Reiches hat bisher meines Wissens keine Inschriften, die Apis nennen, erbracht. Abbilder des Apis, vor allem Bronzestatuetten, sind aber in allen Provinzen gut belegt. Die spätzeitlich-ägyptische Ikonographie mit dem vorgestellten linken Vorder- und Hinterbein läßt sich jedoch nur an wenigen Beispielen fassen (Apis II, 279). Sehr beliebt ist ein neues Bewegungsmotiv, bie dem das rechte oder linke Vorderbein angehoben ist. Der bewegte Apis ist vielleicht eine römische Neuerung des späten Hellenismus oder der frühen Kaiserzeit, wohl in Anschluß an einen bereits vorhandenen Typus. Die Mondsichel an der rechten Seite des Stieres charakterisiert hier das Tier als Apis.

Apis wurde im Westen nur als θεὸς σύνναος von Isis und Sarapis verehrt. Zu den besten Zeugnissen für diese kultische Verbindung gehören etwa ein Apis aus Köln mit der Inschrift *Isidi* (Apis II, 350), ein Mosaik aus dem Serapeum von Ostia (Apis II, 286) oder das bekannte Relief aus Ariccia (Via Appia; Apis II, 293), das die Apisstatue innerhalb eines Heiligtums der ägyptischen Gottheiten wiedergibt. Daher darf der religiöse Gehalt vereinzelt auftretender Apisbronzen nicht überschätzt werden.

Einzelne Denkmäler charakterisieren uns die Göttlichkeit und den Symbolgehalt des Apis bei den Römern: Als Gott der Fruchtbarkeit in Zusammenhang mit der Nilflut finden wir ihn auf der erwähnten römischen Säulenbasis, auf der auch Nil und Euthenia dargestellt sind (Apis

II, 282/II). Zwei römische Altäre des 2./3. Jhs. n. Chr. mit Reliefs (Apis II, 283f.) zeigen die Beziehung des Apis zu den Jahreszeiten und zur Ernte. Jenseitsbedeutung in Verbindung mit Fruchtbarkeit hat der Stier im Grab der Flavia Caecilia in Ostia (Apis II, 292; 1./2. Jh. n. Chr.). Von hier kennen wir auch ein Elfenbeinstück (Apis II, 291), das die den Apis säugende Isis wiedergibt; dadurch scheinen mir zwei Beziehungen ausgedrückt: 1) Isis als Mutter des Apis und 2) die gerade im späten Ägypten beliebte Identifizierung von Apis und Horus.

Dem ägyptischen Milieu der Villa Hadriana in Tivoli, in dem die Züge der hellenistisch-ägyptischen Religion kaum in Erscheinung treten, entspricht die in der Nähe des Canopus gefundene Statue des Osiris-Apis (Apis II, 294). Auf die Verbindung von Isis und Apis weist eine ebendort gefundene, sog. Doppelherme (Apis II, 295).

Beliebt waren auch Münzen mit dem Bild des Apisstieres: Abgesehen von den Silbermünzen der Kleopatra Selene in Mauretanien sowie den alexandrinischen Bronzemünzen von Caligula bis Septimius Severus sind hier die vielen Prägungen der östlichen Städte bis Gordianus III. und schließlich die Münzen des Kaisers Julianus aus Rom und anderen Städten des Imperiums zu nennen.

VI. BUBASTIS

Bubastis ist der griechische Name für die ägyptische katzengestaltige Göttin Bastet; er ist identisch mit dem Namen der Stadt Bubastis im Nildelta, dem Hauptkultort dieser Gottheit der Fruchtbarkeit, Geburt und Mutterschaft. Daher wurde Bubastis ein charakteristischer Aspekt der Isis zur Kaiserzeit innerhalb der synkretistischen Form der Isis-Bubastis.

Entsprechend dem bekannten Phänomen der ägyptischen Religion, daß die Vereinigung von Gottheiten nie absolut fest ist, tritt Bubastis auch außerhalb Ägyptens in seltenen Zeugnissen als eigene Göttin auf. Abgesehen von einigen hellenistischen Belegen aus Rhodos und Delos sei zunächst ein Inventar zweier Heiligtümer in Nemus Dianae (Nemi, Latium; *SIRIS* 524) genannt: eines ist Isis und das andere Bubastis geweiht. Die selbständige Bubastis und zugleich ihre Nähe zu Isis zeigt uns auch ein Altar aus Scarbantia (Sopron, Pannonia superior; *SIRIS* 664), der *Isidi Aug(ustae) et Bubasti* geweiht ist. Das wichtigste Zeugnis für die kultische Verehrung der alleinstehenden Bubastis im Westen ist ein Marmoraltar aus Port Torres (Sardinien; vgl. Contu) des Jahres 35 n.

Chr. Die dargestellten Symbole gehören aber in die Isisreligion: Körbchen und Sistrum. Besonders bemerkenswert ist das Jahr der Weihung, da die große Verfolgung, der die Isisanhänger unter Tiberius ausgesetzt waren, nur sechzehn Jahre zurücklag.

Bei anderen Zeugnissen ist es nicht klar, ob Bubastis oder Isis-Bubastis gemeint ist. Interessant ist das Fest der *Bubastia* in Hyampolis aus trajanischer Zeit (*SIRIS* 67), das wohl dem von Herodot (II, 60) geschilderten Freudenfest entsprach, das in der ägyptischen Stadt Bubastis gefeiert wurde.

VII. BES, SPHINX UND TITHOES

Der im späten Ägypten so beliebte, volkstümliche Gott Bes ist durch Werke der bildenden Kunst auch außerhalb Ägyptens in der Kaiserzeit greifbar. Allerdings konnte er religiöse-übelabwehrende Bedeutung nur innerhalb der Isisreligion gehabt haben: u. a. sind zwei Besstatuetten und ein Wandbild im Iseum von Pompeji nachgewiesen; zwei Statuetten von hervorragender künstlerischer Qualität fanden sich in Herculaneum. Die Interpretation eines tanzenden Negers als Bes auf einem Fresko in Herculaneum durch Tran Tam Tinh wurde akzeptiert. Als Bes werden auch Statuen angesehen, die auf dem Relief von Ariccia (Apis II, 293) wiedergegeben sind; deren Ikonographie entspricht aber eher der des ägyptischen Ptah-Patäken. Trotz der religiösen Bedeutung des Bes scheint aber wegen des Fehlens von Inschriften eine kultische Verehrung des Gottes außerhalb Ägyptens nicht nachweisbar zu sein.

Diese ist jedoch für die Sphingen durch zwei Altäre aus Savaria (CIL III 10913f.) bezeugt, die ihnen geweiht sind. Im übrigen gehören auch Sphingen ägyptischen Stils bisweilen zur Ausstattung der außerägyptischen Heiligtümer der ägyptischen Gottheiten: Solche Sphingen bewachen etwa den Eingang des Isistempels auf einem Fresko in Herculaneum. Sie werden einerseits den Dromos vor dem Eingang ägyptischer Tempel andeuten und andererseits als apotropäische Wächter fungieren.

Mit Sphinx verwandt ist die mischgestaltige Gottheit des Schlafes Tithoes, deren Kult sich erst am Ende der ptolemäischen Zeit entwickelte. Ein Weihrelief für Tithoes fand sich in Amphipolis (Makedonien), bei dem sich die Tendenz erkennen läßt, die Attribute der ägyptischen Gottheit dem griechischen Wesen anzupassen.

VIII. HERMES-THOT

Der Ibis, in Ägypten eine Erscheinungsform des Gottes Thot und daher dessen heiliges Tier, ist ein gut bekanntes göttliches Symbol im außerägyptischen Isiskult. Ibisse sehen wir z.B. auf Fresken in Herculaneum vor dem dort dargestellten Isistempel oder unter den Gottheiten des Isiskreises auf dem Denkmal von Acci (Guadix, Spanien). Auch Figuren des Thot als Pavian gehören manchmal zur Ausstattung der großen Isisheiligtümer in Italien (Iseum Campense in Rom; Benevent). Solche Statuen sind in der Porticus des Heiligtums auf dem Relief aus Ariccia (Apis II, 293) wiedergegeben. Daraus ergibt sich vielleicht, daß Thot in dieser Gestalt, ähnlich einem ägyptischen ,,Gastgott'', in einigen Tempeln der ägyptischen Gottheiten außerhalb Ägyptens verehrt werden konnte. Die Präsenz des Apis auf dem genannten Relief stützt m. E. diese Deutung.

Dagegen lassen die im ganzen römischen Reich verbreiteten Hermesstatuetten mit einem sich entfaltenden Lotosblatt oder einer Lotosblume auf dem Kopf zumeist keine Verbindung mit der Isis- und Sarapisreligion erkennen. Das Lotosblatt ist hier wie in Ägypten Symbol des Segens, der Fruchtbarkeit, des Entstehens und wohl auch der Auferstehung im Jenseits, was auf Hermes paßt. Daß Hermes mit dem Lotosblatt entsprechend der üblichen Gleichsetzung tatsächlich als Hermes-Thot zu verstehen ist, erweisen uns Münzen, die neben einer ähnlichen Figur den Ibis des Thot zeigen. Der Urtypus wurde im späten Hellenismus oder in der frühen Kaiserzeit im alexandrinischen Milieu ausgebildet — auch Ägypten ist als Herkunft solcher Hermesbronzen belegt —, jedoch sind die zahlreichen außerägyptischen Fundstücke offenbar fast alle nicht-ägyptischer Herkunft. Das Lotosblatt kann in gleicher Weise auch der jugendliche Hermanubis vor dem Modius auf dem Kopf tragen (z.B. ein Kopf aus dem Serapeum von Karthago).

Auf Münzen des römischen Senates zwischen Dezember 172 und Dezember 173 n. Chr. ist ein Hermestempel wiedergegeben: Auf vier Stufen stehen vier Hermen, die auf den Menschenköpfen das Gebälk mit Rundgiebel tragen; im Zentrum steht auf einer Basis die Kultstatue des Hermes. Der Rundgiebel ist ägyptischen Ursprungs (Gilbert). Mit ihm verleihen die Römer einem Bauwerk ägyptischen Charakter. Daher begegnet der Rundgiebel auch auf Mosaiken und Malereien in Rom, Pompeji, Herculaneum und Palestrina als kennzeichnendes Merkmal von Tempeln in Nillandschaften. Auf Bronzemünzen Vespasians ist auch das Iseum Campense als Gebäude mit Rundgiebel dargestellt. Die alexandrinischen Kaisermünzen geben ebenfalls eine Reihe von Tempeln mit Flachbogengiebel wieder. Somit erhielt wohl Ende 172 n. Chr. der ägyptische Hermes, d.i. Hermes-Thot, in Rom einen Tempel. Die Hermen in der Art von Osirispfeilern verstärken noch das ägyptische Aussehen. Die Ursache für die plötzliche starke Verehrung des Hermes-Thot in Rom kann nur im Regenwunder vom 11. Juni 172 n. Chr. während des Quadenkrieges Marc Aurels liegen, für das Dio (LXXI, 8, 4) Ἑρμῆς ὁ ἀέριος verantwortlich macht auf Grund der Gebete eines ägyptischen Magiers (H)arnuphis, den wir auch aus einer Inschrift von Aquileia (*SIRIS* 613) als ἱερογραμματεὺς τῆς Αἰγύπτου kennen. Dies war allerdings nur eine von mindestens zwei offiziellen Erklärungen für das Regenwunder: Nach den Denkmälern auf dem Pfaffenberg von Carnuntum waren allein der Wettergott Juppiter und der göttliche Kaiser dafür verantwortlich (W. Jobst in *Sitzungsberichte der Österreichischen Akademie der Wissenschaften, Phil.-hist. Klasse 335, 1978*).

Dem Hermes-Thot wurde in der Spätantike unter dem Namen Hermes Trismegistos die Begründung eines religiös-philosophischen Synkretismus zugeschrieben, der im sog. Corpus Hermeticum seinen Niederschlag fand. Das Epitheton Trismegistos kann nur ägyptischen Ursprunges sein. In den sehr heterogenen hermetischen Schriften läßt sich viel ägyptische Tradition nachweisen: z.B. die Aussagen über den teils göttlichen, teils menschlichen König, über die weltschöpferische Rolle der Sonne, die belebten Kultbilder, über Inhalt und Zweck der Riten usw. (Derchain). Auch der im Mittelalter weiterlebende alchemistische Hermetismus ist im wesentlichen ägyptischen Ursprungs (Fóti).

IX. DAS NEOTERA-PROBLEM

In einigen Inschriften außerhalb Ägyptens sind eine Göttin Neotera bzw. Aphrodite (SEG 15, 1958, 546) und Hera (Milik) mit diesem Beinamen genannt. Die Forschung sieht heute in ihr entweder Nephthys oder Hathor (zusammenfassend Sfameni Gasparro). Bekannt ist auch, daß sich Kleopatra VII. auf Münzen der Jahre 35/34 und 32/31 v. Chr. mit Neotera identifizierte, allerdings nur in Koële-Syrien. In Ägypten ist die

Königin ja stets mit Isis gleichgesetzt. Dieser Umstand weist aber m. E. eher darauf hin, daß hier mit Neotera eine vorderasiatische Göttin gemeint ist.

Ausgangspunkt für ein Verständnis ist die griechisch-lateinische Bilingue von Deir el-Qualʿa bei Beiruth (Milik, S. 412): Die Tochter von Baal und Hera (*Iuno Regina*) ist Neotera Hera (*Caelestis*). Bei der hier genannten Göttin mit der Charakterisierung als Neotera handelt es sich somit um Barat Baalat, die als Venus Caelestis bzw. Aphrodite Urania aufgefaßt ist.

Auf Grund einiger kaiserzeitlicher Belege (Moretti) wurde auch in Ägypten eine Neotera verehrt, die mit Aphrodite-Hathor identifiziert wurde, was übrigens auch gut zu Hathor in ihrer Funktion als Himmelsgöttin paßt. Das bedeutet aber noch nicht, daß Neotera außerhalb Ägyptens eine ägyptische Göttin ist. Hier ist sie, wenn überhaupt etwas gesagt wird, Aphrodite (Kios). Wie mehrfach Aphrodite selbst, tritt auch Neotera zusammen mit ägyptischen Gottheiten auf (Gerasa in Arabia: *SIRIS* 366; vielleicht Centuripae auf Sizilien). Das Fundgut im Zusammenhang mit der römischen Weihinschrift (Astarterelief, Weihung an Mithras; s. Moretti) im Heiligtum des Wettergottes Zeus Bronton paßt bestens zu Neotera als Baalat. Auch das Epitheton ἀνείκητος (z.B. in Rom) trifft eher auf die östliche Göttin zu, als auf Nephthys oder Hathor. Eine gewisse Ägyptisierung von Neotera darf jedoch deswegen nicht ausgeschlossen werden.

LITERATURVERZEICHNIS

Es gilt die Literaturliste zum Abschnitt „Isis und Sarapis" von L. Vidman, auf die auch im Text z.T. Bezug genommen ist. Dazu kommt noch folgende Literatur:

Adriani, A., *Repertorio d'arte dell'Egitto greco-romano*, ser. A, I-II, Palermo 1961.
Apis I-III = G. J. F. Kater-Sibbes and M. J. Vermaseren, *Apis* I-III (EPRO 48), Leiden 1975-77.
Beaujeu, J., *La religion romaine à l'apogée de l'Empire* I, Paris 1955.
Bissing, F. W. v., *Ägyptische Kultbilder der Ptolomaier- und Römerzeit*, Leipzig 1936.
Bissing, F. W. v., *Das heilige Bild von Kanopos* in *Bulletin de la Société Archéologique d'Alexandrie* 24, 1929, 39-59 und 97f.
Bonneau, D., *La crue du Nil*, Paris 1964.

Bosworth, A. B., *Alexander and Ammon* in *Greece and the Eastern Mediterranean in Ancient History and Prehistory. Stud. pres. to F. Schachermeyr*, Berlin 1977, 51-75.
Budischovsky, M. C., *Jupiter-Ammon et Meduse dans les forums du Nord de l'Adriatique* in *Aquileia Nostra* 44, 1973, Sp. 201-216.
Budischovsky, M. C., *La diffusion des cultes isiaques autour de la mer adriatique* I (EPRO 61), Leiden 1977.
Clairmont, C. W., *Die Bildnisse des Antinous*, Rom 1966.
Classen, C. J., *The Libyan God Ammon in Greece before 331 B.C.* in *Historia* 8, 1959, 349-355.
Contu, E., in *Bollettino d'Arte* 52, 1967, 205 mit Fig. 25 (zu Bubastis).
Derchain, Ph., *L'authenticité de l'inspiration égyptienne dans le ,,Corpus Hermeticum''* in *Revue de l'Histoire des Religions* 161, 1962, 175-198.
Dunand, F., *Une ,,interpretatio romana'' d'Isis: Isis, déesse des naissances* in *Revue des Études Latines* 40, 1962, 83-86 (zu Bubastis).
Erman, A., *Römische Obelisken, der Antinous-Obelisk des Monte Pincio = Abhandlungen der Deutschen (Preussischen) Akademie der Wissenschaften zu Berlin. Phil.-hist. Klasse* 1917, Nr. 4.
Fakhry, A., *Recent Excavations at the Temple of the Oracle at Siwa Oasis* in *Beiträge zur Ägyptischen Bauforschung* 12, 1971, 17-33.
Fasciato-Leclant, 1 = M. Fasciato, J. Leclant, *Notes sur les types monétaires présentant une figure imberbe à cornes de belier* in *Mélanges d'Archéologie et d'Histoire* 61, 1949, 7-33.
Fasciato-Leclant, 2 = M. Fasciato, J. Leclant, *Une tête ,,ammonienne'' du Musée de Cherchel* in *Mélanges d'Archéologie et d'Histoire offerts à Ch. Picard* 1, Paris 1949, 360-375.
Fasciato-Leclant, 3 = M. Fasciato, J. Leclant, *Les monuments funéraires à masques d'Ammon* in *Revue des Études Latines* 26, 1948, 32-35.
Festugière, A. J., *Hermétisme et mystique païenne*, Paris 1967.
Foerster, R., *Hermes in einer Doppelherme aus Cypern* in *Jahrbuch des Deutschen Archäologischen Instituts* 19, 1904, 137-143.
Foerster, R., *Zu den Skulpturen und Inschriften von Antiochia, I: Die Ringergruppe. Lotosblatt oder Feder, ein Kopfschmuck des Hermes?* in *Jahrbuch des Deutschen Archäologischen Instituts* 16, 1901, 39-53.
Follet, S., *Hadrien en Égypte et en Judée* in *Revue de Philologie, de Littérature et d'Histoire Anciennes* 42, 1968, 54-77.
Fóti, L., *Le ,,Faust Hermétique''* in *Studia Aegyptiaca* 1, 1974, 89-96.
Fouquet, A., *Quelques représentations d'Osiris-Canope au Musée du Louvre* in *Bulletin de l'Institut Français d'Archéologie Orientale* 73, 1973, 61-69, Taf. II-VIII.
Gilbert, P., *Le fronton arrondi en Égypte et dans l'art gréco-romain* in *Chronique d'Égypte* 33, 1942, 83-90 (zum Hermestempel).
Giumlia, A., *Die neuattischen Doppelhermen* (Diss), Wien 1980, 116-131 (zu den Ammonshermen).

Grimm, G., *Eine verschollene Apisstatuette aus Mainz* in Zeitschrift für ägyptische Sprache und Altertumskunde 95, 1968, 17-26.
Hermann, A., *Antinous infelix* in Mullus, Fs. Th. Klauser, Münster 1964, 155-167 (= Jahrbuch für Antike und Christentum, Erg.-Bd. 1).
IBIS = J. Leclant, *Inventaire bibliographique des Isiaca* I-II (EPRO 18), Leiden 1972-1974.
Kákosy, L., *Reflexions sur le problème de Totoès* in Bulletin du Musée Hongrois des Beaux Arts 24, 1964, 9-16.
Labrousse, M., *Bague à l'effigie de Sérapis-Ammon trouvée près de Royan (Charente-Maritime)* in Revue Archéologique 40(2), 1952, 93-95.
Leclant, J., *Osiris en Gaule* in Studia Aegyptiaca 1, 1974, 263-285.
Le Corsu, F., *Un oratoire pompéien consacré à Dionysos-Osiris* in Bulletin de la Société Française d'Égyptologie 51, 1968, 17-31.
Maza, F. de la, *Antinoo, el último dios del mundo clásico*, Mexico 1966.
Milik, J. T., *Recherches d'épigraphie proche-orientale I, dédicaces faites par des dieux...*, Paris 1972, 412 und 418-423 (zu Neotera).
Moretti, L., *Note egittologiche. 2 — A proposito di Neotera* in Aegyptus 38, 1958, 203-209.
Nash, E., *Obelisk und Zirkus* in Mitteilungen des Deutschen Archäologischen Instituts. Römische Abteilung 64, 1957, 250-254 (zum Antinoos-Obelisk).
Panofsky, E., *"Canopus deus", the iconography of a non-existent god* in Gazette des Beaux-Arts (ser. VI), 57, 1961, 193-216.
Parlasca, Kl., *Osiris und Osirisglaube in der Kaiserzeit* in Les syncrétismes dans les religions grecque et romaine, Paris 1973, 95-102.
Perdrizet, P., *Sur le bronze d'Antioche du Musée Ottoman* in Revue Archéologique (ser. IV), 1, 1903, 392-397 (zu Hermes-Thot).
Roullet, Anne, *The Egyptian and Egyptianizing Monuments of Imperial Rome* (EPRO 20), Leiden 1972.
Sfameni Gasparro, G., *I culti orientali in Sicilia* (EPRO 31), Leiden 1973.
SIRIS = L. Vidman, *Sylloge Inscriptionum Religionis Isiacae et Sarapiacae* (RGVV 28), Berlin 1969.
Tran tam Tinh, V., *Le culte des divinités orientales à Herculaneum* (EPRO 17), Leiden 1971.
Weber, W., *Ein Hermes-Tempel des Kaisers Marcus* = Sitzungsberichte der Heidelberger Akademie der Wissenschaften. Phil.-hist. Klasse 1910, 7. Abh.
Weber, W., *Zwei Untersuchungen zur Geschichte ägyptisch-griechischer Religion*, Heidelberg 1911.
Wessetzky, V., *Zur Wertung des ägyptischen Totenkultes in Pannonien* in Acta Antiqua Academiae Scientiarum Hungaricae 15, 1967, 451-456.
Wessetzky, V., *Neue ägyptische Funde an der Donau; zur Osirisreligion der Römerzeit* in Zeitschrift für Ägyptische Sprache und Altertumskunde 96, 1970, 142-145.

Wessetzky, V., *Über den Osirisglauben der Römerzeit* in Studia Aegyptiaca 2, 1976, 139-144.
Woodward, A. M., *Athens and the Oracle of Ammon* in Annual of the British School at Athens 57, 1962, 5-13.

ABBILDUNGSVERZEICHNIS

Tafel I. Kolossalstatue des Nil. Kapitolsplatz, Rom. Photo Archäologisches Institut, Heidelberg.

Tafel II, 1. Altar mit Inschrift für Juppiter-Ammon aus Carnuntum. Wien, Kunsthistorisches Museum. Photo Udo F. Sitzenfrey.

Tafel II, 2. Kalkstein mit Kopf des Juppiter-Ammon, gefunden auf dem Forum in Pola (= Pula). Pula, Archäologisches Museum, Inv. 391. Photo nach Budischovsky, *Diffusion*, Tafel LXXXV.

Tafel II, 3. Altar mit Inschrift für Juppiter-Ammon (CIL III, 3463). Budapest, Ungarisches Nationalmuseum. Photo D. Erdökürti Zsuzsanne.

Tafel III, 1. Bronzene Statuette des Osiris aus römischer Zeit. Syrakus, Archäologisches Museum, Inv. 18730. Photo nach Sfameni-Gasparro, *I culti orientali in Sicilia*, Tafel XIX, Fig. 24.

Tafel III, 2. Statue des Osiris-Antinoos, gefunden in der Villa Hadrians in Tivoli. Vatikanische Museen, Museo Gregoriano Egizio, Inv. 99. Photo nach Roullet, *The Egyptian and Egyptianizing Monuments of Imperial Rome*, Tafel LXXXVII, 118.

Tafel IV, 1. Osiris von Kanopos aus der Villa Hadrians in Tivoli. Vatikanische Museen, Museo Gregoriano Egizio, Inv. 39. Photo nach Roullet, Tafel CXVIII, 164.

Tafel IV, 2. Bronzene Statuette eines Apis-Stieres. Paris, Louvre, Inv. E 3654. Photo nach *Apis* II, Tafel CLXXII, 497 (oben).

Tafel V. Altar des Cuspius für die Göttin Bubastis aus Porto Torres in Sardinien. Sassari, Archäologisches Museum. Photo mit Genehmigung des Herrn Dr. Francesco Nicosia, Soprintendente alle Antichità di Sassari e Nuoro.

Tafel VI. Weihrelief für Tithoes aus Amphipolis. Budapest, Szepmüveszeti Múzeum, Inv. 50.958. Photo Neg. A 1833 vom Museum.

Tafel I

Tafel II, 1

Tafel II, 2

Tafel II, 3

ANDERE ÄGYPTISCHE GOTTHEITEN 189

Tafel III, 1

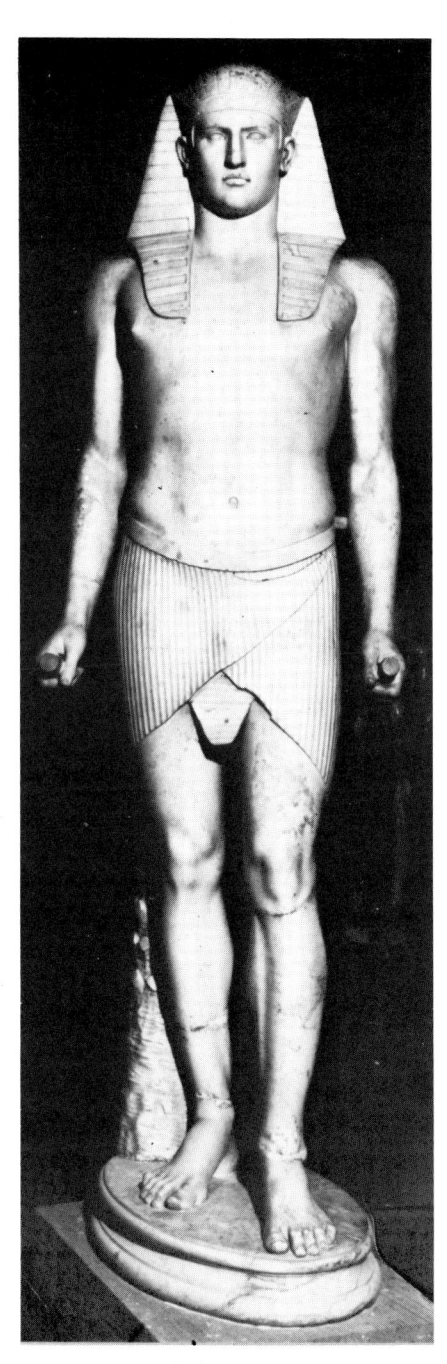

Tafel III, 2

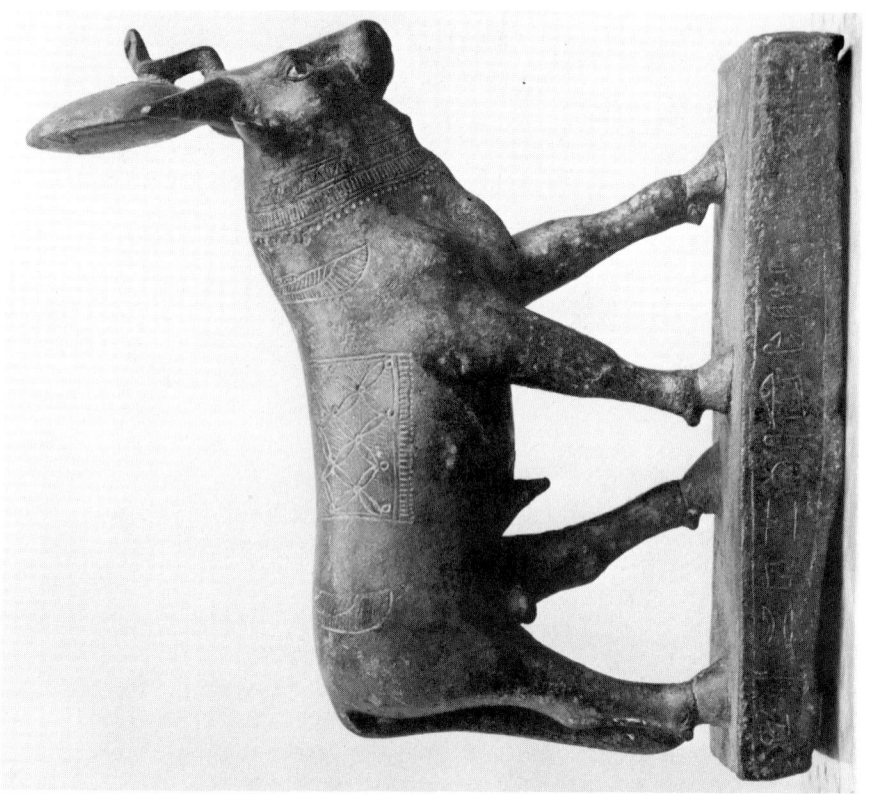

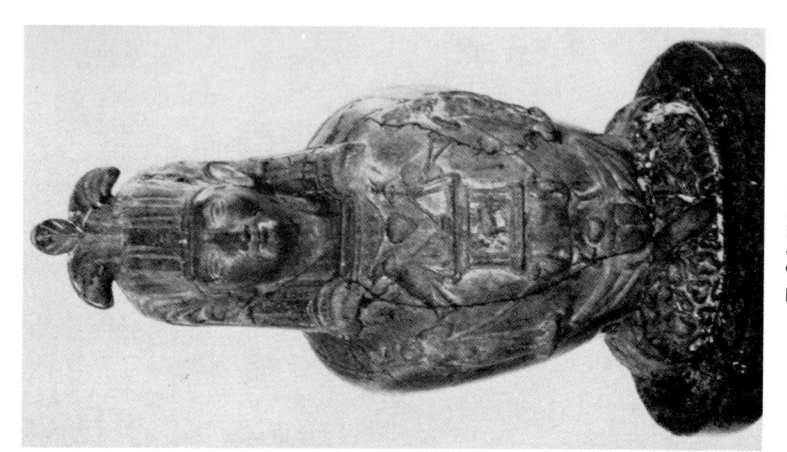

Tafel IV, 1

Tafel IV, 2

ANDERE ÄGYPTISCHE GOTTHEITEN 191

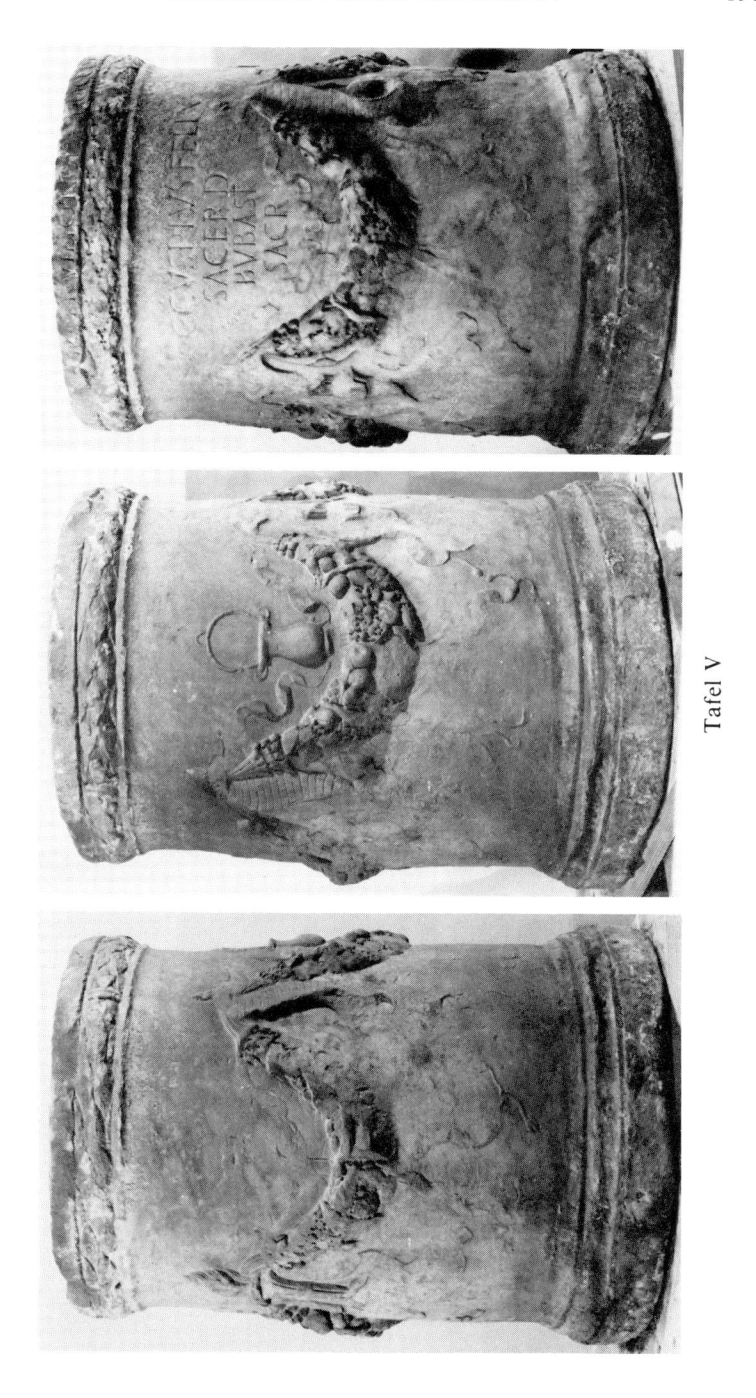

Tafel V

Tafel VI

VII

IUPITER DOLICHENUS

Seine Denkmäler und seine Verehrung

ELMAR SCHWERTHEIM
(Münster i. Wf.)

1. *Ursprung*

Wie sein Name sagt, ist die Heimat dieses Gottes Doliche, eine sicher auch in der Antike kleine Stadt in der Landschaft Kommagene am oberen Euphrat, die von den Römern im 1. Jahrhundert n. Chr. der Provincia Syria einverleibt wurde. Noch heute ist der alte Name in dem modernen türkischen Dorf Dülük, nördlich von Gaziantep, enthalten. Eine Reihe von römischen Überresten sind gerade in letzter Zeit in diesem Dorf gefunden worden. Auch Spolien des einstigen Tempels scheinen verstreut dort zu liegen. Das Heiligtum des Gottes selbst ist allerdings bis heute noch nicht genau lokalisiert, viel weniger noch ergraben. Daher gibt uns gerade der Ort seiner Herkunft keine Auskunft über die Bedeutung dieses Gottes, der in den ersten drei Jahrhunderten der Kaiserzeit im gesamten Imperium Romanum verehrt wurde — im römischen Numidien ebenso wie in Germanien oder Britannien.

Typisch für Iupiter Dolichenus ist seine Darstellungsweise: Er steht auf einem mächtigen Stier, ist wie ein römischer Iupiter mit Panzer bekleidet und trägt als Attribute den Blitz und die Doppelaxt in den erhobenen Händen. Dieser Darstellungstyp des Gottes auf dem Stier ist durchaus nicht römisch, er ist vielmehr eine sehr alte, in ganz Vorderasien verbreitete Darstellungsweise. Sie kennzeichnet den alten Wettergott Hadad oder, wie er bei den Hethitern hieß, Teschub. Auch heute noch ist die Bevölkerung Vorderasiens, da sie vorwiegend Agrarwirtschaft betreibt, sehr stark abhängig vom Wetter, und es ist gar nicht weiter verwunderlich, daß seit Urzeiten in diesen Regionen die göttliche Macht, die man bei Sturm, Gewitter und Regen anrufen und um Hilfe bitten konnte, die wichtigste und höchste gewesen ist. Der Stier war das

Tier dieses Wettergottes, weil sein Brüllen dem Donner und seine Zeugungskraft der befruchtenden Wirkung des Gewitterregens glich. Das den gesamten kleinasiatischen Raum beherrschende Tauros-Gebirge zeugt noch heute als das ,,Stiergebirge" von der Allmacht und Bedeutung dieses mächtigen Tieres seit vorgeschichtlichen Zeiten. Der Stier wird aber beherrscht von dem auf ihm stehenden Gotte, der nun die Attribute seiner Macht in den Händen hält. Schon in der hethitischen Kunst ist dieser Gott so dargestellt, und an diesem Grundschema hält auch die römische Darstellungsweise fest.

Merkwürdigerweise haben wir allerdings meines Wissens kein Denkmal aus der Zeit der persischen Herrschaft oder aus der Zeit des mit Alexander dem Großen beginnenden Hellenismus, das uns Aufschluß geben könnte über die verschiedenen Entwicklungen in der Verehrung dieses Gottes. Vielleicht ist dies ein Zufall, vielleicht wurde aber auch erst in Doliche dieser beherrschende, urzeitliche Gott wieder zu neuem Leben erweckt und den neuen Machthabern, den Römern, vermittelt.

Doliche, obwohl nirgendwo in der antiken Literatur als bedeutender Ort erwähnt, lag in einer Landschaft, die wichtige Heer- und Handelsstraßen berührten. Die Euphratübergänge schafften dem ganzen Gebiet nicht nur einen gewissen Reichtum, sondern sie machten es auch bekannt mit den verschiedensten Kulturen und religiösen Vorstellungen diesseits und jenseits des Stromes. An den Denkmälern der hellenistischen Herrscher dieser Landschaft, den kommagenischen Königen und ihren persisch-griechisch-hellenistisch-römischen Göttern, sind diese Strömungen besonders gut abzulesen. Eine ähnliche Rolle müssen wir wohl auch dem Ort und den Priestern von Doliche zuweisen, wenn wir auch dort selbst bis heute keinerlei konkrete Hinweise haben. Es finden sich viele Elemente der alten Kulturen, seien es semitische, hethitische, aramäische u.a. in den uns überlieferten Darstellungen des Gottes. Dennoch muß gerade Doliche einen besonderen Reiz auf die Römer ausgeübt haben, denn trotz aller Einflüsse auf die Darstellungsweise ist Iupiter Dolichenus ein Lokalgott, dessen Verehrung in Syrien selbst nur in Doliche und seiner engeren Umgebung nachweisbar ist. Wie konnte er, ähnlich dem Mithras oder der Kybele, zu solcher Verbreitung und Bedeutung im Imperium Romanum kommen?

Doliche selbst gibt uns bis heute keine Antwort auf diese Frage, aber vielleicht können uns einige römische Inschriften helfen, die, obwohl über das ganze Imperium verstreut, den Gott in einer bestimmten Weise kennzeichnen. Dort heißt es nämlich: ,,*Iovi optimo maximo Dolicheno nato, ubi ferrum nascitur* = Dem Iupiter Dolichenus, dem höchsten und besten, der (dort) geboren ist, wo das Eisen geboren wird''. Es gibt eine Reihe von Interpretationsmöglichkeiten für diesen Vorgang des ,,Eisengebärens'': Es könnte sich um den Vorgang der Erzgewinnung handeln, die nach geologischen Befunden hier möglich war; die Funde von Schmiedeöfen in Kommagene lassen aber eher an die Verarbeitung des Erzes zu Eisen oder Stahl denken. Nun war die Herstellung von hartem und gutem Stahl eine besondere Kunst, und vor allem für die Soldaten des römischen Heeres von lebenswichtiger Bedeutung. Liegt hier vielleicht der Grund dafür, daß diese dem Gott des Ortes, der gute Waffenschmiede besaß, eine besondere Verehrung zukommen ließen? Wurde so aus dem hethitischen Wettergott ein Gott des Heeres, der so große Verbreitung im Imperium Romanum fand?

2. *Verbreitung im Imperium Romanum*

Tatsächlich waren es wohl die Soldaten, die Iupiter Dolichenus besonders verehrten und wesentlich zu seiner Verbreitung beitrugen. Wann diese begann, läßt sich zeitlich nicht genau festlegen. Aber sie fällt sicher zusammen mit der im 1. Jh. n. Chr. stark einsetzenden Ausbreitung und Missionierung aller orientalischen Religionen in den Provinzen des damaligen Römischen Reiches. Ein zusätzliches Indiz mag die endgültige Eingliederung des kommagenischen Königreiches in die Provinz Syria im Jahre 72 n. Chr. durch Kaiser Vespasian sein. Dieser Anschluß förderte die Verbreitung des Kultes im Reiche, denn nun konnten römische Soldaten, Händler und Reisende das Land und seine Sitten, vor allem wohl auch den hier in Rede stehenden Gott kennenlernen. Dabei war es dann auch wohl vor allem das Heer, dem die Verehrung des Gottes der Waffenschmiede am Herzen lag und das die schnelle Ausbreitung des Kultes bewirkte.

Schon im frühen 2. Jh. n. Chr. haben wir die ersten datierten Denkmäler in anderen Teilen des Imperiums. Diese Denkmäler, seien es Tempel, Reliefs, Inschriften oder kultische Gebrauchsgegenstände, wurden vorwiegend in militärisch besetzten Gebieten aufgefunden. Aus Griechenland, Ägypten, der Provinz Asia, Spanien und Gallien haben wir fast keine originär nachweisbaren Funde zur Verehrung des Iupiter Dolichenus. Dagegen liefern die Grenzprovinzen, wie Britannien, Nordafrika und Syrien, vor allem aber auch die Rhein- und Donauprovinzen viel Material, das die Bedeutung des Kultes dort belegt. Allein in der Provinz Germania Superior sind bis heute 5 Heiligtümer bekannt, die ausgegraben oder archäologisch erfaßt wurden. Aus dem Donauraum werden gerade in jüngster Zeit neue Funde gemeldet, so etwa der Tempel in Vetus Salina (heute Adony), in dem zahlreiche Funde gemacht wurden, oder aus dem Kastell Diana (im jugoslawischen Teil der Provinz Moesia Superior). Besonders hervorgehoben werden müssen natürlich die Denkmäler in der politischen und religiösen Metropole des Reiches, in Rom. Mehrere Heiligtümer und eine große Zahl weiterer Monumente sind aus dieser Stadt bekannt. An ihnen sieht man sehr deutlich, wie sich die Anhängerschaft des dolichenischen Gottes zusammensetzte. Das Heer hat ihn im ganzen Reich bekannt gemacht und viele Menschen aus allen Bevölkerungsteilen für ihn eingenommen: hohe Beamte in Rom, die bürgerliche Welt der Händler und Handwerker, aber auch Frauen. Natürlich war ein Aufblühen des Kultes nicht möglich ohne Unterstützung oder wenigstens stillschweigende Duldung durch das römische Kaiserhaus. Wie Iupiter Dolichenus war auch der Kaiser der Conservator des Imperium Romanum, und eine große Anzahl von Inschriften, die dem Dolichenus geweiht und gestiftet waren, wurden für das Wohl des Kaisers und seines Hauses aufgestellt.

Neben den Soldaten trugen vor allem auch die Syrer bzw. Orientalen selbst zur Verbreitung bei, die, wenn sie in die Fremde zogen, ihren Heimatgott mitnahmen und seine Verehrung an der neuen Stätte ihres Wirkens fortsetzten. Außerordentlich häufig sind griechische Namen unter den Dedikanten der Inschriften belegt. Daß es sich dabei in der Mehrzahl nicht um Griechen aus dem Mutterland, sondern um hellenisierte Orientalen handelt, ist wohl sicher; in Hellas selbst wurde bis heute kein Denkmal des Iupiter Dolichenus gefunden. Mehrfach werden auch syrische Namen, wie etwa Barsemon oder Barlaha, genannt. Besonders häufig kommt der Name Marinus unter den Verehrern vor, eine latinisierte Form des syrischen Mâri, was soviel wie ,,Mein Herr'' bedeutet.

Dort, wo Soldaten und Zivilbevölkerung aus dem Orient zusammenlebten, finden sich besonders viele Denkmäler des Iupiter Dolichenus. Das war etwa in der Euphratfestung Doura Europos der Fall. Der ganze syrische Raum dagegen bietet bis heute sehr wenig Denkmäler. Dieser recht merkwürdige Umstand ist religionsgeschichtlich nicht zu erklären, mag aber an der den Syrern zugesprochenen „Schreibfaulheit" liegen, die Theodor Mommsen einmal zu dem Ausspruch verleitete: „Diesem Volk galt nur der Tag. Keine griechische Landschaft hat so wenig Denksteine aufzuweisen wie Syrien".

Viele orientalische Siedler, Händler und Gewerbetreibende lebten auch in den Städten des römischen Dakien und Pannonien, so daß Städte und Lager wie Carnuntum, Brigetio, Savaria, Aquincum, Apulum, Potaissa, Sarmizegetusa u.a., in denen sich Soldaten und Ansiedler trafen, zu blühenden Zentren des Dolichenus-Kultes wurden.

Nicht nur Soldaten aus dem Orient waren es übrigens, denen der Gott heilig war, sondern sehr häufig auch Angehörige solcher Truppen, die im Verlauf von Orient-Feldzügen den Gott kennengelernt hatten und später mit in ihr Standlager brachten. Die bekanntesten aus Orientalen gebildeten Truppen waren die vier skythischen Legionen und die sechs Kohorten der Kommagener, von denen allerdings leider nur wenige Denkmäler des Iupiter Dolichenus erhalten sind. Die 10. Legion Gemina war keine solche Einheit; Truppenverbände von ihr haben aber sicher an den Ostfeldzügen unter Kaiser Hadrian und Lucius Verus teilgenommen und so im Orient die Verehrung des Iupiter Dolichenus kennengelernt, die sie dann in Savaria und Carnuntum, ja sogar in Rom selbst ausübten.

3. *Der Gott und seine Verehrer*

Obwohl Orientalen und Soldaten bei der Verbreitung des Gottes eine entscheidende Rolle gespielt haben, bilden sie nicht ausschließlich die Anhängerschaft. Häufige Dislokationen hätten sonst die Heiligtümer verfallen lassen. Die bodenständige, einheimische Bevölkerung hat Iupiter Dolichenus ebenfalls angenommen und sich an seinem Kult beteiligt. Das war aber nur möglich, wenn sie sich mit diesem neuen Gott aus Doliche identifizieren konnte, wenn sie auch andere als nur militärische Wesenszüge an ihm entdeckte.

Es gibt viele Beispiele für eine solche Verehrung. Sie lassen aber nur indirekte Schlüsse zu. Einige in Heddernheim bei Frankfurt gefundene Silber-Votivtäfelchen zeigen den in der Inschrift als Iupiter Dolichenus bezeichneten Gott in der Darstellung mit dem Habitus des römischen Iupiter. Nicht der Stier, der Panzer und die Doppelaxt kennzeichnen ihn hier, sondern das Zepter, der Kranz und der Adler. Diese traditionelle Bekleidung des römischen Iupiter, angewandt auf Iupiter Dolichenus, kennzeichnet diesen als den Reichsgott, den Erhalter der Macht. Diese Eigenschaft als ,,*Conservator totius poli*'', als ,,Erhalter der ganzen Welt'', wird auch besonders in den zivilen Heiligtümern in Rom angesprochen. Obwohl nie zum ,,Reichsgott'' erhoben, konnte nach diesen Andeutungen der Gott aus Doliche die Funktionen des obersten römischen Gottes erfüllen.

Doch nicht nur als Retter oder Erhalter des Staates, sondern auch als Helfer bei privaten Sorgen wurde Iupiter Dolichenus angerufen. Zusammen mit dem Heilgott Asclepius half er Krankheiten zu heilen. Gerade private Nöte konnte der Gott nach Auffassung seiner Anhänger mildern. So sind denn auch viele Inschriften ,,*pro salute sua et suorum*'' = ,,für das eigene und das Heil der Angehörigen'' aufgestellt. Es finden sich auch Ausdrücke wie ,,*pro concordia*'' = ,,für die Eintracht'' oder ,,*pro incolumnitate*'' = ,,für die Unversehrtheit''. Offenbar wurden Iupiter Dolichenus auch viele moralische Eigenschaften zugesprochen; denn manche der Verehrer gaben sich solche Beinamen, vor allen Dingen Frauen. Sie nannten sich Vera, Iusta oder etwa Victura. Weibliche Verehrer sind überhaupt ein wichtiges Indiz dafür, daß Iupiter Dolichenus neben den militärischen noch wichtige andere Aspekte hatte. Ganz im Gegensatz etwa zu dem großen orientalischen Gott Mithras finden sich nämlich hier sehr häufig Frauen als Anbeterinnen oder Stifterinnen von Denkmälern.

Trotz all dieser öffentlichen, staatserhaltenden und privaten Aspekte, unter denen wir Iupiter Dolichenus heute kennenlernen, hat sich die Vorstellung der Menschen von diesem Gott, die ihren Ausdruck in der künstlerischen Gestaltung des Kultbildes fand, nicht geändert. Dolichenus steht frontal in Schrittstellung auf dem Stier, der meist nach rechts gewendet ist oder schreitet. Ganz selten ist der Gott ohne dieses Tier dargestellt, vgl. etwa die Heddernheimer Silberplättchen. Seine Bekleidung ist fast immer die eines römischen Feldherren, meist allerdings mit dem Schwert des gemeinen Soldaten an der Seite und nicht mit dem ,,*cinctorium*'' der höheren Offiziere. Der Brustpanzer mit Mantel ist ebenso häufig wie die Tunika, selten ist er auch mit Beinschienen dargestellt. Aus dem Orient übernommen sind die Attribute in seinen Händen, die verschieden geformte Doppelaxt und der Blitz, die er schon auf hethitischen Reliefs getragen hat. Hinzu kommt die phrygische Mütze, wie sie auch Mithras oder Attis kennzeichnet.

Diese Darstellungsweise war mit geringen Abweichungen anscheinend kanonisch, und nur durch Nebenfiguren auf großen Reliefs und durch zusätzlich in den Heiligtümern aufgestellte Statuen, Reliefs und Inschriften können wir heute eine Veränderung in der Verehrung und die verschiedenen Wesenszüge feststellen.

4. *Iupiter Dolichenus und die anderen Götter*

Neben dem Gott auf dem Stier ist sehr häufig auch eine Göttin zu sehen, die auf einer Hindin (selten einer Kuh) dem Iupiter Dolichenus gegenüber steht. Es handelt sich dabei um seine Gemahlin, Iuno Dolichena, die übrigens nur ein einziges Mal so bezeichnet wird. Die epigraphischen Zeugnisse nennen sie normalerweise Iuno Sancta oder Iuno Regina. Wie eine Fürstin ist sie auch dargestellt: mit vollem Haar, langem Gewand, einen Spiegel (manchmal auch eine Frucht oder Blüte) in der Rechten und einen Stab in der Linken. Meistens steht sie auf ihrem Tier dem Iupiter Dolichenus gegenüber. Während dieser durch die erhobenen Hände mit den Attributen Blitz und Doppelaxt und seine dynamische Schrittstellung Tatkraft und Unternehmungsgeist ausstrahlt, verbreitet seine Gemahlin weibliche Würde und Ruhe — ein ruhender Pol im Gegensatz zur Aktivität des dolichenischen Gottes.

Eine Reihe weiterer syrisch-orientalischer Gottheiten werden zusammen mit Iupiter Dolichenus erwähnt und dargestellt. So nennen mehrere Inschriften den Iupiter Heliopolitanus zusammen mit dem dolichenischen Iupiter. Auch Mithras, der persische Lichtgott, wird zusammen mit ihm verehrt; im Dolichenum auf dem Aventin in Rom wurden Kultbilder für Mithras gefunden. Neben dem Iupiter Dolichenus wird mehrfach auch ein *Deus Commagenorum* genannt. Wenn es sich nicht um ein und dieselbe Gottheit handelt, wird dadurch noch ein weiterer kommagenisch-syrischer Gott erwähnt. All diese Götterzusammenstellungen werfen die Frage auf, ob wir darin nur eine allgemeine Vermischung orientalischer Religionen in der römischen Kaiserzeit zu sehen haben, oder ob zumindestens die Anhänger des Iupiter Dolichenus selbst in ihm einen Herrscher über andere Gottheiten sehen wollten. Sahen sie in ihm einen *Kosmokrator*, einen Beherrscher des Kosmos?

Mehrfach wird dem Namen *Iupiter optimus maximus Dolichenus* das Epitheton „*exsuperantissimus*" oder „*praestantissimus*" beigefügt, was soviel wie „alles überragend" oder „allgegenwärtig" bedeutet. Die Gläubigen konnten sich also des Wirkens ihres Gottes in jeder Situation sicher sein, und dadurch wurde er für sie der Gott, der alle anderen überragt. Er war der Herrscher über Himmel und Erde. Auf einigen Denkmälern ist er von Sternen umgeben. Auch wird er immer wieder in Verbindung mit Sol und Luna gebracht. Beide herrschen über Tag und Nacht, und sie sind als Büsten dem Iupiter aus Doliche auf den Reliefs zugesellt, um damit seine Herrschaft über die Tageszeiten anzudeuten. Als Helfer bei dieser Aufgabe sehen wir auch auf einigen Reliefs die göttlichen Zwillinge Castor und Pollux, die manchmal in römischer Manier als Dioscuren, manchmal als nur mit dem Oberkörper aus einem Felsen herausragende Göttergestalten abgebildet sind. Gerade die Verbindung mit Sol wird häufig herausgestellt. Eine stadtrömische Inschrift bezeugt: „*Iovi optimo maximo aeterno et Soli digno praestantissimo*". Durch die Kraft ihrer Strahlen ist die Sonne den Menschen allgegenwärtig, und diese Kraft wird dem ewigen Iupiter Dolichenus zugeordnet. So wird er für seine Anhänger zu einem Gott des Himmels und der Erde.

Als solchen können ihm auch weitere Gottheiten aus dem römischen Pantheon der Kaiserzeit zugeordnet werden. So finden wir heute Artemis und Apollon, Herkules, Minerva, ja auch die ägyptischen Gottheiten Isis und Serapis, die allerdings längst ein Teil des römischen Götterhimmels waren, mit Iupiter Dolichenus zusammen genannt und abgebildet. Als Siegesgöttin darf auch Viktoria nicht fehlen, die auf verschiedenen Denkmälern dem Gott den Siegeskranz reicht und die auch häufig die Spitze der dolichenischen Dreiecke bildet, von denen später noch zu sprechen sein wird. Sie ist sicher hier nicht die Künderin eines militärischen Sieges, sondern auch Begleiterin des Siegeszuges, den Iupiter Dolichenus im Imperium Romanum angetreten hat.

Man ist der Auffassung gewesen, daß die Vielzahl anderer, meist römischer Götter nur dazu diente, den Kult des Iupiter Dolichenus attraktiv zu machen, d.h. in einer Missionierungskampagne die Römer und Barbaren für diesen ihnen fremden Gott und seine Verheißungen zu gewinnen, indem man ihm bekannte Götter an die Seite stellte. Das ist, wenn es stimmt, nur ein Aspekt, denn Beziehungen der Götter untereinander, wie Bündnisse, Ehen und Feindschaften, sind vor allem aus den

Götter- und Heroenerzählungen des Vorderen Orients bekannt. Auch über den Baal von Doliche wird es solche Sagen und Erzählungen gegeben haben. Diese sind heute allerdings verloren, und wir können sie nur aus den Beziehungen, die Iupiter Dolichenus in der römischen Kaiserzeit zu anderen Gottheiten hatte, erahnen. Er ist der beherrschende Gott, und ihm wurden andere zu- oder untergeordnet, aber nur seine Anhänger kannten noch die Verbindungen und Beziehungen, die wir heute vermuten, nicht aber bestimmen können.

5. *Tempel, Kulthandlungen und Kultdiener*

Es ist sehr bedauerlich, daß wir so wenig über die Liturgie und die Gebete der Diener des Iupiter Dolichenus wissen. Literarische Quellen sind dazu nicht vorhanden. Vielleicht waren einmal liturgische Vorschriften bekannt, die uns durch einen Zufall nicht überliefert sind, vielleicht waren sie aber auch schon in der Antike einer Geheimhaltung unterworfen und nur den Mitgliedern der Kultgemeinde zugänglich, so daß sie aus diesem Grunde nicht auf uns gekommen sind. Das Wenige, was wir heute aussagen können, beruht auf Schlüssen, die man aus archäologischen Überresten ziehen kann, auf wenigen inschriftlichen Andeutungen und Analogieschlüssen zu anderen, zeitgenössischen orientalischen Kulten.

Die erhaltenen und ausgegrabenen Grundrisse und Architekturreste von Tempeln des Iupiter Dolichenus lassen keine Rückschlüsse auf eine etwaige kanonische Bauweise zu. Nach heutigen Erkenntnissen gleicht kein Heiligtum in seiner Anlage dem anderen, so daß man aus diesen Resten nichts über liturgische Abläufe sagen kann. Allerdings waren die Tempel alle nicht besonders groß, so daß zu einer Opferfeier nur eine kleine Anzahl von Kultdienern in ihnen Platz fand. Das besterhaltene Dolichenum ist das in Rom auf dem Aventin in den letzten Jahrzehnten ausgegrabene. Aus den hier gefundenen Inschriften wissen wir, daß es mehrfach umgebaut bzw. erweitert worden ist. Einige reiche Kultanhänger rühmen sich, zum Bauschmuck beigetragen zu haben. So wurden einzelne prächtige Säulen, eine ganze Säulenhalle, Kultvasen, ja sogar ein viereckiges *Nymphäum*, wohl ein Brunnenhäuschen (für kultische Waschungen?) gestiftet. Gold- und silberverzierte Kultgeräte und Votivgaben sind uns besonders aus dem Hortfund im österreichischen Mauer an der Url bekannt, wo große Teile, wenn nicht gar ein ganzes Tempelinventar vergraben aufgefunden wurde.

Waschungen und Speisungen haben sicher während der Liturgie stattgefunden. Mehrfach wird in Inschriften nämlich ein ,,*cenatorium*'' oder ,,*triclinium*'' erwähnt, Räumlichkeiten, in denen sich die Gläubigen zum Kultmahle lagerten. Gerade einen solchen Raum, der ringsum mit Essens- und Ruhebänken ausgestattet ist, glaubt man in den Dolichenus-Heiligtümern von Doura Europos und dem aventinischen in Rom wiedergefunden zu haben. Offenbar gehörte aber auch ein Unterrichtsraum, in dem die Adepten in der Lehre unterwiesen wurden, in den Bereich des Heiligtums; denn eine römische Inschrift belehrt uns über eine solche ,,*schola*''. Selbstverständlich mußte es auch einen Umkleideraum für Priester und Mysten geben, in dem sie ihre liturgischen Gewänder anlegten — vielleicht ist das die ,,*fabrica templi*'', die in einer Inschrift für Iupiter Dolichenus auf dem Aventin in Rom erwähnt wird. Umziehen mußten sich die Priester ja nicht nur für die Opferhandlungen, sondern auch für die heilige Prozession. Von dieser wissen wir nicht, wann, in welcher Form und wohin sie stattfand, wir wissen nur, daß es sie gab. Wie anders läßt sich das Amt eines ,,*lecticarius dei*'', eines Sänftenträgers des Gottes, erklären, wenn er nicht das Abbild oder eine Statue des Gottes während einer Prozession trug. In diesen Bereich gehören sicher auch die sogenannten Dolichenus-Dreiecke, die sehr häufig in Zusammenhang mit der Verehrung des Iupiter Dolichenus vorkommen. Diese meist aus Bronze oder Silber gearbeiteten Denkmäler geben das Bild des dolichenischen Gottes auf der Vorder- oder Rückseite wieder. Sie waren Stabaufsätze, die mit Tüllen auf die Spitze gesteckt wurden. Wie die römischen Feldzeichen bei einer Siegesparade wurden sie während der Prozession von Kultdienern getragen. Auch kennen wir Darstellungen von Händen aus Bronze, die mit nach oben gestreckten Fingern dem Dolichenus geweiht waren. Sie wurden sicher auch manchmal oben auf die Spitze eines Stabes aufgesteckt und als segenbittende Hand des Gläubigen oder segenbringende Hand des Gottes bei Prozessionen mitgeführt.

Es ist schwer zu sagen, wer sich an den Opfern und Kultprozessionen beteiligen durfte. Die vielen Stiftungen im Heiligtum auf dem Aventin in Rom lassen auf einen gewissen Wohlstand der Anhänger hier schließen. Auch Handwerker, wie etwa der Vergolder von Statuen, der seine Kunst in den Dienst des Gottes stellte, werden genannt. Doch nicht der Reichtum scheint entscheidend gewesen zu sein für die Aufnahme;

denn die vielen Soldaten, die dem Iupiter Dolichenus huldigten, gehörten sicher nicht zu diesen Privilegierten. Sogar Frauen stifteten Altäre und Silbervotive. Das ist durchaus nicht selbstverständlich, denn sie waren z.B. von der Teilnahme am Mithraskult ausgeschlossen. In welcher Weise sie allerdings am Opfer oder an den liturgischen Handlungen im Dolichenuskult beteiligt waren, wissen wir nicht. Die Listen von Mysten und Adepten, die uns aus Rom erhalten sind, nennen keine Frau. Auch gibt es unter den dort aufgeführten Ämtern kein mit einer Frau besetztes.

Die Ämter und Grade, welche die Mitglieder einer Dolichenusgemeinde einnahmen, sind uns fast ausschließlich aus Inschriften der Stadt Rom bekannt. Natürlich gehörten zu jedem Heiligtum ,,*sacerdotes*'', die Priester. Aus fast jedem Heiligtum im gesamten Imperium Romanum sind uns einige Priester namentlich bekannt. Es scheint auch fast so, als hätte es offizielle Priesterlisten gegeben und als hätten sich die Priester in einem regelmäßigen Turnus in dem Amt als Vorsteher der Gemeinde abgelöst; denn eine Anzahl von Weihungen und Stiftungen wurden von den Gläubigen mit der Zeitangabe aufgestellt: ,,*sub sacerdote*'' oder ,,*sub sacerdotibus*'', d.h. zur Zeit der Priesterschaft von... Der oder die Priester bildeten also zumindest in den Gemeinden der Provinz die hierarchische Spitze.

Im pannonischen Carnuntum gab es darüberhinaus noch eine eigene Jugendorganisation, deren Programm und Ziel die Verehrung des Iupiter Dolichenus war; sie nannte sich: *Iuventus Colens Iovem Dolichenum*. Die Inschriften aus dem Heiligtum des Iupiter Dolichenus in dieser Stadt nennen auch als einzige außer den stadtrömischen noch weitere Ämter der dolichenischen Gemeindehierarchie. Es handelt sich um den ,,*curator templi*'', den Tempelverwalter und den ,,*scriba*'', den Schreiber. Diese wohl der römischen Verwaltungs- und Rechtssprache entnommenen Begriffe deuten darauf hin, daß hier keine Einweihungsgrade in den Kult gemeint sind, wie uns diese ja aus dem Mithrasmysterium häufig belegt sind. Vielmehr scheint es sich um Verwaltungsbeamte einer gut organisierten Gemeinde zu handeln, die keine priesterliche Funktion hatten.

Dieser Unterschied zwischen Laien- und Priesterämtern in der Dolichenusgemeinde wird ganz deutlich, wenn wir uns jetzt den wichtigen Inschriften aus Rom zuwenden, die unsere Kenntnis von der Gemeinde und ihrem Leben beträchtlich erweitert haben. Durch sie wissen wir, daß sich die Anhänger des Iupiter Dolichenus untereinander als *„fratres"*, als Brüder bezeichneten und daß sie allgemein die *„colitores"*, die Anhänger bzw. Verehrer genannt wurden. Es muß auch eine Unterweisung in die Riten und eine Einweisung in die Lehre gegeben haben, die offenbar in der oben schon erwähnten *„schola"* stattfand. Die zugelassenen Teilnehmer zu diesen Lehrgängen waren die *„candidati"*. Sie wurden in ganz kleinen Gruppen unterrichtet, deren Gruppenführer ein *„patronus"* war. Diese Deutung können wir einer Inschrift aus dem Dolichenusheiligtum auf dem Aventin entnehmen, in der sechs Gruppen zu 3 bis 4 *„candidati"* genannt sind, die von je einem *„patronus"* angeführt wurden. Die Unterweisung selbst nahm offenbar der *„pater candidatorum"*, der Kandidatenvater vor, ein Priester, der für diese Aufgabe mit dem Ehrentitel bedacht wurde. Offenbar gab es auch in Rom, wo wir mehrere Heiligtümer für Iupiter Dolichenus kennen, keine zentral geregelte Ausbildung der *„candidati"*. Jede Gemeinde war dafür selbst zuständig, und so nennen sich denn auch eine Reihe von ihnen *„candidati huius loci"*, also Kandidaten dieses Tempels oder dieser Gemeinde. Mit der Aufnahme unter die Kandidaten scheint auch eine 'Heilserwartung' verbunden gewesen zu sein, denn ein Orientale stiftete im aventinischen Dolichenum den *„salvis candidatis"* einen Altar. Damit können kaum aus einer ungenannten physischen Gefahr gerettete Kandidaten gemeint gewesen sein, sondern wir müssen darunter eine Rettung im theologischen oder soteriologischen Sinne verstehen.

Was die übrigen Amtsbezeichnungen angeht, so geben sie uns interessante Einblicke in das Leben der Gemeinde und ihre Zusammensetzung. Es ist jedoch schwierig, diese Bezeichnungen in eine kultische Hierarchie einzuordnen. Jedenfalls steht fest, daß es Laien- und Priesterämter gegeben hat und daß der Dolichenusverehrer vom *„colitor"*, dem normalen Gemeindemitglied, über den *„candidatus"* zum Priester, dem *„sacerdos"* aufsteigen konnte. Hinzu kommt das offenbar wichtige Amt des *„notarius"*, wohl ein Laienamt, dessen Inhaber für die Rechtsgeschäfte der Gemeinde zuständig war. Es wird von *„collegae"*, *„patroni"* und *„principes"* gesprochen, wobei letztere 'Geschäftsführer' in einem Kollegium gewesen sein könnten. Auch hier in Rom gab es, wie in Carnuntum, den *„scriba"* und den *„curator templi"*. Die *„lecti-*

carii dei", deren Aufgabe wohl nur im Sänftentragen bei einer Dolichenusprozession bestand, haben wir oben schon erwähnt.

Allen Ämtern, seien es Verwaltungs- oder Priesterämter, ist eines gemeinsam: sie unterstanden der Allmacht des Iupiter Dolichenus, denn in einer Inschrift heißt es von den Beamten: ,,*quos elexit Iupiter optimus maximus Dolichenus sibi servire*". Sie waren also diejenigen, die der Gott selbst zu seinem Dienst auserwählte.

6. Das Ende der Herrschaft

Iupiter Dolichenus war im Laufe der Geschichte des Römischen Reiches zum ,,*conservator totius mundi*", zum Erhalter der ganzen Welt geworden. Seine Macht reichte bis zu den von der Zentrale in Rom weit entfernten Kastellen am Hadrianswall in Britannien. Sogar den Kaisern schmeichelte es, wenn für ihr Wohlergehen dem Gott ein Altar gestiftet wurde. Die Herrscher des severischen Kaiserhauses, die ja syrischer Abkunft waren, haben scheinbar den Kult des Iupiter Dolichenus besonders gefördert; aus ihrer Zeit sind uns die meisten Denkmäler überliefert. Doch die vielgepriesene Allmacht des Gottes hat auch ihn selbst nicht vor dem Untergang und der Vergessenheit bewahrt. Der Anfang dieses Prozesses lag sicher in Kleinasien, wo die Stadt Doliche und damit auch das Hauptheiligtum des Iupiter Dolichenus von dem Sasanidenherrscher Şapur I. in der Mitte des 3. Jh. n. Chr. dem Erdboden gleichgemacht wurde. Vielleicht wurde danach das Dolichenum auf dem Aventin in Rom zum Mittelpunkt und Zentralheiligtum, denn dieses hat wohl noch bis zum Ende des 3., wenn nicht gar in das 4. Jh. n. Chr. hinein bestanden. Doch auch dieses fiel der Christianisierung zum Opfer, wie so viele Denkmäler und Heiligtümer anderer Religionen. An die Stelle des Erhalters dieser Welt trat Christus, der Künder einer neuen Welt.

LITERATURVERZEICHNIS

Demircioğlu, H., *Der Gott auf dem Stier. Geschichte eines religiösen Bildtyps* (Neue Deutsche Forschungen, Abt. Alte Geschichte, Bd. 6), Berlin 1939.
Hörig, M. und Schwertheim, E., *Corpus cultus Iovis Dolicheni (CCID)* (EPRO), Leiden 1981 (in Vorbereitung).
Merlat, P., *Répertoire des inscriptions et monuments figurés du culte de Jupiter Dolichenus*, Paris 1951.
Merlat, P., *Jupiter Dolichenus, Essai d'interprétation et de synthèse*, Paris 1960.

Speidel, M., *The Religion of Iuppiter Dolichenus in the Roman Army* (EPRO 63), Leiden 1978.
Speidel, M., *Iuppiter Dolichenus. Der Himmelsgott auf dem Stier*, Stuttgart 1980.

ABBILDUNGSVERZEICHNIS

Tafel I. Hethitisches Relief mit Darstellung des Teschub im Archäologischen Museum Ankara. Photo Wagner.
Tafel II. Das Dolichenum auf dem Aventin in Rom. Photo Vermaseren.
Tafel III, 1. Relief für Iupiter Dolichenus und Iuno Dolichena aus dem Dolichenum auf dem Aventin. Nach Colini.
Tafel III, 2. Relief für Iupiter Dolichenus aus dem Dolichenum auf dem Aventin. Photo DAI, Rom.
Tafel IV. Bronzedreieck aus Kömlöd-Lussonium. Vorderseite (1) und Rückseite (2). Photo Ungarisches Nationalmuseum, Budapest.
Tafel V, 1. Silbervotiv für Iupiter Dolichenus aus Heddernheim/Frankfurt. Photo British Museum, London.
Tafel V, 2. Bronzedreieck für Iupiter Dolichenus aus Heddernheim/Frankfurt im Museum Wiesbaden. Photo Städt. Museum, Wiesbaden.
Tafel VI, 1. Bronzestatuette des Iupiter Dolichenus aus Mauer an der Url. Photo Kunsthistorisches Museum, Wien.
Tafel VI, 2. Bronzehand für Iupiter Dolichenus aus Heddernheim/Frankfurt. Privatsammlung. Photo Museum für Vor- und Frühgeschichte, Frankfurt.

Tafel I

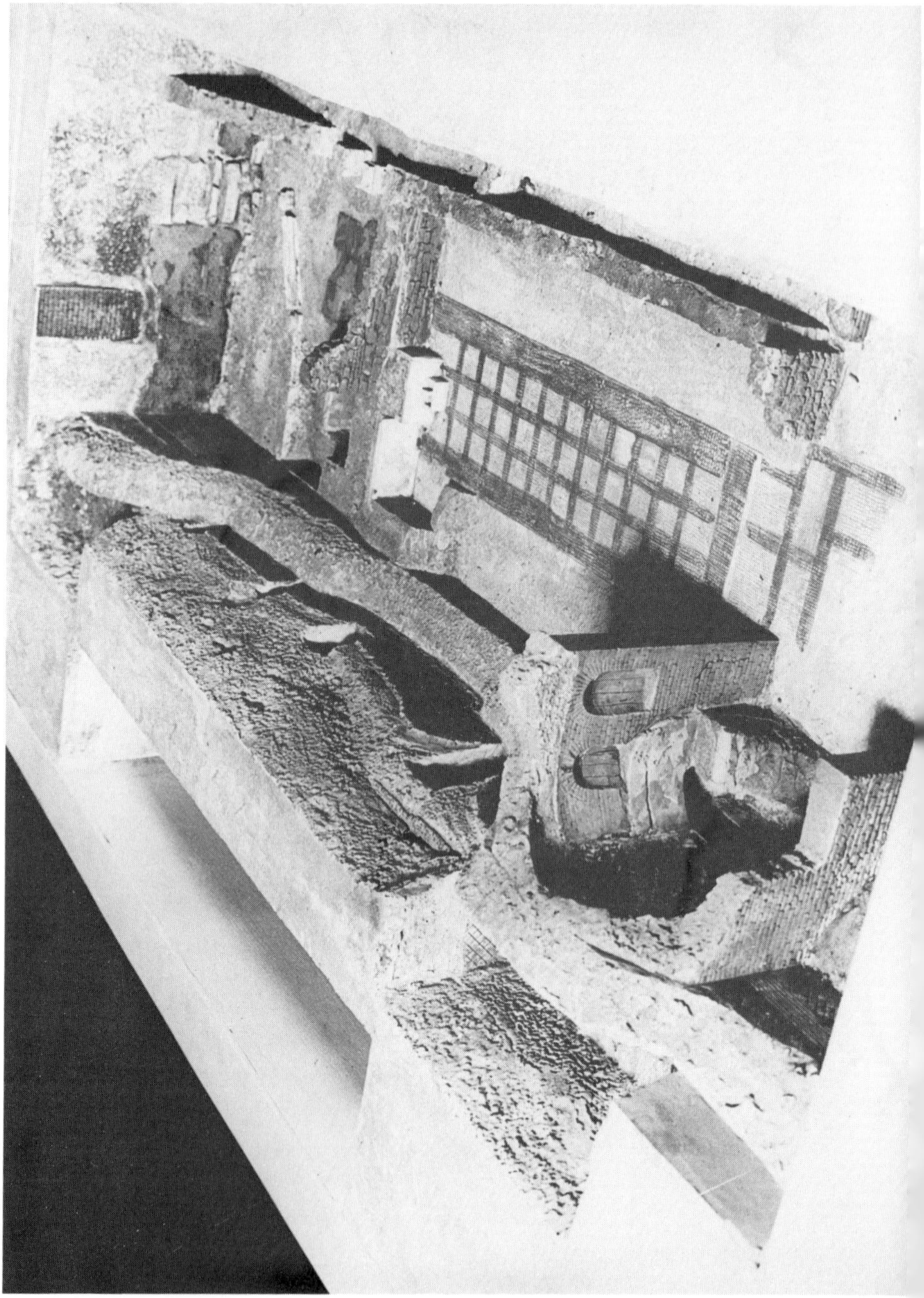

IUPITER DOLICHENUS

Tafel III, 1

Tafel III, 2

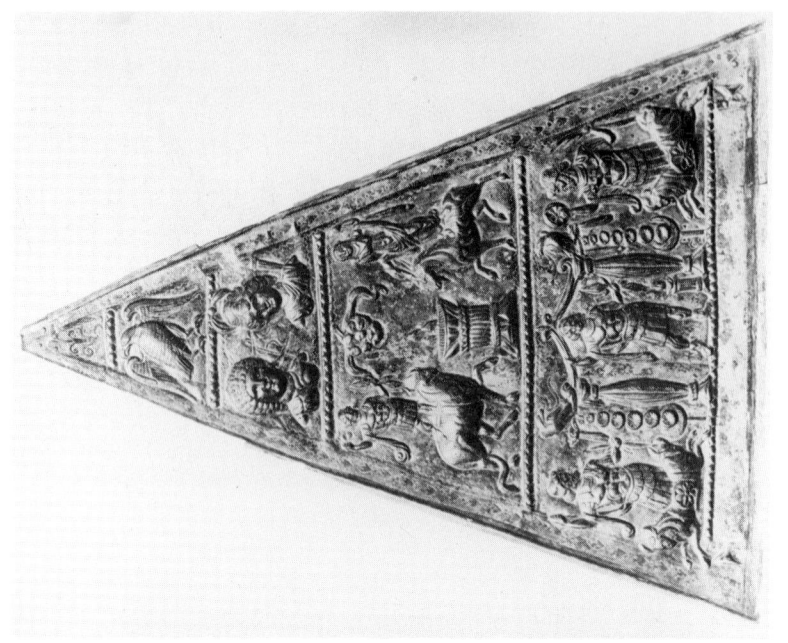

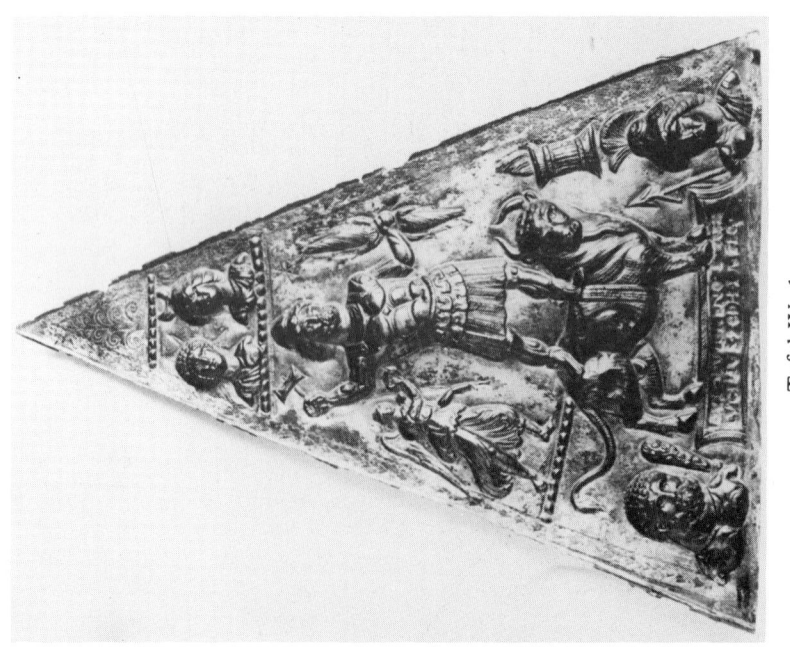

Tafel IV, 2

Tafel IV, 1

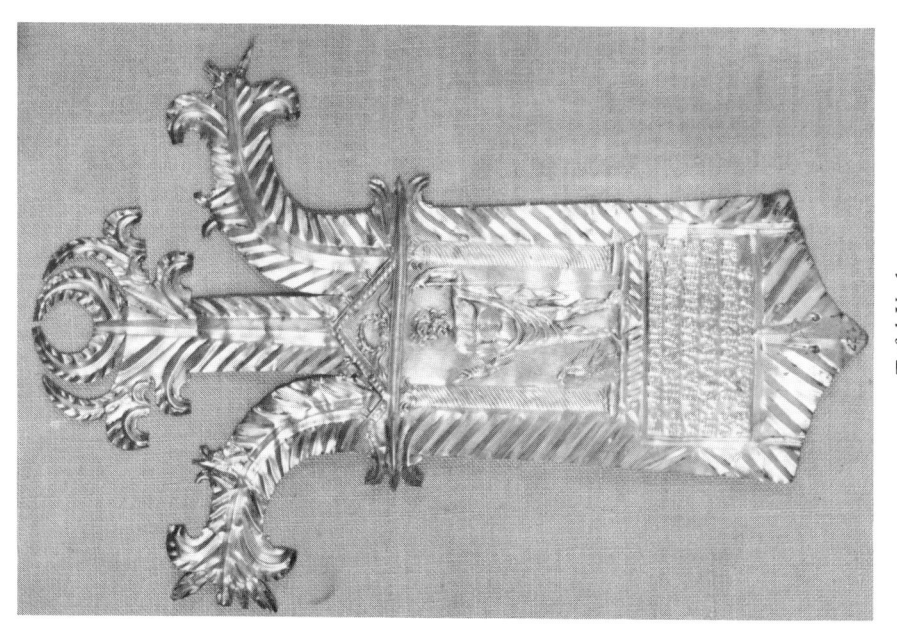

Tafel V, 1

Tafel V, 2

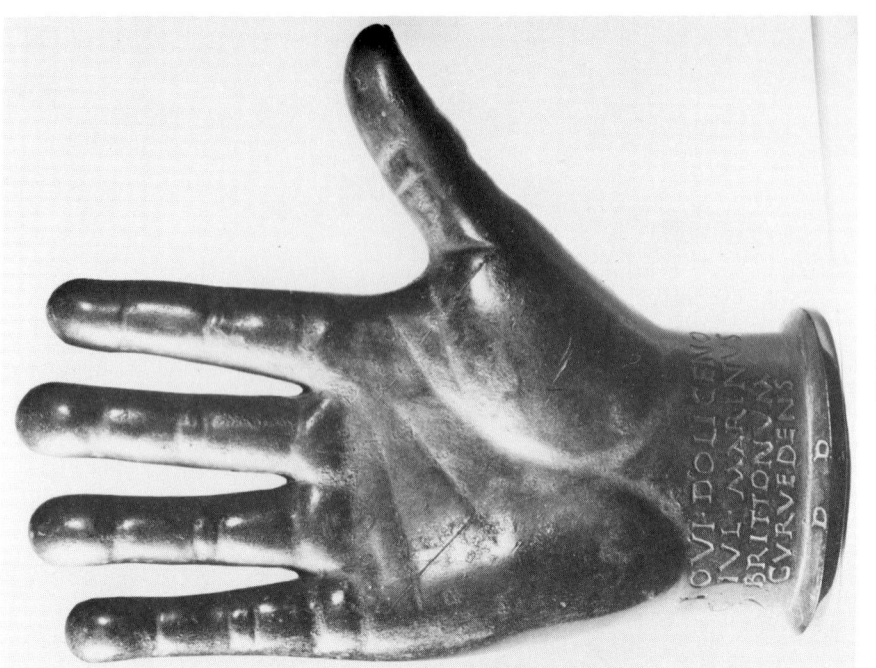

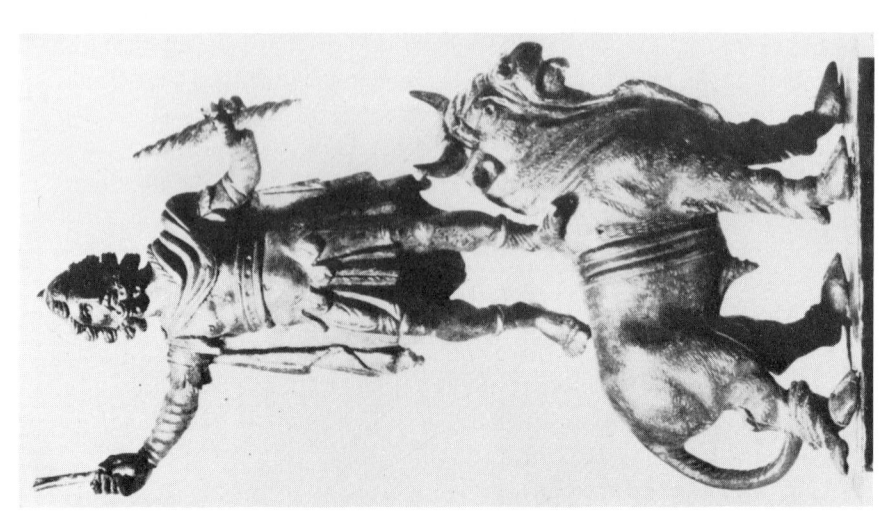

Tafel VI, 2

Tafel VI, 1

VIII

JUPITER HELIOPOLITANUS

YOUSSEF HAJJAR
(Montreal)

Unter den Göttern, verbreitet über das Römische Reich besonders infolge einer großen syrisch-phönizischen Diaspora, nahm Jupiter Heliopolitanus eine bevorzugte Stellung ein. Er stammt aus der Stadt von Heliopolis (das heutige Baalbek im Libanon) und wird in Inschriften und literarischen Texten Zeus oder Jupiter genannt. Aber diese griechischen oder lateinischen Benennungen können doch seinen semitischen Ursprung nicht verdecken. Es handelt sich in Wirklichkeit um den syrischen Baal-Hadad, eine Naturgottheit, die durch immer wiederkehrende Gewitter das fruchtbringende Wasser sicherstellte. Auf zahlreichen figürlichen Monumenten und Inschriften aus römischer Zeit bildet dieser Gott zusammen mit Venus und Merkur eine Trias, wahrscheinlich eine Familie. Das Ursprungsdatum dieser Trias kann nicht mit Sicherheit festgelegt werden. Da das vorrömische Baalbek keine Kultdokumente geliefert hat, müssen wir vermuten, und dies mit ziemlicher Sicherheit, daß die oben genannte Trias kaum älter ist als die Gründung der römischen Kolonie von Heliopolis durch Augustus. Auch die zwei Gefährten des Jupiter verkörpern sicher alte syrische Gottheiten. Venus ist ein lokale Form der Dea Syria oder Atargatis und wie diese eine Naturgöttin, eine Göttin des wohltuenden Wassers, der Liebe und der Fruchtbarkeit. Was Merkur angeht, so kennen wir seinen ursprünglichen Namen nicht. Es handelt sich ohne Zweifel um einen lokalen Gott von starker und komplexer Persönlichkeit, was durch seine Assimilationen bewiesen wird. Er wird zugleich mit der Sonne und mit Bacchus identifiziert und seine Charakterzüge als Herdenbeschützer und Spender von Reichtum und Wohlergehen leiten sich von seiner Assimilation mit dem griechisch-römischen Merkur ab.

Jupiter ist natürlich die oberste Gottheit von Heliopolis. Wie der höchste Gott der Römer, so ist auch er ,,Sehr-Gut Sehr-Groß'' und diesen Titeln folgt immer die Benennung „Heliopolitanus", die sich jedoch nur selten bei den zwei anderen Gottheiten der Trias findet. Außerdem wird Jupiter in den Weihinschriften an die Trias immer als erster genannt, unabänderlich gefolgt von Venus und Merkur. Diese normale hierarchische Ordnung wird in den Inschriften niemals zerstört, aber das gleiche kann nicht von den figürlichen Darstellungen behauptet werden, worauf die relative Position jedes einzelnen Gliedes der Trias weitaus nicht immer gleichbleibend ist. Wenn auch Jupiter meistens die Mitte der Komposition oder die vordere Seite eines Altars einnimmt, so teilen sich die zwei anderen Gottheiten die Seitenplätze und es kommt sogar vor, wenn auch selten, daß sie dem obersten Gott den Ehrenplatz streitig machen.

Bilddarstellung des Jupiter

Der große Gott von Heliopolis wird auf den Denkmälern in vier verschiedenen Arten dargestellt. Man sieht ihn am öftesten von einem Futteralgewand umgeben, manchmal nach griechischer Mode gekleidet, seltener auf betylische Art dargestellt und letztlich nur von einem Symbol vertreten. Diese verschiedenen Darstellungen haben ohne Zweifel in der Römerzeit koexistiert und wir können deshalb nicht von irgendeiner Entwicklung in der Darstellung des Idols sprechen. Die Behauptung, daß der betylische Typ des Heliopolitanus sehr alt ist und daß die Darstellung im Futteralgewand älter ist als die griechische Verkleidung, wird sicher als sehr logisch befunden, aber sie beruht auf keiner sicheren Basis und wir haben überhaupt keine figürlichen Denkmäler aus vorrömischer Zeit. Man muß außerdem feststellen, daß jede der drei ersten göttlichen Darstellungsweisen leichte Verschiedenheiten von einem Denkmal zum anderen aufweist. Aber diese Eigenart findet sich in der religiösen Bildkunst aller Zeiten.

a) Jupiter Heliopolitanus im Futteralgewand

Dieser Bildtypus, auch orientalisch genannt, ist der am meisten verbreitete und er bildet wohl die klassische Form der göttlichen Darstellung. Er ist jedenfalls der einzige, der sich außerhalb Syriens vorfindet, d.h. genauer gesagt, außerhalb Koelesyriens, wo Heliopolis liegt. Die drei Denkmäler, die ich ausgewählt habe, um diesen Typus zu illustrieren, und zwar der achteckige Altar von Fike und die zwei Bronzestatuetten aus Schweifat und Tartus erlauben uns, die allgemeinen konstanten Züge und die oben erwähnten Typusvariationen zu erkennen.

Jupiter wird aufrecht dargestellt, von vorne, von zwei Stieren flankiert und gewöhnlich auf einem Sockel stehend. Die aufrechte Haltung stellt ein wesentliches Bildelement dar, das ohne Ausnahme immer vorhanden ist. Man stellt jedoch fest, daß das Gottesbild auf einigen Reliefs und Bleifiguren von nachlässiger Ausführung teilweise von dem Sockel verdeckt wird. Die Darstellung von vorne bildet auch die Regel und zwei Gemmen des Britischen Museums, auf denen der Gott von Baalbek entweder mit Aphrodite und Athena oder mit Serapis und Nemesis dargestellt ist, sind bezeichnend in dieser Beziehung: der Gott von Baalbek wird darauf immer von vorne dargestellt, während die vier anderen Gottheiten die Dreiviertel- oder Profilstellung einnehmen. Die zwei Stiere, die das Gottesbild begleiten, sind ein steter Bestandteil des Idols, selbst dann wenn man infolge des Zufalls bei den Entdeckungen ihre Abwesenheit auf einigen Bronzen feststellen muß. Das Vorhandensein dieser Tiere ist leicht zu verstehen, da der Stier seit alters her im Vorderen Orient und in Anatolien den Wettergöttern beigesellt war, denen er als Begleit- oder Tragtier diente. Die beiden Stiere des Heliopolitanus, die im allgemeinen der Rasse der Buckelrinder angehören, sind entweder von vorne oder im Profil dargestellt. Die frontale Haltung, da sie derjenigen des Gottes selbst entspricht, ist ohne Zweifel dem Prototyp des Kultbildes getreu nachgebildet. Die Profilhaltung dagegen, die den Gemmen, Ringsteinen und Münzen zueigen ist, scheint mit der geringen Tiefe zusammenzuhängen, die diese Kleingegenstände aufweisen, und auch mit der Notwendigkeit, in der sich der ausführende Künstler befand, die darzustellenden Tiere leicht identifizierbar zu machen. Was den Sockel angeht, so ist er oft mit einer zwei-, vier- oder sechssäuligen Tempelfassade dekoriert. Diese Fassaden stellen nicht etwa — wie man behauptet hat — bestimmte Tempel derjenigen Städte dar, aus denen die Gegenstände mit diesen Motiven stammen. In nachweisbaren Fällen stimmt nämlich die Zahl des Säulen keineswegs mit der Wirklichkeit überein. Ich sehe darin eher eine konventionelle Darstellungsart, die daran erinnert, daß es sich hier um ein Kultbild handelt. Anstatt einer Tempelfassade findet sich auf dem Sockel manchmal ein Bild des heliopolitanischen Merkurs in Form einer langgestreckten Herme oder der Fortuna, die eine astrologische Bedeutung hat. Das ganze Idol, einschließlich der Stiere, ist, wie es die Sursock Bronzestatuette zeigt, auf einen hohlen Kasten ohne Boden gestellt, dessen vier Seiten jeweils zwei Löcher haben, die man in Verbindung bringen muß mit dem Transport des Idols während der religiösen Prozessionen und der Kultzeremonien. Dieser Kasten hat auf der Oberseite eine große runde Öffnung, die wahrscheinlich dazu diente, die schriftlichen, versiegelten Fragen der Orakelsuchenden aufzunehmen.

Jupiter Heliopolitanus ist immer als ein junger Mann und mit bartlosem Gesicht dargestellt. Die Bartlosigkeit wird übrigens von Macrobius (*Saturnalien* I, 23, 12) deutlich unterstrichen. Einige Wissenschaftler jedoch, sehr unter dem Einfluß des sogenannten ägyptischen Ursprungs des Gottes, den Lukian (*De Dea Syria* 5) und Macrobius in ungenauer und romantischer Weise beschreiben und auf den ich weiter unten zurückkommen werde, sprechen zu Unrecht von einem künstlichen Bart auf ägyptische Art, wenn sie eine kleine Schwellung am Ansatz des Halses auf einigen Bronzestatuetten interpretieren: dies ist in Wirklichkeit nichts anderes als der hervortretende ,,Adamsapfel''. Die volle Haarpracht ist wie eine Etagenperücke mit Reihen von horizontalen Locken über der Stirn und auf dem Hinterkopf angeordnet. Diese Perücke bedeckt häufig den Nacken, manchmal ist sie jedoch kürzer und läßt den Hals vollkommen frei, wie dies der Fall ist auf einer Bronzestatuette aus Baalbek im Museum von Beirut und auf einer ehemals im Joanneum von Graz aufbewahrten. Die übliche und sozusagen klassische Kopfbedeckung des Gottes ist der *Kalathos*, d.h. ein Korb, der sich nach oben ausbreitet. Diese Kopfbedeckung, Symbol der Güter dieser Erde und Attribut sowohl der Unterwelts- wie auch der Fruchtbarkeitsgottheiten, hat oft entweder eine symbolische Dekorierung wie Blätter, Kornähren und den Adler, Vogel des Jupiter, oder geometrische Motive, die die Edelsteine des Prototyps imitieren sollen. Der *Kalathos* wird auf drei Bronzestatuetten, von denen zwei im Louvre und eine in Berlin sind, abgelöst durch einen sehr kleinen *Pschent*, d.h. der königlichen ägyptischen Doppelkrone. Auf fünf Gemmen ist der Kopf des Gottes von Strahlen umgeben, was eine diesbezügliche Behauptung von Macrobius (*Sat.* I, 23, 19) unterstreicht. Diese Eigenheit kommt jedoch nur auf diesen Kleingegenständen vor, wo eine gewisse freie Darstellungsweise des Gottesbildes erlaubt ist. Auf einer Bronzestatuette aus Tartus im Louvre kommt als Variante ein *Kalathos* vor, der auf einen Lorbeerkranz gesetzt ist, was den Gott als Sieger kennzeichnet. Um den Hals des Gottes liegt häufig eine einfache oder doppelte Kette, deren Aussehen oft zur Verwechslung mit einer Girlande Anlaß gibt; wir können diese deshalb nicht genau interpretieren. Manchmal hängt an diesem Halsschmuck eine scheibenartige *Bulla*, die in gewisser Weise an diejenige erinnert, die vom jungen römischen Adel wie ein Talisman gegen Verzauberungen getragen wurde. Diese *Bulla* findet sich auch bei Venus und Merkur und bei anderen Gottheiten aus Syrien und Kleinasien. Auf dem Relief von Marseille im Museum von Avignon nimmt die von Jupiter Heliopolitanus getragene Kette die Form von zwei einander zugekehrten Delphinen an, die eine von zwei Uräusschlangen umgebene Scheibe festhalten. Hier ist hinzuzufügen, daß in einer Inschrift aus Puteoli im Museum von Neapel von der Weihung einer Kette an den Gott von Baalbek die Rede ist. Als weiteren Schmuck findet man manchmal Armbänder am Handgelenk und es kommt sogar vor, daß derartige Schmuckstücke den rechten Arm des Gottes ganz und gar bedecken, wie dies der Fall ist auf zwei Denkmälern im Museum von Beirut. Diese Vielfalt von Armbändern kommt auch sonst in Syrien vor, sogar auf beiden Armen des palmyrenischen Gottes Yarhibol in einem Graffito aus Dura-Europos am Euphrat.

Wie viele andere mesopotamische, syrische oder anatolische Wettergötter und wie auch Götter in Kampfstellung, so erhebt Jupiter von Baalbek gewöhnlich seinen rechten Arm, während er den linken, bis zum Ellenbogen gebeugten Arm absinken läßt, jedoch mit vorgestrecktem Unterarm. In der rechten Hand schwingt er die Peitsche, Symbol des Blitzes, die er waagrecht hält, während seine linke Hand eine oder mehrere Ähren festhält, als Zeichen der Fruchtbarkeit. Diese klassische Armhaltung und natürlich die Beigaben werden jedoch auf zahlreichen Gemmen umgekehrt dargestellt. Man stellt übrigens, wenn auch selten, fest auf solchen oder verwandten Gegenständen wie Bleischeiben und Ringsteinen, daß mit der erhobenen oder gesenkten Armhaltung und in einem Fall der waagrechten Vorstreckung der Arme willkürlich verfahren wird. Was die Beigaben selbst angeht, so finden sich auch hier manche Abweichungen auf Kleingegenständen. So kommt es vor, daß Mohnblüten, ein anderes bekanntes Symbol für Fruchtbarkeit, den Ähren beigefügt sind auf zwei Gemmen des Museums von Beirut und des Medaillenkabinetts in Paris, und daß der Donnerkeil die Peitsche oder die Ähren ablöst auf drei gleichartigen Gegenständen. Schließlich muß man in diesem Zusammenhang feststellen, daß auf keinem Denkmal der Donnerkeil den Ähren in der linken Hand des Gottes beigegeben ist, ganz im Gegensatz zu Macrobius Behauptung.

Die göttliche Kleidung besteht aus zwei Elementen, einer Tunika und einem Futteralgewand. Die kurzärmelige Tunika fällt, bis auf zwei Ausnahmen, auf den Boden herab, läßt aber vorne einen bogenförmigen Ausschnitt frei, durch den die immer nackten Füße hervorschauen. Das oft durch Träger festgehaltene Futteralgewand umspannt den Körper über der Tunika, aber reicht nicht weiter als über die Waden herab. Deshalb kann dieser Teil der Kleidung nicht als eine Rüstung angesehen werden, wenn er auch mit Schulterblechen versehen ist. Es handelt sich ohne Zweifel um eine Art von Chorrock, der von Bändern umgeben ist und der dem Körper ein steifes, zylindrisches Aussehen gibt. Einige Abweichungen müssen jedoch in dieser Beziehung genannt werden: einerseits werden die Tunika und das Futteralgewand auf einer Gemme des Medaillenkabinetts von Paris durch eine Rüstung und enge Hosen ersetzt und andererseits sieht das Futteralgewand sehr einer Rüstung ähnlich auf zwei Skulpturen aus Sarba und aus Deir el-Qala, auf denen die Brust mit Schuppen bedeckt ist.

Das Futteralgewand, im allgemeinen mit Reliefs verziert, stellt das hervorstechendste Element des Idols dar, gehört ihm jedoch nicht ausschließlich. Auch andere orientalische Gottheiten, darunter Artemis von Ephesus und Aphrodite von Aphrodisias als die bekanntesten, adoptieren das gleiche Bildschema, das seiner bizarren Ornamentfülle wegen der griechisch-lateinischen Konzeption des Kultbildes vollkommen fremd ist.

Das Futteralgewand wird fast immer durch senkrechte und waagrechte Bänder in Reihen und Felder aufgeteilt. Letztere sind mit dekorativen Motiven ausgefüllt. Die Anzahl der einen und anderen ist sehr verschieden und man stellt manchmal fest, daß sie nicht übereinstimmen, wenn man die Vorder- und Rückseite ein- und desselben Monuments vergleicht. Die Dekorierung des Futteralgewandes, hauptsächlich aus Götterbüsten, Sternen- und Sonnenmotiven bestehend, macht aus Heliopolitanus einen pantheistischen Gott und den Herrn der Planetenwelt und des Universums. Man sieht in der Tat oft auf der Vorderseite Büsten oder seltener Standfiguren derjenigen Götter, die den Wochentagen vorstehen; sie sind jedoch nur in einem Fall so angeordnet, wie wir es gewöhnt sind, d.h. mit Sol (Sonntag) beginnend und Saturn (Samstag) aufhörend. Auf den anderen Denkmälern ist die Anordnung der Planetengötter verschieden, obgleich oft Sol und Luna (Sonntag und Montag) die Serie anführen. Die Bronzestatuette aus Tartus z.B. zeigt folgende Anordnung: Sol (Sonntag), Luna (Montag), Saturn (Samstag), Jupiter (Donnerstag), Mars (Dienstag), Venus (Freitag), Merkur (Mittwoch). Auf dem achteckigen Altar aus Fike hingegen, worauf die arabische Göttin Allat mit dem Löwen an die sieben Tagesgötter angeschlossen ist, beginnt die Planetenserie höchstwahrscheinlich mit Merkur (Mittwoch) und fährt dann in der normalen Anordnung der Wochentage fort. Dieser Altar hat zudem die besondere Eigenheit, den Planetengöttern Jupiter, Venus und Merkur das Aussehen der Mitglieder der heliopolitanischen Trias zu geben. Einige Denkmäler, wie die Bronzestatuette aus Graz und der Altar im Museum von Nîmes, zeigen nach den Büsten der Sonne und des Mondes Blattrosetten, Sterne oder Scheiben, die wahrscheinlich die weiteren Planetengötter versinnbildlichen sollen. Schließlich muß, immer innerhalb dieses Gestirnkontextes, darauf hingewiesen werden, daß die Tierkreisgötter auf der Vorderseite einer Marmorstatuette aus Venedig angeordnet sind. Diese Zusammenstellung findet sich auch auf der Bronzestatuette aus Tartus, worauf die sieben Planetengötter der Vorderseite durch fünf Götterbüsten auf der Rückseite ergänzt sind, die Poseidon, Demeter, Athena, Artemis und Herakles darstellen. Außer diesen Motiven erscheint oft unten am Futteralgewand eine Löwenmaske. Diese manchmal doppelte oder sogar dreifache (auf der Bronzestatuette in Berlin) Maske ist lange Zeit zu Unrecht mit Gennaios identifiziert worden, ein Gott, dessen Existenz kaum bewiesen ist. Der Löwe, dessen mannigfaltige Bedeutung im Orient bekannt ist, hat meiner Ansicht nach in der heliopolitanischen Bildwelt eine doppelte Bedeutung: er ersetzt Saturn, um die Serie der Planetengötter zu vervollständigen (siehe Stele aus Marseille im Museum von Avignon und Marmorstatuette aus Beirut) oder er stellt Allat dar (Bronzestatuette Sursock). Auf letzterem Denkmal steht der den Tagesgöttern beigesellte Löwe der Allat mit dem Löwen gegenüber, die auf dem Altar aus Fike Nachbarin der gleichen Gottheiten ist. Andere seltene oder nebensächliche Motive, deren Vorhandensein nicht immer erklärt werden kann, finden sich manchmal auf der Vorderseite des Futteralgewandes wie z.B. die Büsten der palmyrenischen Trias, d.h. Bel, Aglibol und Yarhibol, auf dem Relief aus Sochne im Istanbuler Museum, Jupiter-Ammon-Köpfe oder einander ansehende Widder, Bilder des Merkur Heliopolitanus in Form einer langgestreckten Herme, Sphinxe oder Greife und sogar geometrische Motive wie Rauten, Mäander und Voluten.

Auf der Rückseite des Idols findet man oben gewöhnlich einen Adler mit ausgebreiteten Schwingen, der nur in einem Fall auf einer geflügelten, von Uräusschlangen umgebenen Scheibe sitzt. Im Gegensatz dazu beherrscht auf der Bronzestatuette Sursock die geflügelte Scheibe das ganze Dekor auf der Vorder- und Rückseite des Futteralgewandes. Der Vogel des Jupiter hält manchmal in seinem Schnabel einen Kranz oder einen *Caduceus* und in seinen Krallen einen Donnerkeil: all dies sind banale Beigaben des göttlichen Botschafters, ich meine den Adler in der Kunst des klassischen Altertums. Was das übrige Dekor anbetrifft, so besteht es im allgemeinen aus Stern- und Sonnensymbolen wie Scheiben, Sternen, Kreuzmotiven und Rosetten, zu denen auf der Bronzestatuette Sursock einander ansehende Widderköpfe kommen. Nur eine Bronze aus Tartus ist ausschließlich mit Götterbüsten dekoriert.

Die Seiten des Futteralgewandes sind meist in zwei hohe Felder aufgeteilt, die mit zwei langen Donnerkeilen geschmückt sind. Dieses wesentliche Attribut ist trotz der Platzenge auf einer Gemme des Museums zu Beirut und einem Flachrelief auf Nîmes an der gleichen Stelle abgebildet, was einen Beweis darstellt für die Übereinstimmung dieser Anordnung mit dem Urtypus des Idols. Nur die Stele aus Marseille im Museum von Avignon macht eine Ausnahme mit ihren vier Seitenfeldern, die mit Scheiben angefüllt sind.

b) Andere Bildtypen des Jupiter Heliopolitanus

Auf drei Denkmälern hat Jupiter ein Aussehen, das ich betylisch nenne und dessen Hauptzüge der Wegfall der Arme und die Halbrumpfdarstellung sind. Ansonsten haben diese Denkmäler, dessen Hauptvertreter die Bronzestatuette Donato im Louvre ist, zahlreiche Punkte gemeinsam mit den schon beschriebenen Bildtypen. Dies ist der Fall für die Bartlosigkeit des Gesichtes, für die aus waagrechten Lockenreihen bestehende Perücke, für die Kopfbedeckung, die entweder aus einem *Kalathos* (Altar aus Baalbek und vielleicht derjenige der Glyptothek von

Kopenhagen) oder einem *Pschent* besteht, und letztlich für das in Felder aufgeteilte und geschmückte Futteralgewand, das den Gott einhüllt. Von der Bronzestatuette Donato ausgehend können wir außerdem andere interessante Vergleiche ziehen zwischen den zwei Bildtypen. Hier sehen wir, noch dazu an den üblichen Stellen, das Sol-Luna Paar auf der Brust, den Adler mit ausgebreiteten Flügeln oben auf dem Rücken und den in die Länge gezogenen Donnerkeil auf den Seiten des Idols. Neben diesen Schmuckelementen zeigt diese Bronzestatuette auf der Vorderseite die Büste des Saturn, von einem mit Sternen übersäten Schleier eingehüllt. Genau die gleiche Büste füllt jedoch auf dem Altar von Kopenhagen ganz alleine eine Seite aus, während die Felder des Futteralgewandes nur mit Scheiben angefüllt sind. Die dritte Seite des Kopenhagener Monuments ist für eine Löwenmaske vorgesehen, die ein weiteres charakteristisches Motiv des orientalischen Bildtypus darstellt.

Die wenigen Denkmäler, auf denen Jupiter Heliopolitanus auf griechische Weise dargestellt ist, zeigen ihn immer mit Bart und unbedecktem Kopf, zwei Züge, die im besonderen Gegensatz zu den anderen göttlichen Darstellungsarten stehen. Auf zwei Reliefs aus Baalbek in den Museen zu Beirut und Berlin ist der Gott aufrecht dargestellt, von vorne, sich auf ein Szepter stützend und mit einem Mantel bekleidet, der die rechte Schulter und die rechte Hälfte des Rumpfes unbedeckt läßt. Im Gegensatz dazu findet man ihn als bekleidete Büste und ohne Attribute auf einem Altar im Museum zu Marseille und auf Bronzemedaillons von koelesyrischem Ursprung.

Mehrere Denkmäler verschiedener Art ziehen die symbolische Darstellung des Gottes vor und folgen damit einem Brauch, der im Alten Vorderen Orient und in Ägypten seit sehr langem bekannt ist. Auf einem Altar aus Homs im Museum zu Damas umgibt eine Weihinschrift an den Großen Gott von Heliopolis eine Hand, die den Donnerkeil hält, ein Motiv, das unseren Gott als Gewitter- und Regenspender symbolisiert. Anderswo ist dies ein Fuß, entweder mit oder ohne Donnerkeil, und in einem Fall (Fuß des Mont Karmel) ausdrücklich dem Jupiter Heliopolitanus Karmelos geweiht, der für die Gläubigen die göttliche Anwesenheit versinnbildlicht. Auf der Rückseite mehrerer Münzen aus Baalbek ist Heliopolitanus als Fruchtbarkeitsgott durch die Kornähre vertreten, die eines seiner charakteristischen Attribute ist. Auf zwei Denkmälern aus der Umgebung von Beirut genügt der Stier oder seine

Verkleinerung, der Stierkopf, ihn zu vertreten. Das gleiche Tier, mit dem Donnerkeil darüber und auf den Seiten zweier Altäre dargestellt, ist gewiß stellvertretend für das Gottesbild. Übrigens wird durch diese symbolische Form Adad, der mesopotamische Wettergott, oft in der Bildkunst dargestellt.

Bilddarstellungen der zwei Gefährten (Paredroi) des Jupiter Heliopolitanus

Genau wie der Hauptgott, so nimmt auch die heliopolitanische Venus verschiedene Bildaspekte auf den Denkmälern an. Zuerst findet sich der orientalische Typus, der auch hier der am meisten verbreitete und ohne Zweifel der ursprünglichste der Bildtypen ist. Darauf folgt die griechische oder symbolische Darstellungsweise der Göttin, genau wie bei den beiden anderen Mitgliedern der Trias. Auf einem einzigen Denkmal erscheint sie schließlich in der Form von Fortuna. Bei dieser Gelegenheit muß darauf hingewiesen werden, daß sich die Anspielung Macrobius (*Sat.* I, 23, 19) auf das Strahlenhaupt von Atargatis überhaupt nicht beweisen läßt für unsere Göttin.

Bei dem orientalischen, einheimischen Bildtypus präsentiert sich die weibliche Gottheit immer auf einem Thron sitzend und von zwei weiblichen Sphinxen flankiert. Diese Haltung ist im ganzen diejenige ihres Urtypus Atargatis, die jedoch in Mittel- und Nordsyrien den Löwen als Begleittier hat. Der König der Tiere ist übrigens im semitischen Orient das bevorzugte Begleit- oder Reittier zahlreicher weiblicher Gottheiten. Venus erhebt den rechten Arm und öffnet die Hand, eine Geste, die bekannt ist als Geste des Grußes, des Willkommenheißens und des Segenspendens. Ihr bis zum Ellenbogen gebeugter linker Arm hält eine oder mehrere Ähren fest, was sie als Natur- und Fruchtbarkeitsgottheit ausweist. Diese allgemeinen Merkmale des Idols sind jedoch nicht auf allen Denkmälern vorhanden. So hält z.B. die rechte Hand auf dem Relief des Palatins einen Flegel, eine ungewöhnliche Beigabe, die ohne Zweifel auf eine Fehldeutung des lokalen Bildhauers zurückzuführen ist. Bedeutender sind im Gegensatz dazu die Anomalien auf einem Altar aus Hermel im Museum zu Beirut, worauf die weiblichen Sphinxe durch Tritone, die Geste des Segenspendens der rechten Hand durch ein Szepter, die Ähren durch die Geste der linken Hand, die den Schleier vom Kopf wegschiebt, und der *Kalathos*, der die gewöhnliche Kopfbedeckung der

Göttin darstellt, durch einen Turm ersetzt sind. All diese Regelwidrigkeiten lassen die traditionelle Hinzufügung dieses Altars zum heliopolitanischen Kult recht zweifelhaft erscheinen, obgleich die zwei männlichen Gottheiten ganz und gar in gewohnter Weise dargestellt sind. Die Kleidung der Venus besteht in einer Tunika, die in der Taille von einem Gürtel festgehalten wird, und einem Mantel, worüber ein weiter Schleier geworfen ist, auf den der *Kalathos* gesetzt ist. Dieser Schleier bedeckt nicht nur den Kopf, sondern umschließt in Form einer spitzbogigen Nische den ganzen göttlichen Körper. Im Gegensatz zu den männlichen Gottheiten der Trias, und hier vor allem zu Jupiter, scheint die Göttin im allgemeinen sich nicht viel aus Schmuck zu machen. Das Relief aus Fneidiq im Museum zu Beirut ist in dieser Beziehung sehr aufschlußreich: Venus ist ohne Schmuck, Merkur trägt eine Kette; Jupiter trägt zwei und sein rechter Arm ist über und über mit Armbändern behangen. Einzig auf dem Relief des Palatins trägt die Göttin eine Kette, wie übrigens die beiden anderen Gottheiten auch. Da gibt es noch eine andere, grundsätzliche Abweichung von Jupiter: die Göttin muß Schuhe getragen haben. Die Sandalen, die ihre Statue aus Baalbek im Istanbuler Museum trägt, sind ein Beweis dafür und obgleich die anderen Bilddarstellungen ungenau sind, so muß man doch diese Tatsache als bleibend betrachten. Auf den wenigen Darstellungen griechischer Art ist Venus entweder als Büste (auf koelesyrischen Bronzemedaillons) oder aufrecht stehend dargestellt (auf dem Relief aus Baalbek in den Staatlichen Museen zu Berlin). In beiden Fällen ist sie bekleidet und verschleiert. Auf einer Gemme, vielleicht aus Berytus, nimmt die Göttin, die zusammen mit den beiden anderen Mitgliedern der Trias abgebildet ist, die Form der Fortuna mit dem Turm an und wird von Viktoria gekrönt. Eine solche Assimilation zwischen Venus und Tyche-Fortuna hat zahlreiche Parallelen in den syrischen-phönizischen Religionen in hellenistischer und römischer Zeit. Als symbolische Darstellung kommt für die heliopolitanische Göttin praktisch nur der Stierkopf vor, wie dies auf einem Denkmal aus der Gegend von Beirut der Fall ist, worauf der Bildhauer das Motiv nur zu verdoppeln und einen Stier hinzuzufügen brauchte bzw. es verdreifachte, um die ganze Trias darzustellen. Es muß zudem das Bronzemedaillon aus dem Louvre zitiert werden, auf dem zwei Rosetten an beiden Seiten der Göttin ihre doppelte Natur als Morgen- und Abendstern hervorheben.

Auch der heliopolitanische Merkur wird in vielen verschiedenen Bildtypen dargestellt. Man findet ihn in der Tat häufig, genau wie die beiden anderen Gottheiten, entweder in orientalischer hieratischer Aufmachung oder auf griechische Art verkleidet. Als Sonnengott wird er mit dem Strahlenkopf dargestellt und als Bacchus wird ihm andererseits auf einigen Denkmälern ein sichtbar bacchisches Aussehen gegeben. Und schließlich wird er auf zahlreichen Denkmälern durch das eine oder andere seiner Symbole vertreten.

In seinen orientalischen Darstellungen nimmt Merkur bei weitem nicht immer das gleiche uniforme Aussehen an. Die gleichbleibenden Elemente bei diesem Bildtypus sind nur die aufrechte Haltung von vorne des Gottes, der *Kalathos*, den er immer trägt, und sein bartloses Antlitz, soweit man dies wegen des mehr oder weniger guten Aufbewahrungszustandes der Monumente feststellen kann. Was die wechselnden Elemente angeht, so betreffen diese im allgemeinen das Aussehen des göttlichen Körpers, die Begleittiere, das Futteralgewand und die Basis des Idols mit ihrem Dekor.

Der Gottessohn der Trias schmückt manchmal das Futteralgewand des Hauptgottes in Form einer glatten langgestreckten Herme (*Cippus* von Ain el-Dschudsch, in der Nähe von Baalbek; Stele aus Marseille und Marmorstatuette aus Beirut). Häufiger nimmt er den Aspekt eines Terms an, also armlos, eingeschlossen in ein geschmücktes Futteralgewand, auf einen Sockel oder eine Plinthe gestellt und von zwei Widdern begleitet, die entweder von vorn (vgl. Altar aus Fike) oder von der Seite (Bleifigur aus Ain el-Dschudsch) dargestellt sind. Auf letzterem Monument ist Merkur jedoch mit zwei Armen abgebildet. Der rechte Arm ist angehoben mit offener Hand, um Segen zu spenden, während die linke Hand eine Amphore oder eher einen Korb auf der Schulter festhält. Der Gott trägt manchmal als Schmuck eine Kette ohne Anhänger (Palatin-Relief) oder mit einer *Bulla*. Auf den Darstellungen mit Futteralgewand wird dieses im allgemeinen durch Felder unterteilt und seine Dekorierung unterstreicht besonders die Sonnennatur des Gottessohnes und an zweiter Stelle seine Bedeutung als Vegetationsgott. Unter den dargestellten Motiven finden wir den von einem Greif gezogenen und von Helios gelenkten Wagen (Palatin-Relief), zwei übereinander stehende Greife (Altar aus Antiochia im Louvre), Rosetten und Sterne, eine Weintraube und vielleicht zwei Äpfel. Der Sockel oder die Plinthe des

Idols ist auf dem Altar aus Antiochia mit einem gehenden Löwen geschmückt; anderswo findet man entweder eine Tempelfassade, die an diejenige auf den Jupiterbildern erinnert und die die gleiche Bedeutung hat, oder einen sechs- oder achtstrahligen Stern. Letzteres Symbol stellt, wie wir sehen werden, Merkur Heliopolitanus auf anderen Denkmaltypen dar. Auf den Darstellungen griechischer Art erscheint der Gott nackt oder mit einer *Chlamys* bekleidet und zusammen mit dem *Caduceus* und dem Beutel, die klassischen Beigaben des griechisch-römischen Merkurs. Sein Kopf ist normalerweise geflügelt, jedoch ohne Kopfbedeckung, mit Ausnahme von zwei sich ähnelnden Bleifiguren, die seinen orientalischen Bildtypen die gewöhnliche Kopfbedeckung geben, d.h. einen *Kalathos* mit Kügelchen geschmückt, die die Edelsteine des Originals imitieren.

Auf zehn Monumenten wird Merkur als Helios dargestellt entweder als Büste, bekleidet und mit Strahlen umgeben, deren Anzahl zwischen sieben und dreizehn liegt, oder in Form einer quadrierten Scheibe, auf der Brustwarzen und ein Nabel sichtbar sind und auf der ein Strahlenkopf sitzt (Bleifiguren aus Ain el-Dschudsch). Scheibe und Büste sind manchmal zwischen die Enden einer oder sogar zweier Mondsicheln gesetzt. Auf einem koelesyrischen Bronzemedaillon ist die Büste mit einer Kette geschmückt, an der eine *Bulla* hängt. Im Gegensatz dazu schmücken zwei sechsstrahlige Sterne eine Kalkbüste aus Ain Borday, in der Nähe von Baalbek. Es wird auf eine wichtige Tatsache hingewiesen, die gewiß in Erstaunen versetzt, daß Merkur die einzige Gottheit der Trias ist, dessen Bild auf die Münzen von Heliopolis graviert wurde, ganz gleich ob es sich um den griechischen Typus handelt oder um seine Darstellung mit Strahlenkopf. Die heliopolitanische Venus kommt in der Tat auf keiner Münze vor und Jupiter ist auf den Münzprägungen seiner Heimatstadt nur durch seinen Tempel vertreten, der manchmal von seinem Symbol, der Weizenähre, und seinen Anfangsbuchstaben IOMH begleitet wird. Es sind im Gegensatz dazu fremde Städte des südlichen Phöniziens (Ptolemais-Akka) und von Palästina (Neapolis, Eleutheropolis, Diospolis-Lydda und Nikopolis), die das Idol von Jupiter Heliopolitanus in ihre Münzprägung aufnehmen.

Trotz ihres offensichtlichen bacchischen Aussehens weisen verschiedene heliopolitanische Denkmäler eine sichtbare Angleichung zwischen Merkur und Bacchus auf. Eine solche Assimilation, die sich übrigens sehr oft bei anderen Gottheiten aus Syrien und Arabien findet, hat ihre konkrete und greifbare Verwirklichung in den bacchischen Figuren aus der heiligen Quelle von Ain el-Dschudsch gefunden und vor allem in der mannigfaltigen und verschiedenartigen bacchischen Ausschmückung des kleinen Tempels zu Baalbek, der den Rahmen bildete für einen wahrscheinlich mystischen Kult, der sich um den mit Dionysos identifizierten Gottessohn aus Heliopolis drehte. Außerdem hält Merkur auf einer Bleistatuette einen Korb auf der linken Schulter fest, den wir schon auf einer anderen orientalischen Bleifigur an der gleichen Stelle angetroffen haben.

Unter den Symbolen, die auf zahlreichen Denkmälern Merkur Heliopolitanus versinnbildlichen, finden sich natürlich der Beutel und der *Caduceus*. Letzterer, der auf zwei Münzen des Valerian aus Ptolemais in das Feld neben das Jupiterbild geprägt ist, genügt z.B. um das dritte Glied der Trias darzustellen. Das Sternenmotiv, das auf anthropomorphischen Darstellungen dieses Gottes vorhanden ist, charakterisiert ihn vollkommen auf zwei Grenzsteinen, die seinen Namen tragen und die die Begrenzung seines Heiligtums in Baalbek markieren. Die Strahlenscheibe, von den Buchstaben MER begleitet, spielt die gleiche Rolle auf einem Eigentumszeichen, das sich auf einen seiner Tempel in der Bekaebene bezieht. Schließlich wird er auf zwei Denkmälern aus der Gegend von Beirut durch einen Stierkopf vertreten.

Wesen und Macht der heliopolitanischen Gottheiten

In seiner Abhandlung *De Dea Syria*, 5, vertritt Lukian von Samosate ohne jede Nuance die ägyptische und nicht die syrische Natur des Kultes bzw. des Heiligtums zu Baalbek und seine Verlegung aus Heliopolis in Ägypten nach Phönizien. Macrobius (*Saturnalien* I, 23, 10-11) tritt in seine Fußstapfen und erzählt in romantischer Weise die Überführung unter großem Pomp und guter Bewachung des Gottesbildes von Jupiter aus Heliopolis in Ägypten nach der gleichnamigen Stadt in Syrien. Sich auf diese zwei alten Autoren stützend, die jedoch ihre Behauptungen kaum bewiesen haben, hoben einige Wissenschaftler mit Nachdruck in der Bilddarstellung des großen Gottes von Baalbek gewisse ägyptische Aspekte hervor, deren Wichtigkeit sie manchmal übertrieben haben. Wie dem auch sei, eine nicht syrische Identität kann Jupiter nicht anerkannt werden. Zuallererst stellt sogar Macrobius selbst fest, daß der

Gott ,,mehr nach syrischem Ritus als nach ägyptischem Ritus verehrt wird", aber er enthält sich geradezu einer Erklärung dieser Tatsache, die im Gegensatz zu seinen Aussagen steht. Zudem sind die in den Kultbildern enthaltenen ägyptischen Elemente wie die königliche Doppelkrone oder *Pschent*, die von Uräusschlangen flankierte Sonnenscheibe und die Lotosblume auf dem *Kalathos* einer Bronzestatuette im Britischen Museum, vom statistischen Standpunkt aus gesehen unbedeutend und die zwei letzteren Motive sind in Syrien und Phönizien so verbreitet, daß es ganz besonders gewagt erscheint, sie dazu zu benutzen, um einen sogenannten ägyptischen Ursprung des Gottes glauben zu machen. Dazu kommt, daß keines der Hauptelemente des Kultbildes ausschließlich zu Ägypten gehört, auch wenn es dort nicht fremd ist. So verhält es sich mit der Darstellung des Gottes zwischen zwei Stieren, mit der Armhaltung, der Kornähre, der Peitsche und dem Donnerkeil, dem *Kalathos* und der Etagenperücke und schließlich mit dem Futteralgewand und seinem Dekor. Auch die heliopolitanische Religion zeigt, genau wie die Kultgebäude, keinen ausschließlich ägyptischen Grundaspekt, sondern wurzelt in einer langen syrischen und semitischen Tradition. Um folglich die Geschichte dieser seltsamen Theorie von der ägyptischen Herkunft zu erklären, könnte man an die Gleichnamigkeit der beiden Heliopolis denken, eines im Niltal und das andere in Syrien, um so mehr als letzteres wahrscheinlich seinen griechischen Namen von den ägyptischen Ptolemäern bezogen hat, die Koelesyrien im 3. Jh. v. Chr. beherrschten. Eine andere Hypothese verdient auch Beachtung: Man kennt die große Anzahl von Säulen aus rosa Granit im großen Tempel zu Baalbek (ungefähr 186), die aus den Steinbrüchen in Assuan über den Nil, das Mittelmeer und die Abhänge des Libanon herangebracht worden sind. Dieses geschichtliche Ereignis, das die Vorstellungskraft der Menschen beeindruckte, hatte nach und nach die von Lukian berichtete Legende entstehen lassen, daß es sich um ein ägyptisches und nicht syrisches Heiligtum handle. Außerdem ist eine solche Theorie, die im großen und ganzen dem ägyptischen Heliopolis als sehr bekanntem Zentrum des Kultes des Sonnengottes Re eine entscheidende Rolle in der Religion von Baalbek zukommen läßt, verwandt mit derjenigen, die Jupiter Heliopolitanus mit der Sonne identifiziert. Letztere Theorie wird mit Nachdruck von Macrobius vertreten und stellt das Wesentliche seiner Aussage dar. Übrigens dient erstere tatsächlich als Vorwort zu letzterer und muß in diesem Sinne verstanden werden. Der Autor der Saturnalien bringt weitere Beweise für die Wahrhaftigkeit der Identität zwischen dem Gott von Heliopolis und der Sonne, und zwar seine Orakelmacht und den Aspekt seines Kultbildes. Aber auch hier irrt der Autor, nicht nur weil eine solche Behauptung Bestandteil einer von ihm verteidigten, blinden Synkretismuslehre ist, die zur Folge hat, die ganze Religionslehre auf den Sonnenkult zurückzuführen und die verschiedenartigsten Gottheiten mit dem Tagesstern zu identifizieren, sondern weil einerseits die Orakelmacht bei weitem nicht nur Sonnengottheiten zueigen ist und andererseits kein Grundzug des Idols als Solarelement angesehen werden kann. Die vom Gott geschwungene Peitsche ist nicht dem Helios entlehnt, wie dies Macrobius behauptet, sondern sie ist ein Symbol für den Blitz, der zugleich mit dem Donner seit alters her eine Beigabe des Wettergottes war. Was den *Kalathos* und die Kornähre, die Fruchtbarkeitssymbole, und die im Alten Orient von eh und je den Wettergöttern beigegebenen Stiere anbetrifft, so stehen sie natürlich in keiner Beziehung zur Sonne. Gewiß sind auf fünf Gemmen Strahlen um den Kopf des Gottes vorhanden, aber dies sind Kleinkunstgegenstände, worauf jede Abweichung vom gewöhnlichen Aussehen des Idols toleriert werden kann. Und auch im Dekor des Futteralgewandes finden sich gewisse Sonnenmotive wie Greife und Rosetten. Aber dies alles sind nebensächliche Anzeichen einer Sonnenangleichung, die in nichts die Grundnatur des heliopolitanischen Zeus anfechten, dessen Urtyp Hadad in Syrien so hoch in Gunsten stand, daß er zum Baal schlechthin wurde. Er ist also im wesentlichen ein Gott des Gewitters, des wohltuenden Regens und vielleicht auch der Quellen, wie dies bezeugt wird von der Heiligkeit der Quelle in Ain el-Dschudsch und der Weihung der Quelle in Ain-Housbay an unseren Gott, was aus der dort eingeritzten Weihinschrift hervorgeht. Man könnte selbstverständlich als Beweis die Tatsache anführen, daß der Name Heliopolis (Sonnenstadt) ausreicht, der in hellenistischer Zeit Baalbek gegeben wurde, um darauf die Hypothese einer Gleichsetzung Jupiter-Helios aufzubauen. Obwohl dieses Argument richtig zu sein scheint, muß es doch verworfen werden, weil nicht nur die Sonnenanzeichen im göttlichen Kultbild ziemlich gering sind, sondern da vor allem die einzige wirklich der Sonne angeglichene Gottheit Merkur ist, wie dies unter anderem und ohne jeden Zweifel die koelesyrischen Bronzemedaillons bezeugen, die die Trias mit einem bärtigen

Gott auf griechische Weise (Zeus), einer verschleierten Göttin (Venus) und einem bartlosen Gott mit Strahlenkopf (Merkur) darstellen. Von dieser Tatsache ausgehend würde die Anwendung des Namens Heliopolis für die Stadt von den Griechen aus Ägypten meiner Ansicht nach von einer falschen Interpretation der geschwungenen Peitsche des Baal-Hadad herrühren. Für einen Griechen kann ein Gott mit der Peitsche nur Helios sein und seine Stadt wäre also Heliopolis.

Jupiter Heliopolitanus ist ein Orakelgott und von dieser Funktion wissen wir aus zahlreichen Inschriften, aus einem Epigramm der *Anthologia Palatina*, das von einem Orakel berichtet, das der Gott nach einem Säulenschiffbruch in der Nähe von Berytus gab — dies waren ohne Zweifel Granitsäulen, die für seinen Tempel in Heliopolis bestimmt waren — und aus der entscheidenden Bezeugung von Macrobius in dieser Beziehung. Diesem Autor verdanken wir die Kenntnis der im heliopolitanischen Heiligtum in Gebrauch gewesenen Wahrsagungsriten, das ihm zufolge hauptsächlich als Orakel-Zentrum gedient hat. Das Orakel des Jupiter konnte — so sagt uns Macrobius — am Ort oder aus der Ferne konsultiert werden. Im ersteren Fall findet ein feierlicher Umzug statt und die Gottesstatue wird im allgemeinen von ehrbaren Bürgern der Provinz getragen, die kahl geschoren und dem Ritus gemäß rein sein mußten nach einer langen Enthaltung. Der Gott gab seinen Orakelspruch, indem er den Gang der Träger seines Idols dirigierte. Ein solcher Orakelverlauf, von Macrobius nicht detailliert, ist uns jedoch besser geschildert von Lukian (*De Dea Syria*, 36), was den bärtigen Apollo von Hierapolis betrifft, und wir kennen ihn auch für Zeus Ammon, der von Alexander in seinem Heiligtum zu Siwa in Libyen konsultiert worden war. Was die Konsultierung des Orakels aus der Ferne angeht, so wurde sie durch versiegelte Briefe gehandhabt und der Gott selbst antwortete auf die gleiche Weise, indem er die Anordnung der gestellten Fragen befolgte. Diese Art der Befragung, die Trajan im Jahre 114 am Vorabend seiner Partherexpedition in Anspruch nahm, wird durch eine Eigenart in der Basis der Sursock-Statuette bewiesen, deren weite runde Öffnung auf der Oberseite für die Aufnahme von schriftlichen Fragen der Orakelsuchenden bestimmt war. Diese Art der Befragung ist außerdem oft im Altertum bezeugt, sowohl in Mesopotamien wie auch in der griechischen Welt. Die Astrologie, sehr eng an die Wahrsagekunst gebunden, hatte in der heliopolitanischen Religion ohne Zweifel einen bedeutenden

Platz inne. Das Sternen-, Planeten- und Zodiakaldekor des Idols versucht dies zu beweisen, ohne jedoch seine genaue Bedeutung im Zusammenhang mit der Natur selbst des Gottes zu verkennen. Eine Inschrift aus Baalbek, die vom Dienst zu Ehren von Kronos-Saturn und der Planetengötter spricht, möchte ihrerseits glauben machen, daß in Heliopolis ein vielleicht täglicher Kult zu Ehren der Wochentagsgötter stattfand, wie dies der Fall war in Harran und in den Mithra-Mysterien.

Verschiedene Beinamen, die dem großen Gott von Baalbek in epigraphischen Texten gegeben wurden, werfen etwas Licht auf seine Natur und seine Macht, wie sie von den Theologen und Gläubigen gesehen wurden. Seine Allmacht und seine Oberherrschaft sind mehrmals durch griechische und lateinische Titel unterstrichen, wie ,,*Despotes*'', ,,*Kurios*'' und ,,*Augustus*''. Eine Inschrift aus Berytus heißt ihn ,,König der Götter'' und eine andere aus Baalbek ,,*Regulus*'', was der Name eines Sternes ist, der in den astrologischen Lehren der Chaldäer als Anführer des Himmels betrachtet wurde. Es handelt sich also um einen Gott, der als Beherrscher des Himmels und des Universums angesehen wurde; diese Eigenschaft läßt sich übrigens sehr leicht ableiten von dem Vorhandensein der Planetengötter und anderer Sternenmotive, wie Scheiben, Sterne und Rosetten auf dem Futteralgewand. In diesen Zusammenhang gehört auch die zeitweilige Hinzufügung zum Idol des Gottes des Bildes der Fortuna, der Göttin, die unter der Einwirkung der Astrologen zum Attribut der Kosmosgottheiten geworden ist. Aus der Regelmäßigkeit und der Stetigkeit der Sternumdrehungen erschließen wir die Ewigkeit des Planeten- und Kosmosbeherrschers, der Jupiter Heliopolitanus ist, und eine Weihinschrift aus Aigeai in Kilikien bezeichnet ihn in der Tat als ,,ewig''. Ein solcher Titel wie auch derjenige ,,sehr heilig'' in einer Inschrift aus Lambesis in Algerien verraten übrigens die Vorstellung, die sich die semitischen Völker von einer Gottheit machten und sind deshalb zahlreichen syrischen und orientalischen Gottheiten beigegeben. Der Zeus von Heliopolis ist schließlich ein ,,gunst- und rettungsspendender'' Gott und seine Anhänger erwarten von ihm Schutz und Sieg.

Wie der Hauptgott, so ist auch die heliopolitanische Venus im wesentlichen eine Fruchtbarkeitsgöttin. Die Kornähre in ihrer linken Hand und der *Kalathos* auf ihrem Kopf beweisen dies in ausreichendem Maße. Und hierher gehört auch, meiner Ansicht nach, die heilige Prostitution zu ihren Ehren, obwohl ein derartiger Brauch den Ethnologen und Religionshistorikern zufolge zahlreiche Bedeutungen annehmen kann. Die christlichen Schriftsteller, unsere einzige Quelle auf diesem Gebiet, was Heliopolis betrifft, haben den schändlichen Charakter dieser Riten übertrieben mit einem offensichtlich polemischen Ziel im Auge, aber dies ist kein Grund, um ihre Ausübung in Heliopolis zu verleugnen, um so mehr als wir aus anderen, vor allem heidnischen Zeugnissen von ihrer Beliebtheit in Phönizien und auch im sonstigen Orient wissen.

Venus ist auch eine Gottheit des wohltuenden und segenspendenden Wassers. Ein Wasserritus wie derjenige, von dem Lukian (*De Dea Syria* 13 und 48) in Bezug auf Atargatis von Hierapolis berichtet, wurde vielleicht auch für unsere Göttin ausgeführt, wie dies die Darstellung einer Urne zwischen zwei Sphinxen auf dem Altar aus Antiochia im Louvre zu vermitteln scheint; man hat übrigens durch eine beschriebene Bleischeibe aus Baalbek auch Kenntnis davon, daß das Wasserfest des Maiumas in dieser Stadt gefeiert worden war. Eine Weihinschrift vom Janiculum in Rom heißt die Göttin ,,*Caelestis*'' und betont damit ihr himmlisches Wesen. Wie zahlreiche andere Gottheiten, vor allem im Orient, ist sie ,,Herrscherin'', aber sie entleiht von der römischen Venus die Titel ,,*Felix*'' (Glückliche) und ,,*Victrix*'' (Siegreiche), die sie in zwei Weihinschriften aus Zellhausen in Deutschland und aus Carnuntum in Österreich trägt. Die Anhänger der heliopolitanischen Religion fassen sie als ,,Rettungs''-Gottheit auf und glauben im allgemeinen, daß sie gütig und hilfsbereit ist: Sie erhebt in der Tat ihre rechte Hand, um ihre Anbeter willkommen zu heißen und sie zu segnen.

Was den heliopolitanischen Merkur betrifft, dessen reichen und vielfältigen Charakter wir weiter oben unterstrichen haben, so war auch er als ,,Retter'' angesehen, und die segenspendende Geste auf einer Bleifigur aus Ain el-Dschudsch bestätigt auch seine Eigenschaft als Wohltäter. Man sah in ihm einen Beschützer der Kindheit, wie dies die Weihungen von Kinder- und Jugendlichenstatuetten glauben lassen, die in seinem Heiligtum zu Harbata gefunden wurden. Obwohl er in der Trias den Platz des dritten Gliedes innehat, unterstreichen zwei Denkmäler seine Universalität und seine Allmacht, indem sie ihn einerseits ,,*Augustus*'' nennen und ihm andererseits die Sonne und den Mond als Begleiter geben, die Attribute der kosmischen Gottheiten sind. Schließlich wird auf seine Eigenschaft als Reichtums- und Wohlergehensspender hingewiesen, die durch seine Assoziierung mit Fortuna auf hervorragende Weise enthüllt wird oder, was auf das Gleiche herauskommt, die Vereinigung von *Caduceus* und Füllhorn in der Münzprägung von Heliopolis.

Verbreitung des Kultes der Trias

Jupiter Heliopolitanus und in geringerem Ausmaß die zwei anderen Trias-Mitglieder waren mehr oder weniger verbreitet in den meisten römischen Provinzen. Selbst wenn man Heliopolis und seine Umgebung mit seiner natürlich reichen Dokumentation ausschließt, so hatten doch alle Verwaltungsgebiete Syriens, Phönizien — mit Ausschluß von Sidon, Tyr und ihrer Hinterländer — wie auch Palästina den ersten Platz in dieser Verbreitung inne. Die Gründe für eine solche Beliebtheit erscheinen verschiedenartig. Es sind dies zunächst die Allmacht des Hauptgottes, seine Universalität, die z.B. dazu führt, daß der Baal vom Karmel sich mit ihm so weitgehend identifiziert, daß er auf seinem eigenen heiligen Berg zum Zweiten wird, der Ruf seines Orakels, das grandiose Aussehen und die Pracht seines Heiligtums, die die Pilger aus zahlreichen Küstenstädten und von anderswo nach Heliopolis zogen. Aber in diesem Zusammenhang haben auch die imperiale Herrschaft und die römischen Provinzverwaltungen eine ziemlich wichtige Rolle gespielt. Verschiedene Anzeichen sind in der Tat ein Beweis für die tatkräftige Mitwirkung Roms bei der Organisation des heliopolitanischen Kultes und dem Bau eines kolossalen Heiligtums, das bei weitem die Bedürfnisse und finanziellen Möglichkeiten von Heliopolis übertraf. Durch diese Einmischung wollte Rom ohne Zweifel aus dieser Kolonie eine Art von grandiosem Religionszentrum machen, das eine Vereinigungsrolle in der Provinz spielen sollte. Nur so gesehen kann man einerseits verstehen, warum die Ansiedler von Berytus, die von den gleichen Gründerlegionen der Kolonie von Heliopolis abstammen, die heliopolitanische Trias mit Inbrunst angebetet und daraus schließlich ihre eigene Trias gemacht haben; andererseits, warum verschiedene Städte der Provinz Syria-Palästina das Idol von Jupiter Heliopolitanus in ihrer amtlichen Münzprägung gezeigt haben. Die Verstreuung im ganzen römischen Reich von Sklaven, Händlern, Geschäftsleuten und Soldaten von syrisch-phönizischer Abstammung — ohne die hier und da stattgefundenen Bekehrungen zum heliopolitanischen Kult zu vergessen — ist verantwortlich für die Ausbreitung dieser Religion in den anderen Provinzen. Es finden sich natürlich nur wenige heliopolitanische Spuren in den Gebieten am Rande der großen Sklaven-, Handels- und Verteidigungszentren, wie dies der Fall ist in Ägypten, Griechenland und im römischen Afrika. Im Gegensatz dazu sind die Gottheiten von Heliopolis einerseits viel solider eingepflanzt in Rom und in den großen Wirtschaftszentren Italiens, wie Puteoli, Aquileia und Ostia, und auch im Süden Galliens und Kilikiens; andererseits in den Gebieten entlang Donau und Rhein wie Dazien, Pannonien, Germanien und Britannien, wo eine große Anzahl von Soldaten, aber auch Privatleute für die Sicherheit des Reiches verantwortlich waren.

Wenn auch Sklaven, Händler und Soldaten den Kern der Verbreiter des heliopolitanischen Glaubens bildeten, so haben doch auch andere soziale Kategorien einen nennenswerten Beitrag dazu geleistet. Ganze Städte, Berufsvereinigungen und Gemeinschaften in Phönizien, Palästina, Puteoli und anderswo bezeugen ihre Anhänglichkeit an Jupiter Heliopolitanus. Zu seinen Anbetern zählen ein römischer Senator und ein Vassalprinz aus Rom; andere hohe Beamte des römischen Reiches sind unter seinen Gläubigen oder sind zumindest seinem Kult gegenüber wohlwollend eingestellt. Aus niedrigeren Ständen kommen kaiserliche Beamte, Priester und Vorsteher der amtlichen Kulte, Stadträte und -beamte und Handwerker.

LITERATURVERZEICHNIS

Hajjar, Y., *La Triade d'Héliopolis-Baalbek. Son culte et sa diffusion à travers les textes littéraires et les documents iconographiques et épigraphiques* I-II (EPRO 59), Leiden 1977.
Man findet in diesem Buch die komplette frühere Bibliographie. Ein dritter und letzter Band ist in Vorbereitung.

ABBILDUNGSVERZEICHNIS

Tafel I. Achteckiger Altar von Fike. Im Kloster von Harisa. Photo Hajjar.
Tafel II. Sursock Bronzestatuette von Jupiter Heliopolitanus (Vorderseite). Aus Schweifat? Paris, Louvre. Photo nach Y. Hajjar, *La Triade d'Héliopolis-Baalbek* II, Tafel LXXXVIII.

Tafel III. Sursock Bronzestatuette von Jupiter Heliopolitanus (Rückseite). Aus Schweifat? Paris, Louvre, Photo nach Y. Hajjar, *La Triade d'Héliopolis-Baalbek* II, Tafel LXXXIX.

Tafel IV. Bronzestatuette von Jupiter Heliopolitanus. Vorderseite (1) und Rückseite (2). Aus Tartus. Paris, Louvre. Photo nach Y. Hajjar, *La Triade d'Héliopolis-Baalbek* II, Tafel XC und XCI.

Tafel V. Donato Bronzestatuette von Jupiter Heliopolitanus. Paris, Louvre. Photo nach Y. Hajjar, *La Triade d'Héliopolis-Baalbek* II, Tafel LVII.

Tafel VI, 1. Bronzemedaillon von Venus Heliopolitana. Paris, Louvre. Photo nach H. Seyrig in *Syria* 48, 1971, S. 367, Fig. 6, Nr. 5.

Tafel VI, 2. Bleifigur von Merkur Heliopolitanus. Aus Ain el-Dschudsch. Ehemals Staatliche Museen zu Berlin. Photo nach Y. Hajjar, *La Triade d'Héliopolis-Baalbek* II, Tafel XXXIV.

Tafel VI, 3. Bronzemedaillon von Merkur Heliopolitanus. Im Besitz des Verfassers. Photo nach Y. Hajjar, *La Triade d'Héliopolis-Baalbek* II, Tafel LX, Nr. 163.

Tafel I

Tafel II

Tafel III

Tafel IV, 1   Tafel IV, 2

Tafel V

Tafel VI, 1

Tafel VI, 2

Tafel VI, 3

IX

DIE DEA SYRIA UND ANDERE SYRISCHE GOTTHEITEN IM IMPERIUM ROMANUM

HAN J. W. DRIJVERS
(Groningen)

Als Pompeius im Jahre 63 v. Chr. in die politischen Verhältnisse im Vorderen Orient eingriff und im folgenden Jahre aus den Überresten des ehemaligen Seleukidenreiches die *Provincia Syria* schuf, war damit eines der wichtigsten und kulturell reichsten Gebiete der Alten Welt Teil des Imperium Romanum geworden. Syriens geographische Lage machte das Land zu einem spezifischen Durchgangsgebiet, wo die verschiedensten kulturellen Einflüsse aus dem griechischen Westen und dem mesopotamischen und iranischen Osten sich geltend machten. Nebst dem fruchtbaren Küstengebiet, wo die alten phönizischen Hafenstädte lagen, kannte Syrien auch im Inland urbane Zentren. In der Beqa zwischen Libanon und Anti-Libanon war Heliopolis-Baalbek das Zentrum des Jupiter-Heliopolitanus Kults. Östlich des Anti-Libanons waren Damascus, Emesa, Apamea, Hama und Aleppo die wichtigsten Städte, die alle ihre lokalen Kulte kannten. In Nord-Syrien war Hierapolis-Mabbuğ die Stadt der Dea Syria, Atargatis, in der ihr großes Heiligtum lag. Östlich des Euphrat lag die seleukidische Stadtgründung Edessa, Hauptstadt der Osrhoëne, die als semi-unabhängiges Reich eine wichtige Rolle in der römischen Politik den Parthern gegenüber spielte. Südlich von Damascus erstreckte sich die Hauran, wo die Nabatäer zu Hause waren und die nach 106 n. Chr. in die *Provincia Arabia* verwandelt wurde mit Bostra als Hauptstadt. In der Mitte der syrischen Wüste halbwegs zwischen Emesa und der römischen Grenzfestung Dura-Europos war Palmyra das Zentrum des Karawanenhandels, das im dritten Jahrhundert unter Kaiserin Zenobia einige Jahre zur höchsten Macht im Imperium emporstieg, bis Aurelian die Stadt 272 n. Chr. einnahm.

Als die Römer in Syrien erschienen, hatte der Hellenismus mehr als zwei Jahrhunderte lang seinen uniformierenden Einfluß auf die lokalen

Kulturen ausgeübt ohne die kulturelle Verschiedenheit des Landes, die sich auch *in religiosis* geltend machte, verwischen zu können. Die Hafenstädte wie Tyrus und Sidon bewahrten alle Characteristica der phönizischen Kultur und Religion im hellenistischen Gewande. Die Städte im Inland wie Damascus und Hierapolis hatten ihre eigenen Kulte und Tempel, wo die einheimischen Traditionen vorherrschend waren. In den Städten in und am Rande der syrischen Wüste wie Emesa, Edessa und Palmyra war das arabische Element neben der kulturellen Ausstrahlung der mesopotamischen Metropole Babylon in hohem Maße vertreten. Die Religion der arabischen Nabatäer lebte im ehemaligen nabatäischen Gebiet weiter, auch nachdem die politische Unabhängigkeit der Nabatäer schon längst zur Vergangenheit gehörte. Syrische Gottheiten gehören deshalb nicht zu einer einheitlichen religiösen Tradition; das Adjektiv Syrisch sagt nur etwas über die geographische Herkunft der verschiedenen Götter und Göttinnen aus, die von ihren Verehrern nach Westen mitgebracht wurden.

Die Syrer, die als Sklaven, Kaufleute und Soldaten der römischen Legionen und Hilfstruppen in den Hafen- und Großstädten und an den Grenzen des Reiches lebten, hielten meistens an den religiösen Vorstellungen und Praktiken ihrer Heimat zur Wahrung ihrer Identität in der Fremde fest. Die Inschriften und Skulpturen, die sich auf syrische Kulte beziehen und über fast alle Provinzen des Reiches zerstreut aufgefunden wurden, sollten daher vor dem Hintergrund der verschiedenen Kulte im syrischen Mutterlande verstanden und in diesem Zusammenhang interpretiert werden. Die Kenntnis dieser Kulte ist im allgemeinen auf Äußerlichkeiten beschränkt. Die Quellen, die zur Verfügung stehen, sind zum größten Teil stereotype Inschriften und traditionelle ikonographische Dokumente; literarische Quellen, die zuverläßige Erkenntnisse der Mythen und Rituale gewähren, fehlen fast ganz, von Lukians schwer deutbarer Schrift über die syrische Göttin und ihren Kult in Hierapolis abgesehen. Die im Westen gefundenen Denkmäler syrischer Gottheiten sind daher eine willkommene Ergänzung dieses Materials, umsomehr da sie deutlich machen, welche Gottheiten am meiste Verehrung genossen.

Obwohl der Kult der syrischen Götter und Göttinnen vornehmlich von gebürtigen Syrern und ihren Familien getragen wurde, ist doch anzunehmen, daß auch andere angezogen wurden, am wahrscheinlichsten in den Städten, wo die Bevölkerung am stärksten gemischt war. Die Anziehungskraft dieser Kulte wurde wahrscheinlich stärker in der Zeit der Severi, als syrische Kaiserinnen ihren Einfluß am Hofe und im Reich hatten, und das orientalische Element überhaupt in Zahl und Wichtigkeit zunahm. Die syrischen Kulte und Götter fanden aber niemals Aufnahme in die offizielle Staatsreligion und hatten daher keine Tempel innerhalb des römischen *Pomeriums* im Unterschied zur kleinasiatischen Gottesmutter Cybele und der ägyptischen Isis. Der Versuch Kaiser Elagabals (218-222), ein Sproß einer Emesener Priesterfamilie, dem Kult des gleichnamigen Gottes offiziellen Eingang zu gewähren und ihn als Sonnengott an Stelle des Jupiter zu setzen, scheiterte gänzlich. Die syrischen Kulte waren marginale Erscheinungen in der Religion des römischen Reiches, die allererst Zeugnis ablegen vom Anteil der Syrer an der Wirtschaft und dem Militär des Imperiums. Es gibt keine Grunde, ihnen einen allumfassenden Einfluß auf die Verbreitung der Astrologie und von Vorstellungen der Unsterblichkeit der menschlichen Seele, noch auf das Emporkommen der Verehrung der unbesiegten Sonne (*Sol invictus*) unter Kaiser Aurelian (270-275) zuzuschreiben. Im Prozeß der allmählichen Änderung, die die römische Religion im zweiten und dritten Jahrhundert n. Chr. durchmachte, waren soviele verschiedene Faktoren wirksam, daß sie nicht lediglich dem Einfluß einer — dazu noch postulierten — Theologie syrischer Priester und ihrer astrologischen und Seelenvorstellungen zugeschrieben werden kann. Für solchen allbeherrschenden religiösen Einfluß sind überhaupt keine Quellen vorhanden, sodaß diese kulturhistorische Hypothese nur auf einem *argumentum e silentio* beruht. Soweit etwas aus dem Gesamtbefund der einschlägigen Inschriften und Monumente hervorgeht, blieb dieser Einfluß hauptsächlich auf Syrer und diejenigen, die aus formellen oder amtlichen Gründen die Gottheiten der syrischen Kaiser und Kaiserinnen verehrten, beschränkt.

Der Kult der Dea Syria, der Atargatis, wurde am ersten im Westen bekannt und war dort am verbreitetsten. Die Göttin hatte ein großes und berühmtes Heiligtum in Hierapolis in Nordsyrien, das Pilger aus weiter Ferne anzog. Im zweiten Jahrhundert n. Chr. widmete Lukian von Samosata ihr und dem dortigen Kult seine bekannte Schrift „Über die syrische Göttin" (*De Syria Dea*), die einzige Originalabhandlung über einen syrischen Kult, die es überhaupt gibt. Atargatis gehört zum Typus der vorderasiatischen Muttergöttinnen, die Leben und Fruchtbarkeit symbolisieren, sowohl in der Natur als in der menschlichen Gesellschaft. Bild der Fruchtbarkeit ist das Wasser, das in den Riten und Festen in Hierapolis eine große Rolle spielt, und vielleicht den Ursprung des Kultes in Hierapolis bildete. Der aramäische Name der Stadt war Mabbuğ, was Quelle bedeutet, und der noch fortlebt im heutigen Membidj. Zum Heiligtum gehörte deshalb ein Teich mit Karpfen, die ebenfalls Fruchtbarkeit und Leben versinnbildlichen, und Teiche mit Fischen begegnen überall, wo der Göttin ein Heiligtum geweiht war. Im heutigen Membidj sind die Spuren des ehemaligen Teiches noch sichtbar. Ein Park mit allerhand Tieren, die dort in Frieden zusammenlebten, war ebenfalls Teil des Tempels, wie Lukian nachdrücklich erwähnt. Atargatis war also auch Herrin der Tiere und wurde deshalb der griechischen Artemis gleichgestellt. Als Schützerin des Lebens überwachte sie den Frieden innerhalb ihres Heiligtums, das vielleicht eine Asylfunktion hatte. Als Göttin des friedlichen und fruchtbaren Lebens war Atargatis auch die Hüterin der menschlichen Gesellschaft und erschien als die Fortuna oder Stadtgöttin der Städte, in denen ihr Kult heimisch war. Als solche begegnet sie mit dem Füllhorn und anderen Symbolen z.B. auf den Münzen von Hierapolis, Edessa, Harran und anderen syrischen Städten.

In Hierapolis und bisweilen auch anderswo, wie z.B. in Dura-Europos, wurde Atargatis zusammen mit Hadad, dem semitischen Himmels- und Wettergott, verehrt, obwohl sie die erste Stelle einnimmt und Hadad nur eine untergeordnete Rolle spielt. Auch andere Gottheiten begegnen in ihrem Kult, aber immer kommt Atargatis an erster Stelle. Der Charakter der Göttin geht auch aus ihrer Ikonographie hervor. Meistens wurde sie dargestellt als eine thronende Muttergöttin von einem oder zwei Löwen begleitet, die ihre Macht über das Tierreich symbolisieren. Löwen kamen auch im Park des Heiligtums von Hierapolis vor. Ihr Partner Hadad wurde von Stieren flankiert.

Im Kult der Atargatis wurde Entmannung praktiziert als Höhepunkt der ekstatischen Riten, die von Flöten und anderen Musikinstrumenten begleitet wurden. Männer opferten der Göttin der Fruchtbarkeit ihr Geschlechtsorgan als eine Art symbolischen Umgangs mit ihr, und Eunuche fungierten deshalb als ihre Priester. Die Praxis der Entmannung im Dienste der Göttin begegnete bis spät in die christliche Zeit und wurde oft besonders streng untersagt. Sakrale Prostitution dagegen kam im Kult und Tempel der Atargatis nie vor, sondern war Praxis im Dienst der semitischen weiblichen Venussterngottheit, die als *al-ʿUzza* weite Verehrung bei den arabischen Bewohnern von Nordsyrien und Nordmesopotamien genoß und der griechischen Aphrodite gleichgestellt wurde. Als Himmelskönigin wurde sie auch Balti = Herrin genannt. Zusammen mit der Dea Syria wurde Balti von den syrischen Legionssoldaten an der Donaugrenze des Reiches verehrt und hatte dort einen eigenen Tempel.

Der Kult der Atargatis war im syrischen und mesopotamischen Raum weit verbreitet. Die Göttin hatte einen Tempel mit Teich in Edessa, wurde in Harran und Nisibis verehrt, war Stadtgöttin von Palmyra, wo ihr Heiligtum zu den wichtigsten der Oase zählte, obwohl es bisher noch nicht aufgefunden wurde, und hatte zusammen mit Hadad einen Tempel in Dura-Europos am Euphrat. Sie fand Verehrung in Askalon unter ihrem griechischen Namen Derketo, der von Atargatis hergeleitet ist, und auch im nabatäischen Gebiet war sie eine der Hauptgottheiten. Es ist anzunehmen, daß viele lokale Göttinnen, die die Fortuna der verschiedenen Städte und Orte verkörpern, unter dem Einfluß des hierapolitanischen Heiligtums mit Atargatis identifiziert wurden, obwohl lokale Unterschiede blieben. Die Verbreitung des Kultes im syrischen Mutterlande ist deshalb der Grund, daß er auch in Griechenland, Ägypten und im Westen des Reiches überall begegnet, wo syrische Kaufleute sich niederließen oder syrische Soldaten in den Legionen dienten.

Die Verbreitung hatte schon in der Seleukidenzeit begonnen, als Syrer nach Westen zogen und sich als Kaufleute in vielen griechischen Städten niederließen. Auf der Insel Delos wurde von syrischen Händlern ein Tempel für Hadad und Atargatis gegründet, worüber am Ende des zweiten Jahrhundert v. Chr. die Athener die Oberaufsicht übernahmen, in deren Stadt und Hafen die Göttin auch bekannt war. Die Tempelanlage auf Delos war syrischen Heiligtümern gleich, ein weiteres Zeichen, daß der Kult der Göttin das Band mit dem Mutterlande bedeutete.

Der Kult der Dea Syria ist im Westen nicht so häufig wie in Griechenland und überdies später bezeugt. In Sizilien berief sich ein syrischer Sklave, der im Jahre 134 v. Chr. zum Aufstand aufrief, auf eine Inspiration der Atargatis. In Rom ist ihr Kult erst im ersten Jahrhundert n. Chr. in Inschriften und Reliefs bezeugt. Es ist anzunehmen, daß die

Göttin in oder in der Nähe von Trastevere, wo die meisten Orientalen wohnten, ein Heiligtum hatte, während das bekannte syrische Heiligtum auf dem Ianiculum nichts mit dem Kult der Atargatis zu tun hatte, und wahrscheinlich dem Jupiter Heliopolitanus geweiht war. Fast selbstverständlich wurde die Dea Syria auch in den italienischen Hafenstädten wie Brundisium verehrt.

Beim Militär gibt es Belege ihres Kultes in England bei dem *Vallum Hadrianum*, wo die dort gelagerten syrischen Soldaten ihr Altäre weihten. In einer langen metrischen Inschrift zu Ehren der Himmelsgöttin wurde diese mit vielen Göttinnen identifiziert u.a. mit der Dea Syria. Es gibt Spuren des Kultes der Göttin in Gallien und im Rhônetal, wo viele Syrer wohnten. Überaus wichtig war ihre Verehrung in den Donauländern, wo im zweiten und dritten Jahrhundert n. Chr. viele Syrer als Soldaten die Grenze des Imperiums schützten. In der Nähe der Legionslager waren die Tempel und Kapellen der verschiedenen Gottheiten, u.a. der Dea Syria. Oft hatten mehrere Gottheiten einen Tempel zusammen, wie z.B. die Dea Syria zusammen mit der von ihr verschiedenen Balti oder zusammen mit Jupiter Dolichenus. Diese religiösen Kombinationen hängen nur mit der Herkunft der Soldaten zusammen und haben keine andere Bedeutung, aus der weitere Schlußfolgerungen gezogen werden können.

Ein großes Kontingent der Truppen in Pannonien und Dazien am Donau kam aus dem nordmesopotamischen Edessa und aus Emesa, der Stadt Elagabals. Die Edesser verehrten Atargatis dort auch als die Fortuna (Tyche) ihrer Stadt wie die Emesener es taten. Im Kult des *Azizus bonus puer* = Azizus des guten Jünglings, zeigten die Edesser aber die spezifischen religiösen Traditionen ihrer Heimat.

Das Pantheon von Edessa wurde gekennzeichnet durch verschiedene kulturelle Einflüsse, die in *religiosis* ihre Spuren hinterließen. Nebst starkem mesopotamischem Einfluß im Kult der Götter Bêl und Nebo — der eine der Schöpfer und Ordner des Weltalls, der andere sein Sohn, Gott der Weisheit und Schrift — war der Anteil der arabischen Steppenbewohner an Edessas Kultur stark. Die einheimische Dynastie war arabischer Herkunft und die Mehrzahl der belegten Eigennamen ist arabisch. Der arabische Sonnengott hatte in der Nähe von Edessa einen Tempel, wo er zusammen mit seinen Begleitern Azizos und Monimos verehrt wurde. Diese Götter repräsentieren die Venussterngottheit als

Morgen- und Abendstern und haben eine Schutzfunktion; sie bilden eine göttliche Eskorte sowohl der Sonne wie deren Verehrer, wenn diese durch die syrische Wüste ziehen. Die Religion der arabischen Bewohner der syrischen Steppe kennt mehrere solcher Götterpaare, die als bewaffnete Reiter dargestellt werden. Azizos ist der jugendliche kampflustige Morgenstern, der selbstverständlich eine starke Affinität zum Militär hat und deshalb von den syrischen Soldaten verehrt wurde. Daß er ihnen Schutz gewährt, kommt in einem Epitheton zum Ausdruck, das häufig in den Inschriften begegnet: 'conservator', Beschirmer, Verteidiger. In, oder in der Nähe des Legionslager in Potaissa in Dazien hatte Azizos einen Tempel, wie auch im Lager in Lambaesis in Nordafrika.

Vor demselben arabischen Hintergrund muß der Kultus von Balti = Herrin verstanden werden, der auch in den Donauländern belegt ist. Balti ist ein Titel von *al-ʿUzza*, der arabischen Venussterngöttin, die auch die himmlische Aphrodite (Aphrodite Ourania) genannt wird. In ihrem Kultus waren sakrale Prostitution und andere sexuelle Ausschweifungen üblich. In Edessa und ganz Nordmesopotamien wurde Balti bis spät in die christliche Zeit verehrt, und Soldaten aus diesen Gegenden nahmen ihren Kult mit nach Pannonien und Dazien. Der arabische Charakter der Göttin wird auch klar aus ihrem Zusammengehen mit Elagabal, dem Gott von Emesa, mit wem sie in einigen Inschriften zusammen erwähnt wird.

Der Kult von Elagabal wurde vom gleichnamigen Kaiser (218-222), der Priester Elagabals war, in Rom eingeführt, wo er dem Gott einen Tempel baute und anstrebte, ihn die erste Stelle im römischen Pantheon einnehmen zu lassen. Das Symbol des Gottes war ein schwarzer Stein, ein Baetyl, den der Kaiser aus Emesa nach Rom mitbrachte. In gewissem Sinne ist jener Stein dem schwarzen Stein der *Kaʿaba* in Mekka vergleichbar, der ebenfalls vorislamischer Herkunft ist und den Gott Allah repräsentiert. Elagabal war ein Sonnengott, wie Sonnengötter speziell unter den Arabern Verehrung fanden, und versinnbildlichte das unbesiegbare Leben, das jeden Morgen aufs neue aufgeht. Sein Name Elagabal bedeutet 'der Gott Berg' (und nicht 'der Gott des Berges'!) und das darf seine symbolische Darstellung als Baetyl erklären. Eine vor kurzem in der Nähe von Homs-Emesa aufgefundene Stele zeigt den Gott als einen von einem Adler gekrönten Berg zusammen mit dem Militärgott Arṣu in voller Rüstung. Da Arṣu dem Gott Azizos fast identisch ist, hat man hier ein neues Beispiel der Eskortefunktion der Venussterngottheit. Der ursprüngliche Charakter des Sonnengottes Elagabal zeigt sich noch in einer in Pannonien aufgefundenen Inschrift für Elagabal: *Deo Soli Aelagabali Ammudati* = Für den Sonnengott Elagabal die Säule; das aramäische Wort '*ammuda*' bedeutet Säule und bezieht sich auf die Darstellung des Gottes als Baetyl oder als Berg.

In diesem Rahmen darf der Gott Jupiter Turmasgades nicht unerwähnt bleiben. Sein Kult war von Soldaten aus Nordsyrien und Commagene nach den Donauländern mitgebracht worden und ist auch in Rom und Trier bezeugt. Der Name des Gottes bedeutet 'Berg der Verehrung', was auf einen ursprünglichen Bergcharakter des Gottes hinweist. Der Kult des Turmasgades ist aber auch in Dura-Europos bezeugt, wo er zusammen mit Jupiter Dolichenus einen Tempel besaß und in Inschriften der Sonne und Mithras gleichgestellt wurde. Es ist nicht ausgeschlossen, daß Turmasgades nur ein anderer Name des Jupiter Dolichenus ist, der auch chthonische Züge aufweist. Jedenfalls ist Turmasgades eine gewissermaßen dem Elagabal vergleichbare Gottheit mit chthonischen und solären Eigenschaften.

Der Kaiser Elagabal gab seinem Sonnengott die Dea Caelestis, die Himmelsgöttin zum Partner. In ihr vereinigen sich Züge der nordafrikanischen Göttin Tanit mit denen der semitischen Balti, die in einer Inschrift aus Pannonien zusammen mit Elagabal erwähnt wird. In anderen Inschriften heißt sie die himmlische Juno (*Iuno Caelestis*) oder eben die himmlische Magd (*Virgo Caelestis*). Eine Inschrift aus Cordoba in Spanien erwähnt Elagabal zusammen mit der arabischen Göttin Allât, die bei fast allen arabischen Stämmen in Syrien und Mesopotamien weite Verehrung fand. In der griechischen Inschrift wird sie der Athena gleichgestellt und mit ihr teilt sie die kampflustigen und schützenden Charakterzüge. Die Widmung in Cordoba stammt von syrischen Soldaten oder Kaufleuten, die dort am Anfang des dritten Jahrhunderts ihren Göttern gemeinsam einen Altar widmeten.

Es ist erwähnenswert, daß Inschriften und Monumente zu Ehren Elagabal selten sind und fast nur von kaiserlichen Beamten und Offizieren stammen, die dem Kaiser ihre Treue zeigen wollten. Nach Elagabals gewaltsamem Tod 222 n. Chr. verschwand auch der Kult seines Gottes ganz aus der römischen Religion.

In der Kaiserzeit gab es regen Verkehr zwischen den syrischen Hafenstädten und den Häfen im Westen des Reiches, sodaß die Gottheiten der früheren phönizischen Städte auch dort gefunden werden. Sie würden mitgebracht von den Seeleuten und Kaufleuten. Zeus Kasios wurde speziell von ihnen als Schutzgottheit verehrt. Er ist der Gott des Berges Kasios an der Mündung des Orontes in Syrien in der Nähe von Seleucia Pieria, und wurde als Baetyl auf dem Gipfel des Berges verehrt. Vielleicht diente der Berg als Bake für die Seeleute, obwohl der Kult der Höhe in der westsemitischen Religion althergebracht war. Belege des Kultes des Gottes Kasios (Zeus Kasios, Deus Casius) gibt es auf der Insel Delos, in Griechenland, Rom, Spanien, Nordafrika und Heddernheim in Deutschland. Kaiser Hadrian erstieg den Gipfel des Berges und opferte der aufgehenden Sonne. Später tat Julian der Abtrünnige (360-363) dasselbe. Das weist auf einen Sonnencharakter des Gottes hin, obwohl das auch eine spätere Entwicklung sein könnte. Die schützende Funktion des Gottes tritt klar in einem beschrifteten Anker zu Tage, der am Anfang dieses Jahrhunderts in der Nähe von Carthago aus dem Meer aufgefischt wurde. Die Inschrift erwähnt den rettenden Zeus Kasios. Ein zweiter Anker gleichen Typs war der rettenden Aphrodite geweiht. Sie ist höchstwahrscheinlich die westsemitische Göttin Aštarte, die ebenfalls als Schutzgöttin bekannt ist.

Zusammen mit Herakles ist die Verehrung der Aštarte belegt im Norden von Britannien, bei der Mauer des Hadrian, wo sie von syrischen Soldaten gepflegt wurde. Herakles ist Melqart, der Stadtgott von Tyrus, dessen Name 'König der Stadt' bedeutet und aus einem ursprünglichen Appellativum zum Eigennamen geworden ist. Er schützte die Stadt gegen Feinde und Bedrohungen, daher seine Gleichsetzung mit dem jugendlichen Herakles. Sein Kult war im ganzen Nordafrika verbreitet. Von Severus Alexander (222-235) wurde er von Leptis Magna aus zusammen mit dem nabatäischen Gotte Dusares in der Gestalt des Dionysos auch in Rom heimisch gemacht. Melqart schützte auch die Seeleute aus Tyrus, und daher finden wir seinen Kult in der Hafenstadt Puteoli in Campanien.

Aštarte war auch die Herrin der Stadt Byblos, wo sie zusammen mit ihrem sterbenden und auferstehenden Geliebten Adonis Verehrung fand. Im ersten Jahrhundert v. Chr. gelangte sein Kult auch nach Rom, war jedoch niemals weit verbreitet. Mittelpunkt des jährlichen Festes war die Klage um den toten Gott und nachher die Freude über seine Auferstehung. Symbol des sterbenden und aufstehenden Gottes waren die Adonisgärten, Schalen oder Kästen mit leicht sprossenden Sämereien. Am Ende des dritten Jahrhunderts wurde das Adonisfest noch in Sevilla in Spanien gefeiert. Dort wurde der Gott unter dem authentischen semitischen Namen Salambo verehrt und sein Bild in Prozessionen umhergetragen. Wahrscheinlich riefen die Massen aus: 'das Heil ist gekommen', wenn das Bild der Gottheit passierte, was genau die Bedeutung des aramäischen Salambo ist. Auch in diesem Falle wurde das Appellativum zum Eigennamen.

Den Hauptgott der Nabatäer Dusares finden wir im Hafen Puteoli in Campanien, wo er einen 54 n. Chr. gebauten Tempel hatte. Sein Kult war in Griechenland und auf Delos bekannt und wurde von nabatäischen Kaufleuten nach Italien gebracht. Dusares, eigentlich 'der (Gott) von eš-Šarā', ist ein typischer arabischer Gott, der in Petra, der Hauptstadt der Nabatäer als ein schwarzer viereckiger Stein auf einer goldenen Basis in einem Tempel verehrt wurde. In hellenistischer Zeit wurde er Dionysos gleichgestellt, mit dem er vielleicht das Ekstatische gemeinsam hatte. Daher stammt auch seine Beziehung zum Wein, mit dem er wenigstens ursprünglich nichts zu tun zu haben scheint.

In derselben Hafenstadt Puteoli hatte auch Jupiter Damascenus einen Tempel. Er war der Gott Hadad von Damascus, ein typischer Himmelsgott, Spender der Fruchtbarkeit und Ordner des Weltalls und der menschlichen Gesellschaft. In Damascus bildete er ein Götterpaar mit Atargatis als seiner Paredros, der lokalen Erscheinung der syrischen Göttin. Die Überreste ihres ehemaligen Tempels sind noch in der Omayyadenmoschee bewahrt geblieben.

In Ostia der Hafen Roms wurde eine griechische Inschrift aufgefunden, die zu einer Statue Gordians III (238-244) gehörte. Diese Statue war von einem Funktionär des Gottes Marnas, des Hauptgottes von Gaza in Syrien, aufgerichtet worden. Er war dazu vom Gotte selber beauftragt, weil der Kaiser seiner Stadt spezielle Gunst erwiesen hatte. Dieses ist der einzige Beleg eines möglichen Kultes des Gottes Marnas im Westen des Reiches. Es ist nicht sicher, ob der Gott ein Heiligtum in Ostia hatte. Eine andere Möglichkeit ist, daß der betreffende Funktionär zufällig in Ostia blieb und deshalb von Gaza aus den Auftrag bekam, die Statue des Kaisers aufrichten zu lassen. Es bleibt aber möglich, daß die Bewohner von Gaza eine Faktorei in Ostia hatten mit einem dazugehörigen Heiligtum ihres Gottes. Der Name des Gottes ist eine Gräcisierung des aramäischen *Maran* — unser Herr, ein Appellativum vieler Götter in Syrien und Mesopotamien. Die genaue Art des Gottes bleibt aber völlig im unklaren, obwohl sein Name *Maran* daraufhin deutet, daß er ein Himmelsgott war, also eine Art Hadad oder *Baʿalshamên* = der Herr des Himmels, der im westsemitischen Gebiet häufig begegnet.

Kultur und Religion des syrischen Mutterlandes standen unter dem stetigen starken Einfluß von Babylon, dem großen Zentrum in Mesopotamien. Die babylonische Religion kannte den Gott Marduk als Hauptgott des Pantheons, der das Weltall am Anfang der Zeiten aus dem Chaos geschöpft hatte. Jedes Jahr wurde am Neujahrsfest im Monat April das Schöpfungsepos rezitiert, um die Ordnung in Kosmos und Gesellschaft wieder herzustellen und für ein weiteres Jahr zu sichern. Marduk führte daher den Titel 'Bêl' = Herrn, weil er Herr des Kosmos und der Welt ist und die Ordnung symbolisiert und aufrechterhält. In der Seleukidenzeit war Babylon die zweite Hauptstadt des Reiches neben Antiochien, und daher ist das babylonische Element im syrischen Hellenismus zu erklären. Viele lokale Himmels- und Schöpfergötter wurden Bêl genannt und vielleicht wurde das Tempelritual teilweise nach dem babylonischen Beispiel gestaltet. Der Kult des Bêl ist im ganzen Nordsyrien belegt und überdies in Apamea, das auch eine wichtige seleukidische Stadtgründung war, von Seleucus I Nikator gestiftet. Bêl von Apamea war als Schöpfer und Himmelsgott auch eine allwissende Gottheit und erteilte deshalb Orakel, häufig in Form von Versen aus Homer. Der Gott prophezeite Septimius Severus, als er noch ein Privatmann war, den Kaiserthron, und als er nachher das Orakel wiederum befragte, sagte der Gott Bêl ihm den blutigen Untergang seiner Dynastie vorher. In Vaison in Frankreich wurde ein Altar mit einer zweisprachigen Inschrift — Griechisch und Lateinisch — aufgefunden, den ein gewisser Sextus aufgestellt und dem Bêl geweiht hatte, der ihm in Apamea ein Orakel erteilt hatte. Wahrscheinlich war die Prophezeiung des Gottes in Erfüllung gegangen, sodaß Sextus den Altar als Dankesgabe wegen des Orakels aufgestellt hatte. Im lateinischen Text wird Bêl Führer des Loses genannt (*Fortunae rector*). Der Weltherrscher hatte nämlich spezielle Macht über Sterne und Planeten, die das menschliche Schicksal durch die Sternenkonstellation während der Geburtsstunde jedes Individuums beherrschen. Die Astrologie ist daher auf organische Weise mit dem Kult des Bêls verbunden; die Sterne und Planeten verkörpern den Willen und die Führung des schöpferischen Weltherrschers.

In Palmyra, der Palmenoase in der Mitte der syrischen Wüste, war Bêl ebenso der Hauptgott des Pantheons. In seinem Tempel auf dem Tell und der Ostseite der Stadt wurde er zusammen mit Iarhibôl und Aglibôl, Sonne und Mond, als ein richtiger Kosmokrator verehrt. Sein ursprünglicher Name war wahrscheinlich *Bôl*, welches Element in Iarhibôl und Aglibôl und in vielen Eigennamen bewahrt blieb, sodaß der Name Bêl als eine *interpretatio babyloniaca* des örtlichen *Baʿals* zu betrachten ist. Die Triade bestehend aus Bêl, Iarhibôl und Aglibôl, dem Himmelsgott flankiert von Sonne und Mond, ist wahrscheinlich unter dem Einfluß von hellenistischen astrologischen Spekulationen entstanden, und zuerst im Tempel des Bêl belegt, der 32 n. Chr. geweiht wurde. In Dura-Europos am Euphrat, wo die Palmyrener eine Faktorei und deshalb ein Heiligtum hatten, wurden nur Bêl und Iarhibôl verehrt, und gibt es keine Spuren der Triade. Iarhibôl war der Gott der Quelle Efqa, die Leben und eine bleibende Siedlung in der Mitte der Wüste ermöglichte. Diese Quelle und Ihr Gott bildete nebst dem Tell mit dem althergebrachten Kult des Bêl das zweite Zentrum der Oase. Iarhibôl war ursprünglich gar kein Sonnengott, sondern überwachte die Organisation der Siedlung, der er Fruchtbarkeit verschaffte. Er war Richter, erteilte Ämter, gab Gunst und Leben. Da der allsehende Sonnengott auch oft als Richter und Schützer der Gesetze auftritt, ist Iarhibôls sekundäre Entwicklung als Sonne neben dem Himmelsherr verständlich.

Ein anderer ursprünglicher Sonnengott in Palmyra war Malakbêl = Bote des Bêl, der zusammen mit Aglibôl dem Mondgott ein Heiligtum in der Stadt hatte. Das Heiligtum war ein Garten, wo die 'heiligen Brüder' verehrt wurden, und wo man auf Altären opferte. Aglibôl und Malakbêl bildeten zusammen mit Baʿalshamên, dem westsemitischen Herrn des Himmels, eine zweite astrologische Triade nach dem Vorbild der Triade des Bêl. Der Kult des Baʿalshamêns wurde von den Steppenbewohnern, die sich in der Oase ansiedelten, nach Palmyra gebracht, wo er im nördlichen Viertel der Stadt einen Tempel besaß. Malakbêl symbolisiert und manifestiert die Macht des Himmelsgottes unter den Menschen. In gewissem Sinne hat er eine Mittelstellung zwischen Bêl und der Erde und unterhält den Verkehr zwischen beiden. Da der Himmel Regen gibt, ist

Malakbêl nicht nur ein Gott der jungen Vegetation, sondern auch der Gott der reifen Ernte. Er bringt das Leben auf Erden, aber führt es auch in seinem Sonnenwagen zum Himmel zurück. Als im dritten Jahrhundert der Kult der Sonne im ganzen römischen Reich immer wichtiger wurde, bekam Malakbêl eine hervorragende Stellung namentlich außerhalb Palmyra.

Vom Anfang des ersten Jahrhunderts n. Chr. an bestanden gute Beziehungen zwischen Rom und Palmyra, das den Karawanenhandel zwischen dem fernen Orient und dem römischen Westen versorgte. Jener Handel war die Quelle von Palmyras Reichtum, der sich in monumentalen Bauten äußerte, deren Ruinen noch heute imponieren. Palmyra machte Teil der Provincia Syria aus, hatte aber in der inneren Verwaltung eine gewisse Selbständigkeit. Ein römisches Legionslager lag in ihrer Nähe, und Palmyra ihrerseits lieferte dem Imperium Soldaten, namentlich Bogenschützen. An fast allen Grenzen des Reiches gibt es Belege für ihre militärische Anwesenheit. Der Handel mit dem Westen und politische Gründe erklären die Existenz einer palmyrenischen Kolonie in Rom, wo ein palmyrenisches Heiligtum, wahrscheinlich in oder in der Nähe von Trastevere war. Das bekannte und viel diskutierte syrische Heiligtum auf dem Ianiculum hat mit den Palmyrenern nichts zu tun, sondern war wahrscheinlich dem Kult des Jupiter Heliopolitanus geweiht.

Die Palmyrener in Rom verehrten dort in ihrem Tempel die offizielle Triade des Bêl, wie aus den gefundenen Inschriften hervorgeht. Auch Aglibôl und Malakbêl fanden Verehrung. Ein auf allen vier Seiten mit Reliefs dekorierter Altar aus dem dritten Jahrhundert war der 'allerheiligsten Sonne' (*Sol sanctissimus*) geweiht, dem palmyrenischen Malakbêl, dessen verschiedenen Aspekte in den Reliefs dargestellt werden. Er ist der junge Gott der Vegetation und der reife Greis der Ernte, die Sonne getragen vom Adler des Himmels, und der Bote in seinem mit schnellen Pferden bespannenen Sonnenwagen.

Palmyrenische Kaufleute stifteten der Triade des Bêl einen Tempel auf der griechischen Insel Cos, die eine Zwischenstation war für den Geschäftsverkehr mit dem Westen.

Alle andere Belege für die Verehrung der palmyrenischen Gottheiten stammen von Soldaten, die bis in Britannien beim Militär dienten. Im Legionslager in Sarmizegethusa in Dazien war dem Malakbêl und einigen anderen palmyrenischen Gottheiten ein Tempel geweiht, der ins dritte Jahrhundert datiert werden kann. Auch Iarhibôl, der Sonnengott, empfing in derselben Zeit Dedikationen in dieser Gegend. Die hervorragende Stellung des Gottes der Quelle Efqa stellt sich weiter in Koptos in Ägypten heraus, wo die palmyrenischen Bogenschützen dem Iarhibôl eine Kapelle bauten, wie auch in Lambaesis in Nordafrika. Offenbar war Iarhibôl für sie der Gott *par excellence* ihrer Heimat. Der Kult des Malakbêl fügt sich in den Rahmen der Sonnenverehrung im allgemeinen, die speziell im dritten Jahrhundert einen Aufschwung erlebte. Sie gipfelte in den Kult der Unbesiegten Sonne, der von Kaiser Aurelian 274 n. Chr. in Rom institutionalisiert wurde und einen speziellen Tempel bekam. Es ist aber höchst zweifelhaft und nahezu ausgeschlossen, daß Aurelians Eroberung von Palmyra 272 n. Chr. und seine nähere Bekanntschaft mit der palmyrenischen Religion der Ursprung des Sol Invictus Kults in Rom war. Sonnenkulte waren in Syrien namentlich Teil der religiösen Tradition der Araber und in Palmyra selber nahm die Verehrung der Sonne nur eine untergeordnete Stellung ein. Überdies zeigt der Gott Bêl keine solären Züge, wie oft angenommen wurde, sondern ist ein typischer Himmelsherr, ikonographisch als Adler dargestellt. Das impliziert, daß der Adler nicht der Vogel der Sonne ist, sondern das Himmelsgewölbe symbolisiert.

Im Rahmen der ganzen geistlichen und religiösen Entwicklung im dritten Jahrhundert muß auch der Kult des 'ewigen Gottes' verstanden werden, dem zerstreut im Reich Dedikationen gestiftet wurden. Bisweilen wird er 'der Hörende' genannt (*Deus Aeternus Auditor*), d.h. er, der Gebete erhört. Es ist möglich, daß der Kult des sogenannten anonymen Gottes in Palmyra mit diesen Widmungen etwas zu tun hat, obwohl mehrere Einflüsse dazu beigetragen haben. Der anonyme Gott in Palmyra war eine Weiterentwicklung Baʿalshamêns. Meistens wird er in den Inschriften genannt 'Er, dessen Name gesegnet ist', 'Herr der Ewigkeit', 'der Gute und Barmherzige', 'Er, der Gebete erhört'. Die Gläubigen haben ein Privatverhältnis zu ihm, ganz im Gegensatz zu den meisten Kulten, die eine öffentliche Funktion erfüllen. Es ist jedenfalls sicher, daß solche Entwicklungen in Richtung des Monotheismus — sowohl der Kult des ewigen Gottes wie der der unbesiegten Sonne — nicht ausschließlich syrischem oder palmyrenischem Einfluß zugeschrieben werden können. Vielmehr muß eine Wechselwirkung angenommen werden.

Syrische Gottheiten wurden also an jenen Orten im römischen Reich verehrt, wo syrische Sklaven, Soldaten und Kaufleute sich aufhielten oder ansiedelten. Speziell in der Zeit der Severer und im dritten Jahrhundert mehren die Belege sich. In jener Epoche wurde das orientalische Element im Reich überhaupt stärker. Der unmittelbare Einfluß der syrischen Kulte blieb aber beschränkt auf die Syrer, die in der Fremde durch die Religion die Beziehungen zum Mutterlande aufrecht erhielten. Unmittelbarer Einfluß auf die römische Religion ist nicht feststellbar. Vielmehr sind Art und Weise, worauf die syrischen Gottheiten sich im römischen Westen manifestieren, selber einem generellen Änderungsprozeß der spätantiken Kultur unterworfen gewesen, der eine breite und weitschichtige Erklärung verlangt, zu der die syrischen Kulten nur mittelbar und teilweise einen Beitrag liefern können.

LITERATURVERZEICHNIS

Atargatis:

Berg, P.-L. van, *Corpus Cultus Deae Syriae (CCDS)* I, 1-2 (EPRO 28), Leiden 1972.

Goossens, G., *Hiérapolis de Syrie. Essai de monographie historique* = Université de Louvain, recueil de travaux d'histoire et de philologie 3me série, Fasc. 12, Louvain 1943.

Hörig, M., *Dea Syria. Studien zur religiösen Tradition der Fruchtbarkeitsgöttin in Vorderasien* (Alter Orient und Altes Testament 208), 1979.

Lambrechts, P. und Noyen, P., *Le culte d'Atargatis dans le monde grec* in *Nouvelle Clio* 6, 1954, 258-277.

Oden, R. A., *Studies in Lucian's* De Syria Dea (Harvard Semitic Monographs 15), 1977.

Seyrig, H., *Les dieux de Hiérapolis* in *Syria* 37, 1960, 233-251.

Andere syrische Gottheiten:

Altheim, F., *Der unbesiegte Gott. Heidentum und Christentum* (rororo 35), Hamburg 1957.

Baslez, M. F., *Recherches sur les conditions de pénétration et de diffusion des religions orientales à Délos* (Collection de l'École Supérieure de Jeunes Filles 9), Paris 1977.

Berciu, I. und Petolescu, C. C., *Les cultes orientaux dans la Dacie méridionale* (EPRO 54), Leiden 1976.

Bruneau, Ph., *Recherches sur les cultes de Délos à l'époque hellénistique et à l'époque impériale* (Bibliothèque des Écoles Françaises d'Athènes et de Rome 217), Paris 1970.
Cumont, Fr., *Les religions orientales dans le paganisme romain,* 1929[4].
Drijvers, H. J. W., *The Religion of Palmyra* (Iconography of Religions XV, 15), Leiden 1976.
Drijvers, H. J. W., *Cults and Beliefs at Edessa* (EPRO 82), Leiden 1980.
García y Bellido, A., *Les religions orientales dans l'Espagne romaine* (EPRO 5), Leiden 1967.
Gawlikowski, M., *Le temple palmyrénien. Étude d'épigraphie et de topographie historique* (Palmyre VI), Warsaw 1973.
Graeve, V. von, *Tempel und Kult der syrischen Götter am Janiculum* in *Jahrbuch des Deutschen Archäologischen Instituts* 87, 1971, 337-373.
Harris, E. and J. R., *The Oriental Cults in Roman Britain* (EPRO 6), Leiden 1965.
Haussig, H. W., (hrsg.), *Götter und Mythen im Vorderen Orient* (Wörterbuch der Mythologie I), Stuttgart 1965.
Kádár, Z., *Die kleinasiatisch-syrischen Kulte zur Römerzeit in Ungarn* (EPRO 2), Leiden 1962.
Milik, J. T., *Dédicaces faites par des dieux (Palmyre, Hatra, Tyr) et des thiases sémitiques à l'époque romaine,* Paris 1972.
Savage, S. M., *The Cults of Ancient Trastevere* in *Memoirs of the American Academy in Rome* 17, 1940, 25-56.
Seyrig, H., *Le culte du soleil en Syrie à l'époque romaine* in *Syria* 48, 1971, 337-373.
Sourdel, D., *Les cultes du Hauran à l'époque romaine,* Paris 1952.
Teixidor, *The Pagan God. Popular Religion in the Graeco-Roman Near East,* Princeton 1977.
Teixidor, J., *The Pantheon of Palmyra* (EPRO 79), Leiden 1979.
Toutain, J., *Les cultes païens dans l'empire romain* II. *Les cultes orientaux,* Paris 1911.
Tran tam Tinh, V., *Le culte des divinités orientales en Campanie* (EPRO 27), Leiden 1972.
Welles, C. B., *The Gods of Doura-Europos* in *Festschrift F. Altheim* II, Berlin 1969, 50-65.
Soyez, B., *Byblos et la fête des Adonies* (EPRO 60), Leiden 1977.

ABBILDUNGSVERZEICHNIS

Tafel I. Bauinschrift und Darstellung syrischer Götter aus Aquincum mit einer Inschrift zur Ehren der Dea Syria. Z. Kádár, *Die kleinasiatisch-syrischen Kulte zur Römerzeit in Ungarn* (EPRO 2),

Leiden 1962, 6ff. und Tafel I; H. J. W. Drijvers, *Cults and Beliefs at Edessa* (EPRO 82), Leiden 1980, 183ff. Photo nach Kádár, Tafel I.

Tafel II, 1. Stele aus der Gegend von Emesa/Homs mit einer Darstellung des Gottes Elahagabal, dessen Name inschriftlich auf der Stele bezeugt ist, und des arabischen Gottes Arṣu. J. Starcky, *Stèle d'Elahagabal* in *Mélanges de l'Université Saint-Joseph, Beyrouth* 49, 1975-1976, 503-520. Photo J. Starcky.

Tafel II, 2. Relief aus der Gegend von Emesa/Homs mit einem Adler (Elagabal?) und unter seinen Flügeln wahrscheinlich Azizos und Monimos. Museum von Damascus (Nr. 3346/7.203). S. Abdul-Hak, *Catalogue illustré du département des antiquités gréco-romaines au musée de Damas*, Damascus 1951, 80 Nr. 9 und Tafel XLI, 1.

Tafel III. Relief des nabatäischen Gottes Dusares aus der Hauran. Museum von Damascus. *Catalogue du Musée Nationale de Damas*, 1969, 118 und Abb. 51.

Tafel IV, 1. Die Decke des nördlichen Adytons des Bêl-Tempels in Palmyra mit einer Darstellung des Gottes Bêl als Kosmokrator umgeben von sieben Planeten und zwölf Zodiakalzeichen. Der Sturz mit einer Darstellung des Bêl als Adler des Himmelsgewölbes ist noch teilweise sichtbar. H. Seyrig, *Bêl de Palmyre* in *Syria* 48, 1971, 85-114. Photo H. J. W. Drijvers.

Tafel IV, 2. Relief mit der Triade des Bêl und dem arabischen Gott Arṣu. Museum von Palmyra. H. J. W. Drijvers, *The Religion of Palmyra* (Iconography of Religions XV, 15), Leiden 1976, Tafel VII. Photo: H. J. W. Drijvers.

Tafel V. Vorderseite des Altars des palmyrenischen Gottes Malakbel. Rom, Kapitolinisches Museum. F. Cumont, *L'autel palmyrénien du musée du Capitole* in *Syria* 9, 1928, 101-110; H. Seyrig, *Le culte du soleil en Syrie à l'époque romaine* in *Syria* 48, 1971, 350.

Tafel VI. Linkerseite des Altars des Malakbel (vgl. Tafel V) mit dem Gotte in dem Sonnenwagen.

Tafel I

DIE DEA SYRIA UND ANDERE SYRISCHE GOTTHEITEN

Tafel II, 2

Tafel II, 1

Tafel III

Tafel IV, 1

Tafel IV, 2

Tafel V

Tafel VI

X
KYBELE UND ATTIS

GABRIEL SANDERS
(Gent)

Die vorklassische anatolische Phase

Während der Mittleren Steinzeit (10000-3500 v. Chr.) wird im ostmittelmeerischen Raum eine göttliche Allmutter verehrt, die aus ihrem vom Himmelsgott befruchteten Erdenschoß die lebendige Welt der Menschen, Tiere und Gewächse in einem natürlichen, teilweise jährlichen Zyklus von Bestehen und Vergehen gebärt. Archäologisch nachweisbar seit jenen Jahrhunderten, als einzelne menschliche Gemeinschaften von der Treibjagd allmählich zum frühesten Ackerbau übergehen, tritt sie als die wilde, zugleich aber milde Mutter allen Lebens hervor. Von dem helladischen Griechenland und dem minoischen Kreta über die kleinasiatische Halbinsel bis in den Nahen Osten, kämpft sie nicht gegen den Himmelsvater um die Oberherrschaft: in dieser Epoche ist sie weder Jungfrau noch Gemahlin, weder Geliebte noch Liebhaberin, weniger Herrscherin als Mutter der Götterwelt und des Totenreiches und kraft der anthropozentrischen Einstellung an erster Stelle Mutter Erde. In einer Kultur, die den schöpferischen Rhythmus von Herdenzucht und Ackerbau entdeckt, tritt sie in mannigfacher Gestalt auf als die eine und gleiche lebenspendende Göttin der Fruchtbarkeit, deren Mutterschaft immerhin in der rauhen Berglandschaft fest verwurzelt bleibt.

In Phrygien, der Heimat der klassischen Kybele, treten schon von Anfang an sowohl die unzähmbare Art als auch die bezwingende Macht der Allmutter deutlich hervor in der Gestalt aggressiver Tiere, zunächst dem Panther, am meisten jedoch dem Löwen, die ihre Abbildungen so dauerhaft begleiten, daß sie früher als jedes andere Attribut auch ihre Identität zu bestimmen erlauben. Zu gleicher Zeit jedoch bestätigt die älteste dort auftretende Darstellung den Vorrang ihrer gebärenden Fruchtbarkeit: die Terrakottastatuette von Çatal Hüyük (in der Nähe von Konya/Iconium), die um 6000 v. Chr. angesetzt wird, stellt die thronende Große Göttermutter dar, deren Hände auf dem Kopf der beiden an jeder Seite stehenden Leoparden ruhen, während ein (Menschen- oder Gottes-) Haupt aus ihrem schweren Schoß hervorkommt.

Die Muttergöttin mit den Panthern ist den Hethitern von Chattušaš (Boğazköy, halbwegs zwischen Ankara und Amasya, 2. Jahrtausend) noch als *Hepatu* bekannt; aber noch vor 1200 ist die Göttermutter als *Kubaba* aus dem hethitischen Kultzentrum Karkemisch (Carablus in der Türkei, am Euphrat, an der syrischen Grenze) bis Pessinus im westlichen Kleinasien (Balihişar, 150 km südwestlich von Ankara, an der Reichsstraße Ankara-Izmir) vorgedrungen. Die Phrygier, die am Anfang des 12. vorchristlichen Jhs. aus dem thrakischen Balkan in das westliche Zentralkleinasien gewandert waren (Hauptstadt Gordion/Yassihöyük nordöstlich von Pessinus) und dort das hethitische Reich zerstört hatten, verschaffen der ,,örtlichen'' Göttin von Pessinus, Kubaba, den Rang einer ,,Nationalgöttin'' mit ,,phrygischem'' Charakter. Allerorts wird Kubaba/Kybele in Phrygien verehrt als die Göttin der befestigten Siedlungen, ,,die Mutter mit der Mauerkrone''. In Pessinus errichtet König Midas von Gordion (um 740 — um 695) ihr zu Ehren einen Tempel. Ihr Kult erhält darüberhinaus, zwischen dem 12. und 6. Jh., einen ekstatisch-orgiastischen Charakter, der der hethitischen Kubaba fehlte, aber den thrakophrygischen Dionysoskult kennzeichnete. Ungelöst bleibt jedoch die Frage nach der Herkunft und der Entstehungszeit der kultischen Kastration, welche eine bestimmte Gruppe von Hierodulen der Kybele an sich selbst vornahm. Die Frage ist um so wichtiger, als während der hellenistischen und römischen Epoche das rituelle Eunuchentum seine religiöse Glaubwürdigkeit auf der pessinuntischen Version des Mythos von Attis, dem entmannten Begleiter und Geliebten der Kybele, gründete. Zwar begegnet die sakrale Entmannung im Kult mehrerer altorientalischer Fruchtbarkeitsgöttinnen, so daß es denkbar ist, daß sie für die phrygische Kybele aus dem syrosemitischen Raum eingeführt wurde, ohne daß dorther jedoch gleichzeitig die sakrale Prostitution mit übernommen wurde. Kommt doch die religiöse Kastration bei den europäischen Thrakern nicht vor; sie fehlt sogar in der lydischen Version des Attis-Mythos. Auch die Bezeichnung für den entmannten Hierodulen, γάλλος /*gallus,* kann auf eine semitische oder wenigstens hethitische Wurzel zurückgehen, so daß im Kult der phrygischen Kybele die rituelle Kastration einen vorphrygischen Brauch darstellen dürfte, der sich mühelos dem ekstatisch-orgiastischen Merkmal anschließen konnte, das die Phrygier der pessinuntischen Kybele aufgeprägt hatten.

Hat man auch die Vorgeschichte der phrygischen Kybele deutlich bei der hethitischen Kubaba zu suchen, so bleibt noch manches im Dunkeln: die Entwicklung des Kultzentrums Pessinus neben dem politischen Zentrum Gordion; das vorklassische Verhältnis zwischen Kybele und ihrem *paredros* Attis; der religiöse Tiefgang eines Kultes mit Orgiasmus und Selbstentmannung; letzten Endes die Etymologie des Namens selber Kubaba/Kybele. Andererseits steht es fest, daß die phrygische Kybele-Darstellung des 8. Jhs. im Laufe des 6. Jhs. von den kleinasiatischen Griechen zum Bild der in einer nischenförmigen Kapelle (*naiskos*) stehenden und an beiden Seiten von einem Löwen begleiteten Göttin verfestigt wird. Ebenfalls im (frühen) 6. Jh. taucht Kybeles Name in griechischer Buchstabenschrift auf, als *Kuvava* im lydischen Sardes (am Hermos/Gedizfluss westlich von Phokaia/Foça), als *Qubala* in Locri Epizephyrii (einer von der ionisch-griechischen Küstenstadt Phokaia an der ionischen Südwestspitze Italiens gegründeten Kolonie). In diesem vorklassischen Stadium erwähnen weder die bildlichen noch die schriftlichen Quellen Kybeles klassischen Begleiter Attis. Dieser negative Befund hat für die Datierung und für die Wesensbestimmung der Attis-Gestalt (Sohn, Gemahl, Heros-Geliebter) keine Beweiskraft, aber läßt den lückenhaften Charakter des zur Verfügung stehenden Materials deutlich hervortreten. Er dürfte jedoch bestätigen, daß der männliche Partner einer orientalischen Allmutter seiner Natur nach ursprünglich als eine Gestalt zweiten Ranges betrachtet wird.

Die klassisch-griechische Phase

Unaufhaltsam dringt Kybele weiter nach Westen vor, bis sie am Ende des 7. Jhs. die ionischen Küstenstädte erreicht. Sie wird mit der Zeusmutter Rheia identifiziert und der Erdmutter Demeter angeglichen und findet so leicht Aufnahme in die griechische Götterwelt. Sie kommt aber zu spät, als daß ihr noch in der vorklassischen Theogonie im besonderen und, allgemeiner gesprochen, in der prähellenistischen Mythologie eine selbständige Funktion hätte zugewiesen werden können. Die Göttermutter wird aus dem ortsgebundenen fremdländischen Mutterboden in die griechische Welt verpflanzt; dabei büßt sie ihre mannigfachen phrygischen topo- und oronymischen Beinamen ein, während sogar ihr Eigenname Kybele durch den Titel Μήτηρ Μεγάλη (später bei den Römern *Mater Magna*) ersetzt wird. Mit dieser formalen Hellenisierung zur majestätischen Göttermutter geht eine gründliche inhaltliche Desorientalisierung Hand in Hand.

Deshalb fehlen in der öffentlichen griechischen Version der Kybele die ekstatisch-orgiastischen Riten und die entmannten Hierodulen, genau so wie Kybeles *paredros,* der Kastrat Attis, im griechischen Mythos der Rheia-Demeter-Großen Mutter nie als vollbürtiger Gott auftritt, nicht einmal bei späten Autoren wie Plutarch (+ 120 n. Chr.) und Lukian (+ 180 n. Chr). Die erste literarische Erwähnung des Attis findet sich übrigens erst um 400 beim Komödiendichter Theopomp in einem bisher ungedeuteten Fragment, während die erste bildliche Darstellung des Attis, wie er der ihm eine Blume oder kleine Vase reichenden Kybele/Agdistis gegenübersitzt (Relief aus Peiraieus, der Hafenstadt Athens), um 300 v. Chr. angesetzt wird. Immerhin erbaut Athen am Anfang des 5. Jhs. an der Agora, dem Herzen des Stadtstaates, der Göttermutter zu Ehren einen Tempel. Kriegsgeschehnisse, durch die das Gebäude kurz nach seiner Vollendung zerstört wurde, veranlassen die Verlegung des Kultes ins benachbarte Stadtarchivarium, das nunmehr Tempel der Mutter (*Metroon*) genannt wird. Für diese Kultstätte schuf Agorakritos von Paros, ein Schüler des großen Pheidias (+ um 430), das kanonische Bild der würdevoll thronenden Großen Mutter, mit dem Tympanon als Attribut in der Hand und den wachenden Löwen an beiden Seiten. Die (späte) Geschichte behauptet jedoch, daß die Athener das Metroon errichtet hätten, um den Zorn der Göttin zu beschwichtigen. Als Strafe für seine absonderliche religiöse Propaganda hätten sie einen phrygischen Bettelpriester der Kybele in den Verbrechergraben, das *barathron,* geworfen. Solche wandernden Eunuchen-Prediger (βάκηλοι, oder vor allem μητραγύρται, ,,Bettler der Mutter'' genannt) sind lustige Gestalten in der klassischen Komödie und in der karikaturalen Kleinbildkunst des 4. Jhs. Es ist auch bekannt, daß die Athener die öffentliche Selbstentmannung eines Kybeledieners am Altar der Zwölf Götter im Jahre 415, gerade vor der Abfahrt der Expedition nach Syrakus, als ein besonders schlimmes Vorzeichen betrachteten.

Den Griechen aus Kleinasien, den Inseln und Europa gelingt es zwar, im öffentlichen Kult der Μήτηρ Μεγάλη den nicht-griechischen Charakter der Kybele (ekstatische Wirbeltänze zu Musik von Flöten, Schellen und Schlaginstrumenten; der religiöse Fanatismus der Selbstentmannten; Attis' Anteil am Mythos und am Kult der Kybele) zu zügeln, im Privatkult jedoch erweist er sich als nicht vollständig bezähmbar. Es stellt sich deutlich heraus, daß Attis kaum vermag bei den Griechen Aufnahme zu finden, bestimmte Formen griechischer Religiosität zeigen sich aber einigermaßen anfällig für die orgiastischen Elemente des phrygischen Kultes. Herodot (um 485-425) bleibt noch im Exotischen verhaftet, wenn er erzählt, daß der Skythe Anacharsis Kybele zu verehren wünscht, wie es damals in Kyzikos am Propontis gebräuchlich war: im skythischen Bergland an einer einsamen Stelle im Walde vollführt er unter Begleitung eines Tamburins nachts ihren Ritus. Aber in seinen kurz vor 407/406 entstandenen *Bakchai* bezeichnet Euripides bestimmte Kybeleriten als τά τε ματρὸς μεγάλας ὄργια Κυβέλας, ,,die *orgia* der Großen Mutter Kybele'', was suggeriert, daß sie sich mit den Mysterien par excellence, denen der Demeter in Eleusis, und des Dionysos-Bakchos vergleichen lassen. Spricht hieraus vielleicht beim großen Tragödiendichter lediglich eine literarische Frömmigkeit, die Griechen der klassischen Epoche scheinen auf jeden Fall mit einem orgiastischen Kybelekult vertraut gewesen zu sein, in dem offenbar noch ohne jede esoterische Initiation, innerhalb der Glaubensgemeinschaft eine momentane Selbstbefreiung durch ekstatische Musik und Tanz erzielt wird. Daß Euripides die *orgia* der Kybele nicht erdichtet hat, ergibt sich aus einer Inschrift in Sardes aus dem Jahre 365 v. Chr., in der den Dienern des Zeus-Baradateskultes verboten wird, sich an den μυστήρια, den ,,Mysterien'' von Sabazios-Dionysos, Agdistis-Kybele und Mâ zu beteiligen. Hinsichtlich der untereinander nah verwandten Kulte der kleinasiatischen Trias Sabazios, Agdistis und Mâ, läßt sich jedoch aus diesem Text eine gewisse Abneigung herauslesen, die man in Athen für die Mysterien des Sabazios (und der Kybele?) in Demosthenes' Kranzrede (330) erhärtet findet. Die Erwähnung Mâs bestärkt übrigens die Ansicht, daß die Vokabel μυστήρια hier keineswegs mit einem esoterisch-initiatorischen Inhalt verbunden ist, sondern die orgiastisch-begeisternde Form des Kultes meint.

Die hellenistische Phase

Als ekelerregende exotische, zur orientalischen Fruchtbarkeitsgöttin gehörige Erscheinung genießt das sakrale Eunuchentum in der klassischgriechischen Literatur keine religiöse Wertschätzung. Auch die phrygische Bindung zwischen Kybele und Attis überlebt die Hellenisierung und Verwandlung der Kybele in die Μήτηρ Μεγάλη nicht. Erst während der 2. Hälfte des 4. Jhs. v. Chr. taucht Attis bei den Griechen im Kult und in der bildenden Kunst auf, keineswegs jedoch in selbständiger hellenisierter Gestalt, sondern in einer der nicht vollständig desorientalisierten Großen Mutter untergeordneten Stellung. Ausschließlich in diesem Verhältnis stellt ihn seit 300 ausführlich die alexandrinische Literatur dar, deren mythologischer Motivschatz anscheinend durch die Kulturpolitik der Diadochen auf eindrucksvolle Weise bereichert worden war. Bis auf ein Paar Ausnahmen ist die ursprüngliche Fassung dieser Erzählungen nicht erhalten, aber die griechischen und lateinischen Autoren der Spätantike weisen noch auf ihre frühen Quellen hin, so daß die grundlegenden Züge des Mythos von Kybele und Attis aus den von Herodot (+ 425 v. Chr.) bis Fulgentius Mythographus (+ Anfang 6. Jh. n. Chr.) reichenden Fassungen zusammengelesen werden müssen.

Eine Synopsis der auseinandergehenden Fassungen dieses Mythos erübrigt sich, so sinnvoll es auch ist, in dem ganzen Mythos eine Art ätiologischen Wortdienstes zu sehen, der eine gute Einsicht in den komplexen Handlungsdienst der Kultliturgie vermittelt. Ihre Verschiedenheit beruht auf einer Anzahl religionshistorischer Faktoren, die auf den eigenständigen Charakter des damaligen religiösen Faktums ein deutliches Licht werfen: bis in das 4. Jh. n. Chr. bleibt der Polytheismus einer der wesensbestimmenden Züge des antiken Gottesbildes, so daß die gegenseitigen Beziehungen der Götter einen ständigen Einfluß auf die mythologische Thematik ausüben; den unterschiedlichen Kulten fehlt eine übergreifende religiöse Autorität, die den dogmatischen Inhalt eines jeden überwacht bzw. ihre Kohärenz gewährleistet; die Phantasie des Volkes und die literarische Kreativität können ohne weiteres die Entwicklung und die Erweiterung der mythischen Erzählung beeinflussen, da nach dem kanonischen oder apokryphen Wert der unterschiedlichen Fassungen nicht gefragt wird; Genauigkeit erfordert nur der Vollzug des Ritus, nicht aber die verdeutlichende Einsicht, die sich für die Gottheit aus einem Mythos ergibt; abhängig von Zeit und Raum, erfährt nicht nur der Ritus im Laufe der Jahrhunderte und in einem sich weltweit ausbreitenden Wirkungsbereich eine Anzahl bedeutsamer Verwandlungen, sondern sogar eine allgemein anerkannte Form des Mythos unterliegt der Einwirkung wechselnder Interpretationen. So sehr sich dergleichen Faktoren für die Varianten der Geschichte von Kybele und Attis auch verantwortlich machen lassen, es springt ins Auge, daß es dem Mythos u.a. dank der formalen Mittel der griechischen Mythographie gelingt, den Kult von Kybele-Attis vor einer endgültigen Hellenisierung dauerhaft zu bewahren, oder daß er wenigstens dessen phrygische Bestandteile gleichsam erhellt.

Die lydische Version bleibt der griechischen mythologischen Thematik und deren euhemeristischer Interpretation am deutlichsten treu. Hermesianax von Kolophon (Anfang 3. Jh. v. Chr.) erzählt, wie Pausanias um 150 n. Chr. berichtet, daß der Phrygier Attis, der von Geburt an ein Eunuche war, die *orgia* der Großen Mutter in Lydien verbreitet und eben dadurch so sehr ihre Liebe erworben hat, daß Zeus aus Eifersucht einen Eber schickt, um ihn zu töten. In einer Randnotiz zu einem Werk des Nikander von Kolophon (2. Jh. v. Chr.) findet sich der Zusatz, daß Attes (hier ein phrygischer Hirte, und keineswegs ein Eunuche) von der Göttermutter in tiefstem Schmerz begraben wurde und daß die Phrygier ihn noch immer im Frühling beweinen. Bei Lukian (+ 180 n. Chr.) sind nur ein paar schwache Anklänge an diese lydische Erzählung erhalten geblieben: von Rheia entmannt, verbreitet der nunmehr nach Art und Kleidung weiblich gewordene Lydier Attis ihre *orgia* in Phrygien, Lydien und Samothrake. In bezug auf Attis' Tod stellt Herodots Version die älteste Erwähnung der lydischen Interpretation dar, sie gehört allerdings zum Bereich der Sage: Atys, der Sohn des Königs Kroisos von Phrygien, wird auf der Eberjagd von einem Gastfreund seines Vaters, Adrestos, versehentlich niedergestochen.

Von der phrygisch-pessinuntischen, gelehrten bzw. volkstümlichen Version, ist sowohl eine traditionelle als eine euhemeristische Fassung bekannt. Der komplizierte, halbtheogonische Mythos, der bei Pausanias und dem Konvertiten Arnobius von Sicca (der 300-310 n. Chr. schrieb) begegnet, wurde angeblich am Anfang des 3. Jhs. v. Chr. von dem eleusinischen Priester Timotheos aufgezeichnet. Aus der von Zeus befruchteten Steinerde entsteht der androgyne Agdistis, der sich so unbeherrscht verhält, daß Bakchos ihn im Auftrag der Götter betrunken macht, und ihn dann mit den Geschlechtsteilen an einem Baum festbindet, so daß Agdistis sich selber entmannt, wenn er aus seinem Rausch auffährt. Aus der Erde, die durch die Eviration der nunmehr weiblichen Agdistis befruchtet wird, schießt ein Mandelbaum auf, von dem die phrygische Nymphe-Prinzessin Nana eine Frucht in den Schoß birgt, so daß sie schwanger wird. Ihr Kind Attis wird von ihrem Vater, dem Flußgott-König Sangarios, ausgesetzt, aber wächst zu einem Jüngling auf, dessen Charme Agdistis/Kybele unwiderstehlich reizt. Wenn nun Gallos/Midas, König von Pessinus, seine Tochter an Attis verheiratet, verwandelt die eifersüchtige Agdistis die Hochzeit in eine solche wahnsinnige Raserei, daß Attis sich unter einer Pinie entmannt und den Folgen seiner Tat erliegt. Notgedrungen kann Zeus der reumütigen Agdistis nicht gewähren, daß Attis wieder zum Leben erweckt wird, aber er erlaubt, daß dieser nicht vollkommen dem Tod zum Opfer fällt: sein Körper verwest nicht, seine Haare wachsen weiter und in seinem kleinen Finger bleiben Leben und Bewegung bewahrt. Agdistis schenkt Attis ein Grab in Pessinus, wo ihm die Priesterschaft alljährlich eine liturgische Huldigung darbringt. Arnobius weiß außerdem zu erzählen, daß die Göttermutter das Glied des Attis wäscht und balsamiert, in Tücher einwickelt und in die Erde birgt; die Fichte, unter der Attis umgekommen war, trägt sie in ihr Heiligtum, um Attis zu beweinen, als bedeute dieser Baumstamm ihr die erhabene Anwesenheit des Attis selbst. Wie Ovid (43 v. Chr.-18 n. Chr.) und Kaiser Julian (Regierungszeit 361-363) in einfacherer Art erzählen, widmet der phrygische Jäger Attis seine Liebe ausschließlich der Göttin mit der Mauerkrone, bis er sich in die Nymphe Sa(n)garitis verliebt. Die eifersüchtige Göttermutter bestraft seine Untreue mit einem Anfall von Raserei: er flieht zu dem Berg Dindymos, entmannt sich da aus tiefer Reue und wird in eine Pinie verwandelt.

Die euhemeristische Lesart der pessinuntischen Fassung — ,,wie sie in Phrygien erzählt wird'', so präzisiert Diodor Siculus um 45 v. Chr. — lautet, daß Maion, König von Phrygien und Lydien, bei seiner Gemahlin Dindyme eine Tochter erzeugt, die er auf dem Berg Kybelos aussetzt, wo sie von Leoparden und anderen wilden Tieren ernährt wird. Hirten aus der Umgebung nehmen das Kind auf und geben ihm nicht ohne Grund den Namen Kybele. Das Mädchen wächst auf, schön und klug, erfindet die *Syrinx,* die Schellentrommel und Schlaginstrumente, die zum Spiel und Tanz einladen, und pflegt so gründlich das Vieh und die Kleinkinder, daß sie den Beinamen ὀρεία μήτηρ, ,,Mutter aus den Bergen'', bekommt. Sie verliebt sich in ihren Landsmann Attis und wird von ihm geschwängert, gerade wenn das königliche Paar sie als Tochter zurücknehmen will, aber der König läßt Attis, der ohne es zu wissen eine Prinzessin entehrt hatte, hinrichten und seinen Leichnam unbegraben ins Feld werfen. Wahnsinnig vor Kummer, irrt Kybele durch das Land, das nun von der Pest und der Hungersnot heimgesucht wird. Das Orakel fordert, daß Attis begraben und daß der Kybele göttliche Ehre erwiesen werde. Die Bergmutter bekommt dasjenige, was ihr gebührt, und sogar einen prächtigen Tempel in Pessinus. Aber der Leichnam des Attis ist verschwunden, so daß die Phrygier das ihm zugefügte Unrecht nur wiedergutmachen können, indem sie vor seinem Bild wehklagen, ,,was sie bis zu dem heutigen Tag noch immer machen'', laut Diodor. Nach seiner Erzählung von der Herkunft und der Bedeutung der jährlichen Liturgie zu Ehren der Erd/Göttermutter kennt der Konvertit Firmicus Maternus um 350 eine vereinfachte aber zu gleicher Zeit stark modifizierte Geschichte. Attis, der die Liebe der Königin von Pessinus abgelehnt habe, werde deswegen von ihr mit Entmannung bestraft. Die Phrygier versuchten, den gekränkten Stolz und den Kummer der Königin zu beschwichtigen, indem sie ihrer verschmähten Liebe alljährlich mit einer Trauerfeier huldigten und indem sie behaupteten, daß Attis, den sie soeben begraben hätten, wieder lebe; der wachsenden Ungeduld der verliebten Königin könnten sie schließlich nur noch begegnen, indem sie für den gut und schön gestorbenen Jüngling einen Tempel errichteten.

Die figurative Darstellung des Mythos gibt die geschriebene Geschichte nicht treu und lückenlos wieder. Selbstverständlich mag sie am besten jene Elemente aus dem Mythos betont haben, die durch die alljährliche Liturgie am stärksten popularisiert worden sind. Dazu stimmt nicht nur die Tatsache, daß die lydische Lesart vom Tode des Attis durch den Eber nicht in der bildenden Kunst begegnet, sondern auch daß die dramatische Bruchstelle, die Selbstentmannung des Attis, in der hellenistischen Periode nicht dargestellt wird, und noch weniger die Eviration, die von Kybele selber an Attis vorgenommen wird. Kybele bringt in der Literatur Attis nicht zur Welt. Einige Terrakotten aus dem insularen und kontinentalen Griechenland stellen seit der archaischen Zeit Kybele gleichwohl mit einem Kleinkind auf dem Schoß dar. Es ist nicht deutlich, ob sie auf diese Weise entweder ausdrücklicher als Mutter des Attis oder allgemeiner als die ὀρεία Μήτηρ gekennzeichnet wird. Denn dieser Typ dürfte ebenfalls durch die ionischen Figuren der Allmuter mit einem Löwenjungen auf dem Schoß vertreten sein, die im 6. Jh. v. Chr. bis in Massilia/Marseille, eine Gründung von Phokaia, bekannt waren. Die hellenistische Kunst stellt nicht den lydischen Jäger, sondern den jungen phrygischen Hirten dar, den man an festen Attributen, dem Hirtenstab, der Syrinxflöte und der phrygischen Mütze wiedererkennen kann. Mit Bezug auf diesen Typ tritt Kybele nicht länger als Mutter, sondern als Geliebte auf. Ihr Liebesverhältnis wird in der griechischen Welt jedoch weiterhin leidenschaftslos dargestellt, wie z.B. auf dem Relief von Peiraieus (um 300 v. Chr.) oder auf einem Relief aus dem 2. Jh. v. Chr., das in Venedig aufbewahrt wird, aber aus Griechenland oder Kleinasien stammt. Nicht unwichtig ist, daß in den beiden Darstellungen, wie das oft auch in der späteren Kleinbildkunst der Fall ist, Attis der Kybele weder an Gestalt noch an Haltung nachsteht.

Aus der hellenistischen Periode sind in der griechischen Welt zahlreiche Kultstätten der Großen Mutter bekannt, vom Schwarzen Meer bis an die Südküste von Kleinasien, in Griechenland selbst und in der *Magna Graecia*. Möglicherweise gebrauchen die alexandrinischen Scholiasten zu Pindar (um 520-445) und Sophokles (496-406) im Zusammenhang mit dem Kult der Kybele die Ausdrücke μυστήρια und τελεταί (Mysterienfeier und Mystenweihe) noch in uneigentlichem Sinne. Der Kult wird zwar von alters her durch ekstatisch-orgiastische Züge gekennzeichnet, er behauptet sich aber auch ohne eine Initiation, die offenbar von den Mysterien von Eleusis angeregt wird. Anderseits erwähnen seit dem 3. Jh. v. Chr. Inschriften aus dem insularen und kontinentalen Griechenland sowie aus Kleinasien mystische Gemeinschaften, deren initiatorischer Charakter schwer angefochten werden kann. Daß Attis dabei nicht erwähnt wird, würde weniger Aufsehen erregen, wenn er auch nicht auf dem Relief von Lebadeia (östlich von Delphi) aus dem 2. Jh. v. Chr. fehlte, wo in Gegenwart von acht göttlichen Personen und von vier Gläubigen ein verschleierter weiblicher Initiand von Dionysos und einer Priesterin bis zur thronenden Großen Mutter geführt wird. Was diese Mysterien zugunsten der Mysten bewirken wollen, erhellt nicht aus den Quellen und darf nicht ohne weiteres aus dem eleusinischen Modell abgeleitet werden. Daß sie zu Attis in Beziehung treten würden, ist alles andere als gesichert, solange es sich um die gräzisierte Kybele handelt. Sicher ist aber, daß der ,,Anteil'' des Attis später von Pausanias als ἀπόρρητον (nicht für die Öffentlichkeit bestimmt) bezeichnet, und von

Harpokration (1.-2. Jh. n. Chr.) als μυστικὸς λόγος (Erzählung aus der Initiationsweihe) genannt wird, letzteres möglicherweise unter Hinweis auf Neanthes von Kyzikos (um 200 v. Chr.). Dergleichen Ausdrücke können auf die Bedeutung der ,,dramatischen Schicksale'' des Attis hinweisen, obwohl damit für diese Zeit nicht deutlich gemacht wird, ob, wie und wozu der Mythos von Attis auf den öffentlichen und/oder geheimen Mutterkult bezogen wird. Aufschluß darüber gibt auch nicht die Inschrift von Peiraieus, 211-210 v. Chr., in der eine ,,zweifache Attiszeremonie'' erwähnt wird, ἀμφότερα τὰ Ἀττίδεια. Höchstens könnte sich daraus ergeben, daß sich außerhalb Phrygiens ein phrygischer Anteil bei bestimmten Kultgemeinschaften (*thiasoi* für Fremde, *orgeones* für Bürger) einen festen Platz im Ritual erobert hat.

Die liturgische Abwicklung des Mutterkultes und die inhaltliche Tragweite der ,,phrygischen'' Mysterien werden durch die bestehende hellenistische Dokumentation zu wenig aufgedeckt, als daß sich eine eventuelle Deutung des Ritus durch den Mythos deutlich abzeichnete. Im lydischen Mythos ist der sterbliche Attis weder Liebhaber noch Liebling der göttlichen Kybele, sondern der erste Erfinder und Verkündiger ihrer *orgia*. Ohne daß ihn sein tragischer Tod aus der menschlichen *conditio* heraushebt, fällt er nicht der Leidenschaft der Kybele, sondern der gegenseitigen Eifersucht der Götter zum Opfer, welche die wilde Natur als Waffe gegen den Menschen gebrauchen. So flüchtig sie auch sind, gewisse Züge können doch vom späteren Kult aus beleuchtet werden: die angeborene Impotenz des Attis, die Trauer der Kybele um seinen Tod, und der gefährliche aber verheißungsvolle Berührungsbereich, in dem Gottheit und Sterblicher sich gegenseitig in den Bann ziehen. Sowohl in der euhemeristischen Umdeutung als in der herkömmlichen Lesart des phrygisch-pessinuntischen Mythos wird angenommen, daß Kybele den Tod des Attis herbeiführt, nicht absichtlich, sondern weil er wegen seiner Geburt oder Wesensart dem exklusivistischen Angebot ihrer Liebe nicht gewachsen ist. Dieses Unvermögen äußert sich in der (Selbst)entmannung, der Attis in einem Anfall der Raserei erliegt, was der augenblicklichen Konfliktsituation zwischen Kybele und ihrem Gefährten ein Ende setzt. Daß hier bei der Göttin grundlegend schöpferische Liebe und nicht zerstörerischer Haß vorwaltet, ergibt sich aus der göttlichen Verehrung, die Attis künftighin zuteil wird, weiter aus dem Versuch, Attis' Tod einigermaßen seines unwiderruflichen Charakters zu entledigen, vor allem aber aus dem Schmerz und der Trauer der Kybele, die in allen Fassungen betont werden. Kultisch gesehen, wird diese mythologische Situation, was die Göttin anbetrifft, durch die alljährliche Trauerliturgie um die Pinie Attis und durch die freiwillige Eviration bestimmter Kultdiener, der *galli*, getragen. Andererseits ist es wichtig, daß die göttliche Ehre, die Attis erwiesen wird, die Einwirkung der Trauer der Kybele auf die Natur und die winzigen Spuren unverwüstlichen Lebens, die den verstorbenen Attis nach wie vor kennzeichnen, auf kultische Aspekte verweisen, welche die Bedeutung der Attisgestalt steigern, in dem Maße wie die griechische und römische Interpretation die phrygische Herkunft der Μήτηρ Μεγάλη / *Mater Magna* nicht länger in Abrede stellen kann. Die erste religionsgeschichtliche Frage lautet also nicht, ob und wann Attis (Auferstehungs-)Gott wird, sondern wann und wie er aus dem phrygischen Kern des Kultes durch die griechische oder römische Hülse der Kybele herausbricht. In Mythos und Kult besteht Attis übrigens allein Kybele zuliebe: sein Tod und seine Erhöhung und die alljährliche Gedächtnisfeier bestimmen den ununterbrochenen Zyklus von Liebe, Trauer und Wiederherstellung, d.h. von Schaffen, Untergehen und Leben, im fruchtbaren Schoß der Muttergöttin. Wie sehr im Mythos auch die Tragik des Geschehens von Attis getragen wird, das entscheidende Auftreten liegt bei Kybele. Sie ist ebenfalls die Trägerin des Kultes, nicht aber Attis, obwohl der Kult in seiner phrygischen Fassung nicht ohne einen Anteil des Attis sinnvoll verstanden werden kann.

Die republikanisch-römische Phase

Am Ende des 3. Jhs. v. Chr. benutzt der römische Staat die Abwicklung des zweiten Punischen Krieges, um seine politische Strategie im östlichen Mittelmeerraum durch eine aufsehenerregende religiöse Initiative zu unterstützen. Nachdem man die Bücher der Sibylle von Cumae zu Rate gezogen hat, entscheidet sich der Senat für die offizielle Inthronisation der Großen Mutter von Kleinasien. Den Römern gilt die vorrömische Phase der *Mater Magna* nicht als phrygische, klassisch-griechische oder hellenistische Vorstufe, sondern als trojanisches, d.h. römisches Erbe der Väter. Wird doch durch die Legende, die von Vergil (70-19 v. Chr.) zum Nationalepos ausgearbeitet wird, Roms Herkunft auf den trojanischen Helden Äneas zurückgeführt, dessen Geburt und Jugend auf dem Ida-Berg bei Troja ihn in engen Zusammenhang bringen mit der *Mater Deum Magna Idaea,* der ,,Großen Göttermutter des Berges Ida", wie ihr Titel in Rom lautet. Da das Gebiet von Troja zum Königreich Pergamon gehört und Pessinus sich bis zum Jahre 183 v. Chr. als unabhängiger theokratischer Stadtstaat behauptet, ist es durchaus möglich, daß die römische Gesandtschaft Kybeles Bild nicht in Pessinus, sondern in Pergamon erhält. Es wäre erstaunlich, wenn der König-Priester von Pessinus das Bild, auf das der heilige Charakter und die Selbständigkeit der Stadt gegründet waren, preisgegeben hätte, aber es ist denkbar, daß Pergamon, als gräzisierte Filiale des phrygischen Mutterheiligtums, Roms Wünschen entspricht. Roms gute Beziehungen mit dem kleinen Seestaat Pergamon dienen dabei ausgezeichnet seinem militärischen Einsatz gegen die Seemacht Karthago, während Pergamon sich unter dem Schutze Roms vor seinem Feind und Verbündetem Hannibals, Philippus V. von Mazedonien (221-179 v. Chr.), sicher fühlt.

Am 4. April 204 v. Chr. wurde die trojanisch-römische nationale Muttergöttin, die in den religiösen Überlegungen die punische Fruchtbarkeitsgöttin Taanit von Karthago aufwiegen sollte, in Rom in Form eines schwarzen anikonischen Meteorits feierlich eingeholt. Die Beweggründe, die zu dieser Initiative geführt haben — senatorialer Imperialismus und Ahnenstolz, militärpolitische Taktik und religiöse Sicherung — machen begreiflich, daß der senatoriale Adel sich die *Mater Magna* aneignet. Aus Kleinasien von einer Gesandtschaft höchsten Ranges hergeholt und auf einem Geschwader von fünf Triremen sicher herangeführt, wird die Göttin auf Anordnung des Orakels von Delphi in Rom von dem besten der Bürger und der vortrefflichsten der Frauen in Empfang genommen, namentlich vom Patrizier Cornelius Scipio Nasica, leiblichem Vetter des großen Scipio Africanus, und von der hochadligen Claudia Quinta. Wie Ovid (43 v.-18 n. Chr.) und Silius Italicus (26-101 n. Chr.) erzählen, wird Claudias Tugendhaftigkeit jedoch nicht für so makellos gehalten wie ihre Schönheit, aber, wenn das Schiff mit Kybeles Bild in der Tibermündung in Ostia festfährt, unterwirft Claudia ihre Schuld oder Unschuld einem Gottesurteil: es gelingt ihr ganz allein, das Schiff wieder flott zu machen (das Wunder von *Navisalvia*). Das Bild wird vorläufig im Tempel der *Victoria* auf dem Palatin untergebracht, gerade bei dem Ort, wo man der *Mater Magna* am 10. April 191 v. Chr. ihren Tempel weiht. Der erste *Princeps,* Octavianus Augustus (+ 14 n.

Chr.), der Kybeles Tempel zum zweiten Male wiederaufbauen läßt, wird seine persönliche Residenz auf dem Hügel der urrömischen Aristokratie, dem Palatin, errichten zwischen den Heiligtümern des Apollon und der Kybele, die von Rom zu national-politischen Göttern erhoben worden waren. Die Bedeutsamkeit, die der *Mater Magna* in Rom beigemessen wird, geht nicht nur aus der Lage ihres Tempels, sondern ebensosehr aus dem liturgischen Niveau ihrer alljährlichen Feier hervor. Ihre reichgefüllte ,,Festwoche'', die *Megale(n)sia,* wird begrenzt durch den 4. und 10. April, Gedächtnistage, an denen der wichtigste ständig in der Stadt residierende Magistrat, der *praetor urbanus,* das Opfer darbringt. Täglich finden auf einem alljährlich gegenüber den Treppen von Kybeles Tempel errichteten Podium Theatervorstellungen statt (eine Anzahl von Werken von Terenz, gest. 159 v. Chr., erleben dort ihre Premiere), während die Festlichkeiten mit *ludi* im Circus Maximus, am Fuß des Palatins, also jedesmal vor den Augen der *Mater Magna* selber, beschlossen werden. Täglich auch richten die adligen *sodalitates*, die zu Ehren der Muttergöttin von 204 v. Chr. an in Rom entstanden, für ihre Mitglieder Gastmähler an. Die *Megale(n)sia* haben einen nationalen Charakter, so daß Fremde und Sklaven von der Teilnahme ausgeschlossen sind. Aristokratisch in Herkunft und Ausführung, stehen sie im Kalender gerade vor den Feiern zu Ehren der plebejischen Fruchtbarkeitsgöttin, der altrömischen Ceres, deren Tempel gegenüber dem der *Mater Magna* auf dem Hügel der *Plebs*, dem Aventin, steht. Aus sozialer Sicht ist der Staatskult der *Mater Magna* von oben auferlegt, er hat sich nicht spontan von unten herauf durchgesetzt.

Anders steht es mit der Entfaltung des täglichen Tempeldienstes von Kybele, an dem sich Fremde und später auch Sklaven zuerst in einem Privatkult beteiligen können. Um Kybele als romanisierte *Mater Magna* in den offiziellen Kult einzuführen, hat der römische Senat sie sorgfältig ihres Charakters einer phrygischen Fruchtbarkeits- und Berauschungsgöttin entledigt. Das bringt mit sich, daß dem Attis, dessen funktionelle Beziehung zu Kybele am deutlichsten im orgiastischen Auftreten der *galli* hervortritt, in Rom kein offizieller Platz eingeräumt werden kann. So ist es begreiflich, daß auch gut informierte Autoren wie der Römer Varro (116-27 v. Chr.) oder der Grieche Dionysios von Halikarnass (an der karischen Küste; arbeitet in Rom unter August) Attis noch vollkommen ignorieren. Immerhin muß aus religiöser Notwendigkeit geduldet werden, daß von Anfang an in Rom auch die ursprüngliche Liturgie der Kybele von phrygischen Kultdienern gefeiert wird, ihre Aktivität aber wird durch das Gesetz strikt auf den palatinischen Tempelbezirk beschränkt. Es ist ihnen nur erlaubt, an ganz bestimmten Tagen in Rom betteln zu gehen, und einmal im Jahr, Ende März, für das rituelle Bad (*Lavatio*) das Bild der Kybele in einem Aufzug zum Almobach bei der Porta Capena zu führen. So gewinnen die Römer u.a. durch die orientalische Kleidertracht und das Äußere des Tempelpersonals, die einheimischen Hymnen und Musik gewissermaßen einen Einblick in den exotischen Charakter der phrygischen Kybele, die sich hinter der römischen *Mater Deum Magna* verbirgt. Bürgern und Sklaven ist es aber untersagt, gemäß dem phrygischen Ritus zu opfern, geschweige denn zur phrygischen Priesterschaft oder zum Gallat zu gehören.

Daß die *Mater Magna* ihre phrygische Herkunft nicht verleugnet, sondern sie im Westen nach und nach betont, ergibt sich aus dem Zusammentreffen der römischen Freundschaftspolitik in Kleinasien einerseits, mit Attis' unentbehrlichem Anteil an Kybeles einheimischem Ritus andererseits. Die Würdenträger der phrygischen Metropole des Kybelekultes — der *Attis* und der *Battakes* — und sogar Kybeles Eunuchendiener werden von der Republik Rom auf ehrfurchtsvolle Weise behandelt, so daß der römische Einfluß bis ins Herz Kleinasiens durchdringt. Unter dem Schutz Roms kann Pessinus sowohl während der letzten Besetzung durch die Attaliden von Pergamon (183-166 v. Chr.) als innerhalb des Königreichs Galatia (166-25 v. Chr.) seinen Status einer heiligen Stadt aufrechterhalten. Außerdem wird im Jahre 103 v. Chr. der *Battakes* von Pessinus in Rom von Senat und Volk mit einer Ehrenbezeigung empfangen, die nur befreundeten Staatsoberhäuptern zuteil wird. Sollte *Mater Magna* im Jahre 204 nicht aus Pessinus, sondern aus Pergamon nach Rom herübergebracht worden sein, dann kann im 2. Jh. v. Chr. Roms gutes politisches Verhältnis zu Pessinus bewirkt haben, daß die obskure ,,Mutter des Berges Ida'' sich allmählich mit der Aureole der authentischen ,,Muttergöttin von Pessinus'' schmückt. Zum phrygischen Kult von Pessinus gehören jedoch entmannte Hierodulen, denen Kybeles *paredros* Attis als mythischer Prototyp gilt. Attis' Anwesenheit in der Privatdevotion und daher sein Anteil am phrygischen Ritus stehen unbestreitbar fest dank den vielen und verschiedenen Attisfigürchen aus Terrakotta, die um 100 v. Chr. angesetzt werden und im palatinischen

Tempelbezirk zurückgefunden wurden. Daß seine paradigmatische Selbstkastration von der römischen Bürgerschaft in religiöser Hinsicht nicht hoch eingeschätzt wird, erhellt reichlich aus Autoren wie Lukrez (+ 55 v. Chr.) und Catull (+ 54 v. Chr.). Das kann nicht verhindern, daß sich auch in Rom der sakrale Eunuchismus des phrygischen Kultes allmählich öffentlich, wenn auch ungesetzlich, einen Platz erobert. Fremde und Sklaven kleinasiatischer Herkunft, die sich nach dem Gesetz nicht an der *Megale(n)sia* beteiligen dürfen, können hierfür verantwortlich sein. Noch im Jahre 102 v. Chr., kurz nach dem Staatsbesuch des *Battakes*, wird ein Sklave, der sich für den Kybeledienst entmannt hat, des Landes verwiesen, aber im Jahre 77 v. Chr. gelingt es beinahe einem Freigelassenen, der öffentlich als *gallus* bekannt ist, sein Erbrecht vor Gericht durchzusetzen. Es stellt sich heraus, daß sich die gesetzliche Spaltung, welche die römische Behörde im Jahre 204 v. Chr. zwischen dem phrygischen Ritus der Kybele und dem römischen Kult der *Mater Magna* durchgeführt hatte, unter der Spätrepublik und dem Frühprinzipat nicht länger dem Druck der Tatsachen zu widersetzen vermag.

Die kaiserzeitlich-römische Phase

Wahrscheinlich durch Vermittlung der orientalischen *liberti* des Hofes wird in der Kaiserzeit die phrygische Märzliturgie in den offiziellen Festkalender aufgenommen. Die Reihe der Festtage, welche die Abwicklung des Ritus markieren, ist ohne Kommentar in dem epigraphischen Kalender des Philocalus aus dem Jahre 354 verzeichnet. Der 15. März ist der Schilfrohrtag, *Canna intrat*: die Bruderschaft der Schilfrohrträger, *Cannophori*, bringt Rohrstengel in Prozession zum Tempel auf dem Palatin, zur Erinnerung an Attis' Erlebnisse an den phrygischen Flüssen Sangarios und Gallos. Der 22. März ist der Baumtag, *Arbor intrat*: von der Genossenschaft der Baumträger, *Dendrophori*, wird eine Pinie gefällt, mit Veilchen, den Attributen des Attis und dessen Bildnis geschmückt, zum Vorhof des Tempels getragen und dort zur Verehrung ausgestellt; zwar hat Attis durch seine Selbstentmannung unter der Pinie seine Untreue gesühnt, aber im Mythos und im Ritus steht die Trauer der Kybele wegen seines endgültigen Ausscheidens aus seiner ursprünglichen *conditio* zentral: die Erhebung des Attis besteht an erster Stelle darin, daß Kybele die Pinie der Selbstentmannung in ihr Heiligtum tragen läßt, um dort um Attis zu trauern. Der 24. März ist der Bluttag, *Sanguem*: wie Kybele bei der Pinie wehklagt, als wäre diese Attis selbst, so haben beim Baum die Gläubigen teil an ihrem Schmerz, bis die Pinie Attis am Bluttag beerdigt wird; unter ekstatischer Beileidsbezeigung verletzen sich Priester und Gläubige bis aufs Blut, während sich junge Fanatiker im Rausche des Tanzes, der Gesänge und der Musik entmannen, um sich nach dem Beispiel des Attis als *galli* der Kybele zu widmen. Der 25. März ist der Freudentag, *Hilaria*: begleitet von überschwenglicher religiöser Freude und karnavalesker Lustigkeit, zieht ein Aufzug der Götterbilder durch die Stadt; die ganze Bevölkerung — auch die höchsten Behörden — nimmt daran teil. Der 26. März ist der Ruhetag, *Requetio*: als offizieller Teil des Zyklus ist der Tag nicht als Ernüchterung nach dem Rausch gemeint, sondern als religiöse Beruhigung nach dem Paroxysmus von Trauer und Freude. Der 27. März ist der Tag des Bades, *Lavatio*: zum Abschluß des liturgischen Dramas wird Kybele auf einem Prozessionswagen durch das Stadttor Capena zum Almobach geführt; die Untertauchung des Bildes hat als Zweck jede Spur der bestandenen Emotionen auszuwischen. Andere Quellen erlauben es, den Zusammenhang des Märzritus noch deutlicher zu gestalten. Die neuntägige Periode zwischen dem Schilfrohrtag und dem Bluttag gilt als phrygische Fasten, *Castus Matris*: die Gläubigen enthalten sich aller Mehlspeisen, bestimmter Früchte, der Fische und des Schweinefleisches und verzichten auf den Geschlechtsverkehr. Der Bluttag ist organisch mit dem Freudentag durch die Nachtwache, *Pannychis,* verbunden: die Gläubigen setzen ihr Beten und Wehklagen fort, bis das Licht angezündet wird und der Priester verkündet, daß ,,der Gott gerettet sei''; dies berichtet Firmicus Maternus, dessen Bericht sich wahrscheinlich auf Attis bezieht. Durch diese Anordnung weist der jährliche Märzzyklus einen liturgiedramatischen Verlauf auf, dessen rituell fest gegliederte Höhepunkte das Trauer- (22.-24. März) und das Freudentriduum (25.-27. März) bilden. Dies setzt voraus, daß die Gläubigen mit den tragischen Ereignissen vertraut sind, die einmalig mythisch, d.i. metahistorisch, zwischen Kybele und Attis stattfinden, und daß sie tatsächlich an deren alljährlicher Vergegenwärtigung durch den Ritus teilnehmen. Dadurch stellt sich die phrygische Märzliturgie auf eine religiöse Ebene, die in den römischen Aprilfesten der *Mater Magna* keineswegs ihre Verlängerung findet. Die *Megale(n)sia* machen freilich Attis' Anwesenheit nicht notwendig, sein aktiver Anteil an dem Märzzyklus scheint demgegenüber so unentbehrlich, daß sein allmählicher Aufstieg religionsgeschichtlich gesichert ist.

Es hat den Anschein, daß die römische Behörde dem phrygischen Märzritus nur schrittweise seine öffentliche Kohärenz gewähren will. Es muß jedoch der lückenhafte Charakter der verfügbaren Dokumentation berücksichtigt und, vor allem in bezug auf die Bedeutung des Attis, mit einer möglichen Entwicklung innerhalb der phrygischen Liturgie im Westen berechnet werden. Fest steht, daß die *Lavatio*-Zeremonie schon im Zeitalter des Augustus geduldet wird, Ovid aber erwähnt in seinen *Fasti*, dem ,,Römischen Festkalender'', den Märzzyklus noch mit keinem Wort. Ein byzantinischer Kompilator aus dem Zeitalter des Justinian I. (527-565), Iohannes Lydus, gibt zu verstehen, daß der Trauerdienst (22.-24. März) und dessen Beendung, die *Lavatio* (27. März), von Kaiser Claudius (41-54) für die römische Bevölkerung offiziell zugänglich gemacht wurden. Das Freudenfest — dies geht aus dem späten Vorkommen der ersten literarischen Belege hervor — soll erst unter Antoninus Pius (138-161) durch die offizielle Einschaltung der *Hilaria* und der *Requetio* zu einem *Triduum* (25.-27. März) erweitert worden sein, obschon die zahlreichen Kleinfiguren des *Attis hilaris* darauf hinweisen, daß der phrygische Kult schon in der hellenistischen Periode deutliche Freudenbekundungen umfaßt.

Nach dem Mythos kann Attis dem Sterben nicht entgehen, aber die Unvollständigkeit seines körperlichen Todes weist auf eine postmortale Verherrlichung hin, die in den *Hilaria* ihren kultischen Ausdruck findet. Es ist nicht unmöglich, daß Attis' Errettung schon im 1. Jh. n. Chr. in Rom als positiv wirksam aufgefaßt wird, weil auf dem zentralen Gewölbestuck des *hypogaeum* bei der Porta Maggiore der geflügelte Attis mit gehobener Fackel Ganymed zum Himmel führt. Im 2. Jh. setzt Attis sich offenbar offiziell nebst Kybele durch, zum ersten Mal kommt er auf Münzen des Antoninus Pius vor, und bekommt in Ostia — wahrscheinlich schon im Zeitalter des Hadrian (117-138) — ein eigenes Kultgebäude, das *Attideum*. Vom 2. Jh. an wird er in Inschriften zusammen mit der *Mater Magna*, als *numen* erwähnt, später auch allein oder an erster Stelle. Beide heißen in der Epigraphie des 4. Jhs. allmächtige Götter, *dei magni, omnipotentes, potentissimi*. Wenn die epigraphischen Zeugnisse auch oft aus den höheren sozialen Ständen stammen, so weisen sie doch darauf hin, daß der Aufstieg des Attis nicht nur von der Allegorese der

Neoplatoniker aus erfolgt. Aufgrund des solarischen Henotheismus interpretieren Kaiser Julian (361-363), sein Konsul Saloustios und der Theologe Proklos (ca. 450) den Mythos als eine narrative Beleuchtung von Werden und Sein: bei der Mutter des dauerhaften Seins tritt Attis als göttliches Medium (er gilt als eine Emanation des *Sol Invictus*, des Unbesieglichen Sonne-Gottes) der vergänglichen Schöpfung auf, deren Proliferation dank ihrem Zutun durch die Geste der Selbsteviration eingedämmt wird. Attis' äußerste Erhöhung ist ohnegleichen dargestellt auf einer Silberschale aus dem 4. Jh., die in Parabiago bei Mailand gefunden wurde: zur Rechten der Kybele auf dem Löwenwagen sitzend, vollzieht er seine solare Apotheose in einem Triumphzug durch die kosmischen Räume. Auf bescheidenere Weise bezeugen einige Reliefs aus dem 3. und 4. Jh., in welchem Maße der *paredros* Attis, in einer Art Synthronismus mit der *Mater Magna*, zu einem *secundus inter pares* („noch gerade untergeordnet") entwickelt, was sowohl aus der Wiedergabe des Liebesmythos (Relief auf einem Altar in Rom, 295 A.D.) als aus der kultischen Darstellung (Altarsteine in Athen, aus den Jahren 380) hervorgeht. Daß das phrygische Paar nicht Privatbesitz der höheren Stände ist, zeigt sich in der massenhaften Verbreitung ihrer Darstellung, die sich auch auf den geringsten Gebrauchsgegenständen findet. Dies setzt nicht notwendigerweise einen Glauben voraus, wohl aber einen dekorativen Beifall, der in religiöser Popularität wurzelt. Ein intensiverer Symbolismus verbirgt sich möglicherweise im häufigen Vorkommen des *Attis tristis,* des trauernden Attis, auf Grabsteinen: die Art selbst der Darstellung weist darauf hin, daß Attis hier nicht eine Hoffnung auf postmortale Errettung versinnbildlicht, sondern die menschliche Antwort auf die *mors immatura,* den immer vorzeitigen Tod, darstellt.

Die Art und Weise, wie die römischen Behörden den Märzzyklus offiziell nur allmählich und mit großer Zurückhaltung für die Reichsbevölkerung zugänglich machen, verwandelt die phrygische Liturgie in einen romanophrygischen Kult. Gestattete Claudius (41-54) daß die *Mater Magna* ihre Identität mit der Kybele in der Trauerfeier (22.-24. März) öffentlich wiedererlangt, Antoninus Pius (138-161) veranlaßt, daß sich Attis dank der Freudenfeier (25.-27. März) offiziell einen Platz neben der Kybele erobert. Diese römische Haltung bedeutet aber nicht, daß es dem phrygischen Kult gelingt, in gut einem Jahrhundert frei seine orgiastische Exotik aufzudrängen. Die offizielle Nachgiebigkeit für Kybele und Attis, die unabwendbar aus der Vorzugsstellung der *Mater Magna* hervorgeht, ist weniger ein Beweis des Unvermögens als ein Beispiel der Realpolitik. Der kaiserzeitlich-römische Charakter des phrygischen Kults, wie dieser sich hauptsächlich im lateinischen Westen ausdehnt, wird nämlich durch die offizielle Anerkennung des Archigallats und durch die Förderung einer neuen Frömmigkeitsform, des *taurobolium*, sichergestellt. Die Datierung des epigraphischen Materials, das diese Einrichtungen attestiert, legt die Vermutung nahe, daß beide aus dem Zeitalter des Antoninus Pius stammen.

Die offizielle Anerkennung des phrygischen Kults verleiht seiner natürlichen Werbekraft Verbreitung und Erfolg, vor allem in Rom, Mittelitalien, dem südlichen Teil Galliens und dem lateinischen Nordafrika. Hauptsächlich unter Freigelassenen, Sklaven und Frauen, auch solchen aus den adligen Kreisen, wirbt der Kult seine Anhänger. Dank dem sozialen Rang der *Dendrophori,* deren religiöse Bruderschaft zugleich als Gilde des Holzhandels und der Holzwirtschaft fungiert, bilden die vornehmen Mitglieder der Kultgemeinschaft zusammen mit den *Augustales* (Bruderschaften zu Ehren des vergöttlichten Kaisers) die lokale Aristokratie der städtischen Gemeinden. Überall im Reich wird die Kultorganisation vom Priesterkolleg der *XV viri sacris faciundis* zentral überwacht. Die Priesterschaft, die sich in Rom z.B. aus vornehmen kaiserlichen *liberti* zusammensetzt, ist einem örtlichen Oberpriester, dem *archigallus,* untergeordnet, dessen Ernennung bei den *XV viri* von den Gemeindebehörden angetragen wird. Der *archigallus*, der nicht ein Kastrat, sondern — nach den Inschriften und bildlichen Darstellungen — ein hochgeehrter römischer Bürger mit priesterlichem Auftrag ist, tritt in wichtigen Munizipien als Haupt der männlichen und weiblichen Priesterschaft und der untergeordneten Kultdiener auf, unter denen die *galli* bis zum Ende den irreduktiblen unrömischen Bestandteil bilden.

Durch ihr orgiastisches Treiben (Tänze bei phrygischer Musik, Selbstkasteiung, Weissagung, Quacksalberei, Bettelei) treten die *galli* im romanophrygischen Kult als die Missionare seiner exotischen Version auf. Aus dem orientalischen Bevölkerungsteil stammen, treten sie nicht als eine phrygische Priesterschaft auf, sondern als untergeordnete Hierodulen, die in allen kultischen Aufzügen durch Aussicht, Kleidung und Benehmen eine unentbehrliche Rolle spielen. Religionsgeschichtlich gewährleisten sie Attis' ständige Anwesenheit, weil ihre rituelle Geste die Lösung der mythischen Konfliktsituation in der Zeit wiederholt. Daß dieser leidenschaftliche Aspekt des Anteils von Attis in Mythos und Ritus auch in der romanophrygischen Kultform wirksam bleibt, wird durch die geschriebenen Dokumente und die Kunst bezeugt: z.B. durch einige bescheidene Reliefs, eines aus Ostia, ein anderes aus Glanum/Saint-Rémy-de-Provence, mit dem sterbenden *Attis sese mutilans* (,,der sich entmannt"), oder auch durch den in Dresden aufbewahrten römischen Stein mit dem Bildnis des gestorbenen Attis, vor allem aber durch die lebensgroße Marmorstatue aus Ostia (2. Jh. n. Chr.), die den Kastraten Attis als verherrlicht, d.h. strahlend lebendig, darstellt. Wie sich aus der Gesamtinterpretation der literarischen und bildlichen Quellen ergibt, sind die *galli* ein Zeichen des Widerspruchs: ihre unwiderrufliche Geste kontrastiert mit ihrem Ruf der Zügellosigkeit, während das religiöse Grauen, das sie erregen, sie nicht vor dem Spott des Volkes und vor der Satire schützt. Durch die Gesetzgebung gegen den Eunuchismus gestützt, kann die offizielle Organisation des Archigallats ein Versuch sein, in einer römischen Form den widerspenstigen Charakter des typisch phrygischen Gallats in den Griff zu bekommen.

Ebenfalls als eine Form, in der die orientalische Religionsintensität von Rom aufgefangen wird, gilt das *taurobolium*, das trotz seines griechischen Namens eine typisch westliche Erscheinung des phrygischen Kultes ist. Dieses öffentliche ,,phrygische Stieropfer", das nach dem Bildmaterial häufiger mit dem ,,Widderopfer" (*criobolium*) zusammengeht, als sich in den Texten belegen läßt, ist von der März- oder Aprilliturgie unabhängig und ist in Rom nicht mit dem palatinischen Tempel der *Mater Magna,* sondern ausdrücklich mit dem *Phrygianum*, dem phrygischen Heiligtum auf dem Vatikanischen Hügel, verbunden. Etwa 130 Inschriften sind aufbewahrt, in denen die Darbringung des *taurobolium* zu Ehren der *Mater Magna* verewigt ist. Nahezu alle Steine tragen lateinische Inschriften und stammen bis auf ein paar Ausnahmen aus dem Westen, und zwar an die 50 aus Italien (der älteste in Rom aus 295) und ungefähr 50 aus Südgallien (der älteste stammt aus Lyon, 160 A.D.). Vom Ende der Regierung des Antoninus Pius bis spät in das 3. Jh. hinein wird das *taurobolium* hauptsächlich zugunsten des Auftraggebers oder, sowohl von Privatpersonen und der romanophrygischen Priesterschaft als im Namen der Bürgergemeinde, für das Wohl des regierenden Kaisers dargebracht. Von den gut 35 epigraphisch attestierten *taurobolia pro salute imperatoris,* die zwischen 160 (Lyon) und etwa 290 (Maktar, Tunesien) stattfanden, stammt nicht eines aus der Stadt Rom; wohl kommen etwa sieben aus dem benachbarten Ostia, während die meisten aus Nordafrika und vor allem Südgallien stammen. Attis, der auf den taurobolischen Gedenksteinen etwa 20mal neben der *Mater Magna* erscheint (nur in Rom und, mittelbar, in Benevento), tritt weder durch Namensnennung noch durch bildliche Attribute in den Inschriften *pro salute imperatoris* in Erscheinung. Dies ist auch nicht der Fall in den sieben epigraphischen Dokumenten — von denen nicht ein einziges aus Rom stammt —, die eine rituelle Behandlung der Geschlechtsteile (*vires*) des geopferten Stieres erwähnen: die Abwesenheit des Attis in diesem Zusammenhang braucht nicht auszuschließen, daß sich die *vires* des Stieres als römischer Kultersatz für die phrygische Entmannung der *galli* deuten lassen. Es leuchtet gleichwohl ein, daß das Stieropfer *pro salute imperatoris* sich als eine kostspielige Äußerung der provinziellen Loyalität zum Kaiser erweist. Bezeugen die *Augustales* ihre Anhänglichkeit an das Fürstenhaus durch ihre Verehrung für die verstorbenen und regierenden Kaiser, wohlhabende romanophrygische Gläubige können ihrer Vaterlandsliebe durch ein *taurobolium* für das Wohl des lebenden Monarchen Ausdruck verleihen. Solche politisch-religiösen Aktivitäten, deren ursprüngliche orientalische Herkunft durch eine eigene westlichrömische Entwicklung verschleiert ist, erhalten bei den *liberti* den Schein aufrecht, daß ihnen das öffentliche Amt faktisch nicht vollständig abgesprochen wird. Andererseits scheint das *taurobolium*, in seine verschiedenen Elemente aufgegliedert, eine Brücke zwischen der phrygischen Märzliturgie (dem Sühnopfer des Attis) und der römischen Aprilfeier (dem Staatsinteresse der *Mater Magna*) zu schlagen.

Einige seltene literarische Zeugnisse (alle aus der zweiten Hälfte des 4. Jhs. und bis auf eines aus der christlichen Polemik gegen die heidnischen Religionen stammend) und etwa 35 Inschriften (datiert zwischen 300 und 390, aus den höchsten sozialen Kreisen) weisen auf einen gründlichen Wandel des taurobolischen Ritus, was seine Bedeutung und seinen Vollzug anbetrifft. Das Wohl des Auftraggebers (,,desjenigen der das Opfer darbringt''), auf welches das traditionelle *taurobolium* zielt, steht im 4. Jh. dem *tauroboliatus* (,,demjenigen, der das Opfer empfängt'') in Form einer öffentlichen Bluttaufe zu, von welcher der christliche Dichter Prudentius um 400 eine ausführliche Beschreibung gibt. Nachdem er in eine Grube hinabgestiegen ist, über der auf einem Gitterboden ein Stier geschlachtet wird, läßt der Täufling das Blut reichlich über sich fließen. Dadurch soll er eine Erneuerung geistiger Kraft erwerben, von der nicht deutlich ist, ob sie eine persönliche spirituelle Tragweite besitzt oder aber einen zeitgenössischen Ausdruck der Anhänglichkeit an die altväterliche römische Sitte darstellt. Auf jeden Fall waltet bei der Bluttaufe nicht ein ekstatisch ausgedrückter Glaube oder irgendeine postmortale Heilserwartung vor. Der Ausdruck *taurobolio criobolioq. in aeternum renatus* (,,durch das Opfer von Stier und Widder für immer neugeboren''), der nur auf einem einzigen Stein begegnet (Rom, A.D. 376), darf nicht als die allgemein geltende Zusammenfassung einer taurobolischen Heilslehre betrachtet werden: er besagt vielleicht, daß das *taurobolium,* von dem die Rede ist, eine dauerhafte Wirkung hat und nicht, wie in anderen Quellen erwähnt wird, nach 20 Jahren erneuert werden muß.

Sowohl die Märzliturgie als das *taurobolium* sind öffentliche Formen des romanophrygischen Kultes. Die Trauerfeier und das Freudenfest besitzen trotzdem eine mystische Dimension. Sie verwirklichen das alljährliche rituelle Erleben dessen, was einmalig im Mythos geschieht: Attis, der Auserwählte, büßt seine Untreue mit einer tödlichen Selbstentmannung, die von der Göttin gefordert wird, aber ihre trauernde Liebe schützt ihn vor der vollständigen körperlichen Vergänglichkeit und erhebt ihn zur kultischen Verherrlichung. Es ist nicht deutlich, ob die Gläubigen von ihrer rituellen Teilnahme am göttlichen Schicksal des Attis einigen Nutzen für das irdische Dasein oder für den postmortalen Zustand erwarten. Eine Auferstehung wird nicht in Aussicht gestellt, denn aus keiner Quelle ergibt sich, daß bei den *Hilaria* die körperliche Auferstehung des Attis gefeiert wird. Für die einfachen Gläubigen, so schreibt Firmicus Maternus, versinnbildliche Attis die Saat und die Ernte des Getreides, während die Neoplatoniker Attis' Schicksal mit dem jährlichen Sonnenzyklus, der den Aufstieg zum wahren Leben symbolisiert, in Zusammenhang brächten. Für eine Weltanschauung, in der die Unsterblichkeit dem Wesen nach oder die retributive ewige Seligkeit nicht eine konstitutive Forderung ist, kann sich der soteriologische Inhalt des Kults auf die Erwartung beschränken, daß der fruchtbare, nie aufhörende Lebensrhythmus von Dasein und Untergang durch die göttliche

Erfahrung gewährleistet werde. Der Sinn der öffentlichen Märzliturgie wird dadurch noch nicht auf eine bloße Verbindung mit dem Vegetationsrhythmus reduziert. Den Beweis dafür erbringen die Philosophen des 4. Jhs., die mit der Terminologie und dem Ritus des phrygischen Kults vertraut sind und aus dem Attis-Mythos eine mysteriosophische Rettung der Seele aus der Gebundenheit an die Materie herleiten; der Neoplatoniker Damaskios (aus Damaskus; schreibt um 525) fühlt sich dank den *Hilaria* einen Attis, der von Kybele aus der Angst vor der normalen menschlichen Sterblichkeit befreit wurde; die phrygische Feier weist mehr Parallelen zu Christi Passion und Auferstehung und zu den christlichen Sakramenten auf, als die kirchlichen Autoren wahrhaben möchten (die spanische Liturgie nennt das Osterfest manchmal *Hilaria Paschae*); um 400 erwähnen christliche Autoren wie Prudentius und Augustin, daß die Entmannten der Kybele als Belohnung die ewige Seligkeit erwarten. Ist der ursprüngliche Kern der phrygischen Liturgie höchstwahrscheinlich die Ritualisierung des Vegetationsprozesses, ihre öffentliche Entfaltung, u.a. in einer nicht-agrarischen Umwelt und auf hoher kultureller Ebene, zeigt, daß sie imstande ist, zur Spiritualität der Spätantike beizutragen. Hauptsächlich über die mysteriosophische Exegese des Attismythos und über das *taurobolium* als Erneuerungsritus scheint der phrygische Kult in sozioreligiöser Hinsicht zu seinem römischen Ausgangspunkt, d.h. zu einer elitären Form religiösen Erlebens, zurückzukehren.

Die ziemlich seltene sakrale Eviration, die möglicherweise exklusiv von Phrygo-orientalen am Bluttag vorgenommen wird, die mysteriosophische Interpretation des Attisgeschehens, die auf den Kreis der neoplatonischen Intellektuellen beschränkt bleibt, und der kostspielige Ritus der taurobolischen Taufe des 4. Jhs. bilden eine Art öffentliches, aber schon halbinitiatorisches Vorland für die esoterischen phrygischen Mysterien. Attis, der in den Mysterien der hellenistischen Periode nicht auftaucht, ist aber wohl in dem esoterisch-initiatorischen Ritus der römischen Zeit zugegen, wie sich am frühesten für Kleinasien aus der Bezeichnung selber der Mysten, Ἀτταβοκαοί (Inschriften aus Pessinus, 1. Jh. n. Chr.), ergibt. Für die europäisch-griechische Welt wird Attis gleichwohl nicht im Zusammenhang mit den Mysterien von der Μήτηρ Μεγάλη erwähnt. Von etwa 200 bis in das 5. Jh. erwähnen im römischen Westen heidnische und christliche Autoren Mysterien der *Mater Magna*, wobei Attis wiederholt auftaucht, ohne daß sein Beitrag genau angedeutet würde. Ebensowenig kann der Zeitpunkt, zu dem die esoterische Initiation erfolgt, mit Sicherheit bestimmt werden, obwohl die Bezeichnung *mysteria,* die zuweilen der Eviration gegeben wird — so tut es u.a. Bischof Paulinus von Nola, um 420 —, auf den Bluttag verweisen kann. Im öffentlichen Kult der Kybele ist die Kastration selbstverständlich eine endgültige Konsekration, aber ob und wie die Genitalien in der esoterischen Initiation des neuen *gallus* und/oder der übrigen männlichen und weiblichen *initiandi* angewandt werden, läßt sich nicht ausmachen, es sei denn, daß man den Mythos als eine unmittelbare Übersetzung des Ritus betrachtet. Das Glaubensbekenntnis, das vom Mysten ausgesprochen wird, ist jedoch bekannt, wenn auch nicht in einer einheitlichen sprachlichen Fassung. Firmicus Maternus bietet um 350 eine griechische und lateinische Version, welche die um 200 von Clemens von Alexandrien aufgezeichnete Formel bestätigt. Gemeinsame Elemente sind, daß der Gläubige bekennt, daß er aus den kultischen Geräten, dem Tamburin und der Zimbel, gegessen und getrunken habe. Bei Firmicus steht am Ende der Formel die im Lateinischen vage Aussage: ,,ich habe die Geheimnisse des Kultes gründlich kennengelernt'', das im Griechischen jedoch prägnante ,,ich bin Myste von Attis geworden'', während Clemens endet mit den enigmatischen Worten: ,,ich habe den κέρνος (heiliges Geschirr) getragen, ich bin in die Brautkammer eingetreten''. Wenn die materielle Bedeutung und die geistliche Tragweite der Initiationsformel auch nicht herausbekommen werden können, so geht doch daraus hervor, daß der Myste einen intimen Kontakt mit der Gottheit erlebt. Ob die mysterische Begegnung eine geistliche Wiedergeburt für das irdische Dasein bewirkt und/oder ein Heilsversprechen für das Schicksal nach dem Tode enthält, wird nicht verkündet, aber die geheimnisvolle Prägnanz der Formel erlaubt es auch nicht, die Initiation als ein bloß formalistisches Ritual zu betrachten.

Alles in allem scheint festzustehen, daß der romanophrygische Kult sich nicht leicht mittels des Fragenschemas (Gotteslehre, Heilsökonomie, Auferstehung und ewiges Leben), das durch die christliche Erlösungslehre landläufig gemacht worden ist, erfassen läßt. Das spätrömische Gesamtangebot der emotionalen Märzliturgie, der taurobolischen Taufe und der phrygischen Mysterien kann auf seinen geistlichen Wert hin am besten eingeschätzt werden von dem Umfang und der Heftigkeit her, mit denen die christlichen Autoren den Kult von Kybele und Attis angegriffen haben. Daraus geht zugleich hervor, daß die Konkurrenzkraft nicht beim Kastratgott Attis zu suchen ist, sondern bei der *Mater Magna*, ,,die sich an Attis' Männlichkeit vergreift'': *dea meretrix,* — ,,Mutter nicht von Göttern, sondern von bösen Geistern'': *mater non deorum sed daemoniorum,* wie sie von Hieronymus von Stridon (Anfang 5. Jh.) genannt wird.

LITERATURVERZEICHNIS

Boemer, Fr., *Kybele in Rom. Die Geschichte ihres Kults als politisches Phänomen* in *Mitteilungen des Deutschen Archäologischen Instituts. Römische Abteilung* 71, 1964, 130-151.

Carcopino, J., *Aspects mystiques de la Rome païenne,* Paris 1941, 49-171: *La réforme romaine du culte de Cybèle et d'Attis* (= *Attideia* in *Mélanges d'Archéologie et d'Histoire de l'École Française de Rome* 40, 1923, 135-159 und 237-324).

Cosi, D. M., *Salvatore e salvezza nei misteri di Attis* in *Aevum* 50, 1976, 42-71.

Cumont, Fr., *Les religions orientales dans le paganisme romain,* Paris 1929[4], repr. 1963, 43-68 (= *Die orientalischen Religionen im römischen Heidentum,* Leipzig 1931[3], repr. 1969).

Duthoy, R., *The Taurobolium. Its Evolution and Terminology* (EPRO 10), Leiden 1969.

Fasce, S., *Attis e il culto metroaco a Roma,* Genova 1978.

Frazer, J. G., *Adonis, Attis, Osiris. Studies in the History of Oriental Religion* I (= *The Golden Bough* IV, 1), London 1914[3], repr. 1919, 261-317.

Graillot, H., *Le culte de Cybèle, Mère des dieux, à Rome et dans l'Empire romain,* Paris 1912.

Gressmann, H., *Die orientalischen Religionen im hellenistisch-römischen Zeitalter,* Berlin-Leipzig 1930, 56-76 und 91-110.

Helck, W., *Betrachtungen zur Grossen Göttin und den ihr verbundenen Gottheiten,* München-Wien 1971.

Hepding, H., *Attis, seine Mythen und sein Kult,* Giessen 1903, repr. 1967.

James, E. O., *The Cult of the Mother-Goddess. An Archaeological and Documentary Study,* New York-London 1959, 161-174.

Lambrechts, P., *Attis, van herdersknaap tot god,* Brussel 1962 (pp. 61-74: G. Sanders, *Comment Attis devint dieu*).

Mau, G., *Die Religionsphilosophie Kaiser Julians in seinen Reden auf König Helios und die Göttermutter,* Leipzig-Berlin 1907.

Sanders, G., *Gallos* in *Reallexikon für Antike und Christentum* 8, 1972, 984-1034.

Sfameni Gasparro, G., *Soteriologia e aspetti mistici nel culto di Cibele e Attis*, Palermo 1979.
Showerman, G., *The Great Mother of the Gods* in *Bull. Univ. Wisconsin, Philol. Lit.* 43(1,3), 1901, 217-333 (repr. as vol. Chicago 1967).
Vermaseren, M. J., *The Legend of Attis in Greek and Roman Art* (EPRO 9), Leiden 1966.
Vermaseren, M. J., *Corpus Cultus Cybelae Attidisque* III. *Italia-Latium* (EPRO 50), Leiden 1977; IV. *Italia, aliae provinciae* (EPRO 50), Leiden 1978; VII. *Musea et collectiones privatae* (EPRO 50), Leiden 1977.
Vermaseren, M. J., *Cybele and Attis, The Myth and the Cult,* London 1977.
Vermaseren, M. J., *Der Kult der Kybele und des Attis im römischen Germanien*, Stuttgart 1979.
Weigert-Vowinkel, E., *The Cult and Mythology of the Magna Mater from the Standpoint of Psychoanalysis* in *Psychiatry* 1, 1938, 347-378.

ABBILDUNGSVERZEICHNIS

Tafel I. Altar aus Rom mit der Darstellung der Ankunft der Kybele-Statue in die Hauptstadt. 1. Jh. n. Chr. Rom, Kapitolinisches Museum, Inv. 321. Photo nach Vermaseren, *CCCA* III, 218.

Tafel II, 1. Terrakotta-Statuette einer sitzenden Mutter-Göttin zwischen zwei Leoparden aus Çatal Hüyük (Kleinasien). Ca. 6000 v. Chr. Ankara, Archäologisches Museum. Photo nach Vermaseren, *Cybele and Attis. The Myth and the Cult,* London 1977, Taf. 5.

Tafel II, 2. Statue der Kybele aus Ostia; 3. Jh. n. Chr. Neapel, Nationalmuseum, Inv. 6371. Photo nach Vermaseren, *CCCA* III, 392.

Tafel III. Altar von der Via Appia in Rom. Kybele in einer *biga* fährt auf Attis zu. Datiert 295 n. Chr. Rom, Villa Albani, Inv. 215.208. Photo nach Vermaseren, *CCCA* III, 357.

Tafel IV, 1. Relief unbekannter Herkunft, jetzt in Venedig, Archäologisches Museum, Inv. 118. Mutter und Tochter bringen Kybele und Attis in ihrem Tempel Opfergaben. Datierung: 3. oder 2. Jh. v. Chr. Photo nach Vermaseren, *CCCA* VII, 158.

Tafel IV, 2. Statue des Attis aus Ostia (2. Jh. n. Chr.). Rom, Vatikanische Museen, Inv. 10785. Attis als Hermaphrodite ist liegend dargestellt. Photo nach Vermaseren, *CCCA* III, 394.

Tafel V, 1. Relief mit der Darstellung eines Kybele-Priesters (2. Jh. n. Chr.). Gefunden bei Rom; jetzt im Kapitolinischen Museum, Inv. 1207. Photo nach Vermaseren, *CCCA* III, 466.

Tafel V, 2. Die Kybele-Priesterin Laberia Felicla aus Rom (1. Jh. n. Chr.). Vatikanische Museen, Inv. 552. Photo nach Vermaseren, *CCCA* III, 258.

Tafel VI, 1. Opfer für Attis. Ostia, Antiquarium, Inv. 159. 3. Jh. n. Chr. Photo nach Vermaseren, *CCCA* III, 447.

Tafel VI, 2. Derselbe *Archigallus* bringt der Kybele ein Opfer. Ostia, Antiquarium, Inv. 160. Photo nach Vermaseren, *CCCA* III, 448.

MATRI DEVM ET NAVI SALVIAE
SALVIAE VOTO SVSCEPTO
CLAVDIA   SYNTHYCHE
    D   D

Tafel I

KYBELE UND ATTIS

Tafel II, 2

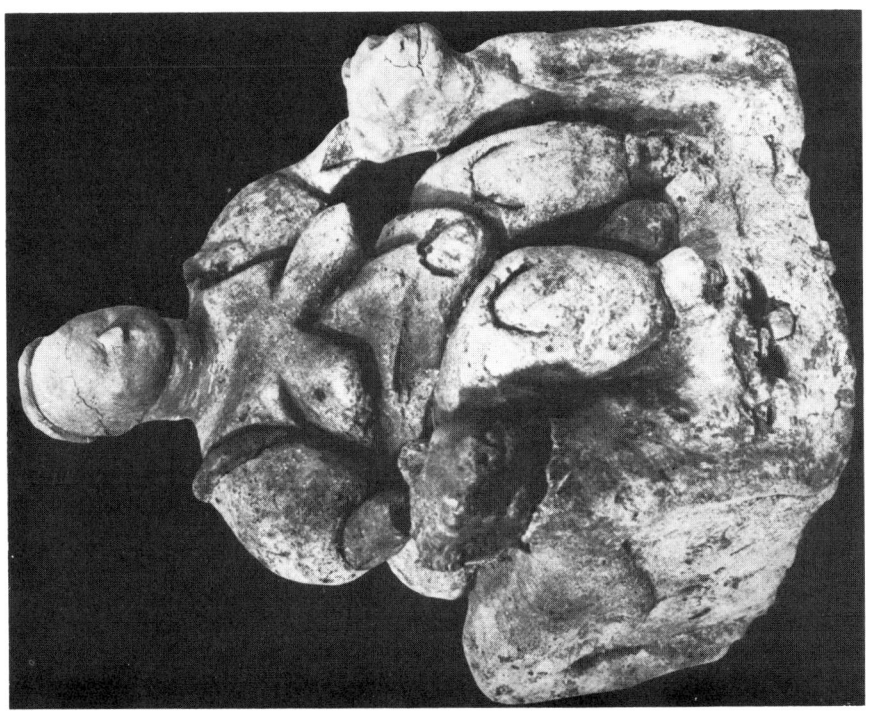

Tafel II, 1

·M·D·M· ET· ·ATTINIS·

·L·CORNELIVS·SCIPIO·ORFITVS
V·C·AVGVR·TAVROBOLIVM
SIVE·CRIOBOLIVM·FECIT
DIE·IIII·KAL·MART·
TVSCO·ET·ANVLLINO·COS·S·

Tafel III

Tafel IV, 1

Tafel IV, 2

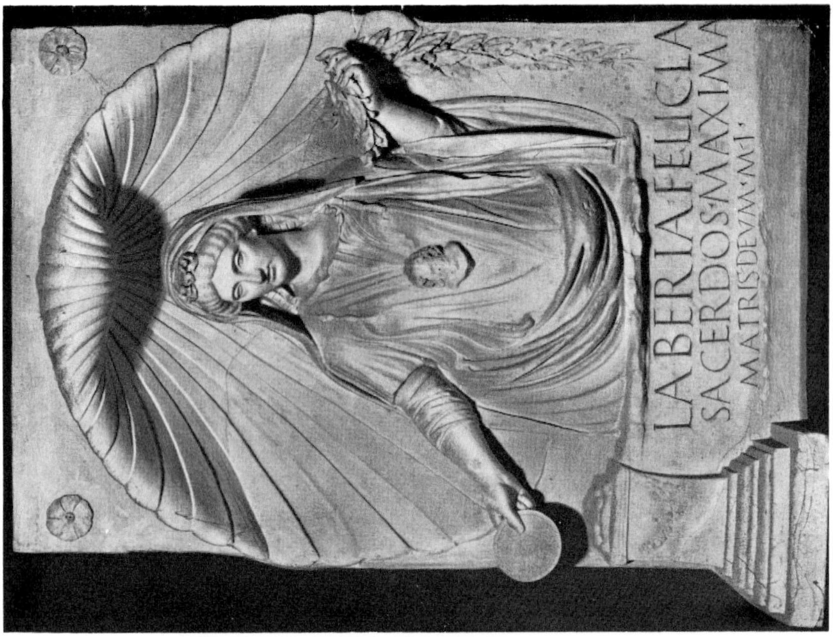

Tafel V, 2

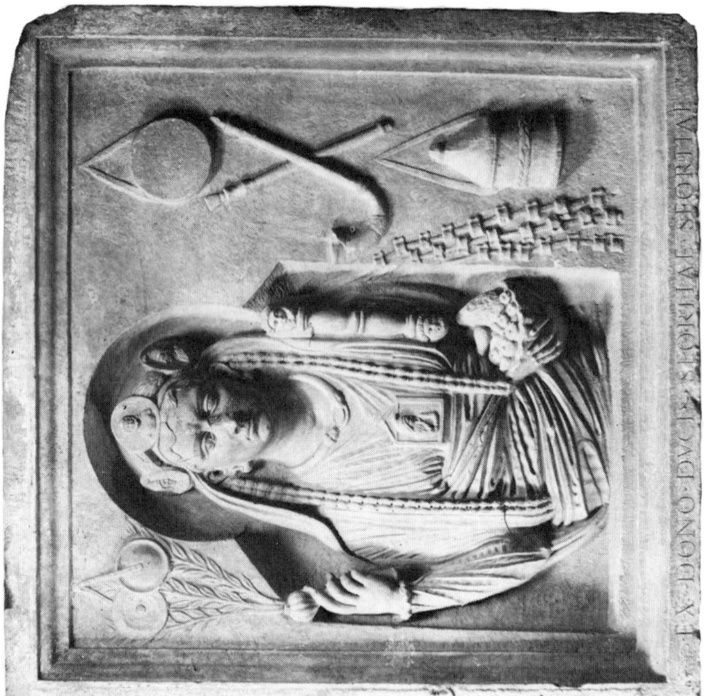

Tafel V, 1

Tafel VI, 1

Tafel VI, 2

XI

ARTEMIS EPHESIA UND APHRODITE VON APHRODISIAS

ROBERT FLEISCHER
(Mainz)

Artemis Ephesia

Bei der Stadtgöttin von Ephesos an der kleinasiatischen Westküste handelt es sich um eine lokale Ausformung der anatolischen ,,Großen Göttin''. Sie wurde erst nachträglich von den einwandernden Griechen mit ihrer Artemis gleichgesetzt, ähnlich wie man die lokalen Göttinnen von Samos, Sardeis oder Aphrodisias als Hera, Artemis oder Aphrodite bezeichnete. Auf einer beschrifteten Platte, die D. G. Hogarth beim ephesischen Artemision fand und die wohl dem 6. Jh. v. Chr. entstammt, wird die Göttin als *Despoina*, Herrin, und nicht als Artemis angesprochen. Die auf die Göttin bezüglichen Mythen sind relativ jungen Datums. Die in Ephesos tradierte Version, Leto habe ihre beiden Kinder Apoll und Artemis unweit dieser Stadt zur Welt gebracht, hat nichts mit unserer Göttin, sondern lediglich mit der griechischen Artemis zu tun. Der Kult der Artemis Ephesia soll ebenso wie die Stadt Ephesos von Amazonen gegründet worden sein. Zweimal wurden die Amazonen von Göttern und Heroen des griechischen Mythos besiegt: einmal von Herakles und Theseus, später von Dionysos und seinem Thiasos. Jedesmal fanden sie bei ihrer Göttin Zuflucht und Asyl. Der spätantike Fries vom Hadrianstempel in Ephesos stellt diese Mythen dar. Ein historischer Kern ist in ihnen kaum nachzuweisen, vielmehr ist die Absicht deutlich, das Prestige der Stadt Ephesos durch die Verknüpfung ihrer Geschichte mit Göttern und den Helden der griechischen Vorzeit zu heben.

Von den Priesterinnen der Göttin wurde Jungfräulichkeit verlangt. Dieses Gebot galt aber nicht für die *Kosmeteirai*, welche den *Kosmos*, die abnehmbare Garderobe der Göttin, verwalteten. Der männliche

Oberpriester, *Megabyzos* genannt, mußte Eunuch sein. Daneben gab es ein Priesterkollegium der *Essenes*, von denen geschlechtliche Enthaltsamkeit verlangt wurde. Diese strengen Keuschheitsgebote zeigen, wie weit sich nachantike Auffassungen von einem orgiastischen Fruchtbarkeitskult der ephesischen Göttin von der Wirklichkeit entfernen. Schließlich existierte ein niederer Klerus mit *Akrobates, Chrysophoroi* etc. Die der Göttin dargebrachten Opfer waren in der Regel unblutig. Ein Orakel, wie es etwa im benachbarten Klaros oder in Didyma bei Milet nachweisbar ist, existierte in Ephesos nicht.

Abgesehen von der eigentlichen sakralen Funktion des ephesischen Artemisheiligtums sind zwei Besonderheiten zu nennen. Einmal konnten zu Unrecht Verfolgte dort Asyl finden, wie einst nach der Sage die Amazonen. Zum anderen erfüllte der Tempel die Funktion einer Großbank, in der nicht nur reiche Privatleute, sondern auch Herrscher und Gemeinwesen ihre Gelder deponierten. Die von den *Essenes* verwaltete ephesische Tempelbank genoß den Ruf besonderer Sicherheit und bildete eine wichtige Komponente des blühenden Wirtschaftslebens der Stadt. Umso verständlicher, daß die Ephesier anfangs wenig für das Christentum übrig hatten und sich gegen Bekehrungsversuche, wie sie der Apostel Paulus unternahm, energisch zur Wehr setzten.

Der Tempel der Göttin, das Artemision, lag einst am Meeresstrand, ist aber heute durch die seit dem Altertum ständig fortschreitende Verlandung der Ephesos vorgelagerten Bucht nicht weniger als 9 km von der Küste entfernt. Die übereinanderliegenden Reste der aus verschiedenen Epochen stammenden Kultbauten sind sehr schlecht erhalten, da sie beim Bau der byzantinischen Johannesbasilika auf dem Hügel von Ayasoluk und später bei der Errichtung der seldschukischen Isa Bey-Moschee planmäßig als Steinbruch ausgebeutet wurden. Nach jahrelanger Suche fand 1869 der englische Ingenieur J. T. Wood die Überreste unter meterdickem Schwemmland, er und später D. G. Hogarth untersuchten die Anlagen. Eine komplizierte Abfolge von Bauten konnte rekonstruiert werden.

Am Anfang stehen zwei nur wenige Meter große, quaderförmige Aufmauerungen, deren östliche das Kultbild getragen zu haben scheint, während die westliche als Altar diente (Periode A). Von hier stammt der berühmte Schatzfund mit frühen Münzen, die aus Elektron, einem Gemisch aus Gold und Silber, bestehen, mit Statuetten und Weihegaben verschiedener Art. Diese früheste nachweisbare Anlage ist um 650 v. Chr. zu datieren.

Die folgenden Perioden (B, C) bringen die Vereinigung der beiden Basen und ein mehr und mehr tempelartiges Aussehen des Heiligtums. Seit der Zeit vor der Mitte des 6. Jhs. v. Chr. bauten die Ephesier an einem riesenhaften Tempel (D) mit doppelter Säulenhalle ionischen Stils und Ausmaßen von nicht weniger als ca. 115 x ca. 55 m bei einer Säulenhöhe von fast 19 m. Gegen die Mitte des 5. Jhs. v. Chr. war der Bau vollendet, doch bestand er nur um weniges mehr als ein Jahrhundert. 356 v. Chr. ging der Tempel durch vorsätzliche Brandstiftung zugrunde, der größenwahnsinnige Täter namens Herostratos wollte durch diese ungeheuerliche Tat seinen Namen unsterblich machen. Man fragte sich in Ephesos, warum die Göttin den Frevel nicht verhindert habe, und wußte eine Antwort darauf: die Nacht des Brandes war die Nacht der Geburt Alexanders des Großen gewesen, und Artemis sei dabeigewesen.

Genau über den Resten des niedergebrannten Tempels entstand ein Neubau, der spätklassisch/frühhellenistische Tempel E. Anders als die unvollendeten Riesentempel von Samos und Didyma wurde der Bau im Wesentlichen fertiggestellt und stand bis in die Spätantike. 263 n. Chr. litt er durch einen Einfall der Goten Schaden, wurde aber restauriert und erst in christlicher Zeit abgetragen.

Vom eigentlichen Wesen der Göttin und von den Kulthandlungen, die in ihrem Dienst ausgeübt wurden, ist wenig bekannt. Besser sind wir über das Aussehen des Kultbildes informiert, das uns zwar nicht im Original erhalten ist, doch von einer Fülle von Nachbildungen — Statuen und Statuetten, Reliefs, geschnittenen Steinen, Münzen etc. — mehr oder weniger getreu überliefert wird. Die uns erhaltenen Darstellungen stammen fast durchwegs erst aus der römischen Kaiserzeit, meist aus dem zweiten Jh. n. Chr. Dazu treten verdeutlichend einige antike Schriftquellen. Die wichtigste von ihnen ist eine Stelle bei Plinius, *Naturalis Historia* XVI, 213. Hier wird festgehalten, daß die Statue aus Holz bestand, über dessen Sorte man sich nicht einig war. Die geringe Größe des Kultbildes wird hervorgehoben, außerdem ist von Fugen die Rede; die Statue bestand also aus mehreren Teilen. Zur Pflege des jahrhundertealten Holzes wurde Nardenöl verwendet. Als Künstler wird Endoios (Konjektur Endoeon für eandem con) genannt, was kaum möglich ist, da dieser im späteren 6. Jh. v. Chr. tätig war, während die Statue älter sein muß.

Andere Quellen werfen zusätzliches Licht auf das Kultbild und beweisen, daß dessen Kleidung und Schmuck abnehmbar waren. Dio Chrysostomos, *Orat.* XXXI, 595 R spricht von der „Bank" im Artemision und stellt dabei fest, daß die Ephesier eher den Schmuck ihrer Göttin herunternahmen als die ihnen übertragenen Güter zu berühren! Aus einer Inschrift erfahren wir, daß die Göttin anläßlich eines bestimmten Festes gewaschen, gespeist und wieder bekleidet wurde. Nach Aelian, *Var. Hist.* V, 1 b fiel einmal ein goldenes Blatt aus dem Kranz der Artemis; ein Knabe, der es aufhob, wurde wie der Plünderer eines Heiligtums getötet. Selbst die späteste Nachricht, die uns über die Kultstatue erhalten ist, weist auf die abnehmbare Garderobe. Nach Proclus Constantinopolitanus, *Or.* 20 schritt der Bischof Johannes Chrysostomos wohl im Jahre 401 n. Chr. gegen den in Ephesos trotz wiederholter Verbote noch immer gepflegten Artemiskult ein: ... *in Epheso Artemida enudavit* (Konjektur für: *artem Midae nudauit*), er zog in Ephesos die Artemis aus, er nahm ihren abnehmbaren Schmuck herunter. Diese Beraubung einer Kultstatue läßt sich mit der Tat des Verres in Perge an der Südküste Kleinasiens vergleichen. Der von Cicero in mehreren Reden angegriffene Politiker nützte seine Stellungen als Statthalter verschiedener Provinzen zu ausgedehntem Kunstraub aus und beraubte in Perge nicht nur das altehrwürdige Artemisheiligtum, er nahm auch von der Statue selbst herunter, was diese an Gold an sich trug (Cicero, *In Verrem* II, 1, 20, 54).

Soweit zum Ende der ephesischen Artemis. Wie alt war die Statue? Unterlebensgröße, symmetrisch vorgestreckte Unterarme, geschlossene Beine und Holz als Material weisen übereinstimmend in das 7. Jh. v. Chr. und damit in die Zeit, aus der die beiden frühen Basen der Periode A des Artemisions stammen. Die alte Holzstatue überdauerte demnach tatsächlich, wie Plinius berichtet, alle Perioden und Zerstörungen des Heiligtums; bei Bränden oder kriegerischen Ereignissen konnte man eine unterlebensgroße Holzstatue leichter und schneller in Sicherheit bringen als ein kolossales Götterbild aus Marmor. Als die Statue von Johannes Chrysostomos beraubt wurde, war sie bereits mehr als tausend Jahre alt.

Das Bild, das uns die antiken Quellen vermitteln, unterscheidet sich damit stark von jenem der unveränderlichen, aus Marmor, Bronze oder anderen Materialien bestehenden Kultstatuen des Altertums. Eher erinnert Artemis von Ephesos an ein Gnadenbild der Muttergottes, gleichfalls übernatürlichen Ursprungs, von geringer Größe, aus Holz bestehend, durch sein hohes Alter und durch die Pflege mit Ölen schwarz geworden, gleichfalls mit abnehmbaren Gewändern und Schmuck bedeckt, die im Lauf der Zeit ausgetauscht, verändert und immer prächtiger ausgestaltet wurden. So erklärt sich auch, warum trotz der hohen Zahl von Nachbildungen der Artemis Ephesia, die auf uns gekommen sind, einander kaum zwei wirklich bis ins kleinste Detail gleichen, vielmehr beträchtliche Unterschiede auftreten. Eine vor wenigen Jahren in Ephesos gefundene Basis mit der Weihung einer Frau namens Cominia Iunia an die Göttin beweist, daß nicht nur die originale Kultstatue, sondern auch Nachbildungen von ihr abnehmbare Garderobe aufweisen konnten.

Wenden wir uns den erhaltenen Darstellungen zu. Bei einem Teil von ihnen sind die sichtbaren nackten Hautpartien, also Gesicht, Hände und Fußspitzen, aus dunklem Stein oder Bronze hergestellt, während Schmuck und Gewandung aus weißem Marmor bestehen. Hierdurch wird das dunkle Holz der originalen Statue nachgeahmt, also das, was am Kultbild als einziges bleibend und unveränderlich war — alles Übrige wurde im Lauf der Zeit ausgewechselt.

Von diesen Veränderungen legen am zuverlässigsten die Münzbilder Zeugnis ab. Obwohl nur kleinformatig und daher in vieler Hinsicht vereinfachend, waren sie als Aushängeschilder ihrer Stadt offizieller Kontrolle unterworfen und daher weniger der künstlerischen Freiheit und Phantasie zugänglich als die Statuen und Statuetten aus Stein, Bronze oder Ton. Zudem setzen die Münzbilder früher ein als die anderen Nachbildungen. Vorerst wird Artemis Ephesia auf den Münzen in der Art der griechischen Artemis, als kurzgewandete Jägerin, dargestellt. Ab dem 2. Jh. v. Chr. begegnet jedoch die alte Kultstatue. Auf einem unter König Mithradates von Pontus geprägten Goldstater der Jahre 87-84 v. Chr. erscheint die Statue mit geschlossenen Beinen; die vorgestreckt zu denkenden Unterarme sind wegen der notwendigen Umsetzung in eine nur zweidimensionale Darstellung nach außen gedreht, um unangenehme Verkürzungen zu vermeiden. Unterkörper und Beine werden von einem futteralartigen Gewand, dem ,,*Ependytes*", bedeckt, welcher senkrechte Streifengliederung aufweist. Der Oberkörper ist von einer Anzahl von ,,Brüsten", unregelmäßigen Erhöhungen, bedeckt, deren unterste Reihe von den übrigen etwas abgesetzt ist. An den Unterarmen sitzen doppelte Armreifen; von den Handgelenken fallen geknotete Wollbinden mit dreifachen Enden herab. Auf dem Kopf sitzt eine Mauerkrone mit drei Aufsätzen, welche die Göttin als Schützerin einer Siedlung kennzeichnet. Den Kopf umgibt ein Kranz, der ein sonst vorhandenes schleierartiges Tuch ersetzt und aus den politischen Ereignissen der Prägejahre mit ihren Kämpfen gegen die Römer zu erklären ist.

Auf einer frühkaiserzeitlichen, unter Claudius und Agrippina geprägten ephesischen Münze treten die Einzelheiten deutlicher hervor. Der *Ependytes* weist fünf Zonen zu je zwei Feldern auf, in denen kleine Rundscheiben den figuralen Schmuck der originalen Statue andeuten. Ein Halsband mit Anhänger ist zu erkennen, darunter liegt eine Kette mit fünf tropfenförmigen Gehängen und vielleicht eine weitere. Die ,,Brüste" liegen in vier Reihen, von denen die unterste wiederum abgesetzt ist. Die Armreifen und die geknoteten Wollbinden mit ihren dreifachen Endigungen entsprechen dem zuvor besprochenen Münzbild. Die Gesichtszüge sind deutlich zu erkennen. Der Rand des den Kopf nimbusartig umgebenden Schleiertuches ist ähnlich geperlt wie die Wollbinden, Ohrgehänge sind vorhanden. Der aufgesetzte *Polos* (Götterkrone) ist anscheinend glatt und verjüngt sich nach unten.

Auf einem unter Hadrian geprägten Zistophor flankieren zwei Hirschkühe die Göttin und blicken zu ihr auf. Hier wird das alte Schema der ,,*Potnia theron*", der Göttin als Beherrscherin der Tierwelt, wieder aufgegriffen, ähnlich wie Kybele in Phrygien von ihren Löwen oder die neolithische Göttin von Çatal Hüyük von ihren Leoparden begleitet wird. Eine weitere Veränderung betrifft den Polos, der nunmehr von der Nachbildung eines *Naiskos*, eines Tempelchens, bekrönt wird. Damit ist der Zustand der Kultstatue erreicht, der in der Folge beibehalten und nicht mehr verändert wird und dem der Großteil der uns erhaltenen statuarischen Nachbildungen folgt.

Die bisher treueste Wiedergabe der Kultstatue aus dem 2. Jh. n. Chr., die wir besitzen, ist die sogenannte ,,große" Artemis Ephesia, die im *Prytaneion* (Rathaus) von Ephesos zusammen mit zwei weiteren Nachbildungen der Göttin ausgegraben wurde. Sie stammt wohl aus der Regierungszeit des Trajan oder Hadrian. An ihr erkennt man, daß der *Ependytes* kein rundum reichendes Futteralgewand bildet, sondern wie eine Schürze nur den Vorderteil der Beine und des Unterkörpers bedeckt; dahinter wird der Stoff des *Chitons* sichtbar. Der *Ependytes* hängt an einem Gürtel, der mit Rosetten, Bienen, Hippokampen (Seepferden) und Pelten (Amazonenschilden) verziert ist. In den einzelnen Feldern erscheinen Tiere und geflügelte Fabelwesen, aus Blütenkelchen wachsende Flügelfrauen, Bienen und Rosetten: Symbole der von der Göttin beherrschten Tier- und Pflanzenwelt. An der originalen Kultstatue bestanden diese Darstellungen aus in Treibarbeit hergestellten Goldreliefs, die in einzelnen Platten an den Untergrund appliziert waren. Die Umrahmungen der Platten wurden vom Kopisten der Steinstatue getreu nachgebildet. Ähnliche, gleichfalls zu Kultstatuen gehörige Goldreliefs aus dem 6. Jh. v. Chr. wurden in Delphi gefunden. Der Ursprung scheint in Götterkleidern des Vorderen Orients zu liegen.

Den Oberkörper bedecken die ,,Brüste'', der wohl am meisten diskutierte Trachtbestandteil unserer Göttin. Speziell zur Zeit des Klassizismus glaubte man, daß es sich um wirkliche, vervielfachte weibliche Brüste handle, welche die überquellende Fruchtbarkeit der mütterlichen Naturgöttin symbolisierten; spätantike Schriftsteller, welche die ephesische Artemis als ,,vielbrüstig'' bezeichneten, schienen diese Annahme zu stützen. Doch fehlen durchwegs die Brustwarzen, wenn man von nachantiken Darstellungen und Fälschungen absieht. Außerdem müßten jene Nachbildungen, bei denen die nackten Hautpartien aus dunklem Material bestehen, auch die ,,Brüste'' entsprechend wiedergeben; dies ist jedoch niemals der Fall. Es handelt sich also um einen Bestandteil der Gewandung, nicht des Körpers. Eine Vielzahl von Erklärungsversuchen — Trauben, Eier, Datteln, aber auch abgeschnittene weibliche Brüste etc. — wurde vorgebracht, ohne größere Wahrscheinlichkeit zu erzielen. Der jüngste Vorschlag deutet die Gebilde als Stierhoden, was von der Form her gut passen würde; inhaltlich bleiben noch einige Fragen offen.

Auf der Brust sehen wir mehrere Ketten mit Anhängern verschiedener Art, darunter Eicheln, und eine Girlande, die nach den antiken Quellen aus *Helichrysum* (Immortellen) bestand. Der Gewandstoff an den Oberarmen ist ähnlich gefeldert wie der *Ependytes*. Leider fehlen die Unterarme mit den Wollbinden an den Handgelenken sowie die Hirschkühe. Die Unterarme waren gesondert hergestellt und angestückt, wie die Zapfenlöcher verraten.

Beiderseits des Kopfes bauscht sich das meist ,,*Nimbus*" genannte Tuch, das durch die Reduktion eines Schleiermantels, wie ihn verwandte Gottheiten oft tragen, entstanden ist. Es ist vorne mit ähnlichen Hochreliefs von Fabeltieren besetzt wie der *Ependytes*. Über dem regelmäßigen, streng gebauten Gesicht sind nur in der Gegend der Schläfen und Ohren korkzieherartige Locken sichtbar; an den Ohren sitzen Gehänge. Der hohe *Polos* ruht auf mehreren Wulstringen und ist wiederum mit Darstellungen von Fabeltieren verziert. Sein oberer Teil ist als Architektur mit mehreren kleinen Tempelfassaden ausgestaltet. Diese Bildung ist nach dem Zeugnis der Münzen erst in trajanisch-hadrianischer Zeit an der Kultstatue nachzuweisen.

An der zweiten der drei Statuen vom gleichen Fundort, dem Prytaneion in Ephesos, fehlt der *Polos,* hingegen ist die Basis mit den verknoteten Enden der Wollbinden sowie den Pfoten der beiden Hirschkühe erhalten, welche die Göttin flankierten. An den Oberarmen sitzen beiderseits je zwei Löwen, bei der ,,großen" Ephesia war es nur ein Paar. Diese Tiere gehören ursprünglich nicht zu unserer Göttin und wurden zweifellos von der in mancher Hinsicht wesensverwandten Kybele übernommen. Die Hauptveränderungen betreffen jedoch den Brustschmuck, an dem statt der Ketten figurale Darstellungen erscheinen. Unterhalb des Immortellenkranzes zieht eine Reihe von Tierkreiszeichen von Schulter zu Schulter. Sie drücken den astralen, kosmischen Aspekt der Göttin aus, der sich früher weniger auffällig in einem am Hals getragenen Anhänger in Form einer Mondsichel, gelegentlich mit einer Sonnenscheibe kombiniert, zeigte. Oberhalb des Kranzes sind vier weibliche Gestalten in flachem Relief dargestellt, welche an die Siegesgöttin Nike erinnern. Es handelt sich um der Göttin zugeordnete und diese begleitende Wesen, die bei verwandten Kultbildern frei schwebend dargestellt sind und an die Engel mancher Muttergottesdarstellungen erinnern, bei Artemis Ephesia jedoch in den Schmuck der Kultstatue selbst integriert wurden.

Im Ganzen ist deutlich, daß die komplizierte Garderobe der hellenistisch-römischen Zeit eine Summation der früher einzeln gesehenen Aspekte der Göttin darstellt. Trotzdem betrafen die Veränderungen im Aussehen, von denen wir nur die letzten Phasen in späthellenistischer und römischer Zeit fassen können, eher Details als die Konzeption im Ganzen, welche bemerkenswert treu erhalten blieb.

Kultbilder in der Art der Artemis Ephesia erscheinen auf den Münzen vieler Städte Kleinasiens. Manchmal handelt es sich um Hinweise auf Filialkulte der ephesischen Göttin, meist sind aber verwandte lokale Göttinnen gemeint, die zwar in der Stellung übereinstimmen, in ihrer Garderobe aber Unterschiede aufweisen. So etwa kann statt des nimbusartigen Tuches neben dem Kopf ein langer Schleiermantel getragen werden, die ,,Niken'' des Brustfeldes können frei zu beiden Seiten der Göttin fliegen etc. Teilweise bestanden schon a priori Gemeinsamkeiten zwischen den einzelnen Kultstatuen, teilweise glich man jedoch die Garderoben erst nachträglich an jene der ephesischen Göttin an.

Der Kult der Artemis von Ephesos hat im Westen des Römerreiches bei weitem keine so starke Verbreitung gefunden wie jener anderer orientalischer oder ägyptischer Gottheiten, also etwa Mithras, Jupiter Dolichenus oder Isis. Daß ein relativ großer Teil der statuarischen Darstellungen unserer Göttin außerhalb von Kleinasien gefunden wurde, ist in erster Linie dadurch zu erklären, daß ausgewanderte Ephesier auch in der Ferne die Göttin der Heimatstadt bei sich wissen wollten; ähnlich war dies bei Aphrodite von Aphrodisias der Fall, wo die geringe Größe der meisten Nachbildungen auffällt. Lediglich bei den geschnittenen Steinen ist die Verbreitung etwas stärker, hier spielte die Schutzfunktion des Amuletts die Hauptrolle. Wirklich bedeutend war Artemis Ephesia während der römischen Kaiserzeit außerhalb von Kleinasien nicht. Hingegen erfahren wir durch Strabon IV, 179, 4 von einer Verbreitung des Kultes im westlichen Mittelmeer um 600 v. Chr. Damals wurde von der westkleinasiatischen Stadt Phokaia aus die Kolonie Massalia (Marseille) gegründet. Aufgrund eines Traumbildes begleitete eine Priesterin namens Aristarche die Kolonisten und führte eine Nachbildung der ephesischen Artemis mit sich. Auf diese Weise gelangte der Kult der Göttin nach Südfrankreich und wurde von dort bis nach Spanien verbreitet. Auch das Kultbild der aventinischen Diana in Rom soll jenem der Artemis von Massalia geglichen haben.

Aphrodite von Aphrodisias

Die von den Griechen mit ihrer Aphrodite gleichgesetzte Göttin der Stadt Aphrodisias, südlich des Mäandertales im karischen Bergland gelegen, ist auf den ersten Blick mit der ephesischen Artemis verwandt. Gemeinsam ist die streng frontale Stellung mit geschlossenen Beinen, an den Körper angelegten Ober- und vorgestreckten Unterarmen. Die Übereinstimmung in der Körperhaltung ist so vollkommen, daß es möglich gewesen wäre, Aphrodite von Aphrodisias als Artemis von Ephesos zu kostümieren und umgekehrt. Alle Unterschiede betreffen lediglich die abnehmbare Garderobe.

Die literarischen Quellen fließen weniger reich als für die ephesische Göttin, frühe Zeugnisse für Kult und Kultbild fehlen bisher überhaupt. Der Tempel stammt erst aus der späthellenistischen Epoche, doch haben jüngere Grabungen in seinem Bereich Reste aus archaischer Zeit zutagegefördert, bei denen allerdings noch fraglich ist, ob sie einem Kultbau zugehören. Die älteste literarische Erwähnung der Göttin bezieht sich erst auf das erste Jh. v. Chr. und berichtet, daß ihr Sulla auf einen Spruch des delphischen Orakels hin für seine Siege einen Kranz und eine Axt, beide aus Gold, geweiht habe (Appian, *Bell.Civ.* I, 97). Im Kult gab es Priester und Priesterinnen, teilweise auf Lebenszeit und mit erblicher Würde. Auch Spiele zu Ehren der Göttin sind überliefert.

Eine der besterhaltenen Darstellungen der Göttin befindet sich im Thermenmuseum in Rom. Wiederum liegt ein *Ependytes* über einem langen *Chiton,* doch der letztere fällt bis zum Boden herab und läßt nicht einmal die Fußspitzen heraustreten. Am *Ependytes* treffen wir statt der Feldergliederung wie bei Artemis Ephesia eine Anzahl übereinanderliegender Streifen an, wobei drei oder vier von ihnen vorkommen. Das Gewand reicht vermutlich rundum und wird von über die Schultern laufenden Tragriemen gehalten. Als Schmuck der einzelnen Zonen erscheinen feststehende Motive, welche durchwegs auf den Bereich der Aphrodite weisen. In der untersten Zone erblicken wir drei geflügelte Eroten mit rundlichen Kleinkinderkörpern, wie sie vor dem späteren Hellenismus kaum dargestellt werden. Darüber erscheinen Aphrodite auf einem Seetier reitend und die drei Grazien, wiederum ein späthellenistisches Motiv. Ganz oben sitzen die Büsten von Helios und Selene und drücken ähnlich die astrale Konzeption der Göttin aus wie der Tierkreis bei Artemis Ephesia; gelegentlich können sie durch Zeus und Hera ersetzt sein. Die Brüste werden manchmal von scheibenförmigen Kalotten bedeckt, zwischen ihnen befindet sich in der Regel ein aus Palmette und hängender *Lunula* bestehender Anhänger. Statt des kurzen Tuches der Artemis Ephesia trägt Aphrodite von Aphrodisias einen langen Schleiermantel, dessen Säume beiderseits von den Unterarmen aufgenommen werden und mit Zickzacksäumen bis zum Boden herabfließen. Um den Hals liegt wiederum ein Immortellenkranz. Der *Polos*, bei unserer Statue nachantik ergänzt, hat die Gestalt einer Mauerkrone; eine figurale Ausgestaltung wie an Artemis Ephesia ist nicht vorhanden. Flankierende Tiere fehlen ebenso wie Wollbinden an den Handgelenken. Nach dem Ausweis späthellenistischer Münzen trug die Göttin zu dieser Zeit noch weder *Polos* noch Schleiermantel, beide Trachtbestandteile traten erst etwa unter Augustus hinzu. Im Gegensatz zu Artemis Ephesia sind größere Veränderungen in der Folgezeit nicht mehr nachweisbar.

In der Garderobe der Göttin sind weniger altertümliche Züge festzustellen als an der ephesischen Göttin. Besonders hinter der Dekoration des *Ependytes,* welche die Bereiche der Natur, Himmel, Erde und Wasser, somit die allumfassende Macht der Göttin ausdrückt, steht sichtlich eine durchdachte Konzeption der späthellenistischen oder frührömischen Zeit. Es liegt nahe, diese Ausgestaltung der göttlichen Garderobe in jene Zeit zu setzen, in welcher der uns erhaltene Tempel gebaut wurde. Ein überraschend großer Teil der statuarischen Nachbildungen der Göttin stammt aus Italien und fällt durch seine geringe Größe auf. Für diese Funde aus dem Westen werden einerseits ausgewanderte Bewohner der Stadt Aphrodisias verantwortlich sein, andererseits aber auch der antike Tourismus und Souvenirhandel.

LITERATURVERZEICHNIS

Artemis Ephesia
Bedeutung:
Oster, R., in *Jahrbuch für Antike und Christentum* 19, 1976, 30 ff.
Antike Quellen zusammengestellt von R. C. Kukula in *Forschungen in Ephesos* I, 1906, 247 ff Nr. 118 ff, 253 Nr. 206 f und 282 Nr. 53 ff.

Mythen:
Pauly, A. - Wissowa, G., *Realencyclopädie der Classischen Altertumswissenschaft* V (1), 1905, 2755 ff s.v. Ephesia (Jessen).

Amazonensagen:
Devambez, P., in *Revue archéologique* 1976 (2), 265 ff.

Gegensatz zum Christentum:
Oster, R., *a.O.*, 24 ff.

Fries vom Hadrianstempel:
Fleischer, R., in *Festschrift F. Eichler,* 1967, 23 ff, bes. 37 ff.

Kultpersonal:
Jessen, *a.O.*, 2758 ff.

Artemision:
Pauly, A. - Wissowa, G., *Realencyclopädie der Classischen Altertumswissenschaft,* Suppl. 12, 1970, 1654 ff *s.v.* Ephesos (W. Alzinger).

Weihung der Cominia Iunia:
Fleischer, R., in *Jahreshefte des Österreichischen Archäologischen Instituts in Wien* 52 (im Druck).

Kultbild:
Roscher, W. H., *Ausführliches Lexikon der griechischen und römischen Mythologie* I (1), 1884-86, 588 ff *s.v.* Artemis (Schreiber).
Pauly, A. - Wissowa, G., *Realencyclopädie der Classischen Altertumswissenschaft* V (2), 1905, 2753 ff *s.v.* Ephesia (Jessen).
Picard, Ch., *Éphèse et Claros,* 1932, *passim,* siehe Register 748.
Thiersch, H., *Artemis Ephesia* I, 1935.
Thiersch, H., *Ependytes und Ephod,* 1936, 3 ff, 55 ff und *passim.*
Lacroix, L., *Les reproductions des statues sur les monnaies grecques,* 1949, 177 ff.
Lichtenecker, E., *Die Kultbilder der Artemis von Ephesos* (ungedruckte Dissertation), Tübingen 1952.
Eichler, F., in *Jahreshefte des Österreichischen Archäologischen Instituts in Wien* 42, 1955 (Beibl.), 18 ff.
Fleischer, R., *Artemis von Ephesos und verwandte Kultstatuen aus Anatolien und Syrien* (EPRO 35), 1973.
Fleischer, R., in *Studien zur Religion und Kultur Kleinasiens. Festschrift F. K. Dörner* (EPRO 66), 1978, 324 ff.
Fleischer, R., in *Lexicon Iconographicum Mythologiae Classicae s.v.* Artemis Ephesia (im Druck).

„Brüste":
Seiterle, G., in *Antike Welt* 10/3, 1979, 3 ff.

Artemis von Massalia:
Fleischer, R., *Artemis von Ephesos,* 137 ff; weitere Literatur bei J.-P. Morel in *Bulletin de Correspondance Hellénique* 99, 1975, 864 Anm. 42.

Artemis Ephesia in der klassizistischen Kunst:
Thiersch, H., *Artemis Ephesia* I, 91 ff.
Parlasca, K., in *Festschrift F. K. Dörner,* 679 ff.

Aphrodite von Aphrodisias
Kult, Priesterschaft, Quellen:
Laumonier, A., *Les cultes indigènes en Carie,* 1958, 479 ff.

Neue Grabungen im Tempelbereich:
Einstweilen K. T. Erim bei M. J. Mellink in *American Journal of Archaeology* 76, 1972, 184 f.

Kultbild:
Jahn, O., *Die Entführung der Europa auf antiken Kunstwerken,* 1870, 41 ff.
Fredrich, C., in *Mitteilungen des Deutschen Archäologischen Instituts. Athenische Abteilung* 22, 1897, 361 ff.
Thiersch, H., *Ependytes und Ephod,* 1936, 59 ff.
Lacroix, L., *Les reproductions des statues sur les monnaies grecques,* 1949, 167 ff.
Eichler, F., *Jahreshefte des Österreichischen Archäologischen Instituts in Wien* 42, 1955 (Beibl.), 1 ff.
Laumonier, A., *a.O.,* 482 ff.
Floriani Squarciapino, M., in *Bollettino d'Arte* 44, 1959, 97 ff.
Floriani Squarciapino, M., in *Archeologica Classica* 12, 1960, 208 ff.
Floriani Squarciapino, M., in *Atti della Pontificia Accademia Romana di Archeologia. Rendiconti* 38, 1965-66, 143 ff.
Floriani Squarciapino, M., in *Institutum Romanum Norvegiae. Acta ad Archaeologiam et Artium Historiam pertinentia* 4, 1969, 1 ff.
Fleischer, R., *Artemis von Ephesos und verwandte Kultstatuen aus Anatolien und Syrien* (EPRO 35), 1973, 146 ff.
Fleischer, R., in *Studien zur Religion und Kultur Kleinasiens. Festschrift F. K. Dörner* (EPRO 66), 1978, 342 f.
Fleischer, R., in *Lexicon Iconographicum Mythologiae Classicae s.v.* Aphrodite von Aphrodisias (im Druck).

ABBILDUNGSVERZEICHNIS

Tafel I, 1. Goldstater mit Artemis Ephesia. Photo nach SNG Sammlung H. v. Aulock VI, Taf. 57, 1869 (= Fleischer, *Artemis von Ephesos,* Tafel 53 b).

Tafel I, 2. Frühkaiserzeitliche Münze mit Artemis Ephesia. Photo Österreichisches Archäologisches Institut (= Fleischer, *Artemis von Ephesos,* Tafel 54 b).

Tafel I, 3. Hadrianischer Zistophor mit Artemis Ephesia. Bundessammlung der Münzen, Medaillen und Geldzeichen, Wien, 16052. Photo des Verfassers nach Gips (= Fleischer, *Artemis von Ephesos,* Tafel 56 b).

Tafel II. ,,Große" Artemis Ephesia. Museum Selçuk. Photo Österreichisches Archäologisches Institut (= Fleischer, *Artemis von Ephesos,* Tafel 12 a).

Tafel III. ,,Schöne" Artemis Ephesia. Museum Selçuk. Photo Österreichisches Archäologisches Institut (= Fleischer, *Artemis von Ephesos,* Tafel 18).

Tafel IV. Aphrodite von Aphrodisias. Thermenmuseum, Rom. Photo DAI, Rom, 1202 (= Fleischer, *Artemis von Ephesos,* Tafel 69).

Tafel I, 1

Tafel I, 2

Tafel I, 3

Tafel II

Tafel III

Tafel IV

XII

DER SABAZIOS-KULT

RUDOLF FELLMANN
(Basel)

1. *Der Name des Gottes*

Die übliche Namensform ist gr. Sabazios, lt. Sabazius. Daneben treten Kurzformen wie Sabos auf. Die besonders in Inschriften aus Phrygien auftretende Schreibweise Saouazios (oder ähnlich) scheint darauf hinzuweisen, daß das b im Namen der Gottheit als Spirant anzusehen ist, der Name also korrekt als ,,Sawazios'' ausgesprochen werden müsste. Die ebenfalls vorkommenden Schreibweisen Sebadius (und ähnliche) scheinen auf eine Angleichung an das gr. *Verbum ,,sébomai''* (= ich verehre) zurückzuführen zu sein.

Der Name Sabazios galt im Altertum allgemein als phrygisch und wurde vom Kultruf ,,*euoi Saboi*'' abgeleitet. Die wissenschaftliche Ableitung des Names ist umstritten (von Wurzeln, die ,,stark sein, schwellen'' oder ,,stürmen, heftig bewegen'' bedeuten sollen??).

2. *Heimat und Herkunft der Gottheit*

Nach den antiken Autoren ist Sabazios entweder phrygischer oder thrakischer Herkunft und wird meist mit Dionysos gleichgesetzt. Manche Quellen sind hier sehr apodiktisch, so u.a. auch die alten Lexicographen (Cook, 1914, 395, Anm. 3). Sabazios wird aber auch als Sohn des Zeus und der Persephone bezeichnet (Diodor *4*, 4, 1). Andere Gleichsetzungen erwähnen ihn als Sol, der in Thrakien mit Dionysos identisch sei (Macrobius *1*, 18, 11), als Iuppiter (CIL VI, 429 und 430), oder als ,,Zeus Helios, der große Herr Sabazios'' (Altar von Nikopolis in Moesien).

Stellt man diesem Überlieferungsbild die archäologischen Denkmäler gegenüber, so ergibt sich folgendes Resultat: Den Schwerpunkt der Denkmäler finden wir in Kleinasien und dort wiederum in Phrygien. Auch Karien, Bithynien und dann vorallem auch Kappadokien liefern

Zeugnisse für den Kult des Sabazios. In Thrakien und Moesien finden sich ebenfalls zahlreiche Belege. Auffallend ist allerdings, daß die dortigen Erwähnungen sehr häufig lokale Beinamen der Gottheit aufweisen, was auf eine sehr alte lokale Verwurzelung des Kultes, oder aber auch auf eine Identifikation alter, vorherbestehender Lokalgottheiten mit dem in diesem Falle später eingeführten Sabazios hinweisen könnte.

Antike Überlieferung und aus den Denkmälern erschlossenes Verteilungsbild scheinen sich also zu decken. Ob Thrakien oder Phrygien die Präferenz des Ursprunges zuzuweisen ist, scheint nicht auszumachen zu sein. Die Frage ist aber allenfalls wegen der ohnehin zwischen diesen Räumen bestehenden engen Querbeziehungen gegenstandslos.

3. *Die Ausbreitung des Kultes*

Aus seinem thrakisch-phrygischen Ursprungsgebiet hat sich der Kult des bald mit Juppiter, bald mit Dionysos identifizierten Sabazios in verschiedener Richtung ausgebreitet. Die eine Ausstrahlungsrichtung geht nach Kleinasien. Kappadokien und später auch Pergamon erhoben Sabazios zu persönlichen Schutzgöttern der respektiven Herrscherdynastien. Das bedeutete praktisch die Anerkennung als Staatskult.

Anderseits können wir Sabazios bereits gegen Ende des 5. Jahrhunderts v. Chr. in Athen fassen, wo Aristophanes in seinen Komödien den beißendsten Spott über den fremden Gott und über die seltsamen Praktiken der Sabaziosanhänger ausgießt (Aristophanes, *Vögel* 874, *Lysistrata* 389, *Wespen* 9). Im 4. Jahrhundert v. Chr. scheint der Kult in Athen auf ernsten Widerstand gestoßen zu sein; doch bereits in der Mitte des 4. Jahrhunderts v. Chr. war die öffentliche Kultausübung wieder gestattet, wie sie Demosthenes schildert (Demosthenes, *De Corona* 18, 259).

In Italien scheint der Kult des Sabazios schon im späteren 2. Jahrhundert v. Chr. in Rom in Kreisen der dortigen jüdischen Kolonie im Sinne der unten noch zu erwähnenden Vermengung mit dem jüdischen Deus Sabaoth bekannt gewesen zu sein (Valerius Maximus *1, 3, 2*).

In den Vesuvstädten Pompeji und Herculaneum ist der Kult am Ende des 1. Jahrhunderts v. Chr. durch Funde belegt (CIG III, Add. 5866 c, auf 3. v. Chr. datiert). Daß er aber schon vorher in die römische Armee durch Hilfstruppen aus dem Orient getragen worden sein muß, zeigt jetzt deutlich der Fund einer Votivhand des Sabazioskultes im augusteischen Legionslager von Dangstetten am Hochrhein. Dieses Lager war nur während der ganz engen Zeitspanne von ca. 15-9 v. Chr. belegt, was eine sehr willkommene Datierung ergibt.

Der Kult hat sich anschließend in den Provinzen der westlichen Reichshälfte weit verbreitet und ist bis ins 4. Jahrhundert n. Chr. nachweisbar.

4. *Der Inhalt des Kultes*

Wir können beim Sabazioskult sehr schön die verschiedenen Schattierungen, die ein orientalischer Kult haben konnte, fassen: Einheimischer Naturkult in seinen Ursprungsgebieten, orgiastischer Mysterienkult, nahezu Staatskult in Kappadokien und Pergamon, Mischkult mit Zeus Hypsistos und Iahve Sabaoth in der jüdischen Diaspora Kleinasiens und schließlich Mysteriengott und Unheilabwehrer, oft ohne eigentliche Kultlokale in den westlichen Provinzen des römischen Reiches.

Demosthenes gibt (a.a.O.) eine eindrückliche Schilderung eines Aufzuges der Sabaziosanhänger, die mit Kränzen aus Fenchel und Weißpappelzweigen geschmückt waren. Ein Priester, der Schlangen in den Händen hielt, leitete den Zug, in dem auch der Behälter (die heilige *Ciste*) mitgetragen wurde, in welchem die heilige Schlange verborgen war. Dem lärmigen Umzug am Tage folgten die nächtlichen Einweihungen. Nach einer Reinigung mit Ton und Kleie bereiteten sich die Gläubigen auf dem Boden kauernd (vgl. die Darstellung auf der noch zu besprechenden Bronzeplatte von Ampurias), auf die heilige Handlung vor (Demosthenes, *De Corona* 259).

Der Kern dieser heiligen Handlung bestand in einer heiligen Hochzeit mit der Gottheit, wobei dem einzuweihenden Gläubigen eine Schlange durch den Busen gezogen wurde, als Symbol für die Vermählung mit der Gottheit (Arnobius, *Adv. Nationes 5,* 21; Firmicus Maternus, *De Errore Prof. Relig.* 10; Clemens Alexandr., *Protrepticus 2,* 16, 2).

Der diesen mystischen Praktiken zu Grunde liegende Mythos läßt sich nach der vorhandenen Quellenlage nur andeutungsweise fassen. Der bei Clemens Alexandrinus (*Protrepticus 2,* 16, 2) und bei Arnobius (*Adv. Nationes 5.* 20) geschilderte Mythos kann nämlich nur teilweise auf Sabazios bezogen werden. Immerhin läßt sich folgendes herausarbeiten: Zeus hätte mit seiner eigenen Mutter Deo (=Demeter) eine Tochter namens Kore (auch Libera oder Pherephatta genannt) gezeugt. Um die durch dieses Faktum erzürnte Deo zu besänftigen habe ihr Zeus schließlich die abgeschnittenen Hoden eines Widders in den Schoß geworfen (= Symbol für die Selbstentmannung als Strafe). Seiner herangewachsenen Tochter habe sich Zeus ebenfalls und zwar in der Gestalt einer Schlange genähert. Der Sohn dieser Verbindung zwischen Kore/Persephone und Zeus wäre dann nach Diodor (4, 4, 1) Sabazios gewesen.

Einen ähnlichen Mythos fassen wir auch in einer Erzählung Aelians (*De Anim.* 12, 39), der von der geschlechtlichen Vereinigung der namensgebenden Heroine des Ortes Alia in Phrygien mit einer göttlichen Schlange im Haine der Artemis berichtet. Für Artemis und Sabazios sind andernortes ebenfalls gemeinsame heilige Haine belegt.

Letztlich ist hier auch noch die — bestimmt sagenhafte — Nachricht anzuführen, wonach die besonders den orgiastischen Kulten anhängende Königin Olympias durch den Verkehr mit der heiligen Schlange zur Mutter Alexanders d. Gr. geworden sei (Plutarch, *Alexander* 2).

Allen diesen Schilderungen ist die geschlechtliche Vereinigung mit der in Form einer Schlange erscheinenden Gottheit gemeinsam. Aus ihr schöpfte der Myste neue Lebenskraft und nahm Anteil an der göttlichen Lebensfülle.

Daß dabei sogar eine Seelenreinigung und die Verzeihung uralter (Erb-)Sünden erfolgte, berichtet Iamblichus (*De Mysteriis 3*, 10). Ob hier die offenbar streckenweise in der jüdischen Diaspora Kleinasiens erfolgte Identifikation des Sabazios mit dem Theos hypsistos (= Iahve Sabaoth) zu Grunde liegt, muß offen bleiben.

Auch die Segensgebärde der sog. „*Benedictio latina*", die den Kulthänden eigen ist, könnte auf diesem Wege in den Sabazioskult gekommen sein. Sie ist übrigens auch in andern Kulten in Syrien nachweisbar.

Ganz in die Richtung einer Befreiung von der Erbsünde scheinen jedenfalls die gemalten Darstellungen am Grabe des Sabaziospriesters Vincentius in der Praetextatkatakombe in Rom zu weisen. Sie zeigen die Wegführung (d.h. den Tod) der Vibia, der Gattin des Vincentius, durch Pluto unter Vorantritt des Merkur als Totenführer. Weiter folgt die Darstellung eines Totengerichtes, bei dem Diespiter und Aeracura (= Hera Kyria) den Vorsitz haben. Sie urteilen über die von Merkur geführte Vibia. Schließlich wird die Einführung der Vibia durch den „*Bo-*

nus Angelus" in den Kreis der Seligen, der „*Bonorum iudicio iudicati*", die beim heiligen Mahl versammelt sind, gezeigt.

5. Darstellungen und Kultobjekte

Die Denkmäler des Sabazioskultes sind je nach den Fundprovinzen und den ihnen entsprechenden Stadien der Entwicklung des Kultes recht verschieden.

Inschriften mit Weihungen und Reliefdarstellungen auf Weihesteinen finden sich praktisch ausschließlich in den kleinasiatischen Provinzen. In den Gebieten außerhalb dieses Raumes beschränken sich die Denkmäler weitgehend auf Kleinfunde und Votive. Die hervorstechendste Gruppe sind die *Votivhände*. Daneben stehen aber als nicht minder instruktive Gruppe die *Bronzeplatten* mit Kultdarstellungen und die silbernen *Votivbleche*. Daß auch gewisse Gruppen der sog. *Schlangenvasen* dem Sabazioskulte zuzuweisen sind, werden wir aufzeigen.

Auf einem Relief im British Museum, das aus Kleinasien stammen muß, wie das Steinmaterial erweist, ist Sabazios als Reiter dargestellt. Der bärtige Gott reitet nach rechts gegen einen blätterlosen Baum. In seiner Linken trägt er zwei Speere, in der Rechten den Blitz. Auf dem Baume sitzt ein Adler, neben dem der Kopf einer Schlange sichtbar wird, deren Leib sich um den Stamm des Baumes windet. Am Fuße des Baumes steht ein kleiner Altar, auf dem ein Opferfeuer brennt. Neben dem Altar befindet sich ein *Kratèr* mit weiter Mündung. Diese Kombination von Altar mit *Kratèr* findet sich auf der Tafel von Ampurias wieder. Auf der zum Relief im British Museum gehörigen Inschrift wird das Ganze als ein Geschenk an Zeus Sabazios auf Grund eines Traumgesichtes. Alle angeführten Attribute wiederholen sich auf den Votivhänden und auf den Bronzetafeln (Cook, 1914, Bd. 2. Taf. 19, 282, Anm. 2).

Ebenso aufschlußreich ist das Relief aus Blaundos in Mysien. Hier sitzt die bartlose Gottheit auf einem Thron und hält in der Linken einen Speer oder eher ein Szepter mit Speerspitze, in der Rechten eine Opferschale. Daneben schlingt sich eine Schlange an einem Baum hoch. Zu einem Altar, der vor der Gottheit steht, treten ein Mann und eine Frau und opfern Weihrauch. Die Inschrift bezeichnet die Stele als einen Dank für Zeus Sabazios von Seiten eines gewissen Menander, des Athenodoros Sohn (Eisele, 1909-15, 243, Abb. 2; Cook, 1914, Bd. 2., 282, Anm. 2

und Abb. 179). Auch hier treten Elemente auf, die auf den Kultvasen wieder anzutreffen sind.

Wichtig ist das Relief aus Koloë (heute Kula) in Lydien, das inschriftlich auf den 1. Mai des Jahres 101 n. Chr. datiert ist. Es zeigt im oberen Register die Gottheit auf dem Kultwagen, dessen Pferde vom Mondgotte Mên, der den *Caduceus* des Merkur trägt, geführt werden. Auf den Zügeln sitzt ein Adler. Unter den Pferden wird eine Schlange sichtbar, die sich in der gleichen Richtung vorwärts bewegt, wie die beiden Zugtiere. Rechts neben dieser Szene ist ein Priester dargestellt, der an einem Altar ein Libationsopfer ausgiesst. Drei Adoranten begleiten ihn. Im untern Darstellungsregister sind 13 Gläubige um einen Altar versammelt, hinter dem sich ein Baum befindet (Cook, 1914, Bd. 2. Abb. 180, 282, Anm. 2).

Wird auf dem Relief von Koloë Zeus Sabazios als Sonnengott dargestellt, der vom Mondgotte in dienender Stellung geführt wird, so haben wir auf einem Relief aus Nea Aulè in Philadelphia in Lydien (heute Alaşehir) die Darstellung des Gottes Sabazios als Vegetationsgottheit vor uns. Hier sitzt Sabazios auf einem Throne und hält ein weitbauchiges Gefäß, in dem ein Busch gepflanzt ist (Cook, 1914, Bd. 2, 282, Anm. 2).

Als Rundplastik findet sich Sabazios auf einer unveröffentlichten Darstellung im Museum von Afyon-Kara Hissar (Mus. Nr. E. 1908, 441a). Hier ist der Gott gezeigt, wie er den rechten Fuß auf einen Widderkopf stellt. Links daneben ist ein großer Frosch dargestellt. Genau dieselbe Haltung des Gottes finden wir auch auf der Tafel von Ampurias.

Hier muß anschließend auch noch von den Inschriften in Pergamon die Rede sein, in denen die Einführung des Kultes des Sabazios verkündet wird. Beide sind königliche Erlasse aus dem Jahre 142/141 v. Chr. Der eine stammt von König Attalos II, der mit Billigung seines Nachfolgers Attalos III die Priesterwürde des Zeus Sabazios, die er sehr hoch einschätzt, an einen gewissen Athenaios überträgt. Der andere, wichtigere Erlass stammt von Attalos III. Er verkündet die Einführung des Kultes des Sabazios und zwar als aus Kappadokien her übernommen. Von dort stammte die Mutter des Attalos III, die, wie der König selbst, in vielen Gefahren den Schutz des Gottes habe erfahren dürfen. Zeus Sabazios bekommt seinen Kultplatz im Heiligtum der Athene Nikephoros zugewiesen, wo er mit allen ihm zustehenden Opfern, Zeremonien und, ausdrücklich erwähnt, Mysterien verehrt werden soll.

Mit diesem Akt wird Sabazios zwar nicht direkt zum eigentlichen Staatsgotte des pergamenischen Reiches, jedoch zum Familiengott des Herrscherhauses der Attaliden erhoben. Eine ähnliche Rolle muß er auch am kappadokischen Hofe in Caesarea Cappadociae gespielt haben. Um eine bedeutende, zentrale Stellung handelt es sich an beiden Orten auf jeden Fall.

Während die bis jetzt besprochenen Denkmäler aus dem Osten des römischen Reiches und aus dem Gebiet der hellenistischen Staat Kleinasiens eher auf eine offene, ja offizielle Verehrung des Sabazios in Heiligtümern hinzuweisen scheinen, deuten die nun zu behandelnden Objekte auf eine etwas anders gelagerte Art der Verehrung des Sabazios hin. Diese muß mehr isolierten, vermehrt mystischen oder apotropäischen Schutz suchenden Charakter gehabt haben. Schon die eine der beiden Inschriften aus Pergamon spricht ja von Mysterien.

Kaum eines der im folgenden zu besprechenden Objekte ist im Kontext eines Heiligtumes gefunden worden, wenn der Fundort sich überhaupt je ausmachen läßt.

Allen voran stehen die *Votivhände*. Bis jetzt sind an die 60 solcher Hände aus Bronze oder Teile von solchen gefunden worden. Leider ist aber von diesen Votivhänden nur in den allerwenigsten Fällen der genaue Fundort oder gar die genaue Fundvergesellschaftung bekannt. Genau genommen trifft das eigentlich nur für die Hände aus Dangstetten und von Gr. St. Bernhard sowie für zwei Hände aus Pompeji zu. Praktisch die meisten andern Exemplare stammen aus alten Fundbeständen oder aus dem Kunsthandel. Dieses Faktum ist bei der genauen Bestimmung der genauen Funktion und Bedeutung der Hände enorm hinderlich, besonders auch, wenn die Frage nach eventuellen Kultlokalen des Sabazioskultes und nach deren Aussehen angegangen werden soll.

Blinkenberg, der als erster diese Hände zusammengestellt hat (Blinkenberg, 1904), gliedert sie in fünf Gruppen. Diese Einteilung hat sich bis heute im wesentlichen bewährt und kann beibehalten werden: Gruppe A, ohne Attribute; Gruppe B, mit Pinienzapfen; Gruppe C, mit Schlange; Gruppe D, mit Schlange und Pinienzapfen; Gruppe E, mit mehreren Attributen.

Eine zeitliche Sequenz läßt sich aus diesen Gruppen auf keinen Fall herausarbeiten. Die zeitlich genau fixierbare (was den Zeitpunkt der Verlust betrifft) Hand von Dangstetten gehört zum schlichten Typus C. Die sicher dem 1. Jahrhundert n. Chr. angehörenden Hände von Pompeji, die zusammen mit den Kultvasen gefunden worden sind, gehören zum reich verzierten Typus E.

Allen Votivhänden, die zum Sabazioskult gerechnet werden können, ist gemeinsam, daß sie den Segengestus der sog. ,,*Benedictio latina*'' darstellen, d.h. mit ausgestreckten Zeige- und Mittelfingern und eingeschlagenen Ring- und Kleinfinger. Andere Votivhände, z.B. die des Dolichenuskultes, zeigen alle fünf Finger ausgestreckt.

Einigkeit scheint darüber zu herrschen, daß die segnende Hand der Gottheit selber dargestellt ist.

Neben Pinienzapfen und Schlange, wobei die letztere ja zu den Hauptsymbolen des Sabazioskultes gehört, finden wir auf den Händen eine Vielzahl anderer Attribute.

Blinkenberg (1904, 82/83) hat, was die ihm damals bekannten 30 mit mehreren Attributen verzierten Stücke anbetrifft, eine instruktive Aufstellung gemacht, der auf Grund der seither neu dazugekommenen Exemplare außer der numerischen Vermehrung der Belege kaum etwas beizufügen ist. Höchstens wären zusätzlich zu erwähnen die Symbole einer Leiter und die eines brennenden Altars (Hände aus Baltimore und Pompeji = Hill, 1964 und Elia, 1961), die der Aufstellung Blinkenbergs zugefügt werden könnten.

Statistisch ergibt sich, daß an Attributen neben Pinienzapfen und Schlange die Eidechse, der Frosch und die Schildkröte die häufigsten Attribute sind. Daneben fehlen der *Kantharos* oder *Kratèr*, der Widderkopf und die Doppelflöten nur selten.

Etwa die Hälfte dieser Hände der Gruppe E (nach Blinkenberg, 1904) hat an der Handwurzel die Darstellung einer liegenden Frau mit einem Kind an der Brust. Die Szene scheint sich in einer Höhle abzuspielen. Hinter der Frau ist oft ein Vogel dargestellt. Einige andere Hände haben in der Handfläche eine kleine Figur des Gottes Sabazios selbst, oder doch eine Büste des Gottes. In den meisten Fällen stützt sich der im phrygischen Gewande dargestellte Gott mit dem einen Fuß auf einen Widderkopf ab, eine Stellung, die wir schon an der Rundplastik im

Museum von Afyon-Kara Hissar kennen lernten und die sich auf der Tafel von Ampurias wiederholt.

Wieder andere Hände sind von einem Adler mit dem Blitzbündel gekrönt (Hand im City Art Museum von St. Louis; Lane, 1970, 45). Hierdurch wird auf deutliche Weise die Gleichsetzung des Sabazios mit Juppiter, die ja auch durch die Inschriften immer wieder belegt ist, aufgezeigt.

Wertet man die Attribute auf den Händen, so zeigt sich, daß neben der bereits angesprochenen Gleichung mit Juppiter eine Gruppe von Attributen auffällt, denen man einen chthonisch-vegetativen Charakter zuweisen muß.

Schlange und Schildkröte sind Tiere, die der Unterwelt entsteigen, um eine Vegetationsperiode auf der Erde zu verweilen, um nachher wieder zum Schlafe niederzusteigen. Dasselbe gilt für die oft dargestellte Eidechse, sowie von dem auf manchen Händen dargestellten Käfer. Bei diesem letzteren und beim Frosch mag zusätzlich noch das Element der Metamorphose und der Aspekt der großen Fruchtbarkeit hinzukommen.

Ob man den praktisch als Attribut immer vorhandenen Pinienzapfen als Querbeziehung zum Kult der Kybele auffassen soll, oder ob hierbei eher der auch denkbaren Beziehungskette zu Dionysos zu folgen wäre, als dessen Gleichung, wie wir bereits gesehen haben, Sabazios ebenfalls gelten kann, muß offen bleiben. Büsten beider Gottheiten finden sich denn auch unter den Attributen auf der Votivhand aus Avenches.

Cymbeln und Thyrsosstäbe sowie Doppelflöten erinnern auf jeden Fall an den Thiasos des Sabazios, wie er uns durch Demosthenes plastisch geschildert wird. Ob hier auch die Peitsche, die bisweilen unter den Attributen auf den Votivhänden auftritt, unterzubringen ist, bleibe offen.

Der *Kratèr*, der oft dargestellt ist, hat sicher eine Beziehung zum Wein und zu Libationen, wie sie auf dem Relief aus Koloë dargestellt sind. Hier wird der mehr dionysische Aspekt des Sabazioskultes betont. Die Kultgefäße, von denen noch zu sprechen sein wird, sind auf den Votivhänden vermutlich als im Kultapparatus verwendete Gegenstände dargestellt. Auf der Votivhand in Kopenhagen (Blinkenberg, 1904, E 7) ist denn auch eine entsprechende Zeremonie dargestellt, bei der ein Priester (?) segnend seine Hand über einen *Kratèr* hält.

Eine große Zahl von Votivhänden hat, wie schon angeführt, unten an der Handwurzel die Darstellung einer liegenden Frau, die ihren Säugling an die Brust drückt. Eine Bogenlinie, die diese Szene meist umrahmt, scheint das dargestellte Geschehnis in eine Grotte oder Höhle zu plazieren. Bisweilen ist auch ein Vogel dargestellt, der auf den Händen E 9 (in Berlin) und E 17 (aus Vado) als Adler identifiziert werden kann.

Blinkenberg (1904, 103 ff.) stellt fest, daß die Darstellung wie die Widergabe eines Mythos aussehe. Er vermag aber keine passende Sage oder Legende namhaft zu machen. Außerdem war ihm die Tafel von Ampurias, auf der eine zweite, ähnliche Szene dargestellt ist, die ebenfalls zum Geschehen in der Grotte zu gehören scheint, noch unbekannt.

Blinkenbergs Erklärung der Darstellung, daß die betreffenden Hände von Wöchnerinnen als Dank für eine gute Geburt dem Sabazios aufgestellt worden seien, kann kaum befriedigen. Der Vogel, der der Szene in einigen der Darstellungen beiwohnt, wäre der Adler der im Auftrag der Gottheit den sog. Adlerstein gebracht hätte, dessen Präsenz nach Aelian (*1*, 35) bei der Geburt hilfreich sein soll.

Als Hypothese sei immerhin die Möglichkeit angedeutet, daß die Szene mit Mutter und Kind in der Höhle doch irgendwie mit dem Mythos um Sabazios verknüpft sein könnte, z.B. mit jenem oben skizzierten, der die Verbindung des Zeus mit Deo/Demeter und nachher mit deren Tochter zum Inhalt hat. Allenfalls liegt auch eine für uns nicht faßbare Parallelvariante vor.

Daß die betreffende Szene im Sabaziosmythos einen bestimmten, nicht unwichtigen Stellenwert hatte, ergibt sich daraus, daß sie nicht nur auf Votivhänden, sondern auch auf der Tafel von Ampurias abgebildet ist und daß an ihrem kanonischen Platz an der Handwurzel der Votivhände alternativ auch andere Szenen dargestellt sein können, die wir im Mythos oder im Kultablauf unterbringen müssen. Wir nannten schon oben die Segnung des *Kratèrs* durch einen Priester und weisen weiter auf die Hand in Leiden hin (Blinkenberg, 1904, E 6), bei der eine ,,*Dextrarum iunctio*'' (= Handschlag) über einen Altar hin dargestellt ist. Es handelt sich um einen Altar von der Form, wie er auch auf der Bronzetafel in Kopenhagen dargestellt ist. Man hat die eben angesprochene Szene mit Recht als die Darstellung einer Aufnahme in den Kreis der Sabazios-Mysten erklärt (Blinkenberg, 1904, 104).

Zu den Unterweltsbeziehungen, die dem Sabazioskult als Mysterienkult nicht fremd sind, müssen die Darstellungen der Hermesstäbe (*caducei, kerykeia*) gerechnet werden. Hermes/Merkur als Totenführer findet sich im gesicherten Kontext der Sabaziosmysterien auf den Darstellungen am Vincentiusgrab in Rom. Als Hermes/Mên fuhrt er auf dem Relief von Koloë den Wagen des Sabazios und erscheint als Büste auf der Votivhand aus Aventicum/Avenches.

Es bleibt noch die Frage nach dem Verwendungszweck der Sabazioshände zu besprechen. Mehrere dieser Hände sind, wenigstens im untersten Teil und an der Handwurzel hohl und haben seitlich Befestigungslöcher. Sie konnten also z.B. auf szepterartige Stäbe aufgesteckt werden, wie die stehende Sabaziosfigur auf der Bronzetafel in Kopenhagen einen mit der linken Hand hält.

Die wenigen Hände, deren genauen Fundort wir kennen, weisen allerdings eher auf einen andern Verwendungszweck hin. Die Hand vom Gr. St. Bernhard-Paß ist sicher eine Votivgabe. Sie wurde unter zahlreichen andern, nicht sabazischen Votivgegenständen im Paßheiligtum des Iuppiter-Poeninus gefunden. Das Faktum ist insofern interessant, als es zeigt, wie Iuppiter-Sabazios bei einer andern Ausformung des Iuppiter (bei einer die im Sinne einer *Interpretatio Romana* einer keltischen Gottheit entstanden ist) offenbar ohne weiteres Gastrecht genießen kann.

Auch der Hand aus dem Legionslager Dangstetten wird man am ehesten Votivcharakter, oder den eines persönlichen Schutzamulettes für den Besitzer zusprechen müssen.

Völlig anders ist die Sachlage bei den beiden Sabazioshänden, die in Pompeji im Hause *Regio* II, *Insula* 1, *Casa* 12 entdeckt wurden. Sie lagen zusammen mit zwei Kultvasen, die in der Nähe entdeckt wurden in einer Art Kultlokal für magische Praktiken, die dort nach einem Grafitto zu schließen, ein gewisser Sextilius Pyrricus durchführte. Unter den Graffiti ist auch der Begriff „*antrum*" = Höhle fassbar. Wird dadurch etwa das Kultlokal bezeichnet, welches als mystische Grotte aufgefaßt wird. Ergeben sich allenfalls hier Querbeziehungen zu den oben besprochenen Szenen in der Grotte?

Die eine der beiden Hände aus dem mystischen Lokal des Sextilius Pyrricus hat eine Basis aus Blei, war also auf jeden Fall zum Aufstellen hergerichtet. Sie muß zusammen mit den Kultvasen bei den mystischen Praktiken eine Rolle gespielt haben (Elia, 1961, 5). Halten wir schon hier fest, daß genau dieses Ensemble von Kultvase (*Kratèr*) und Sabazioshänden auf der Bronzetafel von Ampurias abgebildet ist.

Da wir von allen andern Sabazioshänden keine genaueren Fundangaben haben, zeigt sich einmal mehr, wie wertlos im Grunde solche Fundobjekte ohne diese genauen Daten sind. Wichtigste Informationen, die in essentiellen Fragen ein Weiterkommen ermöglicht hätten, bleiben uns so für immer verschlossen.

Die eben besprochene Fundsituation von Pompeji gibt den willkommenen Beleg dafür, daß auch eine bestimmte Gruppe von sog. *Kultvasen* dem Sabazioskult zuzurechnen ist. Es muß hier aber gleich festgehalten werden, daß nicht alle der sog. Kult- oder Schlangenvasen Sabazios zugewiesen werden können. Es ist hier vor allem auf den zusätzlichen Dekor zu achten. So gibt es Kultvasen, die eindeutig dem Mithraskulte zuzuweisen sind (z.B. das Exemplar in Köln). Andere sog. Schlangenvasen scheinen zu einheimischen Kulten mit prähistorischer Wurzel zu gehören, wie etwa die Gruppe der Schlangenvasen aus dem schweizerischen Kanton Wallis. Aus Augusta Raurica ist eine Schlangenvase bekannt, die keinen Boden hat. Das Gefäß konnte also auf den Boden gestellt werden, sodaß die eingegossenen Libation direkt zur Erde gelangen konnte. Nur am Rande sei erwähnt, daß solche Schlangenvasen bereits in prähistorischen Kontexten Mesopotamiens vorkommen. Wir begegnen hier somit einer alten Tradition.

Die beiden bereits erwähnten Kultgefässe aus Pompeji weisen sich nicht nur durch ihre lose Vergesellschaftung mit Sabazioshänden sondern auch durch ihren Dekor eindeutig als Sabaziosvasen aus. Schlange, Eidechse und Schildkröte fanden wir, ebenso wie die Leiter auf den Sabazioshänden. Die Präsenz einer Traube kann nicht überraschen, da wir die Identität des Sabazios mit Dionysos neben der andern mit Iuppiter bereits einleitend herausgearbeitet haben. Auch die Darstellung von Broten kann auf einer Kultvase für einen Gott, in dessen Ahnenreihe Kore und Demeter stehen, nicht überraschen.

Nach diesem Fund von Kultvasen in Pompeji, wird man nun unbedenklich auch die weiteren Exemplare, die teilweise zusammengesetzt, teilweise in Scherben in Augusta Raurica, Aventicum und Vindonissa vorkommen, dem Sabazioskulte zuweisen dürfen. Dies umso mehr, weil der Kult des Sabazios im Legionslager von Dangstetten schon relativ früh im Kontext des Obergermanischen Heeres nachgewiesen ist, sodaß die Funde in Vindonissa keineswegs mehr als für Sabazios zu früh abqualifiziert werden dürfen.

Die Schlangen, Eidechsen und Frösche und die *Caducei,* die auf den Scherben solcher Vasen dargestellt sind, passen bestens in den Kreis der Attribute des Sabazioskultes. Daß man annehmen muß, diese Gefäße hätten im Kult bei Libationen eine Rolle gespielt, haben wir bereits angedeutet.

Die ganze Fülle der Attribute, aus denen sich das Wesen und teilweise auch der Kultus des Sabazios herauslesen läßt, finden wir auch auf den wenigen erhaltenen Bronzetafeln. Ihr Verwendungszweck ist kein einheitlicher. Teils waren sie Brustschmuck (*Pectoralia*) der Sabaziospriester (so vermutlich das Exemplar in Berlin), teilweise müssen wir sie auch als Beschlagbleche zu Holzkästchen auffassen (sicher die Tafel von Ampurias, evtl. die in Kopenhagen).

Die Tafel in Kopenhagen, die aus Rom stammt, ist das am besten erhaltene Exemplar. In der Mitte steht der Gott Sabazios in phrygischer Gewandung mit Hosen und Oberkleid. Die erhobene Linke führt den Szepterstab mit der aufgesetzten Segenshand. In der abgewinkelten Rechten hält der Gott einen Pinienzapfen. Sabazios steht in einem *Naiskos* (= Tempelchen) mit zwei Säulen und einem Dreieckgiebel. Im Giebelfeld ist die *Quadriga* des Sonnengottes abgebildet, links und rechts oben die beiden Dioskuren.

Das Umfeld der stehenden Gottheit ist dicht angefüllt mit Symbolen, die uns bereits größten Teils von den Händen und von den Kultvasen her bekannt sind. Büsten von Sol und Luna, der Ast mit den Pinienzapfen, *Caduceus,* Schlangen, Adler, Eidechsen, Frosch und *Kantharos/Kratèr* fehlen ebensowenig wie der Altar von der Form, wie wir sie bereits auf der Hand E 6 aus Leiden mit der Darstellung der Aufnahmeszene kennen gelernt haben. Interessant ist, daß auf der Tafel in Kopenhagen ein Stier dargestellt ist. Dieses Tier ist sonst im Kontext der Sabaziosattribute eher die Ausnahme.

Ähnlich sind die Darstellungen auf der Tafel in Berlin (Ost). Sie ist durch Scharniere mit einer zweiten Tafel verbunden, auf der Kybele zwischen Attis und Hermes abgebildet ist. Diesmal sitzt Sabazios im Zentrum. Mit der linken Hand stützt er sich auf das Szepter, in der Rechten hält er den Pinienzapfen. Im Giebelfeld thront der Adler Iuppiters.

Wiederum umgeben eine Vielzahl von Attributen die Gottheit. Auch diesmal fehlen die Schlange, der *Caduceus* und die Doppelflöte nicht.

Besonders interessant ist in diesem Zusammenhang die leider nur fragmentarisch erhaltene Tafel aus Ampurias, die im Museum von Gerona aufbewahrt wird. García y Bellido gibt eine zeichnerische Rekonstruktion (García y Bellido, 1953, Taf. 1, Fig. 2).

In der Mitte steht der mit einem Sternengewande bekleidete Gott. Mit der Linken hält er das Szepter, die Rechte ist zum Gestus der ,,*Benedictio latina*'' erhoben. Hinter dieser Segenshand steht die Sonne mit ihren Strahlen. Sie symbolisiert Kraft und Wirkung, die von diesem Gestus ausgehen und weist uns zum Verständis der Sabazioshände.

Den rechten Fuß hat der Gott auf einen Widderkopf gestellt, eine Haltung, die uns bereits vertraut ist. Offenbar ist der Widder das bevorzugte Opfertier für die Gottheit. Jedenfalls muß er im Sabaziosmythos eine wichtige Rolle gespielt haben. Daß orientalische Götter auf Tieren stehen, kennen wir vom Kult des Iuppiter Dolichenus und von andern kleinasiatischen Kulten. Sind es diese Tiere, wie hier der Widder, die ursprünglich die Gottheit selbst manifestierten, oder wird hier an die oben erwähnte Versöhnung der Demeter durch Zeus, bei der ebenfalls ein Widder eine Rolle spielte, angespielt? Unsere Kenntnisse des Mythos sind allemal zu spärlich.

Zwischen den Füssen der Gottheit stehen auf der Tafel von Ampurias drei *Kratère*, die in einer Reihe angeordnet sind. Die Bedeutung dieser Gefäße im Ritus des Sabazioskultes ist uns bereits bekannt und wir werden gleich nochmals darauf zurückkommen müssen.

Sowohl zur Linken als auch zur Rechten der Gottheit erhebt sich je ein Baum. Der zur Linken (vom Betrachter aus gesehen rechts) ist sicher eine Pinie. Um ihren Stamm windet sich eine Schlange nach oben. Auf der Gegenseite steht ein Baum mit teilweise gekappten Ästen. Um den Stamm windet sich hier eine spiralige Ranke nach oben. Als Wipfel des Baumes lassen sich Blätter und nicht genau definierbare Früchte (Trauben?) erkennen. Aus diesem Wipfel wächst eine Büste des Dionysos, die seitlich von einem Stern begleitet wird. Über den Stamm hinweg sind zwei Thyrsosstäbe gekreuzt.

Von größtem Interesse ist die Darstellung am Rand der Tafel. Auf einem Altar brennt das Opferfeuer und vor dem Altarblock steht ein *Kratèr*. Links und rechts auf oder hinter dem Altar sind zwei Sabazioshände plaziert. Über dem Altar schwebt im Raum ein *Caduceus*. Die Darstellung mit Altar, *Kratèr* und Sabazioshänden will uns wie das Abbild des Instrumentariums eines Kultlokales scheinen. Sie gibt uns einen Hinweis, wie die Sabazioshände plaziert sein konnten, wenn sie nicht einfach als *Ex Voto* aufgestellt waren.

Die vorhin beschriebenen beiden Bäume stehen mit ihrem Wurzelwerk auf zwei höhlenartigen Gebilden, die gleichsam in den Wurzeln der Bäume geborgen sind. Diese höhlenartigen Darstellungen sind eng verwandt mit jenen, die wir bereits auf den Sabazioshänden und zwar besonders im Bereich der Handwurzel abgebildet gefunden haben.

In der Höhle rechts von der Gottheit, unter dem Baum mit der Dionysosbüste im Wipfel hockt eine verschleierte Frau, die in eine auf einem Brennständer loderndes Feuer Weihrauch zu streuen scheint. Die Szene wird von den uns bereits bekannten heiligen Tieren Eidechse, Frosch und Schildkröte begleitet. Ch. Picard wollte in dem Brennständer ein ,,Violinidol'' sehen (Picard, 1961, 157, Anm. 1). Dieser Deutung können wir uns aber nicht anschließen. Das fragliche Objekt wird durch die Rifen an seinem Rand, die interessanterweise deutlich angegeben sind, deutlich in die Gruppe der sog. ,,Räucherkelche'' eingewiesen.

In der andern Grotte, die sich unter der Pinie befindet, ist die uns schon von den Sabazioshänden her bekannte Szene der Mutter mit dem Kind zusammen mit Schlange und Adler dargestellt. Schlange und Adler manifestieren hier die Präsenz des Iuppiter Sabazios im Kontext der Szene.

Es will uns scheinen, daß diese beiden Szenen, von denen die eine, wie erwähnt, auf den Sabazioshänden öfters auftaucht, von zentraler Bedeutung sind. Sie dürften Szenen aus dem uns weitgehend unbekannten Sabaziosmythos darstellen. Ch. Picard möchte in der Darstellung links eine Kybele (warum?) und in der rechts mit einigen Vorbehalten eine Demeter erkennen. Es könnte sich bei den Darstellungen aber auch um eine und dieselbe Person handeln, die hier in zwei Szenen desselben Mythos abgebildet wird. Unsere Kenntnisse sind eben hier allemal noch ungenügend.

So wissen wir auch nicht, welche die Bedeutung des Mannes mit der geschulterten Doppelaxt ist, der auf der Platte von Ampurias rechts neben der Pinie dargestellt ist. Handelt es sich um eine Verkörperung des

Bösen, das die Hand an die heilige Pinie legen will, was durch die Praesenz der Schlange verhindert wird?

Als letzte Denkmälergruppe wären die eigentlichen *Votivbleche* zu nennen. Ihre Form ist nur insofern spezifisch, als es sich um dünne Silberlamellen handelt, die mit dünnen, Plissé-Falten ähnlichen Randverzierungen versehen sind. Solche Votivbleche sind Gemeingut vieler, nicht nur orientalischer Kulte. Wir finden sie z.b. im großen Dolichenusfund von Mauer an der Url genau so wie für gallorömische Gottheiten auf dem Großen St. Bernhardpass oder im gallo-römischen Tempelbezirk von Allmendingen (Schweiz).

Der große Depotfund von an die 80 solcher Votivbleche aus Vichy (jetzt im Musée National de St-Germain-en-Laye) enthält ein durch Inschrift für Sabazios gesichertes Exemplar, sowie weitere, auf denen der Gott im *Naiskos* dargestellt ist (Picard, 1962, Fig. 1 und 3). In dieselbe Gruppe ist auch das Votivblech mit Sabazios im *Naiskos* aus dem Schatzfund von Tekije im Museum von Belgrad zu stellen.

6. *Zusammenfassung*

Zusammenfassend können wir feststellen, daß wir vom Kulte des Sabazios zwar eine Menge Einzelheiten und recht viele Denkmäler kennen. Diese Elemente fügen sich aber keineswegs zu einem geschlossenen Bild zusammen. Vorallem können wir den zu Grunde liegenden Mythos aus den literarischen Nachrichten, aus den Inschriften und aus dem vorliegenden Bildmaterial nur unvollkommen rekonstruieren.

Während über die Genese und das Herkommen des Kultes relative Klarheit herrscht und sich auch der Weg, den er in den Westen des römischen Reiches genommen hat, heute besser fassen läßt, sind unsere Informationen über den Ablauf der Kulthandlungen und die entsprechenden Lokale, wo sich der Kult in Mysterienform abgespielt haben muß, sehr unvollständig.

Typische Kultlokale, wie z.B. beim Mithraskult, sind nicht faßbar. Immerhin glauben wir, aus den Darstellungen auf den Sabazioshänden und den Bronzetafeln in Kombination mit den Funden in Pompeji gewisse Hinweise auf ein mögliches Kultensemble herausarbeiten zu können (Altar, *Kratèr* und Hände).

Der eigentliche Mythos, der den Mysterien zu Grunde liegt, schimmert da und dort in den Darstellungen der Attribute durch. Er bleibt une aber zunächst noch weitgehend unverständlich. Nur neue, gut beobachtete Funde können hier weiterhelfen.

Trotzdem können wir über den Charakter des Glaubens einige vorläufige Aussagen machen. Jenseitshoffnung und Vergebung der Erbsünde, aber auch Schirm und Schutz von Seiten der Gottheit im Leben auf der Erde scheinen die Hauptzüge der sabazischen ,,frohen Botschaft'' gewesen zu sein, die Berührungspunkte mit dem Kult der Kybele und des Attis (Doppeltafel von Berlin), aber auch mit dem jüdischen Glauben in der Diaspora in Kleinasien und in der Spätzeit mit christlichen Gemeinden (Vincentiusgrab in der Praetextatkatakombe) gehabt zu haben scheint.

LITERATURVERZEICHNIS

Blinkenberg, Ch., *Archäologische Studien,* Kopenhagen 1904, 66 ff = Blinkenberg (1904).

Bruhl, A., *Plaques du culte de Sabazios provenant d'Ampurias* in *Revue Archéologique* 1932 (2), 35 ff = Bruhl (1932).

Cook, A. B., *Zeus, a study in ancient religion* I-II, Cambridge 1914 = Cook (1914).

Eisele, *s.v.* Sabazios in W. H. Roscher, *Lexicon der griechischen und römischen Mythologie* 4, Leipzig 1909-1915, Sp. 232-264 = Eisele (1909-15).

Elia, O., *Vasi magici e mani pantee a Pompei* in *Rendiconti dell'accademia di archeologia, lettere e belle arti* (NS), 35, 1960 [1961], 5 ff = Elia (1961).

Elworthy, Fr. Th., *Horns of honour,* London 1900 = Elworthy (1900).

Fellmann, R., *Belege zum Sabazioskult im frühkaiserzeitlichen Legionslager von Vindonissa* in *Studien zur Religion und Kultur Kleinasiens. Festschrift F. K. Dörner* (EPRO 66), Leiden 1978 = Fellmann (1978).

Fingerlin, G., *Dangstetten, ein augusteisches Legionslager am Hochrhein* (51-52. Bericht der Römisch-germanischen Kommission 1970-71), Berlin 1972 = Fingerlin (1972).

Gallina, A., *Sabazio* in *Enciclopedia dell'arte antica classica ed orientale* 6, 1965, 1042 ff = Gallina (1965).

García y Bellido, A., *Una deidad oriental en la España romana* in *Revista de la Universidad de Madrid* 1 (Num. 3), 1953, 345 = García y Bellido (1953).

García y Bellido, A., *Les religions orientales dans l'Espagne romaine* (EPRO 5), Leiden 1967.

Gressmann, H., *Die orientalischen Religionen im hellenistisch-römischen Zeitalter,* Berlin-Leipzig 1930 = Gressmann (1930).

Hajjar, Y., *A propos d'une main de Sabazios au Louvre* in *Hommages à Maarten J. Vermaseren* I (EPRO 68), Leiden 1978, 455 ff.

Karamanolis-Siganidis, M., *,,Chalkè cheir Sabaziou ex Edessès''* in *Archaiologikon deltion* 22, 1967, 149 ff = Karamanolis (1967).
Kojić, S., *Le thiase sabazique de Pirot* in *Starinar* (NS), 15/16, 1964/5, 183-186 = Kojić (1964/65).
Kent Hill, D., *A bronze hand of Sabazios* in *Essays in memory of Karl Lehmann*, New York 1964 (= *Marsyas, Studies in the history of art,* Supplement I) = Hill (1964).
Lane, E. N., *Two votive hands in Missouri* in *Muse* 4, 1970, 43 ff = Lane (1970).
Lane, E. N., *Towards a Definition of the Iconography of Sabazius* in *Numen* 27, 1980, 9-33.
Lane, E. N., *Corpus Cultus Iovis Sabazii (CCIS)* II. *The Inscriptions* (EPRO), in Vorbereitung.
Macrea, M., *Le culte de Sabazius en Dacie* in *Dacia, Revue d'archéologie et histoire ancienne* (N.S.), III, 1959, 325 ff = Macrea (1959).
Oesterley, W. O. E., *The cult of Sabazios: a study in religious syncretism* in *The Labyrinth*, ed. S. H. Hooke, London 1935 = Oesterley (1935).
Osten, H. H. v.d., *Eine neue Sabaziosstatuette* in *Orientalia Suecana* II, 1953, 29 ff = v.d. Osten (1953).
Picard, Ch., *Sabazios, dieu thraco-phrygien: expansion et aspects nouveaux de son culte* in *Revue archéologique* (Sér. 7), II, 1961, 129 f = Picard (1961).
Picard, Ch., *Le dieu thraco-phrygien Sabazios-Sabazius à Vichy* in *Revue archéologique du Centre* 1, 1962, 10-30 = Picard (1962[I]).
Picard, Ch., *Sabazius et Bacchus enfant à Vichy* in *Revue archéologique* 1962 (II), 71-79 = Picard (1962[II]).
Schaefer *s.v.* Sabazios in A. Pauly-Wissowa, G., *Realenzyklopädie der Classischen Altertumswissenschaft*, 2. Reihe, Bd. I, 2, Sp. 1540-51 = Schaefer.
Selem, P., *Les religions orientales dans la Pannonie romaine, partie en Yougoslavie* (EPRO 85), Leiden 1981, 250 ff.
Sotgiu, G., *Per la diffusione del Culto di Sabazio. Testimonianze dalla Sardegna* (EPRO 87), Leiden 1980.
Swoboda, E., *Die Schlange im Mithraskult* in *Jahreshefte des Oesterreichischen Archäologischen Instituts in Wien*, 30, 1937, 1 ff = Swoboda (1937).
Tatscheva-Hitova, M., *Wesenszüge des Sabazioskultes in Moesia Inferior und Thracia* in *Hommages à Maarten J. Vermaseren* III (EPRO 68), Leiden 1978, 1217 ff.
Westra, E. and Vermaseren, M. J., *Corpus Cultus Iovis Sabazii (CCIS)*. I. *The Hands* (EPRO), in Vorbereitung.
Zun, B., *On the symbolism of several animal heads* in *Latomus* XXII, 1963, 256 und 259 = Zun (1963).

ABBILDUNGSVERZEICHNIS

Tafel I. Bronzene Reliefplatte mit Darstellung des Sabazius, wahrscheinlich aus Rom. Kopenhagen, Nationalmuseum, Inv. 4977. Photo Lennart Larsen.

Tafel II, 1. Bronzestatuette des Sabazius von unbekannter Herkunft. Missouri-Columbia, Museum of Art and Archeology, Inv. 71.139. Photo mit Genehmigung des Herrn Prof. Dr. E. N. Lane.

Tafel II, 2. Marmor Kopf, vermutlich des Sabazius, aus Rom. Ehemals Sammlung Marquise de Maillé. Photo nach Fr. Cumont, *Les religions orientales dans le paganisme romain*, Paris 1929⁴, Pl. III, 1.

Tafel III. Sabazius-Hand vom Gr. St. Bernhard. Photo Elisabeth Schulz, Basel, mit Genehmigung des Herrn Prof. Dr. R. Fellmann. [Vgl. R. Fellmann, *Die Schweiz zur Römerzeit*, Basel 1957², 119 Nr. 39, Fig. 38.]

Tafel IV. Bronzeplatte aus Ampurias (= Emporion) in Spanien. Gerona, Archäologisches Museum. Rekonstruktion. Photo nach M. Almagro, *Les necrópolis de Ampurias* II. *Necrópolis Romanas y Necrópolis Indígenas* (= Monografías Ampuritanas III), Barcelona 1955, S. 127 Abb. 109.

Tafel V. Kultvase aus Pompei. Neapel, Nationalmuseum. Photo nach O. Elia in *Rendiconti della Accademia di Archeologia, Lettere e Belle Arti di Napoli* (N.S.) 35, 1960. Photo nach O. Elia in *Rendiconti della Accademia di Archeologia, Lettere e belle Arti di Napoli* 35, 1960, Tafel II, 1-2.

Tafel VI. Gemälde aus dem Grabe des Vincentius in Rom. Photo nach M. P. Nilsson, *Geschichte der griechischen Religion* II. *Die hellenistische und römische Zeit* (Handbuch der Altertumswissenschaft Abt. V, Teil 2), München 1950, 635 Abb. 5.

Für Sabazius, sieh auch Kapitel XX, Tafel II.

Tafel I

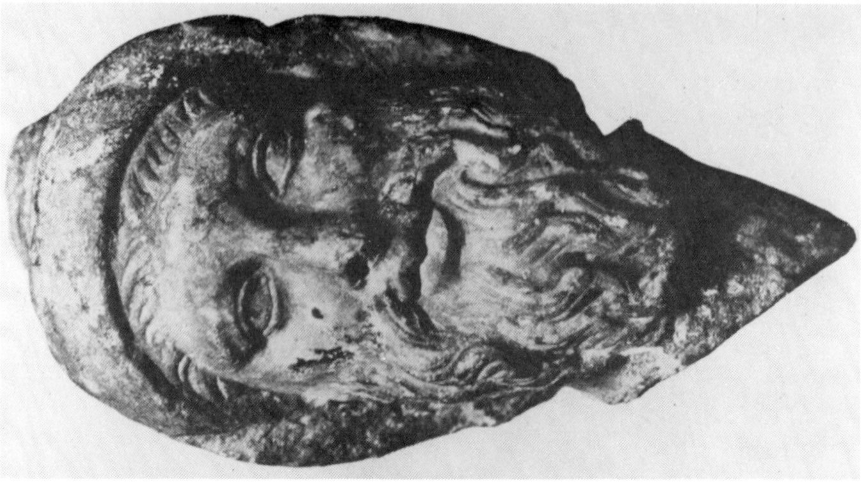

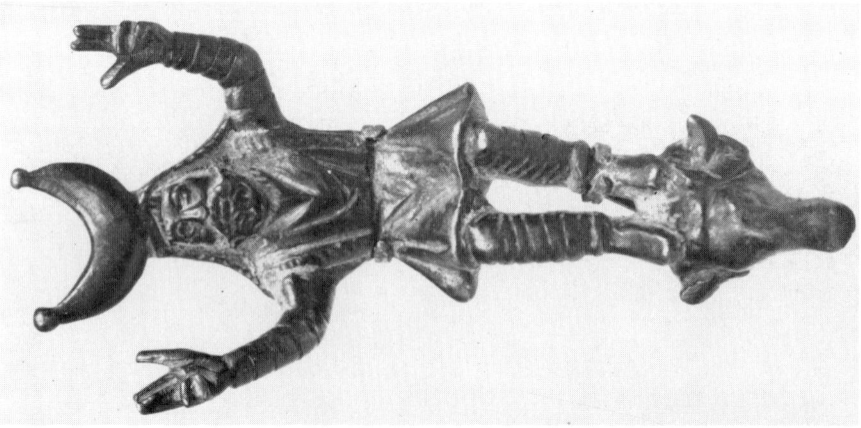

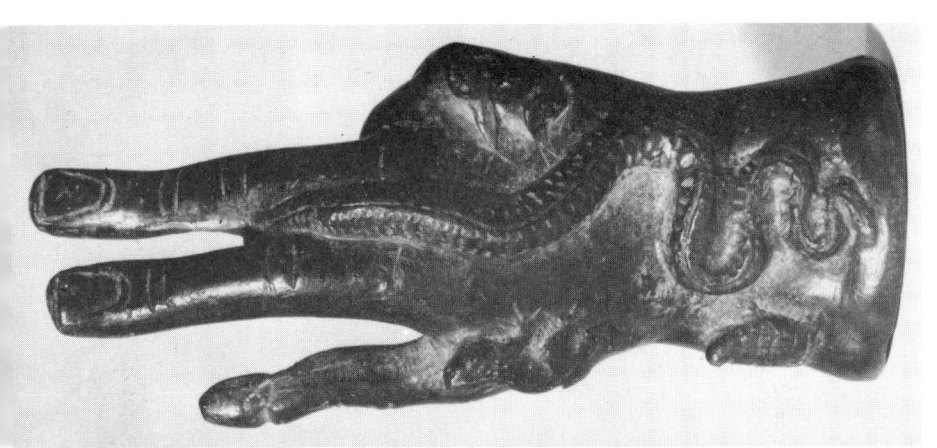

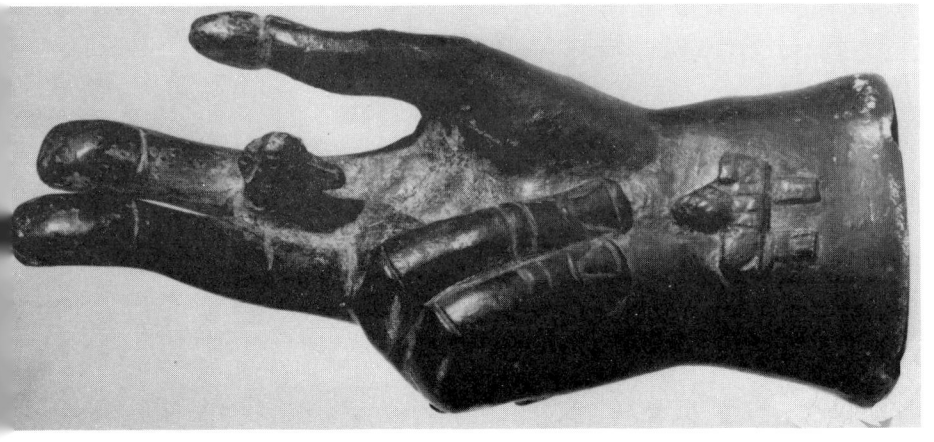

Tafel III

Tafel IV

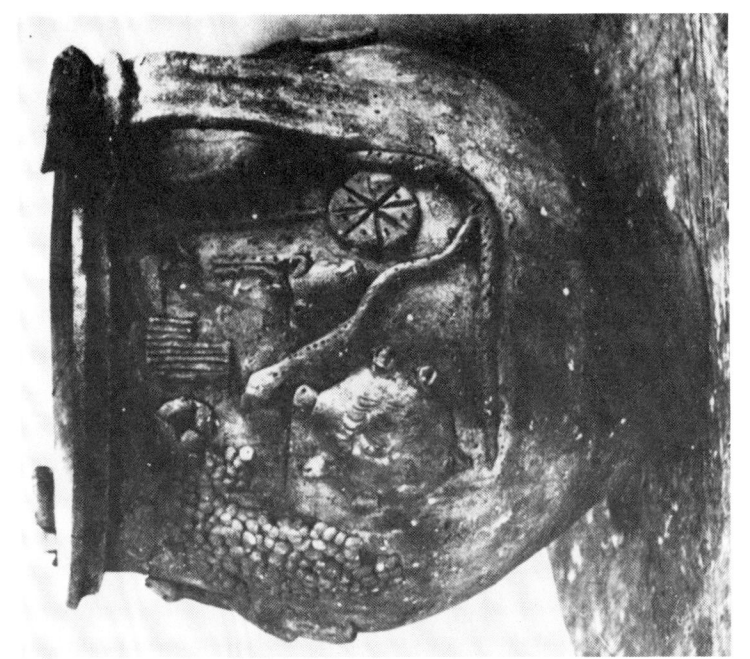

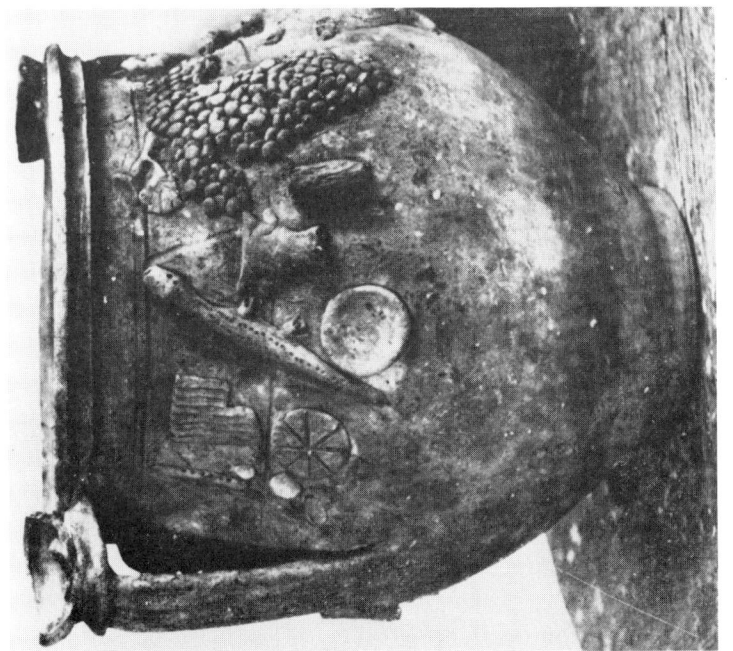

Tafel V

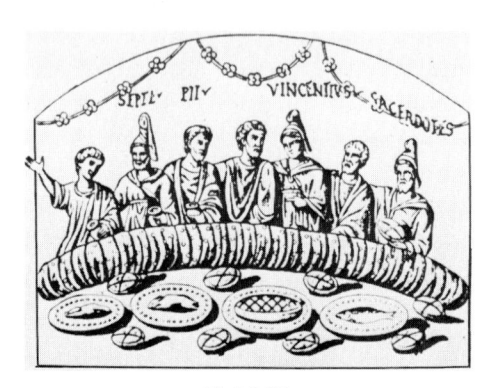

Tafel VI

XIII

MYSTERIEN (IN KULT UND RELIGION) UND PHILOSOPHIE

HEINRICH DÖRRIE
(Münster i. Wf.)

Auf den ersten Blick mag es erstaunlich erscheinen, daß Mysterien, eingebettet in rätselvolles Geheimnis, und Philosophie, die doch alles in rationale Klarheit erhebt (oder erheben sollte), etwas mit einander zu tun haben. Tatsächlich aber sind Mysterium und Philosophie eine Jahrhunderte währende Verbindung mit einander eingegangen: ,,Philosophie" im antiken Sinn des Wortes vermochte nicht nur (soweit das erlaubt war) die Geheimnisse des Mysterium zu entschlüsseln; sie vermochte sogar zu erweisen, daß dem mystischen Geheimnis eine ganz bestimmte theologische Erkenntnis zu Grunde liege; so war schließlich der Philosophie (neben mehreren anderen Diensten, die sie leistete) der Nachweis zu verdanken, daß im Mysterienkult nicht etwa irgendwelche Betrügereien macht- und geldgieriger Priester für Leichtgläubige in Szene gesetzt würden (auch solche Vorwürfe sind hartnäckig erhoben worden, z.B. von Apuleius in den *Metamorphosen*); sondern ,,die Philosophie" vermochte nachzuweisen, daß im Mysterium eine der Menschheit seit Urzeiten offenbarte Wahrheit und Weisheit zu einem nunmehr verschlüsselten, mit Rätseln umgebenen Ausdruck komme. Nur dem, der alles Verunreinigende meidet, nur dem, der eine im kultischen Sinne reine Lebensführung einhält, kann es gelingen, zu philosophischer Erkenntnis ebenso wie zur Einweihung in das Mysterium aufzusteigen. In diesem Punkte (den wir Kathartik zu nennen pflegen) hat der Philosoph den gleichen Anforderungen zu genügen wie der Myste; dies hat nicht wenig dazu beigetragen, Philosophie und Mysterium eng aneinander zu rücken.

Nun muß freilich zweierlei bedacht werden: ,,Philosophie" hatte einen Inhalt, der von dem, was wir heute unter Philosophie verstehen, recht weit entfernt ist. Und: Die in der Kaiserzeit zelebrierten Mysterien sind, was ihren Anspruch und was ihre Verheißung betrifft, recht erheblich von einander verschieden; darum muß ihre Bindung oder Verbindung mit der Philosophie jeweils sehr anders beschrieben werden. So läßt es sich nicht umgehen, die einzelnen Mysterien in ihrem oft lockeren, oft engen Verhältnis zur Philosophie zu beschreiben.

I.

Im Denken der Antike waren die beiden Begriffe ,,Wissen'' und ,,Glauben'' nicht grundsätzlich von einander geschieden; erst Augustin hat, bis heute gültig, diese beiden Bereiche gesondert. Vielmehr herrschte die nie erschütterte Überzeugung, daß alles, was ,,man weiß'' eine Einheit bildet. Die Philosophie bezieht sich ,,auf die Erkenntnis alles dessen, was Götter und Menschen betrifft'' — so die herkömmliche, von der Stoa geprägte, oft wiederholte Definition.

Hier gilt es im Auge zu behalten, dass ,,Wissen'' oder ,,Erkenntnis'' noch keineswegs so bestimmt werden konnte, wie das heute (fast) selbstverständlich ist. Noch war die Forderung nicht zu verwirklichen (sie wurde übrigens garnicht erhoben), daß alles Wissen durch wiederholbares Experiment (im Bereich der Naturwissenschaft) oder durch jederzeit nachprüfbare Belege (so im Bereich der Geschichte) gesichert sein müsse. Noch gab es kein optisches Hilfsmittel, wie etwa Fernrohr oder Mikroskop; noch war man allein auf die Beobachtung durch das unbewaffnete Auge angewiesen; selbst eine Zeitmessung war nur im Groben (ohne Pendeluhr) möglich. Wenn nun eine Philosophie es unternahm, die Gründe zu benennen, welche die Welt als Ganzes und die auffälligen Phänomene in ihr bewirken, so war es unausweichlich, daß eine ,,philosophische Welterklärung'' vieles enthielt, das heute als bloße Annahme, als Hypothese, ja als Spekulation bezeichnet werden müßte. Denn es ging — notgedrungen — darum, ein System von Wahrscheinlichkeiten, die einander gegenseitig stützen, zu errichten; antike Naturerklärung war darum bemüht, Vorstellungsmodelle zu entwerfen, durch die möglichst viel des Erstaunlichen und Verwunderlichen plausibel erklärt werden konnte — so den täglichen Himmelsumschwung, Lauf von Sonne und Mond nebst den Finsternissen, Blitz und Donner, Regen und Hagel und vieles andere mehr — bis hin zum Rätsel der Nilschwelle.

Nun hat die Gottheit (aus Gründen, die wiederum der Philosoph zu benennen vermag) die Welt nicht so angeordnet, daß die Kräfte, die in ihr wirken, deutlich zu Tage liegen. Sondern die Gottheit hat ihr Werk in vielerlei Rätsel und Geheimnisse eingehüllt, die nicht jeder, sondern nur der forschende Philosoph zu enträtseln vermag. Denn die Gottheit wollte ebenso diejenigen, die das Geheimnis nicht zu verstehen vermögen — die Unbelehrbaren = ἀμαθεῖς — von der Erkenntnis fern halten, wie sie diejenigen, welche der Erkenntnis fähig sind, zum Erforschen der Geheimnisse auffordern wollte. Gern wird der folgende Vergleich angewendet: Himmel und Erde sind wie ein Buch, in das die Gottheit die Geheimnisse der Natur eingetragen hat. Aber kein Unwissender vermag dieses Buch zu lesen — erst muß er die Schriftzüge, deren die Gottheit sich bedient hat, erlernen.

Hiermit ist eine zweite Ebene des Vergleiches der Philosophie mit dem Mysterium erreicht: Hier wie dort bedarf es einer sorgsamen Unterweisung; man kann sich des Inhaltes von Philosophie oder Mysterium nicht einfach so bemächtigen. Sondern es gilt zuvor eine an strenge Bedingungen geknüpfte Legitimation zu erwerben. Das Wissen, das Philosophie und Mysterium zu vermitteln in der Lage sind, ist nur dem zugänglich, der eine mühevolle Etappe der Vorbereitung durchlaufen hat.

II.

Eine erste Verbindung zwischen Philosophie und Mysterium hat Platon hergestellt; diese Verbindung sollte sich als ungewöhnlich nachhaltig erweisen: Mehrmals vergleicht Platon den Erkenntnisgewinn, der den Philosophen zur Schau des reinen Seins und damit zur Teilhabe am Sein führt, mit der beseligenden Schau, zu welcher der Myste in Eleusis geführt wird. Denn dort gipfelt das mystische Erlebnis in einer Schau geweihter Gegenstände, vermutlich einer Ähre. Wer diese ansehen durfte, dem wurde plötzlich klar, welchen Sinn zahlreiche Andeutungen hatten, die während der voraufgehenden Belehrung — παράδοσις — gefallen waren. Das bisher Rätselhafte wurde nun unmittelbar einsichtig. Und im gleichen Augenblick, da der *Hierophant* (d.i. der, der das Heilige zeigt) die bisher verborgenen Gegenstände vorwies, erfolgte ein Lichtwunder: An der Fackel, die der *Daduchos* (d.i. der Fackelträger) trug, entzündeten sich in wunderbarer Eile alle Fackeln, welche die Festteilnehmer bereit hielten, sodaß das Telesterion, der Raum, in dem die Weihung erfolgte, im Nu in helles Licht getaucht war. Wahrscheinlich lebt dieses Lichtwunder in dem eindrucksvollen Osterbrauch fort, der in der Osternacht in griechischen Kirchen zelebriert wird: Beim Rufe ,,Christus ist erstanden" entzünden sich Hunderte von Fackeln.

Zu diesem Erlebnis des Mysten rückt Platon das Erlebnis des Philosophen in Analogie. Auch er muß bei entsagungsvoller Lebensführung eine mühevolle Kleinarbeit verrichten; es gilt, ein ausgedehntes Grundwissen, und dazu die methodische Schulung im Denken zu erwerben. Dann aber tritt irgendwann der Augenblick der Erleuchtung ein, da nach langem Bemühen um die zentrale Frage, nach langem Suchen (Platon, 7. *Brief* 341 CD) also, ,,gleich wie wenn ein Funke zündet" das lange Zeit hindurch Gesuchte vor dem Auge des Suchenden steht.

Nun haben nach Platons Überzeugung die menschlichen Seelen das reine Sein erschaut, bevor sie in die Körperwelt hinabstiegen; von dieser ursprünglichen und unmittelbaren Schau ist das, was der Myste im Mysterion erblickt, ein Abglanz — aber ein Abglanz, der den Mysten an die frühere Schau zu erinnern vermag (Platon, *Phaidros* 250 BC). Das reine Sein, und in ihm die ewigen Vorbilder, die Ideen, ist keine bloß passive Größe. Denn wer etwas vom Sein erschaut oder erkennt, gewinnt damit Teil an ihm, weil Gleiches durch Gleiches erkannt wird. Nun gilt für die Schau des Philosophen die gleiche Verheißung, die für den Mysten zu Eleusis gilt: Dort bewahrt die Schau den Mysten davor, in das Nicht-Mehr-Sein des Todes abzusinken. In genauer Analogie dazu verleiht die Schau = Erkenntnis des Seins und der Ideen dem Philosophen Anteil am Sein, d.h. sie verleiht ihm Unsterblichkeit.

Damit ist der entscheidende Verbindungspunkt aufgezeigt, der Philosophie und Mysterium als zwei Aspekte derselben Sache erscheinen läßt. In beiden Fällen wird die Anwartschaft gewonnen, daß die geistige Existenz über den Tod hinaus fortdauert. Es muß recht eigentlich Platon zugeschrieben werden, daß er diese Verbindung geknüpft hat. Auch wenn andere Mysterien durchaus anders konzipiert waren (derart daß eine Schau nicht, wie in Eleusis, Höhepunkt des mystischen Ablaufes ist) so ist doch die soeben skizzierte Analogie, die zwischen dem Mysten und dem Philosophen besteht, in vielfacher Variation wieder und wieder zum Tragen gebracht worden.

Selbst Chrysippos von Soloi, der die stoische Schule von etwa 231 v. Chr. bis zu seinem Tode 208 oder 204 v. Chr. leitete, stellte diese Verbindung her: Die philosophische Unterweisung über das Wesen der Götter sei als eine Einweihung — τελέτη — bezeichnet worden; so *SVF* II,

17, 1 = Plutarch, *Stoic. Repugn.* 9; 1035 ab. Schon sein Vorgänger Kleanthes von Assos, der 232/1 hundertjährig starb, glaubte, daß im eleusinischen Mysterium die Welt, die Sonne und der Mond symbolisiert seien (vgl. unten S.351); hier hat die nachmalige Gewohnheit, Philosophisches in der Sprache der Mysterien, Mystisches in der Sprache der Philosophen auszudrücken, eine ihrer Wurzeln.

III.

Hierzu muß man sich nun zwei Besonderheiten griechischer Religiosität vor Augen halten; nur so wird klar, welch eine exzeptionelle Bedeutung den Mysterien zukam:

1) Alle Verrichtungen zu Ehren der Götter waren durchaus öffentlich und für jeden zugänglich. Es gab viele Formen des gottesdienstlichen Tuns: Opfer, Gebete, Umzüge, Aufführungen von sog. Chören; dazu hatte jedermann freien Zugang. Darum fanden sakrale Handlungen niemals in einem Tempel statt. Denn im Tempel wohnt der Gott; was man für ihn tut, tut man unter freiem Himmel vor dieser seiner Wohnung. Darum gibt es bis herab in die hellenistische Zeit (außer zu Eleusis) nirgendwo einen geschlossenen Raum, in dem sakrale Handlungen stattgefunden hätten. Hier liegt der Grund, warum der christliche Kirchenbau an die *Basilica,* die Markthalle, anknüpfen mußte.

2) Die Götter, die man derart in aller Öffentlichkeit verehrte, hatten die Macht, für alle Ereignisse dieses Lebens Erfolg und Segen zu spenden. Aber ihre Macht vermag nicht über den Tod eines Menschen hinaus zu wirken: Kein Gott vermag das Leben eines Menschen zu erhalten, wenn es abgelaufen ist. Noch viel weniger kann ein Gott bewirken, daß ein Verstorbener im Jenseits glücklich weiterleben darf. Vor dem Tode sind alle gleich, und der Gott der Toten gewährt keine Ausnahme. Das Schattenreich, in dem die Toten zu völliger Untätigkeit verurteilt sind, hat Homer als einen Ort grauer Hoffnungslosigkeit geschildert, so bes. im 11. Buche der *Odyssee.*

Hiernach ist eine Hoffnung auf ein glückliches Jenseits ohne Sinn; im weiten Bereich des öffentlich verrichteten Kultus ist für eine Eschatologie kein Raum. Einzig Mysterien — und das heißt bis zur Mitte des 2. Jahrh. v. Chr.: nur das Mysterium „der beiden Göttinnen" von Eleusis — vermögen eine Anwartschaft auf ein glückliches Weiterleben im Jenseits zu geben. Wer es verfehlt oder versäumt, sich in ein

Mysterium einweihen zu lassen, dem ist es bestimmt ,,im Dreck liegen zu bleiben'', womit drastisch das Ende jeglichen Existierens bezeichnet ist.

Diese auffallende Wendung (vgl. Platon, *Phaidon* 69 C) entstammt der religiösen Rede der Orphiker; sie enthielt eine drastische Drohung an diejenigen, welche die orphische Lehre und mit ihr die das Heil verbürgende Weihung nicht annehmen wollten: Sie würden liegen bleiben, wo sie waren, d.h. im Grabe. Nachmals war die eleusinische Religiosität (vgl. unten S.360) gekennzeichnet durch die Heilserwartung: Wer in das Mysterium eingeweiht ist, darf nach dem Tode ein besseres Leben erwarten als die nicht Geweihten.

Dies sollte zur bestimmenden Leitlinie für alle anderen Mysterien werden: So sehr das Mysterienwesen der Kaiserzeit von der Urform abweicht, die zu Eleusis zelebriert wurde, so stimmen doch alle Mysterienkulte in diesem Merkmal überein: Eine glückhafte Fortexistenz (wie immer man sich diese vorstellte) ist nur durch die Einweihung in ein Mysterium zu sichern. Nur dadurch ist eine Heilserwartung, oder wie Cicero es *De Leg.* 2, 36 ausdrückte: *spes melior moriendi*, zu gewinnen; dank solcher ,,besserer Hoffnung'' unterscheidet sich der Eingeweihte von den Vielen, die nur Hoffnungslosigkeit zu erwarten haben.

Die Analogie zur Philosophie ist nicht nur dadurch gegeben, daß der Vorgang schlagartiger Erkenntnis, die Erleuchtung des bisher Verborgenen hier und dort vergleichbar ist. Von ebenso großer Bedeutung ist die zweite Komponente dieser Analogie: Hier und dort wird eine Anwartschaft auf das künftige Heil erworben — eine Anwartschaft, die ,,den vielen'' gänzlich verschlossen ist.

IV.

Im vorstehenden Abschnitt ist der Grund bezeichnet, der es bewirkte, daß vom Ende des 2. Jahrh. an mehreren Kulten ein mystisches Ritual hinzugefügt wurde. Bezeichnender Weise war von diesen Kulten nur einer, der des Dionysos, ein seit sehr langer Zeit griechischer Kultus. Während des späten Hellenismus und der frühen Kaiserzeit werden mehrere stark von einander abweichende Formen eines dionysischen Kultus erkennbar, der seinen Anhängern die beglückende Entrückung (nämlich durch Genuß des Weines = des Gottes) nicht nur im Diesseits, sondern auch im Jenseits versprach. Vermutlich war das Wunder, das

Dionysos an der verlassenen Ariadne wirkte (er erhob sie zu seiner Gattin und entrückte sie an den Himmel), zugleich als Symbol und als Verheißung dafür angesehen worden, daß der Gott im Diesseits wie im Jenseits Trauer in Jubel wendet. Freilich ist, was den dionysischen Mysterienkult anlangt, eine Verknüpfung mit philosophischen Überlieferungen nicht zu erkennen.

Nach allem, was bisher ausgeführt wurde, ist es durchaus folgerichtig, daß keiner der bisher allein verehrten, also der altgriechischen, Götter zum Mittelpunkt eines Mysterium wurde; bezeichnender Weise sind ,,neue'' Götter und Göttinnen zu Garanten der Jenseits-Erwartung geworden — einer Erwartung, welche die ,,alten'' Götter nicht zu erfüllen vermochten. Soviel sich erkennen läßt, ist es im Kult der ursprünglich phrygischen Gottheiten Kybele — *Mater Magna* — Attis nicht zu nennenswerter Verbindung mit der Philosophie gekommen.

Umgekehrt sind die Mythen und die Riten des Kybele-Kultes in einer vermutlich durchlaufenden Überlieferung so gedeutet worden, daß ein philosophisch-theologischer Sinn sich gerade für diesen Kultus ergab, der für Griechen und für Römer viel Anstößiges enthielt. Von dem kaum unterdrückten Grausen, mit dem man auf diesen Kultus, dessen Priester sich selbst entmannen mußten, schaute, gibt das Gedicht nr. 63 des Catullus eindringliches Zeugnis.

Nun ergab sich für jeden der nachmals verbreiteten Mysterienkulte, nämlich Kybele, Isis, Mithras eine reich variierte, dabei jeweils grundsätzlich verschiedene Wechselbeziehung zur Philosophie. Diese Beobachtung, die davor warnen sollte, von einem ,,kaiserzeitlichen Synkretismus'' zu sprechen, soll nun an Hand der drei genannten Kulte und ihrer Manifestationen erörtert werden; daraus ist ein Beitrag für die weiter führende Frage zu gewinnen, daß die von Grund auf verschiedenen Mysterienkulte von den Zeitgenossen in der Tat ganz verschieden geistig bewältigt wurden.

V.

Die Griechen haben seit dem 5. Jahrh. die Sammlung und die Deutung der ihnen überkommenen Mythen gepflegt und gefördert. Das gilt mit Hinblick auf Homer, dem wichtigsten Träger mythischer Überlieferung; es gilt aber ebenso mit Hinblick auf die Riten und Mythen auswärtiger Völker, denen sich das Interesse des Poseidonios von Apamea und vieler anderer zuwandte.

Nun liegt aller Mythendeutung das Axiom zu Grunde, daß alles Denken, mag es sich noch so vielfältig äußern, auf *eine* philosophisch-theologische Ur- und Grunderkenntnis gerichtet ist. Dem, was wir ,,pluralistisch'' nennen, war das antike Denken schlechthin unzugänglich; vielmehr kann und darf es nur éine Wahrheit geben, die wie ein Same — σπερματικῶς — in allen Aussagen über Einzelnes gegenwärtig ist.

Die stoische Schule hat sich diesem Axiom, wenn auch nur zögernd, angeschlossen. Gerade der Umstand, daß die Stoa, ursprünglich Bannerträgerin eines fast anti-religiösen Rationalismus, mehr und mehr dazu neigte, religiöse Überlieferungen durch ihre Deutungen zu stützen, hat ganz wesentlich dazu beigetragen, daß es in der späteren Antike zu der nicht mehr auflösbaren Verschmelzung von Religion und Rationalität, von Mysterium und Philosophie gekommen ist.

Weil das so wichtig werden sollte, sollen hier ein oder zwei Schritte, welche die Stoa zurücklegte, beschrieben werden.

Zunächst herrschte das Axiom, nur das, was der Prüfung durch den Verstand standhalte, sei der Natur gemäß und somit aufzusuchen und zu erstreben: ὀρεκτόν. Demnach hätte man eigentlich fast alle kultische Praxis, weil mit Absurditäten überfrachtet, bekämpfen müssen.

Aber: was alle tun, kann nicht der Natur zuwider sein. Der gegen alles Absurde mißtrauische Philosoph muß sich also durch den consensus omnium belehren lassen; Chrysippos, Freund knappster Formulierungen, drückte das so aus (*SVF* II, 304, 40): ,,Es gibt Götter, weil es Altäre gibt'' — was so zu paraphrasieren ist: Da sich alle Menschen durch Gebet und Opfer — diese auf Altären — an die Götter wenden, ist die Existenz und die Wirksamkeit der Götter erwiesen. Denn es können nicht alle Menschen auf einmal irren.

Wohl aber können sie sich in den Äußerungen ihrer Gottesvorstellung, im Akzidentiellen also, vergreifen; sie können die Macht und die Größe der Götter, um sie sich vorstellbar zu machen, vulgarisieren, vergröbern, ins Triviale, ja ins Absurde herabziehen.

Allzu oft also wird das grundsätzlich Wahre, das der Verehrung der Götter zu Grunde liegen muß, durch kindische Vorstellungen, durch Ammenmärchen überwuchert. Dem Philosophen erwächst somit die Aufgabe, das überall samenhaft vorhandene Wahre herauszuarbeiten, darzustellen und zu erklären; er vollzieht die notwendige ἑρμήνεια — das heute oft mißbrauchte Wort ,,Hermeneutik'' hat hier seinen Ursprung. Kurz, es ist nicht Sache des Philosophen, die Götter und das, was man von ihnen erzählt, kurzerhand zu leugnen; wohl soll er sich gegen Absurditäten und offenbar wider-logischen (und damit wider-natürlichen) Aberglauben wenden; das aber nur, um das in Wahrheit gemeinte, das hinter den irreführenden Worten verborgene Wahre aufzufinden. Im Verfolg dieser Aufgabe ist die Stoa, ihrer Anfänge ungeachtet, zu einer ganz und gar konservativen geistigen Macht geworden.

Ein erster Schritt schuf die Grundlage für alles Weitere: Die seit Urzeit verehrten Götter sind in Wahrheit die in der Natur wirkenden Kräfte; hierüber berichtet Cicero, *De Nat. Deor.* 1, 40. Es mag dem Laien unbenommen sein, sich die Götter auch weiter als Personen vorzustellen; der Philosoph dringt zu tieferer, wahrerer Erkenntnis vor. So weiß er vor allem, daß gerade Einzelheiten, welche vordergründig verstanden auf das äußerste schockieren müßten, bei richtigem Verständnis eine tiefe Wahrheit enthalten. Das heißt: sowohl der Wortlaut mythischer Erzählungen als auch die einzelnen Handlungen (griech.: τὰ λεγόμενα καὶ τὰ δρώμενα) müssen symbolisch verstanden werden: Erst das Symbolverständnis führt zur vollen Wahrheit.

Diese Hermeneutik nun ist auf den Kultus angewendet worden, der in besonders hohem Maße abstoßende Einzelheiten bot, nämlich auf den Kultus der Kybele, die meist mit der *Mater Magna* gleich gesetzt wurde (was, wenn man auf die Ursprünge schaut, nicht zutrifft).

Zum Glück hat Augustin, *Civ. Dei* 7, 24 die stoische Deutung erhalten, welche Varro in seinen Antiquitates vorgetragen hatte: Danach ist Kybele die symbolische Manifestation der Mutter Erde, was durch die Deutung aller ihrer Attribute bestätigt wird. Damit steht die packende Darstellung, die Lukrez, *De Natura Rerum* 2, 600-660 vom Triumphzug der Kybele gibt, in enger Verbindung; offensichtlich hat er das stoische Detail dieser ,,Hermeneutik'' gut gekannt und soweit für seinen Zweck nützlich verwendet; freilich ist das Beweisziel des Epikureers Lukrez dem der Stoiker entgegengesetzt, aber doch benachbart; er bekämpft es als eine von machtgierigen Menschen herbeigeführte Verfremdung, daß die Attribute der Macht, mit denen die Göttin ausgestattet wurde, unwissenden Menschen religiöse Angst einjagten. Benachbart ist Lukrez' Absicht der der Stoiker insofern, als er, wie seine stoischen Gegner, den Blick hinter die Vordergründe der kultischen Manifestation richtet; das

Eigentliche, das Wahre, das Unverfälschte wird durch den Blick in den Hintergrund erkannt.

Wahrscheinlich hat es eine, uns nur in Stücken erkennbare, Überlieferung gegeben, die Anstößigkeiten und Gewaltsamkeiten des Kybele-Kultes erklärend zu entschärfen. Neben die soeben knapp berührten Beispiele stoischer Deutung muß die Rede des Kaisers Julian ,,An die Mutter der Götter'' gestellt werden; es war dies eine Programmrede, durch welche die Absicht des Kaisers, die alten Kulte wiederherzustellen, gerechtfertigt werden sollte. Der philosophisch hoch gebildete Kaiser Julian gibt zu erkennen, daß er von vielen ,,Vorarbeiten'' im Bereich der religiösen ἑρμήνεια weiß; so berichtigt er zu diesem Thema eine Reihe von einzelnen Erklärungen; im Ganzen dringt er zu einer philosophisch begründeten Rechtfertigung vor; hiernach ist Attis (nicht anders als der ägyptische Horos im Verständnis Plutarchs) eben der Bringer des Heils, der philosophisch zu verstehende Logos, den die Fürsorge des Vatergottes (des Weltschöpfers) und der Muttergöttin (eben der *Mater Magna*) auf die Welt herabgesandt haben; zu diesem Thema hat der kaiserliche Verfasser die zahlreichen Elemente, die ihm die Überlieferung bot, derart in seine ,,Theologie'' eingefügt, daß diese geeignet war, zur christlichen Lehre vom Logos, der die Welt erlöst, in Konkurrenz zu treten. Dabei wird unterschwellig hervorgehoben, warum diese ,,Theologie'' der christlichen Offenbarung vorzuziehen ist: Die Heilslehre, die nach Ansicht des Kaiser Julian im Kultus der Kybele präsent ist, ist den Menschen seit Urzeiten verkündet worden; dies ist keine Offenbarung, die erst in historischer Zeit, als etwas Neues, und somit der Willkür, ja der Fälschung Verdächtiges in den Gesichtskreis der Menschen trat. Sondern im Kultus der Kybele, wenn man ihn nur richtig versteht, äußert sich die gleiche Sinnhaftigkeit, der gleiche Logos, der unausgesetzt in Natur- und Geisteswelt wirkt und in ihr erkennbar wird. So ist gerade die Deutung des höchst anstößigen Kultus der Kybele zu einer gegen das Christentum gerichteten Waffe geworden; hier liegt, sonst selten nachweisbar, ein Reflex heidnischer Apologetik vor, die sich christlicher Kritik gegenüber rechtfertigt.

VI.

Unter allen Kulten hat allein der der Isis eine in sich geschlossene Theologie hervorgebracht. Es gab eine wirksame Propaganda für den Kult der Isis; ihr ist es zuzuschreiben, daß sich der Isis-Kult vom 2.

Jahrh. v. Chr. an zunächst weithin in der hellenistischen Welt verbreitete, und daß er in Rom (wiewohl von dort mehrfach vertrieben) nachhaltig Fuß faßte. Die Träger dieser Propaganda, also die Priester der Isis, scheinen deutlich erkannt zu haben, daß ein religiöses Bedürfnis weiter Kreise danach drängte, an Stelle der unübersehbar vielen Götter eine alles umfassende Gottheit zu verehren. Folgerichtig beanspruchte die „Theologie" (vgl. Kap. V) der Isis, daß sie als höchste Gottheit die Oberhoheit über alle übrigen Götter habe; insbesondere stellten alle bisher verehrten Göttinnen nur einen Widerschein der Isis dar: Da viele Völker zuvor den Namen der wahren Gottheit, Isis, nicht wußten, haben sie sie unter anderen Namen verehrt. Darum vermag die religiöse Unterweisung, die auf den Eintritt in das Mysterium vorbereitete, die bisherige Unklarheit zu beheben: Alles, was man bisher zu verehren meinte, war nichts anderes als Isis selbst. Dann aber war in eine solche Isis-Theologie ebenfalls alles hineinzunehmen, was die Philosophie zur Erklärung der Welt erarbeitet hatte: Denn alle Gründe und alle Ursachen, welche die Welt hervorgebracht haben und nunmehr in ihr wirken, sind nichts anderes als Isis.

Es braucht nicht eigens ausgeführt zu werden, daß hiermit der ursprünglich ägyptische Wesenszug der Isis teilweise bis zur Unkenntlichkeit verwischt wird. Selbstverständlich blieb das ägyptische Kolorit, mit dem die Verehrung der Isis umgeben wurde, erhalten (längst hatte man erkannt, daß derlei in hohem Maße propagandistisch wirksam war); gewiß wurde auch die recht vielfach verästelte Kultlegende beibehalten; ihr hauptsächlicher Inhalt ist der Tod und die Zerstückelung des Osiris, danach die Wiederauffindung und das Wiederaufleben des lange gesuchten Osiris, endlich die Geburt des Horos. Wahrscheinlich sind in dieser Kultlegende zahlreiche Motive zusammengefaßt und in eine oft künstliche Verbindung mit einander gebracht worden, obwohl sie zunächst nichts mit einander zu tun hatten. Noch ist nicht genügend untersucht, ob die Kultlegende, auf die sich Plutarch bezieht, bereits im vorptolemäischen Ägypten überliefert wurde, oder ob sie erst unter griechischem Einfluß ihre verwirrende Vielfalt erhielt.

Viele Züge dieses Mythos luden dazu ein, ihn mit dem Verschwinden und der Wiederauffindung der Kore, also dem hauptsächlichen Stück des eleusinischen Mythos zu vergleichen; ja man darf sagen, Griechen konnten diesen Teil der Kultlegende „Isis findet Osiris wieder" nur von dem alt vertrauten Vorbild her, nämlich ,,Demeter findet ihre Tochter wieder" verstehen. Allerdings wuchs der Isis-Verehrung ein neues, wichtiges Moment zu: Da sie den Horos zur Welt bringt, kann sie als die Göttin mit dem Kinde verehrt werden — was ungemein folgenreich werden sollte.

In der Deutung der Isis-Mythen hat Plutarch ein Meisterstück hellenistischer Interpretation geliefert; diese Deutung liegt vor in der Schrift ,,Über Isis und Osiris", die der Forschung viele Rätsel aufgibt. Literaturnachweise dazu werden im Kap. V gegeben.

In dieser Schrift weist Plutarch Zug um Zug nach, daß die grundlegenden Erkenntnisse der griechischen, vor allem der platonischen Philosophie sämtlich in den Mythen, die von Isis und Osiris überliefert werden, enthalten sind, wenn auch in verschlüsselter Form. Was Griechen etwa abstößt, wird durch symbolische Erklärung gemildert; vor allem wird der Schock abgewendet, den es bedeutet hätte, wenn ägyptische ,,Theologie" einen substantiell anderen Inhalt hätte als die griechische. Diese für ihn unerträgliche Befürchtung räumt Plutarch aus: Grundsätzlich hat der gleiche Logos (etwa: Sinnhaftigkeit) einen nur akzidentiell verschiedenen Ausdruck bei Ägyptern und Griechen gefunden; an der Einheit des Logos braucht nicht gezweifelt zu werden.

Die somit gewonnene Sicherheit wird nicht dadurch erschüttert, daß sich der Logos in mancherlei Verschlüsselungen manifestiert; denn derartige Verschlüsselungen zu lösen, ist ja gerade die Aufgabe des hierin geschulten Philosophen.

Auf eine wichtige Unterscheidung muß nun freilich hingewiesen werden: Das Isis-Mysterium kulminierte nicht, wie das zu Eleusis, in einer beglückenden Schau; sondern hier war die Zulassung des Mysten ,,zur Privat-Audienz bei der Göttin" der Höhepunkt der mystischen Feier; die oft zitierte Formel, daß der Myste allein zu dem Gott, der ebenfalls ohne Begleitung oder Hofstaat war, sprechen durfte, lautet μόνος πρὸς μόνον. Apuleius paraphrasiert sie mit *adoravi de proximo*. Durch diese Erhebung des Mysten zur Gottheit erhält er selbst göttlichen Rang; daher wird er, nachdem der geheime Teil der Mysterienfeier beendet ist, der Isis-Gemeinde als Osiris vorgestellt. Wieviel von dem ursprünglichen Sinn der Formel ,,Werden wie Osiris = Osiris werden" bewahrt war, läßt sich nicht abschätzen.

Kurz, das Mysterium der Isis (oder wenigstens das, worüber gesprochen und geschrieben werden durfte) war der philosophischen Deutung zugänglich — soviel beweist Plutarch. Mehr noch: Die Heilserwartung, die durch die Initiation in das Mysterium der Isis gewonnen wurde, deckt sich mit dem Erkenntnis- und Erlösungsziel des Philosophen. Das beweist das Beispiel des Apuleius, der sich selbst als *philosophus Platonicus* verstand: Die romanhafte Erzählung von den Irrungen und Leiden des Lucius gipfelt darin, daß die Göttin Isis den Ich-Erzähler von der Tiergestalt befreit und zur Einweihung in das Mysterium zuläßt.

VII.

Unter völlig anderen Bedingungen ist es um den Kult des Mithras herum zu einer Verbindung von Philosophie und Mysterium gekommen. Hier sind zwei Aspekte zu unterscheiden:

Auf der einen Seite ist der Mithras-Kult, so wie er in den zahlreichen Mithras-Heiligtümern — Mithraeen — praktiziert wurde, in der antiken Welt ein Fremdkörper geblieben; dort war man auf ein Abgesondert-Sein bedacht, sodaß man es durch die zahlreichen Äußerungen hindurch fühlt, daß da ein Kultus, der auf ganz anderen Voraussetzungen beruhte, in die Mittelmeerwelt wie ein Fremdkörper eingedrungen war; hier war die hierarchisch organisierte Abkapselung viel stärker als etwa im Isis-Kult. Insbesondere hatten Frauen keinerlei Zugang zu den Geheimnissen dieses Kultus. Nachdem das Gebot, Frauen gänzlich fernzuhalten, im 2. und im 3. Jahrh. n. Chr. geradezu zum Anachronismus geworden war, fand man die (im Grunde verwunderliche) Lösung, Frauen auf Mysterien der *Mater Magna* zu verweisen (oder richtiger: dahin abzuschieben); die somit postulierte Parallelität zwischen Mithras und der *Mater Magna* ist spät und künstlich.

Auf der anderen Seite hat die iranische Religiosität nicht nur durch den Kult des Mithras mit seinen Mysterien in die antike Welt hineingewirkt, sondern ebenso durch eine philosophisch untermauerte Religion, für die bisher eine einheitliche Benennung fehlt; sie ist als Religion des (Ahura-)Mazda bezeichnet, und somit Mazdaeismus benannt worden; man hat aber auch die Benennung von dem altiranischen Begriff *zrvan* — *zervan* — *zurvan* hergeleitet und spricht daher vom Zurvanismus; die griech. Entsprechung für diesen altiranischen Begriff lautet *Aión*; alles dieses bezeichnet die unermeßlich lange Zeit, innerhalb derer alle Abläufe von statten gehen. In hellenistischer (also in vorchristlicher) Zeit werden mancherlei Versuche erkennbar, diese Religion, deren Mittelpunkt der ,,Aión" ist, mit Vorstellungen, die vom Kult der Isis geprägt sind, in Einklang zu bringen; später, während der Kaiserzeit, erfolgte im Gegensatz zu solchen Tendenzen der *Theokrasie* (wörtlich: Göttermischung) eine Absonderung und Isolierung. Es ist im Einzelnen keineswegs deutlich, wie diese Religion mit der Praxis der Mithras-Mysterien verflochten war; im Ganzen wird man der folgenden Formel vertrauen dürfen: Insofern die Mysterien, die im Namen und zu Ehren des Mithras gefeiert wurden, eines theologischen ,,Überbaus" bedurften, war dieser in der soeben gekennzeichneten Religion des Aión - Zurvan gegeben. Was die Bezeugung dieser Dinge anlangt, so stehen wir vor der merkwürdigen Diskrepanz: Mysterien des Mithras sind durch eine Fülle von Kultorten, d.h. durch archäologische Belege bezeugt; die Zahl dieser Belege erreicht allein in Rom nahezu die Zahl Hundert.

Auf der anderen Seite ist die Aion - Zurvan-Religion durch vielfache literarische Zeugnisse wohl bekannt; ungenügend gesichert ist allein, wie man sich das Verhältnis der Mithras-Verehrung zur Aión - Zurvan-Religion zu denken hat; möglicherweise ist den Mithras-Mysten Zug um Zug die ,,Theologie" des Aión und der beiden in ihm wirkenden Prinzipien entschleiert worden; denn das Mithras-Mysterium umfaßte sieben Grade, sodaß dem erstmals Geweihten eine Stufenleiter von weiteren sechs Sprossen zu erklimmen aufgegeben war. Vielleicht wurden die *Neophyten* (die neu Geweihten) zunächst zur Verehrung des stiertötenden Mithras in concreto angehalten; die Erkenntnis, daß hinter dem unmittelbar in diese Welt hineinwirkenden Mithras die Prinzipien des Guten und des Bösen, die mit einander um die Welt ringen, erkennbar werden, mag den Mysten höheren Ranges vorbehalten worden sein. In diesem Punkte ist manches unsicher; die ,,Theologie" des Aion - Zurvan wurde zwar durchaus nicht geheim gehalten; aber sie ging mancherlei Verbindungen, Mischungen ein mit Vorstellungen, die dem Isis-Kult entstammten.

Nun hat sich die ,,Propaganda" der Aion - Zurvan-Religion eines eigenartigen Mittels bedient, um sich die gesamte griechische Philosophie anzueignen. Schon immer war berichtet worden, Pythagoras, und nach ihm Platon, hätten weite Reisen unternommen, um die Weisheit des Ostens kennen zu lernen. Diese Reise-Legenden wurden nun derart präzisiert, daß man Pythagoras und Platon zunächst zu Schülern persischer Weiser, der *Mágoi* machte.

Im Verständnis der kaiserzeitlichen Antike waren die *Magoi* die Vertreter östlicher, von Zoroaster begründeter Weisheit, also die Weisen aus dem Morgenland (vgl. Matth. 2, 1-12); hier muß völlig außer Betracht bleiben, daß in frühester Zeit die *Magoi* Gegner des Zarathustra und seiner Reformen waren. Für das Wissen der späteren Antike repräsentierten die *Magoi* die Weisheit des Zoroaster, aber auch die Weisheit der Chaldäer = Babylonier, welche aus der Bewegung der Planeten das Schicksal des Einzelnen und der Welt abzulesen vermochten (darum lassen die Weisen aus dem Morgenland, von denen Matth. 2, 1-12 berichtet, sich von einem Stern leiten). Zugleich aber schienen die *Magoi* in der Zauberei, also in der Magie im mittelalterlich-modernen Sinne, gefährliche Erfahrung zu besitzen; Edikte der Kaiser Tiberius und Hadrian stellten den Schadenzauber als *magia* unter schwere Strafe.

Noch aber überwog die Bewunderung, die man für geheimes Wissen hegte, die Angst vor dem Mißbrauch solchen Wissens.

Darum schrieb man es dem hochverehrten Pythagoras zu, er sei unmittelbar Schüler des Zoroaster (so die griech. Form für Zarathustra), also des berühmten Begründers der geheimnisvollen Aión - Zurvan-Religion gewesen. Auch Platon wurde dafür in Anspruch genommen, daß seine Philosophie die Weisheit des Zoroaster in sich enthalte, ja von ihr inspiriert sei; hier ist noch wohl zu erkennen, daß es im 2. Jahrh. nach Christus einen Streit darüber gab, ob denn Platon nichts anderes sei als ein Sendbote des Zoroaster. Was Platon anbelangt, ist dieser Anspruch damals zurückgewiesen worden; denn es gab eine reich differenzierte, an Platon orientierte philosophische Schule. In dieser waren Fachleute tätig, die sehr wohl wußten, daß eine solche Vereinfachung weit an der Wahrheit vorbeiführt. Dagegen war das Andenken an Pythagoras nicht durch eine fest konstituierte Schule geschützt, die derlei Mißbräuche hätte abwehren können. So ist, ohne daß Widerspruch laut wurde, Pythagoras als ein Kronzeuge für Zoroasters Lehren in Anspruch genommen worden — ein Anspruch, der sich, von der Sache her gesehen, fast verteidigen ließe; denn die Lehre des Pythagoras und seiner Nachfolger ist in der Tat durch einen deutlich ausgeprägten Dualismus gekennzeichnet.

Durch diese Konstruktion, Pythagoras sei Schüler des Zoroaster gewesen, sollte vor allem das Folgende bewirkt werden: Damit sollte die gesamte Philosophie der Griechen auf Zoroaster zurückgeführt werden; dann eben war Pythagoras (und nach ihm Platon) *nur* ein Schüler des Zoroaster; alles, was griechische Philosophen lehrten, stand somit in der Abfolge der von Zoroaster offenbarten und gestifteten Weisheit. Diese in der Tat seltsame Konstruktion dürfte allein der Propaganda gedient haben; denn es verbot sich im Grunde ein Blick auf den Inhalt dessen, was die Philosophie lehrt. Es kam allein auf die Behauptung an, Pythagoras und alle nach ihm seien Apostel des Zoroaster gewesen. Das enthielt die Aufforderung an den etwaigen Proselyten, unmittelbar bei Zoroaster, d.h. bei den *Mágoi*, die seine Lehre gültig vertraten, in die Schule zu gehen; sich dazu noch mit den jüngeren, offensichtlich weniger legitimierten Philosophen zu befassen, mußte demnach als unnütz erscheinen. Dieser Aspekt einer religiös-philosophischen Propaganda läßt erkennen, mit welcher Entschiedenheit der uneingeschränkte Vorrang der Lehre Zoroasters gefordert wurde, in welcher Religion, Theologie und Philosophie zur Deckung gelangten. Nach dem Streifzug, den wir unternommen haben, zeichnet sich ein im Ganzen einhelliges Ergebnis ab: Wohl sind die Kulte der Kybele, der Isis und des Mithras jeder in durchaus eigenständiger, nicht verwechselbarer Weise zur Philosophie in Beziehung getreten. Indes liegt allen Varianten, die sich aufzeigen ließen, die gleichartige und grundsätzliche Überzeugung zu Grunde, daß die Philosophie und das Mysterium ihre Anhänger zum befreienden Wissen und (gleichbedeutend damit) zum Heil führt.

VIII.

In der Tat hat sich die Philosophie etwa seit dem Ausgang des Hellenismus, hierin sicher von Poseidonios geprägt, als die Verwalterin alles überlieferten Wissens verstanden — gleich ob dieses Wissen philosophischer oder religiös-kultischer Überlieferung entstammt.

Nie haben sich Stimmen erhoben, welche Offenbarungen, gleich welcher Herkunft, grundsätzlich angezweifelt hätten. Im Gegenteil, der Beitrag der nicht-griechischen Weisen, die βάρβαρος σοφία, stand in hoher Achtung; oft wurde sie dem, was griechische Weisheit bot, vorgezogen, weil sie eine noch größere Ursprünglichkeit widerzuspiegeln schien.

Mißtrauisch freilich war man gegen die Versuche einzelner, ihre private Meinung als uraltes Wissen einzuschwärzen; ein besonders schönes Beispiel für solche Wachsamkeit gegen Charlatanerie und Betrügerei bietet Lukian, der den Schwindler Alexander von Abunoteichos entlarvte; vor und nach ihm haben Plutarch, Apuleius, Porphyrios Schwindel-Orakel und Schwindel-Priester wirksam bekämpft. Dabei war das entscheidende Kriterium, ob eine offenbarte Wahrheit als alt, ja als uralt bezeugt sei, sodaß sie in dem seit Urzeiten wirkenden Logos enthalten war; allem, was da neu auftrat (vgl. oben S.341 und Kap. XV) haftete der Verdacht der Schwindelei an. Nun vermochten gerade die Mysterienkulte auf ihr hohes Alter, ja nach ihrem Selbstverständnis auf den Beginn der Welt und der Menschheit zu verweisen.

Damals ist keinem Zeitgenossen der Gedanke gekommen, daß den Kulten des Dionysos, des Mithras, der Isis ursprünglich kein Mysterion zugehörte (vgl. oben S.346). Jedes Ritual galt grundsätzlich als uralt; daß jemand die Frechheit hätte besitzen können, ein solches Ritual zu erfinden, d.h. zu fälschen, war nicht vorstellbar. Denn das Mißtrauen gegen Schwindelei und Fälschung war so lebhaft, und das Zutrauen in die Gültigkeit der unveränderten Überlieferung war so groß, daß man niemals zu der Einsicht gelangte, wie rasch sich Kultformen und ihr Verständnis ändern können — wofür Antike und Gegenwart viele Beispiele bieten.

Somit war für den prüfenden Philosophen das Unterpfand der Verläßlichkeit dann gegeben, wenn er des hohen Alters (und das hieß der Ursprünglichkeit und der Unverfälschtheit) eines Rituals sicher sein durfte. Denn alles, was da gelehrt wurde, mußte zwei Bedingungen erfüllen: Es mußte in sich schlüssig und somit für den logisch geschulten Verstand einsichtig und plausibel sein. Zugleich aber durfte es nicht in Widerspruch stehen zu der in der Urzeit geoffenbarten Weisheit, die man durch Orpheus und durch Zoroaster, durch ägyptische und durch indische Überlieferungen zu kennen meinte. Auf der Grundlage solcher Überlegungen waren die Philosophen der Kaiserzeit gern dazu bereit, den eigentlichen Inhalt ihrer Lehre, nämlich den theologischen Kern, in aller alt-offenbarten Weisheit, und das hieß vor allem in den Mysterien wiederzuerkennen. Denn im kaiserzeitlichen Verständnis hatten Philosophie und Mysterium erstens den Ausgangspunkt, zweitens das Verfahren und drittens das Ziel gemeinsam; diese fundamentalen Gemeinsamkeiten sind wieder und wieder gesehen und nachvollzogen worden.

Der Ausgangspunkt: Hier wie dort bricht man dazu auf, ein Ziel zu erreichen, das zunächst (wenn auch vielleicht vordergründig) als Verstehen und Erkennen von etwas bisher Verborgenem zu bezeichnen ist.

Das Verfahren: Damit das Ziel erreicht werden kann, muß ein Leben in höchster Reinheit geführt werden; das heißt: Erfüllung recht einschneidender Speisegebote, die Verzicht auf Fleisch und langes Fasten fordern; eine besondere Kleidung — meist weißes Leinen — ist anzulegen; auf Erotik muß gänzlich verzichtet werden; oft werden lange Nachtwachen gefordert. Denn nur ein derart gereinigter, ja geheiligter Mensch kann den Zugang zu dem heiß ersehnten Ziel gewinnen (Für Umfang und Sinn der ,,Heiligung'' — ἁγνεία — sei verwiesen auf die Reinheitsgebote im 2.-5. Buche Mosis, bes. Leviticus).

Das Ziel: Es wird nicht nur die Erhöhung gesucht und erstrebt, die der Philosoph und der Myste im Kulminationspunkt hier des Erkennens, dort der mystischen Schau erreichen. Das Eigentliche und Wichtige ist der Gewinn der Gewißheit, daß die Existenz des nunmehr Geweihten über den Tod hinaus andauern wird. Denn nun stellt sich ein Bewußtsein der Unverlierbarkeit ein, das die zuvor lastende Furcht vor der Vernichtung ablöst. Vor allem in diesem eschatologischen Aspekt kommen Philosophie und Mysterium zur nahezu gänzlichen Kongruenz.

Das hatte, was die Form und was den Inhalt anlangt, eine Reihe von Konsequenzen: Philosophie und Mysterium traten in ein metaphorisches Verhältnis zu einander: Man konnte Philosophisches mit den Mitteln der sakralen Sprache, Mystisches mit philosophischer Begrifflichkeit ausdrücken. Dafür liefert bereits Philon von Alexandreia manche Beispiele; für ihn haben die im jüdischen Kultus gefeierten Feste durchweg einen philosophischen Sinn; und diesen Sinn vermag Philon (unter anderem auch) derart auszudrücken, daß er die sakralen Feste so beschreibt, als wären sie Mysterien (wovon sie in Wahrheit weit entfernt waren).

Diese Grenz-Verwischung zwischen Mysterium und Philosophie, dieses Ineinanderfließen konnte auch zu einer Folge führen, welche üblicherweise als die ,,Philosophen-Mode'' bezeichnet wird (um die Mitte des 3. Jahrh. nach Christus): Man übernahm die ,,Rolle'' eines Philosophen, d.h. seine Lebensführung und vor allem seine Kleidung; denn die Entscheidung für die Philosophie kommt einer Bekehrung gleich; sie stellt einen Wendepunkt dar, durch welchen alle äußeren Umstände verändert werden.

Manchmal wurde eine solche Wendung mit Ernst und mit Zielstrebigkeit vollzogen; zu Plotins Freunden und Schülern gehörte, wie Porphyrios, *Vita Plot.* 7, 31-46, berichtet, ein Senator namens Rogatianus, der in der Tat auf alle Privilegien seines Standes verzichtete und sein Leben gänzlich änderte; an ihm hatte die Begegnung mit Plotin eine wirkliche '*conversio*' bewirkt; zugleich war es ,,Zeitstil'' (oder wenn man will: Mode), daß ein Verstorbener auf dem Sarkophag als Philosoph, meist umgeben von Musen, abgebildet wurde; es wurde dies zu einem der im Grabkult üblichen Symbole dafür, daß der Verstorbene dank seiner Teilhabe an den Gaben der Musen in die Unsterblichkeit entrückt worden sei.

Die Analogie zwischen Mysterium und Philosophie ist auf mehreren Ebenen wirksam geworden; zu diesen Ebenen gehört auch die, die wir mit Kennzeichnungen wie ,,modisch'' und ,,oberflächlich'', vielleicht gar mit ,,kitschig'' belegen möchten. Gerade das aber ist ein Anzeichen dafür, daß der hier untersuchten Verbindung zwischen Mysterium und Philosophie ein erhebliches Gewicht zukam: Sie konnte nur darum in den Bereich des Billigen, ja des Abgeschmackten absinken, weil die ursprünglich in ihr enthaltene Symbolik einen tiefen Sinn hatte, in welchem sich das religiöse Bedürfnis der damaligen Zeit widerspiegelte.

Mysterium und Philosophie konnten, ja mußten darum in eine vielfältig variable Beziehung treten, weil die Menschen des späten Hellenismus und der frühen Kaiserzeit von der Ambivalenz alles religiösen Tuns und alles philosophischen Wissens überzeugt waren: Hinter allem, was sich im Mysterienkult abspielte, und hinter allem, was Dichter und Philosophen gelehrt hatten, mußte das Eigentliche, das ganz Besondere, das mit Worten nicht Sagbare — ἄρρητον — stehen, das für die richtig vorbereiteten Adepten des Mysterium und der Philosophie zur unumstößlichen Evidenz gelangte. Dieses Eigentliche, ganz besonders Kostbare bestand in der Gewähr, daß das Leben nach dem leiblichen Tode nicht erlischt, sondern eine beglückende Fortsetzung findet. Die Jahrhunderte, von denen hier zu sprechen war, sind geprägt von einer dumpfen Angst vor der Vernichtung. Eine diese Angst überwindende

Hoffnung (vgl. *spes melior moriendi*, oben S.346) leuchtete nur dem, der den Zugang zu einem Mysterium oder zur Philosophie gewann; nur so war das Heil, die Erhaltung des Lebens — σωτηρία — zu erringen.

LITERATURVERZEICHNIS

Zum antiken Verständnis von Philosophie:

Hommel, H., *Ciceros Gebetshymnus an die Philosophie, Tusc. 5,5 = Sitzungsberichte der Heidelberger Akademie,* 1968, 60 SS.

Burkert, W., *Weisheit und Wissenschaft; Studien zu Pythagoras, Philolaos und Platon* (Erlanger Beitrage zur Sprach- und Kunstwissenschaft 10), 1962, XVI + 496 SS.

Knappe Darstellung der griechischen Mysterien im 5. Jahrhundert:

Kern, O., *Die griechischen Mysterien der klassischen Zeit. Nach drei in Athen gehaltenen Vorträgen,* Berlin 1927, 79 SS.

Kern, O., [berichtigte Neufassung]: *Die griechischen Mysterien der klassischen Zeit* in *Die Antike* 6, 1930, 302-323.

Philosophie und Mysterium bei Platon:

Dörrie, H., *Philosophie und Mysterium. Zur Legitimation des Sprechens und Verstehens auf zwei Ebenen durch Platon* in *Verbum et Signum = Festschrift Fr. Ohly* II, 1975, 7-24.

Orpheus und die orphische Eschatologie:

Guthrie, W. K. C., *Orpheus and the Greek Religion,* 1935, 1953[2].

Ziegler, K., *Orpheus* in A. Pauly-G. Wissowa, *Realencyclopädie der Classischen Altertumswissenschaft* 18, 1200-1320.

Boyancé, P., *Le culte des Muses chez les philosophes Grecs. Études d'histoire et de psychologie religieuses,* Paris 1937; dazu rez. H. Dörrie in *Theologische Literaturzeitung* 1938, 371-374.

Dionysos und sein Mysterium:

Jeanmaire, H., *Dionysos,* Paris 1951.

Matz, Fr., *Dionysiakè Teléte. Archäologische Untersuchungen zum Dionysus-Kult in hellenistischer und römischer Zeit = Abhandlungen der Akademie der Wissenschaften zu Mainz,* 1963, H. 15, 70 SS.; dazu R. Turcan, *Du nouveau sur l'initiation Dionysiaque* in *Latomus* 24, 1965, 101-109.

Eisler, R., *Orphisch-dionysische Mysteriengedanken in der christlichen Antike,* 1925; Nachdruck 1966.

Turcan, R., *Les sarcophages Romains à sujets dionysiaques. Essai de chronologie et d'histoire religieuse* (Bibliothèque des Écoles françaises d'Athènes et de Rome 210), Paris 1967.

Kybele und Attis:

Hepding, H., *Attis, seine Mythen und sein Kult* (RGVV 1), 1903.
Graillot, H., *Le culte de Cybèle, mère des dieux* (Bibliothèque de l'École française à Rome 107), 1912.
Boyancé, P., *Sur les mystères Phrygiens* in Revue des Études Anciennes 37, 1935, 161 ff.

Zum Attisgedicht des Catull:

Weinreich, O., *Catulls Attisgedicht* in Mélanges (= Festschrift) Franz Cumont, 1936, 463-500.

Zur antiken Hermeneutik:

Dörrie, H., *Zur Methodik antiker Exegese* in Zeitschrift für neutestamentische Wissenschaft 65, 1974, 121-138.

Isis und ihr Kult:

Witt, R. E., *Isis in the Graeco-Roman World*, London 1971.
Harder, R., *Karpokrates von Chalkis und die memphitische Isis-Propaganda* = Abhandlungen der Preussischen Akademie der Wissenschaften, 1943, H. 14.
Müller, D., *Ägypten und die griechischen Isis-Aretalogien*, Berlin 1961.

Zu Plutarchs Schrift über Isis und Osiris:

Hopfner, Th., *Plutarch über Isis und Osiris* I-II, Prag 1940; Nachdruck Darmstadt 1967.
Griffiths, J. G., *Plutarch's de Iside et Osiride, edited with an Introduction, Translation and Commentary*, Cambridge 1970.
Morenz, S., *Das Problem des Werdens zu Osiris in der griechisch-römischen Zeit Ägyptens* in Ph. Derchain, Religions en Égypte hellénistique et romaine, 1969, 75-91.

Mithras:

Cumont, Fr., *Die Mysterien des Mithras*, deutsche Ausgabe 1911[2].
Vermaseren, M. J., *Mithras, Geschichte eines Kultes*, Stuttgart 1965; englische Fassung: *Mithras, the Secret God*, 1963; französische Fassung: *Mithra, ce dieu mysterieux*, 1960.
Bidez, J. und Cumont, Fr., *Les Mages hellénisés* I-II, 1938; der II. Band enthält die Sammlung der Texte.
Turcan, R., *Mithras Platonicus. Recherches sur l'hellénisation philosophique du culte de Mithra* (EPRO 47), 1975.
Pètrement, S., *Le dualisme chez Platon, les Gnostiques et les Manichéens*, Paris 1947.

Wertschätzung der βάρβαρος σοφία:

Dörrie, H., *Die Wertung der Barbaren im Urteil der Griechen: Knechtsnaturen? Oder Bewahrer und Künder heilbringender Wahrheit?* in *Antike und Universalgeschichte = Festschrift H. E. Stier*, Münster 1972, 146-175.

Bekehrung zur Philosophie:

Nock, A. D., *Conversion. The Old and the New in Religion from Alexander the Great to Augustine of Hippo*, 1933.

Die Formel μόνος πρὸς μόνον:

Peterson, E., Μόνος πρὸς μόνον in *Philologus* 88, 1933, 31-40.

XIV

FRÜHCHRISTLICHE RELIGION

ROELOF VAN DEN BROEK
(Utrecht)

Das Christentum war anfänglich nur eine der vielen Mysterienreligionen, die sich im ersten und zweiten Jahrhundert unserer Zeitrechnung über das römische Reich ausbreiteten. Gegen Ende des vierten Jahrhunderts zeichnete sich deutlich ab, daß diese Religion über alle ihre Konkurrenten gesiegt hatte. Das hing u.a. damit zusammen, daß die christliche Religion nicht exklusiv war, sondern in allen Schichten der Gesellschaft ihre Anhänger zu werben vermochte. Apuleius von Madaura berichtet im 11. Buch seiner *Metamorphosen,* daß für eine Einweihung in die Isis-Mysterien ein beträchtlicher Aufwand vorgeschrieben war. Und als Lucius, der Held seines Romans, später auch noch in die Mysterien des Osiris eingeweiht werden sollte, mußte er sogar seine spärlichen Kleider verkaufen um ,,ein genügendes Sümmchen zusammenzuscharren''. Die christliche Einweihung, die Taufe, war kostenfrei. Tertullian (um 200 n. Chr.) betont in seinem *Apologeticum* 39, daß ,,nichts was Gottes ist, für Geld zu haben ist'' und daß es ein Mißverständnis sei, zu meinen, ,,die Religion wäre etwas Käufliches''. Christus hatte seinen Jüngern insbesondere die Fürsorge der Armen anvertraut und die Kirche hat das nie vergessen: die sozialen Konsequenzen des christlichen Glaubens waren auch für Außenstehende deutlich zu erkennen und bildeten ein erhebliches Element der Anziehungskraft, die von der Kirche ausging. Sie scheint im ersten Jahrhundert vor allem in den niederen Schichten der Gesellschaft ihre Anhänger gefunden zu haben. Was Paulus von der Gemeinde in Korinth sagt, muß fast allgemein gültig gewesen sein: ,,Da sind nicht viele Weise nach menschlichen Begriffen unter euch, nicht viele Mächtige, nicht viele Hochgeborene'' (1 *Kor.* 1, 26). Aber andererseits wußte die christliche Religion schon früh auch vornehme Leute für sich zu gewinnen: es ist wahrscheinlich, daß der Konsul Flavius Klemens, der im Jahre 95 n. Chr. auf Befehl seines Vetters, des

Kaisers Domitian, wegen ,,Atheismus'' hingerichtet, und seine Gattin die damals verbannt wurde, Christen gewesen sind. Wichtiger war, daß der christliche Glaube auch Gebildete, die auf der Suche nach Einsicht und Wissen waren, zu befriedigen wußte. Viel mehr als Angehörige anderer Religionen haben die Christen für sich selbst und andere von dem Inhalt ihres Glaubens Rechenschaft abgelegt. In dieser Hinsicht, wie in sovielen anderen, hat sich die Kirche ihr jüdisches Erbe zunutze gemacht. Das hellenistische und vor allem das alexandrinische Judentum stand in einer alten Tradition von Bemühungen, den jüdischen Glauben auf Griechisch zu formulieren, und die Kirche hat diese Tradition dankbar aufgegriffen.

Auch in der christlichen Religion stand die Feier der Mysterien im Mittelpunkt des Kultes. Dennoch hatte sie in den ersten zwei Jahrhunderten noch nicht den Charakter eines Geheimkultes, wenn auch die religiöse Feier selbstverständlich nur im Kreise der Gläubigen stattfand. Justin der Märtyrer (um 150 n. Chr.) spricht in seiner *Apologie* I, 61, 65-67, ganz offen von der Weise, in der die Taufe und die eucharistische Speise gespendet wurden. Nach ihm hatten die bösen Dämonen in Nachahmung der christlichen sakralen Mahlzeit den Vollzug desselben Ritus in den Mysterien des Mithras angeordnet. Eine Pflicht zur Geheimhaltung, die sog. Arkandisziplin, hat sich in der Kirche erst im dritten und vollends im vierten Jahrhundert entwickelt.

Die frühchristliche Religion war ein vielschichtiges Phänomen, das kaum auf einigen Blättern darzustellen ist. Im Folgenden beschränken wir uns auf die ersten zwei Jahrhunderte und wenden unsere Aufmerksamkeit nur dem Leben der Christen in der Gemeinde und in der griechisch-römischen Gesellschaft und den Anfängen der christlichen Theologie zu.

Das Leben in der christlichen Gemeinde

Im Jahre 112 erkundigte sich der jüngere Plinius, der Statthalter der kleinasiatischen Provinz Bithynien, bei Christen, die ihm vorgeführt worden waren, nach dem Inhalt ihres Kultes und Glaubens. Vom letzteren sagt er nur, daß er ,,ein verkehrter, maßloser Aberglaube'' sei (Briefwechsel mit Trajan, 96). Über den christlichen Kultus vernahm er von ehemaligen Gläubigen, daß die Christen an einem bestimmten Tage, d.h. am Sonntag, vor Sonnenaufgang zusammenkamen und in einem Wechselgesang auf Christus als ihrem Gott ein Lied sangen. Durch einen feierlichen Eid, wohl bei der Taufe, hatten sie sich verpflichtet keinen Diebstahl, keinen Raub, keinen Ehebruch zu begehen, kein Wort zu brechen und kein anvertrautes Gut zu unterschlagen. Nach dem Morgengottesdienst gingen sie auseinander um später am selben Tage zu einer gemeinsamen Mahlzeit wieder zusammenzutreffen. Dieses Mahl muß noch ein wirkliches gemeinsames Essen gewesen sein, mit dem der Ritus des sakralen Mahles verbunden war. Diese Verbindung hat sich im Laufe des zweiten Jahrhunderts fast überall gelöst, wobei die Feier der Eucharistie auf den Morgen verlegt wurde. Nach dem Zeugnis Justins war diese Umgestaltung in Rom bereits um 150 vollzogen worden. Die gemeinsamen Abendmahlzeiten bestanden noch lange Zeit als halbkultische Liebesmahle, Agapen genannt, fort; sie sind öfters in der frühchristlichen Malerei dargestellt worden.

Die ursprüngliche Feier, in der sakraler Ritus und Agape noch eine Einheit bildeten, hat nicht überall dieselbe Form gehabt. In 1 *Kor.* 11, 20-34 beschreibt Paulus die Mahlzeit des Herrn ohne genau anzugeben, wie der Kultakt in das gemeinsame Mahl eingeordnet war. Vermutlich wurde die Feier mit dem Segnen und Brechen eines Brotes eröffnet, dessen Stücke von den Tischgenossen feierlich gegessen wurden. Die dann folgende eigentliche Mahlzeit wurde beschlossen mit einem Segensgebet über einem Weinbecher, aus dem alle feierlich tranken. Paulus sagt nachdrücklich, daß durch Brot und Wein die Gemeinschaft mit dem Leibe und Blut Christi hergestellt wird (1 *Kor.* 10, 17). In der sog. *Didache,* der ältesten Kirchenordnung, die wir kennen (um 100 n. Chr. im westsyrischen Raum entstanden), ist die Segnung des Bechers vor das Gebet über dem Brot gesetzt, so daß der eigentliche Kultakt dem gemeinsamen Essen, der Agape, vorausgeht. Wir wissen, daß anderswo der sakramentale Ritus am Ende der gemeinsamen Mahlzeit stattfand. Nach der *Didache* wurde das Mahl beschlossen mit einem Dankgebet, einer *Eucharistia,* die der ganzen liturgischen Feier ihren Namen gegeben hat. Dieses Dankgebet hat einen deutlich erkennbaren Vorläufer in der jüdischen *birkat ha-mazon,* der Segnung der Speisen beim Familienmahl, wie überhaupt zwischen dem christlichen Gemeinschaftsmahl und dem jüdischen Festmahl enge Beziehungen nachzuweisen sind. Urbild und Vorbild des eucharistischen Mahles war die letzte Mahlzeit Jesu mit seinen Jüngern. Es war jedoch nicht die Darstellung dieser Szene, welche in der frühchristlichen Kunst auf den zentralen Kultakt der Kirche hinwies. Diesem Zweck diente u.a. die Darstellung des Weinwunders zu Kana (*Joh.* 2, 1-11); auch einige Brote und Fische, der biblischen Geschichte der Speisung der Fünftausend entlehnt (*Matth.* 14, 17 parr.), genügten zur Andeutung der Eucharistie.

Die detaillierte Beschreibung, die Justin in seiner *Apologie* (I, 65-67) von dem sonntäglichen Gottesdienst gegeben hat, läßt bereits die Grundform aller späteren Entwicklungen erkennen. In der Gemeindeversammlung werden, solange die Zeit es zulässt, erst die ,,Erinnerungen'' der Apostel und die Schriften der Propheten gelesen, wonach der Vorsteher eine Predigt hält. Dann stehen alle auf und sprechen gemeinsame Gebete, die abgeschlossen werden mit dem Friedenskuß. Darauf werden vom Vorsteher die Gebete über Brot und Becher gesprochen und ein großes Dankgebet rezitiert. Danach werden Brot und Wein (mit Wasser) von den Diakonen ausgeteilt und zu den Abwesenden gebracht. Hier haben wir bereits die später weiter ausgebaute Zweiteilung in Wortgottesdienst und Sakramentsfeier. Der erste Teil war auch Außenstehenden zugänglich und zeigte in seiner Struktur einen deutlichen Einfluß der synagogalen Liturgie.

Die *Didache* und Justin betonen, daß an dem eucharistischen Gottesdienst nur getaufte Mitglieder der Gemeinde teilnehmen durften. Justin sagt: ,,Niemand darf daran teilnehmen, als wer unsere Lehren für wahr hält, das Bad zur Nachlassung der Sünden und zur Wiedergeburt empfangen hat und nach den Weisungen Christi lebt'' (*Apol.* I, 66, 1). Der Eintritt in die christliche Gemeinde geschah vom Anfang an durch Glaubensbekenntnis und Taufe. Das Taufbekenntnis war anfänglich vor allem christologisch (,,im Namen Jesu'', vgl. *Apg.* 2, 38; 8, 16; 10, 45; 19, 6), aber schon früh auch trinitarisch orientiert (vgl. *Matth.* 28, 19). Das sog. Apostolische Glaubensbekenntnis ist eine erweiterte Form des trinitarischen Taufbekenntnisses, das im zweiten Jahrhundert in der römischen Gemeinde in Gebrauch war. Im Laufe desselben Jahrhunderts nahm der Taufunterricht einen immer breiteren Raum ein: während nach der Darstellung des Lukas der Eunuch der Königin Kandake unmittelbar nachdem ihm das Evangelium verkündet worden war, getauft wurde (*Apg.* 8, 35-39), wird in der *Traditio Apostolica* des Hippolyt (Anfang des 3. Jahrhunderts) eine Vorbereitungs- und Probezeit (Katechumenat) von drei Jahren vorgeschrieben. Der erste Teil der *Didache* enthält eine, im Ursprung wohl jüdische, Unterweisung über die ,,Zwei Wege'', die vor der Taufe den Taufkandidaten mitgeteilt werden sollte. Die direkte Vorbereitung auf die Taufe geschah durch Beten und Fasten, sowohl von Seiten der Täuflinge wie des Täufers. Die *Didache* schreibt vor, daß der Täufling ein oder zwei Tage fasten soll; am Ende der Entwicklung findet man die vierzigtägigen Fasten. In dieser Hinsicht stimmt die christliche Einweihung mit der in die heidnischen Mysterien überein: nach Apuleius mußte Lucius vor seiner Einweihung in die Isis-Mysterien ein zehntägiges Fasten einhalten. Am Ende des zweiten Jahrhunderts hatte sich schon ein umfassendes Taufritual entwickelt, von dem u.a. die Absage an den Teufel und eine Salbung mit exorzisiertem Öl Teil ausmachten.

Was die Taufe für die Christen bedeutete, hat Justin in seiner Verteidigungsschrift den Nichtchristen folgendermaßen deutlich zu machen versucht: ,,Alle, die sich von der Wahrheit unserer Lehren und Aussagen überzeugen lassen, die glauben und versprechen, daß sie es vermögen, ihr Leben darnach einzurichten, werden angeleitet zu beten, und unter Fasten Verzeihung ihrer früheren Vergehungen von Gott zu erflehen. Auch wir beten und fasten mit ihnen. Dann werden sie von uns an einen Ort geführt, wo Wasser ist, und werden neu geboren in einer Art von Wiedergeburt, die wir auch selbst an uns erfahren haben; denn im Namen Gottes, des Vaters und Herrn aller Dinge, und im Namen unseres Heilandes Jesus Christus und des Heiligen Geistes nehmen sie alsdann im Wasser ein Bad. ... Es heisst aber dieses Bad Erleuchtung (*Photismos*), weil diejenigen, die das an sich erfahren, im Geiste erleuchtet werden'' (*Apol.* I, 61, 1, 2, und 12). Die Auffassung der Taufe als einer Erleuchtung hat dazu geführt, daß die Heilung des Blindgeborenen (*Mark.* 8, 22-26) in der frühchristlichen Kunst zum Bild der Taufe wurde.

Zur Zeit Justins wurde die lokale christliche Gemeinde fast schon überall von einem Bischof (*episkopos*) geleitet, dem Älteste (*presbyteroi*) und Diakonen zur Seite standen. Die Entwicklung der altchristlichen Gemeindeverfassung stellt ein vieldiskutiertes Problem dar. Die urchristlichen Ämter waren ,,charismatisch'', d.h. diejenigen, die sie bekleideten, waren dazu nicht von den Gemeindegliedern gewählt worden, sondern fühlten sich vom Geist Gottes getrieben. Paulus spricht von Aposteln, Propheten und Lehrern (1 *Kor.* 12, 28) und auch noch in der *Didache* (11-13) sind diese die meistangesehenen Leiter der Gemeinde. Die Apostel, auch Evangelisten genannt, waren Missionare und oft auch wohl Abgesandte einer Gemeinde: sie reisten durch die Welt und verkündigten das Evangelium. Die Propheten wirkten in den Gemeinden, vielfach an demselben Ort, predigten vom Geist erfüllt das Wort Gottes und leiteten den Gottesdienst. Hier liegt wohl Einfluß der nichtchristlichen Kultvereine vor, in denen wir auch Propheten als Leiter des Gottesdienstes begegnen. Die Lehrer unterwiesen ebenfalls die Gemeinde, vor allem durch die Auslegung der Schriften und die Weitergabe der Gemeindetradition. Das Amt des Lehrers hat die Kirche von der Synagoge übernommen.

In der Gemeinde der *Didache* war das Amt des Propheten weithin das wichtigste. Aber es wird auch mit der Möglichkeit gerechnet, daß der Prophet sich als ein Lügenprophet erweist: ,,Nicht jeder, der im Geiste redet, ist ein Prophet, sondern nur, wenn er die Art des Herrn an sich hat'', und ,,Jeder Prophet, der die Wahrheit lehrt, ist, wenn er nicht tut, was er lehrt, ein Lügenprophet'' (11, 8 und 10). Die wahrhaftigen Propheten und Lehrer sollen jedoch von der Gemeinde unterhalten werden. Aber die *Didache* zeigt, daß neben den charismatischen Ämtern auch schon Wahlämter bestehen. Episkopoi und Diakonoi, die zusammen ein Kollegium bilden, müssen aus Männern gewählt werden, die ,,des Herrn würdig, milde, frei von Geldgier, wahrhaftig und erprobt'' sind (15, 1). Sie dürfen nicht gering geachtet werden, sondern müssen samt den Propheten und Lehrern geehrt werden, denn sie haben denselben Dienst zu leisten. Man sieht, daß die Aufseher und Diakonen im Begriff sind, die Leitung der Gemeinde zu übernehmen, aber auch, daß sie von der Gemeinde noch nicht ohne weiteres akzeptiert und den Charismatikern gleichgestellt worden sind.

Die *Didache* spricht, wie Paulus in *Phil.* 1, 1, nur von *Episkopoi* und *Diakonoi*; Älteste (*Presbyteroi*) werden nicht erwähnt. Das Amt des Ältesten hat seinen Ursprung in der Synagoge. In der *Apostelgeschichte* werden die jerusalemer Ältesten neben Jakobus, dem Herrenbruder, als die Leiter der Urgemeinde dargestellt (z.B. 21, 18). In seinen Briefen hat Paulus sie niemals erwähnt; nur in den pseudo-paulinischen Pastoralbriefen erscheinen sie als Leiter der Gemeinde und hier wird ihre Funktion weithin mit der des *Episkopos* identifiziert. In diesen deuteropaulinischen Schriften wird jedoch ständig von *dem Episkopos* gesprochen, was zeigt, daß die Entwicklung zum monarchischen Bischofsamt schon weit fortgeschritten ist.

Das erste Zeugnis einer abgestuften Hierarchie der Ämter bieten die Briefe, welche Ignatius, der Bischof von Antiochien, kurz vor seinem Tode im Jahre 117 n. Chr. an einige Gemeinden in Kleinasien und an Polykarp von Smyrna geschrieben hat. Diese Gemeinden kannten den monarchischen Episkopat: der eine Bischof ist das Haupt der Gemeinde, er ist der Vertreter Gottes oder Christi unter den Gläubigen. Das Kollegium der Ältesten ist an die Stelle der Ratsversammlung der Apostel getreten; das *Presbyterium,* das seinen Namen zu Recht trägt, ,,ist mit dem Bischof so zu einem harmonischen Ganzen verbunden, wie die Saiten mit der Zither'' (*Epheser* 4, 1). Der Diakon hat sich dem Bischof und den Presbytern zu unterwerfen. Der Bischof garantiert die Einheit der Gemeinde, ohne ihn gibt es überhaupt keine Gemeinde: ,,Alle nämlich, die Gottes und Jesu Christi sind, die sind mit dem Bischof'' (*Philadelphier* 3, 2), und ,,Wo der Bischof sich zeigt, da soll auch die Gemeinde sein, wie da, wo Christus Jesus sich befindet, auch die allgemeine Kirche ist'' (*Smyrnäer* 8, 2).

Die enge Bindung der Gemeinde an den einen Bischof beabsichtigte die Gläubigen gegen Irrlehrer und Ketzerei zu schützen. Die Einheit der Gemeinden wurde nach dem Zeugnis des Ignatius am meisten gefährdet durch die Lehre, daß Christus nur in einem Scheinleib gelebt und gelitten habe (Doketismus). In seinen Briefen tritt er ihr nicht nur mit der Forderung nach Unterwerfung unter den Bischof entgegen, sondern auch mit dem Bekenntnis der Kirche, das oft in kurzen Formeln zum Ausdruck gebracht wird, wie z.B. in dem Brief an die *Trallianer*, 9, 1-2: ,,So seid nun taub, wenn jemand zu euch redet ohne Jesus Christus, den aus Davids Geschlecht, den aus Maria Stammenden, der wahrhaftig geboren wurde, aß und trank, wahrhaftig verfolgt wurde unter Pontius Pilatus, wahrhaftig gekreuzigt wurde und starb, während die himmlischen und irdischen und unterirdischen Mächte zuschauten, der auch wahrhaftig von den Toten auferstand, indem ihn sein Vater erweckte.''

Der monarchische Episkopat, die Glaubensregel und später auch die Begrenzung der christlichen Tradition auf den biblischen Kanon sind die Waffen geworden mit denen die Kirche im zweiten Jahrhundert ihre Einheit und Identität erfolgreich verteidigt hat. Diese Entwicklung hat jedoch in Ägypten erst begonnen, nachdem sie in den anderen Gebieten des römischen Reichs bereits zum Abschluß gekommen war. Wie überall, wo der jüdische Einfluß bestimmend war, waren die Presbyter die wichtigsten Amtsträger. Noch im dritten Jahrhundert bestand die alexandrinische Kirche aus einer Gruppe von selbständigen Einzelgemeinden, die von Presbytern geleitet wurden. Wann das Bischofsamt eingeführt wurde, wissen wir nicht; doch wissen wir, daß es erst um die Wende vom zweiten zum dritten Jahrhundert einige Bedeutung erwarb. Der alexandrinische Bischof Demetrius (189-232), der anfänglich noch der einzige Bischof in ganz Ägypten war, hat es zustande gebracht, drei andere einzusetzen. Die Aufteilung der Kirche in selbständige Einzelgemeinden, ohne eine darüberstehende, einigende und gegebenenfalls korrigierende Autorität, erklärt, warum Judenchristen, Gnostiker, einfältige Gläubige, Enkratiten und christianisierte Platoniker alle der christlichen Kirche Alexandriens angehören konnten. Die ersten historisch greifbaren Vertreter der alexandrinischen Kirche waren einflußreiche gnostische Denker, wie Basilides und Valentinus. Es unterliegt keinem Zweifel, das der Gnostizismus eine sehr starke Strömung im ägyptischen Christentum des zweiten Jahrhunderts gewesen ist. Das gibt allerdings keinen Anlaß zur Annahme, daß die ägyptische Kirche vom Anfang an gnostisch war, wie so oft behauptet worden ist. Die christlichen Papyri des zweiten Jahrhunderts zeigen einen deutlichen jüdischen Einfluß, sie sind jedoch nicht gnostisch. In der ägyptischen Kirche hat es lange gedauert, bevor der Unterschied zwischen Ketzerei und Orthodoxie klar zu erkennen war.

Das Leben der Christen in der Welt

In seinem Brief an Trajan gibt Plinius der Jüngere ein unverdächtiges Zeugnis von der schnellen Ausbreitung des Christentums in der Provinz Bithynien: ,,Aus jedem Alter, jedem Stande und aus beiden Geschlechtern sind viele Personen der Gefahr ausgesetzt und werden es auch noch künftig sein, da jener ansteckende Aberglaube sich nicht nur in den Städten, sondern auch in den Dörfern und auf dem platten Land verbreitet hat." Die Tempel waren sogar schon beinahe verödet und die Opfer waren lange Zeit nicht dargebracht worden. Plinius versichert jedoch, daß, seit er gegen das Christentum aufgetreten sei, die althergebrachte Religion sich wieder zu beleben begonnen habe. Die von Plinius geschilderte Situation wird es in vielen Gebieten gegeben haben.

Daß die christliche Religion so ,,ansteckend" war, hat seinen Grund wohl darin, dass sie nicht nur eine gepredigte, sondern auch eine gelebte Religion war. Die christlichen Lehrer predigten die Erlösung von Sünden und Tod, ein neues Leben, nicht nur im Jenseits, sondern auch schon hier und jetzt. Bei der Taufe verpflichtete man sich, wie dem Plinius bereits mitgeteilt wurde, sich von Diebstahl, Raub, Ehebruch und Wortbruch zu enthalten und kein anvertrautes Gut zu unterschlagen. Das ethische Verhalten der Christen war das erste, was die Aufmerksamkeit der Außenstehenden auf diese neue Religion lenkte. Die Christen sind sich dessen wohl bewußt gewesen, und die Apologeten haben deshalb die hohe Sittlichkeit der Christen mit Nachdruck geschildert, um zu zeigen, daß die Verleumdungen und Anklagen unberechtigt waren. Das findet man schon bei einem der frühesten christlichen Apologeten, dem Philosophen Aristides aus Athen, der eine Verteidigungsschrift an Hadrian (117-138) gerichtet hat.

Aristides führt aus, daß die Christen den wahren Gottesbegriff haben, der die Gottesvorstellungen der drei ,,Geschlechter" von Barbaren, Griechen und Juden weit überrage. Sie beobachten die Gebote Gottes in der Hoffnung und Erwartung der künftigen Welt. Darauf fährt er fort (15, 4-9):

,,Deshalb treiben sie nicht Ehebruch und Unzucht, legen kein falsches Zeugnis ab, unterschlagen kein hintergelegtes Gut, begehren nicht, was nicht ihr eigen, ehren Vater und Mutter, erweisen ihrem Nächsten Gutes und richten, wenn Richter, nach Gerechtigkeit. Götzen in Menschengestalt beten sie nicht an, und was sie nicht wollen, daß ihnen andere tun, das tun sie auch niemand. Von der Götzenopferspeise essen sie nicht, denn sie sind rein. Denen, die sie kränken, reden sie zu und machen sie sich zu Freunden; den Feinden spenden sie eifrig Wohltaten. Ihre Frauen, o Kaiser, sind rein wie Jungfrauen, und ihre Töchter sittsam. Ihre Männer enthalten sich jedes ungesetzlichen Verkehrs und aller Unlauterkeit in der Hoffnung auf die in der anderen Welt winkende Vergeltung. Die Sklaven aber und die Sklavinnen oder die Kinder, die deren einzelne haben mögen, bereden sie aus Liebe zu ihnen, Christen zu werden; und sind sie es geworden, so nennen sie dieselben ohne Unterschied Brüder. Die fremden Götter beten sie nicht an. Sie wandeln in aller Demut und Freundlichkeit. Lüge wird bei ihnen nicht gefunden. Sie lieben einander. Die Witwen mißachten sie nicht; die Waise befreien sie von dem, der sie mißhandelt. Wer hat, gibt neidlos dem, der nicht hat. Wenn sie einen Fremdling erblicken, führen sie ihn unter Dach und freuen sich über ihn, wie über einen wirklichen Bruder. Denn sie nennen sich nicht Brüder dem Leibe nach, sondern Brüder im Geiste und in Gott. Wenn aber einer von ihren Armen aus der Welt scheidet und ihn irgendeiner von ihnen sieht, so sorgt er nach Vermögen für sein Begräbnis. Und hören sie, daß einer von ihnen wegen des Namens ihres Christus gefangen oder bedrängt ist, so sorgen alle für seinen Bedarf und befreien ihn, wo möglich. Und ist unter ihnen irgendein Armer oder Dürftiger, und sie haben keinen überflüßigen Bedarf, so fasten sie zwei bis drei Tage, damit sie den Dürftigen ihren Bedarf an Nahrung decken.''

Daß diese Schilderung des Aristides nicht ein Idealbild schildert, sondern der Wirklichkeit entsprach, wird von verschiedenen Seiten bestätigt. Diejenigen Gegner des Christentums, die wirklich einige Kenntnis dieser neuen Religion an den Tag legen, haben die Christen vielfach als leichtgläubige Schwärmer gezeichnet, haben aber niemals ihre hohe Sittlichkeit in Abrede gestellt. Lukian, z.B., hat in seiner Verspottung des Christen gewordenen kynischen Predigers Peregrinus die Christen als dumme Leute geschildert, die sich einbilden, unsterblich zu sein, und die deshalb zum Sterben bereit sind, die allen irdischen Besitz gering achten und zum Gemeingut machen, die Märtyrer im Gefängnis ehren und unterstützen, und die Sünder aus ihrer Gemeinschaft entfernen. Nach Tertullian sagten die Heiden: ,,Seht, wie sie einander lieben und wie sie für einander zu sterben bereit sind'' (*Apol.* 39, 7). Es ist insbesondere die Todesbereitschaft der Christen gewesen, die den Nichtchristen aufgefallen ist. Justin berichtet, daß ihre Furchtlosigkeit vor dem Tode ihn zur Überzeugung gebracht habe, daß die den Christen nachgesagten inzestuösen geschlechtlichen Beziehungen und Kinderopfer unmöglich wahr sein konnten: ,,Denn welcher Lüstling oder Schlemmer, der gar Menschenfleisch für einen Leckerbissen hält, könnte wohl den Tod willkommen heißen, um so seiner Genüsse verlustig zu gehen?'' (*Apol.* II, 12, 2).

Im Hinblick auf den verleumderischen Vorwurf der Unmoral bemühten die Christen sich, ihre Sittenstrenge zu betonen. Sie versäumten nicht, auf die große Anzahl der Kirchenmitglieder hinzuweisen, die auf jeden Geschlechtsverkehr verzichtete. Die völlige sexuelle Enthaltsamkeit, auch innerhalb der Ehe, war tatsächlich in den Gemeinden ein vielfach angestrebtes Ideal, wie z.B. die apokryphen Apostelgeschichten bezeugen. Es war ein Ideal, das auch in nichtchristlichen, philosophischen Kreisen auf Zustimmung rechnen konnte, da der Geschlechtstrieb als einer der stärksten Impulse angesehen wurde, welche den Geist des Menschen von der höheren Wirklichkeit ablenken. Es ist unbestritten, daß die christliche Askese in dieser Hinsicht von der platonischen Abkehr vom Materiellen beeinflußt worden ist. Aber es hat auch eine deutlich christliche Inspiration zur Enthaltsamkeit gegeben: der Gedanke der realisierten Eschatologie. Nach *Lukas* 20, 34-36 hat Jesus gesagt, daß im Gegensatz zu den Kindern dieser Welt diejenigen, die gewürdigt sind jene Welt und die Auferstehung von den Toten zu erlangen, nicht heiraten und nicht verheiratet werden, ,,denn sie können nicht mehr sterben, denn sie sind den Engeln gleich geworden und sind Söhne Gottes, da sie Söhne der Auferstehung sind.'' Klemens von Alexandrien polemisiert im 3. Buch seiner *Stromateis* gegen streng asketische Christen (Enkratiten) unter der Leitung von Julius Cassianus, die das Wort Jesu für erfüllt erklärten: mit der Auferstehung Christi habe die Auferstehung der Toten angefangen; der Christ lebe schon in der neuen Welt, im Reich Gottes, und sollte deshalb, nach dem Wort Jesu, nicht heiraten! Die ,,*Vita angelica*'' wurde später ein geläufiger Ausdruck zur Andeutung der enthaltsamen Lebensweise, die von Asketen und Mönchen geführt wurde. In diesen enkratitischen Kreisen wurde auch Selbstentmannung nicht gescheut, wenn es darum ging, in Keuschheit leben zu können. In den sog. *Sprüchen des Sextus,* einer Schrift, die am Ende des zweiten Jahrhunderts unter den alexandrinischen Christen großes Ansehen erwarb, wird dies den Schwachen ohne weiteres empfohlen (Spr. 13 und 273). Und Justin erzählt als Beweis der sittlichen Größe der Christen, daß zur Zeit des Statthalters Felix (150-152/3) ein alexandrinischer junger Mann eine Bittschrift mit dem Ersuchen, seinem Arzt zu erlauben ihn zu entmannen, eingereicht hatte. Das Gesuch war abgelehnt worden und der Jüngling hatte sich mit einer asketischen Lebensweise zufrieden geben müssen (*Apol.* I, 21, 2-3).

Es kann in der antiken Welt auch nicht unbemerkt geblieben sein, daß eine ganze Reihe von Berufen für Christen verboten war: Götzenpriester, Schauspieler, Gladiatoren, Rennwagenlenker, Dirnen, Astrologen, Magier, Wirte u.a. mußten ihren Beruf aufgeben, wenn sie der Kirche beitreten wollten. Maler und Bildhauer durften keine Götzenbilder mehr machen; Soldaten mußten geloben, nicht mehr zu töten, keinen Eid zu schwören und keinen Kranz zu tragen. Wer bereits getauft war, durfte überhaupt nicht Soldat werden oder in den öffentlichen Dienst eintreten.

Im Vergleich zum Heidentum und Judentum haben die Christen ihre Religion als eine völlig neue Art der Gottesverehrung empfunden und sich selbst als das neue Gottesvolk verstanden. Die alttestamentlichen Ehrentitel Israels haben sie auf die Kirche übertragen, wie sich bereits aus 1 *Petrus* 2, 9-10 ergibt: ,,Ihr seid das 'auserlesene Geschlecht', die 'königliche Priesterschaft', der 'heilige Stamm', das 'Volk zum Eigentum', ...einst 'kein Volk', jetzt aber Gottes Volk.'' In der verloren gegangenen *Praedicatio Petri* hieß es nach Klemens von Alexandrien: ,,Das Religionswesen der Hellenen und Juden ist alt; ihr aber, die Christen, seid es, die Gott neu auf die dritte Weise verehrt'' (*Strom.* VI, 5, 41). Den falschen Religionen der Griechen (Heiden) und Juden ist als dritte die wahre Religion der Christen gefolgt. Wenn es nach Aristides vier Gattungen von Menschen gibt (Barbaren, Griechen, Juden und Christen), so ist das nur eine Variante der Lehre von den drei Arten der Gottesverehrung (eine spätere Bearbeitung spricht denn auch von drei Gattungen). Diese kirchliche Betrachtung der Religionsgeschichte hat dazu geführt, daß die Christen mit dem Ausdruck ,,das dritte Geschlecht'' belegt wurden, und das nicht nur als Eigenbezeichnung, sondern auch, und sei es auch nur höhnisch, im Munde ihrer Gegner. Tertullian berichtet, daß im Zirkus nach den Christen mit dem Ruf geschrieen wurde: ,,Wo bleibt denn das dritte Geschlecht?'' (*Scorp.* 10).

Das stolze Selbstbewußtsein, das neue und wahrhaftige Volk Gottes zu sein und deshalb Gott auf ihrer Seite zu haben, hat es den Christen ermöglicht, die Verfolgungen zu überstehen und ihrer Religion zum Sieg zu verhelfen.

Die Anfänge der christlichen Theologie

Von Anfang an haben die Christen über den Inhalt ihres Glaubens gesprochen und geschrieben. Die Briefe des Neuen Testaments und die Schriften der sog. Apostolischen Väter, die zum Teil in derselben Zeit entstanden sind, richten sich alle an Christen und haben den Aufbau der Gemeinde als Ziel. Autoritäten des Glaubens sind das Alte Testament und die vielfach noch mündlich überlieferten Worte Jesu. Im Alten Testament fand man die ganze evangelische und kirchliche Tradition vorgezeichnet, was durch eine oft kühn allegorisierende oder typologisierende Interpretation ermöglicht wurde. So wird z.B. die Rettung der acht Seelen in der Arche Noahs bereits im ersten Petrusbrief als ein Typus der Taufe gedeutet (3, 20 f.), was nicht nur in der Literatur, sondern auch in der altchristlichen Kunst immer wieder wiederholt wurde. Die Autoren dieser Schriften dachten noch stark in Bildern und haben uns auf diese Weise manche archaische theologische Vorstellung bewahrt. Man findet bei ihnen einerseits trinitarische Formeln und Bekenntnisse zur Gottheit Christi und andererseits eine energische Betonung der Einheit und Einzigkeit Gottes, aber wie diese Glaubenssätze sich zueinander verhalten, bleibt undeutlich. Die Fragen, die hier aufkamen, hat man sehr verschiedentlich zu lösen versucht. In judenchristlichen Kreisen hat man Christus und den Heiligen Geist u.a. als Engel gedeutet, wie z.B. in der *Ascensio Isaiae*: Nachdem Jesaja zum siebten Himmel aufgestiegen ist, sieht er Christus, ,,den Herrn der Herrlichkeiten'', und ,,einen anderen Herrlichen, der ihm glich'', einen zweiten Engel, ,,den Engel des Heiligen Geistes'' (9, 27 ff.). Die judenchristliche Christologie verstand die Taufe Jesu als den Akt, durch welchen er zum Sohn Gottes adoptiert worden war. Nach Epiphanius (*Panarion*, 30, 13, 7 f.) stand im sog. Ebionäerevangelium, daß bei der Taufe Jesu ein großes Licht den Ort umstrahlte und eine Stimme aus dem Himmel sagte: ,,Ich habe dich heute gezeugt!'' (*Ps.* 2, 7). Eine größere Zukunft war der christologischen Betrachtungsweise beschert, welche von Paulus (*Rom.* 1, 3-4), Ignatius u.a. vorgetragen wurde: Christus war dem Fleische nach (*kata sarka*) Mensch, dem Geiste nach (*kata pneuma*) Gott.

Die Anfänge der christlichen Theologie im Sinne eines begriffsmäßigen Durchdenkens des Glaubensinhaltes liegen jedoch im zweiten Jahrhundert, als die Apologeten unter Zuhilfenahme der zeitgenößischen Philosophie von ihrem Glaube Rechenschaft abzulegen begannen.

Wenn Aristides seine Apologie mit einer Darlegung der wahren Gotteslehre anfängt, ist es nicht der Gott Abrahams, Isaaks und Jakobs, der biblische Gott der Heilsgeschichte, den er beschreibt, sondern der Gott der Philosophen. Gott ist nach ihm der Weltbeweger, ungezeugt, anfangslos, endlos, unvergänglich, vollkommen und unbegreiflich. Diese negative Theologie hat Aristides nicht selbst geschaffen, sondern einfach dem religiösen Denken seiner Zeit entlehnt: man findet sie vertreten von mittelplatonischen Autoren, wie Albinus und Apuleius, von Gnostikern, wie Basilides und dem Autor des *Apocryphon Johannis,* und von anderen Apologeten, wie Justin und Athenagoras. Diese Lehre hat in der griechischen Theologie einen festen Platz bekommen und findet bis zum heutigen Tage ihren liturgischen Ausdruck im eucharistischen Gebet der ostkirchlichen Chrysostomus-Liturgie: ,,Denn du bist der unaussprechliche und unfaßbare, der unsichtbare und unergründliche Gott, der Immerseiende und Gleichbleibende.'' In diesem Gebet ist Gott jedoch auch derjenige, der die Gefallenen wieder aufrichtet und nicht nachläßt, alles zu tun um den Gläubigen sein künftiges Reich zu schenken. Das hat Aristides vielleicht auch geglaubt, aber er bringt es in seiner Apologie nicht zum Ausdruck. Er muß beim Schreiben seines ersten Kapitels von einem philosophischen Handbuch Gebrauch gemacht haben, denn einige seiner Sätze finden sich in derselben Reihenfolge auch in dem gnostischen *Brief des Eugnostus.*

Zum Problem des Verhältnisses zwischen diesem transzendenten Gott und Christus hat Aristides sich nicht geäußert. Diese Frage ist auf eine für die Zukunft maßgebliche Weise von Justin mit der Logoslehre beantwortet worden. Aufgrund älterer Vorstellungen von Christus als dem Schöpfungswort Gottes hat Justin ihn als die Kraft des ungezeugten und unaussprechlichen Vaters gedeutet, als den Logos, ,,an dem das ganze Menschengeschlecht Anteil hat'' (*Apol.* I, 46, 2). Dieser Logos wird von Justin ,,*Logos spermatikos*'' genannt, der ,,Säende Logos'', der vor der Menschwerdung Christi seinen Samen in die ganze Menschheit eingesät hatte. Da der Logos von Justin primär als die Wahrheit verstanden wird, war es nach ihm den Menschen auch schon vor Christus möglich einen Teil der Wahrheit zu erfassen. Die vollständige Kenntnis der Wahrheit ist erst nach der Menschwerdung des Logos den Gläubigen möglich geworden. Justin hat hier den stoischen Begriff der ,,*logoi spermatikoi*'', der Keimkräfte der natürlichen Entwicklung, in ein überweltliches Prinzip der Erkenntnis umgewandelt. Auf dieser Weise war Justin imstande bestimmte Elemente der griechischen Weisheit als wahr anzuerkennen und auszuführen, daß die vollständige Wahrheit nur bei den Christen zu finden sei: das Christentum war nach ihm die wahre Philosophie!

Der Logos wurde von den Apologeten als vom Vater zum Zweck der Weltschöpfung generiert angesehen, und zwar in dem Sinne, daß man ihn in Gott als ewig anwesend, nur in seinem Hervorgegangensein als zeitlich entstanden gedacht hat. Er wurde als der Sohn Gottes dem Vater subordiniert. Daß der Logos zum Zweck der Weltschöpfung hervorgebracht worden war, wurde vielfach biblisch begründet mit einer Proverbienstelle über die Weisheit: ,,Der Herr hat mich gezeugt im Anfang seiner Wege für seine Werke" (8, 22). Der griechische Logos wird so mit der jüdischen Weisheit identifiziert, wie das auch schon in den Schriften Philos, des alexandrinischen, jüdischen Philosophen, der Fall ist. Irenäus von Lyon, der um 175 gegen die Gnostiker schrieb, hat dagegen zwischen dem Logos und der Weisheit unterschieden. Er hat sie als den Sohn und den Heiligen Geist aufgefaßt und als die Organe der göttlichen Wirksamkeit in der Welt die Hände Gottes genannt.

Diese Gedanken der Apologeten sind in der frühen alexandrinischen Theologie weiter ausgebaut worden. Durch die Funde von Nag Hammadi sind wir über die Anfänge dieser Theologie besser unterrichtet worden. Die sog. ,,Gnostische Bibliothek", die 1945 gefunden wurde, enthält auch eine Anzahl von nicht-gnostischen Schriften. Von diesen spiegeln einige die theologischen Auffassungen wider, die am Ende des zweiten Jahrhunderts in Alexandrien vorherrschend waren, und bestätigen und ergänzen so das Bild, das die Forschung bereits aus den Werken des Klemens von Alexandrien gewonnen hatte.

Kennzeichnend für die jüdische und die christliche alexandrinische Theologie war die Identifikation von Logos und Weisheit (*Sophia*). Die alexandrinisch-jüdische Schrift der *Weisheit Salomos,* die im ersten vorchristlichen Jahrhundert entstanden ist, hat einige der meistgebrauchten Bilder der alexandrinischen Christologie geliefert. In einer der neuen Schriften, *Den Lehren des Silvanus,* findet man die folgende, in eine kurze Zusammenfassung der Logoslehre übergehende Lobpreisung Gottes: ,,Herr, Allmächtiger, wieviel Lobpreis soll ich dir bringen? (Keiner konnte je Gott so preisen, wie er ist). Der du verherrlicht hast deinen Logos, um jeden einzelnen zu erretten — o du barmherziger Gott! —, den, der aus deinem Munde gekommen und in deinem Herzen aufgestiegen ist, den Erstgeborenen, die Weisheit, den Prototyp, das erste Licht. Denn er ist ein Licht aus der Kraft Gottes, und er ist ein Ausfluß der lauteren Herrlichkeit des Allmächtigen, und er ist der reine

Spiegel der Wirksamkeit Gottes, und er ist das Abbild seiner Güte. Denn er ist auch das Licht des ewigen Lichtes. Er ist das Auge, das auf den unsichtbaren Vater blickt. Er dient allzeit und schafft durch den Willen des Vaters, er, der allein durch das Wohlgefallen des Vaters gezeugt ist. Denn er ist ein unfaßlicher Logos, und die Weisheit und das Leben ist er. Alle Lebewesen und Kräfte ruft er ins Leben und ernährt sie. Wie die Seele alle Glieder belebt, beherrscht er alles durch die Kraft und belebt es" (*Nag Hamm. Cod.* VII, 112, 27-113, 21).

Das Kernstück dieser Aussagen über den Logos ist ein fast wörtliches Zitat aus der *Weisheit Salomos,* 7, 25-26: ,,Denn sie (die Weisheit) ist ein Hauch der Macht Gottes und ein klarer Ausfluß aus der Herrlichkeit des Allherrschers; deshalb gerät auch nichts Beflecktes in sie hinein. Denn sie ist ein Abglanz ewigen Lichts und ein fleckenloser Spiegel des göttlichen Wirkens und ein Abbild seiner Güte." Dieser Text wird von Origenes, dem einflußreichsten Theologen der griechischen Kirche (ca. 185-254), öfters zitiert um das Wesen des Logos zu beschreiben. In seinem dogmatischen Hauptwerk, *Von den Prinzipien*, hat er die Lehre über Christus insbesondere durch drei Bibelstellen begründet: erstens durch *Kol.* 1, 15, wo der eingeborene Sohn ,,das Bild des unsichtbaren Gottes" genannt wird, dann durch *Hebr.* 1, 3, wo vom Sohn gesagt wird, daß er ,,der Glanz seines (Gottes) Herrlichkeit und das Prägebild seines Wesens" ist, und schließlich durch die *Weisheit Salomos* 7, 25-26. Die Besprechung der letzten Stelle nimmt bei weitem den breitesten Raum ein (I, 2, 9-13). Auch von späteren Leitern der alexandrinischen Schule, wie Dionysius und Theognostus, wurde dieser Text auf Christus, den Logos, bezogen. Von den letztgenannten wissen wir das durch Anführungen aus ihren Werken, die man bei Athanasius findet. Dieser hat selbst jedoch in seinen christologischen Darlegungen von dieser Belegstelle keinen Gebrauch gemacht: er hat gerade den Ausdruck ,,Ausfluß" oder ,,Emanation" zur Beschreibung der Generation des Sohnes als ungeeignet abgelehnt. Klemens von Alexandrien hat *Weisheit* 7, 25-26 niemals in einem christologischen Zusammenhang zitiert. Die *Lehren des Silvanus* bezeugen jedoch, daß diese Verse bereits vor Origines in der alexandrinischen Theologie auf Christus, den Logos und die Weisheit, bezogen wurden.

In den *Lehren des Silvanus* wird wie bei Klemens der Logos primär als der Lehrer gesehen. Dabei ist es vielfach schwierig zu beurteilen, ob mit dem Logos Christus oder das rationelle Prinzip im Menschen gemeint ist. In einem anderen Text der früh-alexandrinischen Theologie, den *Sprüchen des Sextus* (um 200) findet sich derselbe Sachverhalt. Wenn im Spruch 123 gesagt wird: ,,Mache den Logos, der in dir ist, zum Gesetz deines Lebens'', dann wird wohl an den menschlichen Logos gedacht sein. Aber wenn der Autor im Spr. 264[a] sagt: ,,Folge unter Zurücklassung deines Besitzes dem Orthos Logos nach'', wird er Christus als den Logos im Sinn gehabt haben, um so mehr als dieses Wort auf *Mark.* 10, 21 parr. anzuspielen scheint: ,,Verkaufe was du hast, ... und folge mir nach.'' Dieselbe variierende Bedeutung hat das Wort Logos in den Werken des Klemens von Alexandrien, in denen es den Geist Gottes, den Sohn als Hypostase und Schöpfer und das in der Welt und im Menschen immanente, rationelle Prinzip bedeuten kann. Dieser Bedeutungswechsel hängt damit zusammen, daß zwischen dem Geist und dem Logos Gottes und dem Geist und dem Logos des Menschen eine Verwandtschaft angenommen wird. In den *Lehren des Silvanus* heißt es: ,,Der göttliche Geist (*sc.* des Menschen) hat sein Wesen aus dem Göttlichen'', und: ,,Aus der Substanz Gottes hat der Mensch Gestalt gewonnen. Die göttliche Seele hat teilweise Gemeinschaft mit ihm (*sc.* Gott). Weiterhin hat die Seele teilweise Gemeinschaft mit dem Fleisch'' (92, 25-27; 93, 26-30). Der göttliche Ursprung der Seele findet sich auch in dem *Authentikos Logos*, einer anderen nicht-gnostischen, früh-alexandrinischen Schrift aus Nag Hammadi, und er ist in den Sprüchen des Sextus vorausgesetzt. Während ihres Aufenthaltes im Leibe ist die Seele großen Gefahren ausgesetzt. Der Autor des *Authentikos Logos* sagt: ,,Unsere Seele ist wahrhaftig krank, denn sie wohnt in einem armseligen Gehäuse und die Materie verwundet ihre Augen in der Absicht sie blind zu machen (d.h. ihren Geist zu verdüstern)'' (27, 25-29). Aus dieser Situation kann die Seele nur durch ein Leben in Enthaltsamkeit (*Enkrateia*) und durch Streben nach Erkenntnis (*Gnosis*) gerettet werden. Um letztere zu erwerben ist erstere notwendig, und die genannten Schriften rufen denn auch, wie die des Klemens, den Menschen auf, sich von allen Begierden und Leidenschaften zu befreien und sich von dem göttlichen Logos belehren zu lassen. In dieser Theologie ist Christus vor allem der Lehrer und die Erlösung eine geistliche Erleuchtung. Christus als Lehrer war allerdings eine allgemeine christliche Vorstellung, die auch in der frühchristlichen Kunst zur Darstellung gekommen ist. Aber in der früh-alexandrinischen Theologie ist diese Vorstellung vorherrschend geworden. Die Bedeutung des Todes und der Auferstehung Christi trat in den Hintergrund und die Erwartung der allgemeinen, eschatologischen Auferstehung und der Errichtung des Reiches Gottes auf Erden verblaßte. In dieser spiritualisierenden Tradition ist Origenes aufgewachsen, und wenn er auch viel mehr als seine Vorgänger die ganze Breite der biblischen und kirchlichen Tradition in seinem Denken verarbeitet hat, ganz entwachsen ist er ihr nie.

Einen ganz anderen Weg ist Irenäus von Lyon gegangen, wobei er viel mehr als die frühen Alexandriner im biblischen Rahmen blieb. Seine Theologie ist vor allem heilsgeschichtlich orientiert: seit dem Sündenfall war die ganze Entwicklung auf Christus ausgerichtet, der das Zentrum und der Wendepunkt der Geschichte ist. Christus ist der neue Mensch, der neue Adam, der das ganze menschliche Geschlecht in seiner Person zusammengefaßt und ihm durch seinen Tod und seine Auferstehung das neue Leben vermittelt hat. Diese sog. Rekapitulationslehre hat Irenäus in seinem *Adversus Haereses* folgendermaßen umschrieben: Der Logos hat nicht erst bei der Menschwerdung seinen Anfang genommen, ,,vielmehr faßte er die lange Entwicklung der Menschen in sich zusammen, indem er durch die Inkarnation Mensch wurde, und gab uns in dieser Zusammenfassung das Heil, damit wir unser Sein nach dem Bild und Gleichnis Gottes, das wir in Adam verloren hatten, in Christo Jesu wiedererlangen möchten'' (III, 18, 1). Die Menschwerdung, Tod und Auferstehung Christi waren nach Irenäus notwendig zur Erlösung des Menschengeschlechts. Deshalb betont er stärker als die früh-alexandrinische Theologie die Bedeutung des historischen Christus.

Die Verbindung dieser Erlösungslehre mit der alexandrinischen Tradition hat im 4. Jahrhundert die Entwicklung der klassischen Theologie der griechischen Kirche ermöglicht.

LITERATURVERZEICHNIS

Bauer, W., *Rechtgläubigkeit und Ketzerei im ältesten Christentum,* hrsg. von G. Strecker, Tübingen 1964[2].
Campenhausen, H. von, *Kirchliches Amt und geistliche Vollmacht in den ersten drei Jahrhunderten,* Tübingen 1953.
Chadwick, H., *The Sentences of Sextus. A Contribution to the History of Early Christian Ethics,* Cambridge 1959.

Daniélou, J., *Histoire des doctrines chrétiennes avant Nicée* I-III, Paris 1958-1978.
Daniélou, J. und Marrou, H., *Von der Gründung der Kirche bis zu Gregor dem Grossen* (= *Geschichte der Kirche,* hrsg. von L. J. Rogier, R. Aubert und M. D. Knowles, Bd. 1), Einsiedeln 1963.
Harnack, A. von, *Die Mission und Ausbreitung des Christentums in den ersten drei Jahrhunderten* I-II, Leipzig 1924[4].
Kelly, J. N. D., *Early Christian Doctrines,* London 1965[3].
Kelly, J. N. D., *Early Christian Creeds,* London 1972[3].
Kretschmar, G., *Studien zur frühchristlichen Trinitätstheologie,* Tübingen 1956.
Kretschmar, G., *Die Geschichte des Taufgottesdienstes in der alten Kirche* (Leiturgia. Handbuch des evangelischen Gottesdienstes V), Kassel 1970.
Lietzmann, H., *Messe und Herrenmahl,* Berlin 1955[3].
Lietzmann, H., *Geschichte der alten Kirche* I-IV, Berlin 1961[4+3].
Lilla, S. R. C., *Clement of Alexandria. A Study in Christian Platonism and Gnosticism,* Oxford 1971.
Loofs, F., *Leitfaden zum Studium der Dogmengeschichte,* hrsg. von K. Aland, Tübingen 1968[7].
Osborn, E. F., *Justin Martyr,* Tübingen 1973.
Roberts, C. H., *Manuscript, Society and Belief in Early Christian Egypt,* London 1979.

ABBILDUNGSVERZEICHNIS

Tafel I. Agapefeier (3. Jh. n. Chr.). Katakombe S. Callisto, Rom.

Tafel II. Weinwunder zu Kana und Brotvermehrung. Holztür S. Sabina, um 425, Rom.

Tafel III. Eucharistische Symbole (3. Jh. n. Chr.). Katakombe S. Callisto, Rom.

Tafel IV. Die Erleuchtung (Heilung des Blindgeborenen). Sarkophag, 4. Jh. n. Chr. Museo delle Terme, Rom.

Tafel V. Noah in der Arche. Katakombe Via Latina, Rom.

Tafel VI. Christus als Lehrer. Sarkophagfragment, um 300. Museo delle Terme, Rom.

Photos mit Genehmigung des Onderwijs Media Instituut in Utrecht.

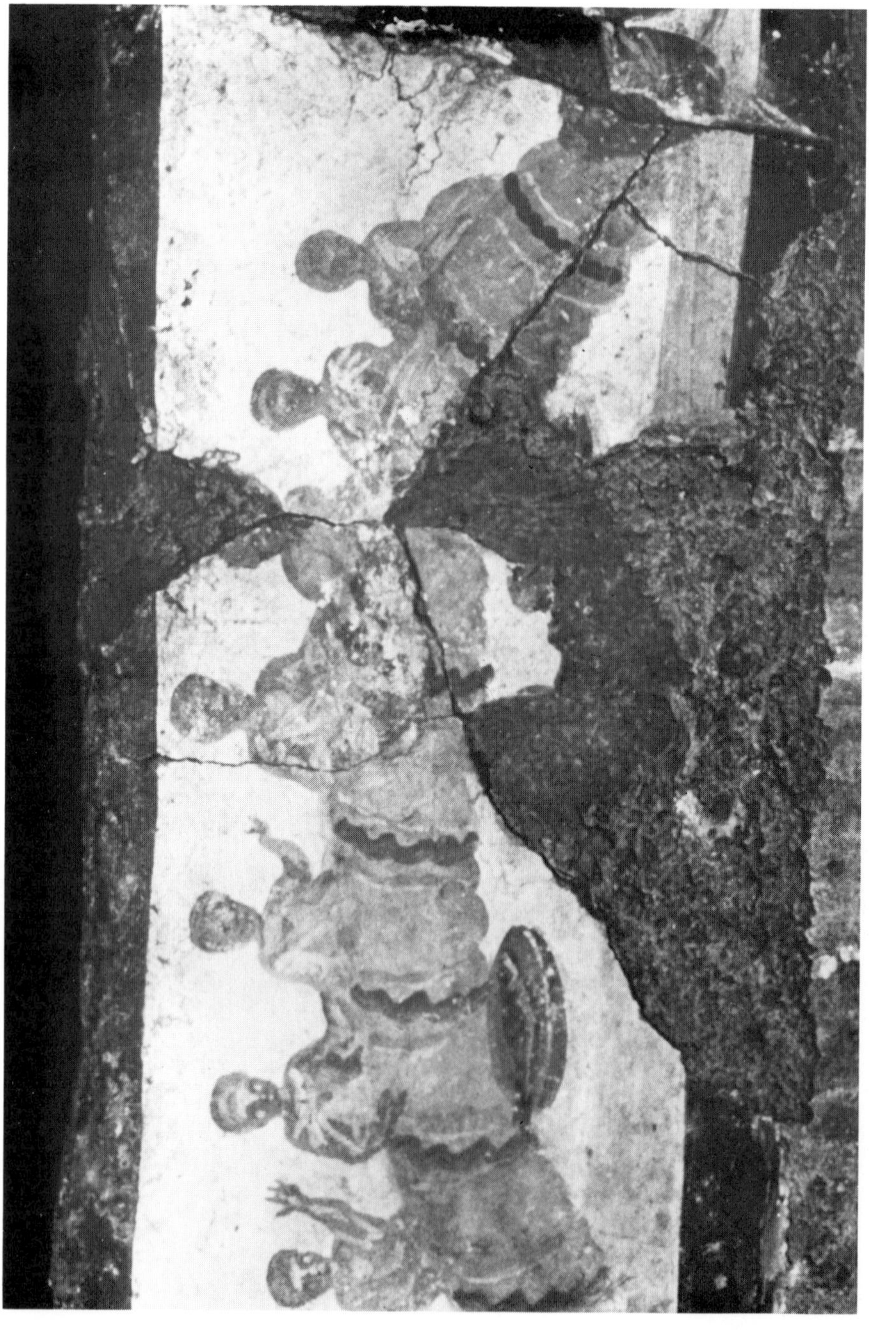

FRÜHCHRISTLICHE RELIGION 383

Tafel II

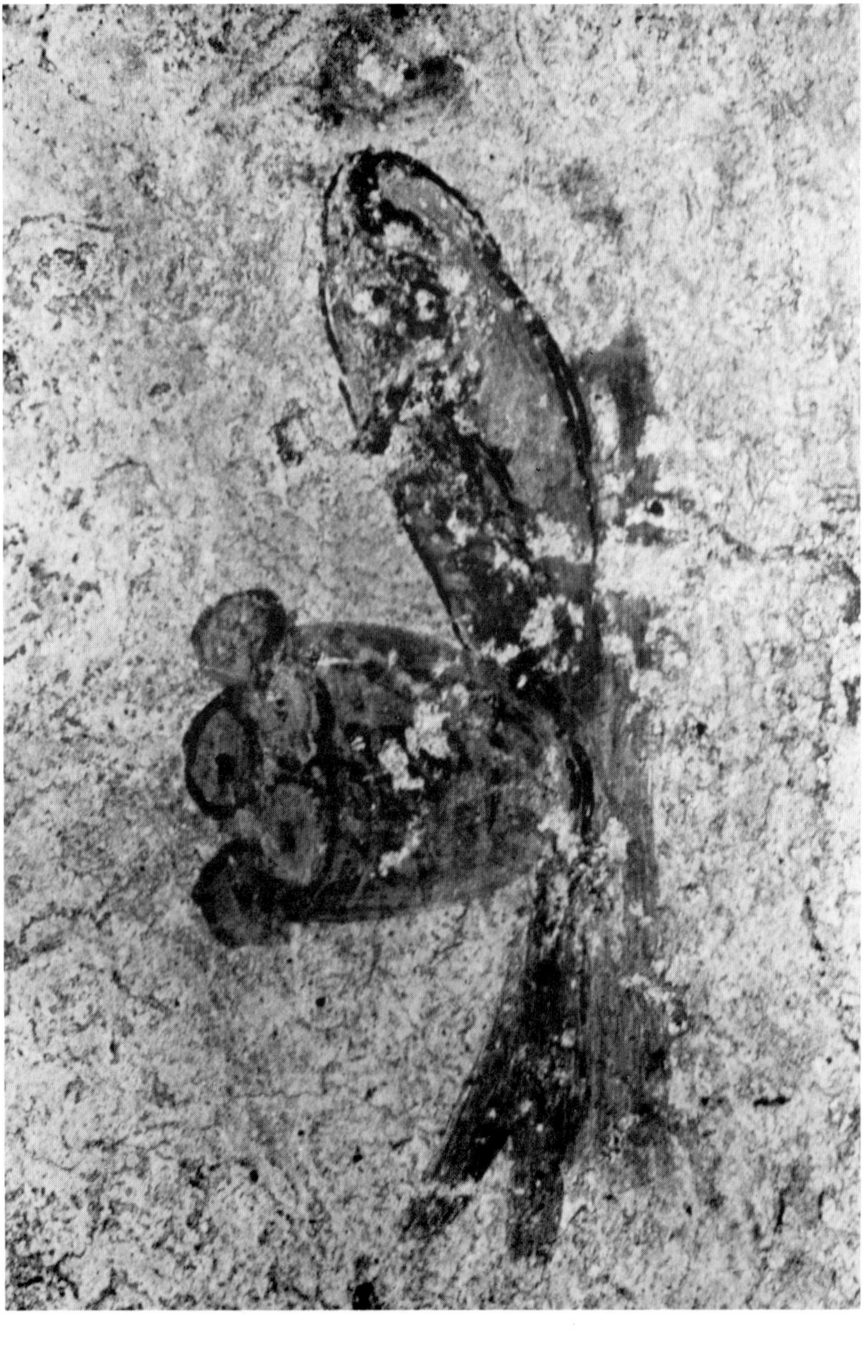

Tafel IV

Tafel V

Tafel VI

XV

AUSEINANDERSETZUNG DES CHRISTENTUMS MIT DER UMWELT

BERNHARD KÖTTING
(Münster i. W.)

I. *Die Einordnung der Christen in Staat und Gesellschaft*

Der christliche Glaube verkündete den Anbruch der Gottesherrschaft und das Kommen eines ,,Neuen Reiches'', in dem Gottes Wille, kundgeworden durch die Botschaft seines Sohnes, des Messias Jesus Christus, ,,Grundgesetz'' und Norm für jegliche Ordnung im zwischenmenschlichen Zusammenleben sein sollte. Den Beginn dieser neuen Reichsordnung werde nicht Menschenkraft setzen, sondern göttliches Eingreifen. In der ersten Zeit waren viele Christen der Meinung, daß der Neubeginn unmittelbar bevorstehe, vielleicht noch zu ihren Lebzeiten eintreten werde. Nach einigen Jahrzehnten wich diese ,,Naherwartung'' einer unbestimmten, wenn auch festen Hoffnung, daß die Neugestaltung gewiß kommen werde. Über den Zeitpunkt des Eintritts gab es dann, als die Christen längst den Bestand des römischen Reiches mittrugen, ,,Endzeitprognosen'', die aus verschiedenen Quellen, nichtchristlichen wie christlichen, ihre Nahrung zogen.

Somit stand der christliche Glaube anfänglich allen bestehenden staatlichen Ordnungen mit einer relativen Gleichschätzung gegenüber. Alle Herrschaft und Gewalt leiten sich ab vom Schöpfer aller Dinge, dem gemeinsamen Vater aller Menschen. In seinem Namen sorgt die staatliche Obrigkeit für Recht und Ordnung, die sie notfalls auch mit dem Schwert erzwingen darf. Dieser von Gott gesetzten Autorität, die das Neue Testament ausdrücklich bejaht, haben sich auch die Christen zu fügen. Von einer Konfliktmöglichkeit ist zunächst nur andeutungsweise die Rede; für diesen Fall gilt die allgemeine Regel, daß man Gott mehr gehorchen muß als den Menschen.

In den ersten Jahrzehnten bemühten sich die neuen Gläubigen im römischen Reich immer wieder, ihre Loyalität der staatlichen Ordnung gegenüber zu bekunden. Sie beteten für die Herrscher und Vorgesetzten: ,,Gib' ihnen, Herr, Gesundheit, Frieden, Eintracht, Beständigkeit, damit sie die ihnen von dir gegebene Herrschaft untadelig ausüben (*Clemensbrief*)". In prägnanter Form hat der Philosoph Justinus (um 150) die grundsätzliche Haltung der Christen als Staatsbürger in einem ,,offenen Brief" an die Kaiser so formuliert: ,,Wir beten zwar Gott allein an, euch aber leisten wir freudigen Gehorsam, indem wir euch als Könige und Herrscher anerkennen."

Gewiß ist die politische Haltung der Christen nicht einheitlich gewesen; auch ist ihre Stellungnahme zur staatlichen Ordnung dem zeitlichen Wandel unterworfen. In den beiden ersten Jahrhunderten besaß die Mehrheit der Christen nicht das römische Bürgerrecht; sie traten für die öffentliche Meinung noch nicht als den Staat mitbestimmende Bevölkerungsgruppe in Erscheinung. Weithin wurden sie in die Kategorie ,,Dunkelmänner" eingestuft, die in geheimen Konventikeln absonderliche Dinge trieben. Ihre Schriftsteller versuchten dieses diskriminierende Bild zurechtzurücken: ,,Man sagt, wir seien unnütz für das geschäftliche Leben. Wieso? Leute, die mit euch zusammenleben, Leute von derselben Lebensweise, Kleidung, Einrichtung und denselben Bedürfnissen des Lebens? Wir sind doch keine Brahmanen oder indische Gymnosophisten, Waldmenschen und aus dem Leben Ausgeschiedene... Daher wohnen wir in dieser Welt mit euch zusammen, nicht ohne den Gebrauch des Marktes, nicht ohne die Bäder, nicht ohne eure Kaufläden, Werkstätten, Gasthäuser, Jahrmärkte und dem sonstigen Handelsverkehr. Wir betreiben mit euch zusammen die Schiffahrt, tun mit euch Kriegsdienst, treiben Ackerbau und bringen dann unseren Erwerb in den Handel; die Erzeugnisse unserer Kunstfertigkeit und unserer Arbeit geben wir öffentlich zu eurem Gebrauche hin (Tertullian)."

Mit der Verleihung des Bürgerrechtes an die freien Bürger des Reiches durch Kaiser Antoninus Caracalla (212) bahnte sich ein Umschwung an; denn nun öffnete sich auch für viele Christen der Zugang zu den höheren Beamtenstellen im Militär- und Zivildienst. Auf den Vorwurf, daß die Christen sich nicht am öffentlichen Leben beteiligten und keine Ämter übernehmen wollten, gab ein Mann wie Origenes (gest. 254) die Antwort: ,,Wenn die Christen die Übernahme von staatlichen Ämtern ablehnen, so tun sie das nicht, um sich den gemeinsamen Dienstleistungen des bürgerlichen Lebens zu entziehen, sondern um sich für den göttlicheren und notwendigeren Dienst an der Kirche Gottes zum Wohle der Menschen zu erhalten... Die Christen erweisen ihrem Vaterland mehr Wohltaten als die übrigen Menschen, denn sie sind erzieherische Vorbilder für die anderen Staatsbürger, weil sie lehren, dem Gott treu zu sein, der über dem Staat steht.''

Die allgemeine, aus dem Neuen Testament überkommene Richtlinie, daß man der staatlichen Obrigkeit gehorchen müsse, reichte jedoch nicht aus, in den konkreten Situationen des politischen Alltags alle aufkommenden Konflikte zu lösen. Der römische Staat sah, wie alle anderen politischen Gemeinschaften im Altertum, das Fundament seiner Existenz in der religiösen Bindung an die Gottheiten. Gerade die Römer betonten mit einem beträchtlichen Selbstbewußtsein, daß ihnen wegen ihrer Frömmigkeit und Religiosität die Herrschaft über andere Völker übertragen worden sei (Cicero). Sobald die pflichtgemäße Verehrung der Götter bei manchen Handlungen politischer Beamter konkrete Gestalt annahm, ergab sich für den Christen das entscheidende Problem. Durfte er sich am Götterkult beteiligen oder ein Amt übernehmen, das ihn notwendigerweise in eine Konfliktsituation führen mußte?

So kam man dazu, Angehörige bestimmter Berufe von der Aufnahme in die Christengemeinschaft auszuschließen. Das traf auf diejenigen zu, die in die Lage geraten konnten, einen anderen Menschen, etwa auch einen unschuldigen Christen, zu töten, d.h. auf Soldaten und Magistratspersonen, die das ,,Schwertrecht'' (*ius gladii*) hatten: ,,Ein Soldat im obrigkeitlichen Dienst soll niemand töten. Wenn er den Befehl dazu erhält, soll er ihn nicht ausführen; er soll auch nicht schwören. Wenn er das aber nicht will, dann soll er zurückgewiesen werden. Wer über Exekutionsgewalt verfügt oder eine städtische Magistratsperson, die den Purpur trägt, soll entweder auf diesen Beruf verzichten oder er soll zurückgewiesen werden.''

Als zweites Problem trat hinzu, daß der Fahnen- und der Beamteneid absoluten Gehorsam gegenüber dem Kaiser verlangten. Diesen Gehorsam hatten die Christen bei der Taufe Gott gelobt. Für beides, den Fahneneid und das Taufgelöbnis gebrauchte man den Ausdruck ,,*sacramentum*'', um die religiöse Bindung, die darin enthalten ist, zu betonen, wie es im Neuen Testament heißt; es mußte demnach die Erlaubtheit des Beamten- und Fahneneides in Zweifel gezogen werden.

Ein ähnlicher Konflikt konnte sich auch einstellen, wenn Beamte oder auch Offiziere bei bestimmten Anlässen, wie z.b. an Kaisers Geburtstag, öffentliche Kulthandlungen (*vota publica*) vornehmen mußten. Gewiß gab es im 3. Jh. höhere Vorgesetzte, die untergebenen Gruppenführern aus eigener Vollmacht Dispens erteilten; ähnlich war es in allen Bereichen des politischen und kultischen Sektors; aber im Ernstfall konnte es zu Konflikten mit tödlichem Ausgang kommen.

Die wichtigste Auseinandersetzung der Christen mit dem römischen Staat vollzog sich aber auf dem religionspolitischen Gebiet, nicht auf dem Felde einzelner Berufskonflikte. Als die Zahl der Christen mit dem beginnenden 3. Jh. schnell zunahm, waren sie bald in allen Rängen des staatlichen und des privaten Lebens im Reich vertreten. In die Reihen des Senatorenstandes und des Hochadels, den generell konservativen Gruppen, gelang der Einbruch erst in der Mitte des 4. Jhs., einige Jahrzehnte nach dem Regierungsantritt Konstantins. Zu Beginn dieses Eindringens in das gesamte öffentliche Leben waren deshalb Berufsverbote erforderlich, die einen scharfen Trennungsstrich zogen zu den Erwerbsmöglichkeiten, die mit dem Götterkult verbunden waren oder den ethischen Anforderungen des christlichen Glaubens zuwiderliefen. So wurden von der Vorbereitung auf die Taufe alle heidnischen Priester und Diener an den Heiligtümern zurückgewiesen, falls sie nicht bereit waren, ihren Beruf aufzugeben. Im Anfang des 4. Jhs. wurde auf einer Synode die Frage erörtert, ob man gleichzeitig Mitglied einer heidnischen Priesterschaft und Christ sein könne. Der Antrag wurde abgelehnt. Ein gleiches Verdikt, wie gegen die heidnischen Kultdiener, galt für Bordellbesitzer. Bildhauer und Maler durften ihren Beruf weiter ausüben, wenn sie sich verpflichteten, keine Bilder herzustellen, die im heidnischen Kult Verwendung finden konnten. Nachsicht übte man mit den Lehrern; man wollte sie nicht unter allen Umständen zur Aufgabe ihres Berufes zwingen, da man wohl wußte, daß ein christlicher Lehrer im Unterricht die Göttermythen ohne innere Zustimmung erwähnen konnte und ,,nebenbei'' den Samen der Lehre Christi auszustreuen vermochte.

Der römische Staat war den Einzelnen und den religiösen Gemeinschaften gegenüber relativ tolerant. Er gewährte jedem ,,Glaubensfreiheit'' und duldete den Zusammenschluß zu Kultübungen unter dem Vorbehalt der ,,Sozialverträglichkeit''. Diese Toleranz war nur an eine Bedingung geknüpft, nämlich an die Beteiligung am Kaiserkult, wenn er aus bestimmten Anlässen als Loyalitätsbekundung gefordert wurde. In der Machtfülle des Kaisers erblickte die offizielle ,,politische Theologie'' die Widerspiegelung der in den Naturgesetzen grundgelegten Ordnung. In der Person des Kaisers zeigte sich das göttliche Weltregiment wirksam. Nach seinem Tode wurde er unter die Götter erhoben an den Platz, der ihm im kultischen Bereich schon auf Erden gebührte. Wer darum den aus einem gegebenen Anlaß geforderten Kultakt, z.B. das Weihrauchopfer vor dem Kaiserbild verweigerte, konnte als Feind der Staatsordnung gelten. Welchem persönlichen Glauben der einzelne Bürger huldigte, welcher religiösen Gruppe er sich zugehörig wußte, war dem römischen Staat gleichgültig; er verlangte nur die Teilnahme an der verordneten ,,Zeremonie'' des Kaiserkultes. Da half es auch nichts, daß die Christen beteuerten, sie seien loyale Bürger und beteten für den Kaiser. Es nützte nichts, daß sie darlegten, für sie stehe der Kaiser an der Spitze der Menschen; er nähme den ersten Platz nach Gott ein. Ebenso nützte es auch nichts, daß sie ,,Religionsfreiheit'' forderten: ,,Es ist ein Menschenrecht und eine Sache natürlicher Freiheit für jeden, das zu verehren, was er für gut hält, und die Gottesverehrung des einen bringt dem anderen weder Schaden noch Nutzen. Wenn ihr uns also wirklich zum Opfern treiben wollt, so würdet ihr euren Göttern damit keinen Dienst erweisen. Denn von Widerwilligen werden sie wohl keine Opfer verlangen'' (Tertullian).

Als dann von der Mitte des 3. Jhs. an in bedrängten Zeiten das Opfer vor dem Kaiserbild zum Zeichen der politischen Zuverlässigkeit erklärt wurde, herrschte unter den Christen keineswegs eine einhellige Meinung, ob man dieser Forderung nachkommen müsse oder dürfe. Manche plädierten für die Erlaubtheit der Teilnahme am Kaiserkult; sie beriefen sich auf das Schriftwort: ,,Gebet dem Kaiser, was des Kaisers und Gott, was Gottes ist.'' Die Führung der Kirche, d.h. die Mehrheit der Bischöfe, entschied anders. Kulthandlungen, die allgemein als Zeichen der Gottesverehrung verstanden werden, dürfen nicht zur Ehrung eines Menschen vollzogen werden. Von der Mitte des 3. Jhs. an bis zur vollen Machtübernahme durch Konstantin (324) starben Tausende für die Beachtung dieses Grundsatzes. Noch mehr aber waren kompromißbereit und beugten sich der kaiserlichen Forderung.

Ein schwieriges Problem war die Gewährung universaler Toleranz nach der Machtübernahme durch christliche Kaiser. Ein oft erhobener

Vorwurf lautet, daß die Christen die Religionsfreiheit, die sie zuvor forderten, nicht gewährten, als ihnen die Herrschaft zugefallen war. Ein Unterschied ist aber doch vorhanden. Kultakte, die den heidnischen Göttern galten, wurden durch Gesetz der christlichen Kaiser stufenweise untersagt, aber es wurde niemand unter Todesstrafe gezwungen, an einem christlichen Kultakt teilzunehmen; das war auch von der Idee der christlichen Kultgemeinschaft her unmöglich. Bald kam man auch zur Erkenntnis, daß Glaubensgemeinschaft und politische Ordnung des Staates in ihren Zielsetzungen nicht zur vollen Deckung gebracht werden können, weil ihre Wurzeln in ganz verschiedenen ,,Reichen" ruhen (Zwei-Reiche-Lehre Augustins). Die Fragestellung, ob dem Reich mit der diesseitigen oder dem mit der jenseitigen Zielsetzung der Vorrang bei der irdischen Verwirklichung gebühre, beherrschte in der Folgezeit das Mittelalter.

II. *Die Auseinandersetzung mit der Umwelt im Bereich der Religion*

Das Christentum begann seinen Weg durch die Geschichte mit dem Auftrag seines Stifters: ,,Gehet hin in alle Welt und lehret alle Völker!" Stimulierend für die damit anhebende Missionstätigkeit war der feste Glaube, daß Gott in Jesus Christus zum Heile aller Menschen gelebt habe und daß die Annahme seiner Botschaft ein glückliches Leben in aller Ewigkeit gewähre. Die Hinführung zu diesem Glauben sei darum ein Gebot der Liebe, die alle Schranken, die die Menschen von einander trennen können, zu überwinden habe. Überall jedoch fanden die christlichen Glaubensboten Personen und Gruppen vor, die durch religiöses Denken und Handeln geprägt waren. Ganz und gar areligiöse Menschen gab es in der Antike kaum; sie hätten auch als asozial gegolten.

Wie vollzog sich nun die Auseinandersetzung mit den vorgefundenen Religionsformen? Im innersten Kern der Verkündigung war kein Kompromiß möglich. Indiskutabel war die Botschaft von dem einzigen Gott, der die Welt erschaffen, seinen Sohn gesandt hatte, der den Tod erlitt und dann wieder auferweckt wurde. Die Festigung und Erneuerung dieses Glaubens vollzieht sich in der sichtbaren Gemeinschaft von Gleichgesinnten, die von ihrem Glauben nach außen Zeugnis ablegen durch gemeinsames Gebet, Riten und Gebräuche. All das fand man aber fast überall vor, wenn auch in verschiedener Ausprägung. In einem langen Beurteilungs- und Auswahlverfahren, das sich zu allen Zeiten und in allen Kulturen analog wiederholt, zeichnen sich drei Stellungnahmen ab. Abgelehnt und von der Übernahme ausgeschlossen wurden alle Riten und Gebete, die eindeutig einen inneren Bezug zu einer anderen Gottesverehrung hatten, z.B. Gebete unter Namensnennung der Gottheit, eindeutige Symbole des Polytheismus sowie blutige Opfer. Ohne jeden Vorbehalt gaben die Christen ihrer religiösen Überzeugung jedoch Ausdruck in Worten und Handlungen, wie sie auch in anderen Religionen üblich sind. Dazu gehören z.B. monotheistische Gebete und Rufe (*Kyrie eleison*), Gelübde und Wallfahrten, Gesten und symbolische Akte (z.B. Kuß als Zeichen der Begrüßung, des Friedens und der Versöhnung; Fußwaschung als Ausdruck der dienstbereiten Liebe). In vielen Bereichen der religiösen Formensprache vollzog sich, oft langsam und schrittweise nach anfänglicher Distanzierung, die Hereinnahme von Begriffen und Symbolen, ihre Füllung mit neuem Inhalt und so ihre langsame Assimilation. Hier hat sich ein Jahrhunderte währender Austauschvorgang vollzogen, in dem das Christentum keineswegs nur die nehmende Seite darstellt. Die mißglückte Bemühung des Kaisers Julian (361/3), mit Hilfe christlicher Ideen eine heidnische Restauration in die Wege zu leiten, gibt davon Zeugnis.

Dieser lang andauernde, sich in der Berührung mit allen Kulten wiederholende Assimilationsvorgang setzt schon in der frühesten Geschichte der Kirche ein. In den ersten Jahrzehnten bezog er sich besonders auf jüdische Vorstellungen und Gebräuche, die aber nach der endgültigen Trennung von der ,,Synagoge'' viel an Bedeutung einbüßten. Das mehrmalige Gebet am Tag, die Wallfahrt nach Jerusalem, wenn auch von den Christen aus anderen Motiven vollzogen, die Ablehnung der Leichenverbrennung aus Ehrfurcht vor Gott, dem Schöpfer des Leibes, die anfängliche Ablehnung der Bilder erweisen die aus gemeinsamer Quelle stammende Verbindung zwischen jüdischer und christlicher Religiosität. Die Christen bildeten von Anfang an eine Kultgemeinde, die sich immer wieder ins Gedächtnis rief, warum sie sich versammelt. Eine solche ,,Rückerinnerung'' (*rememoratio*) kann durch Wort, Bild, Handlung geschehen. Keine religiöse Gemeinde kann ohne Vergegenwärtigung des Göttlichen in ihrer Mitte existieren. Hauptsächlich im Wort vollzieht sie sich in der jüdischen Synagoge nach der Zerstörung des Tempels im Jahre 70; im plastischen Bild steht sie dem Beter im heidnischen Tempel vor Augen; in Bild und Handlung vollzieht sie sich in vielen Mysterienkulten; in Wort und Handlung im christlichen Kult (Schriftlesung und Gedächtnismahl).

Wie eine Kultgemeinde der Regel bedarf für den Ablauf der Handlung, so benötigt sie auch den Kultraum. Im Anfang genügte den Christen für ihre Kultversammlungen der schlichte Saal im Wohnhaus, wie ihn etwa die Ausgrabungen in Doura am Euphrat ans Tageslicht gebracht haben (Anfang des 3. Jhs.). Er bedurfte keiner Orientierung durch Thoranische wie bei den Juden, keiner Freihaltung von anderweitiger Benutzung wie bei den heidnischen Tempeln, der Wohnung des Gottes. Als Vorbild für die Gestaltung des Kultraumes war der Tempel ungeeignet, da seine Mitte, die *Cella,* die Wohnung des Gottes, nur von einzelnen Bittstellern besucht werden konnte. Eine Gemeinde konnte sich im Tempel nicht versammeln. Als die Zahl der Gläubigen im 3. Jh. rasch zunahm, waren in den großen Städten für die Gemeinden mit zahlreichen Mitgliedern zweckdienliche Kulträume erforderlich. In der Architektur passten sie sich, ebenso wie die Synagogen dieser Zeit, der mehrschiffigen, profanen Basilika an. Erhalten ist von ihnen keine, weil die christlichen Kultbauten in der letzten Verfolgung zerstört wurden (303/11). Ein solches, speziell für die Versammlung der Kultgemeinde errichtetes Gebäude, nannte man ,,*ecclesia*'', was ursprünglich die Gemeinde der Gläubigen bezeichnete oder man wählte einen Namen, durch den das Haus als Eigentum des Herrn charakterisiert wurde (*dominicum*). Auch hier scheute man sich offensichtlich, die heidnischen Benennungen zu übernehmen. Lieber bediente man sich des nicht religiös geprägten Ausdrucks ,,*basilica*'' als etwa des wortes ,,*templum*''.

Nach anfänglicher Unsicherheit in der Benennung hatte die Leitung der Gemeinde und auch des Gottesdienstes ein auf Lebenszeit bestellter Vorsteher, der seine Amtsbefugnis aus dem Auftrag herleitete, der in personaler Tradition über die Apostel auf Jesus Christus selbst zurückgeführt wurde. Für diesen Leiter der Gemeinde gab es anfangs keine einheitliche Benennung, bis man vom 2. Jh. an einhellig die Bezeichnung ,,Bischof'' annahm. Man war nämlich zunächst ängstlich darauf bedacht, keine Begriffe zu verwenden, die aus dem heidnischen Kult stammten. So dauerte es geraume Zeit, bis man die Vorstellung vom ,,Opfer'' auch für die Eucharistie zuließ. Für die Erlösungstat Christi selbst verwandte man den Begriff von Anfang an. Ebenso scheute man sich, für den die Opfer darbringenden Vorsteher der Gemeinde die jüdischen und heidnischen Bezeichnungen für den „Opferer" (*hiereus*; *sacerdos*) zu übernehmen. „*Hiereus*" findet sich als Charakterisierung des christlichen Kultdieners nicht vor der Mitte des 4. Jhs.; „*sacerdos*" wird in diesem Sinn im lateinischen Westen schon zu Anfang des 3. Jhs. gebraucht.

Zur Auseinandersetzung mit der Umwelt gehört auch das Schicksal der heidnischen Tempel und Heiligtümer nach der Verantwortungsübernahme durch die Christen. Die heidnischen Opfer wurden in mehreren Anläufen verboten; in den Städten blieben deshalb die Tempel ohne Besucher; sie verödeten. Einige wenige wurden direkt zerstört. Ihren Platz als Zeichen der erhaltenen, aber gewandelten Frömmigkeit des Kaisers nahmen die großen Basiliken in Rom, Jerusalem und an anderen Orten ein. Einige Tempel sollten als Denkmäler erhalten bleiben. Auf die Dauer war das aber nur möglich, wenn ihnen eine neue Aufgabe zugewiesen wurde.

Inwieweit heidnische Tempel und Heiligtümer erhalten bleiben konnten, hing von einer damals herrschenden religiösen Vorstellung ab, nämlich der Auffassung von den „Dämonen". Diese beschrieb die griechische Philosophie als indifferente, geistige Wesen, die den Menschen sowohl zum Guten anleiten wie zum Bösen verführen konnten. Aus der jüdischen religiösen Überlieferung übernahm das Christentum die Vorstellung, daß die überirdische Welt der geistigen, nicht mit der Schwere der Körper belasteten Wesen, durch die Auflehnung des einen Teiles gegen Gott sich in gegnerische Lager getrennt hatte. Auf der einen Seite standen die „Engel", die Boten Gottes zu erwählten und schützenswerten Menschen, auf der anderen Seite die „Lügner" von Anbeginn (*diaboloi* = Teufel), die den Heilsplan Gottes zu stören versuchen, ohne daß sie so viel Macht haben, daß sie seine Verwirklichung ganz zu verhindern vermögen. Die Evangelien berichten mehrfach in anschaulicher Weise, daß Christus die „bösen Geister" aus den Menschen, von denen sie Besitz ergriffen hatten, ausgetrieben habe, daß aber Engel kamen, ihm dienten und ihn stärkten. Beim Einzug des Christentums in die hellenistische Welt erfolgte dann eine Assimilation der Vorstellungen, indem alle Dämonen auf die gottfeindliche Seite gestellt wurden. Im Zuge dieser Entwicklung kam man zur festen Annahme, daß jeder Mensch von einem geistigen Wesen geführt werde, dessen „Wohnung" er war. Vor der Taufe war es der „böse", nach ihr der „heilige" Geist. Vor der

Taufe wurde darum durch Gebet und symbolische Handlung, den Exorzismus, der böse Feind ausgetrieben. Der eigentliche Wohnsitz der bösen Dämonen war jedoch nach der weitverbreiteten Vorstellung zur Zeit Christi das Götterbild, dem die religiösen Heiden Verehrung entgegenbrachten, vor dem man Bitt- und Dankgebete verrichtete, mochte es nun im großen, prunkvollen Tempel stehen oder in der Kapelle auf dem Lande (*fanum*) oder an Kreuzwegen seinen Platz haben. Gewiß haben die Philosophen und Dichter gegen diese Identifizierung von der Gottheit mit ihrem Bild ihren Spott ausgegossen, aber im einfachen Volk herrschte diese Anschauung vor. In Analogie zum Taufexorzismus konnte man diese ,,Wohnungen" der gottfeindlichen Dämonen reinigen, die bösen Geister aus ihnen vertreiben und sie so für die rechte Gottesverehrung verwendbar machen: ,,Zum Hause Gottes wurde der Tummelplatz der Dämonen, Licht des Heiles erstrahlt, wo Finsternis alles umhüllte. Am Platz der schwelenden Götzenopfer wohnen nun die Chöre der Engel; wo man Gott ehemals erzürnte, erklingen nun flehende Bitten" (Inschrift in Esra; ähnliche Formulierung bei Jakob von Sarug). Gewiß genügte der Exorzismus allein nicht, um die heidnischen Tempel für den christlichen Kult verwendbar zu machen. Umbauten waren erforderlich, um aus ihnen geeignete Versammlungsräume für den christlichen Gottesdienst zu schaffen. Die Umwandlung gelang an vielen Orten (fast 100 sind nachgewiesen); so sind in vielen Städten (Baalbek, Athen, Rom, Syrakus, Assisi und anderswo) Zeugnisse der antiken Frömmigkeit und Kunst erhalten geblieben.

Ein anderes Schicksal erlebten die kleinen Heiligtümer auf dem Land. Sie gehörten Privatbesitzern und waren Ausdruck der Religiosität der Landbevölkerung, die länger am Götterkult und den damit verbundenen Flurumgängen und Prozessionen festhielt als die Bewohner der Städte, in denen das Christentum eher Fuß faßte. Diese kleinen Kapellen und Bildstöcke der ländlichen Schutzgötter (*fana*) waren die letzten Stützpunkte der heidnischen Frömmigkeit; von ihrer Benennung bezogen die in den Augen der Christen Unbelehrbaren, Starrköpfigen den Namen ,,*fanatici*" (Fanatiker). Um die Respektierung dieser Zeugnisse des heidnischen Glaubens gab es in der christlichen Kirche des 4. und 5. Jhs. scharfe Auseinandersetzungen. Durfte der christliche Grundbesitzer diese ,,Heiligtümer" auf seinem Grund und Boden stehen lassen, weil seine heidnischen Landarbeiter ihm im Falle der Zerstörung mit

Arbeitsniederlegung drohten? Gewährte er damit nicht den unheilbringenden Dämonen weiterhin Unterschlupf? Noch zu Anfang des 4. Jhs. hatte man sich auf einer Synode (Elvira) dahin entschieden, daß ein Christ, der ein heidnisches Heiligtum zerstört hatte und deswegen vom aufgebrachten Volk getötet oder nach einem Strafverfahren hingerichtet worden war, nicht als Märtyrer verehrt werden durfte. 100 Jahre später galt die Zerstörung solcher Heiligtümer als besonderer Edelstein in der Märtyrerkrone (Theodor; Salsa). Besonnene Theologen (z.B. Augustinus) mahnten zur Duldsamkeit und begründeten diese Forderung mit einer Stelle aus dem Alten Testament nach einer falschen Übersetzung der griechischen Septuaginta: ,,Man müsse den Herrschern wie den Göttern Ehrfurcht entgegenbringen''. Aber aus örtlichen Anlässen kam es zuweilen zu scharfen Auseinandersetzungen, bei denen es auf beiden gegnerischen Seiten Tote gab und die den Pogromen während der Verfolgungszeit durch die Heiden ähnelten. Scharfe gesetzgeberische Maßnahmen, durch solche Vorgänge mit veranlaßt, waren die Folge. In der magiegläubigen Atmosphäre des 4. und 5. Jhs., der Christen wie Heiden verhaftet waren, wurden nun die Heiden wegen der Opfer und der damit verbundenen Beschwörungen genau so des ,,Hasses gegen die Menschheit'' (*odium humani generis*) bezichtigt, wie es 300 Jahre zuvor den Christen widerfahren war. Männer wie Augustinus suchten theologische Gründe für ein stufenweises Vorgehen gegen Heiden, Juden und Häretiker beizubringen. Augustins Gedanke, daß man keinen Ungläubigen zur Bekehrung zwingen dürfe, weil ihr immer die ,,ziehende'' Gnade Gottes vorausgehen müsse, daß man dagegen getaufte Häretiker auch mit Strafen zur Kirche zurückführen dürfe, wie man ja auch unbotmäßige Kinder züchtige, fanden in der konkreten Realität des politischen Alltags kaum ein Echo. Das Problem der Religionsfreiheit und Toleranz war am Ausgang der Antike eine offene Frage, die von dem Standpunkt aus, daß rechte Gottesverehrung und wahrer Glaube untrennbar miteinander verbunden sein müßten, nicht zu lösen war.

Unter dem Begriff ,,Mysterienkulte'' faßt man so divergierende religiöse Gemeinschaften zusammen wie z.B. die in Eleusis Eingeweihten und die Mithrasanhänger. Eine eigentlich konkurrierende Gefahr für das Christentum haben sie wohl zu keiner Zeit gebildet. Das liegt an ihrer verschiedenartigen Struktur und ihren Zielsetzungen. Von den eigentlichen Mysterienkulten boten einige nur an bestimmten Orten die

Möglichkeit zur Aufnahme (Eleusis; Samothrake); bei anderen konnten sich überall Gemeinden bilden (Dionysoskult; Mithras; Isis). Die ägyptischen, syrischen, iranischen oder kleinasiatischen Religionen erhielten teilweise bei ihrem Eindringen in die hellenistische und römische Welt wegen ihrer Fremdartigkeit „Mysteriencharakter". So konnte auch in der ersten Zeit das Christentum von den philosophisch Gebildeten vorstellungsmäßig in den Umkreis der „Mysterien" gerückt werden. Im Westen des römischen Reiches hat kein Mysterienkult seinen Ursprung. Sie alle teilten darum wegen ihrer Herkunft mit dem Christentum das Los, daß bis zur Mitte des 3. Jhrs. nach Chr. ihre Anhänger vornehmlich unter den Unfreien zu finden waren und in den durch starke Binnenwanderung entstandenen nationalen Kolonien. Wenn ein Mann wie Cicero sich in Eleusis einweihen ließ, so stand dahinter wohl fromme Gläubigkeit; anders als bei den Vertretern des römischen Adels, die sich im 4. Jh. sicherheitshalber zugleich in mehrere Mysterien aufnehmen ließen. Über die Motive für den Eintritt in die Mysteriengemeinschaften, soweit sie allgemeiner Natur gewesen sind, wissen wir nur wenig; sie mögen häufig denen für den Beitritt zum Christentum ähnlich gewesen sein. Das Geheimnisvolle mancher Riten (Arkandisziplin), die Distanzierung von der Menge, der Trost, der in der Gemeinschaft der kleinen Gruppe, in der die Mitglieder einander kennen, erfahren wird, all das mag auf schlichte Menschen anziehender gewirkt haben als der philosophische Rationalismus und die offizielle staatliche Religiosität.

Es kann auf manche Parallelen zwischen den Mysterienkulten und christlichen Kultbräuchen und Institutionen hingewiesen werden, ohne daß dabei an Entlehnungen und Abhängigkeiten zu denken ist. Die Rolle der Mysterien in der Spätantike wird dabei oft überschätzt. Der äußeren Analogien gibt es genug, z.B. spezielle Vorbereitung für die Aufnahme (*Fasten*); einführendes Bad; Tag der Einweihung = Geburtstag zum neuen Leben; Kultmahl; Prozessionen; Feste der Freude und der Trauer; Unterweltsstrafen für Abgefallene; hierarchische Stufenfolge im Amt usw. In der Vereinnahmung aller göttlichen Kräfte durch die Allgöttin Isis kann man eine gewisse Ähnlichkeit sehen zu der Vorstellung vom christlichen Gott, der seinen Logos zu allen Völkern gesandt hat. Auch die Bevorzugung der Höhle als Stätte besonderer göttlicher Offenbarung, wie sie sich namentlich bei den wichtigen Gedenkstätten in Palästina findet, mag durch die Mithrasverehrung angeregt worden sein. Die Dissonanzen sind jedoch viel wichtiger; das Entscheidende war, daß am Anfang all dieser Kulte ein Mythos steht, während das Christentum seinen Ursprung auf einen beschreibbaren historischen Vorgang zurückführt. Der Gegensatz zwischen Mythos und Logos ist unüberbrückbar; jedoch boten die Mysterienkulte die Möglichkeit, Geschehnisse im christlichen Kult den Menschen in ihrer gewohnten Ausdrucksweise nahe zu bringen. In den polemischen Schriften wenden sich die Christen gegen den offiziellen Polytheismus, der schon seit langem auch von den Philosophen und Dichtern arg angegriffen worden war, so daß deren Schriften für die christlichen Apologeten ein reiches Waffenarsenal boten; die Mysterienkulte wurden hingegen kaum erwähnt.

III. *Auseinandersetzung auf dem Gebiet der ,,Volksfrömmigkeit''*

Das Christentum trat in eine Welt, die mit Bekundungen der ,,Volksfrömmigkeit'' in Schrifttum, bildlicher Kunst und religiösen Bräuchen reich gesättigt war. Auch in diesem Bereich vollzog sich ein langer Anpassungsprozeß, der von anfänglicher Ablehnung bis zur Adaption der Formen und Riten mit neuer Sinngabe führte.

Alle Menschen, die sich in aktueller Not befinden, suchen einen ,,nahen Helfer''; wenn sie an die Leitung des irdischen Schicksals durch göttliche Macht glauben, wenden sich viele an einen Mittler und Fürsprecher, von dem sie wegen seiner Teilnahme am irdischen Leben Verständnis für ihre Nöte und Sorgen erwarten. Eine in diesem Sinn geübte Anrufung von Mittlern gab es überall in der Welt, wo das Christentum um Anhänger warb. Die aus dem Judentum Stammenden waren mit der Praxis vertraut, daß man die ,,Boten'' Jahwe's, die Engel, ansprechen konnte, die Anliegen der Bittsteller vor den Thron des Allmächtigen zu tragen. Besonders aber wurden als Fürsprecher angerufen Mose und Elias, denn beide waren in den Himmel aufgenommen worden und befanden sich nicht in der Unterwelt. In Bezug auf die heidnische Praxis kann man ganz allgemein sagen, daß der Polytheismus durch die bildliche Hereinnahme des Gottes in das private Heim und die Einrichtung von Hausaltären dem Verlangen nach der helfenden Nähe der Götter entgegenkam. Die Verehrung der Heroen, der zu den Göttern erhobenen, herausragenden Menschen mit der Konzentration der Anrufungen an ihrem Grab und ihren Wirkungsstätten, stand zur Zeit Christi in voller Blüte. Das Christentum lehnte zunächst alle diese ,,Frömmigkeitsäußerungen" ab. Es kann nur „einen Mittler zwischen Gott und den Menschen geben, den Menschen Jesus Christus, (1 *Tim.* 2, 5)". Aber bald brach sich ein anderer Gedanke Bahn. Christus war aufgenommen in den Himmel und befand sich zur Rechten Gottes. Nach seinen Worten werden aber auch die, die für ihn Zeugnis abgelegt haben, dort sein, wo er ist. So sieht Stephanus im Augenblick seines Zeugentodes „voll des Hl. Geistes... Jesus zur Rechten Gottes stehen (*Apg.* 7, 55)". Wer aber bei Christus ist, der kann ihn bei seiner Mittlertätigkeit unterstützen. Seit der Mitte des 2. Jhs. werden darum in der Kirche die Blutzeugen verehrt, weil sie ihm, dem „großen Zeugen", ähnlich geworden sind. Man wartete zu dieser Zeit ja auch nicht mehr auf die baldige Wiederkunft Christi. Jeder personbezogene Kult jedoch drängt auf eine örtliche Fixierung. Das Grab des Märtyrers bot dafür den ersten Anhaltspunkt. War aber der Leichnam durch Maßnahmen des Strafvollzuges zerstört, so legte sich die Verehrung der Reliquien nahe. Zunächst wurde auf diese Weise in jeder Gemeinde *ein* Märtyrer als Patron bevorzugt. Das Schutzbedürfnis von Gemeinden, in denen es keine Blutzeugen gegeben hatte, führte dann zur Reliquienteilung.

Zur außerordentlichen Frömmigkeitsbekundung zählen die Wallfahrten, hinter denen der einfache Glaube steht, daß Gott und die Mittler zu ihm sich an bestimmten Orten besonders ansprechen lassen. Fragt man nach den Gründen, weshalb eine Wallfahrt unternommen wird, so zeichnen sich drei Schwerpunkte ab. Zunächst findet sich als Motiv die Bitte um Hilfe in verschiedenen Anliegen und Nöten. Wenn das Gebet dann erhört worden ist, machen sich wiederum viele auf den Weg, um ihren Dank abzustatten. Schließlich kann der Wunsch ausschlaggebend sein, an einer Feier- und Festversammlung teilnehmen zu können, die an bestimmten Tagen am Wallfahrtsort die Verehrergemeinschaft zusammenkommen läßt. (Das Motiv der Buß- und Sühnewallfahrt taucht erst im christlichen Mittelalter auf).

Im Judentum konzentrierte man sich vor allen Dingen auf die „Festwallfahrt" zum zentralen Heiligtum in Jerusalem, aber auch „Bittwallfahrten" zu „Heiligengräbern" waren in Übung.

Auch in der heidnischen Antike stand das Wallfahrtswesen in Blüte. In Ägypten pilgerte man zum Osirisgrab, ebenso in der gesamten hellenistischen und römischen Welt zu Gräbern der Heroen. Viele Kranke gingen zu den Stätten, die dem „Heiland" Asklepios oder anderen Heilgöttern geweiht waren (Epidauros; Kos usw.). In Ephesos versammelte sich besonders im Monat Artemision eine Gemeinde von Verehrern aus dem ganzen Reich, um zu beten und an den festlichen Umzügen teilzunehmen. Wiedergefundene Pilgerandenken bezeugen, daß die Wallfahrer auch aus entlegenen Provinzen herbeiströmten. Von einem blühenden Devotionalienhandel in Ephesos berichtet die Apostelgeschichte, die davon erzählt, daß die Missionspredigt des Apostels Paulus und seiner Gefährten gegen die Artemisverehrung eine heftige Demonstration der Silberschmiede auslöste, so daß Paulus sogar um sein Leben fürchten mußte (*Apg.* 19, 23/40).

Wie stellte sich das Christentum zu dieser Frömmigkeitsform? Im Judentum war die Wallfahrt nach Jerusalem geboten; in der christlichen Glaubensgemeinschaft konnte sie wegen der Dezentralisation des Kultes nur unter den freiwilligen Frömmigkeitsübungen angesiedelt werden. Im Bereich der nicht gebotenen, sondern freiwilligen Frömmigkeitsäußerungen bedarf es jedoch der ständigen mahnenden Bezugnahme auf den eigentlichen Kern des Glaubens, wenn Wildwuchs vermieden werden soll. Darum ist das ganze Phänomen der Wallfahrt innerhalb des Christentums von Anfang bis heute von einer zügelnden Kritik begleitet worden.

Die Entfaltung der christlichen Wallfahrt war an einige Voraussetzungen gebunden. Dazu gehörte einmal das Erreichen einer gewissen Dichte der Gläubigen in der Bevölkerung und der damit verbundene Abbau des Mißtrauens oder feindlicher Haltung. Außerdem gab es auch theologische Schwierigkeiten, die aus dem Verständnis mancher Ausführungen des Neuen Testamentes resultierten. Besonders einige Sätze bei Paulus und Johannes ließen sich so verstehen, als ob sie einer besonderen Bindung des religiösen Lebens an einen bestimmten Ort entgegentreten wollten.

Nach dem Wegfall solcher inneren und äußeren Hemmungen entfaltete sich die christliche Wallfahrt ganz spontan und zwar zunächst als Pilgerfahrt zum Hl. Lande und später auch zu den Märtyrergräbern. Viele Christen unternahmen eine Wallfahrt zum Hl. Land, um dort zu stehen, ,,wo seine Füße gestanden haben (*Ps.* 131, 7)''. Ganz Palästina galt als Stätte der ,,Erscheinung Gottes (*Epiphanie*)'', wenn auch einzelne Stellen gemäß den Berichten des Alten und Neuen Testamentes besonders herausgehoben wurden. Zunächst waren die Orte aus dem Alten

Testament zahlenmäßig in der Vorhand, aber allmählich verschob sich das Bild zu Gunsten des Neuen Testamentes.

Die Pilgerfahrt zu den Gräbern der Heiligen, wie sie sich auch schon im Judentum fand, setzt die Entfaltung der Märtyrer- und Heiligenverehrung voraus. Zunächst wurden die Grabstätten der Apostel Pilgerziele (Rom; Ephesos). Gleichzeitig begann auch die Wallfahrt zu den Gräbern herausragender Märtyrer, besonders in der Friedenszeit nach Konstantin. In allen Gebieten des römischen Reiches gab es bald solche bevorzugten Wallfahrtsstätten (z.B. Menasstadt in Ägypten; Resafa in Syrien; Ephesos; Thessalonich; Nola in Italien; Brioude in Gallien; Merida in Spanien usw.). In Gallien, wo es kaum Märtyrer gegeben hatte, bildete das Grab des hl. Martin von Tours das erste Wallfahrtszentrum eines Nichtmärtyrers. Hier und da mag zur Entstehung und Förderung einer Wallfahrt auch die Absicht der Kultverdrängung mitgewirkt haben. Auch Hauptstädte konnten nicht ohne solche Anziehungspunkte bleiben, selbst wenn in ihnen keine Apostel geweilt und kein Märtyrer den Tod erlitten hatte. So sammelte man in Konstantinopel Märtyrerreliquien aus dem ganzen Orient (Kosmas und Damian; Andreas usw.); in Mailand entdeckte man das Grab der Märtyrer Gervasius und Protasius; nach Trier brachte man ,,Reliquien" des Apostels Matthias.

In Zeiten der Bedrängnis war die Bekundung des gemeinsamen Glaubens nach außen hin gehemmt; sie wäre leicht als Provokation verstanden worden. Nach dem Erreichen der freien Äußerungsmöglichkeit erwachte auch bei den Christen das Verlangen nach gemeinsamen Festen. Das beweisen die Mahnungen christlicher Prediger vom 4. Jh. an, daß man sich als Christ nicht an jüdischen Festen beteiligen dürfe; für die heidnischen, falls es sie noch gab, war die Teilnahme sowieso untersagt. Hier mußte Ersatz geboten werden. Zunächst ging es dabei um die Rückerinnerung an die wichtigsten Ereignisse aus dem Leben Jesu. Seiner Auferstehung wurde gedacht von Anfang an am Sonntag in wöchentlicher Wiederkehr. Sonst hielt man sich, wie die meisten anderen Religionen es taten, an den Jahreszyklus, auch bei der herausgehobenen Feier des Osterfestes, das zur zentralen Mitte des jährlichen Festkreises wurde. Es war wegen seines Termines besonders geeignet, an Festgedanken aus dem Judentum (*Passah*) und den Mysterienkulten (Unzerstörbarkeit des Lebens in jährlicher Erweckung) anzuknüpfen.

An welchem Monatsdatum Christus geboren wurde, war in der Überlieferung nicht festgehalten worden. Dieses wichtigen Ereignisses mußte aber in eigener Festfeier gedacht werden. Zur Festlegung des Termines gab es vom Judentum her keinen Ansatzpunkt. In den heidnischen Religionen boten sich dafür mehrere an. In Ägypten gedachte man am 6. Januar der Geburt des Aion; was lag näher, als am gleichen Tag die Menschwerdung des ewigen Logos zu feiern? Im lateinischen Westen war seit der Mitte des 3. Jhs. die Wiederkehr des *Sol invictus*, die Wintersonnenwende, Anlaß zur Festfreude. Die wahre Sonne des Heiles war aber nach dem christlichen Glauben Christus, der alle erleuchtet. So wurde im Westen sein Geburtsfest auf den Tag gelegt, an dem man zuvor der Wiederkehr der ,,unbesiegten Sonne'' gedachte. Von diesem erfolgreichen Bemühen, heidnische Feste durch inhaltsähnliche christliche zu verdrängen, legt der römische Festkalender aus dem Jahre 354 Zeugnis ab. In ihm finden auch die ersten Jahresgedenktage der Blutzeugen Erwähnung, die man festlich beging. Ihre Zahl wuchs an und in großen Gemeinden legte man besondere Verzeichnisse an, um das Gedenken an die bedeutenden Blutzeugen wachzuhalten. So entstanden die Martyrologien, die die großen Gemeinden untereinander austauschten.

Das Gedenken an die Toten in der Nähe ihres Grabes ist unter den meisten Völkern verbreitet. Vielfach hielt man im Altertum, wenn es möglich war, in der Nähe des Grabes ein Totengedenkmahl. Zuweilen ließ man die Toten daran ,,teilnehmen'', indem man ihnen Speise aufs Grab stellte oder Getränke durch eine Röhre hinabfließen ließ. Von diesen Gebräuchen distanzierten sich die Christen, jedoch fanden die Gedenktage (3., 7., 9., 40. Tag nach dem Tod) an den Tod durch Eucharistiefeier Eingang in die christliche Praxis.

Umzüge und Prozessionen waren im heidnischen Kult weit verbreitet. Als Ausdruck der Götterverehrung (Ephesos; Dionysoskult) wurden sie von den Christen scharf abgelehnt (*pompa diaboli*). Da das christliche Bekenntnis eine ,,*religio non licita*'' war, konnte man vor Konstantin höchstens Leichenbegängnisse als ,,Prozessionen'' gestalten. In der nachkonstantinischen Zeit taucht dann diese Frömmigkeitsform in zweifacher Weise auf. In Jerusalem beging man das Gedächtnis an das Leiden Christi durch nachahmende Prozessionen am Palmsonntag und in der Karwoche (Bericht der Pilgerin Egeria um 394). In den meisten Städten war es üblich, durch Festumzüge die Stadtbeschützer zu ehren und sie um weiteren Schutz zu bitten; auf dem Lande erflehte man bei Flurumgängen den Segen der Götter für ein gedeihliches Wachstum. An ihre Stelle traten nun die christlichen ,,Bittprozessionen''.

Der religiöse Glaube will sich auch im Symbol und Bild Ausdruck geben. Im Bereich der ,,religiösen Kunst'' taten sich die Christen in den ersten Jahrhunderten schwer. Vom Alten Testament und von der jüdischen Tradition her war die Verwendung von eindeutigen plastischen Figuren im Kult und der privaten Frömmigkeit untersagt. So beschritten die Christen zunächst den Weg über die mehrdeutigen Symbole (Fisch; Anker usw.) und Figuren, die als Personifikationen von Tugenden oder geistigen Verhaltensweisen bekannt waren und die einen christlichen Inhalt bekommen konnten, der nicht immer gleichbleibend zu sein brauchte (Schafträger/guter Hirt/Christus; *Orante*/Beter (Beterin)/Abgestorbene/Kirche usw.). Erzählende Darstellungen der Heilsgeschichte finden sich vom 3. Jh. an als Malereien und Mosaiken in Kulträumen und auf Friedhöfen, als Plastiken auf Sarkophagen und Holztüren. In den Fußbodenmosaiken lief die Entwicklung innerhalb des Judentums ganz parallel. Aus dem Zusammenhang herausgelöste Kultbilder Christi waren in der Kirche erst nach dem Konzil von Chalcedon (451) möglich, das die Glaubensaussage über das Verhältnis der göttlichen zur menschlichen Natur in Christus zum Abschluß brachte. So ging der Weg im christlichen Altertum von der Bildlosigkeit bis zum Kultbild und damit beginnt eine neue religiöse Epoche.

LITERATURVERZEICHNIS

Andresen, C., *Die Kirchen der alten Christenheit,* Stuttgart 1971.
Brandenburg, H., *Roms frühchristliche Basiliken des 4. Jahrhunderts,* München 1979.
Cumont, Fr., *Die orientalischen Religionen im römischen Heidentum,* Darmstadt 1959[4].
Gigon, O., *Die antike Kultur und das Christentum,* Gütersloh 1966.
Klauser, Th., *Studien zur Entstehungsgeschichte der christlichen Kunst* I-IX in *Jahrbuch für Antike und Christentum* 1-10, 1958-1967.
Klein, R., (Hrsg.), *Das frühe Christentum im Römischen Staat,* Darmstadt 1971.
Kötting, B., *Religionsfreiheit und Toleranz im Altertum* = Rheinisch-Westfälische Akademie der Wissenschaften Vorträge G 223, Opladen-Düsseldorf 1977.

Kötting, B., *Peregrinatio Religiosa. Wallfahrten in der Antike und das Pilgerwesen in der alten Kirche* (Forschungen zur Volkskunde 33-35), Münster 1980².

Minnerath, R., *Les chrétiens et le monde,* Paris 1973.

Noethlichs, K. L., *Die gesetzgeberischen Maßnahmen der christlichen Kaiser des 4. Jhs. gegen Häretiker, Heiden und Juden* (Diss.), Köln 1971.

Prümm, K., *Religionsgeschichtliches Handbuch für den Raum der altchristlichen Umwelt,* Freiburg 1943.

Schäfke, W., *Frühchristlicher Widerstand* in *Aufstieg und Niedergang der Römischen Welt = Festschrift J. Vogt,* II. Bd. 23, 1, 1979, 460-723.

Reallexikon für Antike und Christentum, Stuttgart ab 1950; alle einschlägigen Artikel von A u. O — Gnosis.

ABBILDUNGSVERZEICHNIS

Tafel I.   Schaftträger. Rom, S. Callisto.

Tafel II, 1.   Guter Hirt. Rom, Domitilla-Katakombe.

Tafel II, 2.   Christus. Ravenna, Mausoleum der Galla Placidia.

Tafel III, 1. Orante. Rom, S. Callisto.

Tafel III, 2. Orante. Rom, Domitilla-Katakombe.

Tafel IV, 1. Die Anbetung der Magier (Darstellung Christi). Rom, S. Sabina.

Tafel IV, 2. Christus, der Lehrer der Apostel. Rom, Iunius Bassus-Sarkophag.

Tafel V.   Christus der Herrscher. Ravenna, S. Vitale.

Tafel VI.   Christus der Herrscher. Konstantinopel, Hagia Sophia.

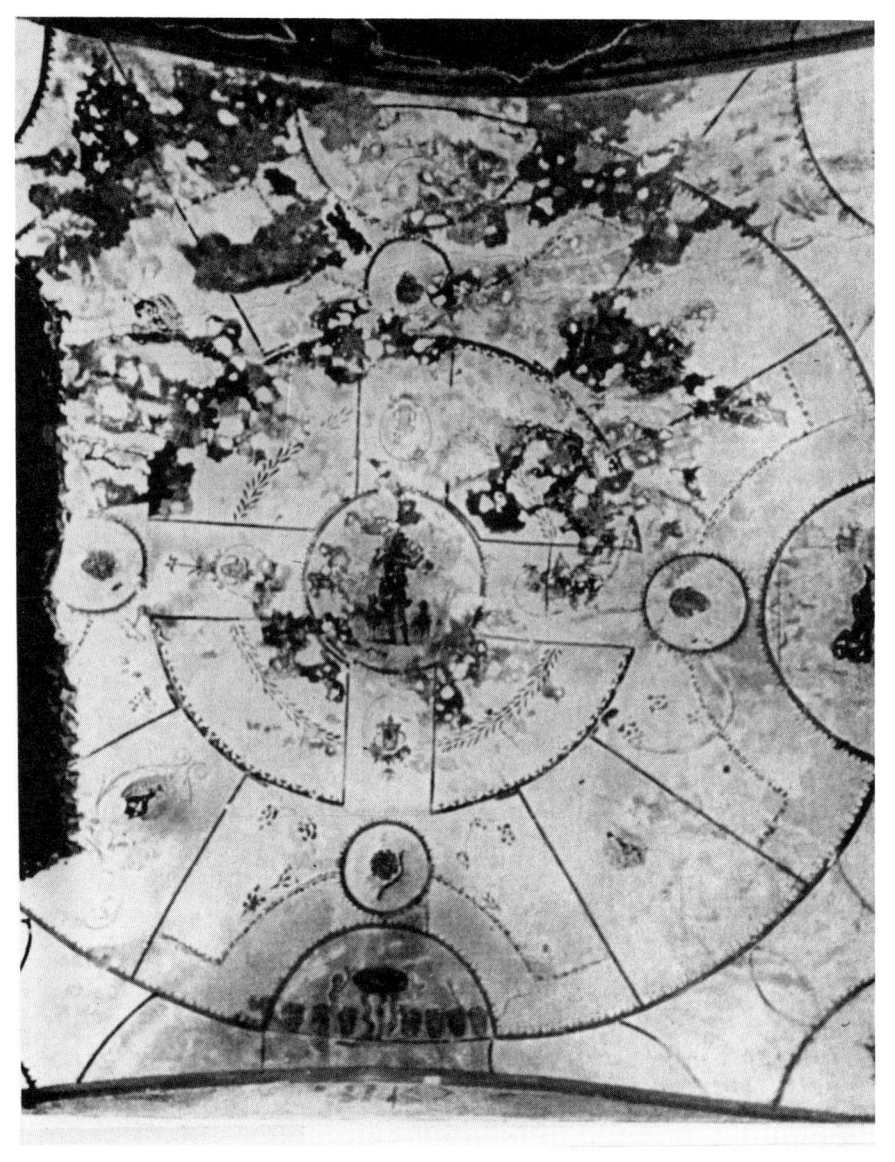

Tafel I

Tafel II, 1

Tafel II, 2

Tafel III, 1

Tafel III, 2

Tafel IV, 1

Tafel IV, 2

Tafel V

Tafel VI

XVI

GNOSIS

GILLES QUISPEL
(Utrecht)

1. Die vorchristliche Gnosis

Gnosis ist ein griechisches Wort, das ,,Erkenntnis'' bedeutet. Es ist dies ein Wort indo-europäischer Herkunft, verwandt mit dem englischen ,,knowledge'' und dem sanskrit Wort ,,jñāña''. Es wird von je her in der Altertumswissenschaft benutzt, um eine geistige Bewegung zu bezeichnen, welche ein Wissen um göttliche Geheimnisse betonte. Diese ,,*Gnosis*'' beruhte entweder auf direkter Erfahrung einer Offenbarung oder auf Einweihung in die esoterische, geheime Tradition einer solchen Offenbarung.

Solche ,,Erkenntnis'' wurde um den Anfang unserer Zeitrechnung in verschiedenen Kreisen der griechisch-römisch-aramäischen Kultur hoch geschätzt. In den Totenmeerrollen der Essener, bei Qumran gefunden, ist sie ein zentraler Begriff. Im *Evangelium des Johannes,* 17, 3 heißt es:

,,Dies ist (nicht: wird sein) das ewige Leben,
daß sie Dich (Gott) kennen, (hier und jetzt),
und Jesus Christus (kennen),
den Du gesandt hast''.

,,Erkennen'' und ,,glauben'' sind für den Autor des vierten Evangeliums einunddasselbe, eine irrationale, intuitive Erfahrung der geheimen Offenbarung. Darum gehört auch er in die Geschichte der allgemeinen Gnosis hinein.

Nicht einmal die herrschende Philosophie jener Zeit, der Mittelplatonismus, stand ganz abseits. Sie berief sich auf eine ungeschriebene, geheime Schultradition, welche auf Platon selbst zurückging, unterschied zwischen diskursivem Verstand und Intuition und lehrte die Verwandtschaft der Seele mit der Gottheit.

Die Schriften des *Hermes Trismegistos* (= des sehr großen Hermes) atmen dieselbe Atmosphäre. Diese 18 Traktate, von welchen der ,,*Poi*-

mandres'' und der ,,*Asklepius*'' die wichtigsten sind, geben Variationen über das Thema ,,Wer sich selbst kennt, kennt das All'', (so ein Spruch einer neugefundenen, armenischen Spruchsammlung des Hermes Trismegistos). Oder, etwas ausführlicher, ,,Der geistige Mensch erkenne sich selbst, dann wird er erkennen, daß er unsterblich ist und daß der Eros Ursache des Todes ist, und er wird das All kennen'' (wie es im *Poimandres* heißt). Um diese Spruchweisheit darzustellen entwirft der Hermetiker Offenbarungen über das Entstehen der Welt (von Hermes, d.h. dem ägyptischen Gott Toth oder andern Göttern), wobei Materialien der griechischen Philosophie, der ägyptischen Mythologie und der jüdischen Religion verarbeitet werden. Wahrscheinlich sind diese Verhandlungen in den ersten Jahrhunderten unserer christlichen Ära geschrieben, und zwar in Alexandrien, in einer Hermesgemeinde, einer Art von Freimaurerloge, wo man auch vergeistigte Sakramente wie ein Bad der Wiedergeburt, eine heilige Mahlzeit und den Friedenskuß kannte. Christliche Einflüsse fehlen vollkommen im sogenannten *Corpus Hermeticum*.

2. *Der Gnostizismus*

Seit dem Gnosiskongreß in Messina (1966) pflegt man zwischen Gnosis im allgemeinen Sinne und Gnostizismus oder Gnostik, Gnosis im engeren Sinne, zu unterscheiden. Dieser Gnostizismus bestimmter Sekten des ersten und zweiten Jahrhunderts lehrt die Gegenwart eines göttlichen Funken im Menschen, welcher durch sein göttliches Gegenstück, sein himmlisches Selbst, erlöst wird aus der Welt von Geburt und Tod und zu seinem Ursprung zurückgeführt wird. Das wird in Mythen dargestellt. Diese spezielle Gnosis ist eine Religion *sui generis*: Gott ist der unbekannte, unerkennbare Gott, nicht der Schöpfer (*Demiurg*); die Welt ist ein Irrtum, die Folge des Falls eines göttlichen Wesens (*Sophia*); der Mensch, das heißt der geistige Mensch, ist der Welt fremd und mit Gott verwandt und wird sich seines tiefsten Wesens bewußt, wenn er das Wort der Offenbarung vernimmt. Von Sünde und Schuld ist in der Gnostik wenig oder auch gar nicht die Rede.

Unsere Quellen für die Erkenntnis dieser Geistesströmung waren bis vor kurzem vor allem die Referate der Kirchenväter (u.a. Irenäus, Hippolytus und Epiphanius). Auch eine Originalschrift, der schöne *Brief von Ptolemaeus an Flora* über die Bedeutung des jüdischen Gesetzes für

die christliche Gemeinde, war auf diesem Wege erhalten worden. Im 18. Jahrhundert waren in Ägypten der *Codex Askewianus* (nach Dr. A. Askew genannt) und der *Codex Brucianus* (nach dem Entdecker, dem schottischen Reisenden James Bruce) gefunden. Sie enthielten folgende koptisch-gnostische Schriften:
zwei Bücher des Jeü, Anfang des 3. Jahrhunderts;
4. Buch der Pistis Sophia, um 225;
Pistis Sophia 1, 2, 3, zweite Hälfte des 3. Jahrhunderts.
Nun sind aber die Schriften von Nag Hammadi (am Nil in Oberägypten, 595 Kilometer südlich von Kairo) hinzugekommen. Die Geschichte der Entdeckung ist eine Tragikomödie. 1945 fand ein gewisser Muhammad Ali in einem Topf etwa 13 *Codices* (Bücher, nicht Rollen) mit etwa 52 großenteils gnostischen Schriften. Alle waren im Koptisch (Spätägyptisch mit griechischen Buchstaben), aber ausnahmslos aus dem Griechischen übersetzt. Sie kamen auf verschiedenen Wegen nach Kairo: ein Kodex wurde zum Teil von dem belgischen Antiquar Albert Eid erworben, der ihn vergebens nach Amerika und dann nach Brüssel brachte. Er wurde Jung-Kodex genannt und alsbald herausgegeben. Ein Kodex wurde für das Koptische Museum gekauft, die anderen gerieten in die Hände des Händlers Phokion Tano, wurden dann aber konfisziert. Es geschah nichts.

Es wurde 1956 ein internationales Komitee gebildet, um endlich die gefundenen Schriften herauszugeben, aber der Krieg der Engländer und Franzosen gegen Ägypten verhinderte das. Die Unesco, von Antoine Guillaumont gedrängt eine photographische Ausgabe zu versorgen, blieb lange Jahre untätig, bis endlich 1972 ein Anfang gemacht wurde. 1977 erschien die vollständige Übersetzung, *The Nag Hammadi Library*, ediert von James M. Robinson. Leider sind die Übersetzungen dann und wann ganz fehlerhaft: es ist nicht jedem Koptologen gegeben die Bildersprache der Gnosis zu verstehen.

Die wichtigsten Schriften sind: das *Thomasevangelium* (nicht gnostisch sondern asketisch), mit unbekannten Jesusworten; das *Apokryphon des Johannes,* in drei verschiedenen Versionen, das *Evangelium der Wahrheit* und *Bronté, das ganzheitliche Bewußtsein* und der *Brief des Eugnostos*. Möglicherweise sind all diese Bücher seponiert worden (wie es auch in der Synagoge Brauch war, eine sogenannte *Geniza*), weil sie ihren Wert als heilige Schriften verloren hatten und als apokryph betrachtet wurden, nachdem Erzbischof Athanasius in einer Enzyklika von 367 gegen die Benutzung nicht-kanonischer Schriften gewettert hat.

3. *Ursprung*

Der Ursprung dieser speziellen Gnosis ist nicht, wie man früher meinte, in Iran zu suchen. Ein ,,iranisches Mysterium des erlösten Erlösers'' hat es nie gegeben.

Heutzutage pflegt man anzunehmen, daß die Gnosis im jüdischen Bereich entstanden ist, wo gerade zu dieser Zeit ein Aufstand der Bilder stattfand. Man muß dabei bedenken, daß die jüdische Seele zu allen Zeiten, aber besonders zu Anfang unserer Zeitrechnung, viel lebendiger und mythischer gewesen ist als wir *gojim* uns vorstellen können. Da gab es, trotz des Bilderverbotes, Gemälde in den Synagogen, da gab es die wüsten Mythologeme der Apokalyptik, das bildhafte Judenchristentum, die Phantasieën der Essener. Die Gnosis scheint eher im hellenistischen Judentum entstanden zu sein. Einigermaßen faßbar wird sie für uns im vorchristlichen Alexandrien, wo zwei der fünf Stadtteilen von Juden bewohnt wurden. Zwar läßt sich die Vorfindlichkeit eines jüdischen Mysteriums oder eines zusammenhängenden gnostischen Systems dort nicht beweisen, aber die wichtigsten Bestandteile sind vorhanden.

Diese mystischen Traditionen werden vom jüdischen Philosophen Philo von Alexandrien (± 50 n. Chr.) bezeugt. Er erzählt in seinem *,,Leben des Moses''* (I 155-158), daß der letztgenannte auf dem Sinai bis in den Himmel aufgestiegen ist und dort die archetypischen Wesenheiten (Ideen) aller bestehenden Dinge geschaut hat; diese mystische Schau habe ihn dann zu Gott und König gemacht, also vergottet. Moses wird so das Urbild und Vorbild jeden Mystikers, der bis in den Himmel aufsteigt, dort Gott schaut und so vergottet wird durch die Schau. Diese Vorstellungen sind aber viel älter als Philo und schon längst vor ihm in Alexandrien belegt.

a. Der Gott Mensch

Der jüdische Dichter Ezekiel Tragicus, der im zweiten vorchristlichen Jahrhundert in Alexandrien gelebt haben mag, hat auf Griechisch in seinem Drama *Exodus* über einen Traum von Moses geschrieben, von dem ein Fragment in der *Praeparatio Evangelica* (9, 29) des christlichen Bischofs Eusebius von Caesarea bewahrt worden ist. Darin erzählt er, daß Moses einen Thron schaute auf dem Gipfel des Sinai. Darauf saß ein ,,Mensch'' (Griechisch: *phōs*) mit einer Krone auf seinem Kopf und einem Szepter in der Linken. Mit der Rechten winkte er Moses, sich dem Throne zu nähern. Da gab der ,,Mensch'' auch Moses eine Krone und bat ihn, auf einem Thron (neben den eigentlichen Thron) Platz zu nehmen. So wird Moses inthronisiert, er wird ,,*synthronos*'', ,,auch thronend'', wie etwa später Christus als ,,sitzend zur Rechten Gottes'' vorgestellt wird.

Es ist deutlich, daß nach dem Dichter Moses in seinem Traum Gott geschaut hat. Wie ist es aber möglich daß Gott hier ,,Mensch'' genannt wird? Das geht zurück auf eine Vision des Propheten Hezekiel. Dieser erzählt im ersten Kapitel des Bibelbuches mit demselben Namen, wie er 593 vor Christus die Glorie des Herrn schaute, welche ihn auch im babylonischen Exil nicht verlassen hatte. Diese Offenbarungsgestalt wird die ,,Gestalt wie das Aussehen Adams (,,des Menschen'')'' genannt (1, 26).

Im Laufe der Jahrhunderte ist die Schau dieses göttlichen, himmlischen Menschen das zentrale Thema der jüdischen Mystik geworden, bis auf den Uradam (*Adam kadmōn*) der mittelalterlichen Kabbalah. Die Stelle beim alexandrinischen Dichter ist die älteste Belegstelle dieser Mystik: es muß im hellenistischen Alexandrien schon im zweiten Jahrhundert vor Anfang unserer Ära jüdische Kreise gegeben haben, welche über die mystische Gestalt der Gottheit spekulierten.

Im hermetischen Traktat *Poimandres* kehrt der Gott Mensch wieder. Dort wird erzählt, wie Gott einen Sohn erzeugt, welcher sein Ebenbild (*Ikon*) und seine Gestalt und Ihm wesensgleich ist. Dieser will schöpfen und steigt hinunter. Da verliebt er sich in die niedere Natur, welche sein Bild spiegelt. Er fällt durch seinen Eros in die Leiblichkeit und wird ein Sklave des Schicksals. Dieser Gott wird ,,*Anthropos*'' genannt. Offenbar hat der Autor des *Poimandres* von einem Juden in Alexandrien, welcher um die mystische Gestalt der Gottheit wußte, über diesen himmlischen Adam gehört und die Vorstellung in seiner Weise verarbeitet. Da hat er diese mit einem orphischen Motiv bereichert. Man erzählte sich im Altertum, daß die bösen Titanen dem neugeborenen göttlichen Kind Dionysos einen Spiegel geschenkt hatten, um seine Aufmerksamkeit abzulenken, und ihn dann zerrissen haben. Die Orphiker deuteten das auf die Zerstückelung der einen Weltseele, welche sich in viele Sonderseelen individuiert. Trotz dieser Hinzufügung ist die jüdische, mystische Herkunft des hermetischen *Anthropos* deutlich. Aus derselben, jüdisch-alexandrinischen Quelle haben auch all die Gnostiker geschöpft, welche den ,,Menschen'' als erste Emanation der Gottheit auffaßten (so der *Eugnostosbrief*). Valentin und Mani haben dieses Thema weiter ausgearbeitet.

Aus diesen jüdisch-alexandrinischen Kreisen stammt das *Anthropos*-Model der Gnosis, das bei Saturninus (Antiochien ± 150) vorliegt. In seinem System fehlt die weibliche Gestalt ganz. Unsere Welt sei von den sieben Erzengeln (= den sieben Planeten) geschaffen worden. Da offenbarte der Unbekannte Gott sein leuchtendes Bild (die Glorie des himmlischen Adams). Die Weltschöpfer versuchten, diesen *Anthropos* fest zu halten, aber vermochten es nicht, weil er unmittelbar wieder nach oben eilte. Daraufhin bildeten diese Planetengeister einen menschlichen Körper, den irdischen Adam, nach dem Bilde des himmlischen *Anthropos*. Aber dieses Gebilde konnte sich nicht erheben und kroch auf der Erde wie ein Wurm. Da bemitleidete der himmlische Lichtmensch den ohnmächtigen Erd-mann und sandte ihm den Lebensfunken, welcher ihn aufrichtete und lebendig machte. Dieser Funke eilt beim Tode zurück zu seinem Ursprung. Der Leib wird in seine Bestandteile aufgelöst.

b. Die Weisheit

In dem Bibelbuch *Weisheit Salomos,* das etwa im ersten vorchristlichen Jahrhundert auf Griechisch in Alexandrien verfaßt wurde, wird von der Weisheit Gottes, Gr. *sophia,* Hebr. ḥokma, erzählt, sie sei ein heiliger oder der Heilige Geist, welcher das All durchdringt. Sie sei auch ein Ausfluß der Herrlichkeit des Allmächtigen, ein Abglanz des ewigen Lichtes, ja sogar ein tadelloser *Spiegel* der Wirkung Gottes. Sie ist eine Schöpferin und erzeugt in jeder Generation die Gottesfreunde und Propheten, und lebt als Geist in allen Menschen. Paradoxerweise ist Sie die Geliebte des Weisen und Gottes, aber eigentlich ist Sie *die Gattin Gottes* (8, 3). Im griechischen Bibelbuch *Siracides* wird die Weisheit sowohl eine zarte Mutter genannt, welche ihren Liebling, den Weisen, verwöhnt, wie eine junge Geliebte, welche ihren Liebhaber, ebenfalls den Weisen, mit ihrer unerwarteten Liebe überrascht (15, 2). Der Autor dieses Buches erlebte die göttliche Weisheit wie etwa Christian Morgenstern die Maria:

„Du, trotz aller Abseitsrolle
Göttin mit den Möglichkeiten
allerletzten Tragischkeiten,
allerletzten Glücks und Leides
Mutter und Geliebte, beides".

In der Schrift „Bronté (Donner), das ganzheitliche Bewußtsein", in Nag Hammadi gefunden und meiner Ansicht nach ebenfalls aus vorchristlichen, jüdischen Kreisen stammend, offenbart sich die Sophia als die Weisheit der Griechen und die Gnosis der Barbaren, als die Hure und die Heilige, die Braut und der Bräutigam (das heißt, sie ist androgyn).

Die Gnosis hat diese ungeheure Paradoxie nicht ertragen können: nach ihr ist die Barbelo, oder auch die *Sigé* (Stille), die Gattin Gottes, während die von ihr abgespaltene Sophia, „die hurerische (*Prounikos*)", durch ihre Lüsternheit oder *Hybris* an der Tragödie der Welt schuldig wird.

Aber die Auffassung, daß Gott der Herr eine Frau hat, ist m.E. viel älter. Neuerdings hat man im israelischen Negeb und in der Nähe von Hebron hebräische Inschriften aus dem achten vorchristlichen Jahrhundert gefunden, in denen neben „dem Herrn, der uns beschützt" auch seine Frau, die Aschera, erwähnt wird. Das war damals Volksglaube in Israel. Die Aschera ist eine fremde, kanaanitische Gottheit, welche mit Anat und Astarte (Aphrodite), der androgynen Göttin von Liebe und Krieg, identifiziert wurde. Die hebräischen Propheten und Priester haben sich gegen diese Frau gewehrt. Aber möglicherweise ist die biblische *Hokma* ein positiver Abdruck dieses Negativs. Und im fünften vorchristlichen Jahrhundert verehrten die jüdischen Soldaten im ägyptischen Elephantine (bei Assuan) noch immer Anat Jahu, die fremde Göttin, welche des Herrn Gattin war. Von daher dürfte die so erotisch dargestellte Sophia der Alexandriner stammen. Wie so oft, hat die Peripherie das Uralte bewahrt.

Dies ist die Grundlage des Sophia-Modells der Gnosis geworden, das bei dem berühmten Samaritaner Simon Magus vorliegt. Die Samaritaner, welche im Gebiet Nord-Israels lebten und leben, waren damals heterodoxe Juden, welche das Gesetz hielten und die übrigen Teile der Bibel verwarfen, aber trotzdem monotheistisch und jüdisch blieben.

Nach der Apostelgeschichte (8, 6 sqq) lebte in Samarien ein ,,Zauberer'' namens Simon, der viel Beifall fand und als die ,,große Kraft Gottes'' betrachtet wurde. Nach den Kirchenvätern glaubte auch Simon, Gott habe eine Gattin, Sophia oder der Heilige Geist, ,,die erste Idee Gottes''. Sie stieg hinab und erzeugte die Engel und Mächte, von denen die Welt geschaffen wurde.

Da haben diese Weltmächte die Sophia vergewaltigt. Daraufhin ist sie von den bösen Engeln zurückgehalten und durch Jahrhunderte in immer andere weibliche Körper reinkarniert, bis Simon sie als eine Dirne namens Helena in einem Bordell in Tyrus in Phönizien vorgefunden und losgekauft hat. So ist die kosmogonische *Ḥokma* der Israeliten verbunden mit der pythagoräischen Anschauung, daß der Mythos vom Raub der Helena den Fall der Seele aus der Geisteswelt und ihre Rückkehr zum Ursprung darstellt. Nach einer anderen, mehr einleuchtenden Tradition haben die Herrscher dieser Welt die höhere Weisheit überhaupt nicht erkannt, sondern nur ihr Abbild (*eidolon*). Da ist das Motiv des Spiegels des Dionysos oder des sich spiegelnden *Anthropos* auf die Weisheit übertragen worden. Es muß betont werden, daß sowohl das Sophia-Modell wie das Anthropos-Modell vorchristlich ist. Christlicher Einfluß liegt hier noch nicht vor.

c. Der Unbekannte Gott und der Demiurg

Die Rabbiner der ersten christlichen Jahrhunderte klagen immer wieder, es gäbe Ketzer, welche zwei Götter lehren. Damit sind jüdische Lehrer gemeint, welche glaubten daß Gott einen Stellvertreter hat, der Seinen Namen (Jao, Kurzform für J H W H) in sich trägt und deshalb Jaoel heißt. Auch dürfe er auf dem Sessel neben Gottes Thron sitzen und heißt deshalb ,,*Metatron*, Mitthronender''. In Wirklichkeit ist er aber ein Engel, der wichtigste Engel, im Alten Testament ,,der Engel des Herrn'' genannt. Einige ,,ketzerische'' Lehrer gingen gar so weit zu behaupten, daß dieser Engel die Welt geschaffen habe und auch durch die Propheten gesprochen habe. Er wird ,,der kleine Jahwe'' genannt, wird aber von diesen jüdischen Ketzern noch nicht Gott entgegengesetzt, wie es später Marcion, der Autor des *Apokryphon des Johannes* und auch Valentin taten.

Solche Ansichten müssen schon dem jüdischen Philosophen Philo in Alexandrien bekannt gewesen sein. Er nennt den Logos, welcher nach ihm die Welt geschaffen hat, einen ,,zweiten Gott'', aber auch wieder ,,Herr (= J H W H)'' und ,,Erzengel''. Wer aber einen Engel vergottet, gibt den Monotheismus preis. Darum erzählte man, *Metatron* säße zwar auf seinem Thron, als aber ein Ketzer namens Aḥer ihn sah und glaubte, der Engel sei Gott, sei eine Himmelstimme gekommen, welche das leugnete, und *Metatron* wurde mit Schlägen gestraft.

Die Gnostiker haben den Unterschied zwischen dem ,,Ungrund'' des Alls und dem persönlichen Gott sehr wohl gekannt. Sie meinten, der letzte sei der Demiurg, welcher die sichtbare Welt aus der Materie gebildet hat und sie regiert. Aber sie haben den Demiurgen nicht als Gott, sondern als einen Engel betrachtet. Und sie haben erzählt, daß, wenn der Demiurg sich brüstet, er sei der einzige Gott, eine Himmelstimme das radikal verneint. Da schimmert die jüdische Grundlage noch deutlich durch.

Allerdings haben sie das nun mit der orphischen Vorstellung verbunden, daß der Demiurg, bei den Orphikern Phanes genannt, aus der Materie emporgestiegen ist.

So etwas war wohl nur in Alexandrien unter der dort sehr liberalen Judenschaft möglich.

d. Der Gottesgeist im Menschen

Im Bibelbuch *Genesis* (2, 7) wird erzählt, daß Gott den Hauch des Lebens in die Nase Adam's bläst, wodurch dieser ein Lebewesen wird. Schon im Alten Testament (*Hiob* 34, 13--15; *Psalm* 104: 29-30) gibt es Ansätze dazu, diesen Hauch als den Geist Gottes aufzufassen. Das ist besonders deutlich in den Totenmeerrollen von Qumran: ,,Ich, das Gebilde von Staub, habe erkannt durch den *Geist,* den Du in mich gegeben hast''.

Schon diese Essener wußten also, daß das Auge sonnenhaft, die in uns lebende Kraft göttlich ist. Das ist von den alexandrinischen Juden aufgenommen und amplifiziert worden. Dort kannte man die stoische Philosophie des Posidonius, nach welcher ,,der Daimon in uns (der Geist) verwandt ist mit und *der selben Natur* ist als der Daimon (Gott) welcher das All durchwaltet''. So hat es dann dort einige gegeben, welche ,,Hauch'' (Hebräisch: *neschāma*) in *Genesis* 2, 7 mit *pneuma,* Geist, übersetzt haben. Und das Bibelbuch *Weisheit Salomo's* spricht es klipp und klar aus, daß Gottes unvergängliches *Pneuma* in Allen ist (12, 1).

Die Gnosis hat das übernommen und zur Grundlage ihrer Mythen gemacht. Ihr geht es immer und überall darum, darzustellen, wie es dazu gekommen ist, daß der Geist im Menschen schläft und wie er bewußt werden kann. So ist es bei Valentin, so bei Mani, so in gewissem Sinne auch im deutschen Idealismus. Man weiß heutzutage nicht mehr, daß dieses Mythologem einen biblischen Boden hat.

4. *Die jüdische Gnostik*

Aus diesen Wurzeln ist in Alexandrien eine jüdische Gnostik aufgeblüht, deren Mythos im *Apokryphon des Johannes* und vielen anderen verwandten Schriften von Nag Hammadi erzählt wird. Der Kirchenvater Irenäus hat diese Lehre den ,,*Gnostikoi*'' zugeschrieben. Damit meint er nicht alle diejenigen, welche moderne Forscher als Gnostiker bezeichnen, sondern eine ganz bestimmte Sekte, eine Art von jüdischer Loge. ,,*Gnostikos*'' ist ein Wort, das als Substantivum im klassischen Griechisch nicht vorkommt. Das Wort ist wohl Übersetzung des Aramäischen: *mandâyâ*, ,,der Wissende'', ,,der Mandäer'', bis heute Name einer Taufsekte in Irak und Iran, von der wir unten sprechen werden. Das *Apokryphon des Johannes* enthält im Gegensatz zu seinem Namen keine christlichen Elemente, wenn man von der Einleitung und einigen wenigen Interpolationen absieht. Die Schrift enthält aber alle die jüdischen Elemente, welche wir oben skizziert haben.

Von dem Unbekannten Gotte, der über jedes Denken und Fühlen erhaben ist, und seiner Gattin, seiner anderen Hälfte und seinem Spiegelbild, der Barbelo, wird die geistige Welt erzeugt. Die letzte der geistigen Wesenheiten, die Sophia, wird lüstern und erzeugt ein Ungeheuer, den Demiurgen Jaldabaoth. Er schaffte den Zodiak und die sieben Planeten. Dann sagt er: ,,Ich bin ein eifernder Gott, außer mir ist keiner''. Da erklang eine Himmelstimme und belehrte ihn, daß der unbekannte Gott und die Barbelo über ihn existieren.

Da zeigte sich den niedrigen Engeln ,,der Erste Mensch in Gestalt eines Menschen'', die Glorie von Hezekiel 1, 26. Sie sahen sein Abbild im Wasser (vgl. die Spiegelung des *Anthropos* im *Poimandres*). Da schufen sie den Leib des irdischen Adams, der lange Zeit bewegungslos blieb. Da wurde Jaldabaoth von der Sophia veranlaßt, das *Pneuma*, das er von ihr hatte, in das Antlitz des Gebildes zu hauchen. So entsteht nun ein lang währender Kampf zwischen der erlösenden Sophia und dem malitiösen Demiurgen um die Bewußtwerdung des menschlichen Geistes.

Der Mythos des *Apokryphon von Johannes* ist eine Verbindung des Sophia-Modells und des *Anthropos*-Modells. Deshalb ist dieser Mythos so kompliziert, verwirrend und krause. Doch ist er von großer Bedeutung, weil er der christlichen Gnosis, dem Mandäismus und der orthodox-jüdischen Thronmystik Palästina's zugrunde liegt. Ja, sogar in der islamischen Sekte der Ismailya, der Sekte des Aga Khan, lebt der Mythos des *Apokryphon des Johannes* fort. Man kann jetzt die Genealogie der Gnosis feststellen. Da zeigt sich, daß die jüdische Heterodoxie Alexandriens allen späteren gnostischen Gebilden zugrunde liegt.

5. *Die Mandäer*

Bis heute leben noch etwa fünfzehntausend Mitglieder der mandäischen Sekte in Irak und Iran. Man kann sie Wiedertäufer nennen, weil sie rituelle Waschungen im Flußwasser ausführen. Diesen Brauch können sie den Judenchristen entnommen haben. Daneben haben sie eine Mythologie, welche der des *Apokryphon von Johannes* oft zum Verwechseln ähnlich ist. Dazu kommt dann eine Art von Totenmesse, welche sehr alte Wurzeln hat und vorchristlicher Herkunft sein könnte.

Wenn ein Mandäer gestorben ist, führt ein Priester einen komplizierten Ritus aus, damit die Seele des Gestorbenen zurückkehre zu dem himmlischen Ort, von wo sie gekommen war, und einen geistigen Leib empfänge. Sie glauben, daß diese Seele in der Weise integriert wird in den von ihnen so genannten ,,Uradam'' oder ,,geheimen Adam'' oder ,,den geheimen Adam, welcher die Glorie (*Ziwa*) ist''. Wie im dreizehnten hermetischen Traktat wird dieser himmlische *Anthropos* erzeugt aus dem Samen Gottes im Schoße seiner Gattin.

Die Glieder des Leibes dieses ,,geheimen Adams'' bilden nach den Mandäern einen kosmischen Leib, eine Art von Weltseele, der die Seelen der Menschen entstammen. Der Name ,,Adam die Glorie'', welcher diesem mandäischen Gott gegeben wird, zeigt deutlich, daß diese Spekulationen jüdischer Herkunft sind und in letzter Analyse zurückgehen auf die Vision des Propheten Hezekiel, welcher im Jahre 593 die Herrlichkeit des Herren als ,,die Gestalt wie die Erscheinung eines Adams'' schaute. Die mit dem hermetischen Traktat übereinstimmende Trinität Vater, Mutter, Mensch zeigt, daß jüdische Spekulation sich mit ägyptischer Mysterienweisheit verbunden hat. Aber der Gott Mensch ist ein Leib. Den hatte aber auch der orphische Weltengott: ,,Zeus ist das Haupt (des Kosmos), Zeus die Mitte, Zeus bildet auch des Ende des Alls'', sagt ein alter orphischer Spruch. Der *kabod*, die Glorie, wurde von den Juden immer leibhaft, mannhaft gedacht. Aber im Alten Testament wird nie vom Leib Gottes gesprochen. In uralten, vorchristlichen Zeiten haben offenbar die Gnostiker die orphische Vorstellung integriert. Und möglicherweise hat auch der Apostel Paulus das getan: er nennt Christus ,,das Haupt über alles für die Kirche, welche sein Leib ist'' (*Eph*. 1, 22-23). Da ist dieselbe orphische Anschauung verarbeitet. Die Mandäer, welche nicht von Paulus abhängen und trotzdem Ähnliches lehren, zeigen, daß die Vorstellung vom Leibe Gottes schon früher als Paulus in das hellenistische Judentum rezipiert sein kann.

6. *Die jüdische Thronmystik*

Seit dem Ende des ersten nachchristlichen Jahrhunderts gab es in den strikt-pharisäischen Kreisen Palästina's Traditionen über die Himmelreise gewisser Rabbiner während ihres Lebens und ihre Schau der ,,Gestalt wie das Aussehen eines Menschen'' auf dem Throne Gottes.

In der Schrift ,,*Shiur Komah*'', ,,das Messen des Leibes (Gottes)'' werden die enormen Dimensionen der Glieder dieser Glorie ausführlich angegeben. In der Schrift *Hekkalot Rabbati* finden sich eine Darstellung der sieben *Hekkalot* (himmlischen Paläste) und die numinosen Gesänge der Engel. Das alles mutet sehr gnostisch an.

Wenn hier von der mystischen Gestalt der Gottheit als von einem Leibe gesprochen wird, ist die Verwandtschaft mit dem heterodoxen Judentum der Vorfahren der Mandäer und die gemeinsame Abhängigkeit von der Orphik handgreiflich. Aber es fällt auf, daß die Leiblichkeit Gottes hier keine Funktion, und so keinen Sinn hat. Es wird nämlich nicht gelehrt, daß die Seele nach dem Tode, oder auch während dieses Lebens in dieses göttliche Leben ein-ver-leib-t wird, wie etwa der Christ durch die Taufe nach Paulus. Diese Rabbiner haben sich nämlich nicht vorstellen können, was für die ihnen vorausgehenden jüdischen Gnostiker gang und gäbe war, daß nämlich der Geist im Menschen mit Gott verwandt ist. Ihr Grunderlebnis war die Kluft zwischen Gott und Mensch sogar in der Ekstase der höchsten Schau. Und nach diesem

Prinzip haben sie offenbar die ihnen bekannten gnostischen Vorstellungen revidiert.

In einer der Schriften dieser Thronmystik, die ,,*Visionen von Hezekiel*'', wird folgendes erzählt:

> ,,Hezekiel stand am Fluss Chabar und schaute hinunter in das Wasser. Und die sieben Himmel öffneten sich ihm und er sah die Glorie des Heiligen'' (wie in einem Spiegel im Wasser).

Das ist ein Analogon zu der Stelle im *Poimandres*, wo sich der *Anthropos* im Wasser des Chaos spiegelt. Das war ein Abklatsch des Spiegels des Dionysos und diente dazu, zu erklären, wie das *principium individuationis* wirkt. Davon ist im Fragment der *Visionen Hezekiels* nichts zu spüren. Und so wird es eine schöne Geschichte ohne tiefen Sinn.

So ist diese Thronmystik eher eine Reaktion und Gegenreformation als eine Neuschöpfung. Ihre Bedeutung ist, auch von mir, wohl etwas überschätzt worden. Man darf sie Gnosis nennen, aber nimmermehr Gnostik. Ihre Abhängigkeit von der wahren Gnostik muß näher untersucht werden.

7. Die christliche Gnosis

Anders als die katholischen Apologeten ihrer Zeit waren die christlichen Gnostiker des zweiten Jahrhunderts strikt christozentrisch und ließen sich von den Schriften des Paulus und des Johannes beeinflußen. Ihr Christuserlebnis drückten sie aus in den Denkformen der schon bestehenden Gnostik.

a. Marcion

Um 144 nach Christus wurde ein reicher Reeder namens Marcion, gebürtig aus Sinope in Pontus (Türkei, am Schwarzen Meer), aus der Gemeinde Roms ausgeschlossen. Da organisierte er eine große Gegenkirche, welche vor Allem im Osten Jahrhunderte lang bestanden hat. Er wollte das Christentum von jüdischen Zutaten reinigen. Der wahre Gott sei Liebe und Barmherzigkeit, der fremde Gott, der in Christus sogar den Menschen, den er nicht geschaffen hatte, erlöst hat. Der Gott des Alten Testamentes dagegen sei nur gerecht und kleinlich. Deshalb sollte die christliche Kirche dieses Buch nicht als Heilige Schrift anerkennen. In seinem Werk *Antithesen* hat Marcion diese und ähnliche Gegensätze ausgearbeitet: Jesus hat die Kinder gesegnet, der Prophet Elisa aber hat Bären aus dem Wald hervorgerufen um Kinder, die ihn verspotteten, zu töten etc. Nur ein Evangelium, das des Lukas, hat er anerkannt und es von angeblichen jüdischen Interpolationen gereinigt. Dasselbe hat er mit 10 Paulusbriefen getan: diesen Apostel hat er hoch geschätzt so weit dieser das Evangelium dem Gesetz des Alten Testaments entgegenstellte. Die Schöpfung hat Marcion mit einer nahezu pathologischen Empfindlichkeit verworfen. Insbesondere die Sexualität war ihm widerlich. Die Geburt, mit Nabelstrang, Nachgeburt und Fruchtwasser hat er als ein häßliches Drama dargestellt.

Man kann Marcion unterschiedlich beurteilen. A. von Harnack hat den Einfluß der Gnostik auf ihn verharmlost und ihn als genialen Paulusschüler und Vorläufer Luthers dargestellt, Marcion, der damals schon wollte was im zwanzigsten Jahrhundert geboten sei, die Abschaffung des Alten Testaments. Mann kann aber auch den Einfluß der Gnostik (die Tradition nennt einen gewissen Gnostiker namens Cerdo aus der Schule Simons) auf Marcion ganz ernst nehmen. Dann sieht man, wie er die Gnosis christianisiert hat. Er verkündet den fremden Gott, der mit dem Menschen gar nichts gemein hat und sich trotzdem für diesen Menschen kreuzigen läßt. Da ist Paulus' Lehre von reiner Gnade, Rechtfertigung als Freispruch und unverschuldeter Liebe Gottes so tief erlebt, daß sogar die gnostische Ansicht des göttlichen Fünkeleins im Menschen aufgegeben ist.

Marcion's Schüler Apelles hat den Dualismus aufgegeben: er glaubte nur an den einen Unbekannten Gott, verwarf das Alte Testament und hielt viel von den Offenbarungen einer Frau, Philoumene genannt. Im Alter hat er alle Polemik aufgegeben. Da sprach er aus, daß man nicht über die Lehre diskutieren sollte. Jeder soll bei seinem eigenen Glauben bleiben. Denn alle, die ihre Hoffnung auf den Gekreuzigten setzen, werden erlöst werden. Von den Prophetieën, die sich widersprechen, hielt er allerdings nichts. Gefragt, wie er das beweisen konnte, antwortete er, daß er das nicht wußte, sondern glaubte, weil er dazu *bewegt* wurde. Da hat er die moderne Gefühlsreligion vorweggenommen.

b. Basilides

Der Philosoph Wilhelm Windelband hat einmal gesagt, die Gnostiker seien die ersten Geschichtsphilosophen gewesen. Die griechischen Philosophen hätten zwar über die Logik, die Gesetze des Denkens, und die Ethik, die Vernunft im sittlichen Handeln, nachgedacht, ja von dem ersten Anfang an den Logos entdeckt, aber sich selbst die Frage nach dem Gesamtsinn der historischen Entwicklung nicht vorgelegt. Die Gnostiker hätten dagegenüber das Christentum als Überwindung des Judentums wie des Heidentums begriffen und so das Christusereignis als entscheidende Wendung nicht nur in der Entwicklung des Menschengeschlechts, sondern auch in der Geschichte des Universums entdeckt. Diese Charakteristik trifft vor allem auf Basilides zu, der in der ersten Hälfte des zweiten Jahrhunderts in Alexandrien lebte.

Mit keinem Wort erzählt die Tradition, daß er je aus der Kirche exkommuniziert worden sei. Man muß annehmen, daß er bis zu seinem Tod Mitglied der christlichen Gemeinde dort gewesen ist.

Basilides reformierte die vulgäre Gnosis des *Johannesapocryphons*. Auch er fing an mit dem Unbekannten Gott, den er ,,den nicht-seienden Gott'' nannte. Aber von einer Emanation der Welt aus diesem ,,Ungrund'' wollte er nichts wissen. ,,Der nicht-seiende Gott schuf *aus dem Nichts* eine nicht-seiende Welt'', indem er ein einziges Samenkorn niederlegte, das wie eine Art D.N.A. die ganze zukünftige Evolution kodierte und potentiell in sich enthielt. Es war dies das Urchaos.

Daraus erhebt sich nun zu rechter Zeit das eine Element nach dem andern, aber es bleibt hiernieden ,,die dritte Sohnschaft'', das Geistige im Menschen, das seufzt nach Erlösung. Es ist aber das Evangelium, die Offenbarung der Verborgenheit, vom Jenseits in die Welt gekommen und hat die sich überlagernden Seinsschichten beleuchtet, bis das Licht auf Jesus ruhte (bei seiner Taufe): ,,er wurde erleuchtet und gänzlich erfaßt vom Lichte, das in ihm aufleuchtete''. Jesus ist das Urbild und Vorbild aller geistigen Menschen, welche durch sein Wort sich ihres Wesens bewußt werden und aufsteigen in das Geistesreich. Wenn nun die ganze ,,dritte Sohnschaft'' ans Ziel gelangt ist, dann wird Gott über die Welt die große Unbewußtheit kommen lassen, auf daß alles bei seiner Natur verharre und nichts anstrebe, was gegen seine Natur ist.

Der Mensch wird dann überhaupt keine Ahnung mehr davon haben, daß so etwas wie eine Geisteswelt besteht, auf daß er nicht in der Sehnsucht nach Unmöglichem sich quäle, wie ein Fisch der im Gebirge mit den Herden weiden möchte. Die Zukunft ist eine klassenlose und gottlose Gesellschaft ohne Geist. Man fühlt sich an die makaberen Prophezeiungen von Aldous Huxley über die ,,brave new world" erinnert. Aber Basilides fand es ganz richtig, daß die Massen nichts von Gnosis verstanden. Diese war nur für ,,einen unter Tausend und zwei unter Zehntausend".

c. Valentinus

Der größte aller Gnostiker war Valentinus, ein Mythologe, der den Theologen Origenes und den Philosophen Plotin beeinflußt hat und ihnen ebenbürtig war. Er wurde Anfang des zweiten Jahrhunderts im Nildelta geboren, genoß eine griechische Bildung in Alexandrien und war schon damals Christ. Die vulgäre Gnosis Ägyptens muß ihm bekannt gewesen sein. Er ging nach Rom, wo er ein möglicher Kandidat für den vakanten Bischofssitz war: er war nämlich wie sein Gegner Tertullian nachdrücklich sagt, ,,genial und sehr beredt". Man denke sich: ein Gnostiker als Papst von Rom. Als ein Mitglied der Widerstandsbewegung, der *Confessor* Pius, vor ihm bevorzugt wurde (± 140), ist er, wie Marcion, ,,einmal und andermal hinausgeschmissen" (*semel et iterum eiecti*, sagt Tertullian). Da hat er in Rom eine eigene Schule gegründet, soll nach Zypern abgereist sein und ist spurlos aus der Geschichte verschwunden.

Von ihm waren bis Nag Hammadi nur Fragmente bekannt. Sie sind sehr schön. Er hat die gnostische Tradition des himmlischen *Anthropos* und seines irdischen Abbilds gekannt:

> ,,So flößte auch Adam, der als Namensgenosse des *Anthropos* geschaffen wurde, Furcht vor diesem präexistenten *Anthropos* ein, weil dieser in ihm anwesend war. Die weltschöpfenden Engel wurden bestürzt und vernichteten schnell ihr Werk".

Aber er kann doch auch sehr erbaulich von der Gnade reden. Das Herz, so heißt es, ist wie eine Karawanserai, die schluderig und vernachläßigt ist, die Wohnstätte vieler Dämonen, bis Gott selbst in ihm wohnt und es erstrahlt im Licht.

Valentin und seine Anhänger waren begeistert für die Ehe, weil diese ein geistiges Element enthielt und die Gemeinschaft (*syzygie*) der himmlischen Äonen (männlich und weiblich, etwa Christus und Sophia), abbildete. Allerdings ist es möglich, daß er Liebe und Geschlechtsgemeinschaft nur geistigen Menschen (Pneumatikern) gestattete. Es wurde nämlich in seiner Schule ausgesprochen, die Vereinigung mit einer Frau sei sogar heilsnotwendig für einen Menschen, der ,,aus der Wahrheit war", während Geschlechtsgemeinschaft für einen ,,Psychiker", einen einfachen Gläubigen, perniziös sei, weil sie nur aus Begierde stattfand.

Im valentinianischen Kreis wurde die Frau sehr geschätzt und konnte sich selbst verwirklichen, wie später nur in der Mystik und im Pietismus (Goethe's ,,schöne Seele", das Fräulein von Klettenberg).

Valentin's System hat dargestellt, wie die *Sophia*, die Weisheit, in die Tiefe der Gottheit eindringen will und deshalb aus der Geisteswelt fällt. Da weint sie und lächelt sie: aus diesem Leiden entsteht die Welt. Allerdings ist auch ein geistiges Element in den Menschen hineingeraten, das vom Erlöser Christus bewußt gemacht wird. Da geht es, zusammen mit seinem Schutzengel (dem Selbst), eine Ganzheit von Männlichem und Weiblichem, in das *Pleroma*, das Geistesreich ein und feiert das *Mysterium Conjunctionis*. Im neugefundenen *Philippusevangelium* wird dargestellt, wie dies im ,,Sakrament des Brautgemachs" schon während dieses Lebens vorweggenommen wird. Dieses apokryphe ,,Evangelium", in Wahrheit eine Sammlung von Sentenzen, wurde um 200 von einem Valentinianer in Antiochien verfaßt, wird aber wohl die ursprüngliche Lehre Valentins aufbewahrt haben, daß die heilige Hochzeit zwischen Selbst und Ich schon in diesem Leben verwirklicht wird, und daß die Ehe diese Selbstverwirklichung fördert. So kam es in diesen Kreisen zu einer positiven Würdigung von Ehe und Geschlechtsgemeinschaft, ohne daß die Erzeugung von Kinder als das eigentliche Zweck der Ehe erwähnt wird.

d. Der Jung-Kodex

Am 10. Mai 1952 wurde von mir in Brüssel einer der koptischen *Codices*, welche 1945 in Nag Hammadi gefunden wurden, im Auftrag des Jung Instituts in Zürich erworben. Zu Ehren des großen Gelehrten, der sich dafür eingesetzt hatte, dieses Dokument den zuständigen Gelehrten zur Verfügung zu stellen, wurde es der Jung-Kodex genannt. Dieser enthält etwa 100 Seiten. Später stellte es sich heraus, daß sich noch etwa 40 Seiten desselben Kodexes im Koptischen Museum in Kairo befanden. Wie vorher verabredet, ist der Jung-Kodex nach Ägypten zurückgekehrt.

Als erste der darin erhaltenen Schriften erschien das *Evangelium Veritatis,* Das Evangelium der Wahrheit (1956). Es ist eine Meditation über das wahre Evangelium, die Gnosis des verborgenen Gottes, welche von Christus vermittelt wird, und das tiefste Wesen des Menschen, sein wahres Selbst, enthüllt. Die Welt ist nach Ansicht des Verfassers ein Alptraum, bis man erwacht und erkennt, daß die Ängste der Existenz nichtig sind. Der Mensch wird mit einem Bergsteiger verglichen, welcher im Nebel den Weg verloren hat und nicht mehr weiß, von wo er kommt und wohin er geht, bis er seinen Namen rufen hört. So weiß der Gnostiker, der den Ruf aus der Transzendenz vernimmt, seine Bestimmung, seine Herkunft und sein wahres Wesen. Es wäre Schade, wenn diese schöne Schrift nicht von Valentinus selber herrührte. Übrigens meldet Pseudo-Tertullian, daß Valentin sein eigenes *Evangelium* gehabt hat neben den kanonischen Evangelien der katholischen Kirche: das kann sich auf das *Evangelium* der Wahrheit beziehen.

Dieser Fund bestätigte die psychologische Deutung der Gnosis, nach welcher es sich in der Gnosis primär handle um die Entdeckung des Selbst. Keine Schrift zeigt so deutlich wie diese, daß den gnostischen Systemen ein Erlebnis zugrunde liegt.

Der *Brief an Rheginos* über die Auferstehung, möglicherweise auch von Valentinus selber verfaßt, beschreibt die Auferstehung als ein inneres Ereignis, der mystische Tod schon in diesem Leben, nämlich die Entdeckung des unbewußten Geistig-Göttlichen im Menschen. Man kann diese Schrift zusammenfassen mit den Worten Goethe's im West-östlichen Divan:

„Und solang du das nicht hast,
Dieses: Stirb und Werde!
Bist du nur ein trüber Gast
Auf der dunklen Erde".

Ebenfalls valentinianisch ist *der apokryphe Brief des Jakobus,* welcher angebliche Offenbarungen des Auferstandenen an Jakobus, den Bruder des Herrn, und Petrus enthält. In Wirklichkeit verbindet die Schrift mystische Traditionen über die Himmelreise der Seele mit gnostischen Jesusworten:

„Das Wort gleicht einem Weizenkorn. Wenn jemand dieses sät, vertraut er darauf, daß es gedeiht. Und wenn es aufgewachsen ist, liebt er es, weil er sieht daß er viele Körner an Stelle von einem zurückbekommt. Dadurch, daß er das Korn verarbeitet und Nahrung daraus macht, kann er im Leben bleiben. Außerdem hat er noch Korn übrig um ein nächstes Mal zu säen. So könnt Ihr auch das Himmelreich erlangen. Wenn Ihr das aber nicht *durch Gnosis* erlangt, könnt Ihr es nicht finden".

Der Jung-Kodex enthält auch ein *Gebet des Apostels Paulus* auf einem Papyrusblatt, das aus der valentinianischen Schule stammt.

e) *Tractatus Tripartitus*

Es gab, wie wir sahen, einen Weg von der Gnosis des *Apokryphon von Johannes* zu Valentin. Es gibt aber auch einen Weg von Valentin zu Herakleon, dem vermutlichen Verfasser des fälschlich sogenannten *Tractatus Tripartitus*.

Diese systematische Darstellung der Geschichte des Universums unterscheidet sich von der ursprünglichen Lehre Valentins vor allem dadurch, daß sie das ,,psychische" Element, Judentum und Katholizismus, viel höher schätzt als es der Gründer der Schule tat. Der Geist muß durch das Inferno von Materie und Heidentum und das Purgatorio von Glauben und Moral (die jüdische Religion und die Kirche) hindurchgehen, um zum Bewußtsein des Geistes zu kommen, welches das Christusereignis zeitigt.

Auffallend ist der fundamentale Optimismus dieser Schrift: tout est pour le mieux dans le meilleur des mondes possibles. Hier bricht jede existentialistische Interpretation der Gnosis zusammen. Es stellt sich heraus, daß die Gnosis zuletzt nicht Geworfenheit, sondern Befreiung, nicht Angst, sondern Erlösung, nicht Flucht und Welthaß, sondern Bejahung der Geschichte als Bewußtwerdung des Geistes ist.

Allerdings hat ,,Herakleon" das tragische Element aus dem Mythos eliminiert. Der Fall der Sophia ist nicht mehr eine unverschuldete Begleiterscheinung der Evolution, sondern eine freie Entscheidung, wie bei Origenes, dem führenden katholischen Dogmatiker. Die Gegensätze zwischen Ketzerei und Kirche sind da gar nicht mehr so scharf. Es gab einen Weg von Herakleon zu Origenes, die allmähliche Katholisierung der Gnosis.

8. *Fortleben*

Die Gnosis wurde eine Weltreligion, als Mani (216-277) seine gnostische Kirche gründete, welche mehr als tausend Jahre bestand und ihre Anhänger hatte vom Atlantischen bis zum Pazifischen Ozean. Die grundlegende Lehre, daß Christus leidet in allem leidenden Leben (*Jesus patibilis*) ist von Mani den valentinianisch beeinflußten *Johannesakten* entnommen.

Sicher ist, daß auch die mittelalterlichen Katharer oder Albigenser Gnostiker gewesen sind: wie ihre Vorläufer, die Bogomilen in Jugoslavien und Bulgarien und die Paulicianer in Armenien von Marcion und der vulgären Gnosis beeinflußt sind, ist noch nicht klar.

Spontan entstand die Gnosis Jakob Boehmes (± 1600), der aber im Gegensatz zur klassischen Gnosis monistisch war und auch das Dunkel auf den ,,Ungrund" zurückführte. Auf ihn geht die einflußreiche Gnosis des englischen Dichters und Malers William Blake (1757-1827) zurück.

Die wissenschaftliche Behandlung der Gnosis fängt an mit Gotfrid Arnold's *Unparteiischen Kirchen- und Ketzergeschichte* (1699). Da werden alle Häretiker und so auch die Gnostiker als wahre, verleumdete, harmlose Christen dargestellt. Goethe hat in seiner Jugend das Buch gelesen, selbst ein gnostisches System erdacht und sich schließlich seiner Jugendstudien erinnert, als er in seinem *Faust* ,,das Ewig-Weibliche", d.h. die gnostische Sophia, als die Offenbarungsgestalt der Gottheit darstellte. Auch Mosheim und andere Wissenschaftler des 18. Jahrhunderts nahmen die Gnosis ernst. Nur in Deutschland wurde die Häresiologie damals eine Wissenschaft. Der hochbegabte August Neander, der zur Erweckungsbewegung gehörte, schrieb seine *Genetische Entwicklung der vornehmsten gnostischen Systeme* (1818). Ferdinand Christian Baur, ein tüchtiger Hegelianer, veröffentlichte 1835 sein gewaltiges Werk *Die Christliche Gnosis*. Darin führt er aus, die Gnosis sei eine Religionsphilosophie gewesen, der die moderne Gnosis des deutschen Idealismus (Schelling, Schleiermacher, Hegel) entspreche. Auch der deutsche Idealismus sei also eine moderne Gnosis gewesen.

Als das Volk von Dichtern und Denkern unter Bismarck ein Volk von Kaufleuten und Industriearbeitern wurde, ging diese wundervolle Einfühlungskraft einigermaßen, wenn nicht ganz, verloren. Adolf von Harnack definierte den Gnostizismus als die akute, die Orthodoxie als die chronische Verweltlichung oder Hellenisierung des Christentums. Es steht heute fest, daß diese Werturteile seinem dogmatisch-undogmatischen Kulturprotestantismus entstammen und keinen wissenschaftlichen Gehalt haben. Es fiel den Leuten damals schwer, die Gnosis als Erfahrung nachzuempfinden. Wilhelm Bousset, *Hauptprobleme der Gnosis* (1907), stellte diese Religion da als ein Museum religionsgeschichtlicher Fossile, welche viel früher einmal im Orient lebendig waren. ,,Wie der Geologe und Paläontologe aus den versteinerten und erstarrten Resten untergegangener Welt ein Stück Erdgeschichte rekonstruiert, so hat der Historiker auf dem Gebiet der Gnosis ganz ähnliche Aufgaben vor sich''. Diese Einstellung hat dazu geführt, daß R. Reitzenstein, R. Bultmann und Geo Widengren als Vorlage der Gnosis ein vorchristliches iranisches Erlösungsmysterium postulierten, das es nie gegeben hat.

Der Existentialismus und die Tiefenpsychologie waren nötig um zu zeigen, daß die Gnosis eher von tiefen, abgründigen Gefühlen inspiriert war. Hans Jonas hat in *Gnosis und Spätantiker Geist* (I, 1934; II, 1954) gezeigt, wie Angst, Geworfenheit und Welthaß in gnostischen Dokumenten zu finden waren. Im selben Sinne schreibt K. Rudolph, der Erforscher des Mandäismus. Unter dem Einfluß der Theorieën C. G. Jung's haben H.-Ch. Puech, Karl Kerenyi und Gilles Quispel die gnostischen Bilder als mythischen Ausdruck (Projektion!) der Selbsterfahrung gedeutet.

Nach den neuen Funden hat Elaine Pagels in ihrem vielbetrachteten *The Gnostic Gospels* (1979) auch eine soziologische Betrachtung der Gnosis versucht.

Nach ihr sind es die Sieger, die Geschichte schreiben, — auf ihre Weise. Kein Wunder dann, daß der Gesichtspunkt der erfolgreichen Mehrheit alle traditionellen Darlegungen der Ursprünge des Christentums beherrscht hat. Aber die Entdeckungen von Nag Hammadi lassen grundlegende Fragen wieder laut werden. Wie hat man Auferstehung zu verstehen? Sollen Frauen Priesterinnen oder auch Bischöfe werden? Wer war Christus und was ist sein Verhältnis zum Gläubigen? Was sind die Parallelen zwischen dem Christentum und andern Weltreligionen? Nach der Autorin ist die alte Gnosis eine mächtige Alternative zum Katholizismus auf all diesen Problemgebieten. Und sie zeigt wie ihre Fragen nicht nur theologisch waren, sondern soziale und politische Korrelate hatten.

Die Gnostiker leugneten die Auferstehung Christi nicht, sondern glaubten oft, daß der Auferstehungsleib geistig war. Dagegen betonten die Katholiken der Alten Kirche, die Auferstehung sei leiblich und fleischlich. Dann aber wird es von der größten Bedeutung, daß Petrus der erste Zeuge der Auferstehung war. Das hat eine politische Bedeutung. Es rechtfertigt die Macht gewisser Kirchenfürsten, welche sich als die Nachfolger Petri betrachten.

Die Gnostiker lehrten eine Gottheit jenseits des persönlichen Gottes. Die Katholiken dagegen hielten dafür, daß Gott ein Herrscher und Richter war, wie der monarchische Bischof.

Die meisten Gnostiker lehrten, daß Gott sowohl Vater als auch Mutter war. Demgemäß traten in diesen Kreisen Frauen als Prophetinnen, Lectoren und Priesterinnen auf. Dagegen glaubten die Katholiken, daß Gott patriarchalisch sei und reservierten die Ämter nur für Männer.

Die Gnostiker suchten Gott durch Selbsterfahrung. Die Gnosis lebte und webte in einer Atmosphäre, welche der Entwicklung des Instituts ungünstig war. Dagegen betonten die Katholiken, daß die Kirche heilsnotwendig war für das ewige Leben.

Begreiflicherweise sind diese Thesen von Elaine Pagels auf starkem Widerstand gestoßen. Die Wissenschaft aber hat schon längst gezeigt, daß der frühchristliche Katholizismus, wie er bei Irenäus, Tertullian und Origenes vorliegt, sich als Reaktion auf die Gnostik verstehen läßt. Ob dieser Katholizismus mit dem eschatologischen Urchristentum identisch ist, muß der Glaube der Gläubigen entscheiden, nicht das Wissen.

Eine unbefangene Betrachtung kann nur feststellen daß die Gnostik ebenso wie der Katholizismus Erbe des Urchristentums und deshalb eine adäquate Alternative des Katholizismus war. Ob sie, eben so gut oder eben so wenig wie der Katholizismus am Urchristentum festgehalten hat, ob sie wahr oder falsch gewesen ist, entzieht sich dem Urteil der akademischen Wissenschaft. Sie fällt keine Werturteile. Das muß sie dem kirchlichen Lehramt überlassen. Daß aber diese Gnostik in einer Zeit großer Wohlfahrt die damalige Kirche und Akademie verwarf, weil sie diese für geistlos hielt, ist ein merkwürdiges Analogon zu gewissen exotischen Begleiterscheinungen unserer Zeit. In soferne lohnt es sich, die Gnosis auch einmal soziologisch zu betrachten.

LITERATURVERZEICHNIS

Gruenwald, I., *Apocalyptic and Merkavah Mysticism,* Leiden/Köln 1980.
Haardt, R., *Die Gnosis, Wesen und Zeugnisse,* Salzburg 1967.

Halm, H., *Kosmologie und Heilslehre der frühen Ismailiya. Eine Studie zur islamischen Gnosis,* Wiesbaden 1978.
Pagels, E., *The Gnostic Gospels,* New York 1979.
Quispel, G., *Gnostic Studies* I-II, Leiden 1974-1975.
Quispel, G., *Tatian and the Gospel of Thomas,* Leiden 1975.
Quispel, G., *Hermetism and the New Testament, especially Paul* in H. Temporini und W. Haase, *Aufstieg und Niedergang der Römischen Welt* (im Druck).
Robinson, J. M., *The Nag Hammadi Library,* Leiden 1977.
Rudolph, K., *Die Gnosis, Wesen und Geschichte einer spätantiken Religion,* Göttingen 1978.
Segal, A. F., *Two Powers in Heaven,* Leiden 1977.

XVII

DER MANICHÄISMUS

ALEXANDER BÖHLIG
(Tübingen)

Zu den Religionen, die aus dem Orient ins römische Reich eingedrungen sind, gehört auch der Manichäismus. Seine Verbreitung, die im Westen bis zu den Säulen des Herakles und im Osten bis nach China reichte, hat ihn zu einer Weltreligion werden lassen, die allerdings nach tausendjährigem Bestehen wieder ausgestorben ist. Ihr Entstehungsraum war Mesopotamien, ein Gebiet, das zwar semitisch besiedelt war, aber zum iranischen Sassanidenreich gehörte. Hier trafen sich die verschiedensten Kulturströmungen. Auf dem Boden des alten Assyrien und Babylonien war ein starkes Judentum erwachsen; gnostische Bewegungen, Judenchristentum und katholisches Christentum rangen miteinander; zugleich war man durch die herrschende Nation aber auch mit iranischen Glaubensformen bekannt, ja selbst indische Religion hatte durch den Handel den Weg ins Zweistromland gefunden. Dieses Land war ein beispielhafter Bereich für die Ausprägung des Synkretismus der hellenistischen Welt geworden.

Das Gesamtreich der Sassaniden, das ein Imperium wie das der Achämeniden zu werden anstrebte, war für synkretistische Strömungen ein ebenso geeigneter Boden wie das Zweistromland. Im Osten wurde es von iranischer und indischer Religion beherrscht, in Babylonien gab es den bereits geschilderten Synkretismus. Im Westen lag der ausgesprochen hellenistische Teil des römischen Reiches, dessen Eroberung den iranischen Herrschern sehr am Herzen lag. Eine wahrhaft synkretistische Religion konnte da nach Auffassung eines Herrschers wie Schapur I. ein wirkliches Bindeglied zwischen den vielerlei Kulturgebieten und Religionsformen eines iranischen Großreiches bilden. Deshalb hat dieser Herrscher den Religionsstifter Mani auch lange Zeit in seinem Gefolge mit sich herumziehen lassen und ihm mancherlei Freiheiten, aber kein Monopol gegeben.

Dieser Mani war am 14. April 216 geboren. Seine Eltern stammten aus dem eigentlichen Iran. Sein Vater trat infolge einer Offenbarung, die er empfing, in eine der mesopotamischen Täufersekten ein, die des Elkesai. Später holte er seinen kleinen Sohn nach, der dann, bis er das vierundzwanzigste Lebensjahr vollendet hatte, auch in der Sekte aufwuchs. Mit zwölf und noch einmal mit vierundzwanzig Jahren erschien dem Kind und dem jungen Mann sein himmlischer Partner, sein Zwilling, und verkündete ihm seine Lehre, die ihn von der Sekte der Elkesaïten wegführte, ihn in den Bereich von Gläubigen treten ließ, die Markion nahestanden, und ihn schließlich zur Gründung einer eigenen Kirche veranlaßte, die über Judentum, Christentum, Elkesaïtismus, Gnostizismus und Astrologie, aber auch Buddhismus und Zoroastrismus hinaus eine endgültige Offenbarung verkündete.

Wie bereits Platon die Hauptprobleme der Kosmologie und Anthropologie durch den Mythos darstellte und später der Gnostizismus diese Darstellungsform ins Zentrum seiner Welt- und Himmelserklärung rückte, so bediente sich auch Mani seiner, um der Gemeinde als ,,Erleuchter'' einen Einblick in das Geschehen von Zeit und Ewigkeit zu geben. Das macht heute auf weite Kreise, die dieser Denkform fremd gegenüberstehen und nur eine Argumentation in der Form der Diskussion anerkennen, den Eindruck eines abstrusen, unlogischen Denkens. Das ist jedoch falsch. Denn durch die mythologische Darstellung können eben Grundgedanken eingekleidet und speziell in die Kategorien von Raum und Zeit hineingestellt werden. Auch das für Mani so wichtige Prinzip des Dualismus kann im Mythos durch die Dialektik gegensätzlichen Handelns zum Ausdruck gebracht werden. Gerade in der optimistischen Schau des Weges von der Ewigkeit durch die Zeit wieder zur Ewigkeit wird die Heilsökonomie besonders sichtbar. Für Mani ist der Mythos eine *Regula fidei*. Denn aus ihm kann typologisch alles Geschehen in der Welt erklärt werden, ob es dabei um einen liturgischen Brauch in der manichäischen Kirche geht oder es sich etwa um die Frage handelt, warum ein abgeschnittener Fingernagel nachwächst, ein abgeschlagener Arm aber nicht. Der Mythos ist zugleich gegliedert nach Dreiheiten und Fünfheiten. Eine solche Erfassung des Weltgeschehens in der Zahl, wie sie seit den Pythagoräern vorgenommen wurde und besonders im Gnostizismus — vielleicht im Anschluß an Neupythagoräismus und Platonismus — sehr beliebt war, führt die manichäischen Theologen dazu, über die einfacheren Zahlenharmonien des ursprünglichen Mythos hinaus mannigfaltige Zahlenspekulationen aufzustellen, mit deren Hilfe das kunstvoll gegliederte System nach Gesichtspunkten aufgeschlüsselt werden kann: 2 Bäume, 4 Jäger, 5 Väter, 5 Größen, die gegen die Finsternis herausgekommen sind, 3 Zeiten, 5 Kriege, 14 große Äonen u.ä. Da der manichäische Mythos selbst nur in Teilen und Exzerpten überliefert ist, bleibt die Frage offen, inwieweit Mani eine endgültige Form des Mythos selbst schriftlich festgelegt und inwieweit in seinen mündlichen Darlegungen er bzw. in deren Niederschrift die manichäische Gemeinde Variationen oder sinngemäße Erweiterungen geschaffen hat. Dazu kommen noch Veränderungen, die aus der Missionsmethode der Manichäer resultieren, deren Eigenart auf Mani selbst zurückgeht.

Die Darstellung des Mythos beginnt mit der Schilderung der zwei Reiche. Im Reich des Lichts regiert bzw. residiert der Vater der Größe in seinen Wohnungen bzw. Gliedern: Nus, Denken, Einsicht, Gedanke, Überlegung. Er ist umgeben von seinen zwölf Äonen, die auf die vier Himmelsrichtungen aufgeteilt sind. Ebenso ewig wie der Vater ist auch die ewige Lichtluft und die Lichterde. Diesem Lichtreich gegenüber steht das Reich der Finsternis. Aus der Existenz dieser beiden Reiche von Anfang an ist ein scharfer Dualismus ersichtlich, während in gewissen anderen gnostischen Systemen ein sekundärer Charakter des Bösen angenommen wird. Das finstere Reich hat nach Mani einen Herrscher, der tiergestaltig ist. Ein besonderes Charakteristikum dieses Reiches ist seine innere Unruhe. Seine Glieder befinden sich in einem steten Kampf gegeneinander. In diesem ständigen Streit erkannten sie nur, was sich ihnen am nächsten befindet. Als sie aber einmal, insbesondere ihr Herrscher, an die Grenze des Lichtreiches kamen und dessen Herrlichkeit sahen, da erfaßte sie das Verlangen, sich dieses Licht zu eigen zu machen und diese Region anzugreifen. Der Vater der Größe bemerkte die Absicht und entschloß sich, selbst den Kampf gegen die Finsternis aufzunehmen. Sein großer Geist gewann Gestalt in der Mutter des Lebens. Aus dieser Zweiheit entstand als Sohn Gottes, der Gott selbst ist, der Erste Mensch (auch Urmensch genannt). Mit den Lichtelementen Luft, Licht, Wind, Wasser und Feuer als Rüstung bekleidet, zog dieser in den Kampf. Er unterlag zwar und wurde von der Finsternis überwältigt, band aber zugleich die Finsterniselemente Rauch, Finsternis, Wind,

Wasser und Feuer. Diese Doppelheit von Sieg und Leiden entspricht der damaligen Auffassung der christlichen Kirche vom Leiden Jesu Christi. Der Vater der Größe konnte es bei dieser Lage nicht bewenden lassen. Vielmehr war er durch das Geschehen vor die Aufgabe der Erlösung gestellt. Wie wir auch aus anderen gnostischen Schriften wissen, vollzieht sich diese in einem Kampf zwischen Gut und Böse in Welt und Mensch. Eine zweite Dreiheit wurde berufen: der Geliebte der Lichter, der große Baumeister und der Lebendige Geist. Der letzte dieser drei sandte einen Ruf zum gefesselten Ersten Menschen, der mit einer Antwort erwiderte. Er wurde in die himmlische Heimat zurückgeholt, doch seine Rüstung, die Lichtelemente, blieben zunächst noch in der Tiefe. Sie bilden die Lebendige Seele. Um sie zu befreien, schuf der Lebendige Geist aus den Körpern der bösen Mächte die Welt. Er entzog ihnen Licht und gestaltete daraus Sonne und Mond, während die übrigen Sterne, die Fixsterne und die Planeten, den bösen Mächten zugehören. Zur Überwachung der Welt und zur Niederwerfung von Rebellionen setzte der Lebendige Geist fünf Söhne ein. Diese Fünfzahl der Söhne des Lebendigen Geistes entspricht der Fünfzahl der Lichtelemente, die ja auch als die Söhne des Ersten Menschen bezeichnet werden. Der erste ist der *Splenditenens*, der „Halter der Herrlichkeit", der die Welt hält und die oberen Himmel regiert. Der zweite ist der große König der Ehre, der die sieben unteren Himmel regiert. Als dritter warf der Licht-Adamas das Meerungeheuer nieder, in dem Ausscheidungen der bösen Mächte, die ins Meer gefallen waren, Gestalt gewonnen hatten. Als vierter erschien der König der Herrlichkeit, der für die drei Räder des Windes, Wassers und Feuers sorgt und diese Elemente emporleitet. An fünfter Stelle steht der „Träger", der *Omophoros*, der auch als Atlas angesehen wird, weil er die Erde auf seinen Schultern trägt. Wenn der erste und der fünfte der Söhne ihre Tätigkeit aufgeben, dann bricht schließlich die Welt im Weltbrand zusammen. Doch das geschieht erst am Eschaton. Zur Beseitigung der gröbsten Finsterniselemente bediente sich der Lebendige Geist der Gewänder des Windes, Wassers und Feuers, mittels deren er von den Firmamenten die Fahrzeuge des finsteren Windes, der Finsternis und des finsteren Feuers herab- und von den unteren Erden auf unsere Erde heraufkommen ließ. Sie wurden dann von der Erde hinausgefegt und in drei Gräben, die von vier Mauern umgeben sind, gebunden. Außer den in den Firmamenten festgehaltenen Archonten sind noch andere, die besonderen Rang haben, am Sternenhimmel gefesselt und müssen wie ein großes Schöpfrad dazu dienen, die Lichtelemente nach oben weiterzugeben.

Nachdem so durch den Lebendigen Geist die Welt als ein großer Apparat zur Ausläuterung des Lichtes geschaffen worden war, begann mit der Berufung des Dritten Gesandten eine neue, dritte Epoche. Sein Platz ist in der Sonne, die als sein Fahrzeug, sei es Wagen, sei es Schiff, angesehen wird. Doch auch der Mond bedurfte eines Regenten. Hierfür wählte Mani Jesus den Glanz. Mittels der Säule der Herrlichkeit steigen die Lichtelemente zum Mond empor und werden, während der Mond abnimmt, zur Sonne hinübergeführt, um schließlich von dort ins Lichtreich zurückzukehren. An diesen Vorstellungen wird der astronomisch-astrologische Einfluß auf das manichäische Denken sichtbar.

Die Fortsetzung der kosmischen Befreiung der Lichtelemente erfolgte mittels eines sehr obszönen Vorgangs, der sog. Séduction des archonts, der Verführung der Archonten. Dabei erschien die im Gesandten befindliche Gottheit selbst oder in einer Pluralität ihrer Qualitäten männlich den weiblichen und weiblich den männlichen Archonten, um ihre Lust zu erregen. Die männlichen Archonten schieden infolge ihrer Begierde Samen aus, dessen Lichtbestandteile ausgeläutert wurden, während die finsteren Bestandteile auf die Erde und ins Meer fielen; auf der Erde wurden sie zur Flora, im Meer verdichteten sie sich zu einem Ungeheuer, das der Adamas des Lichtes besiegte. Die weiblichen Archonten, die ihrem Wesen nach immer schwanger sind, abortierten, so daß ihre Fehlgeburten auf die Erde fielen und dort als lebendige Wesen herumliefen; sie machten sich die Pflanzen als Mittel für Bekleidung und Nahrung zunutze. Die Begierde wohnte in ihnen und veranlaßte ihre Oberarchonten Saklas und Nebroël, zwei lebendige Wesen zu schaffen, die der männlichen und der weiblichen Gestalt des Dritten Gesandten nachgebildet waren. Dadurch wollten sie sich einerseits einen Schutz verschaffen — denn Gott würde ja nichts gegen sein Ebenbild unternehmen —, andererseits meinten sie, durch die Erschaffung von Adam und Eva, die wiederum Nachkommenschaft hervorbringen würden, die Ausläuterung des Lichtes vereiteln zu können. Sie konnten diese wohl auch verzögern. Aber Mani, der Erleuchter, will den Menschen die Möglichkeit zeigen, das in ihnen gefangene Licht doch auf den Weg in die ewige Heimat zu bringen. Metaphysik und Kosmologie sind die Voraussetzung für das

Dasein des Menschen. Dieser Grundlagen sich bewußt zu werden, ist eine der wichtigsten Aufgaben. Die Belehrung darüber, in welch schrecklichem Zustand sich der Mensch in seiner Geworfenheit in die Welt befindet, hat schon in der Urzeit durch die Erscheinung Jesu zur Erweckung Adams stattgefunden. Der Mensch antwortet mit Aufschrei und Wehruf. Hier ist also Jesus der Glanz als Lehrer dargestellt. Aber auch bei den Nachkommen Adams traten Lehrer auf, von Seth bis Henoch und von Henoch bis Sem. Doch nicht auf ein auserwähltes Volk ist diese Offenbarung beschränkt. Im Osten erschien Buddha, in Iran Zarathustra und unter den Juden Jesus Christus, der gekreuzigt wurde. Seine Predigt wurde von den Aposteln und Jüngern fortgeführt; insbesondere Paulus hat dabei eine zentrale Stellung eingenommen. Nach seinem Tode verfiel jedoch das Christentum. Wohl hat sich Markion um eine Regeneration bemüht, aber die Kirche brachte keine Frucht mehr. Das war vor allem eine Folge der unsicheren Überlieferung, weil die Lehrer keine eigene authentische Lehre hinterlassen hatten und ihre Worte in der Tradition der Schüler verdorben worden waren. Mani konnte das speziell am Beispiel der Probleme des christlichen und des awestischen Kanons sehen. Er zog die Konsequenz aus der Verheißung vom Kommen des Parakleten und sah in ihm sein *alter ego*, das ihm die Geheimnisse Gottes mitteilte. In der Vereinigung mit ihm wurde er selbst zum Parakleten. Mani verkündete den Menschen eine Anthropologie und Soteriologie, die eingebettet war in ein Weltbild, das wiederum metaphysisch begründet war. Die Hoffnung, daß eines Tages der Erlösungsvorgang beendet sein würde, führt zur konkreten Vorstellung von den letzten Dingen. Wenn diese Zeit gekommen ist, wird die letzte Statue emporsteigen, die den letzten Rest des gefangenen Lichtes enthält. Die Welt wird zusammenbrechen und 1468 Jahre lang wird ein Weltbrand wüten. Schließlich wird die Finsternis in einem „Klumpen", *Bolos,* eingeschlossen, einem Gefängnis, das vorher der große Baumeister errichtet hatte. Hier werden auch die nicht erlösten Seelen zurückbleiben. Darin liegt eine gewisse Inkonsequenz; denn eigentlich sollte ja alles Licht in seine Heimat zurückgeführt werden. Man hat darum dem Manichäismus vorgehalten, Gott hätte in ihm einen Verlust erlitten. Damit taucht auch bei Mani ein Problem auf, das bereits den älteren Gnostizismus bewegt: die Spannung zwischen Fatum und Willensfreiheit.

Wie macht es sich nun aber bemerkbar, daß das Licht in der Finsternis gebunden ist und was hat der Mensch selbst zu seiner Befreiung zu tun? Wie durch die Taten Gottes bei der Weltschöpfung und danach Licht und Finsternis getrennt wurden, damit das Licht in seine Heimat zurückkehren kann, so ging dieser Prozeß der Läuterung immer weiter und ist noch heute im Gange. Nicht nur im Menschen, sondern auch in der ganzen Natur befinden sich Lichtteile, die auf ihre Befreiung warten. Sie sind äußerst empfindlich. So quält, wer das Land bearbeitet, die im Boden befindlichen Lichtelemente; das Wasser leidet, wenn in ihm gebadet wird, die Nahrung, wenn sie gegessen wird, die Erde, wenn man darauf geht. Denn alle diese Teile gehören zur Lebendigen Seele; man kann sie auch als Lichtkreuz bezeichnen. Will man sie richtig behandeln, so muß sich der Mensch aller Handlungen enthalten, die sie quälen oder schädigen. Dies müßte jedoch zu absoluter Inaktivität der Gläubigen und einem Zustand führen, der ein normales Leben unmöglich machen würde. Mani hat diese Schwierigkeit auf zweierlei Weise zu beheben versucht: 1. durch die Gliederung der Gläubigen in zwei Gruppen, von denen nur die eine wirklich konsequent jede Schädigung des Lichtes vermeidet, 2. durch eine Interpretation von eigentlich schädlichen Handlungen als hilfreich von ihrem Zweck her, der also in diesem Fall die Mittel heiligt.

Wie in der christlichen Kirche die Katechumenen der Kerngemeinde oder im Buddhismus die Mönche der großen Masse gegenüberstehen, so stellt Mani unter seinen Anhängern den *Auditores,* ,,Hörern'', auch *Katechumenen* genannt, die *Electi,* ,,die Erwählten'', gegenüber. Auf ihnen liegt die ganze Last der religiösen zur Erlösung führenden Leistung, während die *Auditores* in eingeschränktem Maße Askese üben, ganz besonders aber die Fürsorge und Ernährung der *Electi* zu besorgen haben. Denn die *Electi* dürfen im Gegensatz zu den christlichen Mönchen nicht arbeiten; sie würden ja sonst die Lichtelemente quälen. Freilich muß man sich klar darüber sein, daß auch die *Electi* Handlungen begehen müssen, mit denen sie das Licht schädigen. Würden sie z.B. überhaupt nicht essen, würden sie ja verhungern. Darum wird ihr Essen zu einer guten Tat umgedeutet; sie dienen als Medium, um bei der Nahrungsaufnahme die Lichtelemente emporzuführen. Oder, wenn sie auf Missionswegen mit ihren Füßen die in der Erde befindlichen Lichtelemente treten, dienen sie mit der dadurch ermöglichten Heilsverkündigung der Erlösung. Wir sehen daraus, daß also auch im Manichäismus wie im Gnostizismus die dialektische Interpretation eine wesentliche Rolle spielt.

Die *Electi* haben im allgemeinen eine doppelte Aufgabe. Zunächst sollen sie die Botschaft Manis in aller Reinheit verkünden. Aus ihren Reihen gehen also die Kleriker im engeren Sinn hervor. Sie dienen aber auch rein materiell der Erlösung. Während sie die Taufe ablehnen, weil durch das Baden das Wasser gequält wird, legen sie großen Wert auf das Abendmahl. Die Speisen, die sie zu sich nehmen, gelangen durch ihren Körper zum Licht. Denn die Seelenwanderungslehre der Manichäer setzt als höchste Stufe der belebten Welt die *Electi* an. In einen *Electus* verwandelt zu werden, ist die beste Gewähr für die Möglichkeit, ins Lichtreich einzutreten. In besonderen Fällen und bei besonderen asketischen Leistungen kann allerdings auch ein *Katechumen* des Glaubens in einem einzigen Körper gerettet werden. Die Leistungen müssen in der Führung einer geistlichen Ehe bestehen; auch Verwandtschaft und Reichtum dürfen ihm nur wie geliehene Güter gelten. Mit Beten, Fasten und Almosengeben muß er sich besonders hervortun. Wenn *Electi* oder *Katechumenen* in Gedanken, Worten oder Werken gegen die ethischen Vorschriften des Manichäismus verstoßen, so wirft sie das auf dem Weg zum Heil zurück und sie werden bei der Seelenwanderung in niedere Existenzformen zurückversetzt, zumindest steigen sie zunächst nicht auf.

Die Erlösung muß also in einem ganz großen Rahmen betrachtet werden. Der Kosmos ist trotz aller negativen Bestandteile ein von Gott gewolltes Werkzeug zum Guten. Gott läßt ihn durch den Lebendigen Geist, der auch als Demiurg bezeichnet wird, schaffen. Diese positive Auffassung erinnert an platonisches Denken (*Timaios*) und weicht von der Auffassung von Gnostikern ab, die wie Markion im Weltschöpfer einen Feind des höchsten Gottes sehen. Es ist kein Wunder, wenn deshalb von Mani die Anthropologie mit der Kosmologie eng verbunden wird. Das astrologische Weltbild läßt den Menschen einen Mikrokosmos sein, der in all seinen Gliedern dem Makrokosmos entspricht. So verläuft der Gang der Erlösung auch in Kosmos und Mensch parallel. Doch beim Menschen fällt noch ein Faktor ins Gewicht, der freie Wille. Mani erkennt wie auch andere Gnostiker, daß das Handeln des Menschen nicht einfach von der Menge der in ihm vorhandenen Lichtelemente abhängig ist. Das müßte ja letztlich zur Wiederherstellung, *Apokatastasis,* führen. Für den Menschen ist vielmehr der Weg zum Heil ein Ringen mit den bösen Kräften. Die sittliche Leistung ist es, die zum Heil führt, und sie wird nicht von allen Lichtteilen, nicht von allen Seelen erbracht, so daß ein Rest nicht gerettet wird. Diese Erkenntnis vertraten vor Mani auch schon andere gnostische Denker, etwa der Verfasser des Johannesapokryphons. In der Menschenwelt dient die Kirche zur Hilfe für die Heilserlangung der Gläubigen. Sie ist deshalb nicht einfach ein Verein oder eine religionsphilosophische Gruppe, in der man gewisse liturgische Übungen vornimmt oder intellektuelle Spekulationen anstellt. Sie ist Kirche im Sinne einer festen Organisation, deren Stifter zwar auch auf andere Religionsstifter und ihre Ideen zurückgreift, sich selbst aber doch als Begründer eines neuen Glaubens begreift. Denn in ihm wirkt der Licht-Nus, d.h. der Geist des höchsten Gottes, der auch als Emanation Jesu angesehen wird. Wie er im Menschen tätig ist und aus dem alten Menschen den neuen Menschen werden läßt, so hat er auch im Kosmos gehandelt. Wenn man ihn als den Sammler der Zerstreuten bezeichnet, so tritt dabei die kosmische Rolle so recht in den Vordergrund; sind doch die Lichtelemente die Lebendige Seele: sie sind Einzelseelen, die in Menschen und Natur verstreut sind, bilden als Ganzes zugleich aber die Lebendige Seele, die Weltseele. Die Überzeugung, daß alles Licht eine Einheit darstellt, kommt in dem Gedanken zum Ausdruck, den ein griechisch erhaltener manichäischer Text formuliert, der Staub von der Erde ,,Leib und Blut Christi'' nennt. Diese Auffassung hat sich sowohl nach Osten wie nach Westen ausgebreitet. Im nordafrikanischen Manichäismus hat sich deshalb als Name für die gequälte Lichtseele auch *Jesus patibilis*, ,,der leidende Jesus'', eingebürgert. Wird man sich bewußt, daß es sich hierbei nicht um eine sekundäre Ausgestaltung einer Vorstellung in Anlehnung an das Christentum handelt, sondern um einen ursprünglichen Gedanken des Manichäismus, so versteht man die Interpretation, die Mani den Worten Jesu beim Jüngsten Gericht gibt (Mt. 25, 31-46): Die Menschen werden erlöst, die den Frommen und den Göttern Gutes getan haben, d.h. den verstreuten Lichtelementen, die ja die Brüder Jesu sind. Wer ihnen wehtut, wird verdammt.

Mani hat nicht allein aus dem religiösen Geist des Propheten heraus gesprochen, er hat zugleich seine Lehre bereits als Theologe formuliert.

Weil er sich, wie schon gesagt, in die Geschichte der göttlichen Offenbarungen einreiht und Kritik an der Tradition der Weltreligionen übt, muß ihm aus solchen Erfahrungen heraus daran liegen, für seine und seiner Kirche Mission stabile Grundlagen der manichäischen Überlieferung zu schaffen. Er hielt die Möglichkeit der Weitergabe seiner Lehre in unverdorbener Form nur dann für gegeben, wenn er sie selbst in einem Kanon von Büchern niederlegte. Wie ernst diese seine Auffassung und der von ihm bestimmte Kanon von seinen Anhängern genommen wurde, bezeugt die häufige Erwähnung dieses Kanons in manichäischen Schriften. Er besteht aus sieben Hauptschriften Manis: 1. das *Lebendige Evangelium,* 2. der *Schatz des Lebens,* 3. die *Pragmateia* (= der Traktat), 4. das *Buch der Mysterien,* 5. das *Buch der Giganten,* 6. die *Briefe,* 7. die *Psalmen* und die *Gebete.* Diesen Schriften ist noch ein Bildband beigegeben, der durch einen Kommentar ergänzt wird. Leider sind von all diesen Werken nur Fragmente vorhanden, die noch nicht einmal alle herausgegeben sind. Zum Teil sind sie in Zitaten antimanichäischer Schriften erhalten. Das Briefbuch lag in der koptisch-manichäischen Bibliothek vor, ging aber im Anschluß an den Zweiten Weltkrieg verloren. Die Turfanfunde bieten dem Charakter ihrer Erhaltung entsprechend nur Fragmente von Manis Schriften.

Das *Lebendige Evangelium* umfaßt 22 Teile, was auf die 22 Buchstaben des syrischen Alphabets zurückzuführen ist. Wenn Augustin sein Werk über den Gottesstaat ebenfalls in 22 Bücher einteilte, so dürfte das darauf hinweisen, daß er mit diesem Grundsatzwerk ein Gegenstück zu Manis Evangelium bieten wollte. Ein noch nicht veröffentlichtes koptisches Buch, das allerdings sehr schlecht erhalten ist, enthält entweder Lesetexte aus dem Evangelium oder Predigten zu ihm. Dieses Evangelium wird als „König" der Schriften Manis sehr hoch angesehen. In einem griechischen nichtkanonischen manichäischen Text sind ebenso wie in einem persischen Fragment die Eingangsworte erhalten. Mani charakterisiert sich darin als Apostel Jesu Christi und führt seine Missionstätigkeit auf Gott, den Vater der Wahrheit, zurück, der ihm die Wahrheit offenbart habe, die er in seinem Buch darlege. Diese Offenbarung umfaßt das geheimnisvolle Wirken Gottes. Mani berichtet in dem Evangelium auch vom Kommen seines *alter ego,* das ihn von der Gemeinschaft der Elkesaïten trennte.

Der *Schatz des Lebens* enthält, soweit wir aus Zitaten wissen, mythologische Abschnitte. Auch die Mandäer besaßen ein Buch mit Namen „Schatz".

Was in der „*Pragmateia*" gestanden haben mag, ist schwer zu bestimmen. Das für den Titel gebrauchte griechische Wort war als Lehnwort ins Syrische eingegangen und ist von dort als Titel von Manis Buch bis ins Chinesische gelangt. Seine Bedeutung ist einfach „Traktat".

Das *Buch der Mysterien* hat einen etwas heterogenen Charakter, wie das erhaltene Inhaltsverzeichnis bezeugt. In ihm setzt sich Mani insbesondere mit der Lehre des Bardesanes von Edessa auseinander.

Vom *Buch der Giganten* ist aus Turfan eine Anzahl von Fragmenten erhalten. Aus ihnen ist zu ersehen, daß Mani damit ernst macht, Traditionen älterer Religionen zu verwerten. Er hat dazu das erste Henochbuch, das ja auch in die patristische Literatur eingegangen ist, herangezogen. Zugleich wird in ihm das Buch von Ogya dem Giganten verwendet, das von den Christen als häretisch verdammt worden ist.

Die *Briefe* Manis, von deren Corpus nur einige Seiten erhalten sind, haben für die Gläubigen besondere Bedeutung gehabt. Das ist auch aus der Feinheit des Papyrus zu schließen, auf dem dieses Buch in der koptisch-manichäischen Bibliothek geschrieben ist. Aus den vorhandenen Blättern erweist sich auch hier Mani als Apostel Jesu Christi. Bei den behandelten Fragen scheint es sich um konkrete Gemeindeprobleme zu handeln. Ein Verzeichnis von Briefen Manis liegt in arabischer Überlieferung vor.

Die *Psalmen* und *Gebete* Manis sind noch nicht genügend identifiziert. Das koptisch erhaltene manichäische Psalmbuch ist nicht ein Werk Manis, sondern ein aus verschiedenen Sammlungen bestehendes Gemeindegesangbuch.

Dem Schriftenkanon hatte Mani noch einen Bildband beigefügt. Hier sollte das mythologische Geschehen auch dem Auge vorgeführt werden. Bildliche Darstellungen sind noch aus Turfan erhalten. Vielleicht hat Mani deshalb den Beinamen „der Maler". Zu dem Bildband, der seinerseits ja eine Hilfe für das Verständnis der übrigen Werke bilden sollte, gab es andererseits noch einen eigenen schriftlichen Kommentar. Wenn er als „(Schrift der) Grundlage" bezeichnet wird, liegt der Gedanke nahe, in dem „Brief der Grundlage" (*Epistula fundamenti*), den Augustin angreift, diese Schrift zu sehen.

So konsequent die Abfassung eines autorisierten Kanons durch Mani war, so wenig konnte doch die Beschränkung auf diese Schriften für das Glaubensleben der Gemeinde genügen. Vielmehr mußte die manichäische Kirche neben den erhabenen Werken des Meisters ein erbauliches, katechetisches und liturgisches Schrifttum entwickeln, das in ständiger Erneuerung die Grundschriften Manis ergänzte.

Zu den in syrischer Sprache abgefaßten kanonischen Schriften Manis trat zunächst aber noch ein weiteres Werk von ihm selbst, das *Schapurakan*, d.h. das dem Schapur gewidmete Buch. Es ist verständlich, daß Mani dem Großkönig ein Werk in dessen Sprache, dem Mittelpersischen, überreichte. Bezeichnend ist, daß hier Mani sich bereits der Methode bedient, mythologische Namen in eine Terminologie zu übertragen, die der Mythologie des Empfängers entspricht oder wenigstens eine Funktionsbeschreibung bietet.

Für die weitere manichäische Literatur lag es am nächsten, Abschnitte aus der mündlichen Überlieferung zusammenzustellen, die entweder noch direkt auf den Meister zurückgingen oder ihm in den Mund gelegt werden konnten. Solche Kapitel, *Kephalaia,* wie sie heißen, sind in großer Zahl vorhanden und scheinen in der manichäischen Laienwelt eine große Rolle für den Unterricht gespielt zu haben. In ihnen ordnete man die Welt des Mythos nach Gesichtspunkten, begründete rituelle Handlungen aus ihm, erklärte die Sternenwelt und den Menschen sowie die Beziehungen beider zueinander, gab den ethischen Vorschriften tieferen Sinn und stärkte die Glaubenskraft durch die Darlegung, wie der Nus, der Geist, vom lichten Vater herkommend, Welt und Menschen zum Heil führt.

Auch Einzelthemen des Weltgeschehens erhalten eine ausführliche Darstellung und Ausmalung. So wird das Geschehen der Endzeit im „*Logos vom großen Krieg*" geschildert. In dieser Themastellung spürt man etwas von Manis iranischer Herkunft. Die Vorstellung, daß der Kriegergott Mitra beim Weltende den Sieg davonträgt, wird manichäisch interpretiert. An seine Stelle tritt Jesus der Glanz. Er wird als Richter auftreten und im Kreise der Erwählten herrschen. Dann folgen Weltvernichtung und endgültige Ausläuterung. Die Darstellung ist aufs stärkste von der synoptischen Apokalypse beeinflußt.

Sehr viel Stoff zu religiöser Erkenntnis bietet ein Schrifttum, das von der Geschichte des Manichäismus, insbesondere aber seines Stifters, handelt. Der griechische Codex der Kölner Papyrussammlung, der ,,*Vom Werden seines* (d.i. Manis) *Leibes*" betitelt ist, macht den frommen Manichäer mit mancherlei Traditionen bekannt, die Gläubige der ersten Generation berichten. Wir erhalten durch sie z.B. eine ausführliche Schilderung von Manis Leben unter den Elkesaïten und von seiner Trennung von dieser Gemeinde aus seinem eigenen Munde. Ein umfangreiches koptisches historisches Buch ist leider nach dem Zweiten Weltkrieg verlorengegangen. Hagiographische Stücke aus Turfan und Bemerkungen geben ein Bild davon, wie Mani zunächst nach Indien reiste. Er tat das vielleicht, weil er infolge seiner Verwandtschaft mit dem Geschlecht der Arsakiden Furcht vor dem neuen Sassanidenherrscher Ardaschir hatte, der ja den Arsakidenherrscher Ardawan gestürzt hatte. Nach dem Tode Ardaschirs gelang es Mani aber, die Gunst Schapurs I. durch Vermittlung von dessen Bruder Peroz zu gewinnen. Hatte Mani in Indien in Turan und Makran missioniert und dabei auch den Turanschah bekehrt, so besuchte er im iranischen Reich die verschiedenen Provinzen des Zweistromlandes bis nach Armenien hinauf und die Gegenden des eigentlichen Iran. Ein sehr wichtiger historischer Bericht, der in koptischer Sprache erhalten ist, handelt schließlich von der Passion Manis. Bezeichnend für den Einfluß des Christentums ist dabei der Gebrauch von ,,Kreuzigung" für Passion. Denn dieser Text zeigt ja gerade, daß Mani nicht hingerichtet worden, sondern im Gefängnis gestorben ist. Fragmente aus Turfan unterstützen diese Darstellung. Der Tod Manis ist auf 276 oder 277 zu datieren. Zunächst hatte Schapurs Nachfolger Hormizd I. noch Mani begünstigt. Unter dessen Nachfolger Bahram I. gewann dann aber die zoroastrische Priesterschaft an Macht. Manis Bewegungsfreiheit wurde eingeengt. Man hatte ihn beim König als destruktives Element für das Reich hingestellt. Schließlich paßte ja auch der asketische Lebensstil Manis nicht zu dem ritterlichen der iranischen Feudalherren. Außerdem scheint man auf ein bestimmtes Heilungswunder in der Umgebung des Königs gewartet zu haben. Das gleiche Werk begnügt sich nicht mit der Schilderung der Passion Manis, sondern vergleicht sie auch mit dem Leiden der früheren Gottesgesandten von Adam bis zu den Jüngern Jesu, um dann zu den weiteren Leiden der manichäischen Gemeinde überzugehen. Es wird die Szene geschildert, wie Manis Nachfolger Sisinnios von König Bahram II. mit dem Schwert getötet wird. Als dann aber dessen Nachfolger Innaios den König von schwerer Krankheit heilen konnte, da schenkte dieser der manichäischen Kirche seine Gnade und Freiheit für die restliche Zeit seines Lebens. Danach scheint die Kirche allerdings — mit einer Ruhepause unter Narses — wieder in Verfolgung und Existenzkampf geraten zu sein.

Neben den erbaulichen Schriften steht in reicher Fülle eine Literaturgattung, die die Gemeinde darüber hinaus aktiv werden läßt, die Hymnendichtung. Bereits Mani hatte es sich angelegen sein lassen, sogar im Rahmen seiner mythologischen Darstellung rhythmische Stücke einzufügen, und er hatte ja auch Hymnen und Gebete verfaßt. Er folgte hier einem Brauch, der im Judentum und Christentum in Vorderasien weit verbreitet war. Die Gemeinde war allerorts sehr produktiv. Die Hymnen bilden für die Laiengemeinde das Gegenstück zu den *Kephalaia*. Sie geben auf der einen Seite Einblick in die Erlösungshoffnung in ihrer ganzen Tiefe und den Glauben an ihre Verwirklichung, auf der anderen Seite wird dabei die ganze Schöpfung Gottes in all ihren Berufungen angebetet. Die scheinbar so trockene Aufzählung von göttlichen Berufungen und Gaben, die dem Mythos entnommen sind, ist lebendige Zuwendung im Gebet zu Gott und seiner Lichtwelt sowie zu den Größen, durch die Gott im All und in der Welt seinen Heilswillen vollzieht. Solche Hymnensammlungen sind bald nach Manis Tod zusammengefaßt worden. Das koptisch-manichäische Psalmbuch enthält mehrere Sammlungen, die entweder nach dem Verfasser oder nach den behandelten Gegenständen zusammengeordnet sind. Auch auf mittelpersisch, parthisch, sogdisch, uigurisch und chinesisch sind solche Psalmbücher oder Hymnenzyklen vorhanden. Manche Hymnen sind auf dem Weg in den Osten immer weiter übersetzt, andere sind aber auch als Zeichen einer lebendigen Gemeinde ganz neu geschaffen worden.

Mission hat Mani nicht nur selbst auf eigenen Reisen getrieben, sondern er hat bereits ganz zielbewußt Apostel ausgesandt. Sollte eine solche Missionstätigkeit erfolgreich weitergeführt werden, mußte die manichäische Kirche straff organisiert sein, um in entsprechender Gliederung sich in den neuen Missionsgebieten etablieren zu können. An der Spitze der Kirche stand nach Mani und als sein Nachfolger der ,,Leiter'' oder ,,Führer''. Die *Electi* gliederten sich in strenger Hierarchie. An der

Spitze stehen zwölf Lehrer, den zwölf Aposteln Jesu entsprechend. Darauf folgen zweiundsiebzig Bischöfe, dem weiteren Jüngerkreis Jesu der Zweiundsiebzig entsprechend. Dann gibt es dreihundertsechzig Presbyter, deren Zahl auf die 360 Jahrestage der Astrologie zurückgeht. Sie werden umgeben von der Menge der *Electi,* die keinen besonderen Rang besitzen. Dem Klerus und den *Electi* dienen Klöster als Aufenthaltsort. Der Nachwuchs besteht aus Freiwilligen. Man kann aber auch einen Menschen in diesen Kreis hineinschenken, wodurch man an dessen religiösen Verdiensten teilnimmt. Augustin hatte es als Manichäer nicht über sich gebracht, diesen Schritt zum Elektentum zu wagen.

Während der Verfolgungen von seiten der Sassaniden sickerten Flüchtlinge in den vorderasiatischen Raum des römischen Reiches ein, was der planmäßigen manichäischen Mission innerhalb Syriens und Ägyptens zugute kommen mußte. Davon legen die *Acta Archelai* des Hegemonius und die Schriften des Ephräm, Titus von Bostra und Kyrill von Jerusalem Zeugnis ab. Nicht nur in Alexandria, wo der Apostel Adda sich betätigt hatte, sondern auch in Mittel- und Oberägypten waren manichäische Prediger am Werke. Das bezeugt die Fülle von Originalschriften und antimanichäischen Texten, die erhalten sind. Noch aus dem 3. Jh. ist das Bruchstück eines Hirtenbriefes vorhanden, in dem vor dieser fremden Religion gewarnt wurde. Um 300 dürfte die Schrift des Alexander von Lykopolis gegen die Manichäer entstanden sein. Aus dem 4. Jh. stammen ähnliche Bücher von dem Bischof Serapion von Thmuis und von dem theologischen Lehrer Didymus dem Blinden. Daß ein neuplatonischer Philosoph wie Alexander in der Stadt Assiut (Lykopolis) so früh zur Feder griff und dabei eine sinngemäß hervorragende Zusammenfassung des manichäischen Mythos gab, erwies sich nach der Entdeckung einer koptisch-manichäischen Bibliothek (1930) als sehr verständlich. Zwar wurde die Bibliothek im Fajum gefunden, doch gehören die Texte von ihrer Dialektform her nach Assiut. Wahrscheinlich hatte der Manichäismus in Oberägypten gerade diesen Ort für seine Mission zum Zentrum gewählt, weil hier verkehrs- und bildungsmäßig eine günstige Ausgangsposition vorhanden war, und den Dialekt dieses Gebietes zur Sprache für seine Mission in Oberägypten gemacht. Ein gewisser Papos soll die manichäische Lehre nach Oberägypten gebracht haben. Man denke auch daran, daß in Assiut elf Jahre vor Mani der griechische Philosoph Plotin geboren war. Hat er auch seine Ausbildung in Alexandria erhalten, so war doch Lykopolis ein Platz, an dem ihm zunächst schon eine gute Schulbildung zuteil geworden sein mag. Die koptisch-manichäische Bibliothek ist leider nicht vollständig erhalten und das Erhaltene auch noch nicht vollständig ediert. Man weiß aber über die Themen der in ihr vorhandenen Werke einigermaßen Bescheid, so daß man den Charakter der Sammlung bestimmen kann. Es handelt sich um eine Laienbibliothek, da zu wenige der authentischen Schriften Manis in ihr existieren. Ein Buch hat es mit dem *Lebendigen Evangelium* zu tun, ein weiteres ist das Briefcorpus. Damit ist aber das kanonische Gut bereits erschöpft. Es stehen noch zwei Bände *Kephalaia* neben dem umfangreichen Gemeindegesangbuch. Diese vier Werke sind sorgfältiger geschrieben und ausgestattet als die übrigen Bände, die *Logoi* und historisch-hagiographische Schriften beinhalten. Belehrung und Erbauung sind also die Aufgabe dieser Sammlung.

Auch politisch könnten die Manichäer in Ägypten aktiv gewesen sein. Auf einer noch erhaltenen Seite des koptisch-manichäischen Buches zur Geschichte der Manichäer erweist sich der König Amaro, d.i. ʿAmr ibn ʿAdī von Hira als Patron der Manichäer. Man weiß, daß in Hira Manichäer lebten. Als ʿAmr im Jahre 293 dem persischen Großkönig Narses (293-302) huldigte, dürfte er maßgeblich dazu beigetragen haben, daß die Manichäer unter dessen Herrschaft nicht verfolgt wurden. Der Leiter Innaios soll hierbei als Bote des ʿAmr mit der Überbringung von Briefen an den Großkönig betraut gewesen sein. Da Narses drei Jahre danach mit Angriffen auf die östlichen Provinzen des römischen Reiches begann, könnte man diese kriegerische Aktivität vielleicht mit dem 297 erlassenen Edikt Diokletians gegen die Manichäer kombinieren. In diesem Edikt wird der Manichäismus als ein in Persien entstandener Aberglaube betrachtet. Ob man vielleicht in ihm eine subversive Kraft sehen darf, deren sich der iranische Herrscher bediente? Oder hegte nur Diokletian diese Meinung? Er hatte ja um diese Zeit den Aufstand des Achilleus niedergeworfen, der zuvor Ägypten erschüttert hatte. Man könnte versucht sein, bereits für damals ähnliche Methoden der iranischen Politik anzunehmen wie später zur Zeit Justinians, in der Juden und Christen in Südarabien gegeneinander eingesetzt werden. Vom iranischen Herrscher wohlwollend behandelte Manichäer waren vielleicht geneigt, sich einem Aufruhr gegen den römischen Kaiser anzuschließen. Die Manichäer haben ja, so das Edikt, mit ihrem Haß auf die Welt die Grundlagen der kaiserlichen Reichsideologie angegriffen. Sie werden als Elemente betrachtet, die soziale Unruhe stiften. Diokletian versuchte, durch seine Reformen das Reich zu festigen. Ihm mußte eine so weltflüchtige Kirche, die nichtarbeitende Mönche hatte und in aller körperlichen Arbeit, aber auch im ehelichen Leben einen minderen Zustand sah, geeignet erscheinen, Handel und Wandel des Staates zu untergraben. Solchen Gefahren galt es mit den schärfsten Mitteln entgegenzutreten. Die Funktionäre sollten ebenso wie ihre Bücher verbrannt werden, einfache Gläubige sollten, wenn sie sich halsstarrig zeigten, die Todesstrafe erleiden und ihr Besitz sollte vom Fiskus eingezogen werden. Wenn römische Amtsträger sich ,,der bisher unbekannten, verächtlichen und schändlichen Sekte oder der Lehre der Perser'' zuwendeten, sollte ihr Vermögen ebenfalls eingezogen, sie selbst in die Bergwerke von Phönizien oder der Proconnesus geschickt werden. Das Edikt bildete zwar eine Antwort auf die Anfragen des Prokonsuls Julianus von Afrika, man muß aber annehmen, daß sich die Einstellung Diokletians im ganzen Reich gleich auswirkte, zumal das Edikt auch in Alexandria erlassen wurde. Besonders auffällig ist hier die Betrachtung des Manichäismus als einer persischen Lehre, die vom ,,Erbfeind'' kommt.

Noch eine andere Quelle berichtet uns vom Manichäismus in Ägypten. In dem Briefwechsel des Paniskos, der freilich noch nicht eindeutig interpretiert ist, gibt es eine merkwürdige Anspielung auf die Manichäer. Die Frau des Paniskos soll, wenn möglich, ,,mit schönen Menschen'' nach Koptos reisen. ,,Die Schönen'' kommt maskulin wie feminin als Bezeichnung einer hierarchischen Gruppe der Manichäer vor. Berücksichtigt man noch den griechischen Kölner Mani-Codex, der von Manis Leben berichtet, so sieht man, wie verbreitet der Manichäismus in Ägypten gewesen sein muß.

Auch das westliche Nordafrika ist von der manichäischen Mission nicht unberührt geblieben. Der dortige Missionar dürfte zunächst ein gewisser Adimantus gewesen sein, dessen Predigt klassisch geworden zu sein scheint, so daß auch Augustin in einer gesonderten Schrift seine Auffassung vom Alten Testament angreift. Ob dieser Adimantus mit dem in Alexandria tätigen Adda identisch ist? Jedenfalls betrachtet ihn Augustin als diesen. So wie das Christentum in seiner ersten Missionsepoche sich an das Judentum gewandt hatte, so richteten nun die Manichäer ihre Verkündigung zunächst an die Christen. Der erste betroffene Bereich waren die Städte der Provinz Africa proconsularis. Da der Weg der Mission über das Meer (wohl von Alexandria her) führte, erreichte sie als erste die Hafenstädte Karthago und Hippo. Wie auch im Osten waren bei der Ausbreitung der manichäischen Religion Kaufleute beteiligt, die ja auch am meisten weitreichende Verbindungen besaßen oder selbst größere Reisen unternahmen. Ein bezeichnendes Beispiel dafür ist der Geschäftsmann Firmus, der sich unter dem Einfluß des Augustin bekehrte. Die Quellen für die Erschließung des Manichäismus in Nordafrika sind ganz andere als die für Ägypten. Nur Bruchstücke einer Originalschrift sind erhalten, die in Ostalgerien bei Tebessa gefunden worden sind und wohl zu einem Brief oder einer Mahnrede an *Katechumenen* gehören. Es begegnen darin reichlich christliche Anspielungen. Die *Katechumenen* werden insbesondere ermahnt, den *Electi* die gebührende materielle Unterstützung zuteil werden zu lassen. Außer diesen dürftigen Fragmenten liefert jedoch das Werk des Augustin eine reiche Fülle von Material zum Verständnis des Manichäismus. Sowohl in seiner Selbstbiographie, den *Confessiones,* als auch in seinen Briefen, ganz besonders aber in dem Corpus seiner antimanichäischen Schriften sind wertvolle Mitteilungen über diese Religion, ihre Kirche und deren Vertreter vorhanden. Die Diskussionen, die er mit Faustus, Felix, Secundinus und Fortunatus führt, zeigen die Probleme auf, um die es in der Auseinandersetzung zwischen Christen und Manichäern ging.

Obwohl Augustin die Zahl der Manichäer als gering bezeichnet, werden sie als eine beträchtliche Gefahr bekämpft. Das liegt daran, daß zwar ihre Heiligen, die *Electi,* an Zahl nicht viele, die *Katechumenen* oder Hörer aber um so mehr waren. Ihre Verbreitung läßt sich über ganz Nordafrika verfolgen. Nicht nur an der Küste, auch im Inneren des Landes finden sich Gemeinden; allerdings sind die Orte, für die eine Überlieferung erhalten ist, nicht zahlreich. Von Karthago und Hippo war schon die Rede. Weiter westlich hatten manichäische Gemeinden die Hafenstädte der Provinz Mauretania Caesariensis Tipasa und das alte Jol, das in Caesarea umbenannt worden war. Südlich davon liegt Malliana, wo zur Zeit Augustins ein abtrünniger christlicher Priester den Manichäismus propagierte. Die meisten Orte mit Manichäern sind aus Numidien bekannt, so im Westen Mileve, die Stadt des ketzerischen Lehrers Faustus, dessen ausführliche Widerlegung durch Augustin uns erhalten ist. Er war als wortgewandter Mann bekannt, von dem Augustin als Manichäer viel zu lernen hoffte; er wurde dann aber von ihm sehr enttäuscht, weil er eine verhältnismäßig geringe klassische Bildung besaß, von der der junge Rhetor ausgegangen war, um im Manichäismus die Erfüllung des Strebens nach Glückseligkeit mit Hilfe von Weisheit und echtem Lebensstil zu finden. Faustus war im wesentlichen nur vertraut mit den Schriften der Manichäer, die allerdings in einem gut stilisierten Latein geschrieben waren, wie Augustin berichtet. Eine manichäische Gemeinde gab es auch in Thagaste, der Geburtsstadt Augustins, südlich von Hippo. Wiederum südlich davon liegt die Gegend um die Kleinstadt Vegesela an der Querstraße, die Theveste im Osten mit Thamugadi im Westen verbindet. Noch weiter südlich befindet sich die Stelle, wo bei Ubaza Castellum die erwähnten Fragmente gefunden worden sind.

Über Nordafrika hinaus waren gnostische Bücher, z.B. des Basilides, aber auch der ,,*Schatz*'' Manis in Lusitanien gelesen worden, wie Hieronymus wissen will. Eigenartig wäre es, würden die Manichäer nicht auch in Rom zu finden gewesen sein, wo sich in den ersten Jahrhunderten doch soviele Gnostiker getroffen hatten. Um so wichtiger ist die vielleicht unsichere Aussage, daß unter Papst Miltiades (311-314) dort Manichäer begegnen, vor allem aber der Umstand, daß das Edikt des Kaisers Valerian I. von 372 an den Präfekten von Rom gerichtet ist. Auch Augustin berichtet von einer klosterartigen manichäischen Gemeinschaft in dieser Stadt.

Die beiden Gebiete, die das meiste Material für die Kenntnis des Manichäismus im römischen Reich liefern, Ägypten und Nordafrika, boten dieser Religion verschiedenartige Voraussetzungen. Ägypten mit seiner Hauptstadt Alexandria, aber auch den Bildungsstätten im Niltal war sehr geeignet, religionsphilosophische Spekulationen zu nähren. Das hellenistische Judentum, etwa Philos von Alexandria, hatte in der christlichen und gnostischen Theologie Nachfolger gefunden. Die manichäische Mission hat vielleicht sogar Einflüsse auf gewisse gnostische Schriften ausgeübt. In Nordafrika hatten dagegen der Kirche solche Anregungen gefehlt. Unter dem Einfluß des Tertullian und seiner radikalen Bekämpfung der Irrlehren hatte eine Beschränkung auf einen nüchternen Schriftglauben und eine Werkgerechtigkeit Platz gegriffen. Das paßt sehr gut dazu, daß dort auch noch im 4. bis 5. Jh. sog. Symmachianer vorhanden waren, eine judenchristliche Sekte, die im Sinne von Mt 5,17 das Gesetz erhalten wollten. Gegenüber solcher Enge konnte der Manichäismus Menschen an sich ziehen, die, wie Augustin, Erkenntnis und Tat vereinen wollten und sich dabei durch die im ersten Buch Moses erzählten Patriarchengeschichten abgestoßen fühlten. Die Jünger Manis boten ihnen durch ihr Bekenntnis zur Askese und das Angebot, Himmel und Erde, wie z.B. das Wesen von Sonne und Mond, besser verständlich zu machen, befriedigendere Lösungen der sie bedrängenden Probleme an als die numidische Kirche des jungen Augustin.

Wenn der Manichäismus im römischen Reich gerade in christlichen oder dem Christentum nahestehenden Kreisen Ausgangspunkte für seine Mission suchte und fand, so war es selbstverständlich, daß seine christlichen Elemente auch besonders in den Vordergrund traten und daß er der Person Jesu Christi besondere Aufmerksamkeit in der Predigt zuwenden mußte. Das ging so weit, daß in Nordafrika der Dritte Gesandte des Mythos, der sonst und auch in Ägypten neben Jesus dem Glanz steht, zugunsten Christi vollkommen zurücktritt. Das bedeutet jedoch ebensowenig eine gedankliche Veränderung des manichäischen Systems wie die Betonung des *Jesus patibilis,* von dessen Vorhandensein im ursprünglichen System schon die Rede war. Die Selbstbezeichnung Manis als Apostel Jesu Christi zeigt überdies, wie sehr er sich selbst als Vollender echten Christentums sah. Die Gliederung der manichäischen Kirche in Erwählte und Hörer entspricht der Teilung der christlichen Gemeinde in getaufte und in der Vorbereitung auf die Taufe stehende Christen. Wenn die Hörer bei den Manichäern in Ägypten *Katechumenen* heißen, so ist das keine Abweichung von Nordafrika, da nach dem erwähnten lateinischen Fragment die Benennung *Katechumen* noch häufiger ist als Hörer. ,,Hörer'' ist ein in der syrischen Kirche gebräuchlicher Ausdruck für jemanden, der unterwiesen wird. Vergleicht man die Erwähnung der Vigil schon in Manis Briefen, so kann man bei ihm Vertrautheit mit kirchlicher Ordnung und liturgischem Brauchtum des syrischen Christentums voraussetzen.

Dennoch haben gewisse Religionshistoriker das manichäische System unter die iranischen Religionen einreihen wollen. Das liegt an der Art, wie sie das Material beurteilten, das die Turfanexpeditionen aus Innerasien mitbrachten. In diesen Texten hatten die Manichäer, schon dem Beispiel Manis folgend, die mythologischen Gestalten nicht nur aus dem

Syrischen übersetzt, sondern sehr oft durch Götter des Missionsgebietes ersetzt. Außerdem hatten sie sich weitgehend die Ausdrucksweise der Religionen zu eigen gemacht, mit denen sie konkurrierten. Das war in Zentralasien das nestorianische Christentum, in besonderem Maße aber der Buddhismus. Es kann also nicht verwundern, hier sowohl die Person Jesu betont zu sehen, als auch sein Sterben in einem Parinirwana-Hymnus verherrlicht zu finden, der sein Eingehen ins Nirwana schildert. Man identifiziert andererseits Mani mit Buddha in seinen verschiedenen Erscheinungsformen. Ebenso handelt es sich um eine Missionsmethode, wenn der iranische Gott Mitra in mittelpersischen Texten die Stellung des Lebendigen Geistes einnimmt, der die bösen Mächte unterwirft, während er in sogdischen Texten als Dritter Gesandter auftritt. Im ersteren Fall ist sein Charakter als Kämpfer und Siegergott betont, im letzteren der als Sonnengott. Bei solchen Nomenklaturen dürfte es sich nicht um konstitutive Elemente handeln, sondern um die Sprache der Mission, die den verschiedenen Völkerschaften und Stämmen sowie Religionsgruppen ihre Texte leicht verständlich machen will.

Für die Mission war die Lage freilich eine andere als für die Zeit, in der Mani selbst seinen Mythos konzipierte. Für diesen liegen von ihm zwei Formen vor, die syrische Fassung, die der Meister in seinen kanonischen Schriften gegeben hat, und die mittelpersische, die in den in dieser Sprache abgefaßten Fragmenten zu finden ist, wobei nicht eindeutig zu entscheiden ist, ob es sich hier um Teile des *Schapurakan* oder gesonderte Lehrschriften handelt.

Die Deutung dieser Texte ist durch H. H. Schaeder und G. Widengren ganz unterschiedlich erfolgt. Schaeder hat die iranischen Götternamen, die dem System des Zervanismus entnommen sind, genauso wie die Missionstexte als Übertragungen des syrischen Mythos in iranische Mythologie sehen wollen. Außerdem wies er auf die Wiedergabe von Götterfiguren durch Funktionsbeschreibungen hin, wenn z.B. der Dritte Gesandte sowohl als Narisah in seiner Eigenschaft als Götterbote wie auch als ,,Gott, dessen Reich das Licht ist'' bezeichnet wird. In dieser Fähigkeit umzusetzen und zu definieren erkannte Schaeder die Fähigkeit zur Denkrationalisierung, die er als besonderes Merkmal Manis betrachtete. Widengren dagegen warf ebenso wie H. S. Nyberg Schaeder vor, daß er Mani zu sehr als Religionsphilosophen, aber nicht als Religionsstifter würdige. Demgegenüber wäre zu betonen, daß ein Religionsstifter eben nicht nur eine Persönlichkeit des religiösen Erlebens, sondern gerade als Missionar auch Theologe sein muß. Und Theologie kommt ohne rationales Denken nicht aus. Insofern ist diese Kritik unangemessen. Sie will aber noch mehr sagen. Denn Widengren meint, daß der Aufbau des Mythos aus Traditionen des Zervanismus zu erklären und z.B. die Verführung der Archonten nur darauf, aber nicht auf rationales Denken Manis zurückzuführen sei. Man wird wohl bei beiden Gelehrten Einseitigkeiten annehmen müssen. Denn gerade der Synkretismus Manis mußte ihn zur Kenntnis der Hochreligionen bringen und ihn veranlassen, sich der Elemente in ihnen zu bedienen, um die gnostische Idee darzustellen. Für Mani als Abkömmling der Arsakiden war der Zervanismus wohl nichts Fremdes. Er konnte sehr wohl den fernen Gott Markions in Zervan, der unendlichen Zeit, wiederfinden. Der Dualismus der Gnosis wurde im Kampf von Ohrmizd und Ahriman bestätigt. Das Leiden des Sohnes Gottes, das Mani vom Christentum kannte, wurde von der Kleinheit des palästinischen Raumes in Weltdimensionen übertragen. Der Erste Mensch (Urmensch) leidet als Sohn Gottes im Kosmos. Jesus aber wird als Lehrer wie in der Gnosis, als Kämpfer gegen die bösen Archonten und als „leidender Jesus" gedacht, der in der gesamten Welt gekreuzigt ist, eine Vorstellung, die sich im gnostischen Philippusevangelium, aber auch in der Großkirche bei Irenäus findet. Erster Mensch und Jesus sind vom Gedanken des Sohnes Gottes aus verbunden. Wenn Mani die iranische Vorstellung vom vierfältigen Gott, der aus Gott, Licht, Kraft und Weisheit besteht, annimmt und vornehmlich im iranischen Raum verwendet, so ist das ein *Theologumenon*. Mit der iranischen Vorstellung vom Schicksal der Seele nach dem Tode hat Mani allerdings etwas aus der iranischen Glaubenswelt übernommen. Aber die Systembildung hat bei Mani absoluten Vorrang vor den Einzelheiten. Darum ist der Manichäismus keine iranische Religion, aber auch keine christliche Sekte, sondern ein synkretistisches System, in dem das Schicksal vom Sturz eines Teiles des Lichts in die Finsternis und seine Heimholung dargestellt wurde. Die Weltschau verhalf zur seligmachenden Tat. Hatte einst Paulus vor Damaskus Jesus als Christus geschaut und auf Grund dieses Erlebnisses einen zur Mission treibenden Glauben gefunden, so war Mani der Paraklet erschienen und hatte ihn in die Mysterien des Weltalls eingeweiht, so daß auch er diese und das Heil zu verkündigen begann.

Am Manichäismus ist zu sehen, wie eine Religion in ihrem Bestand von der Toleranz des Staates abhängig ist. In Zentralasien hat er sich deshalb am längsten gehalten. Im Reich der Uiguren war er zur Staatsreligion geworden, nachdem diese ihn in China kennengelernt hatten. Nach der Zerstörung dieses Reiches durch die Kirgisen wurde der Manichäismus in China verboten (843), konnte sich aber trotzdem noch eine Zeitlang halten. Auch in der Provinz Kan-su durften sich Uiguren niederlassen. Aus der Oase Turfan, dem alten Chotscho, ist eine Fülle von Texten vorhanden, die zu den Schriften der dort ansässigen Manichäer gehören. Wenn auch die Herrscher des uigurischen Königreichs von Chotscho (850-1250) sich wohl wieder dem Buddhismus zugewandt haben, scheinen sie doch den Manichäern Glaubensfreiheit gelassen zu haben. In Mesopotamien war die Zahl der Manichäer um die Jahrtausendwende ganz minimal geworden. Auch in Nordafrika scheint der Manichäismus in frühislamischer Zeit ausgestorben zu sein, wenn auch langsamer als das Christentum. Jedenfalls wissen wir, daß zur Zeit des Kalifen Al-Mansūr (754-775) ein Nordafrikaner namens Abū Hilāl al-Dayhūrī zum Leiter der manichäischen Kirche bestellt wurde. Im römischen Reich wurde der Manichäismus erst recht nach der Christianisierung nun auch aus Glaubensgründen von Kaiser und Kirche verfolgt. Man sah in ihm die große Gefahr der Ketzerei, die an die Stelle der Gnosis getreten war, und bezeichnete mit seinem Namen auch neue ähnliche Häresien, selbst wenn sie keine direkten Abkömmlinge des Manichäismus waren. Darum machte man Priszillian den Prozeß als Manichäer und nennt oft auch heute noch die Paulikianer, Bogumilen und Katharer Neumanichäer.

LITERATURVERZEICHNIS

Böhlig, A., *Die Gnosis,* III. *Der Manichäismus* (Die Bibliothek der alten Welt), Zürich-München 1980.
Decret, F., *Mani et la tradition manichéenne* (Maîtres spirituels 40), Paris 1974.
Puech, H. Ch., *Le Manichéisme. Son fondateur, sa doctrine* (Musée Guimet, Bibliothèque de diffusion LVI), Paris 1949.
Widengren, G., *Mani und der Manichäismus* (Urban-Bücher 57), Stuttgart 1961.
Widengren, G., (Hrsg.), *Der Manichäismus* (Wege der Forschung CLXVIII), Darmstadt 1977.

XVIII

DAS JUDENTUM

HANNELORE KÜNZL
(Heidelberg)

Für die Beziehung der Juden und ihrer Religion zum römischen Reich war zunächst zweifellos die Eroberung Jerusalems durch Pompeius im Jahre 63 v. Chr. von entscheidender Bedeutung, weil mit ihr die Stadt und das umliegende Land in den Einfluß- und Machtbereich der Römer gerieten. Zwar lebten zu dieser Zeit längst Juden in anderen Ländern, doch galt Jerusalem mit seinem Tempel und Tempelkult nicht nur als nationales, sondern als religiöses Zentrum. Das Aufeinanderprallen einer monotheistischen Religion wie der des Judentums mit der polytheistischen der römischen Machthaber, die politische Eingliederung Palästinas in das römische Reich und demgegenüber der Wille zur politischen Eigenständigkeit von Seiten der Juden mußten zu großen Spannungen auf politischer und auch auf religiöser Ebene führen. Zwar konnte Mattathias Antigonus (40-37 v. Chr.), der letzte Hasmonäer-Herrscher noch einmal als König und zugleich Hohepriester das Land regieren, doch geriet es unter Herodes (37-4 v. Chr.) endgültig in den römischen Machtbereich. Herodes ließ zwar den Tempel erneuern, doch blieb der von Rom eingesetzte König von Judäa dem Volk verhaßt, da er — auch in seiner Baupolitik — sich zu sehr mit der römischen Kultur identifizierte und auf die religiösen Gefühle der Juden keine Rücksicht nahm. Er scheute sich nicht einmal den römischen Adler am Tempel anzubringen, was einen Volkstumult nach sich zog. Die Hellenisierung Palästinas, gegen die die Hasmonäer gekämpft hatten, wurde während seiner Regierungszeit fest verankert.

Nach dem Tode des Herodes wurde zunächst dessen Sohn Archelaus (4 v.-6 n. Chr.) als König von Judäa eingesetzt, doch wurde ihm der Königstitel bald genommen. Palästina wurde römische Provinz und als solche von einem von Rom eingesetzten Prokurator regiert. Die starken Spannungen zwischen der römischen Regierungsgewalt und den Juden, die die kommenden Jahrzehnte beherrschten, gipfelten schließlich in dem ersten Aufstand gegen die Römer, begonnen 66 n. Chr., der mit der Einnahme Jerusalems und der Tempelzerstörung im Jahre 70 endete; nur die Aufständischen auf der Festung Massada konnten sich bis 73 halten. Ein letzter Versuch, Jerusalem zurückzugewinnen und den Tempel wieder zu errichten und damit die römische Macht zurückzudrängen, wurde im Bar-Kochba-Aufstand (132-135) unternommen. Doch das Unternehmen schlug fehl, und Hadrian ließ die Stadt in Aelia Capitolina umbenennen. Den Juden wurde der Zutritt untersagt. Die Ausübung der jüdischen Religion wurde verboten. Der Tempel wurde vollends abgetragen, das Tempelplateau eingeebnet. Vom alten Tempelbezirk blieb nur noch die westliche Substruktionsmauer übrig, im Volksmund als ,,Klagemauer" bekannt.

Die Zerstörung des Tempels und damit zugleich die Beendigung des Tempelkults erschütterten das Judentum zutiefst, doch bedeutete dies nicht die große nationale Katastrophe, wie man häufig annimmt. Denn in der Zwischenzeit hatte sich eine Entwicklung angebahnt, die das Überleben der jüdischen Religion bis in unsere Tage sichern sollte. Es hatten sich Gelehrtenschulen gebildet, die die Schrift, deren Lehre und Auslegung in den Mittelpunkt stellten. Vor dem Fall Jerusalems war es dem Schriftgelehrten Jochanan ben Sakkai gelungen, aus der Stadt zu entkommen. Titus, der Jerusalem erobert und die Tempelzerstörung veranlaßt hatte, gestattete ihm, sich in Javneh (Jamnia) an der Küste niederzulassen. Dort gelang es ihm eine Schule für das Studium und die Erforschung der traditionellen Lehre zu begründen und die bedeutendsten Gelehrten seiner Zeit um sich zu versammeln. Auch der Sanhedrin, die ehemals mächtige oberste Gerichts- und Verwaltungsbehörde, wurde neu gebildet. Der Vorsitzende dieser Körperschaft, der Nasi, wurde schließlich von den römischen Behörden als Vertreter der Juden anerkannt. Die Tätigkeit dieser Gelehrtenschule wurde zunächst zur Zeit des Bar-Kochba-Aufstandes jäh unterbrochen. Doch nach Hadrian, der die Juden mit seinem Haß verfolgte, die Pflege der *Thora* untersagte, wurden diese antijüdischen Gesetze unter seinem Nachfolger Antoninus Pius teilweise aufgehoben bzw. gemildert, so daß sich die Schule von Javneh in Uscha in Galiläa neu bilden konnte. Schließlich kam es dann unter dem Patriarchen Judah (170-217), der sogar zum römischen Kaiser freundschaftliche Beziehungen pflegen konnte, zur Kodifizierung der *Mischna*, des traditionellen Rechtes. Mit der *Mischna* (auch *Halacha* genannt) war die Grundlage für alle späteren Gesetzeserörterungen geschaffen. Die *Halacha* und die daneben existierende *Haggada* (,,Erzählung"), die inhaltlich über die *Mischna* hinausgeht, wurden dann im allgemeinen Sprachgebrauch als Lehre oder *Talmud* bekannt.

Mit der Kodifizierung der *Mischna* war zunächst eine Entwicklung abgeschlossen, die parallel zum Tempelkult ihren Lauf genommen hatte. Zwar hatten sich eine Zeitlang die Sadduzäer, die die Priesterschaft stellten, und die pharisäischen Schriftgelehrten als gegensätzliche Parteien bekämpft, doch war es das rabbinische Judentum, das nach der Tempelzerstörung, die folglich eine starke Reduzierung des Einflusses der Sadduzäer mit sich brachte, das Weiterleben der Religion, nun ohne den Tempelkult, ermöglichte.

Hinzu kam noch ein günstiger Umstand, nämlich die Parallelentwicklung von Tempel und Synagoge. Die Entwicklung der Synagoge als Stätte der Lehre und des Gebets scheint noch auf die Zeit der babylonischen Gefangenschaft zurückzugehen, als man ohne den Tempel auskommen mußte. Die Synagoge hat also keineswegs den Tempel abgelöst, sondern ist parallel zu ihm entstanden. Sie war demnach kein Tempelersatz, da ihr andere Aufgaben zufielen. Denn die Synagoge konnte den Opferkult nicht übernehmen. Wohl aber konnte man nach der Tempelzerstörung die alten Traditionen, die sich im Tempelkult entwickelt hatten, fortleben lassen, so den ursprünglich mit dem Opferkult verknüpften Gebetszyklus an Wochen- und Festtagen. Auch die drei alten Wallfahrtsfeste *Sukkoth, Pessach* und *Schawuoth,* an denen zuvor die Juden mit ihren Opfergaben nach Jerusalem zum Tempel zogen, wurden in die Gebetsliturgie miteinbezogen, freilich ohne eine Opferhandlung. So kann man — drückt man es stark vereinfacht aus — doch sagen, daß die Synagoge, ohne den Opferkult übernehmen zu können, doch imstande war, den alten liturgischen Rahmen zu übernehmen, in den später weitere Gebete eingefügt wurden.

Wenn man bedenkt, welchen Umwälzungen die jüdische Religion in der Zeit des römischen Reiches unterworfen war, und wenn man weiterhin bedenkt, daß trotz aller Geschehnisse sich die jüdische Religion innerhalb einer heidnischen Umwelt als monotheistische Religion behaupten konnte, so ist unschwer zu erkennen, daß dies nur mit dem Wesen dieser Religion zusammenhängen kann: im Mittelpunkt stand und steht die *Thora,* also die Lehre, und nicht ein bildlich vorstellbarer Gott in Gestalt eines Götterbildes mit menschlichen Zügen, dessen Anbetung an den Ort eines Tempels gebunden war. Und hierin lag der große Unterschied zu den heidnischen Religionen. Zwar läßt der Jerusalemer Tempel architekturgeschichtlich betrachtet Parallelen zu Tempeln anderer Kulturen erkennen, doch war ihm eines eigen: er war ein Tempel ohne Götterbild. Denn das schon in der Bibel verankerte Bilderverbot bezog sich auf die Anfertigung und Verehrung von Götterbildern. Gott war nicht vorstellbar und daher auch nicht darstellbar. Daß es dennoch figürliche Darstellungen innerhalb der jüdischen Kunst gibt — man denke an die mittelalterliche Buchmalerei —, wird häufig mißverstanden. Denn illustrative Darstellungen z.B. von Szenen des Alten Testamentes waren erlaubt, nicht aber solche, die auf Anbetung ausgerichtet waren.

So machte nicht nur die Absage an die Vielgötterei, sondern auch das Fehlen des Götterbildes im Tempel — rein äußerlich betrachtet — den wesentlichen Unterschied zu den anderen antiken Religionen aus. Der Opferkult diente dem einzigen unsichtbaren Gott. Und der Ort dieses Kultes konnte nicht beliebig wechseln, sondern war an Jerusalem gebunden. Daher versteht sich, wie sehr die Juden immer wieder darauf bedacht waren, den Tempel nach einer Zerstörung wieder zu errichten und wieder einzuweihen. Und daher versteht sich auch die große Bedeutung die man diesem Tempel beimaß, ein Faktum, das Herodes, als er dem Tempel zu neuem Glanz verhalf, geschickt auszunutzen wußte. Im Jahre 20/19 v. Chr. erfolgte der Neubau unter Herodes. Dieser Bau ging auf das Einteilungsprinzip des alten salomonischen Tempels zurück und besaß demzufolge hintereinandergestaffelt eine Vorhalle, einen heiligen Raum und das Allerheiligste. Diese Raumanordnung entsprach der Bedeutung der einzelnen Gebäudeteile. Das Allerheiligste durfte nur einmal im Jahr (am Versöhnungstag) vom Hohepriester betreten werden. Es war dunkel und leer. Denn die Bundeslade, die sich im salomonischen Tempel hier befunden hatte, war seit der babylonischen Gefangenschaft verlorengegangen. Diese Leere des Raumes hatte — wie berichtet wird — den Römer Pompeius, als er das Allerheiligste stürmte, in Erstaunen versetzt, da er hier ein Götterbild vermutet hatte. In dem dem Allerheiligsten vorgelagerten heiligen Raum standen ein siebenarmiger Leuchter (die *Menorah*), Schaubrottisch und Räucheraltar. Hier wurde zweimal täglich das Räucheropfer vollzogen. In dem durch Hallen abgetrennten inneren Hof, der den Tempel umgab, opferte man täglich am frühen Morgen und am Abend auf dem großen Opferaltar ein Lamm. Neben den täglichen Opfern wurden an Feiertagen weitere Opfer abgehalten, die eingefügt in eine Tempelliturgie nur von der Priesterschaft ausgeführt werden durften. Anderen, auch den Leviten, die in einem abgesonderten Bereich den Kult mit musikalischen Darbietungen begleiteten, war das Betreten des Tempels wie auch des inneren Tempelhofes strengstens untersagt. Dieser innere Tempelbezirk war von zahlreichen Höfen und Hallen umgeben, die für das Volk, nach Männern und Frauen getrennt, bestimmt waren. In den äußeren Bauten, die den ganzen Tempelbezirk als eine Einheit umfaßten, waren u.a. eine Synagoge wie auch das *Synhedrion* (*Sanhedrin*) untergebracht.

Die große Bedeutung Jerusalems als Stadt des Tempels und Zentrum des Tempelkults wurde durch die Eroberung durch die Römer heftig erschüttert. Nach blutigen Kämpfen drangen die Römer in die Stadt vor, entweihten und zerstörten schließlich im Jahre 70 n. Chr. den Tempel. Die Tempelgeräte schafften sie fort; Titus trug die Beutestücke im Triumph durch Rom, was ein Relief im Durchgang des Titusbogens auf dem Forum Romanum in Rom wiedergibt. Doch erst die endgültige Unterwerfung der Juden während des 2. Aufstandes unter Hadrian brachte eine vollständige Isolierung der Stadt mit sich. Die Hoffnung, doch noch einmal den Tempel wiedererrichten zu können, mußte endgültig aufgegeben werden.

Die Ausübung der gottesdienstlichen Handlung mußte nun völlig auf die Synagoge übergehen, die sich schon Jahrhunderte zuvor neben dem Tempel entwickelt hatte und die an den Ort Jerusalem nicht gebunden war.

Schon in hellenistischer Zeit hatten Juden in verschiedenen Ländern gelebt, blühende Zentren und Synagogen eingerichtet. Auch in den Provinzen des römischen Reiches und in Rom selbst hatten sich sehr bald Juden niedergelassen, die sicherlich auch ihre Synagogen besaßen, wenn auch diese z.T. nur literarisch und nicht immer archäologisch bezeugt sind. Diese Synagogenbauten besaßen nicht nur die Funktion eines Bethauses, sondern darüber hinaus dienten sie als Versammlungshaus, als Lehrhaus und als Gerichtsgebäude, vor allem in kleineren Orten, wenn für diese Zwecke keine eigenen Bauten zur Verfügung standen.

Die Architektur der Synagoge läßt zunächst noch keinen einheitlichen Typus erkennen. War die große Synagoge in Alexandrien (3. Jh. v. Chr.) noch nach dem Schema der Basilika errichtet worden, so folgte die kleine Synagoge in Delos aus dem 1. Jh. v. Chr. dem Saalbau-Typus ohne Säulenstellung. Zunächst scheint sich kein einheitlicher Bautypus herausgebildet zu haben. Doch wird die Beurteilung dieser Frage dadurch erschwert, daß für die frühe Periode des römischen Reiches zwar zahlreiche Synagogen literarisch belegt sind — z.B. gab es im antiken Rom ca. 13 Synagogen, von denen keine in Resten erhalten ist —, doch wurden bisher nur wenige ausgegraben. Auch von einer frühen Synagoge in Jerusalem aus dem 1. Jh. n. Chr. ist nur ein Inschriftblock bekannt, der einen Stifter Theodotos nennt; der Bau selbst blieb unbekannt.

Aus dem 1. Jh. n. Chr. kennen wir nur zwei Synagogen: die Synagoge in Massada und in Ostia.

Aus Massada, wo 66-73 n. Chr. die Zeloten ihren erbitterten, aber letztlich vergeblichen Kampf gegen die Römer führten, ist eine kleine Synagoge erhalten, die schon den späteren Typus vorwegnimmt: der Raum ist nach Jerusalem orientiert, besitzt nur einen Eingang und war ursprünglich an drei Seiten von Säulen umstanden, während steinerne Sitzbänke alle Wände umzogen. In Massada wurde ferner eine *Mikwe* ausgegraben, ein Bad zur rituellen Reinigung.

Die Synagoge in Ostia war wohl als Saalbau konzipiert. Doch ist ihre ursprüngliche Gestalt durch einen Umbau im 4. Jh. so stark verändert, daß über sie kaum etwas ausgesagt werden kann.

Unter kunsthistorischem Aspekt sind vor allem die frühen Bauten in Galiläa von Bedeutung, die seit dem frühen 3. Jh. n. Chr. entstanden und einen eigenen Typus bildeten. Hatten die Synagogen zu Delos (1. Jh. v. Chr.) und der frühe Bau in Ostia (1. Jh. n. Chr.) noch Saalcharakter, so bildete sich doch allmählich der Typus eines dreischiffigen Baues mit umlaufenden Säulenreihen an drei Seiten heraus. Das früheste Beispiel hierfür ist die schon erwähnte Synagoge in Massada. Ihr folgt die Synagoge auf dem Herodion, einem Burgberg, auf dem Herodes eine Festungsanlage mit Palast eingerichtet hatte. Zur Zeit des Bar-Kochba-Aufstandes (132-135 n. Chr.) bauten die Aufständischen dort ein römisches *Triklinium* in eine Synagoge um. Es war ein kleiner Saal, der Synagoge in Massada vergleichbar, mit einem einfachen Eingang und Säulen an allen drei Seiten mit Ausnahme der Eingangsseite. Parallel zu den Säulenreihen verliefen an die Wände gebaute Sitzbänke. Dieses Schema, das also in Massada und Herodion sich schon in ersten Ansätzen entwickelt hatte, wurde in den frühen galiläischen Bauten aufgenommen und auf größere und prachtvollere Bauten übertragen.

Ein charakteristisches Beispiel für diesen Bautypus ist die Synagoge in Kfar Baram aus dem 3. Jh. Der Bau ist mit seiner Eingangsseite nach Süden, also nach Jerusalem gerichtet. Der Südfront mit Hauptportal und symmetrisch angeordneten Seitenportalen war eine Säulenhalle vorgelagert. Im Innern ist der rechteckige Raum durch zwei Säulenreihen in drei Schiffe aufgegliedert, wobei an der dem Eingang gegenüberliegenden Nordseite zwei weitere Säulen die herzförmigen Ecksäulen verbinden, so daß sich hier wie in den älteren kleineren Bauten die Säulenreihen an drei Seiten entlang ziehen. Die Steinbänke an den Langseiten werden im Osten durch eine Tür unterbrochen, die wohl in einen Hof führte. Die Frage, ob sich im Obergeschoß Emporen für die Frauen befunden haben, ist heute noch umstritten.

Wesentlich für diese frühe Periode des Synagogenbaues ist das Fehlen eines festen Platzes für den *Aron* (Thoraschrank). Eine Nische etwa wie in den späteren Bauten fehlt. Da der *Aron* stets an der Jerusalem zugewandten Seite zu stehen hat, und da in diesen frühen Bauten diese Wand die Eingänge besitzt, müssen wir annehmen, daß zu dieser Zeit der *Aron* ein tragbarer Kasten war, der dann in den Raum hineingestellt wurde, wenn er als Bethaus benutzt wurde. Auch eine festgemauerte *Bima,* das Lesepult, von dem aus die *Thora* verlesen wird, fehlt noch. Wohl kann man sich die *Bima* als eine hölzerne Estrade im Innern des Hauptschiffes vorstellen.

Die frühen galiläischen Synagogen folgen im großen und ganzen diesem Schema. In Kfar Nahum (Kapernaum), einer Synagoge, die heute eher ins 4. Jh. datiert wird, ist noch die Hofarchitektur gut erhalten. Auch hier schloß sich der Hof im Osten an, wie im übrigen auch in der Synagoge zu Khorazin. Der Hof der Synagoge zu Kfar Nahum besaß eigene Zugänge und überdachte Säulengänge an drei Seiten. Im Gegensatz zum eigentlichen Synagogenbau war die Hofarchitektur eingeschossig. Abweichend von Kfar Baram fehlt hier die Vorhalle. Ein noch in Resten erhaltener Treppenaufgang an der Nordwestecke der Synagoge läßt möglicherweise auf einen Aufgang zur Empore, also zum Obergeschoß schließen. Im übrigen aber treffen wir auch hier auf das Schema der Säulenreihen an drei Seiten. Nur bilden die reichen korinthischen Kapitelle im Vergleich zu denen der übrigen Bauten eine Ausnahme. Die zahlreichen galiläischen Bauten weichen von diesem Grundschema kaum ab. Unterschiede bestehen hauptsächlich in der Proportion, bezogen auf den Grundriß. Einige, wie die Synagoge in Meron, sind länger gestreckt, andere wie z.B. die Synagoge in Arbela nähern sich eher einem quadratischen Grundriß. In einigen sehr bescheidenen Bauten fehlt die Säulenreihe an der nördlichen Schmalseite. Die architektonischen Bauglieder entsprechen dem römisch-syrischen Stil dieser Periode und geographischen Region. Jüdisch-religiöse Motive treten erst recht zögernd auf. So ist z.B. in das Blattwerk eines korinthischen Kapitells der Synagoge zu Kfar Nahum eine *Menorah* eingefügt; auch andere Synagogen im Gebiet Palästinas verwenden dieses Motiv des siebenarmigen Leuchters. Mosaikböden mit figürlichen Szenen, wie wir sie aus den späteren Bauten kennen, fehlen hier noch, ebenso Wandmalereien. Hierin bildet die Synagoge zu Dura-Europos am Euphrat aus dem 3. Jh. eine Ausnahme. Nur sie besitzt mehrere, übereinander angeordnete Freskenzyklen zu Themen des Alten Testaments. In den frühen galiläischen Synagogen legte man vielmehr großen Wert auf eine klare einheitliche Architektur, die durch ihre übersichtliche Baukonzeption wirkte.

Schon bald zeigte sich der große Nachteil dieser Anlagen in Bezug auf ihre Orientierung nach Jerusalem. Da der *Aron* immer an der Wand stehen muß, die nach Jerusalem gerichtet ist, und da diese Wand der frühen Synagogen die Eingänge besaß, war die Einrichtung eines festen Platzes für den *Aron* nicht möglich. Im 4. Jh. suchte man daher nach neuen und besseren Lösungen und entwickelte einen Querhaus-Typus. In Khirbet Schema (nahe Meron) entstand im 3. Jh. ein erster Bau, im 4.-5. Jh. ein späterer, die beide als Querhäuser konzipiert waren. Im Vergleich zu den früheren Bauten waren diese um 90° gedreht, so daß nun eine Langseite, schon mit einem festen Platz für den *Aron* nach Süden, also nach Jerusalem zeigte, während die Eingänge im Norden und Westen lagen. Im übrigen war dieser Bau wie die älteren in drei Schiffe eingeteilt. Auch die aus dem 4. Jh. stammende Synagoge zu Eschtemoa (südlich von Hebron) war ein Querbau, dessen Nordseite, nach Jerusalem weisend, schon eine Nische für den *Aron* besaß. Im Gegensatz zu

Khirbet Schema war die Synagoge als Saalbau konzipiert und nicht durch Säulenreiheu aufgegliedert.

Diesen Querhaustypus kann man als Bindeglied zu den späteren frühbyzantinischen Bauten ansehen, die im Vergleich zu den frühen galiläischen um 180° gedreht sind. Zwar gehören diese Bauten des 5. und 6. Jh. nicht mehr eigentlich in die hier zu behandelnde Periode, doch sollen sie kurz charakterisiert werden, da mit ihnen die Entwicklung der antiken Synagoge im Raum Palästina abschließt. An der Jerusalem zugewandten Seite besitzen sie eine apsis-ähnliche Nische für den Aron. Gegenüber liegt der Eingang. Der Bau ist in drei Schiffe eingeteilt und mit Fußbodenmosaiken belegt, die figürliche Szenen und jüdisch-religiöse Symbole, wie Thoraschrank, Leuchter etc. besitzen.

Obwohl sich Juden schon im 1. Jh. v. Chr. in fast allen Teilen des römischen Reiches niederließen, besitzen wir archäologische Reste von Synagogen erst aus späterer Zeit. Diese jedoch zeigen, daß im wesentlichen zwei Bautypen vorherrschten: der Saalbau und die dreischiffige Synagoge.

Die Synagoge zu Sardis, in die erste Hälfte des 3. Jh. datiert, war ein Saalbau mit Ost-West-Orientierung. Ähnlich den frühen galiläischen Synagogen besaß sie an der Eingangsseite — hier im Osten — drei Portale und ein Vestibül. Als Synagoge ist sie gesichert, einmal durch hebräische Inschriften und zum anderen durch ein Relief mit *Menorah, Lulav* und *Schofar.*

Während der *Menorah* als Symbol für den Tempelleuchter generelle symbolische Bedeutung zukommt, beziehen sich *Lulav* und *Schofar* auf bestimmte Festtage. Zu *Sukkoth* (Laubhüttenfest) brachte man einen Feststrauß (*Lulav*) zum Tempel, ebenso die Zitrusfrucht *Ethrog. Lulav* und *Ethrog*, meist zusammen dargestellt, gelten somit als Symbol für *Sukkoth.* Da das *Schofar,* ein Widderhorn, am Neujahrs- und Versöhnungstag geblasen wurde und wird, gilt es als Symbol für diese Festtage und darüber hinaus für den neuen Jahresbeginn.

Die Motive *Menorah, Schofar, Lulav* (und *Ethrog*) waren in der Antike besonders beliebt. Sie finden sich auch auf einem Stein, den man während der Ausgrabungen der Synagoge zu Priene fand, einem späteren Bau mit drei Schiffen, wie auch in der Grab- und Kleinkunst (s.u.).

Abgesehen von der wohl späteren Synagoge in Stobi (Jugoslawien), die dem Typus der Synagoge zu Beth-Alpha (6. Jh.) folgt und der dreischiffigen Synagoge zu Milet, die allgemein ins 4. Jh. datiert wird, bevorzugte man hauptsächlich den Saalbau. So war die durch eine Inschrift 391/392 datierte Synagoge in Apamea als Saalbau konzipiert, ebenso die Synagoge in Aegina, ca. 4. Jh., deren Raum mit einem großen geometrischen Mosaik belegt war. Auch die Synagoge zu Hammam-Lif (Tunesien), 4.-5. Jh., war ein mit Mosaiken ausgelegter Saalbau, der an der westlichen Seite eine Nische besaß, die wegen ihrer Lage nicht als Thoranische gedeutet werden kann. Vielleicht war diese Nische mit der *Bima* verbunden, so daß ein Zweipol-System, — hier *Aron* — dort *Bima* —, entstand, ein Phänomen, das auch in späteren nordafrikanischen Synagogen nicht selten ist.

Vom Grundriß her bildet die im 4. Jh. über einem älteren Bau aus dem 1. Jh. errichtete Synagoge zu Ostia eine Ausnahme, da ihr unregelmäßiger Grundriß mit den vier fast im Zentrum stehenden Säulen und einer an diese angelehnten *Aedikula* sich nicht in die üblichen Schemata einordnen läßt. Auf einem Architrav dieser Synagoge sind wieder die beliebten Motive *Menorah, Schofar* und *Lulav* verwendet. Aus Spanien ist nur ein antiker Bau bekannt, nämlich aus Elche, der ca. ins 4. Jh. zu datieren ist, dessen Verwendungszweck aber umstritten ist. Während die einen ihn als Synagoge deuten, halten ihn andere für eine frühchristliche Kirche.

Halten wir zum Synagogenbau fest: Synagogen gab es lange vor der Tempelzerstörung, doch in größerer Fülle und als fest gebildeter architektonischer Typus erst seit dem 3. Jh., sowohl in der Provinz Palästina als auch in anderen Teilen des römischen Reiches. Während die späteren Synagogen des 5.-6. Jh. in ihren Fußbodenmosaiken figürliche Darstellungen und eine reiche jüdische Symbolik besitzen, wenden die früheren Bauten diese Symbole erst recht sparsam an. Hier überwiegen *Menorah, Schofar* und *Lulav.*

Jüdisch-religiöse Symbole treffen wir vor allem in der Kleinkunst an und zwar zunächst auf Münzen, die in der Provinz Palästina geschlagen wurden und die Beziehungen zwischen den Juden und den römischen Machthabern widerspiegeln. Denn jüdische Symbole treten vor allem dann auf, wenn eine starke Ablehnung der römischen Herrschaft zu beobachten ist und eine gewisse Selbständigkeit gegenüber Rom dokumentiert werden soll, also zur Zeit des Mattathias Antigonus (40-37 v. Chr.), der noch einmal als König das Land selbständig regierte, und zur Zeit des 1. und 2. Aufstandes gegen die Römer. Im übrigen sind die offiziellen Münzen frei von jüdischer Symbolik. Nur die Palme als Symbol für die Provinz Palästina tritt zuweilen auf. Ansonsten bildete man in der nachherodianischen Zeit sogar Portraits ab, auch vom römischen Kaiser, obwohl die Abbildung des Kaisers, der zugleich Divus war, den religiösen Gefühlen der Juden zuwiderlaufen mußte.

Von den Münzen mit jüdischer Symbolik bilden die aus der Zeit des Mattathias Antigonus insofern eine Ausnahme, als sie als einzige die *Menorah* darstellen, ferner auf der Rückseite Schaubrottisch und andere Tempelgeräte. Mattathias, der als letzter Hasmonäer-König noch einmal die Herrschaft über das Land an sich ziehen konnte, wollte mit diesen Motiven auf seinen Münzen offensichtlich nicht nur die politische Unabhängigkeit gegenüber Rom dokumentieren, sondern auch auf die eigene Religion und Jerusalem als das Zentrum seines Landes hinweisen. Der Bezug zum Tempel war ein Zeichen eines offiziellen Programms gegen die Römer und ein Hinweis auf den Tempel als Zentrum eines eigenen national-religiösen Staates.

Auch die Münzen des ersten Aufstandes gegen die Römer (66-70 bzw. 73) zeigen jüdische Symbole wie *Lulav* und *Ethrog* als Hinweis auf das Laubhüttenfest, ferner Palmzweige, Fruchtkörbe oder Granatäpfel. Auf den Tetradrachmen des zweiten Aufstandes (132-135) tritt zu den bekannten Symbolen noch die Harfe als Hinweis auf die Musik im Tempel hinzu, ferner die Ölkanne. Außerdem besitzen diese Münzen häufig eine Baufassade, die unterschiedlich gedeutet wurde. Die Fassade eines Gebäudes im römischen Stil mit vier Säulen und einem rundbogig abgeschlossenen Gebilde in der Mittelachse wurde eine Zeitlang als Synagogenfassade mit *Aron* angesehen. Doch nimmt man heute eher an, daß es sich um den Jerusalemer Tempel handelt. Zwar war zur Zeit des 2. Aufstandes der Tempel schon zerstört, doch demonstriert die Tempelfassade mit der Bundeslade (so muß man dies wohl deuten) das Ziel der Aufständischen, nämlich die Wiedererrichtung des Tempels, die Wiedereinrichtung des Tempelkults und zugleich die Rückkehr zur politischen Selbständigkeit mit Jerusalem als Hauptstadt. Dieses Programm paßt auch zu den anderen Motiven wie Ölkanne oder Harfe, die ebenfalls auf den Tempel weisen.

Mit dem Bar-Kochba-Aufstand war der letzte Versuch gescheitert, wenigstens kurzfristig eine Unabhängigkeit von Rom zu erringen. Daher kann es nicht erstaunen, wenn die späteren Münzen diese jüdisch-religiösen Motive als Hinweis auf ein national-religiöses Programm nicht mehr besitzen.

Doch häufen sich dann später solche Motive in der Kleinkunst und treten dort auf Amuletten, Glasflaschen, Lampen und Gläsern auf.

Aus der Zeit nach der Tempelzerstörung sind zahlreiche Lampen in Form römischer Tonlampen erhalten, die aus dem 3. Jh. stammen oder auch später zu datieren sind, und die in Begräbnisstätten innerhalb und außerhalb Palästinas gefunden wurden. Das hervortretende Motiv ist die *Menorah*, die meist den Diskus der flachen Lampen ausfüllt. Zuweilen treten *Schofar, Lulav* und *Ethrog* hinzu, ferner Palmzweige und Ranken. Diese Lampen recht unterschiedlicher Qualität und Ausführung dienten sicherlich dem täglichen Gebrauch. Daneben sind auch *Chanukka*-Lampen erhalten, die zum *Chanukka*-Fest (am 25. *Kislew*) angezündet wurden. Dieses Fest geht zurück auf ein historisches Ereignis, nämlich die Wiedereinweihung des Tempels durch die Makkabäer im Jahre 165 v. Chr. Einer Überlieferung zufolge habe man nach der Entweihung des Tempels nur noch einen kleinen Ölkrug zur Verfügung gehabt, der aber — wie durch ein Wunder — für den Tempelleuchter acht Tage lang ausgereicht habe. In Erinnerung daran wird acht Tage lang hintereinander zusätzlich ein weiteres Licht angezündet. Infolgedessen besitzen diese *Chanukka*-Lampen im Gegensatz zum siebenarmigen Leuchter acht Lichtquellen, die an antiken Lampen in einer Reihe angeordnet sind. Die meisten dieser Lampen sind ebenfalls aus Ton. Auch auf kleineren Gegenständen wie Amulette oder Glasflaschen überwiegt das Motiv der *Menorah*.

Eine besonders reiche Quelle aber für jüdische Symbole bieten die jüdischen Goldgläser, deren Mehrzahl in den jüdischen Katakomben Roms gefunden wurden, und die allgemein ins 3.-4. Jh. datiert werden.

Die Kunst der Glasherstellung war bei den Juden sehr beliebt. Einige Zentren sind uns aus der Literatur bekannt; im übrigen fand man eine Glasbläserei aus dem 2.-3. Jh. in Beth Shearim. Wegen des leicht zerbrechlichen Materials ist anzunehmen, daß solche Gläser nicht über einen langen Transportweg exportiert wurden, sondern an Ort und Stelle entstanden.

Die sogenannten Goldgläser beziehen ihren Rufnamen nach ihren Dekorationen in feinen Goldplättchen, zuweilen auch farbig unterlegt, die zwischen zwei Glasscheiben gepreßt wurden. Die einfacheren Beispiele, vielleicht die früheren, zeigen häufig die Tempelfassade — vergleichbar den Münzen aus der Zeit des Bar-Kochba-Aufstandes —, umgeben von der *Menorah,* Tonkrügen und anderem Gerät, das sich auf den Tempel bezieht. Dagegen ist die runde Grundfläche der prachtvolleren Beispiele aus kompositorischen Gründen in zwei Zonen eingeteilt, wobei beide Zonen symmetrisch aufgegliedert sind. In der oberen steht in der Mitte ein aufgeklappter Thoraschrank, in dessen Innern die liegenden Thorarollen sichtbar werden. Dieser Schrank kann von einem Löwen- oder Taubenpaar oder aber von zwei siebenarmigen Leuchtern flankiert werden. Die letztere Anordnung erinnert uns an das Bodenmosaik in Synagogen, z.B. an das der Synagoge zu Beth-Alpha, wo wir die gleiche Anordnung — hier mit Löwen und Leuchtern — antreffen. Da man in einigen antiken Synagogen in Israel Fragmente von Basaltlöwen gefunden hat, ist nicht auszuschließen, daß in den Synagogen Löwen den *Aron* flankierten, und daß somit Mosaike und Goldgläser sich auf den Innenraum der Synagoge beziehen. Dagegen spricht jedoch die Austauschbarkeit der Motive, da eine oder zwei *Menorot* auch im unteren Teil des Bildfeldes der Goldgläser vorkommen, auch hier verbunden mit Löwenpaaren, *Schofar, Lulav, Ethrog* und Ölkrügen. Auffallend ist, daß diese späteren Goldgläser die Darstellung der Tempelfassade fortlassen und auch die *Menorah* nicht mehr als Einzelmotiv im Sinne des Tempelleuchters verwenden. Wenn auch die Löwen als Sinnbild für den Stamm Judah möglicherweise hier nur symbolische Bedeutung haben und nicht konkret auf den Innenraum der Synagoge anspielen mögen, so ist doch die Darstellung des von zwei Leuchtern flankierten Thoraschranks eine Anspielung auf die Synagoge und nicht auf den Tempel. Dies kann man wohl damit erklären, daß im 3. oder 4. Jh. die Hoffnung auf einen national-religiösen eigenen Staat aufgegeben wurde, und der Tempel nur noch rein religiöse Bedeutung hatte und nicht mehr die der historischen Vergangenheit. So verwendet man Motive, die zu jener Zeit ihre volle Bedeutung hatten, und die sich auf die Synagoge, die *Thora* und die Festtage beziehen.

Während der Dekor der Goldgläser ganz aus dem Schatz der jüdisch-religiösen Motivik schöpft, ist in anderen Bereichen eine wesentlich stärkere Hellenisierung spürbar. Hierzu gehören vor allem die römischen Sarkophage, deren Thematik gänzlich der römisch-hellenistischen Welt verhaftet ist. Oft deutet nur eine *Menorah* in einem Rundschild auf den jüdischen Glauben des Toten hin. Doch innerhalb der Bestattungskunst erhält die *Menorah* einen anderen Symbolwert. Hier ist sie nicht mehr das Symbol für den Tempelleuchter, sondern vielmehr für Licht und Leben, als Hinweis auf den Unsterblichkeitsgedanken der Religion. Daher finden wir die *Menorah* häufig in den Grabanlagen, und zwar meist als Wanddekor.

Im antiken Palästina waren die Grabanlagen in den Felsen gehauen. Von außen gelangte man zunächst in eine Grabkammer, die durch Gänge mit anderen verbunden war. Innerhalb der Grabkammern gab es unterschiedliche Grabtypen: das Schiebegrab, eine rechteckige Felsaushöhlung, in die der Tote hineingeschoben wurde, und die man mit einem Stein abschloß; ferner waren Senkgräber bekannt, Vertiefungen im Boden für den Toten, und der Typ des Bogengrabes, einer überwölbten Grabnische. Sarkophage waren weniger geläufig, wohl aber *Ossuarien*, Gebeinkisten, in die man die Gebeine nach der Verwesung zur Endbestattung gab. Aschenurnen waren nicht bekannt, da nach jüdischer Tradition das Verbrennen der Leiche verboten ist.

Von den *Ossuarien* sind zahlreiche Beispiele erhalten. Ihrer Form nach entsprechen sie einem kurzen Sarkophag. Sie sind meist mit geometrischen Mustern wie Rosetten, Zickzack- und Rankenbändern dekoriert und besitzen zuweilen auch Inschriften, die sich auf den Toten beziehen. Aus diesen Inschriften geht hervor, daß in Palästina auch Tote aus der Diaspora bestattet wurden, bzw. daß man Gebeinkisten dorthin zur Endbestattung sandte.

Der äußere Zugang der in den Fels gehauenen Grabanlagen mit Kammern und Gängen wurde unterschiedlich gestaltet. Eine Reihe von Grabanlagen besaß imposante Aufbauten. Hierzu gehört das Hasmonäergrab in Modein, das Simon (142-135 v. Chr.) für seine Familienmitglieder anlegen ließ. Der Grabaufbau, wohl rechteckig mit Pyramidendächern, beherbergte nicht die Toten — es war also kein Mausoleum —, sondern markierte lediglich den Ort der Grabanlage.

Auch im Kidrontal, östlich von Jerusalem, stehen solche Grabmonumente, die im Gegensatz zum Grab in Modein heute noch erhalten sind. Diese Grabaufbauten vor dem eigentlichen Zugang zur unterirdischen Anlage sind nicht „gebaut", sondern aus dem Fels gehauen und stehen in einem viereckigen Hof, in dem sich der Zugang zu den Gräbern befindet. Das berühmteste dieser Gräber ist das sog. Absalom-Grab, dessen quadratischer Aufbau mit einer Säulen-Pilaster-Ordnung gegliedert ist und mit einem geschwungenen runden Dach abschließt. Aufbau und Anlage werden unterschiedlich, zwischen dem 1. Jh. v. und dem 1. Jh. n. Chr. datiert. Auch das in der Nähe befindliche sog. Zacharias-Grab ist ein quadratischer Aufbau, mit Eckpfeilern und Halbsäulen, dessen Dach mit einer Pyramide abschließt.

Die Rufnamen beider ,,Grabbauten'' sind willkürlich. Auch sie enthielten keine Gräber, sondern markierten den Eingang zur Grabanlage. Während das sog. Absalom-Grab zur Josaphat-Anlage gehört, steht das sog. Zacharias-Grab vor der Grabanlage der Bne Chesir, einer Familie, die zur Priesterklasse gehörte. Da einige von ihnen zur Zeit des Herodes Hohepriester gewesen sein sollen, datiert man diese Anlage vorsichtig in die herodianische Zeit.

Das sog. Jason-Grab in Jerusalem stammt wohl noch aus der Hasmonäer-Zeit und wird in das späte 2. oder frühe 1. Jh. v. Chr. datiert. Die verhältnismäßig kleine Anlage mit einem Graffitto einer Seeschlacht in der vorderen Kammer ist mit einem Pyramidendach abgeschlossen. Der Zugang besitzt eine Fassade mit einer Säule in der Mittelachse, eine recht ungewöhnliche Anordnung, da die Mitte im allgemeinen als Eingang frei blieb und symmetrisch gestaltet war.

Die sog. Königsgräber im Norden Jerusalems bergen die Gräber der Königin Helena von Adiabene und Mitglieder ihres Hauses. Die Königin, die um die Mitte des 1. Jh. n. Chr. nach Jerusalem gekommen und dort zum Judentum übergetreten war, ließ diese Grabanlage, über der sich ebenfalls ein monumentaler Aufbau befunden hatte, errichten. Charakteristisch ist die Eingangsfront der Grabanlage, die man über eine hinabführende Treppe erreicht, und die aus zwei jonischen Säulen in der Mitte und seitlichen Pfeilern gebildet ist. Der Triglyphenfries darüber ist in der Mitte mit Kränzen und einer Weintraube dekoriert. Architektonische Glieder und Dekorationen entsprechen dem hellenistisch-römischen Stil dieser Periode.

Auch die Grabanlagen, denen ein monumentaler Aufbau fehlt — oder deren Aufbau heute zumindest nicht mehr zu rekonstruieren ist —, besitzen häufig eine architektonisch gegliederte Fassade mit einer klassischen Stützenordnung, Giebelfeld und Reliefschmuck mit Ranken, Weintrauben und dergleichen. Hierzu gehört das sog. Nikanor-Grab in

Jerusalem und das Richtergrab im Norden der Stadt. Letzteres beherbergte die toten Mitglieder des Sanhedrin und wurde vom 1. Jh. v. bis zum 1. Jh. n. Chr. benutzt. Die Fassade dieser gewaltigen Anlage weicht von dem üblichen Vier-Stützen-Schema ab. Stattdessen ist der Zugang von einer einfachen profilierten Umrahmung eingefaßt und wird von einem mit Ranken dekorierten Giebelfeld bekrönt.

Neben diesen bekannteren Gräbern gab es zahlreiche Grabanlagen, die sich unter architektonischem Aspekt nicht sonderlich hervorheben. Meist sind es kleinere Anlagen, die nur von einem vor die Öffnung gewälzten Stein abgeschlossen wurden.

Da vor allem die größeren Anlagen über einen längeren Zeitraum hindurch benutzt wurden, ist ihre Datierung erschwert. Doch können wir mit Sicherheit annehmen, daß in Jerusalem nach dem Bar-Kochba-Aufstand keine Juden mehr bestattet wurden, da durch die hadrianische Verfügung den Juden der Zutritt zur Stadt verwehrt war.

Aus der späteren Zeit ist vor allem die Grabanlage in Beth-Shearim zu nennen, die bis zu ihrer Zerstörung im Jahre 352 n. Chr. fortlaufend benutzt wurde.

Diese gewaltige, in den Berg hineingehauene Anlage besitzt mehrere monumentale Fassaden, über deren Zugänge sich teilweise hohe Rundbögen spannen. Im Innern gehen von den großen Hauptgängen zahlreiche Nebengänge und Grabkammern ab, in denen man zahlreiche Sarkophage fand — offensichtlich war die Bestattung in Sarkophagen in späterer Zeit geläufiger. Diese Sarkophage waren mit geometrischen Mustern dekoriert, aber auch mit anderen Motiven wie z.B. einem Löwenpaar. In die Wände der Gänge und Grabkammern hat man Zeichnungen eingeritzt oder auch in den Stein eingeschnitten. So findet sich hier u.a. die Darstellung eines Thoraschrankes und einer *Menorah,* die von einem Mann gehalten wird. Das Motiv der *Menorah,* das in den früheren Anlagen in Jerusalem nicht bekannt ist, war vor allem in der späteren Zeit sehr beliebt, so in der Kleinkunst, aber auch in der Grabkunst, wie u.a. römische Sarkophage und die Wandmalereien in römischen Katakomben zeigen.

Außerhalb Palästinas sind jüdische antike Grabanlagen aus Süditalien, Sizilien, Sardinien, Malta und aus Karthago bekannt. Doch die eindrucksvollsten fand man in Rom selbst.

Mit Sicherheit lebten Juden seit dem 1. Jh. v. Chr. in Rom. Nach den beiden Aufständen in Palästina folgten größere Einwanderungswellen; Juden wurden von den Römern auch als Gefangene mitgeführt. Aus den schriftlichen Zeugnissen ist bekannt, daß die Juden in Rom bald ihre eigenen Gemeinden bildeten; so sind z.B. 13 Synagogen namentlich bekannt, doch in Überresten nicht erhalten. Die Juden besaßen Privilegien der Stadt, die ihnen Aufrechterhaltung bzw. Gründung ihrer eigenen Gemeinden gestatteten. Diese Gründungen waren aber nicht auf ein bestimmtes Stadtviertel beschränkt — etwa vergleichbar mit dem mittelalterlichen Judenviertel. Vielmehr lebten Juden in verschiedenen Stadtteilen, was auch durch die unterschiedliche Lage der Katakomben bekräftigt wird. Aus den Inschriften in den Grabanlagen geht hervor, daß die Toten verschiedenen Synagogengemeinden angehörten. Dies erklärt sich u.a. daraus, daß sich die Gemeinden innerhalb der Stadt gebildet hatten, die Toten aber nicht im Stadtbezirk begraben werden durften. So wählte man für die Grabanlagen die Außenbezirke, wobei eine Grabanlage mehreren Gemeinden als Bestattungsort dienen konnte.

Von Palästina her waren die Juden gewohnt für ihre Grabanlagen Fels auszuhöhlen und die Toten in die so geschaffenen Grabkammern zu legen. In Rom war dieses Prinzip jedoch wegen der unterschiedlichen geographischen Situation nicht anwendbar. Daher übernahm man ein System, das in Italien nicht unüblich war, und begrub die Toten unter der Erde nach dem alten System der *Loculi*, übereinander angeordneter Wandnischen für die Toten. So entstand bald ein unterirdisches „Strassennetz" mit Haupt- und Seitengängen, Grabkammern mit Nischengräbern, *Loculi* und Senkgräbern. Und so bildete sich der Typus der Katakombe, den dann die Christen übernahmen.

Die bedeutendsten jüdischen Katakomben Roms waren die schon 1602 entdeckte, heute aber zerstörte Katakombe am Monteverde, die 1859 entdeckte Katakombe der Vigna Randanini und die der Villa Torlonia. Die Anlage der Vigna Randanini wurde im 1. Jh. n. Chr. begonnen, ebenso die Katakombe der Villa Torlonia an der Via Nomentana; beide wurden bis in die Zeit der Spätantike benutzt. Die Katakombe am Monteverde reicht als einzige bis in die spätrepublikanische Zeit hinab und wurde bis ins 4. Jh. durchgehend als Bestattungsanlage verwendet.

Neben diesen großen Katakomben sind noch die Coemeterien der Vigna Cimarra (um 1867 entdeckt), an der Via Labicana (1883 entdeckt) und die Katakombe Pignatelli an der Via Appia (1885 entdeckt) zu erwähnen, deren Bedeutung aber hinter der der großen zurücktritt.

Das Bestattungssystem in diesen unterirdischen Grabkomplexen gleicht dem Palästinas. Auch hier fand man demnach Knochenkisten, ebenso mit geometrischen Mustern verziert, ebenso Sarkophage, die jedoch seltener waren.

Der wesentliche Unterschied aber zu den Grabanlagen in Palästina war die reiche Bemalung der Grabkammern, in denen sich ein starker römisch-heidnischer Einfluß bemerkbar macht. Vergleichbar der Dekoration der Sarkophage, deren Reliefs heidnische Themen aufgreifen, finden sich auch in der Bemalung der Katakombenwände zahlreiche heidnische Motive. Aus der Katakombe der Vigna Randanini sind uns Darstellungen von Niken mit Kranz und Füllhorn, sogar ein Pegasus bekannt. Daneben sind einige Motive der Pflanzen- und Tierwelt entnommen: Tauben, Pfauen, Palmen, Blumen und Ranken. Doch auch hier finden wir jüdische Symbole, so vor allem die *Menorah,* das Symbol für Licht und (ewiges) Leben, ferner das *Schofarhorn, Lulav* und *Ethrog,* also Symbole, die besonders seit dem 3. Jh. auch in die Kleinkunst eindringen. Auffallend ist, daß die *Menorah* in den Katakomben brennend dargestellt wird, was ihren Symbolgehalt für das Weiterleben verstärken soll.

In der Katakombe der Villa Torlonia ist auf der Rückwand eines Nischengrabes eine Malerei erhalten, die über den üblichen Rahmen der verwendeten Bildmotive hinausgeht: zwei brennende siebenarmige Leuchter flankieren ein architektonisches, mit einem Giebel abschließendes Gebilde, das in der Literatur unterschiedlich gedeutet, sicherlich aber als ein geöffneter Thoraschrank anzusehen ist, da — vergleichbar den Bodenmosaiken etwa in der Synagoge zu Beth-Alpha — die Rundungen der liegenden Rollen zu erkennen sind. Die Zwischenräume zwischen den Leuchtern und dem *Aron* sind mit einigen Kultgeräten gefüllt. Das Thema dieser Wandmalerei läßt an die Dekorationen der Goldgläser und an die Mosaike in den späteren Synagogen erinnern. Zuweilen finden wir auch einzelne Rollen in den Wandmalereien, die sicherlich als *Thora*-Rollen zu deuten sind.

Überblicken wir die jüdisch-religiösen Motive, die zur Zeit des römischen Reiches in die Architektur, Klein- und Grabkunst eindringen, so ist auffällig, daß die Motive, die sich ganz eindeutig auf den Tempel beziehen — wie etwa die Tempelfassade auf den Münzen des zweiten Aufstandes — zu einer Zeit auftreten, als man noch die Hoffnung auf die Wiedererrichtung des Tempels und die Erneuerung eines eigenen jüdischen Staates hegte. Während die *Menorah* als Tempelleuchter und als Zeichen für Licht und Leben mehrfache Bedeutung haben konnte und daher in unterschiedlichen Zusammenhängen auftrat, fehlen in der späteren Zeit direkte Hinweise auf den Tempel. Stattdessen werden Motive aufgenommen, die sich wie *Schofar, Lulav* und *Ethrog* auf jüdische Festtage beziehen. Mit dem geöffneten *Aron* auf Mosaiken, Goldgläsern und in dieser Grabnische weist man auf die *Thora* und deren Allgemeingültigkeit hin.

Zu einer Zeit also, in der aus politischen Gründen die Wiedererrichtung des Tempels aussichtslos schien, ist es die *Thora*, die zum absoluten Mittelpunkt wird. Und dies kennzeichnet auch die Situation. War der Tempelkult an Jerusalem gebunden, konnte eine Synagoge überall errichtet, der Gottesdienst in der Synagoge überall abgehalten werden. Und schon längst war die jüdische Religion ,,international" geworden, international in Bezug auf die verschiedenen Länder des römischen Reiches, in denen Juden seßhaft waren und ihre Religion ausübten.

LITERATURVERZEICHNIS

Albright, W. F., *The Archaeology of Palestine,* Harmondsworth 1949, 2. Aufl. 1949; Dt. Ausgabe 1962.
Avi-Jonah, M., *The Antiquities of Israel,* Tel-Aviv 1955.
Avi-Jonah, M., *Oriental Art in Roman Palestine* (Studi semitici 5), Rom 1961.
Beyer, H. W. und Lietzmann, H., *Die jüdische Katakombe der Villa Torlonia in Rom,* Berlin und Leipzig 1930.
Goodenough, E. R., *Jewish Symbols in the Greco-Roman Period* 1-13, New York 1953-1968.
Hüttenmeister, F. und Reeg, G., *Die antiken Synagogen in Israel* I-II, Wiesbaden 1977.
Kadman, L., *The Coins of the Jewish War,* Jerusalem und Tel-Aviv 1960.
Kanaal, B., *Altjüdische Münzen* in Jahrbuch für Numismatik und Geldgeschichte 17, 1967, 159-298 (mit ausführlicher Bibliographie).
Kindler, A., *The Dating and Meaning of Ancient Jewish Coins and Symbols,* Jerusalem 1958.
Kohl, H. und Watzinger, C., *Die antiken Synagogen in Galilaea,* Leipzig 1916; Reprint Jerusalem 1973.
Krauss, S., *Synagogale Altertümer,* Wien 1922; Nachdruck Hildesheim 1966.

Künzl, H., *Die archäologischen Funde aus der Zeit des Frühjudentums und ihre religionsgeschichtliche Bedeutung* in J. Maier und J. Schreiner, *Literatur und Religion des Frühjudentums,* Würzburg 1973, 414-437, mit reicher Bibliographie S. 461-465.

Leon, H. J., *The Jews of Ancient Rome*, Philadelphia 1960.

Muehsam, A., *Coin and Temple. A Study of Archaeological Representation on Ancient Jewish Coins,* Leiden 1966.

Müller, N., *Die jüdische Katakombe am Monteverde zu Rom,* Leipzig 1912.

Reifenberg, A., *Ancient Jewish Coins*, Jerusalem 1947[2].

Schubert, K., *Die Kultur der Juden im Altertum*, Wiesbaden 1970 (allgemeiner Überblick).

Smallwood, E. M., *The Jews under Roman Rule from Pompey to Diocletian,* Leiden 1976.

Sukenik, E. L., *Ancient Synagogues in Palestine and Greece,* London 1934.

Yadin, A., *Masada. Herod's Fortress and the Zealots' Last Stand,* New York 1966.

ABBILDUNGSVERZEICHNIS

Tafel I, 1. Kfar Nahum (Kapernaum), Synagoge, ca. 4. Jh. n. Chr. Modell nach Kohl und Watzinger, 1916.

Tafel I, 2. Kfar Baram, Synagoge, ca. 3. Jh. n. Chr. Grundriß (Befund und Rekonstruktion) nach Kohl und Watzinger, 1916.

Tafel II, 1. Massada, Synagoge 1. Jh. n. Chr. Grundriß, Zustand der letzten Bauphase, nach Y. Yadin.

Tafel II, 2. Jerusalem, herodianischer Tempel. Rekonstruktion der Tempelfassade, nach Avi-Yonah, 1956.

Tafel III, 1. Aegina, Synagoge 3.-4. Jh. Mosaikboden im Hauptschiff.

Tafel III, 2. Jerusalem, sog. Absalom-Grab. Nicht fest datiert, ca. 1. Jh. v. Chr.

Tafe IV. Rom, Katakombe in der Villa Torlonia. Rückwand eines Arkosoliengrabes mit geöffnetem Aron und Menoroth.

Tafel V, 1. Münzen der antiken Provinz Palästina, 1.-2. Jh. n. Chr.

Tafel V, 2. Tonlampe mit Menorah, römisch.

Tafel VI, 1. Goldglas, aus einer römischen Katakombe, ca. 3.-4. Jh. Berlin, Staatliche Museen.

Tafel VI, 2. Goldglas, römisch, aus einer Katakombe in Rom, ca. 3.-4. Jh. n. Chr. Jerusalem, Israel-Museum.

Photos mit Genehmigung des Kölner Martin-Buber-Institutes.

Tafel I, 1

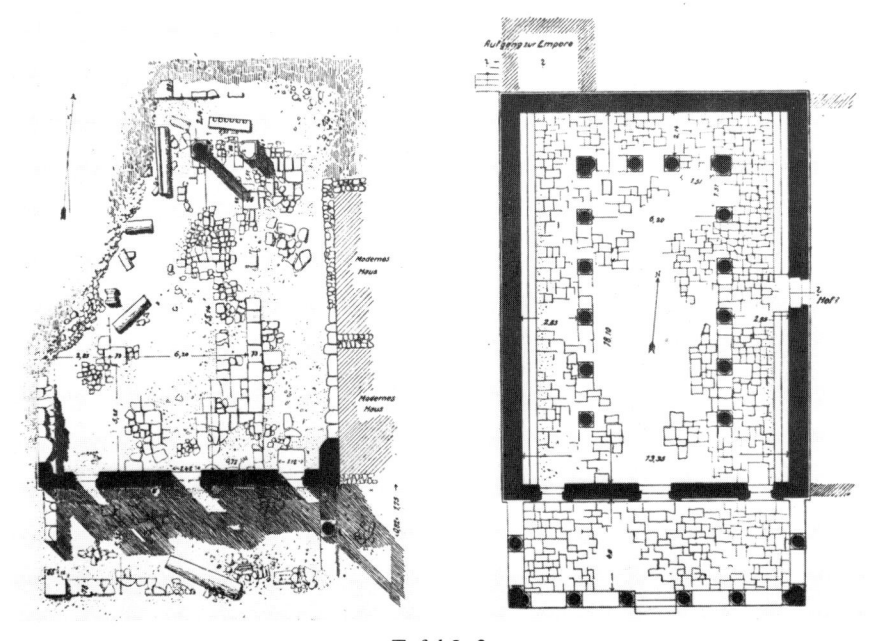

Tafel I, 2

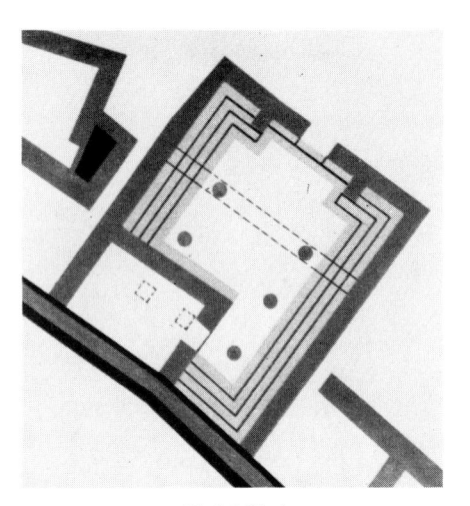

Tafel II, 1

Tafel II, 2

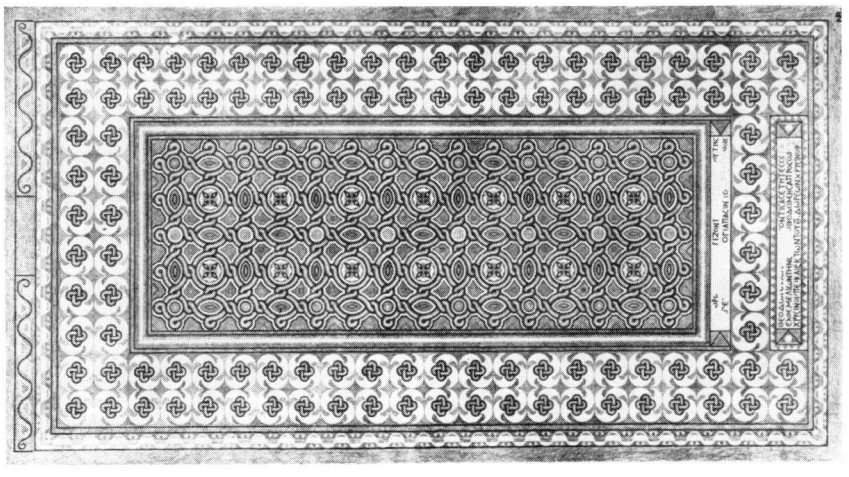

Tafel III, 2

Tafel III, 1

Tafel IV

DAS JUDENTUM 483

Tafel V, 2

Tafel V, 1

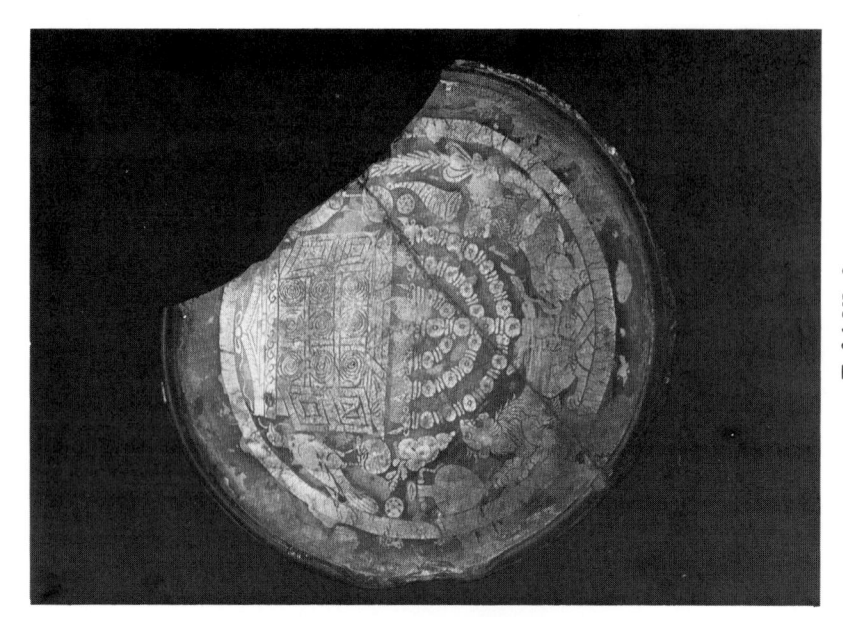

Tafel VI, 2

Tafel VI, 1

XIX

PAPYRI MAGICAE GRAECAE UND MAGISCHE GEMMEN

JACQUES SCHWARTZ
(Strasbourg)

Um 70 n. Chr. schrieb Plinius der Ältere, die Magie sei eine Kunst, die sich aus Medizin, Religion und Astrologie zusammensetze. Im Grunde handelt es sich um drei selbständige Komponenten, wenn auch die Zauberer den Anspruch erheben zu heilen, sich an die Götter zu richten und den Lauf der Sterne zu berücksichtigen. Die beiden letztgenannten Tätigkeiten werden übrigens bald einen Gegensatz zur Magie bilden, namentlich mit der Entwicklung des Christentums. Gewisse Verfahren der Alchimie, die u.a. auf Zauberwörter und Anrufungen zurückgreift, schaffen zwar in der Kaiserzeit ein gemeinsames Klima, später aber werden die Alchimisten ihrerseits den Gebrauch der Magie verurteilen. Eine ähnliche Unabhängigkeit besitzt die Wahrsagung, auch wenn die Magie in gewissen Fällen die Bedingungen für sie besser vorzubereiten vermag. Wir wollen daher die Verwendung des Terminus ,,Magie'' auf jene Vorschriften und Handlungen beschränken, die darauf hinzielen, die Gesetze der Natur und den normalen Verlauf des Lebens zu irgendeinem persönlichen Vorteil zu modifizieren.

Das Bedürfnis, die Zukunft vorauszusehen, um sie möglicherweise zu beeinflussen und zu verändern, hat die Alten veranlaßt, allerhand mantische Verfahren, darunter das Orakel und die Traumdeutung, auszudenken und heranzuziehen. Im Bereich der Mantik hat sich seit dem Ende des hellenistischen Zeitalters die Astrologie breitgemacht, und es dürfte kein Zufall sein, daß gleichzeitig mit ihr eine gewisse Magie auftritt und gleichsam eine Art — positive bzw. negative — Entgegnung auf die wissenschaftlichen und fatalistischen Ansprüche der Astrologie darstellt. Im gleichen Sinne veranlaßt das Bedürfnis nach Sicherheit den Gebrauch von Amuletten, namentlich gegen die Kräfte, an die sich die Magie richtet. Ein Unterschied zwischen einem Amulett und einer Gemme oder einem geschriebenen Papyrusfragment, die alle für eine positive Zauberhandlung gebraucht werden, ist schwer zu machen, es sei denn, daß das Amulett durch eine Abbildung oder einen Text seinen Charakter deutlich zu erkennen gibt. Wir werden die Amulette soviel wie möglich außer Betracht lassen, auch wenn sie von den Kirchenvätern genauso sehr abgelehnt werden wie die Zauberanrufungen.

Die volkstümlichen und sehr alten Ursprünge der Magie haben dazu geführt, daß sie Praktiken und Formeln bewahrt hat, von denen man annimmt, daß deren fremder Charakter ihren Zwecken zugute kam. Wir wollen hier aber nicht von den Riten handeln noch auch uns befassen mit manchmal widerlichen Zauberrezepten, die zeigen, wie stark sich die Magie noch mit der Heilkunst hat verwechseln lassen. In seinen mündlichen und schriftlichen Formen stellt das magische Ritual eines der Elemente der Kommunikation mit einer außermenschlichen Welt dar; gerade dadurch ist die Magie der Religion verwandt, obwohl ihre Zielsetzungen nicht mit denen der Religion übereinstimmen.

Eines von den Bestandteilen jeder Zauberhandlung ist ein gewisses Geheimnis, das noch vergrößert wird, durch den Gebrauch von Wörtern, die den Betreffenden unverständlich sind und gerade deswegen als um so wirksamer betrachtet werden. Diese Wirksamkeit will auch die Einbeziehung höherer Mächte in die beabsichtigte Handlung erreichen. So entsteht ein buntes Pantheon, in dem jeder Gott mit dem ihm eigenen Namen bezeichnet wird, oder etwa mit dem seines Äquivalents in dem synkretistischen zeitgenössischen System oder mit Namen aus der Magie, die derselben Vorliebe für das Geheimnisvolle Vorschub leisten.

Nach dem Romanschriftsteller Heliodor, der gegen Ende des 4. Jh.s n. Chr. schrieb, betonten die ägyptischen Priester den Unterschied zwischen ihrer Wissenschaft, in die sie die Theurgie einschlossen (d.h. eine Form der Weißen Magie, die sich u.a. darauf verlegt, göttliche Wesen hervorzuzaubern), und einer unnützen, dem gemeinen Volke eignenden Gewandtheit. Aus einer kurzen Aufzählung ergibt sich, daß das Bedürfnis nach Verteidigung, sodann der Wunsch zum Angreifen und das Verlangen nach Macht die großen Gebrauchskategorien der üblichen Magie sind. Zu Anfang des 3. Jh.s n. Chr. war diese Volksmagie nach Philostratos der Tummelplatz von ,,*Goeten*'', m.a.W. von Gauklern und Quacksalbern, an denen er schonungslos Kritik übt. Vor ihm hatte schon Celsus, der auch Bücher gegen die Magie geschrieben haben soll, um die Mitte des 2. Jh.s n. Chr. behauptet, ein vornehmer Ägypter, der jedoch nicht zur Klasse der Priester gehöre, habe ihn ins Vertrauen gezogen und ihm mitgeteilt, die Zauberpraktiken hätten nur auf Leute ohne Kultur und mit verderbten Sitten Einfluß, wirkten jedoch nicht auf Philosophen ein, weil diesen eine gesunde Lebensführung am Herzen liege; außerdem behauptet Celsus, diese ,,*Goeten*", ,,Schüler der Ägypter, verkaufen auf den öffentlichen Plätzen für einige Obolusse ihre ehrwürdigen Geheimnisse, bannen Dämonen, heilen Krankheiten durch Behauchen, beschwören die Seelen der Verstorbenen herauf".

Zweifelsohne ist es schwierig, Gaukelkunst und Magie auseinanderzuhalten. Alles fand nicht in der Öffentlichkeit statt; im Gegensatz zu den Behauptungen von Origenes, Celsus' posthumen Gegener, erfolgten die Anrufungen und Zauberhandlungen nicht in den Tempeln. Um die Mitte des 3. Jh.s n. Chr. ging der Philosoph Plotinos auf den Vorschlag ein, in einem Tempel der Isis der Heraufbeschwörung seines persönlichen Dämons beizuwohnen; nach seinem Biographen versuchte dabei auch ein ägyptischer Konkurrent, an ihm Zauberhandlungen durchzuführen, die nur geheim sein konnten. Tatsächlich bildet die Aktivität der ,,*Goeten*" die niedrigste Stufe der sogenannten Zauberhandlungen; aber mit diesem Namen werden manchmal eben jene ,,Magier" bezeichnet, die mit bösen Dämonen arbeiten.

Es soll hier vor allem von der üblichen Magie die Rede sein, denn die Theurgie kommt kaum vor in den Zauberpapyri, die hauptsächlich zwei Aspekte dokumentieren: die Zauberrezepte und die antiken Zeugnisse über ihre Anwendung. Die erste Kategorie besteht aus einer bestimmten Anzahl Rollen und einigen Papyrusbüchern, die meistens in griechischer, manchmal auch in koptischer Sprache verfaßt sind und zu denen noch einige demotische Texte treten; es ist eine Art Corpus von ,,Fachtexten", das, wenn man will, dem heutigen Kodex der Apotheker entspricht. Die Zeugnisse sind mit einer bestimmten Absicht geschriebene Texte auf Papyrus, einige Bleitafeln und zum Teil auch Gemmen (die man lange Zeit ,,gnostisch" genannt hat).

* * *

Allgemein wird angenommen — das findet man auch in den Lexika —, daß die Magie im alten Ägypten hoch in Ehren gestanden habe. Diese Auffassung, die älter ist als die Anfänge der Ägyptologie und der Papyrologie, beruhte auf dem Buch Exodus, in dem Moses und Aaron ägyptischen Magiern (denen man später die Namen Jannes und Mambres geben wird) gegenüberstehen, und auf dem 4. Gesang der Odyssee Homers (7. Jh. v. Chr.), in dem eine Ägypterin, ,,die die nützlichen und schädlichen Drogen kennt'', und vor allem der sagenhafte Proteus, Weissager und vollkommener Zauberer, auftreten. Spätere Zeugnisse der geschriebenen Tradition sind eher spärlich vorhanden und fangen erst mit einer kurzen Anspielung des lateinischen Dichters Lukan (1. Jh. n. Chr.) an, die auf einen hellenisierten ägyptischen Priester namens Chairemon zurückgehen mag.

Im vorigen Jahrhundert hat man in Ägypten Zauberpapyri, vor allem griechische, gefunden; fast alle sind sie nach dem Anfang der christlichen Zeitrechnung anzusetzen, und zwar zwischen die Regierungszeit von Kaiser Augustus und den Einfall der Araber, und sie kommen also viel später als die Zauberdokumente aus der Pharaonenzeit. Gravierte Steine und magische Gegenstände, die seit der Renaissance bekannt und in Sammlungen aufgenommen sind, konnten dank der Papyri, die über ihre Verwendung Aufschluß geben, besser interpretiert werden, obwohl fast kein einziger Stein oder keine einzige Gemme mit Sicherheit aus Ägypten stammt. Es handelt sich um Talismane (der Ausdruck ist über das Arabische aus dem Griechischen entlehnt worden), die zu mehreren Zauberhandlungen herangezogen wurden.

Seit dem 3. Jh. v. Chr. sind in der hellenistischen Literatur Zauberpraktiken bekannt. So beschreibt der Dichter Theokrit ziemlich ausführlich Liebeszauber, von denen einige Elemente auch in unseren Papyri vorkommen; nichts jedoch erlaubt es zu behaupten, daß Theokrit, der Vergil beeinflußt hat und der Ägypten kannte, hier unter dem Einfluß Ägyptens gestanden hätte. Es handelt sich vielmehr um die literarische Verarbeitung von Praktiken thessalischer Zauberinnen. Auf ähnliche Weise ist der Fall seines Zeitgenossen Apollonios von Rhodos zu beurteilen; dessen Medea ist eine von den Küsten des Schwarzen Meeres hergekommene Zauberin, die sich jedoch an das thessalische Zauberwesen anschließen läßt.

Einen Einblick in die Verschiedenheit der magischen Verfahren und der Wünsche, die deren Gebrauch herbeiführen, gewährt uns Lukian von Samosata um die Mitte des 2. Jh.s n. Chr. In Athen nähmen die Kurtisanen ihre Zuflucht zu thessalischen und syrischen Zauberinnen, während in den besseren Kreisen der Stadt die arabische und die ägyptische Magie Gegenstand der Gespräche seien. In einer Unterhaltung zwischen jungen Müßiggängern ist die Rede von dem Gott Hermes und seinen wunderbaren Ringen, die Gesundheit und Unverletzlichkeit spenden sollten und es einem erlaubten, sich unsichtbar zu machen, durch die Luft zu fliegen, alle Türen zu öffnen und nach Belieben geliebt zu werden; diese Ringe des Hermes werden nie wieder erwähnt, ausgenommen in einem Zauberpapyrus. Die geäußerten Wünsche findet man in verschiedenen Papyri wieder, für die der Gebrauch irgendeines Ringes eine ganz geläufige Praktik ist. Unter den in den Papyri vorkommenden banalen Wünschen ist das Verlangen zu nennen, jemandem Schlaflosigkeit anzuzaubern, während es sich bei Lukian darum handelt, irgendwen ,,in Schlaf zu versetzen''.

Es sei noch auf zwei Einzelheiten hingewiesen. Von Hermes wird gesagt, daß er mit Hilfe Homerischer Verse Wunder wirke, während Homer selber in Zauberpapyri herangezogen wird. Zu Lukians Lebzeiten behauptet ein Quacksalber, er könne geflohene Sklaven wiederfinden, Diebe entlarven, Schätze entdecken, Kranke heilen, Tote wieder aufwecken, von Liebeszauber, Höllenbeschwörungen gegen Feinde und Erbschaftszauber nicht zu reden. Es handelt sich hier um wahrhaft menschliche Gefühle und um normale gesellschaftliche Vorgänge, die sich fast alle auch in den Zauberpapyri wiederfinden lassen. Aber unser Quacksalber setzt in einer Anzahl von Fällen die Orakelbefragung an die Stelle der magischen Handlungen und wirft damit auf indirekte Weise das schon früher genannte Problem der eigenen Wesensart der Magie auf.

Die Magie im römischen Osten kennt man durch ihre praktischen Anwendungen, deren unmittelbare Inspirationsquelle in magischen Texten zu finden ist, die sich mit den in Ägypten auf Rollen gefundenen vergleichen lassen. Wir wollen uns der Reihe nach befassen mit den Gemmen, Bleitafeln und Papyri, die magische Riten und Zeremonien begleiten; nachher werden wir versuchen, die wichtigsten wiedergefundenen ,,Bücher des Meisters'' zu charakterisieren. Die darauf erfolgende Untersuchung der hier hervortretenden religiösen Tendenzen wird sich mit der ägyptischen Religion, dem griechisch-römischen Heidentum, der jüdischen Religion und dem Gnostizismus beschäftigen, um jeder dieser Ausdrucksformen des Religiösen Recht widerfahren zu lassen und zu versuchen, eine relative Chronologie des Einflusses dieser verschiedenen Strömungen auf die Magie festzulegen.

* * *

Mit den Gemmen hat man wohl anfangs Dokumente versiegelt. In Ägypten sind Abdrücke von Gemmen bewahrt geblieben zusammen mit dem aufgerollten Dokument, zu dessen Beglaubigung sie gebraucht wurden, sowie Erwähnungen im Zusammenhang mit den Zeugen, die am unteren Rand einer Urkunde vorkommen. Um einem Stein einen magischen Charakter zu versichern, ist das Auftreten von Zeichen oder Wörtern mit magischem Wert unentbehrlich, es sei denn, daß der Charakter des bildlich Dargestellten deutlich ist; so kommt der Sonnen*quadriga* keinerlei magische Bedeutung zu, was z.B. mit dem kopflosen Gott nicht der Fall sein kann. Steine können ohne einen anderen als einen apotropäischen Zweck oder sogar bloß als Schmuck getragen werden und vermögen also nicht, die Bildkunst der Welt der Magie genau zu beschreiben; nicht übersehen werden darf weiter die Möglichkeit, daß später auf eine von beiden Seiten (oder sogar auch auf beide Seiten) eines Steines ein Zaubertext geschrieben wurde, der zu der vorhandenen Abbildung überhaupt keine Beziehung aufweist.

Abgesehen von einigen Wunschformeln, wie man sie auch auf antiken Gläsern finden kann, gehören die Texte der Gemmen zu folgenden Kategorien: Zeichen, die nicht oder nicht mehr zu einem kohärenten Alphabet gehören; Zauberwörter (manchmal in ungeschickt geschriebenen griechischen Schriftzeichen) unterschiedlichen Ursprungs, die ihre Entsprechungen in den Papyri haben; dann und wann Beschwörungsformeln, die aus einem Papyrustext abgeschrieben wurden.

Bei den bildlichen Darstellungen möchte man unterscheiden zwischen solchen, die dem volkstümlichen Zauberwesen entstammen, und solchen, die auf einer ausgereifteren religiösen bzw. priesterlichen Magie beruhen, die jedoch wieder auf das Niveau des Volkes abgesunken war. Ein typisches Beispiel der ersten Gruppe ist die Abbildung eines mit einem Schlüssel verschlossenen Mutterleibes; einen apotropäischen Charakter haben auch die Abbildungen des Schnitters (gegen Ischias) oder des Siegeszeichens, die aus der römischen Zeit stammen und die in den Zauberpapyri keine Entsprechungen haben. In Wirklichkeit hat man es eher mit Amuletten als mit Instrumenten einer magischen Handlung zu tun.

Der Löwe, dessen Sonnencharakter feststeht, wird auf verschiedene Weise dargestellt. Die Statue eines löwenköpfigen Genius wird zweimal in den Papyri beschrieben und kommt ziemlich häufig auf Gemmen vor. In den beschriebenen oder geschnitzten Exemplaren treten manche Varianten auf. Demgegenüber lassen sich die zwölf übrigen Erwähnungen eines Löwen in den Papyri nicht mit der Ikonographie in Übereinstimmung bringen. Im wesentlichen handelt es sich entweder um das Bild eines astronomischen Dekans oder um eine der möglichen Metamorphosen einer ägyptischen Gottheit (die Erinnerung an Proteus ist hier deutlich erkennbar) oder um eine Anrufung gegen das Feuer. Schließlich dient ein kopfloser Löwe, der zusammen mit anderen Ungeheuern auf einen Ring graviert ist, als Liebeszauber. Es ist deutlich, daß der Zufall der bruchstückhaften Überlieferung schuld daran ist, daß Gemmen und Papyri nur teilweise übereinstimmen; die Papyri sind selbstverständlich expliziter.

In der Ikonographie der Gemmen lassen sich trotz unvermeidlicher synkretistischer Tendenzen (in denen die Götterdarstellungen bei weitem überwiegen) drei Gruppen in steigender Ordnung unterscheiden (griechische Götter, ägyptische Götter und spezifische Götter der Zauberer), sowohl was die Frequenz ihres Vorkommens als was ihren magischen Charakter angeht.

Für die griechischen Götter erschwert der Synkretismus, der in das hellenistische Zeitalter zurückreicht, die Identifizierungen, und die künstlerische Mittelmäßigkeit der Zaubergemmen, die wahrscheinlich für eine weniger gebildete und eher arme Bevölkerung bestimmt waren, gestattet kaum eine nähere Bestimmung derselben, ausgenommen, wenn die Gottheit ein charakteristisches Emblem ihres ägyptischen Aspektes trägt. Tatsächlich tritt Hermes, der mit Anubis und Serapis verwechselt wird, ebenso wie Asclepius selten auf. Demgegenüber kommt Aphrodite wohl vor auf den Liebestalismanen, die auch in den Papyri beschrieben werden, während Artemis von Ephesos keine genaue magische Funktion zu haben scheint und die Grazien merkwürdigerweise mit sonderbaren dämonischen Vorstellungen assoziiert werden; desgleichen Hekate (was begreiflich ist) und die Nemesis, die erst spät in dieses Pantheon eintritt. Herakles, der den Nemeischen Löwen bekämpft, erscheint erst seit der

Regierung des Antoninus Pius, genauso wie der bereits erwähnte Schnitter. Wo uns doch die Herstellungsorte all dieses Materials unbekannt sind, scheint letzten Endes alles darauf hinzuweisen, daß die griechischen Gemmen in der Mehrzahl der Fälle erst a posteriori durch Hinzufügung von Formeln einen magischen Charakter erhalten haben.

Was den ägyptischen Anteil anbetrifft, stellt man fest, daß die großen Götter, Osiris, Serapis, Horus-Harpokrates und sogar Isis (trotz oder wegen ihrer Angleichung an Aphrodite), nicht sehr oft vorkommen. Demgegenüber ist Anubis gut vertreten, sowohl als Seelenführer wie als Einbalsamierer, aber hier tritt ein Unterschied zwischen den Gemmen und den Papyri zutage. Bei den letzteren fehlt in den an ihn gerichteten Bitten jeder Todescharakter; außerdem verleihen ihm die meisten Inschriften, die sein Bildnis begleiten, deformierte Götternamen, welche die Theodizee der Zauberer aus dem Judentum oder dem Gnostizismus übernommen hat. Anderseits begegnen auch Götter wie der auf der Lotosblume sitzende Gott (ein Sonnengott, der mit Harpokrates verglichen werden kann) und der Pygmäe Bes oft auf den Gemmen; sie finden sich aber nur selten in den griechischen Zauberpapyri. Andere Steine vermitteln einen guten Einblick in die Verschiedenheit der sich auf ägyptische Götter beziehenden Abbildungen. Die äußerst große Anzahl damals noch sichtbarer bzw. noch verständlicher religiöser Texte zeigt, wie zahlreich die Auswahlmöglichkeiten bei den Gemmen waren. Sowohl lokale Verhältnisse als auch der Wunsch, der Kundschaft zu gefallen und sie zugleich in Staunen zu versetzen, haben ohne Zweifel die Wahl der Motive bestimmt, die den Graveuren empfohlen wurden. Heute, fast zwanzig Jahrhunderte später, kann man ihre Motivierung nicht mehr erkennen, falls es eine solche je gegeben hat.

Drei neue Motive, die man unter den Bezeichnungen ,,Chnubis'', ,,der Kopflose'' und ,,der hahnenköpfige Schlangenfuß'' kennt, treten auf den Gemmen in Hülle und Fülle auf. Der erstgenannte wird dargestellt als eine sich auf ihrem Schwanz aufrichtende Schlange mit einem von Sonnenstrahlen umgebenen Löwenkopf. Sein Name, Chnubis oder Chnumis, wie er auf den Steinen genannt wird, stammt von einem alten ägyptischen Gott, den wir aus astrologischen Auffassungen gut kennen; die Zauberpapyri erwähnen ihn nicht, seine Rolle scheint sich auf die eines Heilers von Magenschmerzen zu beschränken, eine Aufgabe, die bereits dem löwenköpfigen Genius zukam.

Der Kopflose entstammt zweifelsohne dem ägyptischen Raum; seine verschiedenen Abbildungen auf Gemmen, die eine relativ gute Kenntnis der Theologie und der ägyptischen Schrift voraussetzen, lassen ihn als einen Obergott erkennen. Von den vier Papyrustexten, die sich auf ihn beziehen, erwähnt einer unter den Vorbereitungen, um ein Orakel von Apollo zu bekommen, eine Zeichnung des Kopflosen auf Papyrus, von der ein Modell am Ende der Rolle gegeben wird: im Gegensatz zu den Gemmen ist er mit magischen Vokalen bedeckt, während außerdem auf dem Hals der Name Sabaoth eingeschnitzt ist. Zwei andere Papyri enthalten Anrufungen mit ägyptischer Terminologie, um einen Traum bzw. eine göttliche Erscheinung zu erwirken. Der vierte Text ruft den Kopflosen, der ausdrücklich mit Osiris und mit dem Gott Mose und Israels assoziiert wird, für die Befreiung eines Besessenen an. Hier tritt eine Steigerung des Synkretismus zutage; vielleicht ist es kein Zufall, daß die jüdische Religion bloß für die Befreiung eines Besessenen in Anspruch genommen wird, da diese im Gegensatz zu den drei anderen Bitten allein im Judentum bekannt ist.

Der hahnenköpfige Schlangenfuß hat Beine in der Form von Schlangen und trägt einen Hahnenkopf. Er wird als ein Krieger dargestellt; die Gemme enthält fast immer den Namen des Iaô, der manchmal von Sabaoth, Adonai, Abrasax oder noch anderen ,,biblischen'' Namen, wenn nicht von Semisilam (dem babylonischen Sonnengott) begleitet wird. Neuere Untersuchungen haben gezeigt, daß der ägyptische Graveur, der als erster das Ungeheuer mit Hahnenkopf ausgedacht hat, ohne Zweifel ein Bildnis des Iaô im Sinn hatte (Iaô ist ein anderer Name für Jahwe) und daß bei der Ausgestaltung dieses nachher häufig abgebildeten Typs zwei zufällige Elemente mitgespielt haben, und zwar ein graviertes Modell, das in der späteren Entwicklung abgeändert wird, und die Neuinterpretation eines Wortes. Dies wird im folgenden näher erklärt.

Die Unterweltgöttin Hekate wird in einem Papyrus und bei Lukian von Samosata als eine Riesin dargestellt, die nach Lukian schlangenförmige Füße hat. Obwohl Gemmen mit einem Bildnis der Hekate selten sind, darf man die Existenz einer schlangenfüßigen Abbildung annehmen, zumal da die Peitsche sowohl zu den Attributen von Hekate als auch zu denen des schlangenfüßigen Genius gehört. Im modifizierten Bildnis macht der obere Teil des Körpers Iaô zum Gott der himmlischen

Heerscharen, der andere Teil kennzeichnet seine Macht über die Unterwelt. Nimmt man Rücksicht darauf, daß der Hahnenkopf auf anderen Gemmen in einen Löwenkopf, Hundskopf oder Eselskopf (vielleicht sogar in einen Falkenkopf) umgeformt wird und daß der Hahn in den ägyptischen Glaubensvorstellungen wenig geläufig ist, so scheint es eine sehr verlockende Hypothese, in ihm die Umdeutung in ägyptischer Sprache der in griechischen Buchstaben und in bestimmten jüdischen Kreisen erfolgenden Transkription des göttlichen Tetragramms zu sehen. Stehen sich doch das griechisch gefaßte Tetragramm und der koptische Name des Hahns äußerlich sehr nahe. Und dies eröffnet uns einige Perspektiven hinsichtlich der Art und Weise, wie sich die synkretistische Ausbildung des Zauberwesens vollzogen haben mag.

Auf jeden Fall ist die Dämonologie auf den Gemmen und in den Anrufungen der Zauberpapyri nicht notwendigerweise dieselbe, ohne daß es jedoch möglich wäre, die geistigen oder materiellen Gründe dieser Verschiedenheit zu fassen. Der Kopflose, der nur selten in den Papyri vorkommt, wird dort auf eine vielleicht präzisere Weise beschrieben, als ihn die Gemmen darstellen. Man kann sich fragen, ob das für eine magische Handlung gravierte und gezeichnete Bildnis nicht seinem — des Kopflosen — Vorkommen in den Gebeten unmittelbar vorangegangen ist, denn in dem wichtigsten dieser Gebete ist er deutlich fehl am Platze.

In den Texten, die auf Bleitafeln vorkommen (*defixionum tabellae*), die vergraben werden sollten, ist nur ein Teil der Leistungen vertreten, die man von der Magie bei einem Prozeß, einem Diebstahl, einem Wagenrennen und bei Liebesleidenschaft verlangte. Verschiedenen Umständen ist es zuzuschreiben, daß wir in Ägypten fast nur für die letztgenannte Gruppe Bleitafeln besitzen, denen eine überwiegende Mehrheit analoger Papyrustexte entspricht. Die Bleitafeln, die seit dem 4. Jh. v. Chr. aus Attika bekannt sind, fanden vor allem in der Römerzeit Verwendung im heutigen Tunesien, wo der ägyptische Einfluß aus den Dokumenten selber deutlich hervorgeht. Das Auftreten ,,barbarischer Namen'' springt in die Augen, entweder als Bezeichnungen der verschiedenen angerufenen Götter oder als Buchstabenreihen, in denen man, zuweilen bei einigem guten Willen, semitische Wörter (die auch in den Papyri geläufig sind) oder auch noch den und den in der griechischen Magie Ägyptens auftauchenden Namen erkennen kann.

Die Anrufungen sind zugleich detailliert und pauschal, in dem Sinne, daß sie sowohl eine Aufzählung der Funktionen und Wohltaten einer reich bevölkerten polytheistischen Götterwelt (in die man ohne Vorbehalt Iaô und Sabaoth einschalten wird) enthalten als auch die Doxologie eines einzigen Schöpfergottes, dessen Thron von Cherubim unterstützt wird, wie das in den *Psalmen* geschrieben steht. Ein in Rom gemachter Fund, der sich auf die Zirkuskreise bezieht, hat durch die Heranziehung von Seth-Typhon einen ausgesprocheneren ägyptischen Charakter. Im übrigen aber handelt es sich um dieselbe Gattung von ,,*nomina sacra*'' wie auf den Gemmen und in den Papyri.

Eins der Rezepte im großen Pariser Zauberpapyrus (3274 Zeilen), das einen Liebesbindezauber bezweckt, verordnet, man solle einen ziemlich langen Text, der zum großen Teil auf mehreren in Ägypten aufgefundenen Bleitafeln vorkommt, auf eine Bleitafel schreiben und hersagen. Eine von diesen, die vor kurzem veröffentlicht wurde, zählt zunächst Götter der Unterwelt, Pluto, Kore (= Persephone = Ereschigal), Adonis, Hermes (= Thoth) und Anubis auf und beschwört sodann die örtlichen Dämonen, dem Toten beizustehen, an den man sich ganz besonders richtet und der niemand anders ist als Antinous, der beim Versuch, das gefährdete Leben des Kaisers Hadrian zu retten, frühzeitig gestorben war. Die Wahl dieses Vermittlers mit den Mächten der Unterwelt überrascht, denn in solchen Umständen ruft man, wie wir später sehen werden, ,,böse Tote'' an; nun aber war Antinous offiziell bei den Ägyptern vergöttlicht und bei den Griechen heroisiert worden. Der Zauberer oder sein Kunde scheint hier einen Fehlgriff getan zu haben, oder aber es handelt sich um ein Irreligiositätszeichen — in scharfem Gegensatz zu den mannigfaltigen Frömmigkeitsäußerungen auf der Tafel.

Auf einer der Bleitafeln werden dem vorerst noch widerstrebenden Geliebten die schlimmsten Qualen gewünscht, solange sich die ersehnte Liebe nicht einstellt; eine ähnliche Form verbaler Grausamkeit kann man *mutatis mutandis* auch in mancher hagiographischen Erzählung über koptische Märtyrer finden. Einer anderen Tafel zufolge soll einer gehaßt und aus irgendeinem dunklen Grund mit Stummheit geschlagen werden; den zentralen Teil des Dokumentes bildet eine geometrische Zeichnung, die aus einer gewissen Zahl von mehr oder weniger genau kopierten Palindromen besteht. All dies findet man irgendwie auch in

Papyri, die in Ägypten durchaus üblich und dort auch weniger kostspielig waren.

Was diese Verwendungsweise des Papyrus anbetrifft, können wir uns auf einfache, *in situ* wiedergefundene Beispiele beschränken. Eine Liebeszauberformel aus einem antiken Friedhof von Faijum, dessen Text von einem Berufszauberer stammt, wurde gefaltet an eine rohgeformte Tonfigur geheftet, welche die geliebte Person darstellt. Eine andere unter ähnlichen Umständen geschriebene und wiedergefundene Formel enthält drei identische Bitten, die sich an den Geist des Verstorbenen bzw. an Abrasax und an Adonai richten. Die erste Bitte enthält ein Element der ägyptischen Mythologie, und zwar den Haß zwischen Seth-Typhon und Osiris, der in den Zaubertexten oft Erwähnung findet. Es mag wundernehmen, daß er im Zusammenhang mit der Liebe genannt wird, auch wenn man dem wortreichen und übertriebenen Charakter dieser Zauberliteratur Rechnung trägt; aber der gewaltsame, sogar frenetische Charakter der Liebe, die nach der Ansicht der Antike mit dem Haß wechseln konnte, darf nicht übersehen werden.

Im Jenseitsglauben der Heiden waren diejenigen, die gewaltsam oder frühzeitig gestorben waren, ,,böse Tote'', die man sich zu magischen Zwecken, den Liebeszauber einbegriffen, zunutze machen konnte. Eines der Zauberbücher liefert uns ein anderes Rezept. Man solle einige Bissen Brot an einer durch einen gewaltsamen Tod mit Blut befleckten Stelle fallen lassen, sie sodann, mit Unrat vermischt, sammeln und bei der widerstrebenden Geliebten ausstreuen. Die erste vorgeschriebene Handlung ist von einem Gebet begleitet, das eine große Anzahl von Gottheiten und rächenden und bösartigen Allegorien aus der Unterwelt mit ihren charakteristischen Zügen sowie diejenigen, die auf elende Weise umgekommen sind, anruft. Dies alles ist gegen die angeblichen Frevel und Ruchlosigkeiten der Frau gerichtet, welche darum die schlimmsten Qualen verdient. Das Gebet wird ab und zu durch Zauberwörter unterbrochen, in denen man Entlehnungen aus einem irgendwie jüdisch inspirierten Gnostizismus erkennt.

Wird das Ziel innerhalb von drei Tagen nicht erreicht, so wird der Ritus leicht modifiziert. Nicht genug damit, daß das Gebet sich jetzt an die ganze Unterwelt richtet, es wird obendrein die Hilfe von Isis und Zeus und von allen Göttern des Olymps erbeten, die im Namen von Iaô, Sabaoth und Adonai angerufen werden. Diese Namen sind völlig äquivalent, nur daß der erste eine der magischen Formen des Namens des Gottes Israels ist. Der Text ist in einer für diese Zeit fehlerlosen Sprache verfaßt und enthält Reminiszenzen an religiöse Hymnen; er zeugt von einer guten Kenntnis der Dämonologie der Unterwelt und von einiger Bekanntschaft mit der ägyptischen Mythologie. Im Vergleich zu anderen Liebeszauberformeln steht er auf einer höheren Ebene; im Unterschied zum Fall der Göttin Juno, die sich bei Vergil an den Acheron wenden will, wenn sie nicht erhält, was sie von den Olympiern verlangt, bringt die zweite Bitte die unsterblichen Götter mit der Zauberhandlung in Zusammenhang; der Einfluß der von bestimmten Neuplatonikern ausgeübten Theurgie macht sich hier bemerkbar.

* * *

Die etwa fünfzehn bewahrt gebliebenen Zauberpapyri befinden sich heute in Berlin, Leiden, London und Paris. Sie werden allgemein ins 4. Jh. n. Chr. datiert; drei von ihnen sind Bücher und nicht mehr Rollen. Eines von diesen Büchern läßt sich um 350 n. Chr. ansetzen; um diese Zeit tritt das Buch immer häufiger an die Stelle der Rolle, sei es auch nur um das Nachschlagen zu erleichtern und die Erhaltungsmöglichkeiten des Textes zu vergrößern. Von einem Wiederaufleben des Interesses für das Zauberwesen um die Mitte des 4. Jh.s n. Chr. zeugen sowohl die Gesetzestexte als auch die um etwa 370 n. Chr. gegen hohe Beamte angestrengten Zauberprozesse; die Tatsache, daß die drei Bücher Zauberrezepte enthalten, zeigt deutlich das Interesse, das der Kopist dieser Literatur entgegenbrachte. Andererseits stammen mehrere von diesen Texten — der umfangreichste wird in Paris aufbewahrt — aus einer in Theben (Oberägypten) in einem Versteck entdeckten Bibliothek. Dies erinnert an eine Anekdote aus der Vita von Severus von Antiochia, welche die Existenz einer geheimen Bibliothek von Zauberbüchern in Beirut gegen das Ende des 5. Jh.s n. Chr. erwähnt.

Die meisten in Frage kommenden Bücher und Rollen weisen keinerlei logische Anordnung auf; die Rollen sind sicherlich billige Kopien für den Privatgebrauch, die auf beiden Seiten beschrieben sind (oder deren Rückseite gebraucht wurde). Die Tatsache, daß zu gleicher Zeit auch koptische Texte kopiert wurden, weist auf den niedrigen sozialen Rang der Gebraucher hin. Abgesehen von den zwei Berliner Texten, die alle Vorbereitungen einer feierlichen Zauberhandlung und diese Zeremonie selber (für ein Orakel) ausführlich und bis ins einzelne beschreiben, haben wir es nur mit praktischen Rezepten zu tun, unter denen die Liebeszauber einen wichtigen Platz einnehmen. Eine Anzahl von Rezepten sind versehen mit mehr oder weniger anspruchsvollen ägyptischen (wie Psammetichos), hebräischen (wie Moses) und griechischen Namen (wie Demokrit), von denen ägyptischer und griechischer Götter gar zu schweigen.

Einen *Terminus post quem* für die Abfassung von einer dieser Sammlungen liefert eine Liebeszauberformel, in der Pachrates, der Prophet von Heliopolis, gepriesen wird, dem der nach Magie wißbegierige Kaiser Hadrian im Jahre 130 n. Chr. begegnet war und der von ihm belohnt worden war. Dieser ägyptische Priester soll Wunder vollbracht haben, an die sich Lukian von Samosata eine Generation später erinnerte, als er die berühmte Geschichte vom Zauberlehrling schrieb. Ein anderer ägyptischer Priester, Arnuphis, soll im Jahre 172 n. Chr. auf wunderbare Weise auf der Donau die römische Armee Mark Aurels gerettet haben, indem er ein Gewitter erwirkte. Auch andere haben dieses Wunder für sich beansprucht, aber durch die offizielle Prägung einer Münze wurde die Leistung des Gottes Thoth-Hermes in dieser Angelegenheit anerkannt. Diese beiden Ereignisse zeigen, daß die ägyptischen Priester mindestens mit der nicht verbotenen Weißen Magie in Kontakt blieben, was ihnen sogar die kaiserliche Gunst einbrachte.

Diese wirklich brauchbaren Anleitungen zum Zaubern geben theoretische, mit vielem anderen vermischte Vorschriften, während die archäologischen Gegenstände (Gemmen, Bleitafeln, allerhand Zauberformeln auf Papyrus) nur auf partielle und unzureichende Weise über die konkreten Verhältnisse ihres Gebrauchs Aufschluß geben. In den erstgenannten, die Berufszauberern vorbehalten waren, findet man ein Übermaß an oft schwierigen, manchmal sogar kaum genau einzuhaltenden Vorschriften (was mögliche Mißerfolge erklären und entschuldigen konnte); man hat auch den Eindruck, daß sich ihre Zauberwörter in den meisten Fällen nur mit größter Mühe aussprechen ließen. Aber die in den geschriebenen und in den mündlichen Gebeten angerufene Welt der Dämonen und der Götter bleibt dieselbe, so daß, wenn man von den Modalitäten der Zauberhandlungen absieht, alle diese Texte und Gegenstände zu einem einzigen geistigen Universum gehören; es ist die

Geisteswelt des Meisters, der Vorschriften gibt, ohne daß bei ihm fest umrissene Glaubensvorstellungen vorausgesetzt werden müssen.

Diese Vorschriften ergeben sich aus verschiedenen Einflüssen, die sich schwer in eine zeitliche Folge einordnen lassen und die in jener Zeit des Synkretismus nicht zu Konflikten Anlaß geben konnten. Das einzige, was uns verunsichern oder allenfalls in Zweifel versetzen kann, ist der Gebrauch von Gemmen nicht ausschließlich religiöser Inspiration; wie für die zeitgenössischen Terrakotten kann wahrscheinlich die künstlerische Inspiration oder die kaufmännische Absicht des Herstellers auf zufällige Weise die Nachfrage beeinflussen.

* * *

Trotz der feindseligen Haltung der Christen gegenüber dem Zauberwesen sind auch die Zauberpapyri — wenn auch in bescheidenem Maße — verchristlicht worden; rein christliche Talismane jedoch werden erst während der byzantinischen Epoche zahlreicher und gehören nicht zu unserem Thema. Die übrigen Glaubensvorstellungen, die in den Papyri erscheinen, beziehen sich fast nur auf die ägyptische Religion, die der semitischen Völker (an erster Stelle der Juden), das griechisch-römische Heidentum und den Gnostizismus. Wegen der Tendenz der Magier zum Synkretismus (um nicht zu sagen zur Vermischung und Verwirrung) läßt sich der Anteil der unterschiedlichen Religionen schwer abgrenzen.

Die ägyptische Religion hat den Vorteil ihres Alters; es begegnen denn auch die wichtigsten von ihren alten traditionellen Göttern, wobei manchmal Kompetenzverschiebungen auftreten. So wird z.B. Anubis zum Besitzer der Schlüssel des Hades. Manchmal findet man auch Anspielungen auf lokale Legenden mitten in einem heteroklitischen Textzusammenhang. Die ,,barbarischen Namen'', die in diesen Texten vorkommen, sind oft, mit Absicht oder aus Versehen, schlecht abgeschrieben und haben manchmal einen ägyptischen Klang. Allein sie können nur selten vom Ägyptischen aus richtig gedeutet werden (außer in den Fällen, wo sie sich mehr oder weniger den Namen der 36 Dekane des Tierkreises der Astrologen anschließen lassen). Im allgemeinen werden all diesen Göttern erhöhte Kräfte zugeschrieben, sei es auch nur, weil der Zauberer behauptet, sich alle genannten göttlichen Gewalten eigen zu machen.

Bis auf einige lokale Formen des Namens des Sonnengottes und die häufige Erwähnung der babylonischen Unterweltsgöttin Ereschigal liefert das semitische Heidentum nur zerstreute Namen (Adonis, Nebo). Trotz der feststehenden Anwesenheit dieser fremden Kulte in Ägypten ist ihr Einfluß auf die Bevölkerung gering gewesen. Das gilt natürlich auch für geographisch weiter abgelegene Religionen, wie die persische, wenn man auch gemeint hat, daß über den Gnostizismus und sogar über das Judentum Spuren bis nach Ägypten gelangt seien. Die Entfernung, sogar wenn sie als Exotismus bezeichnet werden kann, reicht nicht aus, um jene Atmosphäre des Mysteriösen zu schaffen, die in einigen religiösen Systemen herrscht, mit denen gleichwohl ein Kontakt an Ort und Stelle möglich ist. Das ist nämlich der Fall mit den judaisierenden Strömungen vor dem mit Kaiser Hadrian einsetzenden längeren Verschwinden des Judentums in Ägypten.

Auch für das griechisch-römische Heidentum spielt die Entfernung eine Rolle. Deutliche Reminiszenzen an die griechischen Mysterienkulte fehlen gänzlich, und die griechischen Götter selbst haben sich der ägyptischen Beeinflussung nicht entziehen können. Umgekehrt — wir kommen darauf zurück — macht sich das griechische Gepräge in der Fassung selbst der Zaubertexte bemerkbar, vor allem in den die Zauberhandlung oft begleitenden Gebeten (zahlreiche Gebete sind in Hexametern verfaßt und beruhen auf Homer und seinem Formelschatz). Dieses griechische Kleid, das manche Verschiedenheit verdeckt, kann auch die Farben der *Septuaginta* annehmen in den Zauberschriften, in denen der Einfluß jüdischen Gedankengutes ins Auge fällt.

Die Macht des biblischen Gottes mußte logischerweise erstrebt werden und allen anderen Kräften, deren sich der Magier bedient, hinzugefügt werden. Es galt nicht, ,,offizielle" Texte zu gebrauchen, sondern vielmehr sich die unterirdischen Strömungen innerhalb des Judentums zunutze zu machen. Die jüdische Mystik hat sich zu spät entwickelt, um in Ägypten einen Einfluß ausüben zu können, es sei denn auf dem Seitenweg des Gnostizismus im Bereich der Kosmogonie. So zeigt sich der direkte Einfluß eigentlich nur in der ,,klassischen" Verwendung von Adonai und Sabaoth und in der weniger ,,klassischen" von Iaô, die dem Gottestetragramm entspricht. Später werden die beiden letzten Namen mehr oder weniger abweichende Formen annehmen, vielleicht unter dem Einfluß des Gnostizismus, und weil dies zum Spiel des Zauberers gehörte. Der Scharfsinn vieler Generationen manchmal unzureichend ausgerüsteter Gelehrter hat sich angestrengt, um hier einige Brocken semitischen bzw. hebräischen Wortgutes in gräzisierter Gestalt wiederzufinden. Neben einigen biblischen Namen (darunter denjenigen der Patriarchen) und dem Adjektiv mit der Bedeutung ,,gesegnet'' gibt es nur wahrscheinlich illusorische Anklänge.

Iaô ist schon vor dem Anfang des christlichen Zeitalters bei Diodor von Sizilien belegt und begegnet oft auf den Gemmen und in den Zauberpapyri neben dem Namen Sabaoth. Dessen Suffix -aoth diente in der gnostischen Sekte der Ophiten dazu, Namen von Mächten zu bilden, zum Beispiel den Namen des berühmten Ialdabaoth. Diese Ophiten sollen älter sein als das gnostische System von Valentinus, der um die Mitte des 2. Jh.s n. Chr. lange Zeit in Rom lebte und dem man die Benutzung der Magie nicht vorwerfen kann. Wenn man später unter den Zauberwörtern eine zahlreiche Gruppe von Namen auf -aoth und auf -oth (Nachbildungen von Sabaoth oder auch vom Namen des ägyptischen Gottes Thoth) findet, handelt es sich wohl um eine Parallelerscheinung, die sich jedoch von der vorhin genannten Bildungsweise bei den Ophiten unterscheidet, deren ,,Götternamen'' in den Zauberbüchern keineswegs zu Allerweltsnamen geworden sind.

Andererseits machte die Weglassung oder die Anfügung eines auslautenden *Theta* (= th) es möglich, spielenderweise neue magische oder religiöse Wörter nach dem Modell der auf -el endenden Engelnamen zu bilden. Wenn bestimmte Wörter zu gleicher Zeit mehr oder weniger göttliche Wesen bezeichnen und in Beschwörungen als magische Namen auftreten, so bleibt doch die Richtung des Bedeutungswandels meistens im Dunkeln. Das Problem stellt sich vor allem für die folgenden drei häufiger belegten Namen, Abrasax, Arbathiaô und Barbelo, zwischen denen man versucht ist, einen etymologischen Zusammenhang zu postulieren. Es mangelt nicht an den unterschiedlichsten Etymologien, von denen manche an den Begriff ,,vier'' (*"arba"* im Semitischen) anknüpfen.

Abrasax bezeichnet auf den Gemmen eine magische Figur; der Gesamtzahlenwert der Buchstaben dieses Wortes im Griechischen, nach dem üblichen System gezählt, beträgt 365. Wenn man aber wirklich ein Wort mit dem gleichen Zahlenwert gesucht hätte, so hätte man zu ganz anderen Ergebnissen (z.B. zum kaum abgewandelten Namen des Gottes

Mithras) kommen können. Auf jeden Fall gibt es für den Auslaut des Wortes keine befriedigende Erklärung. Während der erste Teil des Wortes nach einer Metathese (die durch eine Annäherung an den Namen Abrahams angeregt sein kann) an „vier" erinnert, aufgrund von Überlegungen, die eher aus einem jüdischen als aus einem syrisch-palästinensischen gnostischen Kreis stammen, kann der uns vertraute, aber im ganzen Altertum nur einmal belegte Ausdruck *abracadabra* in ähnlichen Spekulationen oder Verwechslungen seinen Ursprung haben. *Arbathiô* (oder: *Abrathiô*) verbindet die Vorstellung der Vierzahl mit derjenigen von Iaô; in einem schwer zu bestimmenden religiösen Kreis muß man sich — ein ganz normaler Vorgang im späten Polytheismus — einen Gott geschaffen haben, der später in den Bereich der Magie abgesunken ist. *Barbelo* ist später für den Gnostiker Markus eine höhere Macht; nach ihm wurde in der Folgezeit die Sekte der Barbelognostiker genannt. Eine mögliche Etymologie ist gerade diejenige, welche die „Vierheit" der Gottheit bestätigt; der Ausdruck wird nicht in die Magie übernommen.

Unter den Gnostikern sind Markus und seine Anhänger die einzigen, von denen wir mit Sicherheit wissen, daß sie sich der Zauberkunst hingaben; diese war bei den Valentinianern unbekannt und beschränkte sich bei den anderen Gnostikern auf Bitten um Visionen. Von den fünf Eigennamen, mit denen Markus die Erzeugnisse seiner Phantasie bezeichnete, kannte Abrasax in der Magie ein große Verbreitung, während Balsamus in den Zauberpapyri dann und wann auftaucht. Das gestattet es also keineswegs, dem Gnostizismus einen überwiegenden Anteil an der Onomastik und dem geheimnisvollen Wortschatz der griechischen Zauberpapyri zuzuschreiben. Ohne Zweifel sind die Gnostiker nicht in den Kreis der Berufszauberer „durchgedrungen", vielleicht weil der Wort- und Formelschatz der Magie schon vor der schlagartigen gnostischen Entfaltung zur Zeit Hadrians voll ausgebildet war. Die Magier dagegen haben jüdische Elemente vor dieser Zeit aufgenommen, und zwar als es noch eine blühende jüdische Kolonie in Alexandrien gab.

In dem großen Pariser Zauberpapyrus findet sich, unter dem Namen eines ägyptischen Autors, ein Zauberrezept, das sich angeblich bei der Heilung eines Besessenen bewährt hat. Sein jüdischer Charakter ist unverkennbar, und einige Details dürften aus dem Midrasch stammen. Tatsächlich sind in den durchlaufenden Text Zauberwörter eingefügt worden, von denen einige semitischen Ursprungs sind; es werden auch zwei ägyptische Gottheiten erwähnt sowie der Name Jesus, was in dieser griechischen Literatur einmalig ist. Nun ist es aber unmöglich, daß dieser primitive Text in Ägypten verfaßt wurde, denn es ist hier die Rede von Schnee und Nebel. Überdies weist die Anspielung auf die Ewige Lampe im Tempel von Jerusalem in die Zeit vor 70 n. Chr. zurück. Ein Hinweis am Ende deutet darauf, daß der Text ursprünglich in hebräischer Sprache geschrieben war und sich in seiner letzten Fassung an Nichtjuden richtet.

In seiner ersten Form muß dieser Text einer Tafel aus Hadrumetum (in Tunesien) nahegestanden haben, von der man hat behaupten können, daß es sich um ,,eine epigraphische Illustration des Alten Testaments'' handele, und die durch ihren Inhalt (wo nicht durch ihre äußere Gestaltung, die wahrscheinlich von einem Heiden stammt) ein reines Beispiel jüdischen Zauberwesens ist. In diesen beiden Beispielen liegt kein Synkretismus vor; vielmehr dürfte es sich um Anpassung magischer Dokumente an eine heidnische Kundschaft handeln, die vielleicht in einer begrenzten Anzahl von Einzelfällen interessiert war. Später läßt sich dasselbe Phänomen auch bei einer christlichen Kundschaft feststellen, wie eine auf den Sporaden gefundene Bleitafel beweist. Der Textträger (Papyrus oder Metall) ist hier von geringer Bedeutung, und man muß zugeben, daß in den Zauberdokumenten auf typisch jüdische Begriffe vollkommen fremde Begriffe geimpft werden konnten oder aber verwandte Begriffe, die sich von ihrem ursprünglichen Sinn und Kontext entfernt hatten.

Anderseits war es auch möglich, daß authentische Bruchstücke jüdischer Zaubertexte beim Herstellen von Zauberformeln aufs neue verwendet wurden. So findet man eine andere Erwähnung Jerusalems und der Ewigen Lampe am Ende eines Gedichtes an eine unbestimmte Gottheit. Diese steht wahrscheinlich im Zusammenhang mit einem gnostischen System, dessen Eigenschaften in einer mit Anklängen an die Bibel ausgestatteten Phraseologie angedeutet werden. Wir haben es also häufig mit verschiedenen Vorgängen und Strata zu tun, und es scheint ein eitles Unterfangen, diese analysieren zu wollen, weil doch die Zauberer ihren Stoff von überallher holten.

Es bleibt nur wenig zu sagen über die Gnosis und die unterschiedlichen Formen des Gnostizismus, die in ihrer Gesamtheit tatsächlich eine

Religion bilden, die sich zu gleicher Zeit — trotz Anleihen aus beiden Lagern — sowohl vom Judentum als vom Christentum unterscheidet. Es hält schwer, ihren genauen Anteil in den Zauberpapyri zu bestimmen. Wissen wir doch relativ wenig von ihren Lehren, die — wie übrigens auch die Zauberpraktiken — in Schriften mit esoterischem Charakter enthalten sind. Die Entdeckung der gnostischen Manuskripte von Nag Hammadi (in Oberägypten) kurz nach dem letzten Weltkrieg war eine ganz besondere Ausnahme. Sie enthalten jedoch keine Auskunft über die Verwendung gnostischer Lehren in der Magie. Will man mehr darüber wissen, so muß man auf die dürftigen Auskünfte der alten Autoren zurückgreifen, die meistens Christen sind, sich feindlich aufstellen und verständlicherweise zur Ironisierung und Karikierung neigen.

Auf die Erwähnung Simons des Magiers aus Samaria in der Apostelgeschichte, den man später als den ältesten Gnostiker hinstellte, folgt der Hinweis auf Basilides, der gegen Ende der Regierung Hadrians in Alexandrien lebte und für den wahren Führer der Gnostiker gehalten wurde. Markus, der nach Gallien gekommen war und dort wütete, verdanken wir angeblich die oben genannten hebräisch anmutenden Ausdrücke. Das berichtet der heilige Hieronymus, in diesen Sachen jedoch ein später Autor. Aber der heilige Irenäus von Lyon, der wenig später als Markus lebte, bestätigt, daß dieser, der ein ausschweifendes Leben führte, Liebesphiltra und Liebeszauber benutzte. Auf jeden Fall liefert uns Basilides für Abrasax, Isopseph von 365, einen wenn auch vielleicht späten *Terminus a quo*.

Hat man einmal, und zwar mit Recht, die Bestimmung ,,gnostisch'', die früher den Zaubergemmen gegeben wurde, verworfen, so kann von einem bedeutenden gnostischen Einfluß im Bereich des Zauberwesens nicht mehr die Rede sein. Dasselbe gilt für den Hermetismus ägyptischen Ursprungs, der sich nicht mit Magie befaßte und der eher eine geistige Strömung innerhalb des ausgehenden Heidentums als eine Religion war. Mit einem letzten, literarischen Merkmal dieses Heidentums müssen wir uns noch ein paar Augenblicke beschäftigen, bevor wir kurz (und also durchaus unvollständig) die Haltung der religiösen und priesterlichen Kreise dem Zauberwesen gegenüber näher betrachten.

Die Verfasser von Anrufungen lassen sich ziemlich häufig durch die Homerische Dichtung inspirieren und fügen — ohne sich um das Versmaß zu kümmern — Götternamen und Zauberwörter ein. Eines dieser ,,Gedichte" ist eine Art Litanei, deren Verse enden auf Namen wie Iaô, Raphael, Abrasax, Michael (in dieser Reihenfolge). Man trieb es sogar so weit, in einem Homerischen Passus 15 Verse zu interpolieren, welche dem Odysseus zu Anfang des 11. Gesangs der Odyssee in den Mund gelegt werden; dieser überraschende Text befand sich kurz vor der Mitte des 3. Jh.s n. Chr. in drei öffentlichen Bibliotheken und fing mit einer Anrufung von Anubis, Zeus und Helios an.

Von den nachher auftauchenden Namen verdienen besonders zwei Erwähnung: zunächst der Name Phre — etwa eine Generation früher hat Hippolytos ihn einen Dämon genannt, der von den Zauberern angerufen wurde (Phre ist eigentlich im Ägyptischen die Sonne und wird auch auf Gemmen erwähnt) —, vor allem aber Ablanatho, der als Eigenname behandelt wird, jedoch im Grunde nichts anders ist als der Kosename des Palindroms Ablanat(h)analba. Für dieses Palindrom, das in den Zaubermaterialien in Hülle und Fülle vorkommt, hat man bisher noch keine befriedigende Etymologie vorschlagen können (man kann allenfalls sagen, daß der Mittelteil des Wortes im Semitischen einen Sinn hat). Es ist u.a. ein Beispiel für die Bildungsweise der Zauberwörter, das darüberhinaus zeigen kann, wie diese sich in eine Gestalt aus der Dämonenwelt verwandeln können, auf analoge Weise vielleicht zu der umgekehrten Entwicklung von Namen von Dekanen zu Zauberwörtern.

Die Schwierigkeit, Götternamen und Zauberwörter auseinanderzuhalten, auf die oben hingewiesen wurde, gilt sogar für Abrasax. Überhaupt muß der Sinn, mit dem sowohl der Ratsuchende wie der Zauberer diese Ausdrücke versahen, uns verborgen bleiben. Das gilt auch für die auf Gemmen und in den Papyri so häufig vorkommenden Vokalreihen, die einen Anrufungscharakter haben dürften, manchmal sogar einem Götternamen entsprechen könnten. Auf jeden Fall wird der beschwörende und dringliche Charakter jeder Zauberhandlung deutlich betont durch die nachdrückliche Aufforderung am Schluß zahlreicher Bitten: Schnell! Schnell! Jetzt! Jetzt!

* * *

Die Haltung der ägyptischen Priesterschaft während der Römerzeit der Magie gegenüber scheint geschwankt zu haben, was wahrscheinlich von dem Hellenisierungsgrad der Betreffenden abhängig war. Wir haben oben auf Beispiele von Theurgie gewiesen in der Richtung des Neuplatonismus, der die letzte Stufe des hellenisierten Heidentums darstellt. Wenn wir aber das Alter des ägyptischen Zauberwesens berücksichtigen ebenso wie die Tatsache, daß die hauptsächlich demotischen, also späten Papyri jene unvollkommene Form der Wissenschaft, wie die pharaonische Magie eine war, überliefert haben, muß damit gerechnet werden, daß unsere griechischen (oder koptischen) Papyri noch Elemente eines Zauberwesens mitschleppen, das anfänglich priesterlichen Charakter hatte, aber inzwischen entsakralisiert worden war und durch die Einwirkung der ,,*Goeten*'' irgendwie in den Bereich des öffentlichen Lebens gelangt war.

Von nun an entspricht der religiöse Wortschatz der Zauberpapyri nicht länger genauen Glaubensvorstellungen, sein Zweck ist nun einfach zu täuschen. Das dürfte wohl auch für den Einfluß der Zauberliteratur auf andere religiöse Systeme als das ägyptische gelten. Die Zauberpapyri vermögen nicht, ein Bild der im römischen Ägypten wirksamen religiösen Kräfte zu geben; man kann allenfalls versuchen, die unterschiedlichen Einflüsse religiösen Ursprungs, die sich noch in den Texten bemerkbar machen, abzuwägen und zu datieren.

Feindselig war selbstverständlich die offizielle Haltung der Christen, die bis zum Übermaß gesteigert werden konnte; waren doch nach Bischof Dionysios von Alexandrien die Verfolgungen Kaiser Valerians kurz nach 250 n. Chr. vom Meister der ägyptischen Zauberer angeregt worden. Die Angst und der Haß, die sie den Christen einflößen, führen sogar dazu, daß diese ihnen verleumderische Anschuldigungen (z.B. des Kindermordes) anhängen.

Nach dem Sieg des Christentums hatte die Leichtgläubigkeit noch kein Ende genommen. Wenn wir dem Hl. Hieronymus glauben dürfen, war der Hl. Hilarion in Gaza (Palästina) Zeuge eines für ein junges Mädchen bestimmten Loszaubers von seiten eines verliebten Mannes, der ein Jahr in Memphis verbracht hatte, um dort die Zauberkünste zu lernen. Die Bezauberung erfolgte dadurch, daß unter der Schwelle des Hauses des Mädchens eine mit einer Inschrift versehene Kupfertafel vergraben wurde; der Heilige sprach jedoch eine Teufelsbeschwörung aus, so daß — den jüdisch-christlichen Anschauungen gemäß — ein böser Geist den Körper der Besessenen verließ.

Anders steht es um die heidnischen Philosophen. Porphyrius, der einige Zeit nach Dionysios schrieb, läßt sich spöttisch über bestimmte

Einzelheiten aus, die auch in den Papyri begegnen: Drohungen, die Mysterien der Isis zu offenbaren, die Geheimnisse des Tempels von Abydos zu enthüllen, das Sonnenschiff aufzuhalten und den Körper der Osiris von Typhon zerschneiden zu lassen. Auch macht er sich über den Gebrauch barbarischer und unverständlicher Wörter lustig, wo von einem ägyptischen Dämon die Rede ist. Seine Hinweise auf Chairemon, einen Zeitgenossen Neros, bestätigen übrigens das Alter der genannten Praktiken. Im 4. Jahrhundert, in dem große Prozesse anläßlich des Gebrauchs der Magie stattfanden, erwähnt ein anderer Philosoph, Jamblichos, daß ein Ägypter einen Geist heraufbeschwört; er selbst macht den Eindruck zu glauben, als handelte es sich bloß um einen Schwertfechter, m.a.W. um einen ,,bösen Toten'', der auf der niedrigen Stufe des Zaubers eine Rolle spielt, und nicht um Apollo.

Ein paar Tatsachen legen noch einige ergänzende Betrachtungen nahe. Da ein direkter Einfluß des Judentums auf die Magie in Ägypten seit dem Anfang der Regierung Hadrians (117 n. Chr.) nicht mehr möglich ist und der Gnostizismus in Ägypten nicht vor diesem Zeitpunkt auftritt, sieht es aus, als hätte man es hier mit zwei chronologisch aufeinanderfolgenden Entlehnungsperioden magischer Wörter zu tun. Andererseits haben wir keine Gemmen mit demotischem Text und stammen die ersten datierbaren ,,Zauber''gemmen aus den Jahren unmittelbar nach dem Tode Hadrians (d.h. kurze Zeit nach 138 n. Chr.); die älteste authentische Erwähnung in einem Zauberbuch (Pachrates) kann ihrerseits nicht vor 130 n. Chr. datiert werden. Darum kann angenommen werden, daß die Gemmen im allgemeinen nach dem Anfang des zweiten Jahrhunderts n. Chr. anzusetzen sind, zumal da in diesem Jahrhundert das Demotische durch das Koptische und vor allem das Griechische endgültig beseitigt worden ist.

Ein großer ägyptischer Zauberpapyrus, dessen Teile sich heutzutage in Leiden und in London befinden und den man in Theben zusammen mit griechischen Zauberpapyri gefunden hat, stammt nach den Spezialisten aus dem zweiten Jahrhundert n. Chr. Er ist in demotischer Sprache verfaßt und enthält koptische Glossen und einige Abschnitte im Griechischen; nach Ansicht der Ägyptologen ist er aus dem Griechischen übersetzt worden. Da er Zaubernamen aus dem Judentum und dem Gnostizismus kennt, muß angenommen werden, daß diese unmittelbar in die griechischen Texte eingedrungen sind. Dies stellt indirekt das Problem des eventuellen Zusammenhangs zwischen dem ägyptischen Zauberwesen, das bis in die entferntesten Zeiten zurückreicht, und der Magie, wie wir sie in der Römerzeit finden. Man hat tatsächlich das Gefühl einer Zäsur, die vielleicht durch die folgenden Überlegungen zu erklären wäre.

Seit Alexander dem Großen ist die orientalische Welt zur geistigen Eroberung der Welt der Sieger angetreten; dafür liefert in dem uns hier interessierenden Bereich die „Hellenisierung" der persischen Magier, die von J. Bidez und F. Cumont untersucht wurde, ein charakteristisches Beispiel. Etwas Ähnliches geschah nach der Eroberung des östlichen Mittelmeerraumes durch die Römer, und die Ägypter waren besonders bemüht, das Alter ihrer Lehren zu loben. Einer der „Lobhudler", die übrigens hellenisierte Eingeborene waren, war Apion, der Vorgänger von Chairemon. Zu diesen Tendenzen traten neue Elemente, die auf unterschiedlichem Wege aus der *Pax Romana* hervorgingen, nämlich ein zweifacher — wissenschaftlicher und religiöser (um nicht zu sagen mystischer) — Wissensdrang.

Einige Gelehrte haben die jüdische Mystik und die Gnosis aus einer Art Verzweiflung heraus zu erklären versucht, die, was erstere angeht, auf die Zerstörung des Tempels von Jerusalem im Jahre 70 n. Chr. folgte. Das leuchtet jedoch nicht ohne weiteres ein. Vielmehr fällt es ins Auge, daß seit 135 n. Chr. (Ende des jüdischen Aufruhrs von Barkochba und Umwandlung Jerusalems in Aelia Capitolina) das Problem der Weltschöpfung eines von den zwei Themen der jüdischen Mystik war und daß der zeitgenössische Gnostizismus von der Bibel eben nur die ersten Kapitel des Buches Genesis kennt. Die Rabbiner waren gleich bemüht, dieser Entwicklung entgegenzutreten, und sie ersetzten die Spekulationen über die Schöpfung durch Erzählungen über die überirdische Welt; diese Literatur über die Schöpfung aber fand im Gefolge des Gnostizismus eine ziemlich breite Aufnahme in die Zauberpapyri.

So kannte diese Periode, die im wesentlichen die Regierungen von Hadrian und Antoninus Pius umfaßt, nicht sosehr eine Veränderung der Zauberhandlungstypen als vielmehr des Wort- und Formelschatzes der Beschwörungen. Etwas früher hatte der Einfluß des Judentums sich geltend gemacht unter Bedingungen, die wir besser kennen möchten. Nach der plötzlichen und relativ kurzen Blüte des Gnostizismus gibt es keine neuen Elemente mehr, die den geheimnisvollen Charakter der

Anrufungen der Zauberpapyri vergrößern können, ausgenommen vielleicht die Namen der ägyptischen Dekane, deren Popularität im gleichen Maße wuchs wie die Beliebtheit der Astrologie. Die Ursachen für diese ,,Herabwürdigung'' des Zauberwesens sind nicht bekannt. In Frage kommen vielleicht die Vulgarisierung der Magie, von der Celsus spricht, oder eine Tendenz zum Neuplatonismus bei einem aufgeklärten Klerus (Ursache oder Folge). Dessenungeachtet lebte die Magie weiter in der Form, die sie im 2. Jh. n. Chr. angenommen hatte. Dies wird bestätigt durch die Abbildung von für die Gemmen charakteristischen Bildern in einem Papyrus aus dem 3. oder 4. Jh. n. Chr. Nur durch eine relative Christianisierung wird eine Reihe allzu ausgeprägter heidnischer Züge beseitigt.

LITERATURVERZEICHNIS

Barb, A. A., *Abraxas-Studien* in *Hommages à Waldemar Deonna* (Coll. Latomus 28), Bruxelles 1957, 67-86.

Bonner, C., *Studies in Magical Amulets chiefly Greco-egyptian* (University of Michigan Studies, Humanistic Series XLIX), Ann Arbor 1950.

Delatte, A. und Derchain, P., *Les intailles magiques gréco-égyptiennes* (Bibliothèque Nationale. Cabinet des médailles et antiques), Paris 1964.

Festugière, A. J., *L'idéal religieux des Grecs et l'Evangile*, Paris 1932 (S. 281-328: La valeur religieuse des papyrus magiques).

Gardiner, A. H., *Magic (Egyptian)* in J. Hastings, *Encyclopaedia of Religion and Ethics* VIII, 1915, 262-269.

Guéraud, O., *Deux textes magiques du Musée du Caire* in *Mélanges Maspéro II. Orient grec, romain et byzantin*, Le Caire 1935-1937, 201-212.

Hopfner, Th., *Griechisch-ägyptischer Offenbarungszauber* (Studien für Paläographie und Papyruskunde XXI et XXIII), Leipzig 1921 und 1924.

Hubert, H., *Mageia* in C. Daremberg-E. Saglio, *Dictionnaire des antiquités grecques et romaines*, Paris 1904, 1494-1521.

Philonenko, M., *L'anguipède alectorocéphale et le dieu Iaô* in *Comptes rendus de l'Académie des Inscriptions et Belles-Lettres*, Paris 1979, 297-304.

Preisendanz, K., *Akephalos, der kopflose Gott* (Beihefte zum Alten Orient 8), Leipzig 1926.

Preisendanz, K., *Papyri Graecae Magicae*, Leipzig 1928-1931.

Smith, Kirby Flower, *Magic (Greek and Roman)* in J. Hastings, *Encyclopaedia of Religion and Ethics* VIII, 1915, 269-289.

Wünsch, R., *Antike Fluchtafeln* (Kleine Texte 20), Berlin 1912.

* Der Autor dankt Prof. Dr. G. de Smet (Gent) für die Übersetzung und die Fondation Hardt (Vandoeuvres) für Unterstützung.

XX
THRAKISCHE UND DANUBISCHE REITERGÖTTER
und ihre Beziehungen zu Orientalischen Kulten

MANFRED OPPERMANN
(Halle/S. DDR)

Im thrakischen Raum, der sich im wesentlichen mit dem Ostteil der Balkanhalbinsel deckt, begegnet uns auf Gegenständen der Toreutik und der Glyptik während der 2. Hälfte des 1. Jahrtausends v. Chr. mehrfach das Reiterbild. Obwohl den einzelnen Denkmälern eine unterschiedliche Aussagekraft zukommt, so geht doch aus der Gesamtheit der Zeugnisse eindeutig hervor, daß bereits damals die Vorstellung von einer berittenen Gottheit ihren festen Platz im Bewußtsein der Thraker hatte. Aber die von der thrakischen Kunst der vorrömischen Zeit überlieferten Reiterbilder zeigen noch keine festgelegte Typik und haben auch auf die ikonographische Gestaltung der römerzeitlichen Weihreliefs keinen direkten Einfluß ausgeübt.

Es ist eine schon relativ früh geäußerte Erkenntnis, daß das für den Thrakischen Reiter so charakteristische ikonographische Schema des auf seinem Pferde ruhig sitzenden Reiters, der meist in seiner Rechten eine *Patera* hält (Typus A), und das Bild des berittenen Jägers (Typus B) ohne die Vorbildwirkung griechischer Heroenreliefs undenkbar sind. Bot doch gerade die Heroenverehrung bei den Griechen in mancher Hinsicht direkte inhaltliche Anknüpfungspunkte zum Thrakischen Reiter, der in vielen Inschriften gleichfalls als Heros (″Ηρως) bezeichnet wurde und der auf Votivreliefs den thrakischen Gott selbst, auf Grabstelen aber den heroisierten Verstorbenen, welcher dann gleichsam der Gottheit angeglichen wurde, bedeuten konnte.

So ist es nur folgerichtig, wenn in Werkstätten der griechischen Kolonien an der Westküste des Schwarzen Meeres und im nördlichen Bereich der Ägäis die ältesten Votiv- und Grabreliefs mit der Darstellung des Thrakischen Reiters entstanden sind, was spätestens in frühhellenistischer Zeit geschehen sein muß. Die Funde zeigen eindeutig, daß es damals noch keine Massenproduktion gab. Im Binnenland kennen wir dagegen die ersten steinernen Weihreliefs unserer Gottheit erst aus der Mitte oder dem dritten Viertel des 2. Jh. n. Chr.. Ihre stilistische Anlehnung an griechische Vorbilder ist noch relativ eng. Infolge des fortschreitenden Gräzisierungsprozesses verbreiterte sich gegen Ende des 2. Jh. die soziale Basis für die Votivstele beträchtlich, so daß nunmehr auch mittlere und teilweise untere Schichten der städtischen Bevölkerung, viele Bauern der Dörfer und Soldaten als Dedikanten hervortreten. Man kann jetzt eine massenhafte Anfertigung von Weihreliefs und steinernen Votivstatuetten beobachten, die erst um die Mitte des 3. Jh. infolge der katastrophalen Barbareneinfälle und des rapiden wirtschaftlichen Niederganges unserer Provinzen eine starke Einschränkung erfährt. Aus der Periode dieser Massenproduktion, die vom Ende des 2. bis zur Mitte des 3. Jh. im wesentlichen kaum mehr als 80 Jahre umfaßt haben dürfte, kennen wir allein aus den Gebieten zwischen unterer Donau und ägäischer Nordküste mehr als zweitausend Denkmäler mit dem Bilde des Thrakischen Reiters.

In diesem ostbalkanischen Raum lag zweifellos das Zentrum unseres Kultes. Aber auch in den heute zu Griechenland und Jugoslawien gehörenden Gegenden des alten Makedonien ist der Thrakische Reiter nachgewiesen. Wie die jugoslawische Archäologin A. Cermanović-Kuzmanović zeigen konnte, sind die meisten der auf dem Boden des heutigen Jugoslawien bekannten Denkmäler unseres Kultes im Süden des Landes und in Ostserbien nahe der bulgarischen Grenze gefunden worden. Nach Westen nimmt ihre Zahl rapide ab, und auch in Rumänien haben die dakischen Gebiete im Vergleich zu den Territorien südlich der Donau relativ wenige Zeugnisse erbracht. In anderen Provinzen sind Denkmäler des Thrakischen Reiters nur eine sporadische Erscheinung und verdanken ihr Vorkommen meist der Stationierung von Soldaten thrakischer Herkunft.

Unter den Dedikationen läßt sich eine Gruppe feststellen, wo der Name Ἥρως (*Heros*) vorkommt, zu dem nicht selten noch thrakische, griechische und lateinische Epitheta treten können. Daß dieser Heros tatsächlich ein Gott ist, beweisen jene Inschriften, bei denen noch die Bezeichnung θεός (=Gott) oder κύριος (=Herr) hinzugefügt wird. Außerdem gibt es einige Fälle, wo neben dem Wort Ἥρως ein griechischer oder römischer Göttername steht. Diese Beispiele leiten zu einer zweiten Gruppe über. Hier findet man nicht den Ausdruck Ἥρως. Die Gottheit wird als κύριος (bzw. *dominus*) oder θεός (bzw. *deus*) angeredet und mit dem Namen eines griechischen oder römischen Gottes als Apollon, Asklepios, Silvanus usw. bezeichnet. Zu einer dritten Gruppe könnte man jene Dedikationen zusammenfassen, in denen weder die griechisch-römischen Götternamen noch die Bezeichnung Ἥρως vorkommen, sondern sich nur θεός (bzw. *deus*) oder κύριος mit oder ohne Beinamen finden. Schließlich existiert noch eine Anzahl von Weihungen, wo sich der Dedikant nur mit der Angabe des thrakischen Epitheton begnügte. Unter diesen thrakischen Epitheta dürfte es eine relativ große Gruppe geben, die vom Ortsnamen des betreffenden Kultplatzes abgeleitet sind.

Gewiß sind an diesen Kultplätzen schon in vorrömischer Zeit thrakische Gottheiten verehrt worden. Diese wurden dann später mit funktionsverwandten griechischen und teilweise römischen Göttern identifiziert. Eine solche *Interpretatio Graeca* oder *Romana* einheimischer Kulte findet dann auf den Weihtafeln mit der bekannten Bildgestaltung von Asklepios und Hygieia, von Apollon oder dem römischen Silvanus ihren Ausdruck. Daneben begegnet man auf zahlreichen Weihreliefs dem Reiterbild, das den einheimisch-thrakischen Kultvorstellungen dann am ehesten entsprochen haben dürfte. Eine direkte ikonographische Verschmelzung von Reiterbild und griechisch-römischem Bildtypus ist relativ selten nachzuweisen. Zu dieser Kategorie gehören der reitende Asklepios im Heiligtum von Batkun (Bez. Pazardžik), der Silvanus-Reiter in Liljače (Bez. Vraca) sowie die Darstellungen eines berittenen Ares und Dionysos. Interessant ist in diesem Zusammenhang eine Reliefplatte aus Basarbovo (Bez. Ruse), die dem Jupiter Optimus Maximus und der Juno geweiht ist und wo beide Götter auf Reittieren dargestellt sind.

Was nun den Charakter des Thrakischen Reiters und seinen Funktionsbereich betrifft, so muß man hier stets das lokale Spezifikum im Auge behalten. In der Forschung wurde mehrfach der Versuch unternommen, die ikonographisch und epigraphisch zu erschließenden Funktionen dieses Reitergottes zusammenzustellen. Gegen ein solches Vorgehen wäre natürlich im Prinzip schwerlich etwas einzuwenden. Nur ist es höchst bedenklich, wenn man dann ohne Rücksicht auf die lokal bedingten Spezifika unserer Gottheit alles summiert, so daß ein thrakischer All-Gott konstruiert wird, den es zumindest in dieser Form nicht gegeben hat.

Dem Leser dürfte kaum entgangen sein, daß bisher von Einflüssen aus dem Osten und Beziehungen des Thrakischen Reiters zu orientalischen Kulten noch keine Rede war. Das hat durchaus seinen Grund. Denn es kann nicht deutlich genug betont werden, daß der Thrakische Reiter oder Heros als einheimische Gottheit auf dem Boden des Ostbalkanraumes entstanden ist. Desgleichen sind die auf einer Hirschkuh reitende Artemis-Diana sowie die wenigen Denkmäler, die Hermes auf einem Widder reitend darstellen, in der religiösen Vorstellungswelt des Thrakerlandes fest verwurzelt.

Die kulturellen Wechselbeziehungen zwischen den ostbalkanischen Gebieten und Kleinasien waren schon immer sehr eng gewesen, was angesichts der geographischen Lage nur verständlich ist. Erinnert sei in diesem Zusammenhang an die Tatsache, daß es im 2. und frühen 1. Jahrtausend v. Chr. mehr oder weniger eindeutig belegbare Migrationsbewegungen aus dem thrakisch-makedonischen Raum nach Kleinasien gegeben hatte. Im Zuge dieser Ereignisse formierte sich auch das Volk der kleinasiatischen Phryger, die mit den Thrakern eng verwandt waren. So überrascht es nicht, wenn die kleinasiatisch-phrygische Göttin Kybele den Thrakern Südosteuropas schon früh bekannt war.

Die in den westpontischen Städten gefundenen Weihreliefs mit der Darstellung dieser Göttin gehören mit zu den ältesten steinernen Votivreliefs vorrömischer Zeit, die am Westpontus entdeckt wurden. Im späten 2. und im 3. Jh. sind Kybelereliefs dann auch im thrakischen Binnenland weit verbreitet. Wir verfügen sogar über Hinweise, daß die Göttin bis zu einem gewissen Grade in die einheimischen Kulte integriert worden ist. Ferner existieren einige Weihplatten, auf denen Kybele mit anderen Gottheiten wie Artemis-Diana und Herakles abgebildet wird. Man hat vorgeschlagen, die sitzende Frauenfigur auf einigen Votivtafeln des Thrakischen Reiters, die man in Fundorten der Dobrudscha entdeckt hatte, als Kybele zu interpretieren. Eindeutig ist das allerdings nur bei zwei Weihreliefs, die aus Tomis (Constanţa) stammen (*CCET* IV, Nr. 35, 37) und dort im späten 2. Jh. gearbeitet sind. Auf beiden Reliefs sieht man rechts vom Reiter die zwischen zwei Löwen thronende Kybele. Ein weiteres Zeugnis für eine Kultgemeinschaft zwischen dem thrakischen Reitergott und jener in Kleinasien beheimateten Göttin besitzen wir von der Insel Thasos, die vor der griechischen Kolonisation ganz von Thrakern bewohnt war und auch noch während der Kaiserzeit ein beachtliches thrakisches Bevölkerungselement aufzuweisen hatte. Es handelt sich um eine griechische Weihinschrift, die in die 1. Hälfte des 2. Jh. zu datieren ist und auf einem marmornen Türsturz eingemeißelt wurde. Die Dedikation richtet sich an den Thrakischen Heros (Κύριος ῞Ηρων δεσπότης), an Kybele, die hier Μεγάλη Γαλλία ἀθανάτη bezeichnet wird, und an die Dea Syria (Μεγάλη Σύρων ἀγνὴ δέσποινα) (*Bulletin de Correspondance Hellénique* 64/65, 1940/41, S. 201 ff.). Diese Dea Syria war während der Römerzeit auch im thrakischen Binnenland bekannt. In diesem Zusammenhang sei nur auf einen Altar aus Philippopolis (Plovdiv) (IGBulg. III, 1, Nr. 918) hingewiesen, der während der 2. Hälfte des 2. Jh. von einem thrakischen Priester dieser Göttin dem Apollon Kendrisos geweiht wurde. Der Kreis schließt sich hier, wenn man berücksichtigt, daß dieser thrakische Apollon Kendrisos, der übrigens die Hauptgottheit von Philippopolis war, auch als Thrakischer Reiter auf steinernen Weihreliefs erscheinen kann.

Ähnlich wie Kybele ist auch Sabazios in Kleinasien beheimatet. Er war in erster Linie eine thrako-phrygische Gottheit, die im thrakischen Binnenland schon früh bekannt gewesen sein muß. Und in der Tat besitzen wir eindeutige Hinweise dafür, daß in den Rhodopen und selbst in der thrakischen Ebene nördlich der Rhodopenkette bereits in vorrömischer Zeit Kultstätten dieses Gottes existiert hatten. Offenbar hat es damals schon eine engere Beziehung zwischen Sabazios und unserem thrakischen Heros gegeben. Als Beleg hierfür darf wohl eine Reliefstele angesehen werden, die im Jahre 1914 in Istanbul erworben wurde und später in das Britische Museum gelangte. Abgebildet ist ein bärtiger Reiter, der in seiner Rechten ein Blitzbündel hält. Rechts wird das Bildfeld von Krater, Altar, Baum mit Schlange und Adler, den der Steinmetz in der Baumkrone sitzend dargestellt hat, abgeschlossen. Die griechische Inschrift, die wohl auf Grund ihres Schriftcharakters das Denkmal noch in das 1. Jh. v. Chr. datieren könnte, lehrt, daß wir es hier mit Zeus Sabazios zu tun haben. Das Monument dürfte am ehesten aus dem nordwestlichen Kleinasien stammen, wo es ein starkes thrakisches Bevölkerungselement gab und wo gleichzeitig der phrygische Einfluß nicht unbedeutend gewesen sein kann. Nach unserer bisherigen Kenntnis hat aber diese interessante und originelle Ikonographie im thrakischen Binnenland während der Römerzeit keine direkte Nachahmung gefunden. Denn auf einer steinernen Weihplatte, die in Philippopolis gefunden wurde und dort während der 1. Hälfte des 3. Jh. gearbeitet worden ist, sieht man oben den stehenden Sabazios und darunter den nach rechts galoppierenden Thrakischen Reiter. In seiner Linken hält der thrako-phrygische Gott ein Szepter. Links und rechts in den Akroteren, die den dreieckigen Plattenabschluß flankieren, erscheinen die Büsten von Sol und Luna. Man hat sie übrigens auch im unteren Bildfeld bei der Darstellung des Reiters abgebildet. Zu beiden Seiten des Sabazios erkennt der Betrachter noch kleinere Figuren. So sind auf der linken Seite Hermes und darüber Pan dargestellt worden, während man rechts oben die Person als Fortuna-Tyche identifizieren kann. Die darunter befindliche Figur wurde zwar als Daphne gedeutet, aber dies bedarf noch einer sorgfältigen Untersuchung am Original selbst, das heute im Archäologischen Museum der Stadt Plovdiv aufbewahrt wird. Obwohl auf diesem Relief Sabazios und der Thrakische Reiter getrennt abgebildet werden, so ist andererseits die phrygische Mütze auf dem Kopf unseres Reitergottes eindeutig der Sabaziosikonographie entlehnt worden. Seine Rechte hat er in der Gebärde der *Benedictio Latina* erhoben, die im Sabazioskult eine große Rolle spielte, aber auch sonst auf zahlreichen Denkmälern unseres Thrakischen Reiters nachgewiesen werden kann.

Auf die große symbolische Bedeutung dieses Gestus in der Religion des Sabazios weisen die zahlreichen Votivhände hin, von denen einige in den römischen Provinzen Thrakien, Mösien und Dakien gefunden wurden. Völlig ohne Parallele ist jedoch eine Votivhand aus Elfenbein, die man vor mehreren Jahren beim Dorfe Krasen (Bez. Tolbuhin) entdeckt hatte. Daumen, Zeige- und Mittelfinger halten eine geöffnete Nußschale, die das Bild eines Reiters zeigt. Man kann an dieser meisterhaft geschnitzten Darstellung erkennen, daß der Reiter mit seiner Lanze einen Bären tötet, der bereits auf den Rücken gefallen ist. Die gesamte Ikonographie ähnelt so sehr den uns bekannten Jagdszenen auf Weihplatten des Thrakischen Reiters, daß diese im späten 2. oder eher im 3. Jh. gearbeitete Votivhand unmöglich vom Kult des thrakischen Reitergottes getrennt werden kann. Obwohl hier ikonographisch keine direkte Beziehung zu Sabazios existiert, so ist es doch nicht unwahrscheinlich, daß gewisse Kultpraktiken des Sabazioskultes gerade im 3. Jh. beim

Thrakischen Reiter Eingang gefunden haben, was ja auch die Gebärde der *Benedictio Latina* auf den Reiterreliefs bezeugen dürfte.

Antike Schriftquellen und archäologische Denkmäler belegen für Thrakien die Existenz eines Sonnenkultes, der heute bis weit in prähistorische Zeiten zurückverfolgt werden kann. Zweifellos lassen sich zumindest Elemente dieses bodenständigen, aber doch lokal unterschiedlich geprägten und nuancierten Solarkultes auch beim Thrakischen Reiter nachweisen. Diese ältere, auf einheimischen Solarvorstellungen basierende Schicht ist im Kult unserer Reitergottheit jedoch zu trennen von einer jüngeren, die deutlich im 3. Jh. faßbar wird und orientalischer Provenienz ist. Das überrascht keineswegs, da damals Solarkulte östlicher Prägung auf das religiöse Leben im Ostbalkanraum einen nachhaltigen Einfluß ausgeübt hatten. Die gesellschaftlichen Träger waren zu einem beträchtlichen Prozentsatz Angehörige des Heeres, weshalb besonders am unteren Donaulimes derartiges Gedankengut auf fruchtbaren Boden fiel. In der Tat wird dies auch durch die Denkmäler glänzend bestätigt. Was speziell den Thrakischen Reiter betrifft, so sei in diesem Zusammenhang lediglich auf ein Weihrelief aus Krivnja (Bez. Razgrad) (Kaz., *Thr. R.*, Nr. 557, Abb. 286) hingewiesen, auf dem das Haupt des göttlichen Reiters von einem Strahlenkranz umgeben wird.

Daß sich während dieser Epoche vor allem in den limesnahen Gebieten des Thrakerlandes der Mithraskult größter Popularität erfreute, wird durch zahlreiche Monumente dieses iranischen Gottes in eindrucksvoller Weise belegt. Viele Mithrasreliefs sind in denselben Werkstätten gearbeitet worden, die auch Votivstelen des Thrakischen Reiters hergestellt haben. Somit erklärt sich die häufig zu beobachtende frappante stilistische Übereinstimmung beider Denkmälergruppen, was für eine Datierung der Mithrasstelen dieses Raumes bisher noch zu wenig genutzt wurde. Aber ein direkter Einfluß der mithräischen Religion auf den Kult des Thrakischen Reiters ist nicht nachweisbar. Das Motiv der Sol-Luna-Büsten wurde hier zwar den Mithrasreliefs und den der Donauländischen Reiter, auf die wir später noch zu sprechen kommen, entlehnt, findet sich aber nur ganz selten auf Weihplatten unseres thrakischen Reitergottes.

Seit Beginn des 3. Jh. erfährt die Ikonographie des Thrakischen Reiters eine wesentliche Bereicherung, was natürlich nur für einige Gruppen sorgfältiger ausgearbeiteter Reliefs zutrifft. Jetzt wird auch der

Typus C geschaffen, der den Reiter mit seiner Jagdbeute wiedergibt. Gleichzeitig findet der Löwe in den Motivschatz unserer Denkmäler Aufnahme. Entscheidend ist dabei, daß dieses Tier in der Funktion des Hundes und somit als Begleiter des Heros und nicht als sein Feind erscheint. Zweifellos sollte auf diese Weise die Macht des göttlichen Jägers unterstrichen werden. Auf einigen Weihreliefs hat man dargestellt, wie der Löwe einen Stier schlägt, der bereits zusammengebrochen ist. Diese Löwe-Stier-Gruppe in ihrer üblichen Komposition ist von vielen Forschern nicht zu Unrecht in astrologischem Sinne gedeutet worden, indem der Löwe als Tierkreiszeichen des Sommers und somit als Symbol der Hitze den Stier als Sinnbild des Frühlings und der erwachenden Vegetation tötet. Das Bildmotiv tritt hier keineswegs lokal begrenzt auf und findet sich dementsprechend auf Weihplatten, die aus verschiedenen Heiligtümern kommen, in denen unsere thrakische Gottheit zumindest nicht überall die gleichen Aspekte gehabt hatte. Andererseits kann man jedoch feststellen, daß diese Szene nicht von Anfang an zum ikonographischen Repertoire unserer Votivstelen gehört hat, sondern erst seit dem 3. Jh. nachzuweisen ist. Trifft die oben angeführte Interpretation dieser Tierkampfgruppe zu, so könnte sie in diesem konkreten Falle als Zeugnis für die damals allgemein verstärkt hervortretende religiös-spekulative Weltsicht gewertet werden, die dann auch im Kulte des Thrakischen Reiters in allerdings beschränktem Grade ihre Widerspiegelung gefunden hätte. Aber selbst im 3. Jh. sind die Reliefs des Heros trotz ihres erhöhten Symbolgehaltes den einheimischen Religionsvorstellungen verpflichtet geblieben. Schließlich muß man in diesem Zusammenhang berücksichtigen, daß manches von dem, was auf den Stelen dieser Zeit bildhaft belegbar ist, im Grunde genommen unserem Kult inhaltlich schon früh immanent gewesen sein kann, wenngleich es erst jetzt mit Hilfe gängiger Bildschemata seinen symbolischen Ausdruck fand.

Ungleich deutlicher lassen sich orientalisch geprägtes Motiv- und Gedankengut in der Religion der Donauländischen Reiter nachweisen, wobei gleichfalls die jeweilige Entwicklungsstufe der entsprechenden Denkmäler berücksichtigt werden muß. Hier hat der rumänische Altertumswissenschaftler D. Tudor wahre Pionierarbeit geleistet, so daß jede zukünftige Beschäftigung mit dem Problem der Donauländischen Reiter unbedingt auf dem *Corpus Monumentorum Religionis Equitum Danuvinorum* (*CMRED*) aufbauen muß. Daß Thrakischer Reiter und Donauländische Reiter zwei deutlich voneinander zu trennende und verschieden strukturierte Kulte sind, kann heute nicht mehr in Zweifel gezogen werden. Nach dem um die Mitte der siebziger Jahre erreichten Kenntnisstand, der in jener Arbeit von D. Tudor reflektiert wird, sind 232 Monumente, die auf den Kult der Donauländischen Reiter bezogen werden können, bekannt. Im Vergleich zur Masse der Denkmäler des Thrakischen Reiters ist das ungefähr nur ein Zehntel. Aber andererseits läßt sich bei unserem donauländischen Kult eine größere Vielfalt im Charakter der Bildzeugnisse feststellen. Das beginnt schon beim Material, wo man außer 118 Steinreliefs recht unterschiedlicher Form und Größe 92 Bleireliefs, fünf Reliefs aus Terrakotta, vier aus Bronze, eines aus Kupfer und 13 Gemmen, deren Steinart bisher noch nicht durchgängig bestimmt wurde, anführen kann. Außerdem existieren noch zwei Formen zur Herstellung von Terrakottareliefs.

Was nun das Verbreitungsgebiet betriff, so stammen die meisten Denkmäler aus den römischen Provinzen Dakien, Mösien und Pannonien. Auch hier zeigt sich deutlich der Unterschied zum Thrakischen Reiter, der ja sein Zentrum zwischen unterer Donau und Nordküste der Ägäis hatte, so daß sich die Hauptverbreitungsgebiete beider Kulte eigentlich nur im niedermösischen Bereich direkt überschneiden.

Da Votivinschriften fehlen, gründet sich unser Wissen einzig und allein auf eine Interpretation der Bildinhalte. Ausgangspunkt ist eine Klassifikation, wobei sich heute die von D. Tudor vertretene Einteilung in drei Gruppen allgemein durchgesetzt hat. Zur Klasse A zählt man 31 veröffentlichte Stücke, wovon allein 17 Exemplare aus Dakien und sieben aus den beiden mösischen Provinzen stammen. Es handelt sich dabei um solche Denkmäler, auf denen in der Hauptszene nur ein Reiter abgebildet ist. Rechts vom Pferd erkennt man eine Göttin und meist noch ihre Begleiter. Bei der Klasse B bildet das Zentrum der zentralen Komposition die Göttin selbst, der sich von rechts und links je ein Reiter nähert. Wir haben also gleichsam eine Verdoppelung des ursprünglich einen Donauländischen Reitergottes vor uns. Als Klasse C betrachtet D. Tudor nur vier Steinreliefs, die alle aus der Dobrudscha kommen und somit eine lokal begrenzte Gruppe bilden dürften. Die Trias von Klasse B wurde hier nur auf die Wiedergabe der Büsten von zwei Reitern und der zentralen Göttin beschränkt. Deutlich kommt bei diesen Beispielen die Beziehung zum göttlichen Mahl zum Ausdruck, das ebenfalls auf die Darstellung der Büsten jener drei Göttheiten reduziert wird und sich in der oberen Bildzone vieler Steindenkmäler der Klasse B findet.

Wie D. Tudor richtig annimmt, ist zuerst in Anlehnung an die Ikonographie des Thrakischen Reiters der Bildtypus A geschaffen worden. Da sich bisher die meisten Exemplare dieser Art in Dakien gefunden haben, lokalisiert er hier die Entstehung und Formierung der Denkmäler des einzelnen Donauländischen Reiters. Dies soll demnach kurz nach der Konstituierung der römischen Herrschaft in diesem Raum nördlich der Donau geschehen sein. Nach Ansicht des rumänischen Wissenschaftlers sind die Monumente der Klasse A wohl noch durchgängig in das 2. Jh. zu datieren und erst gegen Ende des Jahrhunderts hätte man jenen zweiten Typus (Klasse B) durch Verdoppelung des Reiters geschaffen, der dann bis in das ausgehende 3. oder vielleicht sogar noch bis ins 4. Jh. nachzuweisen ist.

Im Prinzip stimmen wir dieser Klassifikation zu. Unserer Ansicht nach sollte man jedoch der Tatsache größere Beachtung schenken, daß viele Steinreliefs der Donauländischen Reiter in Werkstätten zusammen mit Weihplatten des Thrakischen Reiters, des Mithras und vieler anderer Gottheiten hergestellt wurden. Dadurch ergibt sich die Möglichkeit, unabhängig von der Bildthematik lokale Stilgruppen aufzustellen. Da nun nicht wenige in Dakien, Mösien und Thrakien gefundene Weihplatten sowohl des Thrakischen Reiters als auch solche manch anderer Götter Inschriften tragen und hier auf Grund paläographischer Beobachtungen eine — wenngleich nur in allgemeinen Umrissen — relative Chronologie möglich ist, sind die auf diesem Wege gewonnenen Anhaltspunkte für eine grobe zeitliche Fixierung der Steinreliefs unseres donauländischen Kultes nicht uninteressant. So haben unsere in dieser Hinsicht angestellten Beobachtungen ergeben, daß unter rein stilistischen Aspekten betrachtet, das Relief (*CMRED* I, Nr. 1) aus dem dakischen Apulum mit einer Stilgruppe von Weihreliefs des Thrakischen Reiters verbunden werden kann, die nördlich und südlich des Balkan verbreitet war und vom Ende des 2. bis zum Anfang des 3. Jh. datiert werden kann. Dies führt zu dem Schluß, daß das Apulum-Relief, das wir übrigens zu den ältesten Exemplaren unter den bisher bekannten Denkmälern der Donauländischen Reiter zählen, nicht in der 1. Hälfte des 2. Jh., sondern frühestens erst im letzten Drittel dieses Jahrhunderts entstanden sein kann. Durch weitere Untersuchungen dieser Art sind wir zu der Überzeugung gelangt, daß ein Großteil der Steinreliefs mit der Darstellung nur eines Donauländischen Reiters (Klasse A) in die ersten Jahrzehnte des 3. Jh. datiert werden muß, da sich in ihrer Faktur frappierende stilistische Übereinstimmungen zu Weihplatten anderer Gottheiten aus dieser Zeit nachweisen lassen. Demnach hatte man während des 1. Viertels des 3. Jh. in Werkstätten an der unteren Donau sowohl Steinreliefs der Klasse A als auch solche der Klasse B parallel hergestellt.

Geht man von der allgemeinen Entwicklung der steinernen Weihplatten in den donauländisch-balkanischen Provinzen aus, so ist mit einem Auftreten von Reliefs mit der Darstellung des Donauländischen Reiters kaum vor Mitte des 2. Jh. zu rechnen. Zumindest kennen wir bis heute kein älteres Exemplar. Als es dann im Verlaufe der 2. Hälfte des 2. Jh. an der unteren Donau zu einer Weihplattenproduktion kam, schuf man in mehr oder weniger enger Anlehnung an den Thrakischen Reiter auch das Bild des einzelnen Donauländischen Reiters. Aber schon die frühen donauländischen Platten zeichnen sich als Zeugnisse eines selbständigen Kultes allein dadurch aus, daß unter dem Pferd ein überwundener Feind dargestellt wird und eine Göttin auf den Reliefs figuriert. Die Zentren, in denen sich die Ikonographie des Donauländischen Reiters formierte, müssen im Bereich des mösischen Donaulimes und in Dakien gesucht werden. Ungefähr um 200 entsteht dann die Bildkomposition der Klasse B. Der rumänische Altertumswissenschaftler D. Tudor hat völlig recht, wenn er dabei auf die ikonographische Vorbildwirkung der Dioskurenreliefs verweist. Zumindest in renommierten Steinmetzateliers wird es auch Mustervorlagen mit dem Bilde der antithetisch komponierten Dioskuren, die eine zentrale Göttin flankieren, gegeben haben. Die Ursache für die Verdoppelung im donauländischen Kult ist natürlich inhaltlicher Natur, wobei die hier bevorzugte Dreizahl eine nicht zu übersehene Rolle gespielt hat. Die Weiterentwicklung des donauländischen Reiterkultes wird besonders deutlich durch die Denkmäler der Klasse B reflektiert. Im 2. Viertel des 3. Jh. dürften die Reliefs der Klasse A kaum noch produziert worden sein. Zumindest hat ihre Ikonographie für die Formierung der Szenen auf den zahlreichen Metall- und speziell Bleireliefs, die jetzt mehr und mehr in Mode kamen, sowie auf den

Gemmen keine Rolle mehr gespielt. Diese Denkmälerkategorie ist dann bis ins beginnende 4. Jh. bestimmend gewesen. Seit der Mitte des 3. Jh. dominieren also eindeutig die Metallplatten. Gleichzeitig verlagert sich auch der geographische Schwerpunkt. Während allein Oberdakien bisher 35 Steinreliefs geliefert hat und damit eindeutig an der Spitze liegt, kennen wir von hier nur ein Bleirelief, das noch vor der Räumung dieser Karpatenprovinz im Jahre 271 datiert werden muß. Demgegenüber stammen von insgesamt 96 Bleiplatten allein 56 Exemplare aus Ober- und Niederpannonien.

Gewiß sind die Wurzeln dieser Religion in denjenigen Gebieten zu suchen, wo auch die ältesten Denkmäler gefunden wurden. Es ist durchaus lohnend, in vorrömischen Bildzeugnissen aus dem karpato-niederdonauländischen Bereich Elemente unseres späteren Kultes nachzuweisen. Nur muß man sich von vornherein darüber im klaren sein, daß jene Denkmäler in einer ganz anderen Bildtradition stehen und daß es sich dabei vorrangig um toreutische Erzeugnisse handelt, die eine andere Funktion als die Weihreliefs der Römerzeit hatten. Obwohl uns eine direkte Herleitung des Kultes der Donauländischen Reiter aus der skythisch-iranischen Welt des nördlichen Pontus nicht zuzutreffen scheint, wie dies M. Rostovtzeff seinerzeit vermutet hatte, so kann man diese These des russischen Altertumswissenschaftlers keineswegs völlig abtun, wenn man an die vielfältigen Beziehungen denkt, die während der vorrömischen Epoche zwischen dem nordpontischen und thrako-dakischen Raum existiert haben. Vielleicht ist es in Zukunft einmal besser möglich, die auf religiösem Gebiet vorhandenen Kontakte zwischen Skythen und Sarmaten einerseits und thrakischen Dakern sowie Geten andererseits präziser, als dies auf der Grundlage des uns heute zur Verfügung stehenden archäologischen Materials möglich ist, herauszuarbeiten. Während der Kaiserzeit sollte man die Rolle des Militärs nicht unterschätzen, da einige Kontingente der niederdonauländischen Armee auch an der nördlichen Schwarzmeerküste stationiert waren. Immerhin verdankt der Anwesenheit von Soldaten aus dem Balkan-Donau-Raum ein Heiligtum thrakischer Götter in Aj Todor auf der Krim seine Existenz. Umgekehrt dürften aber auch Religionsvorstellungen, die am Nordpontus seit langem heimisch gewesen waren, in Siedlungen und Militärlager an der unteren Donau gelangt sein.

Das wichtigste Attribut der Göttin auf den Denkmälern der Donauländischen Reiter ist der Fisch. Er ist anfangs wohl nur heilige Speise gewesen und wurde dementsprechend auch von den Mysten verzehrt. Mit der weiteren inhaltlichen Ausgestaltung dieser Religion erhielt der Fisch eine vertiefte symbolische Interpretation im Sinne lebenserhaltender Substanz und Kraft. Aber auch die Göttin unserer Denkmäler, die D. Tudor wohl mit Recht als Große Göttin auffaßt, ging ihrerseits synkretistische Bindungen mit anderen Gottheiten ein. Nicht ohne Grund sahen daher verschiedene Forscher in ihr eine Artemis-Anahita-Kybele-Rhea-Venus-Diana Ephesiana, eine Demeter, *Magna Mater,* Selene, Artemis-Bendis, Despoina-Nemesis oder Aphrodite Spandarmat. Allein schon das zeigt, daß diese Göttin keineswegs nur mit einer Gottheit identifiziert werden kann. So ist es auch schwerlich möglich, auf Grund des Fisches in ihr schlechthin eine Atargatis-Dea Syria zu sehen. In gleicher Weise erlauben uns einige Darstellungen, wo die Göttin den Pferden Futter reicht, nicht, sie durchweg mit Epona gleichzusetzen. Zweifellos haben wir es hier mit einer komplexen Gestalt zu tun, die im 3. Jh. auch Wesenszüge von Gottheiten orientalischer Provenienz in sich aufgenommen hat.

Daß die Reiter in den Bereich kriegerischer Götter angesiedelt werden müssen, kann kaum strittig sein. Unter dem Einfluß des römischen Heeres erscheint im 3. Jh. hier die Drachenstandarte auf Denkmälern der Klasse B; einer der Reiter oder beide tragen manchmal militärische Kleidung. Außerdem hat man der Szene in einigen Fällen noch die Figuren des Kriegsgottes Mars und der Siegesgöttin Victoria hinzugefügt. Bewaffnet sind die Reiter mit Doppelaxt oder Speer. Auf die Aktion beider Reitergottheiten weisen der bzw. die Gefallenen unter den Hufen der Pferde hin. Wie D. Tudor hervorhebt, handelt es sich dabei nicht um einen ausgeprägten Dualismus von Gut und Böse (*CMRED* II, S. 121 f.), sondern der Gefallene dürfte einfach nur das negative Element, das vom Reiter überwunden wird, verkörpern. Im übertragenen eschatologischen Sinne könnte man hier auch den Triumph des Lebens über den Tod sehen (ebd. S. 122). Wird der Fisch der Großen Göttin zugeordnet, so steht der Widder in engem inhaltlichen Zusammenhang mit dem bzw. den Reitern. Dabei ist es durchaus von Interesse, daß wir auf dem berühmten geto-dakischen Goldhelm aus Coţofeneşti (Bez. Prahova), der im 4. Jh. v. Chr. gearbeitet sein dürfte, auf beiden Wangenklappen je einen Widderopferer dargestellt finden. Bemerkenswert ist ferner, daß auf einem ähnlichen Silberhelm, der aus Agighiol (Bez. Tulcea) stammt, an Stelle der beiden Widderopferer je ein Reiter erscheint.

In ihrer entwickelten und ausgeprägten Form zeigen die Denkmäler der Donauländischen Reiter eine Dreiteilung des Bildfeldes. Dem Mittelfeld ist die Hauptszene mit der Darstellung der Göttin, eines oder zweier Reiter und der Begleitfiguren vorbehalten, zu denen auch Nemesis, die sich übrigens im militärischen Milieu an der unteren Donau großer Beliebtheit erfreute, gehört.

Wird in dieser Szene die eigentliche Handlung geschildert, von der wir außer dem Abgebildeten nichts weiter wissen, so begegnet uns in der oberen Reliefzone die ,,caelestische Sphäre". Schon allein die Büsten von Sol und Luna bezeugen den Einfluß der Mithrasreliefs auf Denkmäler unseres Kultes. Wie sich Solarvorstellungen des 3. Jh. auf die ikonographische Gestaltung unserer Reliefs ausgewirkt haben, wird besonders dadurch deutlich, daß auf mehreren Metallplatten das Bild des Sol Invictus auf seiner *Quadriga* anzutreffen ist. Eine solare Interpretation kann aber manchmal auch auf Figuren der Hauptszene übertragen werden, wobei dann die beiden Reiter mit der aufgehenden und untergehenden Sonne und die Göttin mit Luna identifiziert werden. In Zusammenhang mit einer kosmisch-eschatologischen Deutung müssen ferner die beiden Sterne, die auf einigen Reliefs direkt hinter den Köpfen der Reiter erscheinen, gesehen werden. Sie dürften wie bei den Dioskuren Hesperos und Phosphoros (Abend- und Morgenstern) bedeuten und im übertragenen Sinne die Idee von Tod und Wiedergeburt versinnbildlichen. In den ,,caelestischen Bereich" unserer Reliefs gehört auch das heilige Mahl, an dem die drei donauländischen Gottheiten teilnehmen. Allerdings ist die Szene so weit abgekürzt, daß vom Steinmetz nur noch die Büsten der göttlichen Trias dargestellt werden, die ja bei den Denkmälern der Klasse C gleichsam die Hauptszene bilden. Inhaltlich hat hier das Mahl, welches Mithras mit Sol veranstaltet hatte, seine Vorbildwirkung ausgeübt. Dementsprechend nimmt D. Tudor mit guten Gründen an, daß dieses Bankett erst stattgefunden haben kann, nachdem Göttin und Reiter ihre ,,irdischen Taten", auf die die Hauptszene ja hinweist, vollbracht hatten.

Auf einigen Denkmälern unseres Kultes erscheint der Adler in jener oberen Region. Da er im Mithraskult als Bote der Sonne aufgefaßt wird, der die Seelen in die himmlischen Sphären führt, könnte er auch auf den donauländischen Platten eschatologisch gedeutet werden und wäre somit als Bote unserer göttlichen Trias, der Sonne und des Mondes aufzufassen. Aber D. Tudor hat durchaus recht, wenn er dem Adler eine komplexere Bedeutung beimißt und daran erinnert, daß er bei den Soldaten auch als Siegessymbol bekannt war. In diesem Sinne verkörpert er in denjenigen Fällen, wo er den Siegeskranz trägt, den Sieg unserer Reitergottheiten. Im Unterschied zum Adler findet sich der Rabe auf den Reliefs nicht nur in der ,,caelestischen'', sondern auch in der ,,terrestischen und chthonischen Region''. Zweifellos verdankt er sein allerdings nicht gerade häufiges Auftreten auf Denkmälern der Donauländischen Reiter mithräischem Einfluß, so daß hier seine Funktion ähnlich der im Mithraskult gewesen sein dürfte.

Auf das Einwirken der Mithrasreligion sind ferner die ganz selten abgebildeten Allegorien der Winde und der Jahreszeiten zurückzuführen. Es handelt sich dabei ausschließlich um Bleiplatten, die sowieso eine Spätphase innerhalb der Entwicklung unseres Kultes repräsentieren.

Das auf Mithrasreliefs bezeugte Motiv von Löwe und Krater, das meist im Sinne der Gegenüberstellung der Elemente von Feuer und Wasser gedeutet wird, kehrt auch auf donauländischen Reliefs im unteren Register wieder. Auch das auf mehreren Steinreliefs im oberen Bildfeld nachweisbare Emblem einer Vase, die von zwei Schlangen flankiert wird, dürfte die Elemente Erde und Wasser bedeuten. Am deutlichsten findet sich jedoch dieses Ideengut in der Gruppe Schlange-Krater-Löwe-Hahn im unteren Register einiger Bleiplatten aus Obermösien und Unterpannonien verkörpert. Es handelt sich hier um die Darstellung der *Principia Vitae,* indem die Erde durch die Schlange, das Wasser durch den Krater, das Feuer durch den Löwen und die Luft durch den Hahn symbolisiert werden. Aber die Meister unserer Denkmäler waren im allgemeinen weit davon entfernt, sich bei dieser Darstellung der *Principia Vitae* zu starkem kanonischen Zwang zu beugen. Wie wir gesehen haben, werden eben nicht immer alle vier Elemente abgebildet und in einigen wenigen Fällen hat man auch den Krater durch den Fisch ersetzt. Was speziell den Löwen betrifft, so ist sein Symbolgehalt ebenfalls umfassender. Während er im oberen Register der Reliefs die Konstellation im Zeichen des Leo andeuten dürfte, kann er in der Hauptszene wie beim Thrakischen Reiter Begleiter des Gottes sein. Schließlich wissen wir, daß es im Kulte der Donauländischen Reiter auch einen Weihegrad gab, der mit Leo bezeichnet wurde.

Sehr häufig findet man auf den Denkmälern die Darstellung einer oder mehrerer Schlangen. Auf die symbolische Bedeutung dieses Tieres im Zusammenhang mit den vier Elementen wurde bereits hingewiesen. Die Wiedergabe der Schlangen und ihre Kombination mit anderen ikonographischen Elementen in allen Zonen der Reliefs ist sehr vielfältig. So können die beiden antithetisch dargestellten Schlangen, wie wir sie beispielsweise auf dem frühen Apulum-Relief finden, das Himmelsgewölbe repräsentieren. Aber die Schlange kann als Agathodaimon auch als Begleiter und Helfer des Reiters fungieren. Auf zwei Gemmen (*CMRED* I, Nr. 195, 196) sieht man links im Hauptfeld eine *Cista Mystica,* aus der eine Schlange hervorkommt. Zweifellos liegt hier eine Beziehung zum Isiskult vor, der ja in den donauländischen und thrakischen Gebieten damals nicht unbekannt gewesen war. Schließlich gibt es unter den geschnittenen Steinen, die mit dem Kult der Donauländischen Reiter in Zusammenhang gebracht werden können, auch genügend Exemplare mit eindeutig gnostischen Elementen. Dies überrascht keineswegs, wenn man sich sowohl die geistig-religiöse Situation dieser Zeit im allgemeinen als auch den Mysteriencharakter unseres Kultes im besonderen vor Augen hält.

Einige Szenen auf den unteren Bildfeldern vieler Reliefs geben uns Auskunft über die Mysterien. Dabei spielte der Ritus des Widder- und Stieropfers (*Criobolium* und *Taurobolium*) eine große Rolle, wobei dann der Stier in Beziehung zur Großen Göttin steht. Schon auf Platten der Klasse A hat man in einigen Fällen dargestellt, wie ein Mann einen Widder zum Opferaltar zerrt. Deutlich ist auf mehreren Bleireliefs eine Szene abgebildet, wo der an einem Baum aufgehängte Körper eines Widders, dem bereits der Kopf abgeschnitten wurde, gehäutet wird. Auf einigen Denkmälern sieht man noch eine darunter aufgestellte Urne, mit der das Blut aufgefangen werden soll. Dies ist von größter Bedeutung; denn mit dem Blut des Opfertieres wird der *Neophyt* (der neu Einzuweihende) besprizt. Diese Bluttaufe dürfte gleichsam eine physische und geistige Wiedergeburt des Menschen symbolisieren. Durch die Nachricht des christlichen Dichters Prudentius (4. Jh.) wissen wir u. a. vom Kybelekult, daß der Oberpriester der Göttin, angetan mit Binden, goldenem Kranz und Seidentoga, in eine Grube stieg, die oben mit einem-

Holzrost abgedeckt war, auf dem dann ein Stier geschächtet wurde, so
daß das Blut auf den Priester tropfen konnte. Offenbar wurde neben
dem *Taurobolium* im Kybelekult auch ein *Criobolium* praktiziert. Was
nun speziell die Donauländischen Reiter betrifft, so könnte der manchmal im unteren Register abgebildete Stier bzw. der Stierkopf ebenfalls
auf ein *Taurobolium* hinweisen. Daß in unserem Kult dann das *Criobolium* und somit zusammen auch das *Taurobolium* in ähnlicher Weise,
wie das für den Kybelekult bekannt ist, praktiziert wurden, kann wohl
durch die gelegentliche Abbildung eines Rostes bzw. Siebes erschlossen werden.

Eine weitere Mysterienhandlung war die sogenannte *Occultatio*. Es
handelt sich dabei um den Ritus des symbolischen Todes. Im Unterschied zu der hier angeführten Art des *Crio-* und *Taurobolium* ist dies
auch im Mithraskult bekannt. Der *Neophyt* sollte dadurch von seinem
bisherigen Leben Abschied nehmen — also gleichsam sterben —, um
dann als neuer Mensch aufzuerstehen. Auf einigen Denkmälern kann
unter diesem Gesichtspunkt die Darstellung eines Dolches, sofern dieses
nicht mit dem *Crio-* und *Taurobolium* entsprechend dem Bildzusammenhang zu verbinden ist, gedeutet werden. Eindeutig auf jenen symbolischen Tod weist eine Szene im unteren Register mehrerer Steinreliefs
der Klasse B hin, wo zwei Personen über eine kniende Figur, die **dann**
der *Neophyt* ist, ein Widderfell ausbreiten. Dies kann dann als fiktives
Begräbnis gedeutet werden. Daneben wird in einigen Fällen noch Nemesis, die ihren Finger an den Mund legt, um die Verschwiegenheit der
Handlung sinnfällig zu machen, abgebildet. Auf drei Reliefs (*CMRED*
I, Nr. 13, 27, 47) ist nicht das Widderfell, sondern das Tier selbst abgebildet. Mit guten Gründen hat man gemeint, daß hier der Widder über
dem Mysten geopfert werden soll, indem auf diese Weise der symbolische Tod des *Neophyten* durch den tatsächlichen des Opfertieres
versinnbildlicht wird. Es müßte sich dann also um eine Verbindung
von *Criobolium* und *Occultatio* handeln.

Nachdem all diese und andere Prüfungen und Prozeduren, bei denen
der *Neophyt* Mut, Unerschrockenheit und Standhaftigkeit zeigen
mußte, bestanden waren, nahm er am heiligen Mahl teil, das nach dem
Vorbild des göttlichen Banketts veranstaltet wurde. Auch diese Szene
findet sich hauptsächlich auf Bleiplatten.

Wie D. Tudor nachweisen konnte, haben die Mysterien der Donauländischen Reiter im Unterschied zur Mithrasreligion nicht sieben, sondern drei Weihegrade gekannt, die mit *Aries* (Widder), *Miles* (Soldat) und *Leo* (Löwe) bezeichnet werden müssen. Damit ist wiederum eine deutliche Beziehung zum Mysterienkult der Kybele gegeben. In dieser ausgeprägten Form waren solche Mysterien nicht von Anfang an unserem Kult immanent. Sie werden dem Einfluß orientalischer Religionen im 3. Jh. verdankt. Damals wurde die Göttin auch mit Kybele, Anahita und Artemis Tauropolos identifiziert, in deren Kulten Reinigungspraktiken im Sinne der oben erwähnten Opferriten üblich waren. Aber all das gibt uns natürlich nicht das Recht, unsere Göttin generell auf allen Denkmälern mit diesen orientalischen Gottheiten zu identifizieren.

Auf einheimischer Grundlage entstanden, ist der Kult der Donauländischen Reiter ein Spiegelbild der geistig-religiösen Situation der mittleren römischen Kaiserzeit. Als solcher wurde er durch den damals in voller Blüte stehenden Mithrasglauben, durch Kybele sowie durch Jupiter Dolichenus, Sabazios, Isis und andere orientalische Gottheiten beeinflußt, ohne jedoch sein unverwechselbares Gepräge einzubüßen.

Die römischen Provinzen an der unteren Donau mit ihrer verhältnismäßig starken Truppenkonzentration waren damals ein günstiger Nährboden für den religiösen Synkretismus. Als ein typisches Produkt dieses Milieus und dieser Zeit muß der im Jahre 1921 bei der Stadt Abritus (Razgrad) entdeckte Kollektivfund von Bronzereliefs mit der Darstellung verschiedener Gottheiten gelten (*Archäologischer Anzeiger* 37, 1922, S. 184 ff.). Darunter befinden sich auch sechs Bronzetafeln mit dem Brustbild einer Göttin, von denen ein Exemplar als Attribut den Fisch zeigt (*a.a.O.*, Abb. 9; *CMRED* II, Taf. XIV b). Ferner gehören zu dieser Kollektion noch drei Reiterreliefs. Da die dritte Platte (*a.a.O.*, Abb. 3) relativ klein und schlecht gearbeitet ist, sei lediglich auf die beiden anderen Stücke hingewiesen. Hier begegnet uns ein bärtiger Reiter mit *Rhyton* in der Rechten. Vor dem Pferd erblickt man einen Mann, der sich anschickt, mit einer Axt einen Stier zu töten. Obwohl diese Reiterbilder ein und dieselbe Gottheit wiedergeben, so erschöpfen sich schon damit die ikonographischen Gemeinsamkeiten zwischen beiden Reliefs. Erkennt man auf dem ersten Exemplar (*a.a.O.*, Abb. 1; *CMRED* II, Taf. XIII) noch einen Widder, so ist auf dem zweiten (*a.a.O.*, Abb. 2; *CMRED* II, Taf. XIV a) unter dem Pferd eine Schlange abgebildet. Ferner wird hier die Szene rechts durch die Figur einer Frau, die ein *Rhyton* hält, und links vom Reiter durch eine Leierspielerin komplettiert. Daß diese sogenannten Razgrader Platten irgendwie in Beziehung zum Kult der Donauländischen Reiter stehen, ist klar und wurde schon von Anfang an erkannt. So betrachtet auch D. Tudor diese Reliefs als ,,eine isolierte Variante, die nicht allen kanonischen Gestaltungen des Prototyps der Donauländischen Reiterreliefs in ihrer ursprünglichen Form (Klasse A) entspricht" (*CMRED* II, S. 152), und weist die Denkmäler in das 1. bzw. in den Anfang des 2. Jh. Unserer Ansicht nach müssen diese Bronzereliefs jedoch später datiert werden und sind sowohl stilistisch als auch chronologisch schwerlich von den übrigen Exemplaren des Razgrader Kollektivfundes zu trennen. Während das erste Reiterreliefs unter Umständen noch dem späten 2. Jh. angehören könnte, sind die anderen Platten schon ins 3. Jh. zu setzen. Trotz der Affinität zum donauländischen Reiterkult ist es allein schon methodisch richtig, den sogenannten Razgrader Reitergott, der gewiß auch orientalischen Einflüssen verpflichtet ist und Beziehungen zu Sabazios haben dürfte, vorerst als gesonderte Gottheit zu betrachten.

Ein Fortschritt in der Interpretation kann eigentlich nur durch Heranziehung neuen Fundmaterials erreicht werden. Dabei muß man sich allerdings vor allzu schnellen Hypothesen hüten. Aber immerhin ist es interessant, daß ein Golddiadem, das im Jahre 1938 in der antiken Schwarzmeerstadt Tyras (Sowjetunion) gefunden wurde, in der Hauptszene einen Reiter mit spitzer Mütze und *Rhyton* zeigt. Vor ihm erblickt man rechts eine männliche Person (vielleicht Priester), die ebenfalls ein *Rhyton* hält, während links vom Reitergott ein *Bukranion* erscheint, das auf Stieropfer hinweisen dürfte (*Dacia* 23, Bukarest 1979, S. 148, Abb. 1). In einer erst kürzlich vorgelegten Detailuntersuchung zu diesem Denkmal äußerte der rumänische Altertumswissenschaftler S. Sanie die Ansicht, ,,daß die Hauptszene des Diadems den Gott Hypsistos unter dem Aspekt und mit den Charakterzügen, die ihm in der Zone des Bosporus (d.h. des Kimmerischen Bosporus und damit des nordpontischen Gebietes) eigen sind, wiedergibt" (*Dacia* 23, 1979, S. 156).

Es ist hier jedoch nicht der Ort, voreilige Schlußfolgerungen zu ziehen, da dies künftigen Detailuntersuchungen vorbehalten bleiben muß. Vielleicht wird sich dann auch zeigen, ob diese Vermutung von S. Sanie und eine von uns gezogene mögliche Verbindung zu den Razgrader Platten tatsächlich zu recht bestehen. Zweifellos werden uns neue Funde und Ausgrabungen in dieser Hinsicht noch manch interessante Monumente bescheren, die dann mehr Licht auf die geistig-religiöse Situation der römischen Provinzen im Ostbalkanraum werfen, wo im 2. und 3. Jh. einheimische Kulte und vielfältige orientalische Einflüsse manch eigenwillige Synthese eingegangen sind.

LITERATURVERZEICHNIS

Thrakischer Reiter:

Cermanović-Kuzmanović, A., *Die Denkmäler des Thrakischen Heros in Jugoslawien und das Problem des Thrakischen Reitergottes* in *Archaeologia Iugoslavica* IV, Belgrad 1963, 31-57.

Gočeva, Zl. und Oppermann, M., *Corpus Cultus Equitis Thracii* I (EPRO 74), Leiden 1979 = CCET I.

Hampartumian, N., *Corpus Cultus Equitis Thracii* IV (EPRO 74), Leiden 1979 = CCET IV.

Kazarow, G. I., *Die Denkmäler des Thrakischen Reitergottes in Bulgarien* (Dissertationes Pannonicae, Ser. II, fasc. 14), Budapest 1938 = Kaz., Thr.R.

Mihajlov, G., *Inscriptiones Graecae in Bulgaria repertae* I², Sofia 1970 und II-IV, Sofia 1958-1966 = IGBulg.

Donauländische Reiter:

Tudor, D., *Corpus Monumentorum Religionis Equitum Danuvinorum* I-II (EPRO 13), Leiden 1969-1976 = CMRED.

Außerdem als Kurzfassung für den deutschsprachigen Leser:

Tudor, D., *Der Kult der Donauländischen Reiter* in *Das Altertum* 8, Berlin 1962, Heft 4, 234-243.

ABBILDUNGSVERZEICHNIS

Tafel I. Thrakischer Reiter und Kybele. Weihrelief aus Tomis (Constanţa), 2. Jh. Photo nach *CCET* IV, Nr. 37.

Tafel II. Sabazios als Thrakischer Reiter. Herkunft unbekannt (wohl nordwestliches Kleinasien), 1. Jh. v. Chr. British Museum, London. Photo nach A. B. Cook, *Zeus. A Study in Ancient Religion* I, Cambridge 1925, Tafel XIX.

Tafel III, 1. Sabazios und der Thrakische Reiter auf einer Votivstele aus Philippopolis (Plovdiv), 1. Hälfte des 3. Jh. Archäologisches Museum der Stadt Plovdiv. Photo des Verfassers.

Tafel III, 2. Hand, die eine geöffnete Nußschale mit dem Bilde des Thrakischen Reiters hält (Elfenbein), gefunden in Krasen bei Tolbuhin (VR Bulgarien), 3. Jh. Photo Bezirksmuseum von Tolbuhin.

Tafel IV. Steinrelief mit der Darstellung eines einzelnen Donauländischen Reiters, gefunden in Apulum (Alba Iulia), spätes 2. Jh. Brukenthal-Museum zu Sibiu (SR Rumänien). Photo nach *CMRED* I, Nr. 1.

Tafel V. Bleirelief der Donauländischen Reiter aus Divos (Distrikt Sremska Mitrovića, Jugoslawien), 3. Jh. Museum, Zagreb. Photo nach *CMRED* I, Nr. 135.

Tafel VI. Bronzerelief mit der Darstellung eines Reiters aus Abritus (Razgrad, VR Bulgarien), spätes 2. oder 3. Jh. Museum der Stadt Razgrad. Photo nach *CMRED* II, Taf. XIII.

Tafel I

Tafel II

THRAKISCHE UND DANUBISCHE REITERGÖTTER 533

Tafel III, 2

Tafel III, 1

Tafel IV

Tafel V

Tafel VI

INDEX

GEOGRAPHISCHE KARTEN

INDEX*

Aaron 487
Abbild s. Eidolon
Abendmahl 443
Aberglaube 49, 134, 349, 364, 370, 451
Ablanatha, Ablanat(h)analba 505
Abonuteichos s. Alexander
Abracadabra 502
Abraham 502
Abraxas 493, 496, 501, 502, 504, 505
Abritus 516, 527-529
Absalom 473
Absolutismus 29
Abu Hilāl al-Dayhūrī 458
Abydos 27, 163, 170, 507
Acci 132, 177, 181
Achämeniden 2, 436
Acheron 497
Achilleus 451
Achilleus Tatios 142
Acta Archelai 450
Adad 222
Adam 330, 417, 418, 421-423, 428, 448; s. Erschaffung, Erweckung
Adam kadmōn 417
Adamas 440
Adda 450, 452
Adel 51, 276, 283, 391, 399
Adepten 202, 203, 359
Adimantus 452
Adler 198, 216, 220, 221, 247, 253, 254, 320, 321, 324, 325, 328, 330, 459, 514, 523, 524
Adonai 493, 495, 496, 500
Adonis 28, 166, 249, 500
Adonisgarten 28, 250
Adoration 129
Adrestos 270
Aegyptiaca 138
Aelia Capitolina 460, 508
Aelian 301, 319, 325
Aeneas 52, 78, 275

Africa 8, 85, 136, 137, 159, 196, 233, 247, 248, 254, 283, 285, 452-454, 458
Afyon 321, 324
Aga Khan 423
Ägäis 73, 77, 510, 518
Agapen 365
Agathos-Daimon 162, 525
Agdistis 267, 268, 270, 271
Agighiol 523
Aglibôl 220, 252, 253
Agora 267
Agorakritos von Paros 267
Agrippina 303
Ägypten 8, 57, 77, 82, 96, 111, 121-125, 127, 128, 130-137, 139-141, 157, 159, 163-165, 168, 170-177, 179-183, 195, 221, 226, 227, 229, 233, 245, 254, 351, 352, 357, 369, 370, 401, 403, 404, 415, 428, 429, 450-455, 487-490, 494-497, 500, 503, 504, 506, 507
Aher 421
Ähre 101, 104, 217, 218, 222, 227, 228, 230, 343
Ährenbüschel 176
Ahriman 457
Ahura Mazda 25, 353
Ain el-Dschudsch 224-226, 228, 231
Ain Housbay 228
Aion 103, 112, 353, 354, 404; s. Saturn
Aion-Zurvan 354, 355
Aischylos 75
Aj Todor 521
Akkad 9, 10
Akkader 82
Ak Deniz (Weisses Meer) 77
Akrobates 299
Akropolis 98
Al-Uzza 245, 247
Alarich 35
Alba Iulia 161
Alba Longa 78

* Vorbereitet von Dr. Nubar Hampartumian (Lichfield).

Albigenser 432
Albinus 376
Alchimisten 485
Aleppo 241
Alexander von Abonuteichos 357
Alexander der Grosse 2, 9-11, 21, 83, 121, 122, 124, 159, 194, 229, 300, 319, 508
Alexander von Nikopolis 450
Alexander Severus 16, 249
Alexandria 8, 10, 12, 22, 27, 122-124, 133, 136, 146, 162, 169, 172, 176, 370, 377, 414, 417, 418, 421, 422, 423, 427, 428, 450-454, 464, 497, 502, 504
alexandrinische Schule 378
alexandrinische Theologie 377-380
Algerien 230, 453
Alia 319
Allah 247
Allât 219, 248
Allerheiligste 462
Allgott 145, 513
Allmacht 63, 64, 205, 230-232, 400
Allmendingen 331
Allmutter 264, 266, 272
Almo 278, 280
Almosen 443
Altar 27, 47, 58, 105, 128, 135, 136, 139, 145, 160, 161, 164, 166, 179, 180, 203-205, 214, 219, 220-225, 231, 246, 248, 251-253, 267, 282, 299, 320, 321, 323, 325, 328-331, 349, 463, 514, 525
alter Ego 445
Alternativkultur 35
Altino 161
Amanosgebirge 80
Amaro d.i. Amr ibn ʿAdī 457
Amaseia (Amasya) 76, 265
Amasis 157
Amazonen 298, 299
Ambrosius von Mailand 24, 25, 27
Amburbium 28
Amenophis III 177
Amisos 76
Ammianus Marcellinus 177
Ammon 10, 126, 158-164, 172; s. Jupiter
Ammonshörner 159
Amphipolis 180
Ampurias 318, 320, 321, 323, 325, 327-330

Amulette 138, 146, 306, 326, 470, 485, 486, 491
Amun 157, 161
Anacharsis 268
Anachronismus 353
Anadolu 73
Anahita 522, 527
Anat 419
Anat Jahu 419
Anatolien 73, 76, 80, 82, 87, 215
anatolische Sprache 82
Andreas 43
androgyn 270, 419
Andros 141
Äneas s. Aeneas
Angst 349, 355, 359, 430
Ankara 80, 83, 265
Anker 249, 405
Ansiedler 197, 232
Anthropologie 441, 443
anthropomorphes Gottesbild 44
Anthropos 417, 418, 420, 422, 423, 425, 428
Matthathias Antigonus 468, 469
Antinoos s. Osiris
Antinoupolis 169-173, 174
Antinous 135, 495
Antiochia 21, 225, 231, 251, 369, 418, 429
Antiochos 97
Antiochos I 83
Antiochos III 86
Antiochos IV 10
Antisemitismus 12, 13
Antoninus Pius 281-284, 460, 492, 508
Antonius 8, 10, 11, 135
antrum = Höhle 326
Anubiasten 131
Anubis 28, 125-128, 133, 164, 165, 178, 491, 492, 495, 499, 505; s. Hermes
Apamea 27, 86, 241, 251, 468
Apelles 426
Apenninhalbinsel 84
Aphrodite 43, 44, 125, 182, 183, 245, 249, 419, 491, 492; von Aphrodisias 218, 298, 306-308; – Hathor 183; Ourania 183, 247; Spandarmat 522; – Venus 78, 144
Aphytis 158, 159
Apion 508

INDEX 541

Apis 165, 168, 177-179, 181; s. Osiris
Apokalypse 447
Apokatastasis 444
Apokryphon des Johannes 376, 415, 420, 422, 423, 427, 431, 444
Apollo 47, 50, 84, 98, 126, 132, 157, 200, 277, 298, 493, 507, 512; von Hierapolis 229; – Horos 172; Karneios 157; Kendrinos 514; s. Helios, Sol
Apologeten 96, 101, 371, 375-377, 400, 425
Apologetik 14, 350
Apollonios 130
Apollonios von Rhodos 488
Apollonios von Tyros 143
Apostel 366-369, 373, 395, 402, 403, 420, 424, 426, 441, 445, 449, 450, 455
Apostelkirche 21
Apostolische Väter 374
Appian 307
Apuleius 58, 128, 129, 133, 139, 142, 146, 341, 352, 353, 357, 363, 367, 376
Apulum 197, 519, 525
Aquileia 102, 137, 138, 162, 182, 233
Aquincum 160, 167, 197
Arabia 183, 226, 241, 451
Araber 31, 254, 488
Arbathiaô (oder Abrathiaô) 501, 502
Arbela 466
Arbogast 27
Arcadius 27
Arche Noahs 375
archigallus 283
Archonten 439, 457
Ardaschir 448
Ardawen 448
Ares 165, 512
Aretalogie 54, 140-142, 144, 165
Argos 173
Ariadne 347
Arianer 23, 25, 26
Arianismus 21, 22
Ariccia 178, 180, 181
Aries 527
Aristagoras 74
Aristides 371, 372, 374-376
Aristokraten 146
Aristokratie 283

Aristophanes 317
Aristoteles 157
Arkadien 173
Arkandisziplin 364, 399
Armee 137, 317, 521
Armenien 18, 80, 432, 448
Armreifen 303
Arnobius von Sicca 6, 270, 271, 318
Arnuphis 498
Aron 465-469, 471, 476, 477
Arsakiden 448, 457
Arsinoe 10
Arşu 247
Artemis 200, 219, 244, 319, 402, 522; – Bendis 522; – Diana 143, 144, 513; Ephesia 147, 218, 298-308, 491; von Massalia 306
Artemision 298, 299, 301
Arvalakten 16
Arzt 56
Ascanius 78
Ascensio Isaiae 375
Aschera 419
Asia 74-76, 79, 195, 449, 456, 458
Asia Minor 6, 8, 10, 29, 57, 73-83, 86-88, 205, 217, 265, 267, 273, 275, 276, 278, 287, 301, 306, 316-320, 322, 332, 369, 513, 514
Askalon 245
Askese 33, 373, 442, 455
Asklepios 27, 47, 48, 140, 172, 198, 401, 414, 491, 512
Asseria 161
Assisi 397
Assiut 450, 451
Assuan 227, 419
Assyrer 82
Assyrien 436
Astarte 144, 183, 249, 419
Astrologen 88, 131, 132, 230, 373, 499
Astrologie 8, 20, 57, 103, 104, 229, 230, 243, 252, 437, 450, 485, 509
Asyl 244, 298, 299
Atargatis 213, 222, 231, 241, 243-246, 250; – Dea Syria 522
Atefkrone 166, 167
Athanasianismus 25
Athanasius 22, 23, 378, 416
Atheismus 364

Athen 23, 27, 124, 131, 156, 162, 165, 173, 267, 282, 317, 397, 488
Athena 162, 215, 219, 248; Nikephoros 321
Athenagoras 376
Athenaios 321
Athenodoros 320
Atlas 439
Ätoler 86
Attaliden 278, 322
Attalos 6, 51; I 85; II 321; III 75, 321
Attideum 281
Attika 494
Attis 5, 7, 23, 28, 51, 64, 199, 264-275, 277-289, 328, 332, 347; hilaris 281
Atum 177
Auditores 442
Auferstehen 28
Auferstehung 111, 143, 146, 163, 171, 174, 181, 250, 275, 286-288, 373, 380, 430, 433
Aufstieg 24, 107, 281, 286
Auge 111, 140, 141, 142, 378, 421
augures 46
augurium 28
Augusta 136
Augusta Raurica 327
Augustales 283, 285
Augustin 20, 25, 36, 73, 287, 349, 393, 398, 445, 447, 450, 452-455
"Augustus" 230, 231
Augustus 3, 8, 10, 11, 16, 42, 58, 59, 75, 88, 106, 134-136, 175, 213, 230, 231, 276, 277, 281, 308, 488
Aula Isiaca 135
Aurelian 16, 17, 106, 241, 243, 254
Aureliergrab 106
Auziae 160
Aventicum/Avenches 324, 326, 327
Aventin 98, 100, 103, 106, 145, 199, 201, 202, 204, 205
Avignon 161, 217, 219, 220
Axt 246, 247
Ayasoluk 299
Azizus 246, 247

Baal 8, 17, 28, 183, 201, 228, 229
Baal Hammon 157, 159, 160
Baal von Karmel 232

Baalat 123
Baalbek 213, 215-217, 221, 223-227, 230, 231, 241, 397
Baᶜalshamên 251, 252, 254
Babylon 9, 10, 122, 242, 251
Babylonien 436
Babylonier 355
Bacchanalia 5, 8, 41, 51, 54, 55, 60, 61
Bacchanten 53, 106
Bacchoi 54
Bacchus 4, 54, 213, 224, 225, 270
Bacchus (Ogygius) 166
Bad 98, 399
Baetyl 247-249
Bahram I 448
Bahram II 449
Balihisar 265
Balsamus 502
Balti 245-248
Bank 301
Bankett 173
Bar-Kochba 460, 464, 469, 471, 474, 508
Bär 426, 515; Bären-Sternzeichen 99
Barat-Baalat 183
Barathron 267
Barbelo 419, 422, 501, 502
Bardesanes von Edessa 446
Barlaha 196
Barsemon 196
Basarbovo 512
Basilides 370, 376, 426-428, 454, 504
Basilika 345, 295, 296, 464
Bastet 179
Batkun 512
Battakes 278, 279
Baum mit Schlange 514
der grosse Baumeister 439
Beamten 96, 102, 131, 136, 137, 196, 205, 233, 248, 390, 391, 497
Becher 106, 366
Befreiungsbewegungen 35
Begräbniskollegium 173
Begräbnisstätte 177
Begräbnisverein 172, 174
Beichte 147
Beil 15
Beinschienen 198
Beirut s. Berytus
Bekehrung 59, 62

Bêl 220, 246, 251-254
Belehrung 343
Bellona 4, 45, 57, 61, 86
Bendis s. Artemis
Benedictio Latina 319, 323, 329, 515, 516
Benevent 135, 168, 181, 285
Beqa 241
Berauschung 277
Berufsverbot 373, 391
Berytus 183, 216, 217, 219-224, 226, 229, 230, 232, 497
Beschirmer 247
Beschneidung 13
Beschwörung 490
Bestrafung 63
Beten 443
Beth-Alpha 469, 471, 476
Beth Shearim 470, 474
Betrügerei 341
Bettelei 283
Beutel 225, 226
Bibliothek 450, 451, 497
Bienen 304
biga 101
Bildband 446
Bilderverbot 462
Bima 465, 466
birkat ha-mazon 365
Bischof 288, 367-370, 392-395, 416, 433, 434, 450, 506
Bithynien 77, 78, 316, 364, 370
Bithynion-Claudiopolis 173
Blaundos 320
Bleitafel 487, 489, 494, 495, 498, 503
Blitz 193, 198, 199, 217, 227, 320
Blitzbündel 106, 324, 514
Blume 267, 476
Blut 104, 105, 110, 111, 199, 279, 280, 286-288, 496, 525, 526
Bluttaufe 27, 285, 286
Bocchus II 160
Boethius 36
Boğazköy s. Chattušaš
Bogen 103
Bogomilen 432, 458
Bôl 252
Bolos 441
Borday 225

Bosporianisches Reich 158
Bosporus 77, 78
Bostra 241
Bote 104, 107, 253, 400, 523
Botschaft 61, 63, 332, 443
Brahlia 178
Brahmanen 389
Braut 419
Brautgemach 429
Bräutigam 419
Brautkammer 288
Brief des Eugnostus 376, 415, 418
Brief des Jakobus 460
Brief von Ptolemaeus an Flora 414
Brief an Rheginos 430
Briefcorpus 451
Briefe 445
Briefe des Augustin 453
Briefe Manis 446
Brigetio 197
Brioude 403
Britannien 167, 193, 196, 205, 233, 249, 253
Bronté 415, 419
Brot 105, 108, 111, 327, 365, 366, 496
Brot und Becher 366
Brot und Fisch 366
Bruder (socius, frater) 105
Bruderschaft 16, 105, 108, 279, 283
Brundisium 246
Brustpanzer 162, 198
Brustschmuck 305
Bryaxis 122
Bubastis 125, 179, 180; s. Isis
Buch der Giganten 445, 446
Buch der Mysterien 445, 446
Buch-Metapher 343
Buddha 441, 456
Buddhismus 437, 442, 456, 458
Bukranion 528
Bulla 217, 224, 225
Bund 55, 105
Bundeslade 462, 469
Bürger 96
Bürgerrecht 389
Busse 63, 146
Byblos 249
Byzantinismus 21, 27, 31, 36

Cáceres 136
Cäcilianer 20
Cacus 110
caduceus 106, 220, 225, 226, 232, 321, 326, 328-330
Caecilianus 19
Caelestis 231; s. Dea Caelestis, Venus, Virgo
Caelius 58, 112
Caelum s. Himmel
Caesar 3, 8, 10, 11
Caesarea 102
Caesarea Cappadociae 322
Caesarea Mauretaniae 453
Cagliari 168
Caligula 12, 58, 135, 161, 179
Campanien 53, 54, 249, 250
"candidati" 204
Cannophori 279
Canopos 135, 176, 179
"Canopus deus" 168
Capena 280
Capua 105, 162, 176
Caracalla 135, 136, 177, 389
Caracallathermen 145
Cardea 43
carmen arvale 42
Carnuntum 106, 139, 160, 167, 182, 197, 203, 204, 231
Castelgandolfo s. Alba Longa
Castor s. Dioskuren
castra peregrina 103, 112
castra tenebrarum 98
Castus Matris 280
Çatal Hüyük 264, 303
Cato 52, 60, 86
Cautes 100, 101, 103
Cautopates 100, 101, 103
Celebi 76
cella 20, 395
cellae (rusticanae) 19
Celsus 486, 487, 509
"cenatorium" 202
Centuripae 183
Cerdo 426
Ceres 43, 44, 47, 277
Chabar 425
Chairemon 488, 507, 508

Chaldäer 8, 57, 230, 355
Chalkidike 159
Chalkis 165
Chanukka 470
Chaos 103, 251, 425
Charismatik 368
Chatušaš 81, 82, 265
Cherchel 159
Cherubin 495
China 436, 438
Chiton 304, 307
Chlamys 225
Chnubis oder Chnumis 492; s. Hammon
Chöre 345
Chotscho 458
Christentum 3, 8, 9, 13-19, 21-24, 26, 28, 30, 31, 62, 65, 96, 101, 106, 110, 134, 146, 147, 299, 350, 363, 370, 372, 376, 388, 393, 394, 396-400, 402, 425, 427, 432, 433, 436, 437, 456, 485, 504, 506
Christenverfolgung 15-17
Christologie 17, 19, 22, 25, 375, 377, 378
Christus 12, 13, 17, 106, 205, 363, 365, 367, 369, 375, 376, 378-380, 413, 417, 424, 425, 427-430, 432, 433
Chrysostomus-Liturgie 376
Cicero 84, 301, 346, 349, 390, 399
"cinctorium" 198
Cippus 173, 224
Circumcelliones 19, 20
Circus Maximus 21, 277
Cista Mystica 525
Civita Castellana 160
Claudia 51
Claudius 12, 59, 281, 282, 303; Appius Claudius 45
Clemens von Alexandria 157, 174, 288, 218
Clodius 59
Codex Askewianus 415
Codex Brucianus 415
Codex der Kölner Papyrussammlung 448
Coelius 58, 112
"colitores" 204
"collegae" 204
collegia 61
Colonia Cassandrensis 159
Commodus 14, 110, 135

communio 62, 64, 65
Confessiones 453
coniuratio (Verschwörung) 54
"conservator" 247
Conservator des Imperium Romanum 196
"conservator totius mundi" 205
"conservator totius poli" 198
Constans 17, 21
Constantius II 21
Consus 44
Contorniaten 21
"conversio" 359
corax 104, 107
Cordoba 248
Corpus Hermeticum 182, 414
Cos 253
Crassus 8
criobolium 284, 286, 525, 526
curator templi 203, 204
Cymbel 324
Cynthia 143

Daduchos 343
Daker 521
Dakien 161, 197, 233, 246, 247, 253, 515, 518-521
Dalmatien 137, 161
Damaskios 287
Damaskus 241, 242, 250, 287, 457
Damian 403
Dämon, Dämonen 364, 396-398, 428, 487, 495, 498, 505, 507
Dämonologie 494, 497
Dangstetten 318, 322, 323, 326, 327
Dea Caelestis 160, 248
Dea Roma 178
Dea Syria 62; s. Atargatis
decemviri 46
Decius 15, 16
defixionum tabellae 494
Deir el-Qual'a 183, 218
Dekan 491, 499, 505, 509
Delia 143
Delos 56, 58, 128, 130-133, 140, 164, 167, 179, 245, 249, 250, 464
Delphi 26, 51, 52, 84, 158, 273, 276, 304, 307
Delphin 217

Demeter 28, 43, 44, 47, 125, 142, 144, 162, 173, 219, 266-268, 318, 325, 327, 329, 330, 352, 522
Demetrias 130, 131
Demetrius 370
Demokrit 498
Demosthenes 268, 317, 318, 324
demotische Sprache 503
Dendrophori 279, 283
Deo 318, 319, 325
Derketo 245
Despoina 298
Despoina-Nemesis 522
Despotes 230
Deus Aeternus 112
Deus Arimanius 112
Deus Casius s. Zeus Kasios
Deus Commagenorum 199
Deus exsuperantissimus 112
devotio 45
Devotionalien 402
dextrarum iunctio 325
diaboloi = Teufel 396
Diadem 106, 528
Diadochen 9, 32, 78, 83, 159, 269
Diakon 367-369
Dialektform 450
Diana 162, 173, 174, 306; s. Artemis
Diana Ephesiana 522
Didache 365-368
Didyma 299, 300
Didymus der Blinde 450
Dieburg 109
Dienst des Gottes 52, 63, 202
dies natalis invicti 103
Diespiter 319
Dindyme 271
Dindymos 271
Dio 182
Dio Chrysostomos 301
Diodor 271, 272, 316, 319, 501
Diokletian 17, 21, 25, 26, 36, 78, 81, 106, 451, 452
Dionysiasten 173
Dionysios von Alexandria 506
Dionysios von Halikarnass 277
Dionysius 378
Dionysos 4, 47, 54, 55, 62, 143, 159, 161-164, 166, 172, 226, 249, 250, 265, 268,

273, 298, 316, 317, 324, 327, 329, 330, 346, 347, 357, 399, 404, 417, 420, 425, 512; s. Osiris
Dioskuren 47, 162, 165, 200, 328, 520, 523
Diospolis-Lydda 225
Divus Iulius 11
do ut des 45
Dobrudscha 513, 518
Doketismus 369
Dolch 103, 526
Doliche 8, 193, 194, 197, 198, 201, 205
Dolichenum 100, 199, 201, 204, 205
dominicum 395
dominus aeternus 112
Domitian 11, 126, 135, 364
Donatisten 19, 20, 22, 26
Donatus 19
Donau 2, 54, 97, 102, 110, 138, 139, 196, 233, 245-248, 498, 518-521, 523, 527
Donauländische Reiter 516-528
Donaulimes 516, 520
Donner 228
Donnerkeil 217, 218, 220-222, 227
Doppelaxt 193, 197-199, 330, 522
Doppelflöte 323, 324, 329
Doppelheit von Sieg und Leiden 439
Drachenstandart 522
drei Räder des Windes, Wassers und Feuers 439
Dreiecke 200
Dritte Welt 33-36
Dritter Gesandter 440
Dromos 180
Dualismus 354, 355, 396, 426, 437, 438, 439, 457, 522
Dülük 193
Dusares 249, 250

Ebenbild (Ikon) 417
Eber 270
Eberjagd 272
Ecclesia 395
Echnaton 171
Edessa 27, 241, 242, 244-247
Edikt: Diokletian 451, 452; Julian 23; Valens 23; Valentinian I 454
Efeu 159
Efqa 252, 254

Egeria 404
Ehe 429, 443
Eichel 304
Eid (sacramentum) 103
Eidechse 324, 327, 328, 330
Eimer (situla) 125
Eingeweide 46
Eingeweihter (consacranei, mystae, sodales) 5, 64, 99, 103, 129, 398
Einweihung 53, 107, 142, 175, 203, 318, 341, 344, 346, 353, 363, 367, 399, 413, 470
Einzelseelen 444
Eirene 21
Ekstase 4, 33, 53, 60, 61, 424
Ekstatik 7, 8, 51, 54, 57, 250
Elagabal 16, 17, 106, 243, 246-248
Elche 468
Electi 442, 443, 449, 450, 453
Caecilia Elegans 112
Elemente 100, 107, 111, 142
Elephantine 419
Eleusis 23, 64, 125, 173, 268, 273, 343-346, 351, 352, 398, 399
Eleutheropolis 225
Elfenbeinrelief 101, 515
Elias 400
Elis 158
Elisa 426
Elkesaïtismus 437, 445, 448
Elsass 102
Emanation 128, 282, 378, 418, 427, 444
Emesa 16, 17, 221, 242, 246, 247
Endaios 300
Endzeit 388
Engel 305, 373, 375, 396, 397, 400, 421, 422, 424, 428
Enthaltsamkeit 53, 63, 299, 372, 379 (Enkrateia)
Entmannung 244, 265-267, 271, 272, 274, 279, 285, 286, 287, 319, 347, 373 (s. auch Eviration)
Epamanduodurum (Mandeure) 160
Epaphos 177
epekoos 140
Ependytes 303-305, 307, 308
Ephesos 79, 143, 218, 298-301, 303, 305, 402-404
Ephräm 450

Epidauros 402
Epikureer 349
Epiphanie 140, 402
Epiphanius 170, 375, 414
Episkopat 369
Episkopos s. Bischof
Epistula Fundamenti 447
Epona 522
Erbsünde 319
Erde 99, 104, 105, 200, 252, 253, 272, 308, 442, 455, 524
Ereschigal 500
Eretria 124, 130, 131
"Erleuchter" 437, 440
Erleuchtung 344, 346, 347
Erlösung 142, 288, 395, 431, 439, 443, 449
Erlösungsvorgang 441
Ernte 179, 253
Eros 126, 127, 132, 307, 414, 417
Errettung 63, 281, 282
Erschaffung von Adam und Eva 440
Erscheinung 140
Erwählter 455
Erweckung Adams 441
Erzbischof 416
Eschatologie 128, 345, 358, 373, 380, 434, 522, 523
Eschaton 439
Eschtemoa 466
Eselskopf 494
Esna 173
Esquilin 135, 168
Esra 397
Essener 413, 416, 421
Essenes 299
Etagenperücke 216, 227
ethische Vorschriften 447
Ethnozentrismus 33
Ethrog 467, 469-471, 476, 477
Etrurien 46, 47, 53, 167
Euboia 124
Eucharistie 105, 111, 364-366, 376, 395, 404
Euergetes 10
Eugenius 25, 27-29
Eugnostus s. Brief
euhemeristisch 270, 274
Eumenes II 86

Eunous 57
Eunuchismus 244, 265, 267, 268, 270, 278, 279, 284, 366
Euphrat 2, 77, 102, 193, 194, 196, 217, 241, 245, 252, 265, 395, 466
Euploia 125
Euripides 55, 268
Eurozentrismus 33
Eusebius 18, 416
Euthenia 175, 178
Evangelium 14, 366, 368, 396, 413, 426, 427, 430, 445, 451
Philippus-evangelium 429, 457
Thomas-evangelium 415
Evangelium Veritatis 415, 429
Eviration 242, 275, 282, 287, 288; s. auch Entmannung
evocatio 4, 47, 53
Ewigkeit 99, 103, 437
ex imperio 140
ex praecepto 140
ex visu 140
ex voto 139, 140, 330
Existenz 358
Exodus 487
Exorzismus 397
Exotismus 52, 63, 500
"exsuperantissimus" 200
Ezekiel Tragicus 416

Fabeltier 305
Fabelwesen 304
"fabrica templi" 202
Fackel 53, 100, 103, 106, 281, 343, 344
Fackelträger 100, 101
Faesulae 167
Fahneneid 390
Fahrzeug 440
Fahrzeuge des finsteren Windes, der Finsternis und des finsteren Feuers 439
Fajum 450, 496
Falerii 146
Falkenkopf 494
familia 60
fanatici 397
fanum 397
Fasces 75
Fasten 142, 280, 358, 367, 399, 443

548 INDEX

Fatum 441
Faustus 453, 454
"Felix" 231
Felix 373, 453
Felsen 103, 110, 111, 200
Fenchel 318
Festkalender 47, 279, 281, 404
Fetischstein 85
Feuer 104, 107, 109, 111, 438, 439, 524
Fichte 271
Fike 214, 219, 224
Finsternis 98, 397, 438, 439, 442, 457
Firmament 439
Firmus 26, 453
Fisch 280, 366, 405, 522, 524, 527
Fixterne 439
Verrius Flaccus 44
Fleisch 105, 111
Flora 28
Flöte 128, 268; s. auch Doppelflöte
Flügel 111
Flussgott 175, 271
Fneidiq 223
Formel 46, 50, 63, 147, 288, 486, 490, 492
Fortuna 215, 222, 230, 232, 244, 245; s. Isis
Fortuna-Tyche 144, 223, 246, 515
Fortunae rector 251
Fortunatus 453
Forum (Rom) 11
Forum Boarium 110
Forum Romanum 463
Frankreich s. Gallien
fratres 106, 204; s. Bruder
Fratres Arvales 42
Frau 198, 203, 276, 283, 325, 330, 353, 419, 434, 465, 496, 528
Frau mit einem Kind 323
"Freigelassene" 88, 134, 137, 283
Freimaurer 414
Fremde 277, 279
Fresken 128, 129, 132, 180, 181, 466
Friedenskuss 414
Frosch 321, 323, 324, 328, 330
Frucht 199, 280
Fruchtbarkeit 123, 125, 126, 127, 163, 171, 175, 177-179, 181, 213, 216, 217, 221, 222, 228, 230, 244, 250, 252, 264, 265, 268, 276, 277, 299, 304, 324

Fruchtkorb 469
Fulgentius 269
Füllhorn 125, 138, 176, 232, 244, 476
Funktionsbeschreibung 447
Furrina 43
Fusssohlen 141
Fusswaschung 396
Futteralgewand 214, 218-220, 224, 227, 228

Galater 87
Galatien 22, 51, 80, 83, 278
Galiläa 460, 464
Gallen 6
"Galli" 6, 51, 57, 265, 275, 277, 279, 280, 283-285, 288
Gallien 23, 29, 99, 167, 195, 233, 246, 251, 283-285, 306, 504
Gallienus 16-18
Gallier 83
Gallos 279
Gallos/Midas 271
Gang 99
Ganymed 281
Gastmahl 277
Gattin Gottes 418
Gaukler 486
Gaza 250, 251, 506
Gaziantep 193
Gebet 46, 48, 50, 172, 182, 201, 345, 348, 365, 366, 376, 393, 394, 397, 401, 445, 446, 449, 461, 494, 496, 498, 500
Geburt 179, 351, 404, 426
Geburtstag 173, 399
Gedächtnismahl 395
Gefässe 8, 167, 168, 321
geheim 352, 413
Geheimhaltung 201
Geheimkult 364
Geheimnis 288, 341, 343, 353, 399, 413, 441, 486, 487, 507
Geheimpolizei 103
der grosse Geist, heilige Geist 357, 377, 396, 418, 420
Lebendige Geist 439, 440, 443, 456
Geisteswelt 350, 420, 429
geistige Existenz 344
Geld 299
Geliebte der Lichter 439

INDEX

Gelübde, votum 45, 46, 50, 135, 394; s. auch Gebet
Gemeinde 61, 99, 101, 102, 106, 107, 139, 146, 203, 204, 283, 284, 332, 352, 363, 364, 366-369, 374, 394, 395, 399, 401, 402, 404, 414, 415, 427, 438, 448, 449, 453-455, 475
Gemeindegesangbuch 451
Gemeinschaft 61, 62, 65, 264, 273, 283, 365, 372, 379, 390, 391, 393, 398, 399, 402, 428, 429, 445
Gemme 162, 215-218, 220, 223, 485, 487-495, 498, 499, 501, 505, 507, 509, 518, 521, 525
Genesis 421, 508
Genezareth 27
Genitalien 104, 288
Genius Augusti 11
Gennaios 219
Gerasa 183
Jüngstes Gericht 444
Germanien 36, 97, 102, 104, 137, 138, 160, 193, 196, 233
Gerona 329
Gervasius 403
Geschäftsleute 232
Geschlechtsteile 285
Geschlechtstrieb 373
Geschlechtsverkehr 143, 280
Gesetz 461
Gestirne 111
Geten 521
Getreide 286
Gewänder des Windes, Wassers und Feuers 439
Gewerbe 197
Giganten 103, 112, 445, 446
Giresun 76
Girlande 304
Glanum 284
Glassflasche 470
"Glaube" 342
Glaubensregel 369
Gleiches durch Gleiches 344
Glieder 428
Gliederung 449, 455
Gliederung der Gläubigen 442
Globus 103, 112

Gnosis 8, 9, 25, 26, 376, 379, 413-416, 418, 419, 422, 423, 425, 427, 428, 430, 431, 433, 457, 458, 503, 508
Gnostik 425, 426
Gnostiker 370, 376, 377, 418, 421, 422, 424-428, 430, 432-434, 443, 454, 502, 504, 507
gnostische Bewegungen 436
gnostische Bücher 454
Gnostizismus 8, 26, 370, 414, 432, 437, 439, 441, 443, 489, 492, 496, 499, 500, 502, 503, 507, 508
Goeten 486, 487, 506
Goldgläser 470, 471, 476, 477
Gordianus III 179, 250
Gordion 83, 266
Gorgoneion 162
Goten 300
vierfältiger Gott 457
"Gott, dessen Reich das Licht ist" 456
Götterbilder 47, 164, 280, 397, 462
Göttermahlzeit 49
Götter des Missionsgebietes 456
Göttermutter 85
Grosse Göttermutter s. Kybele
Gottesfürchtig 13
Gottesgesandter 448
Gottesvorstellung 348
Gottkönig 10
Gottkönigtum 14
Gottmenschentum 9
Grosse Göttin 522, 525
Göttin mit dem Kinde 352
Grab 346, 400, 401, 403, 404, 439, 472-477
Grabkult 359
Grad 106, 203, 354
Gradträger 107, 108
Granatapfel 469
Gratian 25-27, 307
Graz 219
Gregorius der Erleuchter 18
Griechen 83, 84, 121, 124-128, 130, 133, 136, 137, 158, 174, 177, 196, 229, 245, 249, 266-269, 306, 347, 351, 352, 356, 371, 374, 419, 495, 510
Griechenland 44, 74, 82, 86, 96, 139, 176, 195, 233, 250, 264, 272, 273, 511

Grief 220, 224, 228
Gr. St. Bernhard 322, 326, 331
Grotte 53, 104, 106, 108, 110, 112, 325, 326, 330
Guadix s. Acci
Gymnosophisten 389
Gythion 158

Hadad 193, 213, 228, 229, 245, 250, 251
Hades 122, 163, 169
Hadrian 5, 135, 160, 162, 166, 168-172, 174, 176, 197, 249, 280, 298, 303, 304, 355, 371, 460, 463, 495, 498, 500, 502, 504, 507, 508
Hadrumetum 88, 253, 389
Hafenstädte 103
Haggada 461
Hahn 108, 494, 524
Hahnenkopf 493, 494
Halbmond 106
Halsband 303
Hama 241
Hammam-Lif 468
Hammon s. Jupiter
Hammon-Chnubis 157
Hand 202
rechte Hand (dexiosis; iunctio dextrarum) 105
verhüllte Hände 128
Handel 88, 233, 253, 389
Handelsstrasse 138
Händler 196, 197, 232, 233, 245
Hannibal 84, 276
Harachte 171
Harbata 231
Häresie 19, 20, 25, 26, 112
Häresiologie 423
Häretiker 22, 25, 26, 398
Harfe 469
Harnuphis 182
Harpokrates 127, 165, 168; s. Horus
Harpokration 274
Harran 230, 244, 245
haruspices 28, 46
Hasmonäer 459, 469, 472, 473
Hathor 230, 244, 245; s. Aphrodite, Isis
hattisch (hattili) 8
Hattuscha s. Chattušaš
Hauran 241

hebräische Sprache 503
Hebron 419, 466
Heddernheim 102, 145, 197, 198, 249
Heer 195, 196, 327, 516, 522
Hegemonios 450
Heidentum 13, 18, 20-22, 24, 26-28, 30, 43, 146, 374
Heidenverfolgung 23
Heil 47, 64, 65, 142, 198, 250, 288, 346, 350, 356, 360, 380, 396, 397, 401, 404, 444, 447
heilbringende Gottheit 65
Heilgott 47, 198
Heiligen 403
Heiligung-ἁγνεία 358
Heilserwartung 204, 286, 346, 353
Heilslehre 350
Heilsökonomie 437
Heilung 63, 367, 502
Heilungswunder 140, 448
Hekataios von Milet 74
Hekate 24, 28, 144, 491, 493
Hekkalôt Rabbati 424
Helena 420
Helena von Adiabene 473
Helikon 74
Heliodor 486
Heliodromos (Sonnenläufer) 106-108
Heliopolis 171, 213, 214, 221, 225-233, 341, 498
Helios 145, 165, 224, 225, 229, 307, 316, 505; s. Jupiter
Helios-Apollo 107
Hellanikos 158
Hellenismus 7, 33, 133, 178, 181, 194, 241, 307, 346, 356, 359
Helm 106
Henoch 441, 446
Henotheismus 128, 282
Hepatu 265
Hera 44, 144, 182, 298, 307
Hera (Juno Regina) 183
Hera Kyria 319
Hera Limenia 178
Herakleon 431, 432
Herakles 99, 105, 132, 219, 249, 298, 491, 513
Herculaneum 162, 168, 180-182, 317
Hercules 14, 47, 48, 200

Hermanubis 126
Hermaphrodit 46
Hermel 222
Hermeneutik 349, 350
Hermes 43, 328, 489, 491, 513, 515
Hermes-Anubis 126
Hermes/Mên 326
Hermes/Merkur 326
Hermes-Thot 170, 172, 174, 181, 182, 495, 498, 501
Hermes Trismegistos 182, 413, 414
Hermesianax von Kolophon 270
Hermetiker 144
Hermetismus 182, 417, 418, 423, 504
Hermos 266
Hermupolis 170-172
Herodes 11, 459, 462, 464, 473
Herodion 464, 465
Herodot 75, 76, 121, 125, 177, 268, 269
Heroen 19, 102, 103, 110, 400, 401, 510
Herold 104, 107
Heros (Thrakischer Reiter) 510, 511, 513, 514, 517
Herostratos 300
Hesiod 74
Hesperos 523
hetairai 61
Hethiter 81, 82, 193, 265
Heuresis s. Isia
Hierapolis-Mabbuğ 231, 241-244
Hierarchie 369, 449
hiereus s. Opferer
Hierodulen 265, 267, 278, 283
Hierogrammateis 131, 132
Hieronymus 106, 454, 504, 506
Hieronymus von Stridon 289
Hierophant 343
Hilaria 280, 281, 286, 287
Hilarion 506
Himmel 99, 102, 104, 105, 111, 164, 200, 230, 253, 308, 345, 347, 375, 400, 401, 416, 421-423, 425, 439, 455, 524
Himmelfahrt 13
Himmelreise 424, 430
Himmelsgewölbe 254, 525
Himmelsgott 121, 126, 244, 250-252, 264
Himmelsgöttin 183, 246, 248
Himmelsherr 252, 254
Himmelskönigin 245

Hindin 199
Hingabe 62
Hippo 453, 454
Hippokampen (Seepferden) 304
Hippolytus 316, 414, 505
Hira 451
Hirschkuh 305, 513
Hirt 271, 273
Hirtenbrief 450
Hispanien 132, 136, 137, 146
Hochgottverehrung 8
Hochreligion 457
Hochzeit 318
Hoffnung 65, 282, 345, 346, 360, 371, 426
Hoffnungslosigkeit 346
Hohepriester 459, 462, 473
Höhle 323, 325, 399
Holzstatue 301
Homer 73, 251, 345, 347, 488, 489, 500, 504, 505
Homousie 22
Homs s. Emesa
Honig 107
Honorius 20, 27
Hörer 455
Hormizd I 448
Horoskopoi 132
Horus 9, 124, 126, 133, 147, 179, 350-352; s. Apollo
Horus-Harpokrates 121, 126, 132, 492
Horuslocke 127, 141
Hühner 108
Humanismus 30
Hund 104, 123, 125, 126, 517
Hundskopf 494
Hunnen 31
hurritische Sprache 82
Hyampolis 180
Hydreios 167
Hygieia 140, 512
Hymnen 7, 57, 96, 109, 158, 164, 170, 278, 449, 456, 497
Hypostolen 130, 131
Hypsistarier 8
Hypsistos 146, 528

Iacchos 172
Iahve 5, 146, 400, 420, 493

Iahve Sabaoth 318, 319
Iaô 146, 420, 493, 495, 496, 500, 502, 505
Iamblichus 319, 507
Ianiculum 166, 231, 246, 253
Iarhibôl 252, 254
Ibis 181
Ida-Berg 276
Ideen 344, 416
Ideologie 32
Ignatius 369, 375
"Imperium" 75
Imperium Romanum 78, 79, 81, 87, 193-195, 200, 203, 241
Impotenz 274
Indien 96, 448
indische Religion 436
Indogermanen 81, 82
Indus 2
initiandi 53
Initiation 53, 63, 64, 142, 268, 273, 274, 288, 353
Innaios 449, 451
Inopos 128
Intoleranz 30
Inventio 129
invicta 125
Ios 141
ira dei oder deorum 46, 63
Irak 422, 423
Iran 355, 416, 422, 423, 437, 441, 448, 456
iranische Glaubensformen 436
iranische Glaubenswelt 457
iranisches Mysterium des erlösten Erlösers 416
iranische Religionen 455
iranische Vorstellung 457
Irenäus 377, 380, 414, 422, 434, 457, 504
Iris-Tal (Yeşilirmak) 76
Iseum 57, 135, 146, 168, 173, 180
Iseum Campense 135, 168, 176, 181, 182
Iseum Metellinum 58
Isia 129, 135, 143
Isiasten 131
Isis 8, 14, 28, 34, 56-58, 61-64, 100, 107, 121, 124-135, 139, 141, 142, 144-147, 162-168, 175, 177-183, 200, 243, 306, 347, 350-354, 356, 357, 363, 367, 399, 487, 492, 496, 507, 527
Isis-Bubastis 179, 180
Isis-Fortuna 138
Isis-Hathor 177
Isis lactans 147
Isis Noreia 137, 138
Isis panthea 125, 134
Isisknoten (nodus Isiacus) 147
Ismailya 423
Israel 419, 471
Istanbul 220, 223
Italien 11, 28, 52-57, 63, 82, 84, 87, 102, 132, 133, 136, 139, 145, 158, 165, 168, 174, 181, 233, 250, 266, 283, 284, 308, 317, 403, 475
Izmir 265

Jagd 102, 272, 515
Jagdbeute 517
Jagdszene 104
Jäger 102, 273, 510, 517
Jahreszeit 179, 524
Jakob von Sarug 397
Jakobus 368, 460
Jaldabaoth 422, 501
Jannes 488
Jaoel 420
Jason 473
Javneh (Jamnia) 460
Jenseits 54, 64, 65, 127, 128, 134, 138, 142, 147, 161, 163, 166, 167, 171, 174, 179, 181, 332, 345-347, 371, 427, 496
Jenseits-Verkündigung 64
Jenseitsvorstellung 64
Jerusalem 5, 12, 22, 394, 396, 401, 402, 404, 459-467, 469, 472-474, 477, 503, 508
Jesaja 375
Jesu 441, 444, 448, 456, 457, 503
Jesus der Glanz 440, 441, 447, 455
Jesus patibilis 432
Jeü 415
Jochanan ben Sakkai 460
Johannes 402, 425; s. Apokryphon
Johannesakten 432
Johannesbasilika 299
Johannes Chrysostomos 301

Jol 453
Jonien 74
Josaphat 473
Jovianus 23
Juba II 160, 161
Judäa 459
Judah 459
Juden 8, 12, 13, 22, 27, 57, 146, 371, 374, 395, 398, 416, 417, 419, 421, 424, 441, 451, 459-463, 467-470, 474, 475, 477
Judenchristentum 370, 375, 416, 423, 436, 455, 506
Judentum 3, 8, 9, 12, 13, 15, 16, 146, 364, 374, 400, 401, 403-405, 416, 424, 427, 431, 436, 437, 449, 452, 454, 459-461, 473, 492, 493, 500, 504, 507, 508
Julia Mamaea 16
Julian 16, 22, 23, 27, 177, 179, 249, 271, 282, 350, 394
Julianus von Afrika 452
Julius Cassianus 373
Julus (oder Ascanius) 78
Jung Kodex 415, 429, 431
Jungfrau 147, 264
Jungfräulichkeit 298
Juno 43, 136, 144, 497, 512
Juno Caelestis 248
Juno Dolichena 145, 199
Juno Regina 199; s. Hera
Juno Sancta 199
Jupiter 43, 46, 50, 103, 106, 136, 144, 160, 162, 182, 197, 198, 225, 243, 317, 324, 327, 512
Jupiter-Ammon 151, 159-162, 220
Jupiter Capitolinus 84
Jupiter Damascenus 250
Jupiter Dolichenus 8, 14, 88, 136, 145, 193-205, 246, 306, 323, 329, 527
Jupiter Exsuperantissimus 14
Jupiter-Hammon 160
Jupiter Heliopolitanus 88, 199, 213-217, 220-223, 225, 227, 229, 230, 232, 233, 241, 246, 253
Jupiter-Helios 228
Jupiter Indiges 78
Jupiter Karmelos 221
Jupiter Latiaris 5
Jupiter-Poeninus 326

Jupiter Sabazios 57, 326, 330
Jupiter Thurmasgades 248
Justin 111
Justin der Märtyrer 364-367, 372, 373, 376
Justinian 281, 451
Justinus 389

Kabbalah 417
Kaddesch 82
Käfer 324
Kaiserbild 392
Kaiserentrückung 13
Kaiserkult 11-13, 17, 392
Kalamis 158
Kalathos 123, 162, 163, 181, 216, 220, 222-225, 227, 228, 230
Kalchedon 78
Kalender des Philocalus 279
Kalif Al-Mansūr 458
Kalifat 26, 369, 445-447
Kamee 162
Kampanien 159
Kan-Su 458
Kandake 366
Kanon 26, 369, 441, 445-447
Kanope 168
Kanopos 165-168
Kantharos 323, 328
Kapitol 4, 58, 126, 134
Kappadokien 80, 86, 316-318, 321
Kara Hisar s. Afyon
Karawanenhandel 253
Karien 79, 316
Karkemisch 265
Karl der Grösse 36
Karthago 14, 19, 51, 84, 86, 166, 181, 249, 276, 453, 474
Karwoche 404
Kaschkäer 82
Kassandreia 159
Kasteidung 283
Kastell Diana 196
Kastration 52, 265, 279, 288; s. auch Entmannung, Eviration
Katabasis 53
Katakomben 391, 392, 470, 474-476
Katechumenat 366
Katechumenen 442, 443, 453, 455

Katharer 432, 458
Kathartik 341
Katze 125, 179
Kaufleute 96, 133, 136, 137, 242, 245, 248-250, 253, 255, 432, 453
Kaukasus 81
Kelten 83, 84
Kenchreai 139, 142
Kephalaia 447, 449, 451
Kerasus 76
Kerberos 123
Kērux 104, 107
Kerze 108
Kette 304, 305
Keuschheit 134
Kfar Baram 465
Kfar Nahum (Kapernaum) 465, 466
Khirbet Schema 466, 467
Khorazin 465
Kidron 472
Kilikien 79, 80, 230, 233
Kimber 57
Kimmerischer Bosporus 528
Kios 126, 164, 183
Kirche 24, 99, 122, 123, 344, 363, 364, 368, 369, 373, 374, 378, 380, 390, 392, 394, 397, 398, 401, 405, 424, 425, 427, 430, 431, 433, 437, 439, 441, 442, 447, 449, 452-455, 458, 468
Kirche/Mission 445
Kirgisen 458
"Klagemauer" 460
Klaros 299
Kleanthes von Assos 345
Kleidung 358, 359
Kleinasien s. Asia Minor
Flavius Klemens 363
Kleopatra 11
Kleopatra VII 182
Kleopatra Selene 179
Kleriker 443
Klerus 450, 509
Kline 130
Kloster 450
Knossos 158
Kodex der Apotheker 487
Kodifizierung 461
Koelesyrien 182, 214, 227

Kölner Mani Kodex 452
Koloë 321, 324, 326
Komana 77, 85
Kommagene 80, 97, 145, 193, 195, 248
Kommentar 446
Konia/Iconium 264
König der Herrlichkeit 439
Konservatismus 43, 47
Konstantin 11, 17-22, 36, 106, 391, 392, 403, 404
Konstantinopel 21, 31, 35, 403
Konstellation 524
Kontorniaten 146
Konzil von Chalcedon 405
Konzil von Nicäa 21
Kopfloser 492-494
Koptos 254, 452
Körbchen 180
Kore (= Persephone = Ereschigal) 495
Korinth 173, 363
Korn 163, 165
Kornähre 103, 216, 221, 227, 228, 230
Kos 402
Kosmas 403
Kosmeteirai 298
Kosmokrator 199, 252
Kosmologie 342, 423, 437, 440, 443
Kosmos 103, 199, 251, 298, 420, 424, 443, 444, 457, 523
Kosmosbeherrscher 230
Kosmosgottheit 230
Kranz 107, 198, 301, 303, 305, 307, 318, 324, 374, 473, 476, 525
Krasen 515
Krater 104, 320, 323-325, 327-331, 514, 524
Kreta 77, 264
"Kreuzigung" 448
Kreuzweg 397
Krim 521
Kriton 98
Krivnja 516
Krokodil 176
Krone 124, 417
Kronos-Saturn 111, 230
Krypten 99
Kubaba/Kybele 265, 266
Kuh 127, 177, 199

INDEX

Kuhhörner 124
Kultbild 24, 122, 123, 129, 132, 167, 168, 172, 198, 199, 215, 218, 227, 228, 299-302, 305-307, 401
Kultgemeinschaft 393, 513
Kultlegende 351
Kultlokal 318, 322, 326, 330, 331
Kultmahl 202, 399
Kultnische 108
Kultus 128, 345, 347, 349, 353, 358, 364
Kultvase 201, 321, 323, 326-328
Kultverein 129, 130, 368
Kultwagen 321
Künstler 56
Kurios 230
Kurtisane 488
Kuss 394
Kuvava 266
Kybele 5, 7, 23, 28, 54, 55, 59, 61-63, 84, 87, 100, 134, 143, 144, 194, 243, 264-280, 282, 283, 287-289, 303, 305, 324, 328, 330, 332, 347, 349, 350, 356, 364, 513, 514, 522, 525-527; s. Kubaba
Kybele-Orgien 60
Kyme 141
Kyrene 157-159
Kyrill von Jerusalem 450
Kyrosfeld 86
Kyzikos 158, 268

Labarum 28
Laien 129, 130, 203
Laienbibliothek 451
Lamb(a)esis 230, 247, 254
Lampe 98, 106, 162, 470, 503
Lanuvium 172-174
Lanze 106, 515
Latein 454
Laubhütte 469
Lauersfort 161
Lavatio 278, 280, 281
Lavinium 78
Lebadeia 273
Lebenskraft 319
Lechenich 162
lecticarius dei 202, 204
lectisternium 44, 49, 50
Legionen 87, 197, 232, 242, 245
Legionslager 246, 247, 253, 318, 326, 327

Lehre der Perser 452
Lehre des Silvanus 377, 378
Lehrer 56, 367, 368, 370, 379, 391, 420, 450, 453, 457
Leib und Blut Christi 444
Leichenverbrennung 394
Leiden 62
Leidenschaften 64
Leierspielerin 528
Leinen 358
Leistung 444
Leiter 106, 368, 449, 451, 458
Leo 106, 524, 525, 527
Leones 108
Leoparden 265, 271, 303
Lepidus 8
Leptis Magna 249
Lesbos 158
Leto 298
Leuchter (die Menorah) 462, 466, 467, 470, 471, 476
Leviten 463
Leviticus 358
Libanios 21
Libanon 213, 227, 241
Libation 321, 324, 327, 328
Liber 47
Libera 47, 318
Liberti 279, 283, 285
Libyen 229
Licht 107, 109, 280, 366, 378, 397, 418, 427, 438, 439, 442, 476, 477
Licht Adams 439
Lichtelement 438-440, 442, 444
Lichtkreuz 442
Lichtluft 438
Licht-Nus 444
Lichtseele 444
Lichtwelt 449
Lichtwunder 343
Licinius 18
Liegebank 99
Liktoren 75
Limentinus 43
Litanei 505
Liturgie 34, 46, 128, 131, 201, 202, 269, 272, 278-282, 284-288, 376, 461, 463
Livius 45, 48, 53-55, 79
Locri Epizephyrii 266

Loculi 475
Logos 352, 357, 376-380, 399, 400, 404, 420, 451
"Logos vom grossen Krieg" 447
"Logos spermatikos" 376
C. Cassius Longus 59
Lorbeer 49, 158, 216
Lotos 181, 227
Lotosblume 492
Lotosblüte 125
Löwe 104, 107-109, 219, 221, 222, 225, 244, 264, 266, 267, 273, 282, 303, 305, 471, 474, 491, 513, 517, 524
Löwenkopf 111, 112, 492, 494
Lucius Verus 197
Lucullus 76
ludi 43, 277
ludi Megalenses 52
Luft 104, 438, 524
Lukan 488
Lukas 366, 426
Lukian 216, 218, 226, 227, 242-244, 267, 270, 357, 372, 488, 489, 493, 498
Lukrez 279, 349
Lulav 467-471, 476, 477
Luna 101, 106, 144, 200, 219, 221, 328, 515, 516, 523; s. Mond
Lunula 307
Lusitania 454
lustratio 45
Luwija 82
Luwische Sprache 82
Lydien 80, 270, 271, 321
lydische Sprache 83
Lydus 281
Lykaonien 80
Lykien 79
lykische Sprache 83
Lysander 158

Mâ 57, 268
Ma-Enyo 86
Mäander 17, 306
Mackwiller 102
Macrobius 216, 218, 226, 227, 316
Macumba-Liturgie 34
Madaura 363
Maghrib 32

Magie 8, 24, 26, 46, 49, 57, 107, 355, 485-487, 489, 490, 494, 498, 501, 502, 504-509
Magier 182, 373, 487, 488, 499, 500, 502, 504, 508
Magna Graecia 273
Magnesia 86, 165
Magoi 355, 356; s. Magier
Maharishi Mahesh Yogi 34
Mahl 108, 130, 147, 320, 365, 519, 523, 526
Mahlzeit 52, 53, 102, 105, 108, 111, 130, 364, 365, 414
Mailand 18, 24, 282, 403
Maion 271
Maiorinus 19
Maiumas 231
Makedonien 8, 86, 158, 180, 511
Makkabäer 19, 470
Makran 448
Makrokosmos 443
Maktar 285
Malakbêl 252-254
Maler 446
Malerei 98-100, 102, 107, 108, 111, 181, 365, 405, 476
Malliana 453
Malta 474
Mambres 488
Mandäismus 423, 433
mandâyâ = Mandäer 422-424, 426
Mani 25, 418, 422, 431, 432, 436-438, 441-452, 454-457
Manichäer 25, 26, 443, 448, 450-455, 458
Manichäismus 25, 26, 436-438, 441, 443-445, 447, 455, 457, 458
Männerbund 106
Mantel 198, 221, 223
Mantik 26, 485
Mantineia 173
Marcion 420, 425, 426, 428, 432, 437, 441, 443, 457
Marduk 251
Mâri 196
Marino 101
Marinus 196
Marius 57, 59
Mark Aurel 160, 182, 488

Markus 502, 504
Maroneia 141
Mars 42, 43, 106, 161, 219, 522
Marsfeld 17, 135, 173
Martin von Tours 403
Märtyrer 24, 62, 372, 398, 401, 403, 495
Märtyrergräber 402
Märtyrerreliquien 403
Märtyrerschrein 19
Märtyrertum 62
Martyrologie 104
Martyrium 20
Maske 126, 161, 219, 221
Massada 460, 464, 465
Massilia 217, 219-221, 224, 273, 306
Massinissa 159
Mater deorum Magna 84
Mater deum Magna 278
Mater deum Magna Idaea 278
Mater Magna 7, 8, 14, 21, 29, 41, 51, 55-57, 145, 267, 275-285, 287, 289, 349, 350, 353, 522
Firmicus Maternus 20, 110, 272, 280, 286, 288, 318
Matronen 137
Matthias 403
Mauer an der Url 331
Mauerkrone 265, 271, 303, 308
Maul 111
Mauretania 26, 159, 161, 179, 453
Mausoleum 79, 472
Maussollos 79
Maximinus 18
Maximus 23-25
Mazdaismus 353
Medizin 485
Medusa 162
Medusenhaupt 161
Megabyzos 299
Megale(n)sia 277, 279, 280
Mehlspeise 280
Mekka 247
Melanophoren 147
Melos 158
Melqart 249
Memphis 122, 123, 132, 140, 143, 163, 177, 506
Mên 321; s. Hermes

Menander 320
Menasstadt 403
Menorah 466-472, 474, 476, 477
Menorot 471
Menschen 439, 441, 442, 444, 447, 455, 457
Menschenfleisch 57
Menschwerdung 376, 380
merces = Hermes 43
meretrix 289
Merida 112, 161, 403
Merkur 43, 106, 107, 214, 219, 225, 226, 229, 319, 321
Merkur Heliopolitanus 213, 214, 217, 220, 223-226, 228, 231
Meron 466
Mesopotamien 15, 16, 77, 80, 82, 229, 245, 247, 248, 251, 327, 436, 458
Messianismus 14
Messias 388
Metamorphosen 491
Metaphysik 440
Metapont 158, 159
Metatron 420, 421
Caecilius Metellus 58, 136
Meteorit 276
Metroon 100, 267
Michael 505
Midas 265
Midrasch 502
Mikrokosmos 443
Miles-Soldat 106, 107, 527
Milet 76, 79, 299, 468
Mileve 453
Militär 521
Militärgott 136, 247
Militärlager 138, 139, 521
Minerva 43, 200
Mischna (= Halacha) 461
Mission 393, 402, 449, 450, 452-457
Mitglieder (socii, syndexi) 107
Mithradates von Pontus 306
Mithradates VI 76
Mithraismus 23, 97, 103, 110, 111, 146
Mithraisten 98, 112
Mithras 7, 8, 14, 28, 36, 62, 64, 88, 96-112, 135, 136, 145, 146, 183, 194, 198, 199, 202, 203, 230, 248, 306, 327, 331,

558   INDEX

347, 353, 354, 356, 357, 364, 398, 399, 447, 456, 502, 516, 519, 523, 524, 526, 527; s. Sol, Sonnengott
Mithras als Stierträger (taurophoros) 107, 110
Mithras-Orion 104
Mithräum 98-101, 103, 105, 107, 108, 110, 112, 145, 353
Mittelalter 182, 393, 401
Mittelmeer 82, 131, 133, 227, 256, 275, 306, 508
Mittelpersisch 447, 449, 456
Mittler 400, 401
Modein 472
Modius s. Kalathos
Moesien 196, 316, 317, 515, 518, 519, 524
Monarchianismus 17
Mond 231, 252, 345, 439, 440, 455, 524
Mondsichel 124, 178, 225, 305
Monimos 246
Monotheismus 12, 17, 254, 421
Montanisten 8
Monteverde 475
Morgenland 355
Mosaik 106, 133, 178, 181, 405, 466, 467, 468, 471, 476, 477
Moses 400, 416, 417, 455, 487, 493, 498
Mumien 167, 168
Münzen 144, 158-162, 167, 168, 172, 173, 176, 177, 179, 181, 182, 215, 221, 225, 226, 244, 281, 299, 300, 302, 303, 305, 306, 308, 468-471, 477, 498
Münzprägungen 20, 134, 225, 232
Musen 74, 359
Musik 6, 51, 53, 268, 278, 280, 283, 469
mutitare 52
Mutter Erde 349
Mutter Gottes 147, 302, 305
Muttergöttin 57, 88, 244, 265, 350
Mutter des Lebens 438
Mutterleib 490
Mutter mit dem Kinde 339
Mütze 528
phrygische Mütze 98, 105, 106, 199, 273, 315
myrionyma 125
Mysien 80, 320
mysische Sprache 83
mystae s. Eingeweihter, Mysten

Mystagogus 34
Mysten 54, 63, 64, 110-144, 164, 202, 203, 273, 287, 288, 319, 325, 341, 343, 344, 352, 354, 358, 522, 526
Mystensarkophag 144
Mysterien 8, 23, 28, 34, 53, 54, 58, 59, 61-64, 96, 125, 141-144, 146, 163, 166, 170, 173, 174, 230, 268, 274, 287, 288, 322, 326, 331, 342, 345-347, 353, 354, 357-359, 363, 364, 367, 394, 398-400, 403, 445, 446, 457, 500, 507, 525-527
Mysterienfeier 273, 352
Mysterienkult 53, 88, 318
Mysterienweihe 54, 142, 273
Mysterienweisheit 424
Mysterion 344
Mysterium 53, 203, 341, 343-348, 351-354, 356, 358-360, 416
Mystes 164
Mystik 30, 417, 429, 500, 508
Mystiker 416
Mystizismus 169
Mythen 242, 298, 347, 352, 391, 414, 422; s. auch Mythos
Mythendeutung 348
Mythographie 270
Mythologeme der Apokalyptik 416
Mythologie 103, 266, 414, 423, 447, 456, 496, 497
Mythologisierung 48
Mythos 54, 64, 97, 110, 141, 265, 267-270, 272, 274, 275, 279, 281, 282, 284, 286-288, 318, 319, 325, 329-331, 347, 351, 400, 416, 420, 422, 423, 431, 437, 438, 447, 449, 450, 456, 457
Mytilene 158

Nabatäer 241, 242, 250
Nachtwache 280
Nag Hammadi 377, 379, 415, 419, 422, 428, 429, 433, 504
Nahbarkeit 62
Naiskos 266, 303, 328, 331
nama 107
Nana 271
Naram-din 9
Narisah 456
Narses 449
Nasi 460

INDEX

Nativismus 34
Natur 349
Naturalwirtschaft 31
Naturerklärung 342
Naturwelt 350
Nauarchen 129
Navigium Isidis (Ploiaphesia) 129
Navis Salvia 85, 276
Nea Aulè (heute Alaşir) 321
Neanthes von Kyzikos 274
Neapel 162, 172, 174, 176, 217
Neapolis 225
Nebo 246, 500
Nebröel 440
Negeb 419
Neger 180
Nektanebo I 157
Nektar 103, 110, 111
Nemausus (Nîmes) 136
Nemesis 143, 144, 215, 491, 523, 526
Nemrud-Dagh 97
Nemus Dianae (Nemi) 132, 179
Neokoren 131
Neophyten 354, 525, 526
Neotera 182, 183
Neotera Hera 183
Nephthys 165, 168, 182, 183
Nero 507
Neuenheim 102, 104
Neujahrsfest 251
Neujahrstag 467
Neumagen (Belgica) 161
Neuplatoniker 16, 21, 22, 97, 101, 282, 286, 287, 450, 497
Neuplatonismus 22, 26, 97, 287, 506, 509
Neupythagoräismus 437
Nicäa 22
Nikander von Kolophon 270
Nikanor 473
Nike 98, 305, 306, 476
Nikomedeia (heute Izmir) 78
Nikomedes I 78
Nikomedes IV 78
Nikopolis 225, 316, 450
Nil 2, 77, 121, 128, 133, 166, 168, 170-173, 175-178, 182, 227, 342, 415, 454
Nilstatue 175, 176
Nilwasser 128, 135, 142, 163, 167, 171, 175, 179, 428

Nimbus 104, 305
Nirwana 456
Nische 99, 101, 102
Nisibis 245
Nobilität 55
Nola 403
Nomenklatur 456
nomina sacra 495
nomina theophora 139
Noreia 138
Noricum 138
Noriker 137
notarius 204
Nuceria Alfaterna 159
Numa 50
Numen 11, 281
Numidien 19, 193, 453
"Numidier" 19
Nus 447
Nussschale 515
Nymphäum 201
Nymphe Sa(n)garitis 271
Nymphen 74
Nymphus = Mystische Braut 106, 107

Oase Siwa 10
Oase Turfan 458
Obelisk 21, 135, 169, 170, 172, 173
Occultatio 526
Oceanus-Wasser 111
Ochs 101
Odeinathus 16
Offenbarung 356, 399, 413, 414, 417, 426, 427, 430, 437, 441, 445
Ogya 446
Ogygius s. Bacchus
Ohr 140
Ohrgehänge 303
Ohrmizd 457
Okeanos 176
Ölkanne 469
Ölkrug 470, 471
Olympia 16, 158, 173
Olympias 319
Omophoros 439
Opfer 11, 12, 16, 18, 21, 23, 27, 28, 42, 46, 47, 50-52, 56, 62, 64, 65, 108, 130, 165, 169, 177, 201-203, 205, 271, 274, 277, 284-286, 299, 320, 322, 329, 344,

348, 370, 371, 392, 394-398, 461, 463, 525, 528
"Opferer" (hiereus, sacerdos) 396, 523
Opferkult 461, 462
Opferriten 46, 527
Opferschale 320
Ophiten 501
Orakel 8-10, 48, 84, 158, 163, 170, 171, 177, 216, 228, 229, 232, 251, 272, 276, 299, 307, 485, 493, 498
orgia 54, 55, 268, 270, 274
Orgiasmus 266
Orient-Begriff 7, 9, 30, 32, 33
"Orientalen" 34, 197, 246
Origenes 378, 380, 389, 428, 431, 434, 487
Orontes 249
Oropos (Attika) 158
Orosius 73
Orpheus 357
Orphik 424
Orphiker 346, 417, 421
orphisch 417, 421, 423
Osiris 8, 121, 122, 128, 129, 133, 138, 139, 142-144, 147, 163-171, 173, 175, 177, 351, 352, 363, 492, 493, 496, 507
Osiris-Antinoos 165, 168-174, 176
Osiris-Apis 122, 177-179
Osiris-Dionysos 172, 174
Osiris-Sarapis 126
Osirisgrab 401
Osirispfeiler 182
"Osiris werden" 352
"Osirianisierung" 165
Osrhoëne 241
Ossuarien 472
Osterbrauch 343
Osterburken 103
Osterfest 287, 403
Ostia 56, 98, 99, 106, 107, 174, 178, 179, 233, 250, 251, 276, 281, 284, 285, 464, 468
Ovid 271, 276, 281
ovis = Schaf 108
Ozean 103

Pachrates 498, 507
Palaische Sprache 82
Paläolithikum 81

Palästina 102, 182, 225, 232, 233, 239, 402, 423, 424, 456, 457, 467-470, 474-476, 506
Palatin 6, 51, 58, 85, 98, 135, 222-224, 276-279
Palazzo Barberini 112
Pales 109
Palestrina 134, 174
Palm 132, 469, 470, 476
Palmsonntag 404
Palmyra 16, 241, 242, 252-254
Pamphylia 79
Mare Pamphylium 79
Pan 172, 515
Paniskos 452
Pannonien 137, 139, 197, 233, 246-248, 251, 518, 524
Pannychis 280
Pantheismus 144
Panther 264, 265
Pantheus 111
Panzer 193, 197
Paphlagonien 80
Papos 450
Papst Damasus 25
Papst Miltiades 454
Papyrus 132, 173, 370, 431, 446, 485, 487, 490-493, 495, 496, 498, 503, 505-507, 509
Parabiago 282
Paraklet 441, 457
Parinirwana 456
Paros 267
Passah 403
Pastophoren 59, 128, 133
Pater s. Vater
"pater candidatorum" 204
patera 510
patres 101
Patriarchen 501
Paul von Samosata 17
Paulikianer 428, 458
Paulinus von Nola 288
Paulus 299, 363, 365, 367, 368, 375, 402, 424-426, 431, 441, 457
Pausanias 158, 270, 273
Pavian 181
Pazardžik 512
Pax deorum 46, 50

Pax Romana 88
Pax Tempel 175
Pectoralia 168, 328
Pegasus 476
Peiraieus (Piräus) 124, 158, 273, 274, 276
Peitsche 106, 217, 227, 229, 324, 493
Pelagia 125
Pelten (Amazonenschilde) 304
Peregrinus 372
Pergamon 6, 51, 75, 85, 87, 165, 178, 276, 278, 317, 318, 321, 322
Perge 301
Peroz 448
Persephone 316, 319, 495
Perser 74, 83, 107
Perses = Perser 106, 107
Persien 25, 96, 451
Pessach 461
Pessinus 5, 6, 51, 57, 83-85, 265, 266, 271, 272, 276, 278, 287
Petra 250
petra genetrix 103
Pfaffenberg 182
Pfau 476
Pfeil 103
Pferd 101
Phaeton 110
Phalera 161, 162
Phallos 127, 164
Phanes 421
Pharao 9, 10, 163, 165, 166, 170, 171, 175, 488
Pheidias 267
Pherephatta 318
Philae 157, 163
Philipp V 84, 86, 276
Philippopolis (Plovdiv) 514, 515
Philister 82
Philo von Alexandria 358, 377, 416, 420, 454
Philocalus s. Kalender
Philosophen 56, 128, 287, 358, 397, 400, 427, 428, 450, 487, 559; s. Religion
Philosophie 341-344, 346-348, 351-360, 375, 376, 396, 413, 414, 421; s. Religion
philosophische Deutung 353
Philostratos 176, 486
Philoumene 426
Phoinike 84

Phokaia 266, 273, 306
Phönizien 225, 226, 227, 231-233, 420, 452
Phosphoros 523
Photismos 367
Phre 505
Phrygien 5, 80, 264, 265, 270, 271, 274, 303, 316, 317, 319
phrygische Sprache 83
Pilger 243
Pilgerfahrt 140, 402, 403
Pindar 158, 273
Pinie 271, 275, 279, 280, 329-331
Pinienzapfen 322-324, 328
Pistis Sophia 415
Planeten 106, 107, 251, 252, 355, 418, 422, 439
Planetengott 218, 219, 230
Platon 128, 343, 344, 346, 352, 354-356, 413, 437, 443
Platoniker 370
Platonismus 413, 437
Pleroma 429
Plinius 42, 175, 176, 300, 301, 364, 370, 371, 485
Plotin 359, 428, 450, 487
Plutarch 139, 165, 267, 319, 345, 351-353, 357
Pluto 163, 319, 495; s. Sarapis
Pneuma 421, 422
Pneumatiker 428
Poetovio-Pettau 102, 104
Poimandres 413, 414, 417, 422, 425
Pollux s. Dioskuren
Polos 303, 305, 308
Polybius 3
Polykarp von Smyrna 369
Polytheismus 394, 400, 502
Pomerium 135, 166, 243
pompa diaboli 404
pompa funebris 47
Pompeji 59, 98, 132, 133, 135, 166, 180, 181, 317, 322, 323, 326, 327, 331
Pompejus 5, 8, 10, 78, 241, 459, 462
Pontifex Maximus 4, 11, 25
pontifices 46, 48
pontifices maiores 17
Pontos 76, 78, 86, 425
Ponza 99

Porphyrios 97, 101, 107, 357, 359
porta Capena 278
porta Maggiore 281
Porticus 179
Portunus 44
Poseidon 162, 172
Poseidonios von Apamea 348, 356, 421
Potaissa 197, 247
Potnia theron 303
Praedicatio Petri 374
Praeneste 341
praesepia 108
Praestantissimus 200
Praetextat 319, 332
Pragmateia 445, 446
Prahova 522
Preislieder 140
Presbyterium 369
presbyteroi 367-370, 450
Priene 178, 467
Priester 42, 43, 46, 48, 51, 52, 57-59, 77, 125-133, 135, 139-141, 144-146, 161, 168, 170, 171, 178, 194, 202-205, 233, 243, 244, 247, 267, 270, 271, 276, 278, 280, 283, 284, 299, 307, 318, 319, 321, 325, 328, 341, 347, 351, 373, 374, 391, 419, 423, 448, 453, 473, 486-488, 498, 505, 514, 526, 528; s. Hochpriester
Priesterin 53, 139, 166, 168, 273, 298, 306, 307, 433, 434
principes 204
Priscillianus 26, 458
pro concordia 198
pro incolumnitate 198
pro salute sua et suorum 198
Proben 107
Proclus Constantinopolitanus 301
Proconnesus 452
prodigia 46, 49, 50
Proklos 282
Prophet 50, 131, 170, 366-368, 417-420, 423, 426, 444, 498
Prophezeihung 50, 57, 251, 426
Propontis 268
Proselyt 12, 13
Prostitution 230, 245, 247, 265
Protasius 403
Proteus 488, 491
Prounikos 419

Prozession 6, 108, 129, 130, 135, 139, 202, 205, 216, 250, 279, 280, 397, 399, 404, 405
Prudentius 286, 287, 525
Prüfung 143, 526
Prytaneion 303, 305
Psalm 445, 446, 495
koptisch-maichäisches Psalmbuch 449
Psammetichos 498
Pschent 216, 221, 227
Psychopompos 126
Ptah 177
Ptah-Patäke 180
Pterophoroi 131, 132
Ptolemäer 9, 10, 54, 121, 123, 124, 136, 175, 178, 227
Ptolemaeus s. Brief
Ptolemaios I 10
Ptolemaios II 10, 132
Ptolemaios III 122
Ptolemaios IV 159
Ptolemaios-Akka 225, 226
Pula 162
Punier 84
Puteoli 56, 58, 133, 217, 233, 249, 250
"Pyramidentexte" 163
Pythagoräer 437
Pythagoras 354-356, 420

Qubala 266
Quacksalber 283, 486, 489
quadriga 101, 328, 490, 523
P. Stertinus Quartus 160
quindecimviri sacris faciundis 46
Claudia Quinta 85, 276
Quirinus 11
Qumran 413, 421

Rabe 104, 107, 524
Raḫbiner 420, 424, 508
Raphael 505
Raphia 132
Rassendynamik 31
Rationalismus 49, 348, 399
Rationalität 30, 348
Rätsel 341-343
Räucheraltar 462
Räucherkelche 33
Räucheropfer 462

Rausch 51, 280
Ravenna 144
Re 9, 227
refrigerium 147
Regengott 175
Regenwunder 182
regina 125, 136
Regionalbewegungen 33
regula fidei 437
Regulus 230
Reichsgott 198
Reichsideologie 452
Reinheit 341, 358, 443
Reinigung 53, 107, 142, 143, 146, 318, 464, 527
Reise-Legenden 354
Reitergott 510, 515
Relief 98, 100-105, 144, 145, 162, 168, 175, 178-181, 183, 195, 199, 200, 215, 217, 218, 220-224, 245, 253, 267, 273, 282, 284, 300, 305, 320, 321, 324, 326, 463, 476, 510-514, 516-521, 523-528
religio licita 12, 13
Religionsphilosophen 456
Religionsphilosophie 432, 444
Religionsstifter 436, 444, 456
Reliquien 401, 403
rememoratio 394
renatus 110
ressurrectio s. Auferstehung
Rettung (salus, soteria) 62, 204, 231, 287, 376
Revitalisierung 32
Rheginos s. Brief
Rheia 266, 267, 270, 522
Rhein 2, 102, 110, 196
Rhodopen 514
Rhodos 77, 79, 131, 179
Rhônetal 246
Rhyton 527, 528
Richomeres 27
Richter 447
Rindschulter 105
Ring 106, 489, 491
Riten 5, 6, 49, 52, 61, 64, 170, 204, 229, 267-269, 274, 278-281, 284, 285, 287, 288, 347, 364, 365, 393, 394, 399, 400, 423, 486, 489, 496, 525, 526
Ritterschlag 105

Ritual 42, 43, 45, 46, 53, 54, 60, 61, 128, 131, 164, 242, 274, 288, 346, 357, 486
ritueller Tanz 42
Robigus 44
Rogatianus 359
Rom 3-8, 12, 14, 16, 21, 24, 25, 27-29, 32, 35, 42-44, 47-49, 51-61, 75, 78, 79, 83-88, 96-99, 103, 109, 110, 112, 126, 130-136, 139, 142, 144-146, 160, 166, 168-170, 172-176, 179, 181, 182, 196-199, 201-205, 231-233, 245, 247-250, 253, 254, 275-279, 281-286, 303, 306, 307, 317, 319, 328, 351, 354, 365, 396, 397, 403, 425, 428, 454, 459, 460, 463, 464, 468-470, 474, 475, 495, 501
Römer 84-86, 121, 122, 124, 127, 128, 133-136, 139, 165, 178, 181, 193, 194, 200, 213, 241, 275, 278, 347, 390, 459, 463, 464, 475, 508
Romulus 11, 36
Rosenkranz 167
Rückingen 102
Ruf 439
Rufinus 168
Rundplastik 98
Ruse 512

S. Maria Capua Vetere 98, 101, 107
S. Clemente 98
S. Laurent-du-Cros 162
S. Prisca 98, 100, 101, 103, 105, 106, 108, 110
S. Stefano Rotondo 103, 105, 112
Sabaoth 317, 493, 495, 496, 500, 501; s. Iahve
Sabazios 8, 88, 316-331, 514, 515, 527, 528; s. Jupiter
Sabazios-Dionysos 268
sacerdos 160, 203, 204
Sack 106
sacramentum 287, 390
sacrificulus 53
Sadduzäer 461
Saeculum 103
Salambo 250
Salier 42
Sallustios 22, 23, 282
salus s. Rettung
Salus s. Hygeia

salutifera 125
Samaria 11, 420, 504
Samaritaner 419
Same 348
Samos 298, 300
Samothrake 270, 299
Sangarios 85, 217, 279
Sänger 131
Sanhedrin 460, 463, 474
Sapur I 205, 436, 448
Saqqara 117
Sarapiasten 131
Sarapis 7, 13, 14, 27, 28, 56, 100, 121, 123-131, 133, 135-140, 144-147, 162-165, 167, 169, 171, 172, 174, 177, 178, 181, 200, 215, 491, 492; s. Osiris
Sarapis-Pluto 123
Sarba 218
Sardeis 266, 268, 298, 467
Sardinien 28, 474
Sarg 143
Sargon 2, 9
Sarkophag 102, 144, 166, 319, 359, 405, 471, 472, 474, 476
Sarmaten 31, 521
Sarmizegetusa 197, 253
Sassaniden 25, 205, 436, 448, 450
Saturninus 418
Satyr 162
Saturn 47, 50, 103-108, 111, 219, 221; s. Kronos
Saturn-Aion 103
Säulen des Herakles 436
Säule der Herrlichkeit 440
Savaria 139, 180, 197
Scarbantia 179
Schapurakan 447, 456
Schatz 454
Schatz des Lebens 445, 446
Schau 343, 344, 358, 416, 417, 424, 437
Schaubrottisch 462, 469
Schawuoth 461
Scherin 57
Schicksal 64, 137, 142, 143, 146, 251, 274, 288, 355, 396, 397, 400, 417, 457
Schiffahrt 125, 129, 162
Schildkröte 323, 324, 327, 330
Schlaf 171, 180

Schlange 48, 104, 111, 112, 125, 318-324, 327-331, 492, 524, 525, 527
Schlangenfüssler 103, 138
hahnenköpfiger Schlangenfuss 492, 493
Schlangenvasen 100, 320, 327
Schleier 223
Schlüssel 490, 499
Schnitter 490, 492
Schofar 467, 468, 470, 471, 476, 477
schola 202, 204
die Schönen 452
Schöpfer 44, 379, 388, 394
Schöpfergott 251, 495
Schöpferin 418
Schöpfung 426, 449, 508
Schöpfungsepos 251
Schrift der Grundlage 446
Schriftlesung 395
Schuld 414
Schuldbekenntnis 63
Schulter 102-104, 110, 111, 307
Schwanz 101, 104, 111, 492
"schwarzer Stein" 85, 247, 250
Schwarzes Meer 73, 76, 78, 273, 425, 488, 510, 521, 528
Schweigen 127, 142
Schweigepflicht 53
Schwein 280
Schwert 106, 198
Schwindel 341, 358
Scipionen 6, 42, 51, 52, 59, 85, 86, 276
scriba 203, 204
Secundinus 453
Seele 24, 73, 103, 106, 107, 126, 243, 249, 287, 319, 376, 379, 413, 416, 420, 423, 424, 430, 439, 441, 442, 444, 487, 492, 524, 527
Seelenwanderungslehre 443
Seetier 307
Seevölker 82
Segnung 365
Serenios Salustius Sekundos 23
Selbstaufopferung 62
Selbstverstümmelung 62
Seldschuken 31
Selene 307, 522
Seleucia Pieria 249
Seleucus I 251

Seleukiden 9, 10, 83, 86, 241, 245, 251
Sem 441
Semisilem 493
semivires, semimares 52
Senat 11, 48, 50, 52, 53, 55, 58, 134, 172, 176, 181, 275, 277, 278, 391
Sendbote 355
Septuaginta 500
Serapeum 58, 130-132, 135, 146, 162, 163, 165, 178, 181, 450
servi fanatici 57
Seth 124, 441
Seth-Typhon 495, 496
Severer 255
Severi 243
Septimius Severus 14, 15, 135, 157, 179, 251
Severus von Alexandria 497
Sexualität 426
Shakal 126
"Shiur Komah" 424
Sibylle von Cumae 275
Sibyllen 5, 7, 15
Sibyllinische Bücher 46, 51, 84
Sibyllinisches Orakel 134
Sibyllinisches Weib 76
Sichel 106
Sidon 232, 242
Sieg 161, 162, 200, 230, 447
Siegesgöttin 200
Siegeskranz 200
Silvanus 137, 160, 172, 512
Simon Magus 419, 420, 426, 472, 504
simulacrum 14
Sinai 416, 417
Sinope 76, 122, 425
Sipylos 86
Siracides 418
Siscia 102
Sissinios 449
Sistrum 106, 107, 125, 128, 145, 180
Sizilien 52, 56-58, 133, 183, 245, 474
Sklaven 19, 29, 56, 57, 60, 88, 133, 134, 137, 232, 233, 242, 245, 255, 277-279, 283, 371, 489
Sklaverei 12, 31
Skorpion 104
Skythen 521
Slaven 31

Smyrna 79
Sochne 220
socius s. Bruder
sodalicia 61
sodalitates 61, 277
sogdisch 449, 456
Sohn eines Gottes 171, 377, 457
fünf Söhne 439
Sol 101, 106, 108, 111, 200, 219, 221, 253, 328, 515, 516, 523
Sol-Apollo 104, 106
Sol invictus 14, 17, 21, 98, 254, 282, 404, 523
Sol-Mithras 107
Solarkult 516
Soldaten 56, 96, 103, 136, 195-198, 203, 232, 233, 245-249, 253, 255, 374, 390, 419, 511, 521, 524
Soldatenkaiser 14
Sondergott 43
Sonderseelen 417
Sonne 16, 17, 22, 106, 182, 200, 213, 218-220, 227, 228, 231, 247-249, 252-254, 286, 329, 345, 404, 439, 440, 455, 490, 505, 516, 523, 524
Sonnengott 16, 17, 21, 98, 105, 124, 224, 227, 243, 246-248, 254, 321, 328, 456, 492, 493, 500
Sonnengott als Mithras 102, 103, 108, 228
Sonnenläufer s. heliodromos
Sonnenscheibe 124, 168, 177, 227, 305
Sonnenschiff 507
Sonnenstrahlen 492
Sonnenwagen 97, 105, 106, 253
Sonntag 364, 403
Sopatros aus Apamea 21
Sophia 418-420, 422, 423, 428, 429, 431, 432; s. Weisheit
Sophokles 273
Soter 164
soteria 64, 125, 360; s. Rettung; salus
Soteriologie 441
Sothis 125
Sozialisation 34
Spanien 29, 177, 181, 195, 248-250, 306, 403, 468
Sparta 158
Speer 320, 522

speirai 61
Speise 105, 364, 365, 404, 443, 502
Speisegebot 358
Speisung 202, 366
religionsphilosophische Spekulationen 454
spelaeum (spelunca) 98, 106
Sphinx 161, 162, 176, 180, 220, 222, 231
spica 104
Spiegel 199, 417, 418, 420, 422, 425
Spiele 47, 50, 52, 271
Spiele (Antinoeia) 170, 173
Spitzname, Signum 143
Splenditenens 439
sakrale Sprache 358
Sprüche des Sextus 373, 379
Stab 106, 199, 202
Stabaufsätze 202
Statius 98
Stephanus 401
Sterculinus 43
Sterne 99, 200, 218, 220, 221, 226, 230, 247, 251, 252, 329, 439, 447, 523
Sternzeichen 104
Steuerruder 125
Stier 98, 99, 101-104, 108, 110, 111, 122, 177-179, 193, 194, 197-199, 215, 216, 221-223, 226-228, 244, 284-286, 328, 525-528
Stiertöter 99, 106, 354
Stiertöterin 94
Stiertötung 27, 101, 102, 104-106, 108, 111
Stoa 342, 344, 348, 349
Stolisten 128, 130, 131
Strahlen 200, 216, 225, 329
Strahlenkopf 224, 225, 228, 229
Strahlenkranz 104, 516
Strahlenkrone 106
Stundenwachen 342, 344, 348, 349
Sueton 12
Sukkoth 461, 467
Sulla 57, 58, 86, 133, 134, 307
Sumer 10
Sünde 146, 371, 414
suovetaurilia 108
supplicare 49
supplicatio 49
supplicationes 61, 65, 128

Sursock 216, 220, 229
sus = Schwein 108
Symbol 132, 146, 161, 162, 175, 178, 180, 181, 216, 217, 220, 224-226, 228, 244, 247, 250, 304, 318, 319, 323, 328, 345, 347, 349, 352, 359, 394, 405, 467, 469, 470, 472, 476, 515, 517, 522, 524, 525
Symbolik 161, 359, 468, 469
Symbolismus 101, 282
Symmachianer 454
Symmachus 24
Symposium 12, 105
Synagoge 12, 18, 368, 394, 395, 415, 416, 463-469, 471, 475, 477
Synhedrion s. Sanhedrin
Synkretismus 23, 25, 29, 34, 144, 166, 179, 182, 228, 347, 436, 457, 491, 493, 499, 503, 522, 527
Synode 22, 391, 398
Synthronismus 282
Syrakus 133, 267, 297
Syrer 100, 133, 137, 196, 197, 242, 243, 245, 246, 255
Syria 16, 29, 77, 96, 97, 193, 195, 199, 214, 217, 222, 226-228, 237, 241, 243-245, 248, 249, 251, 253, 254, 319, 403, 450
Syrinx 271, 273

Ta(a)nit 248, 276
Talisman 217, 488, 491, 499
Talmud 461
Tamburin 6, 268, 288
Tänze 129, 268, 271, 280, 283
Taposiris 164
Tarraco 161
Tarsos 173
Tartus 216, 219, 220
Taube 471, 476
Taufbekenntnis 366
Taufe 147, 287, 288, 363-367, 371, 375, 390, 391, 396, 397, 443, 455, 525
Täufersekten 437
Taufexorzismus 397
Taufritual 367
tauroboliatus 285
Taurobolium 27, 283-287, 525, 526
Tauroktonie 99, 102
Taurosgebirge 77, 194

taurus = Stier 80, 104, 108
Tavium 83
Tebessa 453
technitai 61
Tekije 331
Tektosagen 83, 87
Telesterion 343
Tempel 27, 45, 47, 49, 52, 59, 64, 85, 128-131, 133, 135, 136, 139-141, 145, 157, 158, 160, 161, 165, 166, 169-173, 176, 180-182, 193, 195, 196, 201, 204, 215, 225-227, 229, 242-248, 250, 252-254, 265, 267, 272, 276, 277-279, 284, 298-300, 305, 307, 308, 331, 345, 370, 394-397, 459-463, 467, 469-471, 476, 477, 487, 503, 507, 508
Tempelbank 299
Tempelkult 459-461, 463, 469, 477
Tempelleuchter 470, 472, 477
Tempelritual 251
Tempelschatz 132
Tempelwachter 131
templum 395
Tenos 158
Terenz 277
Terminologie 447
Terrakotten 139, 264, 272, 278, 499, 518
Tertullian 14, 98, 105, 107, 111, 363, 372, 374, 389, 392, 428, 434, 454
Teschub 193
Tetragramm 494, 500
Tetrarchie 18, 27
Teutonen 57
Thagaste 454
Thamugadi 454
Thasos 514
Theater 52, 59, 159, 162, 277
Thebais 98
Theben 157, 158, 497, 507
Theodosius 25, 27, 28, 35
Theodotos 464
Theognostus 378
Theogonie 74, 266
Theokrasie 10, 23, 354
Theokrit 488
Theologie 121, 350-352, 354, 356, 357, 364, 376-380, 392, 444, 454, 457, 493
Theologumenon 457
Theopomp 267

theos (Zeus) hypsistos 112, 318, 319
Thermopylen 86
Thermuthis 125
Theseus 298
Thessalonike 141, 159, 164, 403
Theta (= th) 501
Theurgie 24, 486, 487, 497, 505
Theveste 454
thiasos 54, 55, 61, 274, 298, 324
Thmuis 450
Thora 395, 460, 462, 465, 468, 471, 476, 477
Thoraschrank 465, 467, 471, 474, 476
Thot 170, 171, 181, 414; s. Hermes
Thraker 141, 510, 515, 516, 519
Thrakien 141, 316, 317, 515, 516, 519
thrakische Sprache 83
Thron 108, 121, 123, 222, 273, 320, 321, 400, 417, 420, 423-427, 495, 513
Thyrsosstab 324, 329
Tiber 85, 98, 135, 176, 276
Tiberius 58, 180, 355
Tiberstatue 175
Tibur 135
Tierkreis 111, 112, 305, 307, 499, 517
Tierkreisgötter 219
Tigris 77
Timaios 443
Timotheos 270
Tipasa 453
Tiridates 18
Titanen 417
Tithoes 180
Titus 135, 460, 463
Titus von Bostra 450
Tod 64, 107, 110, 127, 142, 143, 146, 166, 168, 169, 174, 274, 275, 281, 282, 288, 344-346, 351, 358, 371, 380, 404, 418, 424, 427, 430, 448, 496, 522
Tod (mors voluntaria) 107
Todesschicksal 171
Todesstrafe 20, 21, 26, 393
Toleranz 18, 27, 30, 391, 392, 398
Toleranzedikt 16, 18, 22, 25
Tolistoagier 83
Tomis (Constanṭa) 513
Toten 137, 138, 166, 373, 404, 413, 421, 472, 475, 495
Totenbuch 166

Totenführer 326
Totengericht 319
Totengott 122, 128, 163, 164, 167, 345
Totengöttin 126
Totenkult 169
Totenmesse 423
Totenreich 126, 163, 264
Tractatus Tripartitus 431
Traditio Apostolica 366
Tradition 364, 369, 375, 380, 395, 405, 413, 416, 420, 424, 427, 428, 430, 445, 446, 448, 457, 461, 488
Trajan 134, 162, 229, 304, 370
Trance 57
Trank 105
transitus 102, 104, 107, 110
Transzendenz 430
Trapezus 76
Trastevere 25, 246
Traube 325
Trauer 274, 275, 279-282, 286, 399
Traum 57, 140, 142, 163, 164, 320, 417, 493
Traumdeuter (Oneirokritai) 140, 485
Treue 144
triclinium 99, 202, 464
Triduum 281
Trier 26, 103, 248, 403
Triest 162
Trinität Vater, Mutter, Mensch 423
Trinitätslehre 22
Triton 222
Triumph 77, 162, 175, 522
Triumphbogen 101
Triumphzug 288, 249
Troja 52, 78, 82, 275, 276
Trokmer 83
Trunkenheit 60
Truppen 197, 246, 527
Tulcea 523
Tunesien 285, 468, 494, 503
Tunika 198, 218, 223
Tür 489, 514
Turan 448
Turanschah 448
Tyche 21, 125; s. Fortuna
Tympanon 267
Typhon 507; s. Seth
Tyr 232, 242, 249, 420

Ubaza Castellum 454
Überlieferung 347, 348, 350, 356, 357, 396, 404, 441, 445, 447, 453, 470, 491
Uiguren 458
uigurisch 449
Umbanda-Liturgie 34
Umzüge 345
"unbesiegbar" (antiketos, invictus) 145
Ungeheuer 440
Unsterblichkeit 161, 163, 166, 286, 344, 359, 472
Untergang 31
Unterricht 447
Unterwelt 45, 53, 122, 123, 324, 326, 400, 494-497, 500
Unterweltsgott 121, 123, 174
Unterweltsgottheiten 216
Unverletzlichkeit 489
Uräusschlange 217, 220, 227
Urchaos 427
Urchristentum 434
Urgemeinde 368
Url 201
Urmensch 438
Uroffenbarung 341, 348, 350, 357
Urzeit 357
Uscha 460
Uschebti 138

Vaison 251
Vettius Valens 64
Valens 23, 24
Valentia (Tarraconensis) 160
Valentin 418, 420, 422, 429-431
Valentinian 23, 24
Valentinian II 24, 25, 27
Valentinus 370, 428, 430, 501
Valerian 226, 506
Valerius Maximus 317
Vallum Hadrianum 246, 249
Varro 43, 44, 277, 349
Vase 267, 524
Vater 22, 47, 106-110, 176, 350, 367, 371, 377, 378, 388, 434, 445, 447
Vater der Grösse 438, 439
"väterliche Götter" (di patrii) 137
vates 53
Vatican 106, 165, 172, 175, 284
Veden 96

Vegetation 287, 517
Vegesela 454
Vegetationsgott 166, 224, 253, 321
Veilchen 279
Veleia 167
Venedig 219, 273
Venus 43, 44, 106, 219, 229, 522; s. Aphrodite
Venus Caelestis 183
Venus Heliopolitana 213, 214, 217, 222, 223, 225, 230, 231
Venussterngottheit 245-248
ver sacrum 50
Vera 198
verbrennen 472
Vereinigungen 61
Verfolgung 398, 449
Vergil 275, 488, 497
vergilisches Sendungsbewusstsein 32
Verheissung 344, 347
Verkündigung 64
Verres 301
Verschlüsselung 352
Verschwiegenheit 526
Versöhnungstag 467
Vertumnus 172
Verzauberung 217
Vespasian 5, 135, 175, 176, 182, 195
Vesta 27, 165
Vestalin 45, 50, 85
Vetus Salina 196
Via Appia 476
Via Labicana 475
Via Nomentana 475
Via Portuensis 173
Vibia 319
Victoria 6, 7, 24, 51, 85, 98, 200, 223, 276, 522
Marius Victorinus 26
Victrix 231
Victura 198
Vigil 455
vilica 60
vilicus 60
Villa di Cassio 166
Villa Hadriana 165, 168, 174, 176, 179
Villa Torlonia 475, 476
Vincentius 319

Vindonissa 327, 328
vires 285
Virgil 455
Virgo Caelestis 248
Virunum 103, 138
"Visionen von Hezekiel" 425
"Vita Angelica" 373
Vogel 104, 323, 325
Vokalen 493
Völkerwanderung 31
Volturnus 47
Marcus Volusius 126
Vorbereitung 343
Votivblech 320, 331
Votivgaben 177, 201, 326
Votivhand 317, 320, 322, 323-326, 515
Votivinschrift 518
Votivrelief 510, 513
Votivstatuette 511
Votivstele 511, 516, 517
Votivtafel 140, 197, 513
Vraca 512

Wachstum 107
Wagen 326
Wahrheit 341, 349, 355, 357, 358, 367, 368, 376, 429, 445
Wallfahrer 402
Wallfahrt 394, 401-403, 461
Wallis 327
Wanderprediger 50
Wandmalerei 466, 474, 476
Waschung 202, 423
Wasser 53, 104, 107, 108, 111, 128, 137, 147, 162, 166, 168, 213, 231, 244, 308, 366, 367, 423, 425, 438, 439, 442, 443, 524
Wasserfest 231
Wassergott 157
Wasserritus 231
Wasserwunder 110
Weihegabe 299
Weihegrad 107, 108, 525, 527
Weihesteine 320
Weihrauch 109, 320, 323, 390
Wein 53, 105, 108, 111, 163, 250, 324, 346, 365, 366
Weinwunder zu Kana 366

Weisen 355
Weisheit (Sophia) 128, 246, 341, 354-357, 376-378, 418-420, 429, 454, 457
Weisheit Salomos 377, 378, 418, 421
Weissager 50
Weissagung 283
Weisspappel 318
Welt 439, 440
Weltall (Herr des W. = Kosmokrator) 103, 112, 144, 145, 246, 250, 251, 457
Weltbrand 439, 441
Weltende 447
Weltengott 424
Weltreligion 436, 445
Weltschöpfer 350, 418, 443
Weltschöpfung 377, 508
Weltseele 417, 423, 444
Weltvernichtung 447
Wettergötter 182, 183, 193-195, 215, 217, 222, 228, 244
Widder 108, 109, 161, 220, 284, 286, 319, 321, 323, 329, 513, 522, 523, 525, 526, 527
Widderfell 526
Widdergehörn 157, 158
Widderhörner 159, 161, 467
Widerstand gegen das Griechentum und gegen Rom 32
Widerstandsbewegungen 33
Wiederaufleben 351
Wiedergeburt 35, 288, 366, 367, 414, 523, 525
Willensfreiheit 441
Wind 438, 439, 524
Wirtschaftssystem 31
Wissen 342, 355-357, 359
Wochentagsgötter 230
Wöchnerin 325
Wodan 102
Wohltaten 371
Wohltäter (Euergetes) 9, 99, 231
Wohnung 98
Wollbinden 303, 305, 308
Wund 104
Wunder 63, 64, 111, 276, 346, 470, 498
Wunderheilung 141

Xanten 162
Xanthos 79
Xenophobie 52
Xenophon 76, 142

Yarhibol 217, 220
Yoruba 34

Zacharias 473
Zadar 162
Zahl 435
Zahlenspekulation 438
Zakoren 131
Zarathustra 34, 355, 441
Zauber 490, 496-498, 500, 503, 507
Zauberdokument 488
Zauberei 24, 355
Zauberer 420, 485, 488, 491, 492, 495, 499, 505, 506
Zauberin 488
Zauberformel 458, 503
Zaubergemme 504
Zauberkraft 140
Zauberpapyri 487-490, 492, 494, 495, 497, 499, 501, 502, 504, 506-509
Zauberpratik 144, 147, 487, 488, 504
Zauberrezept 486, 487, 497, 502
Zauberstab (caduceus) 107
Zeitgott 111, 112
Zeloten 19
Zenobia 16, 17, 241
Zepter 198
Zeremonie 101, 111, 128-132, 139, 147, 166, 168, 216, 274, 281, 322, 324, 392, 489, 497
Zervan 457
Zervanismus 456, 457
Zeus 126, 158, 159, 162, 164, 175, 177, 178, 213, 229, 270, 271, 307, 316, 318, 319, 325, 329, 424, 496, 505
Zeus Baradates 268
Zeus Bronton 183
Zeus Hypsistos s. theos Hypsistos
Zeus Kasios 249
Zeus von Otricoli 123
Zimbel 288
Zipoites 78
Zistophor 303
Zivilisationsstufen 81
Zodiak 99, 103, 109, 230, 422
Zoll 137

Zoroaster (griech. Form für Zarathustra) 355-357, 448
Zoroastrismus 437
zrvan-zervan-zurvan 353
Zweistromland 448
Zwillinge 110, 437
zwölf Äonen 438
Zypern 158, 428

VERZEICHNIS DER
IM TEXT GENANNTEN GEOGRAPHISCHEN NAMEN
(KARTEN I UND II)*

Aargau (Vindonissa)	I	Apulum	I
Abonuteichos	II	Aquileia	I
Abritus (s. Razgrad)	I	Aquincum	I
Abydos	II	Arbela	II
Acci (s. Guadix)	I	Ariccia	IA
Adony (Vetus Salina)	I	Armenien	II
Aegina	II	Askalon	II
Aelia Capitolina (s. Jerusalem)	II	Asseria	I
Afyon (Karahissar)	II	Assisi	I
Agighol	I	Assiut (Lykopolis)	II
Ägypten	II	Assos	II
Aigeai	II	Assuan	II
Ain Borday	II	Assyrien	II
Ain Housbay	II	Athen	II
Aj Todor	I	Augst (Augusta Raurica)	I
Akka (Ptolemais)	II	Augusta Raurica (s. Augst)	I
Akkad	II	Auziae	I
Alaşehir (Philadelphia)	II	Avenches (Aventicum)	I
Alba Julia	I	Aventicum (s. Avenches)	I
Alba Longa (s. Castelgandolfo)	IA	Avignon	I
Aleppo	II		
Alexandrien	II	Baalbek (Heliopolis)	II
Alia	II	Babylon	II
Almo	IA	Babylonien	II
Alpen	I	Balâhisar (Pessinus)	II
Altino	I	Batkun	II
Amaseia (s. Amasya)	II	Beirut (Berytus)	II
Amasya (Amaseia)	II	Benevent	IB
Amissos (s. Samsun)	II	Berytus (s. Beirut)	II
Amphipolis	II	Beth-Alpha	II
Ampurias	I	Beth Schearim	II
Andros	II	Bithynien	II
Ankara	II	Bithynion (Claudiopolis)	II
Antinoopolis	II	Boğasköy (Hattusha)	II
Antiochia	II	Bosporus	II
Apamea (Phrygien)	II	Bostra	II
Apamea (Syrien)	II	Brahlia	II
Aphrodisias	II	Brigetio	I
Aphytis	II	Brioude	I

* Vorbereitet von Frau Franca E. Derksen-Janssens (Vianen).

IM TEXT GENANNTE GEOGRAPHISCHE NAMEN 573

Britannien	I	Elvira (Illiberris)	I
Brundisium	I	Emesa (s. Homs)	II
Bubastis	I	Epamanduodurum (s. Mandeure)	I
Byzantium (Constantinopel)	II	Ephesos	II
		Epidauros	II
Cáceres	I	Eretria	II
Caesarea (Kappadokien)	II	Esna	II
Caesarea Jol (s. Cherchel)	I	Euphrat	II
Caesarea (Palästina)	II		
Cagliari	I	Faesulae (s. Fiesole)	IA
Capua (Santa Maria Capua Vetere)	IB	Falerii	I
Carablus (s. Karkemisch)	II	Fiano Romano	I
Carnuntum	I	Fiesole (s. Faesulae)	IA
Castelgandolfo (Alba Longa)	IA	Fike	II
Çatal Hüyük	II	Fneidiq	II
Centuripae	I	Foça (Phokaia)	II
Chalcedon (s. Kalchedon)	II	Frigidus (Wippach)	I
Chalkis	II		
Cherchel (Caesarea Jol)	I	Galatien	II
China	II	Gallien	I
Chotscho	II	Gallos	II
Civita Castellana	I	Gaza	II
Claudiopolis (s. Bithynion)	II	Gediz (Hermos)	II
Colonia (s. Köln)	I	Gerasa	II
Commagene	I	Germanien	I
Constanța (s. Tomis)	I	Girasun (Kerasus)	II
Cordoba	I	Glanum (s. Saint Rémy)	I
Coțofenești	I	Gordion (s. Yassihöyük)	II
		Guadix (Acci)	I
Damaskus	II	Gythion	II
Dangstetten	I		
Dazien	I	Hadrumetum	I
Deir el-Qala	II	Hama	II
Delos	II	Hammam Lif	I
Delphi	II	Harran	II
Delta	II	Hattuscha (s. Boğazköy)	II
Demetrias	II	Heddernheim (Nida)	I
Diana	I	Helikon	II
Didyma	II	Heliopolis	II
Dindymos	II	Heliopolis (s. Baalbek)	II
Diospolis (s. Lydda)	II	Herculaneum	IB
Doliche	II	Hermos	II
Dura-Europos	II	Hermos (s. Gediz)	II
		Hermupolis	II
Eburacum (s. York)	I	Hierapolis (s. Mabbuğ)	II
Edessa	II	Hippo	I
Eleusis	II	Hira	II
Eleutheropolis	II	Homs (Emesa)	II
Elis	II	Hyampolis	II

574 IM TEXT GENANNTE GEOGRAPHISCHE NAMEN

Iconium (s. Konya)	II	Krasen	I
Ida	II	Kreta	II
Ilion (s. Troja)	II	Kula (Koloë)	II
Illiberris (s. Elvira)	I	Kyme	II
Ios	II	Kyrene	II
Iran	II	Kyzikos	II
Iris-Tal (s. Yeşilirmak)	II		
Italien	I	Lambaesis	I
Izmir (Smyrna)	II	Lanuvium	IA
Izmit (Nikomedeia)	II	Lauersfort	I
		Lavinium	IA
Jamnia (s. Javneh)	II	Lebadeia	II
Javneh (Jamnia)	II	Lechenich	I
Jerusalem (Aelia Capitolina)	II	Leptis Magna	I
Jol Caesarea (s. Cherchel)	II	Lesbos	II
		Liljače	I
Kadesh	II	Locri Epizephyrii	I
Kalchedon (Chalcedon)	II	Londinium (s. London)	I
Kanopos	II	London (Londinium)	I
Kan-Su	II	Lugdunum (s. Lyon)	I
Kapernaum (s. Kfar Nahum)	II	Lusitanien	I
Kappadokien	II	Lydda (Diospolis)	II
Karahissar (s. Afyon)	II	Lydien	II
Karien	II	Lykaonien	II
Karkemisch (Carablus)	II	Lykien	II
Karmel	II	Lykopolis (s. Assiut)	II
Karthago	I	Lyon (Lugdunum)	I
Kassandreia	II		
Kenchreai	II	Mäander	II
Kerasus (s. Giresun)	II	Mabbuğ (Hierapolis)	II
Kfar Baram	II	Mackwiller	I
Kfar Nahum (Kapernaum)	II	Madaura	I
Khirbet Schema	II	Magdalensberg	I
Kilikien	II	Magnesia am Sipylos	II
Kios	II	Mailand (Mediolanum)	I
Klaros	II	Makedonien	II
Knossos	II	Makran	II
Köln (Colonia)	I	Maktar	II
Koloë (s. Kula)	II	Malta	I
Kolophon	II	Mandeure (Epamanduodurum)	I
Komana (Kappadokien)	II	Mantineia	II
Komana (Pontica)	II	Marino	IA
Kommagene	II	Maroneia	II
Königshoffen	I	Marseille (Massalia)	I
Konstantinopel (s. Byzantium)	II	Massada	II
Konya (s. Iconium)	II	Massalia (s. Marseille)	I
Koptos	II	Mauer an der Url	I
Kos	II	Mauretanien	I
Korinth	II	Mediolanum (s. Mailand)	I

IM TEXT GENANNTE GEOGRAPHISCHE NAMEN

Melos	II	Petra	II
Memphis	II	Pettau (Poetovio)	I
Menasstadt	II	Philadelphia (s. Alaşehir)	II
Merida	I	Philae	II
Mesopotamien	II	Philippopolis (s. Plovdiv)	I
Metapont	I	Phokaia (s. Foça)	II
Milet	II	Phrygien	II
Mileve	II	Piräus	IA
Modein	II	Plovdiv (Philippopolis)	I
Mons Casius	II	Poetovio (s. Pettau)	I
Mösien	II	Pompeji	IB
Mysien	II	Pontus	II
Mytilene	II	Pontus Euxinus (s. Schwarzes Meer)	II
		Ponza	I
Nag Hammadi	II	Porto (Portus)	IA
Neapel (Neapolis)	IB	Porto Torres	I
Neapolis (s. Neapel)	IB	Portus (s. Porto)	I
Neapolis	II	Potaissa	I
Nemausus (s. Nîmes)	I	Praeneste (Palestrina)	IA
Nemi (Nemus Dianae)	I	Priene	II
Nemrud-Dagh	II	Propontis	II
Neuenheim	I	Ptolemais (s. Akka)	II
Neumagen	I	Pula	I
Nicäa	II	Puteoli	IB
Nida (s. Heddernheim)	I		
Nikomedeia (s. Izmit)	II	Raphia	II
Nikopolis	II	Razgrad (Abritus)	I
Nil	II	Resafa	II
Nîmes (Nemausis)	I	Rhodos	II
Nola	IB	Rom	IA
Numidien	I	Royan	I
		Rückingen	I
Oase Siwa	II		
Olympia	II	Saint Rémy (Glanum)	I
Orontes	II	Salzsee (Tuz Gölü)	II
Oropos	II	Samaria (Sebaste)	II
Osterburken	I	Samos	II
Ostia	IA	Samosata	II
		Samothrake	II
Palästina	II	Samsun (Amissos)	II
Palestrina (s. Praeneste)	IA	Sangarios	II
Palmyra	II	Santa Maria Capua Vetere (s. Capua)	
Pamphylien	II		IB
Pannonien	I	Sarba	II
Paphlagonien	II	Sardis	II
Perachora	II	Sarmizegetusa	I
Pergamon	II	Savaria (Szombathely)	II
Perge	II	Saqqarah	II
Pessinus (s. Balâhisar)	II	Scarbantia (s. Sopron)	I

576 IM TEXT GENANNTE GEOGRAPHISCHE NAMEN

Scheveifat	II
Schwarzes Meer (Pontus Euxinus)	II
Sebaste (s. Samaria)	II
Seleucia Pieria	II
Sicca Veneria	I
Sidon	II
Sinai	II
Sinope	II
Sipylos	II
Siscia	I
Skythopolis	II
Smyrna (s. Izmir)	II
Soloi	II
Sopron (Scarbantia)	I
Sparta	II
Stobi	II
Stridon	I
Syrakus	I
Syrien	II
Szombathely (s. Savaria)	I
Tarraco	I
Tarsos	II
Tartus	II
Tauros	II
Tavium	II
Tebessa (Theveste)	I
Tekije	I
Tenos	II
Thagaste	I
Thamugadi	I
Theben (Ägypten)	II
Theben (Griechenland)	II
Thermopylen	II
Thessalonike	II
Theveste (s. Tebessa)	I
Thmuis	I
Thrakien	II
Tiber	I
Tibur (s. Tivoli)	IA
Tigris	II
Tipasa	I
Tivoli (Tibur)	IA
Tomis (Constanţa)	I
Torre Nova	I
Tours	I
Trabzon (Trapezus)	II
Trapezus (s. Trabzon)	II
Trier	I
Triest	I
Troja (Ilion)	II
Turan	II
Turfan	II
Tuz Gölü (Salzsee)	II
Tyras	I
Tyrus	II
Valentia	I
Vegesela	I
Veleia	I
Venedig	I
Vetus Salina (s. Adony)	I
Vichy	I
Vindonissa (s. Aargau)	I
Virunum	I
Wippach (s. Frigidus)	I
Xanten	I
Xanthos	II
Yassihöyük (Gordion)	II
Yeşilirmak (Iris-Tal)	II
York (Eburacum)	I
Zadar	I
Zellhausen	I
Zypern	II

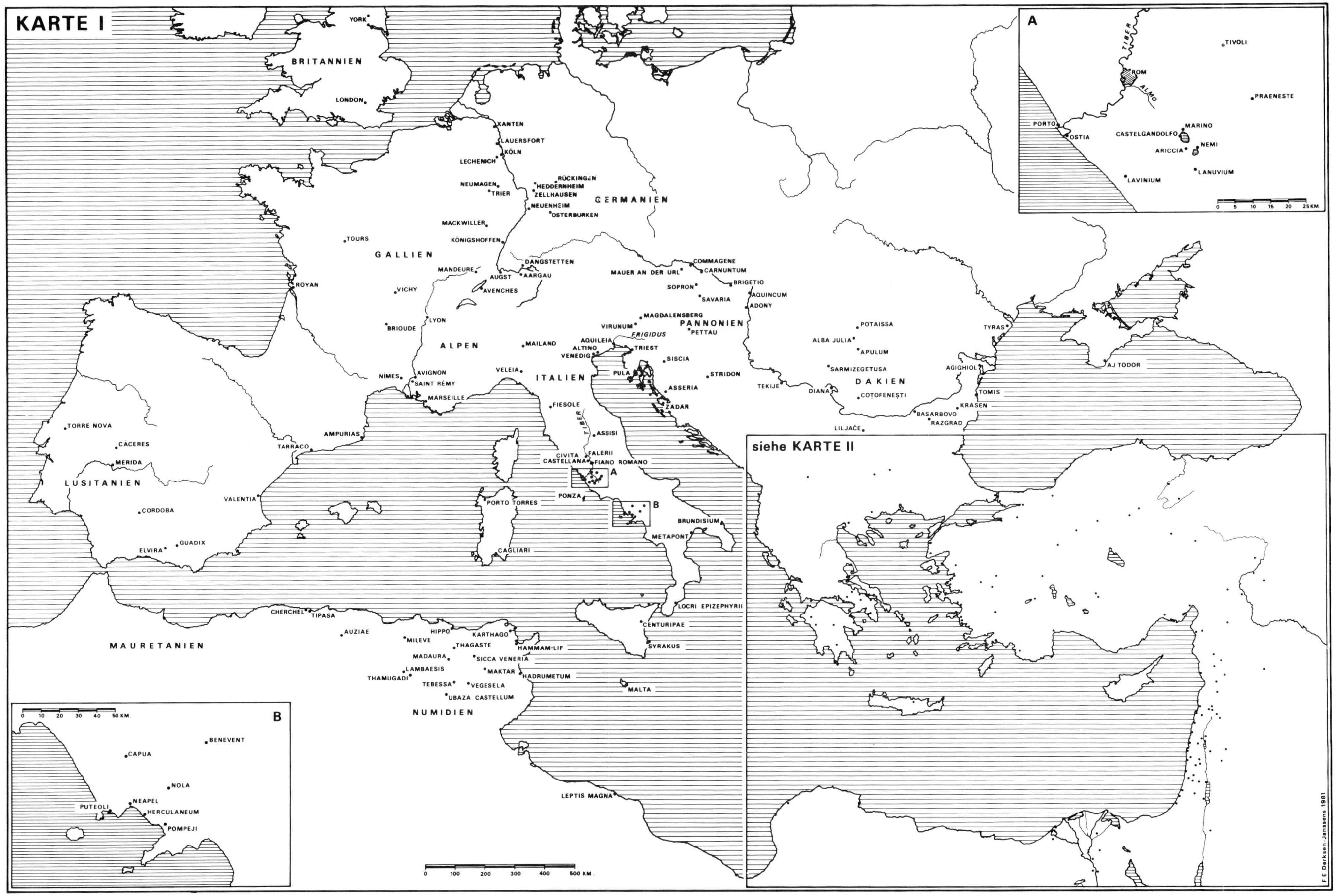
KARTE I
YORK
BRITANNIEN
LONDON
XANTEN
LAUERSFORT
KÖLN
LECHENICH
NEUMAGEN
TRIER
RÜCKINGEN
HEDDERNHEIM
ZELLHAUSEN
NEUENHEIM
OSTERBURKEN
GERMANIEN
MACKWILLER
KÖNIGSHOFFEN
TOURS
GALLIEN
MANDEURE
AUGST
AARGAU
DANGSTETTEN
AVENCHES
ROYAN
VICHY
LYON
BRIOUDE
ALPEN
NÎMES
AVIGNON
SAINT RÉMY
MARSEILLE
MAILAND
VELEIA
ITALIEN
FIESOLE
TIBER
ASSISI
CIVITA CASTELLANA
FALERII
FIANO ROMANO
A
PONZA
PORTO TORRES
B
CAGLIARI
BRUNDISIUM
METAPONT
LOCRI EPIZEPHYRII
CENTURIPAE
SYRAKUS
MALTA
COMMAGENE
CARNUNTUM
MAUER AN DER URL
BRIGETIO
SOPRON
SAVARIA
AQUINCUM
ADONY
MAGDALENSBERG
VIRUNUM
PANNONIEN
FRIGIDUS
PETTAU
AQUILEIA
ALTINO
VENEDIG
TRIEST
SISCIA
PULA
STRIDON
ASSERIA
ZADAR
POTAISSA
ALBA JULIA
APULUM
SARMIZEGETUSA
DAKIEN
TEKIJE
DIANA
COTOFENEŞTI
LILJAČE
BASARBOVO
RAZGRAD
KRASEN
TOMIS
AGIGHIOL
TYRAS
AJ TODOR
TORRE NOVA
CACERES
MERIDA
LUSITANIEN
CORDOBA
ELVIRA
GUADIX
VALENTIA
TARRACO
AMPURIAS
CHERCHEL
TIPASA
AUZIAE
MAURETANIEN
HIPPO
MILEVE
KARTHAGO
THAGASTE
HAMMAM-LIF
MADAURA
SICCA VENERIA
LAMBAESIS
THAMUGADI
MAKTAR
HADRUMETUM
TEBESSA
VEGESELA
UBAZA CASTELLUM
NUMIDIEN
LEPTIS MAGNA
0 100 200 300 400 500 KM.
siehe KARTE II
F.E. Deirksen-Janssens 1981
A
TIBER
TIVOLI
ROM
ALMO
PRAENESTE
PORTO
OSTIA
CASTELGANDOLFO
MARINO
NEMI
ARICCIA
LAVINIUM
LANUVIUM
0 5 10 15 20 25 KM
B
0 10 20 30 40 50 KM.
BENEVENT
CAPUA
NOLA
PUTEOLI
NEAPEL
HERCULANEUM
POMPEJI

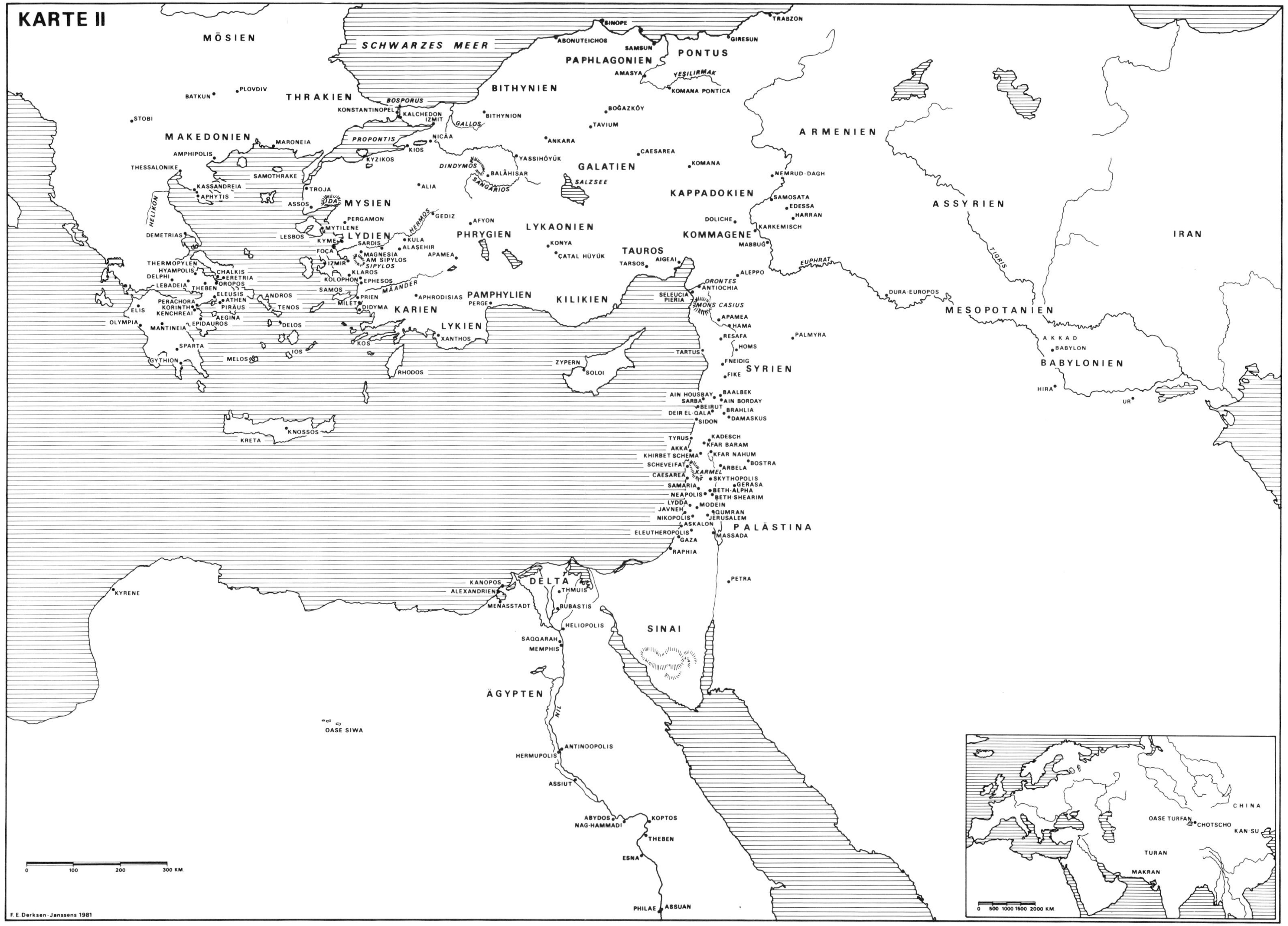
KARTE II
MÖSIEN
SCHWARZES MEER
TRABZON
SINOPE
ABONUTEICHOS
SAMSUN
GIRESUN
PONTUS
PAPHLAGONIEN
AMASYA
YESILIRMAK
KOMANA PONTICA
BITHYNIEN
BATKUN
PLOVDIV
THRAKIEN
BOSPORUS
KONSTANTINOPEL
KALCHEDON
IZMIT
BITHYNION
BOĞAZKÖY
TAVIUM
STOBI
MAKEDONIEN
MARONEIA
PROPONTIS
NICAA
GALLOS
ANKARA
CAESAREA
ARMENIEN
AMPHIPOLIS
KYZIKOS
KIOS
YASSIHÖYÜK
GALATIEN
KOMANA
THESSALONIKE
SAMOTHRAKE
DINDYMOS
BALÂHISAR
SALZSEE
NEMRUD-DAGH
KASSANDREIA
APHYTIS
TROJA
SANGARIOS
ALIA
KAPPADOKIEN
SAMOSATA
EDESSA
HARRAN
ASSYRIEN
HELIKON
ASSOS
IDA
MYSIEN
GEDIZ
AFYON
DOLICHE
PERGAMON
LYKAONIEN
KARKEMISCH
DEMETRIAS
MYTILENE
HERMOS
KOMMAGENE
IRAN
LESBOS
KYME
LYDIEN
PHRYGIEN
MABBUG
SARDIS
KULA
KONYA
FOÇA
MAGNESIA AM SIPYLOS
ALAŞEHIR
TAUROS
APAMEA
ÇATAL HÜYÜK
AIGEAI
TARSOS
TIGRIS
THERMOPYLEN
IZMIR
SIPYLOS
ALEPPO
EUPHRAT
HYAMPOLIS
CHALKIS
KLAROS
ORONTES
ERETRIA
KOLOPHON
EPHESOS
ANTIOCHIA
DELPHI
LEBADEIA
THEBEN
OROPOS
MAANDER
DURA-EUROPOS
SAMOS
SELEUCIA PIERIA
ELEUSIS
ANDROS
PRIEN
APHRODISIAS
PAMPHYLIEN
KILIKIEN
MONS CASIUS
PERACHORA
ATHEN
MILET
KORINTH
PIRÄUS
TENOS
DIDYMA
PERGE
MESOPOTAMIEN
KENCHREAI
AEGINA
KARIEN
APAMEA
ELIS
OLYMPIA
EPIDAUROS
DELOS
HAMA
LYKIEN
MANTINEIA
RESAFA
PALMYRA
AKKAD
KOS
XANTHOS
HOMS
BABYLON
SPARTA
TARTUS
IOS
FNEIDIG
BABYLONIEN
GYTHION
MELOS
ZYPERN
SYRIEN
RHODOS
SOLOI
FIKE
HIRA
AIN HOUSBAY
BAALBEK
SARBA
AIN BORDAY
UR
BEIRUT
DEIR EL-QALA
BRAHLIA
DAMASKUS
SIDON
KNOSSOS
KRETA
TYRUS
KADESCH
KFAR BARAM
AKKA
KHIRBET SCHEMA
KFAR NAHUM
SCHEVEIFAT
BOSTRA
ARBELA
CAESAREA
KARMEL
SKYTHOPOLIS
SAMARIA
GERASA
NEAPOLIS
BETH-ALPHA
BETH-SHEARIM
LYDDA
MODEIN
JAVNEH
QUMRAN
NIKOPOLIS
JERUSALEM
ASKALON
PALÄSTINA
ELEUTHEROPOLIS
MASSADA
GAZA
RAPHIA
PETRA
KANOPOS
DELTA
KYRENE
ALEXANDRIEN
THMUIS
MENASSTADT
BUBASTIS
HELIOPOLIS
SINAI
SAQQARAH
MEMPHIS
ÄGYPTEN
NIL
OASE SIWA
ANTINOOPOLIS
HERMUPOLIS
ASSIUT
ABYDOS
KOPTOS
NAG-HAMMADI
THEBEN
ESNA
PHILAE
ASSUAN
0 100 200 300 KM
F.E. Derksen-Janssens 1981
CHINA
OASE TURFAN
CHOTSCHO
KAN-SU
TURAN
MAKRAN
0 500 1000 1500 2000 KM

ÉTUDES PRÉLIMINAIRES AUX RELIGIONS ORIENTALES DANS L'EMPIRE ROMAIN

Publiées par M. J. Vermaseren

1. Wessetzky, V. Die ägyptischen Kulte zur Römerzeit in Ungarn. 1961. (iv, 56 p., frontisp., 21 fig. on 16 pl., 1 fold. map) [00550 1]   Gld. 28.—

2. Kádár, Z. Die kleinasiatisch-syrischen Kulte zur Römerzeit in Ungarn. 1962. (iv, 86 p., frontisp., 8 pl., 1 fold. map) [02989 3]   Gld. 24.—

3. Squarciapino, M. F. I culti orientali ad Ostia. 1962. (vii, 72 p., frontisp., 2 fig., 16 pl.) [00552 8]   Gld. 24.—

4. Toynbee, J. M. C. A silver casket and strainer from the Walbrook Mithraeum in the City of London. 1963. (iv, 15 p., frontisp., 15 pl.) [00553 6]   Gld. 20.—

5. García y Bellido, A. Les religions orientales dans l'Espagne romaine. 1967. (xiv, 166 p., frontisp., 19 fig., 20 pl.) [00554 4]   Gld. 84.—

7. Zotović, L. Les cultes orientaux sur le territoire de la Mésie Supérieure. 1966. (x, 105 p., frontisp., 2 fig., 30 ill. on 16 pl.) [00556 0]   Gld. 48.—

8. Blawatsky, W. et **G. Kochelenko.** Le culte de Mithra sur la côte septentrionale de la Mer Noire. 1966. (vi, 36 p., frontisp., 17 ill. on 16 pl., map) [00557 9]   Gld. 36.—

9. Vermaseren, M. J. The legend of Attis in Greek and Roman art. 1966. (viii, 59 p., frontisp., 95 ill. on 40 pl.) [00558 7]   Gld. 60.—

10. Duthoy, R. The Taurobolium. Its evolution and terminology. 1969. (xiv, 129 p., frontisp., map) [00559 5]   *cloth* Gld. 60.—

12. Grimm, G. Die Zeugnisse ägyptischer Religion und Kunstelemente im römischen Deutschland. 1969. (x, 303 p., frontisp., 40 fig., 78 pl., 1 map) [00561 7]   *cloth* Gld. 200.—

13. Tudor, D. Corpus monumentorum religionis equitum danuvinorum (CMRED).
I. The monuments. 1969. (xxii, 138 p., 91 pl., map) [00562 5]
  cloth Gld. 132.—
II. The analysis and interpretation of the monuments. 1976. (viii, 309 p., 15 pl., 2 maps) [04493 0]   *cloth* Gld. 180.—

14. Du Mesnil du Buisson, R. Études sur les dieux phéniciens hérités par l'empire romain. 1970. (xx, 149 p., 35 fig., 10 pl.) [00563 3]
  cloth Gld. 76.—

15. Salditt-Trappmann, R. Tempel der ägyptischen Götter in Griechenland und an der Westküste Kleinasiens. 1970. (xv, 68 p., 1 fig., 30 pl., 6 plans) [00564 1]   *cloth* Gld. 84.—

16. **Vermaseren, M. J.** Mithriaca.
I. The Mithraeum at S. Maria Capua Vetere. 1971. (xii, 59 p., 28 [20 col.] pl., 5 fig., 1 fold. plan) [02582 0] *cloth* Gld. 96.—
II. The Mithraeum at Ponza. 1974. (ix, 38 p., frontisp., 34 pl., 7 fig.) [03883 3] *cloth* Gld. 64.—
IV. Le monument d'Ottaviano Zeno et le culte de Mithra sur le Célius. 1978. (x, 64 p., frontisp., 1 fig., 38 pl.) [05808 7] *cloth* Gld. 64.—

17. **Tran tam Tinh, V.** Le culte des divinités orientales à Herculanum. 1971. (xii, 104 p., col. frontisp., 43 ill. on 29 pl., 1 fold. plan) [02583 9]
cloth Gld. 116.—

18. **Leclant, J.** Inventaire bibliographique des Isiaca (IBIS). Répertoire analytique des travaux relatifs à la diffusion des cultes isiaques, 1940-1969. Avec la collaboration de G. CLERC.
I. A-D. 1972. (xvi, 190 p., frontisp., 21 pl.) [03463 3] *cloth* Gld. 96.—
II. E-K. 1974. (xii, 276 p., frontisp., 28 pl., 2 maps) [03981 3]
cloth Gld. 136.—

19. **Lane, E. N.** Corpus monumentorum religionis dei Menis (CMRDM).
I. The monuments and inscriptions. 1971. (xii, 173 p., 36 fig., 105 pl., 2 fold. maps) [02584 7] *cloth* Gld. 216.—
II. The coins and gems. 1975. (xvi, 180 p., 72 pl., map) [04207 5]
cloth Gld. 144.—
III. Interpretations and testimonia. 1976. (x, 145 p., 2 pl.) [04516 3]
cloth Gld. 84.—
IV. Supplementary Men-inscriptions from Pisidia. 1978. (viii, 71 p., 57 pl.) [05649 1] *cloth* Gld. 96.—

20. **Roullet, A. H.** The Egyptian and Egyptianizing monuments of imperial Rome. 1972. (xvi, 184 p., 230 pl., 5 [fold.] plans) [03410 2]
cloth Gld. 192.—

21. **Malaise, M.** Inventaire préliminaire des documents égyptiens découverts en Italie. 1972. (xvi, 400 p., frontisp., 64 pl., 14 maps, 4 plans) [03510 9] *cloth* Gld. 188.—

22. **Malaise, M.** Les conditions de pénétration et de diffusion des cultes égyptiens en Italie. 1972. (xiv, 529 p., frontisp., 3 fold. maps, numerous tab.) [03511 7] *cloth* Gld. 188.—

23. **Halsberghe, G. H.** The cult of Sol Invictus. 1972. (xii, 175 p., frontisp.) [03467 6] *cloth* Gld. 76.—

25. **Stambaugh, J. E.** Sarapis under the early Ptolemies. 1972. (xii, 102 p., 3 pl.) [03473 0] *cloth* Gld. 76.—

26. **Dunand, F.** Le culte d'Isis dans le bassin oriental de la Méditerranée.
I. Le culte d'Isis et les Ptolémées. 1973. (xxxii, 249 p., frontisp., 10 fig., 45 pl., 2 fold. maps) [03581 8] *cloth* Gld. 120.—

II. Le culte d'Isis en Grèce. 1973. (xii, 223 p., 7 fig., 45 pl., 3 fold. maps) [03582 6]　　　　　　　　　　　　　　　　　　　　　　*cloth* Gld. 96.—
III. Le culte d'Isis en Asie mineure. Clergé et rituel des sanctuaires isiaques. 1973. (xii, 400 p., 3 fig., 23 pl., 2 fold. maps) [03583 4]
　　　　　　　　　　　　　　　　　　　　　　cloth Gld. 144.—

27. Tran tam Tinh, V. Le culte des divinités orientales en Campanie en dehors de Pompéi, de Stabies et d'Herculanum. 1972. (xxii, 261 p., 101 fig. on 73 pl., map) [03433 1]　　　　　　　　　*cloth* Gld. 144.—

28. Corpus Cultus Deae Syriae (CCDS). I. Les sources littéraires.
1. Van Berg, P.-L. Répertoire des sources grecques et latines (sauf le *De dea syria*). 1972. (xxiv, 110 p., frontisp., fold. map) [03503 6]
　　　　　　　　　　　　　　　　　　　　　　cloth Gld. 88.—
2. Van Berg, P.-L. Étude critique des sources mythographiques grecques et latines (sauf le *De dea syria*). 1972. (xx, 124 p., frontisp., 4 fig., fold. map) [03512 5]　　　　　　　　　　　　　　　　　*cloth* Gld. 68.—

29. Burton, A. Diodorus Siculus, Book I. A commentary. 1972. (xxviii, 301 p., frontisp.) [03514 1]　　　　　　　　　　　*cloth* Gld. 88.—

30. Turcan, R. Les religions de l'Asie dans la Vallée du Rhône. 1972. (x, 144 p., frontisp., 37 pl., 2 fold. maps) [03441 2]　　*cloth* Gld. 96.—

31. Sfameni Gasparro, G. I culti orientali in Sicilia. 1973. (xvi, 338 p., frontisp., 122 pl., 2 fold. maps) [03579 6]　　　　*cloth* Gld. 216.—

32. Hornborstel, W. Sarapis. Studien zur Überlieferungsgeschichte, den Erscheinungsformen und Wandlungen der Gestalt eines Gottes. 1973. (xix, 482 p., frontisp., 3 fig., 220 pl., 2 fold. maps) [03654 7]
　　　　　　　　　　　　　　　　　　　　　　cloth Gld. 336.—

33. Du Mesnil du Buisson, R. Nouvelles études sur les dieux et les mythes de Canaan. 1973. (xxiii, 274 p., 133 fig., 19 pl.) [03670 9] *cloth* Gld. 116.—

34. Waldmann, H. Die kommagenischen Kultreformen unter König Mithradates I. Kallinikos und seinem Sohne Antiochus I. 1973. (xxiii, 247 p., col. frontisp., 16 fig., 38 pl., map, fold. synopsis) [03657 1]
　　　　　　　　　　　　　　　　　　　　　　cloth Gld. 180.—

35. Fleischer, R. Artemis von Ephesos und verwandte Kultstatuen aus Anatolien und Syrien. 1973. (xviii, 450 p., frontisp., 2 fig., 171 pl., 2 fold. maps) [03677 6]　　　　　　　　　　　　　　　　　*cloth* Gld. 260.—

36. Kater-Sibbes, G. J. F. A preliminary catalogue of Sarapis monuments. 1973. (xl, 230 p., frontisp., 33 pl., 12 [2 fold.] maps) [03750 0]
　　　　　　　　　　　　　　　　　　　　　　cloth Gld. 108.—

37. Tran tam Tinh, V. et **Y. Labrecque.** Isis lactans. Corpus des monuments gréco-romains d'Isis allaitant Harpocrate. 1973. (xii, 225 p., 78 pl., fold. map) [03746 2]　　　　　　　　　　　　　　*cloth* Gld. 144.—

ÉTUDES PRÉLIMINAIRES AUX RELIGIONS ORIENTALES DANS L'EMPIRE ROMAIN

38. Moeller, W. O. The Mithraic origin and meanings of the rotas-sator square. 1973. (ix, 53 p., frontisp., 6 pl.) [03751 9] cloth Gld. 28.—

39. Apuleius of Madauros. The Isis-Book (Metamorphoses, Book XI). Edited with an introduction, translation and commentary by J. GWYN GRIFFITHS. 1975. (xviii, 439 p., frontisp.) [04270 9] cloth Gld. 140.—

40. Schwertheim, E. Die Denkmäler orientalischer Gottheiten im römischen Deutschland. Mit Ausnahme der ägyptischen Gottheiten. 1974. (x, 355 p., 121 pl., 25 fig., 2 fold. maps, frontisp.) [03984 8] cloth Gld. 196.—

41. Walters, V. J. The cult of Mithras in the Roman provinces of Gaul. 1974. (xiv, 175 p., 3 fig., 40 pl., 2 fold. maps, frontisp.) [04014 5]
cloth Gld. 96.—

42. Ristow, G. Mithras im römischen Köln. 1974. (vi, 33 p., frontisp., 7 fig., 23 pl., fold. map) [03873 6] cloth Gld. 44.—

43. Lloyd, A. B. Herodotus, Book II.
I. Introduction. 1975. (xvi, 194 p.) [04181 8] cloth Gld. 76.—
II. Commentary 1-98. 1976. (iv, 397 p., fold. map) [04182 6]
cloth Gld. 120.—

44. Engelmann, H. The Delian aretalogy of Sarapis. 1975. (viii, 63 p., frontisp., 1 fig.) [04202 4] cloth Gld. 48.—

45. Bruneau, P. Le sanctuaire et le culte des divinités égyptiennes à Érétrie. 1975. (x, 144 p., 8 fig., 36 pl.) [04185 0] cloth Gld. 116.—

46. Dunand, F. et **P. Lévêque.** Les syncrétismes dans les religions de l'antiquité. Colloque de Besançon (22-23 octobre 1973). 1975. (viii, 234 p., 8 pl.) [04332 2] cloth Gld. 116.—

47. Turcan, R. Mithras Platonicus. Recherches sur l'hellénisation philosophique de Mithra. 1975. (xii, 134 p., 5 pl.) [04353 5] cloth Gld. 88.—

48. Kater-Sibbes, G. J. F. and **M. J. Vermaseren.** Apis.
I. The monuments of the Hellenistic-Roman period from Egypt. 1975. (l, 65 p., col. frontisp., 4 fig., 134 pl., 2 maps) [04291 1] cloth Gld. 192.—
II. Monuments from outside Egypt. 1975. (ix, 107 p., col. frontisp., 11 fig., 211 [10 col.] pl., fold. map) [04293 8] cloth Gld. 276.—
III. Inscriptions, coins and addenda. 1977. (xii, 53 p., 28 pl., 2 fold. maps, col. frontisp.) [04779 4] cloth Gld. 72.—

49. Grandjean, Y. Une nouvelle arétalogie d'Isis à Maronée. 1975. (xiii, 134 p., col. frontisp., 5 pl.) [04337 3] cloth Gld. 84.—

50. Vermaseren, M. J. Corpus Cultus Cybelae Attidisque (CCCA).
II. Graecia atque Insulae. *in preparation*
III. Italia-Latium. 1977. (xxviii, 198 p., 10 figs., 302 ill., 1 fold. plan) [05400 6] cloth Gld. 290.—

IV. Italia-Aliae Provinciae. 1978. (xxxiv, 142 p., 24 fig., 111 pl., frontisp., 1 map) [05797 8] *cloth* Gld. 196.—
VII. Musea et collectiones privatae. 1977. (xvi, 67 p., frontisp., 1 fig., 115 pl.) [05454 5] *cloth* Gld. 144.—

51. Heyob, S. K. The cult of Isis among women in the Graeco-Roman world. 1975. (xix, 140 p.) [04368 3] *cloth* Gld. 76.—

52. Kobylina, M. M. Divinités orientales sur le littoral nord de la Mer Noire. Avec un appendice de O. J. Névérov. 1976. (vii, 70 p., 52 pl., 1 fold. plan) [04570 8] *cloth* Gld. 84.—

53. Vermaseren, M. J. e **P. Simoni.** Liber in deum. L'apoteosi di un iniziato Dionisiaco. 1976. (xv, 80 p., col. frontisp., 18 fig., 45 pl.) [04501 5]
cloth Gld. 84.—

54. Berciu, I. et **C. C. Petolescu.** Les cultes orientaux dans la Dacie méridionale. 1976. (xvi, 71 p., 1 fold. map, 32 pl., frontisp.) [04519 8]
cloth Gld. 80.—

55. Brisson, L. Le mythe de Tirésias. Essai d'analyse structurale. 1976. (x, 169 p., 9 pl., col. frontisp.) [04569 4] *cloth* Gld. 96.—

56. Wytzes, J. Der letzte Kampf des Heidentums in Rom. 1977. (xiv, 387 p., 34 fig. on 23 pl.) [04786 7] *cloth* Gld. 212.—

57. Grenier, J.-C. Anubis alexandrin et romain. 1977. (xxiv, 212 p., frontisp., 44 pl., 2 fold. maps) [04917 7] *cloth* Gld. 160.—

58. Flamant, J. Macrobe et le Néo-platonisme latin, à la fin du IVe siècle. 1977. (xxxii, 737 p.) [05406 5] *cloth* Gld. 360.—

59. Hajjar, J. La triade d'Héliopolis-Baalbek. Son culte et sa diffusion à travers les textes littéraires et les documents iconographiques et épigraphiques. 2 tomes. 1977. I. (xxxviii, 417 p.); II. (v, 224 p., 128 pl., 3 fold. maps) [04902 9] *set cloth* Gld. 368.—

60. Soyez, B. Byblos et la fête des Adonies. 1977. (ix, 94 p., 12 fig., 15 pl.) [04885 5] *cloth* Gld. 76.—

61. Budischovsky, M.-C. La diffusion des cultes isiaques autour de la Mer Adriatique. I. Inscriptions et monuments. 1977. (xx, 248 p., frontisp., 106 pl., fold. map) [05234 8] *cloth* Gld. 180.—

62. Hölbl, G. Beziehungen der ägyptischen Kultur zu Altitalien. 2 Bde. 1979. I. Textteil. (xxiv, 394 p., col. frontisp., 16 fig.); II. Katalog. (vi, 287 p., 5 fold. maps, 8 col. pl., 182 pl.) [05487 1] *set cloth* Gld. 480.—

63. Speidel, M. P. The religion of Iuppiter Dolichenus in the Roman army. 1978. (x, 93 p., col. frontisp., 24 pl., fold. map) [05398 0]
cloth Gld. 96.—

64. Collins-Clinton, J. A late antique shrine of Liber Pater at Cosa. 1977. (x, 99 p., 9 fig., col. frontisp., 27 pl.) [05232 1] *cloth* Gld. 76.—

65. **Padró i Parcerisa, J.** Egyptian-type documents from the Mediterranean Littoral of the Iberian Peninsula before the Roman conquest. I. Introductory survey. 1980. (xxxvii, 74 p., frontisp., 5 maps, 28 pl.) [06139 8]
Gld. 60.—

66. Studien zur Religion und Kultur Kleinasiens. Festschrift für FRIEDRICH KARL DÖRNER zum 65. Geburtstag am 28. Februar 1976. Hrsg. von S. ŞAHIN, E. SCHWERTHEIM, J. WAGNER. 2 Bde. 1978. I. (xxiii, 456 p., frontisp., 57 fig., 138 pl.); II. (viii, pp. 457-1023, 39 fig., pl. 139-227) [05679 3] *set cloth* Gld. 700.—

67. **Brendel, O. J.** Symbolism of the sphere. A contribution to the history of earlier Greek philosophy. 1977. (xiv, 90 p., 30 pl.) [05266 6]
cloth Gld. 76.—

68. Hommages à MAARTEN J. VERMASEREN. Recueil d'études offert par les auteurs de la série Études préliminaires aux religions orientales dans l'Empire romain à Maarten J. Vermaseren à l'occasion de son soixantième anniversaire le 7 Avril 1978. Édité par M. B. DE BOER et T. A. EDRIDGE. 3 tomes. 1978. I. (xvii, 500 p., col. frontisp., 96 pl.); II. (xvi, pp. 501-958, pl. 97-198); III. (xvi, pp. 959-1387, pl. 199-275) [05668 8]
set cloth Gld. 960.—

69. **Popa, A.** et **I. Berciu.** Le culte de Jupiter Dolichenus dans la Dacie romaine. 1978. (xiv, 72 p., 15 pl., fold. map) [05451 0]   *cloth* Gld. 68.—

70. **Leospo, E.** La mensa isiaca di Torino. 1978. (xiv, 100 p., 32 pl.) (Catalogo del Museo Egizio di Torino. Serie prima. Monumenti e Testi, 4) [05665 3]   *cloth* Gld. 96.—

71. **Grenier, J.-C.** L'autel funéraire isiaque de Fabia Stratonice. 1978. (xiv, 34 p., 16 pl., frontisp.) [05452 9]   *cloth* Gld. 46.—

72. **Lunais, S.** Recherches sur la lune. I. Les auteurs latins de la fin des Guerres Puniques à la fin du règne des Antonins. 1979. (xviii, 414 p.) [05823 0]   *cloth* Gld. 188.—

73. **Hölbl, G.** Zeugnisse ägyptischer Religionsvorstellungen für Ephesus. 1978. (xii, 93 p., 2 fig., 16 pl.) [05688 2]   *cloth* Gld. 92.—

74. Corpus Cultus Equitis Thracii (CCET).
I. **Gočeva, Z.**, und **M. Oppermann.** Monumenta orae Ponti Euxini Bulgariae. 1979. (xv, 122 p., frontisp., 72 pl., map) [05914 8]
cloth Gld. 120.—
II. **Gočeva, Z.**, und **M. Oppermann.** Monumenta inter Danubium et Haemum repertae. 1. Durustorum et Vicinia, Regio Oppidi Tolbuhin, Martianopolis et Vicinia, Regio Oppidi Šumen.   *in preparation*
IV. **Hampartumian, N.** Moesa Inferior (Romanian section) and Dacia. 1979. (xviii, 128 p., 123 pl., fold. map) [05921 0]   *cloth* Gld. 172.—

75. Darmon, J.-P. Nympharum domus. Les pavements de la maison des Nymphes à Néapolis (Nabeul, Tunisie) et leur lecture. 1980. (xxxiv, 270 p., frontisp., 90 [26 col.] pl., fold. plan) [05978 4] *cloth* Gld. 200.—

76. Dunand, F. Religion populaire en Égypte romaine. Les terres cuites isiaques du Musée du Caire. 1979. (xii, 286 p., 128 pl., frontisp., map) [05831 1] *cloth* Gld. 196.—

77. Mastandrea, P. Un neoplatonico latino Cornelio Labeone (Testimonianze e frammenti). 1979. (xxx, 259 p.) [05876 1] *cloth* Gld. 124.—

78. Vermaseren, M. J. (ed.). Studies in Hellenistic religions. 1979. (viii, 296 p.) [05885 0] *cloth* Gld. 132.—

79. Teixidor, J. The Pantheon of Palmyra. 1979. (xx, 138 p., frontisp., 35 pl., 1 fold. map) [05987 3] *cloth* Gld. 96.—

80. Mysteria Mithrae. Proceedings of the International Seminar on the 'Religio-Historical Character of Roman Mithraism, with particular reference to Roman and Ostian Sources'. Rome and Ostia 28-31 March 1978. Edited by U. BIANCHI. 1979. (xxvii, 1005 p., 62 pl. [13 col.], 116 fig. [2 fold.], 2 fold. maps) [06001 4] *cloth* Gld. 240.—

81. Speidel, M. P. Mithras-Orion. Greek hero and Roman army god. 1980. (ix, 56 p., frontisp., 1 pl., 8 fig.) [06055 3] Gld. 28.—

82. Drijvers, H. J. W. Cults and beliefs at Edessa. 1980. (xxx, 204 p., 34 pl.) [06050 2] *cloth* Gld. 96.—

83. Pelletier, A. Le sanctuaire métroaque de Vienne (France). 1980. (x, 52 p., 8 fig., 23 pl.) [06109 6] Gld. 48.—

84. Vos, M. de. L'egittomania in pitture e mosaici romano-campani della prima età imperiale. Testo italiano di A. DE VOS. 1980. (xiii, 107 p., frontisp., 58 [2 fold.] pl., 41 fig.) [06233 5] Gld. 72.—

85. Selem, P. Les religions orientales dans la Pannonie Romaine. Partie en Yougoslavie. 1980. (xv, 293 p., frontisp., 44 pl., 6 fig., 5 maps) [06180 0] *cloth* Gld. 120.—

86. Nuovi Ritrovamenti. — **Sotgiu, G.** Per la diffusione del culto di Sabazio. Testimonianze dalla Sardegna. — **De 'Spagnolis, M.** Il Mitreo di Itri. 1980. (27 p., frontisp., 11 pl.; 33 p., 19 pl., 4 fig.) [06182 7] Gld. 48.—

87. Wild, R. A. Water in the cultic worship of Isis and Sarapis.
in preparation

88. Debord, P. Aspects sociaux et économiques de la vie religieuse dans l'Anatolie gréco-romaine. *in preparation*

89. Baumgarten, A. I. The Phoenician history of Philo of Byblos. A commentary. *in preparation*

90. des Places, E. Études Platoniciennes. *in preparation*

ÉTUDES PRÉLIMINAIRES AUX RELIGIONS ORIENTALES DANS L'EMPIRE ROMAIN

91. Studies in Gnosticism and Hellenistic religions presented to Gilles Quispel on the occasion of his 65th birthday. Edited by R. VAN DEN BROEK and M. J. VERMASEREN. *in preparation*

92. Bianchi, U. and **M. J. Vermaseren** (ed.). La soteriologia dei culti orientali nell'impero Romano. Atti del colloquio internazionale su la soteriologia dei culti orientali nell' impero romano. Roma 24-28 settembre 1979. *in preparation*

Volumes 6, 11 and 24 are out of print.

1981. Prices may be changed without notice.

E. J. Brill — P.O.B. 9000 — 2300 PA Leiden — The Netherlands